MASTER THE GED EN ESPAÑOL

2002

ESTRATEGIAS HECHAS Y
PROBADAS POR MAESTROS
PARA OBTENER NOTAS ALTAS

ARCO

THOMSON LEARNING™

Australia • Canada • Mexico • Singapore • Spain • United Kingdom • United States

About Peterson's

Founded in 1966, Peterson's, a division of Thomson Learning, is the nation's largest and most respected provider of lifelong learning resources, both in print and online. The Education Supersite^{SM} at www.petersons.com—the Internet's most heavily traveled education resource—has searchable databases and interactive tools for contacting U.S.-accredited institutions and programs. In addition, Peterson's delivers unmatched financial aid resources and test-preparation tools. Peterson's serves more than 100 million education consumers annually.

Peterson's is a division of Thomson Learning, one of the world's largest providers of lifelong learning. Thomson Learning serves the needs of individuals, learning institutions, and corporations with products and services for both traditional and distributed learning. Headquartered in Stamford, Connecticut, with offices worldwide, Thomson Learning is a division of The Thomson Corporation (www.thomson.com), one of the world's leading e-information and solutions companies in the business, professional, and education marketplaces. For more information, visit www.thomsonlearning.com.

Los textos de Estudios Sociales, Interpretación de la
Literatura y de las Artes, y Ciencias
se los he dedicado a mis hijas Sinia e Isis.

For more information, contact Peterson's, 2000 Lenox Drive, Lawrenceville, NJ 08648; 800-338-3282; or find us on the World Wide Web at: www.petersons.com/about

Sixth Edition

Library of Congress Number: 97-81110

ISBN 0-7689-0744-6

Printed in the United States of America

10 9 8 7 6 5 4 3 2 1   04 03 02

ACERCA DE LOS AUTORES

Ginés Serrán-Pagán, M.A. New York University
Director del Proyecto
Autor de los Textos de Estudios Sociales, Ciencias, Interpretación de la Literatura y de las Artes, e Inglés
Autor de numerosos libros de texto que se usan a nivel nacional, tiene más de veinte años de experiencia como profesor y asesor en programas de Equivalencia de la Escuela Superior en español del Departmento de Educación de Nueva York. Es uno de los educadores hispanos pioneros en crear materiales sobre educación de adultos. Consultor de las Naciones Unidas, Ginés Serrán-Pagán ha recibido cuatro premios internacionales en reconocimiento a su trabajo académico. Es un artista reconocido internacionalmente.

Antonio A. Acosta, Ph.D. Universidad de La Habana
Autor del Texto de Matemáticas
Director del World Languages Department y Profesor de Matemáticas de la Emerson High School, New Jersey, el Dr. Acosta tiene más de treinta años de experiencia como educador. Es profesor jubilado de Matemáticas de Montclair State University, Essex County College, y Hudson Community College, New Jersey. Es autor de libros de textos en español sobre Matemáticas, y profesor jubilado de programas de Equivalencia de la Escuela Superior en español.

Antonio Márquez, Ph.D. Universidad de Salamanca
Autor del Texto de Expresión Escrita
Autor de libros de investigación sobre Literatura e Inquisición, el Dr. Márquez tiene más de treinta años de experiencia en el campo universitario. Profesor jubilado de Literatura Española en Vassar College, Nueva York, ha sido asimismo profesor de los Cursos Superiores de Filología Hispánica en la Universidad de Salamanca. Conocido internacionalmente como investigador, el Dr. Márquez ha dada numerosas conferencias y seminarios en América y Europa.

ÍNDICE GENERAL

PRIMERA PARTE. EXAMEN DIAGNÓSTICO: UNA MUESTRA COMPLETA DEL EXAMEN

SEGUNDA PARTE. EXPRESIÓN ESCRITA

TERCERA PARTE. ESTUDIOS SOCIALES

CUARTA PARTE. CIENCIAS

QUINTA PARTE. INTERPRETACIÓN DE LA LITERATURA Y DE LAS ARTES

SEXTA PARTE. MATEMÁTICAS

SÉPTIMA PARTE. DOS EXÁMENES COMPLETOS DE PRÁCTICA

OCTAVA PARTE. TRES EXÁMENES DE INGLÉS (PUERTO RICO Y CIERTOS ESTADOS)

AGRADECIMIENTOS

En la realización de los textos de Estudios Sociales, Interpretacion de la Literatura y de las Artes, y Ciencias quisiera agradecer a mis editores y revistas en donde he publicado materiales relacionados con dichas materias en los últimos quince años. Especialmente, quisiera agradecer a la editorial Minerva Books, de New York, por permitirme reproducir fragmentos del libro *Nueva Historia de los Estados Unidos.* Asimismo, quisiera agradecer a las revistas Cambio 16, Interviú, Conocer, Integral, Arbor, Revista Española de Investigaciones Sociológicas, Revista Internacional de Sociología, Revista de Estudios Sociales, Étnica, Mundo Científico e Índice Cultural Español; y a los periódicos El País, La Voz de Córdoba, El Faro de Ceuta, y Diario 16.

PREFACIO

Han sido muchos los profesores y los alumnos que nos han comunicado la valiosa ayuda que este libro ha sido para ellos. Muchos alumnos que salieron de sus países sin poder terminar sus estudios primarios o secundarios, así como estudiantes hispanos nacidos en los Estados Unidos y que no han podido terminar sus estudios secundarios, han utilizado este texto. Al pasar el examen de la equivalencia de la escuela superior estos alumnos han podido conseguir mejores empleos, mejorar de posición en el trabajo logrando una mejor remuneración, entrar en la universidad, progresar en sus vidas y, en definitiva, han podido abrirse un nuevo camino hacia el futuro.

Nos sentimos muy satisfechos de que este texto haya servido como guía a miles de estudiantes en Norteamérica. Por ello es que publicamos ahora esta nueva edición, adaptada a las nuevas pautas del examen oficial. El texto ha sido revisado y hemos incorporado nuevas lecturas y ejercicios.

Con relación al examen anterior, el nuevo examen incorpora un ensayo o composición, con una duración de 45 minutos. Asimismo, el nuevo examen hace énfasis en situaciones prácticas relacionadas con el mundo laboral y tiende a concentrarse más en preguntas en donde es necesario pensar y deducir a un nivel superior. Hemos eliminado muchas preguntas teóricas, así como lecturas prácticas que aparecían en la sección de Lectura, sustituyéndolas por pasajes literarios con más contenido y mensaje cultural.

Este texto nace como resultado de diez años de trabajo en programas de educación de adultos. El libro se adapta a la estructura interna del examen actual, incluyendo los nuevos cambios introducidos en el examen, y ofrece un material sistemático relacionado con la cultura de la comunidad hispana.

El texto consta de una introducción y de ocho partes. La introducción explica qué es el Examen de Equivalencia de la Escuela Superior, describe las materias, especifica cómo se evalúa el examen y da instrucciones importantes sobre cómo usar el libro y cómo hacer el examen final.

La primera parte es un examen diagnóstico, una muestra completa del examen, e incluye las cinco materias. La segunda parte comprende teoría y ejercicios prácticos de Expresión Escrita, resumiendo las partes más importantes de esta materia e incluye una sección dedicada a escritura y un glosario.

La tercera parte está dedicada a Estudios Sociales, consta de numerosas preguntas y pasajes en las diferentes disciplinas que requiere el examen, así como secciones dedicadas a gráficas, estadísticas, geografía y un glosario de términos. La cuarta parte corresponde a Ciencias y hace énfasis en biología, ciencias de la Tierra, química y física; contiene numerosas preguntas teóricas sobre estas disciplinas, ejercicios, pasajes, y varios apéndices, entre ellos un atlas de anatomía humana, de animales y plantas, y un glosario.

La quinta parte comprende ejercicios y pasajes relacionados con la vida y obra de destacados autores del mundo de la literatura y del arte. La sexta parte consta de Matemáticas, contiene un resumen teórico y numerosos ejercicios; al igual que la parte de Expresión Escrita, las respuestas a cada ejercicio son explicadas.

Un examen de práctica con dos muestras completas del examen de Equivalencia forma la séptima parte del texto. Los exámenes de práctica están divididos en dos niveles, de menor a mayor complejidad, y están concebidos de acuerdo al orden que sigue el examen final. La octava y última parte del texto consta de un examen de Inglés tal como se requiere en Puerto Rico y en ciertos lugares de los Estados Unidos.

Ginés Serrán-Pagán

EL EXAMEN DE EQUIVALENCIA DE LA ESCUELA SUPERIOR EN ESPAÑOL

¿QUÉ ES EL *GED?*

El propósito de los Exámenes de *GED (General Educational Development)* es ofrecer la oportunidad de obtener un diploma o certificado de Equivalencia de la Escuela Superior a aquellas personas que no han podido terminar sus estudios de bachiller o de la escuela superior.

Los Exámenes de Equivalencia de la Escuela Superior se usan en los 50 estados de los Estados Unidos, en Puerto Rico, en el Distrito de Columbia, en Samoa, en la Zona del Canal, en el Territorio de las Islas del Pacífico, en Canadá, en Yukon Territory y en las provincias canadienses de British Columbia, Nova Scotia, Prince Edward Island y Saskatchewan. Se administran en más de 2,700 Centros Oficiales de *GED.*

Los diplomas de *GED* o de Equivalencia son aceptados en los Estados Unidos, en Puerto Rico y en todos los lugares mencionados. Equivalen a la graduación de la escuela superior. Las personas que obtienen el diploma pueden tener más oportunidades de conseguir trabajo, ascender de posición, estar autorizadas para ejercer ciertas profesiones, y acceder a la Universidad si lo desean. Algunas universidades aceptan con mayor facilidad y prontitud a una persona que tiene un diploma de Equivalencia con una puntuación satisfactoria que a aquella otra persona que ha de convalidar los estudios secundarios que ha realizado en otro país.

Desde el año en que se originaron los Exámenes de Equivalencia, en 1942, millones de personas han obtenido el diploma. La primera edición de las Pruebas de *GED* en español *(GED-S)* fue introducida en 1972. La edición fue revisada en 1978, 1986, y 1987. Los exámenes están organizados por el *American Council on Education,* Washington, D.C.

DESCRIPCIÓN DE LOS CURSOS: EXPRESIÓN ESCRITA, INTERPRETACIÓN DE LA LITERATURA Y DE LAS ARTES, Y MATEMÁTICAS

Las materias que comprende el Examen de Equivalencia o *GED* son las siguientes:

Materia	Número de preguntas	Duración
1. Expresión Escrita		
Parte I	55	75 minutos
Parte II	Composición	45 minutos
2. Estudios Sociales	64	85 minutos
3. Ciencias	66	95 minutos
4. Interpretación de la		
Literatura y de las Artes	45	65 minutos
5. Matemáticas	56	90 minutos
Total: 5 materias	286 preguntas	7 horas y 35 minutos

En Puerto Rico y en algunos estados también se requiere una prueba en *Inglés* además de las cinco pruebas. Este texto incluye una prueba del examen de inglés.

La prueba de *Expresión Escrita* consta de dos partes. La primera se compone de 55 preguntas que incluyen formas o usos gramaticales, identificación de errores de puntuación y letras mayúsculas, oraciones, ejercicios sobre orden lógico y gramatical e identificación de errores de ortografía. La segunda parte incluye una sección dedicada a la escritura o composición. El candidato ha de escribir un ensayo sobre un tema general. El tiempo máximo dedicado al ensayo es de 45 minutos. El candidato debe opinar o explicar por escrito el tema que se presenta. La evaluación del ejercicio de escritura depende de la organización del tema, la claridad y el estilo, así como del control que posea del idioma.

La prueba de *Estudios Sociales* consta de un total de 64 preguntas. Abarca temas de historia, política, ciencias del comportamiento, economía y geografía, basados en la comprensión de pasajes de lectura, mapas y gráficas. Aproximadamente, el 20% de las preguntas se relacionan con temas históricos, el 20% con ciencias políticas, el 25% con ciencias del comportamiento, el 20% con economía y el 15% con geografía.

La prueba de *Ciencias* consta de 66 preguntas. En su totalidad, abarca temas de biología, ciencias de la Tierra, química y física. Aproximadamente, el 50% de las preguntas contiene temas de las ciencias biológicas y el 50% de ciencias físicas (física, química, y ciencias de la Tierra).

La prueba de *Interpretación de la Literatura y de las Artes* consta de 45 preguntas y contiene lecturas de literatura popular (50%), de literatura clásica (25%) y de comentarios sobre literatura y arte (25%), haciendo énfasis en la vida y obra de importantes autores, sobre todo hispanoamericanos.

La prueba de *Matemáticas* consta de 56 preguntas, distribuidas, en orden de importancia, de la siguiente manera: aritmética (50%), álgebra (30%) y geometría (20%).

La prueba de *Inglés* se requiere en algunos estados y en Puerto Rico. Consta de cuatro secciones: sinónimos, conversaciones escritas, vocabulario y lectura.

EVALUACIÓN DEL EXAMEN

Para aprobar el examen de Equivalencia en español, debe obtenerse un *total mínimo* de 225 puntos en las cinco partes, sin que ninguna de ellas tenga un total de puntos menor de 35 ó 40 (en algunos estados).

Ejemplos que ilustran lo enterior:

Ejemplo 1:

El señor Elio Robertson aprobó al obtener los siguientes resultados:

Parte 1. Expresión Escrita y Composición		40
2. Estudios Sociales		48
3. Ciencias		52
4. Interpretación de la Literatura y de las Artes		49
5. Matemáticas		45
	Total:	234

Ejemplo 2:

La señora Carmen Sánchez no obtuvo los 225 puntos necesarios y no aprobó el examen.

Parte 1. Expresión Escrita y Composición		40
2. Estudios Sociales		46
3. Ciencias		44
4. Interpretación de la Literatura y de las Artes		35
5. Matemáticas		50
	Total:	215

En este caso, la aspirante obtuvo 35 puntos o más en cada una de las partes, pero no aprobó el examen. Es aconsejable que lo repita en su totalidad. Sin embargo, puede repetir solamente las partes que desee.

Ejemplo 3:

La señorita Rodríguez fracasó en la prueba de matemáticas porque obtuvo menos de 35 puntos en ella.*

Parte 1. Expresión Escrita y Composición		47
2. Estudios Sociales		49
3. Ciencias		52
4. Interpretación de la Literatura y de las Artes		48
5. Matemáticas		34
	Total:	230

*En este caso, la aspirante sólo necesita repetir el examen de matemáticas. Pero puede volver a tomar todo el examen, si lo desea.

Ejemplo 4:

René Torres tomó dos veces el examen. La primera vez tomó la forma SE y la segunda, la forma SF. Ninguna de las dos veces obtuvo 225 puntos. En este caso se tomarán las notas más altas de cada prueba para alcanzar el total de puntos más alto. En los resultados dados a continuación, la combinación de puntos fue suficiente para aprobar el examen.

	Forma SE	Forma SF	Puntuación combinada más alta
1. Expresión Escrita y Composición	34	46	46
2. Estudios Sociales	48	45	48
3. Ciencias	46	47	47
4. Literatura y de las Artes	39	34	39
5. Matemáticas	48	39	48
Total:	215	211	228

Para tomar el examen se necesitan las siguientes condiciones:

1. Mayores de 19 años de edad o más.

2. Adolescentes de 17 y 18 años de edad, siempre que hayan estado fuera de la escuela superior por un año.

3. Adolescentes de 17 años de edad, si la clase en la que participaban ya se graduó.

No es necesario ser ciudadano de los Estados Unidos para poder tomar el examen de GED. Las pruebas de GED están a disposición de todas las personas que viven en los Estados Unidos y sus territorios, así como para las personas que viven en la mayor parte de las provincias del Canadá.

PUNTUACIÓN NECESARIA EN LAS PRUEBAS DE *GED*

Estado	Puntuación mínima en cada prueba		Promedio mínimo en las cinco pruebas	Estado	Puntuación mínima en cada prueba		Promedio mínimo en las cinco pruebas
Alabama	35	y	45	Massachusetts	35	y	45
Alaska	35	y	45	Michigan	35	y	45
Arizona	35	y	45	Minnesota	35	y	45
Arkansas	35	y	45	Mississippi	40	ó	45
California	40	y	45	Missouri	35	y	45
Colorado	35	y	45	Montana	35	ó	45
Connecticut	35	y	45	Nebraska	40	ó	45
Delaware	40	y	45	Nevada	35	y	45
District of Columbia	35	y	45	New Hampshire	35	y	45
Florida	40	y	45	New Jersey	40	y	45
Georgia	35	y	45			Total 270 (español)	
Hawaii	35	y	45	New Mexico	40	ó	50
Idaho	35	y	45	New York	40	y	45
Illinois	35	y	45	North Carolina	35	y	45
Indiana	35	y	45	North Dakota	40	ó	50
Iowa	35	y	45	Ohio	35	y	45
Kansas	35	y	45	Oklahoma	35	y	45
Kentucky	35	y	45	Oregon	40	cada prueba	
Louisiana	40	ó	45	Pennsylvania	35	y	45
Maine	35	y	45	Rhode Island	35	y	45
Maryland	40	y	45	South Carolina	45	cada prueba	

Estado	Puntuación mínima en cada prueba		Promedio mínimo en las cinco pruebas	Estado	Puntuación mínima en cada prueba		Promedio mínino en las cinco pruebas
South Dakota	40	y	45	Marshall Islands	40	y	45
Tennessee	35	y	45	Virgin Islands	35	y	45
Texas	40	ó	45	**Provincias del Canadá**			
Utah	40	y	45	Alberta	45	cada prueba	
Vermont	35	y	45	British Columbia	45	cada prueba	
Virginia	35	y	45	Manitoba	45	cada prueba	
Washington	35	y	45	New Brunswick	45	cada prueba	
West Virginia	40	y	45	Newfoundland	45	cada prueba	
Wisconsin	35	y	45	Northwest			
Wyoming	35	y	45	Territories	40	y	45
				Nova Scotia	45		
Samoa	40	cada prueba		Prince Edward			
Zona del Canal	40	y	45	Island	45	cada prueba	
Guam	35	y	45	Saskatchewan	45	cada prueba	
Kwajalein Island	35	y	45	Yukon Territory	45	cada prueba	

Puerto Rico — Una puntuación promedio de 50 en las cinco pruebas, con ninguna puntuación menor de 36, ó, una puntuación minima en cada una de las cinco pruebas: Prueba No. 1, 36; Prueba No. 2, 42; Prueba No. 3, 44; Prueba No. 4, 38; Prueba No. 5, 46.*

CÓMO HACER EL EXAMEN FINAL: INSTRUCCIONES IMPORTANTES

Para la mayoría de nosotros, que hemos conocido sistemas de enseñanza rígidos, los exámenes nos traen malos recuerdos. No eran un medio para evaluar o medir lo que habíamos aprendido, sino una especie de castigo, una prueba muy difícil, creada delibe-radamente para no pasar la materia. Probablemente, la mejor forma de vencer este temor es comprender que el examen final de equivalencia no tiene tales propósitos. Es una prueba que trata de comprobar el conocimiento adquirido. También es importante hacer todos los exámenes prácticos posibles antes de tomar el examen final. Este texto se orienta hacia ese fin: Cuando usted se considere preparado para tomar el examen final, le reco-mendamos que siga las instrucciones siguientes:

1. Lea cuidadosamente las preguntas antes de intentar contestarlas.

2. Conteste las preguntas más fáciles. Si se encuentra con una difícil no se detenga, puede perder mucho tiempo con ella; déjela para el final. Continúe con la siguiente y más tarde vuelva a ella.

3. Lea el pasaje una vez, detenidamente. Trate de visualizar lo que lee, como si creara con los personajes o detalles del pasaje una especie de película en la mente. Así retendrá mejor el contenido del pasaje. Después de leer el pasaje, conteste una por una las preguntas. Si tiene alguna duda, porque no se acuerda bien de algún dato o concepto, busque la respuesta en el texto del pasaje.

*Este total incluye las cinco pruebas *GED* regulares y también la prueba de proficiencia en inglés.

4. No deje ninguna pregunta sin contestar. Contéstelas todas, incluso en el caso de que no sepa cuál es la respuesta correcta. Ponga cualquier número que intuya. Tiene un 20% de probabilidades de acertar. Piense que lo mejor es eliminar aquellas respuestas que claramente no son correctas y quedarse al final con las dos o tres más probables y elegir entre éstas.

5. Asegúrese de que entrega todas las formas del examen y, sobre todo, las respuestas. Asimismo, revise si ha rellenado la información necesaria, nombre, apellidos, dirección, número de identificación del examen, etc.

6. Trate de ir despejado al examen. Son bastantes horas y ha de estar relajado. Venza los nervios; son el peor obstáculo. Piense que si no pasa el examen puede tomarlo otras veces. No haga un esfuerzo el último día que pueda mermar sus facultades intelectuales, tratando de abarcar todas las materias o estudiar demasiado. Es importante que esté descansado cuando haga el examen. Son muchos los pasajes y lecturas que ha de leer y la mente ha de estar clara.

CÓMO USAR ESTE LIBRO

Este libro le ayudará a familiarizarse con el examen de *GED* en español y con las condiciones que exige la prueba. La persona que ha seguido los ejercicios y lecturas de este libro tiene muchas más probabilidades de pasar el examen que aquella que no conoce cómo es el examen. Aun si la persona tiene un nivel elevado de estudios, es conveniente que previamente lea de qué consta el examen y haga ejercicios. De esta forma puede mejorar la puntuación total cuando tome el examen final.

Los exámenes de práctica de este libro son muy parecidos al examen real de *GED* en español. Cubren las cinco materias y usan el mismo tipo de preguntas, igual organización y los mismos límites de tiempo que el examen. El contenido no es el mismo pero es similar. Realizando estos exámenes de prácticas puede comprobar qué partes del examen de equivalencia conoce bien y cuáles ha de estudiar más. Debe tomar cada examen de práctica como si hiciera el examen final, siguiendo paso a paso las indicaciones y en el tiempo reglamentario para cada prueba.

El examen diagnóstico le dará una idea del nivel en que se encuentra. Las partes dedicadas a preguntas, pasajes y conceptos básicos le ayudarán a adquirir conocimientos sobre cada una de las materias así como una mayor práctica para contestar a las preguntas. Los dos exámenes de práctica de la última parte del libro representan cada uno un nivel, de menor a mayor dificultad. Le aconsejamos que siga las instrucciones siguientes:

1. Lea las indicaciones detenidamente.

2. Ajústese al tiempo que requiere cada prueba.

3. Escriba sus respuestas en la hoja de respuestas que aparece al principio de cada examen.

4. Compare sus respuestas con las respuestas correctas o claves que se muestran al final de cada examen.

5. Cuente el número total de respuestas correctas en cada una de las pruebas y escriba el número total en el pequeño cuadrado que aparece en la hoja de respuestas.

6. Añada los cinco subtotales para obtener la puntuación total del examen (véase la gráfica siguiente para saber cómo se convierten las respuestas correctas en el modelo de puntuación que requiere el examen de GED).

7. La puntuación de GED oscila de 20 a 80. Para conseguir el diploma de GED ha de obtenerse una puntuación total mínima de 225 puntos, siempre y cuando que en cada prueba individual la puntuación no baje de 35 puntos (ó 40 en algunos estados).

PRIMERA PARTE

EXAMEN DIAGNÓSTICO: UNA MUESTRA COMPLETA DEL EXAMEN

INTRODUCCIÓN
AL EXAMEN DIAGNÓSTICO

El examen diagnóstico tiene un doble fin: primero, comprobar capacitación real del alumno y, segundo, entrenarlo en la práctica de este tipo de examen. Aunque no en las mismas palabras, el examen real es prácticamente idéntico al que aquí se propone como ejemplo.

Entre otras muchas ventajas, el examen diagnóstico ofrece al alumno la posibilidad de comprobar por sí mismo en qué puntos se encuentra menos preparado y concentrar su estudio allí donde más lo necesite.

En el modelo de examen diagnóstico seguimos el mismo orden que usted encontrará en el examen real, según las *Pruebas de muestras oficiales del GED*.

HOJA DE RESPUESTAS: EXAMEN DIAGNÓSTICO

EXAMEN 1
Parte I: Expresión Escrita

1. ① ② ③ ④ ⑤   12. ① ② ③ ④ ⑤   23. ① ② ③ ④ ⑤   34. ① ② ③ ④ ⑤   45. ① ② ③ ④ ⑤
2. ① ② ③ ④ ⑤   13. ① ② ③ ④ ⑤   24. ① ② ③ ④ ⑤   35. ① ② ③ ④ ⑤   46. ① ② ③ ④ ⑤
3. ① ② ③ ④ ⑤   14. ① ② ③ ④ ⑤   25. ① ② ③ ④ ⑤   36. ① ② ③ ④ ⑤   47. ① ② ③ ④ ⑤
4. ① ② ③ ④ ⑤   15. ① ② ③ ④ ⑤   26. ① ② ③ ④ ⑤   37. ① ② ③ ④ ⑤   48. ① ② ③ ④ ⑤
5. ① ② ③ ④ ⑤   16. ① ② ③ ④ ⑤   27. ① ② ③ ④ ⑤   38. ① ② ③ ④ ⑤   49. ① ② ③ ④ ⑤
6. ① ② ③ ④ ⑤   17. ① ② ③ ④ ⑤   28. ① ② ③ ④ ⑤   39. ① ② ③ ④ ⑤   50. ① ② ③ ④ ⑤
7. ① ② ③ ④ ⑤   18. ① ② ③ ④ ⑤   29. ① ② ③ ④ ⑤   40. ① ② ③ ④ ⑤   51. ① ② ③ ④ ⑤
8. ① ② ③ ④ ⑤   19. ① ② ③ ④ ⑤   30. ① ② ③ ④ ⑤   41. ① ② ③ ④ ⑤   52. ① ② ③ ④ ⑤
9. ① ② ③ ④ ⑤   20. ① ② ③ ④ ⑤   31. ① ② ③ ④ ⑤   42. ① ② ③ ④ ⑤   53. ① ② ③ ④ ⑤
10. ① ② ③ ④ ⑤   21. ① ② ③ ④ ⑤   32. ① ② ③ ④ ⑤   43. ① ② ③ ④ ⑤   54. ① ② ③ ④ ⑤
11. ① ② ③ ④ ⑤   22. ① ② ③ ④ ⑤   33. ① ② ③ ④ ⑤   44. ① ② ③ ④ ⑤   55. ① ② ③ ④ ⑤

Número de respuestas correctas ☐

Parte II: Composición

FIN DEL EXAMEN 1

EXAMEN 2
Estudios Sociales

1. ① ② ③ ④ ⑤   14. ① ② ③ ④ ⑤   27. ① ② ③ ④ ⑤   40. ① ② ③ ④ ⑤   53. ① ② ③ ④ ⑤
2. ① ② ③ ④ ⑤   15. ① ② ③ ④ ⑤   28. ① ② ③ ④ ⑤   41. ① ② ③ ④ ⑤   54. ① ② ③ ④ ⑤
3. ① ② ③ ④ ⑤   16. ① ② ③ ④ ⑤   29. ① ② ③ ④ ⑤   42. ① ② ③ ④ ⑤   55. ① ② ③ ④ ⑤
4. ① ② ③ ④ ⑤   17. ① ② ③ ④ ⑤   30. ① ② ③ ④ ⑤   43. ① ② ③ ④ ⑤   56. ① ② ③ ④ ⑤
5. ① ② ③ ④ ⑤   18. ① ② ③ ④ ⑤   31. ① ② ③ ④ ⑤   44. ① ② ③ ④ ⑤   57. ① ② ③ ④ ⑤
6. ① ② ③ ④ ⑤   19. ① ② ③ ④ ⑤   32. ① ② ③ ④ ⑤   45. ① ② ③ ④ ⑤   58. ① ② ③ ④ ⑤
7. ① ② ③ ④ ⑤   20. ① ② ③ ④ ⑤   33. ① ② ③ ④ ⑤   46. ① ② ③ ④ ⑤   59. ① ② ③ ④ ⑤
8. ① ② ③ ④ ⑤   21. ① ② ③ ④ ⑤   34. ① ② ③ ④ ⑤   47. ① ② ③ ④ ⑤   60. ① ② ③ ④ ⑤
9. ① ② ③ ④ ⑤   22. ① ② ③ ④ ⑤   35. ① ② ③ ④ ⑤   48. ① ② ③ ④ ⑤   61. ① ② ③ ④ ⑤
10. ① ② ③ ④ ⑤   23. ① ② ③ ④ ⑤   36. ① ② ③ ④ ⑤   49. ① ② ③ ④ ⑤   62. ① ② ③ ④ ⑤
11. ① ② ③ ④ ⑤   24. ① ② ③ ④ ⑤   37. ① ② ③ ④ ⑤   50. ① ② ③ ④ ⑤   63. ① ② ③ ④ ⑤
12. ① ② ③ ④ ⑤   25. ① ② ③ ④ ⑤   38. ① ② ③ ④ ⑤   51. ① ② ③ ④ ⑤   64. ① ② ③ ④ ⑤
13. ① ② ③ ④ ⑤   26. ① ② ③ ④ ⑤   39. ① ② ③ ④ ⑤   52. ① ② ③ ④ ⑤

Número de respuestas correctas ☐

FIN DEL EXAMEN 2

EXAMEN 3
Ciencias

1. ① ② ③ ④ ⑤   15. ① ② ③ ④ ⑤   29. ① ② ③ ④ ⑤   43. ① ② ③ ④ ⑤   57. ① ② ③ ④ ⑤
2. ① ② ③ ④ ⑤   16. ① ② ③ ④ ⑤   30. ① ② ③ ④ ⑤   44. ① ② ③ ④ ⑤   58. ① ② ③ ④ ⑤
3. ① ② ③ ④ ⑤   17. ① ② ③ ④ ⑤   31. ① ② ③ ④ ⑤   45. ① ② ③ ④ ⑤   59. ① ② ③ ④ ⑤
4. ① ② ③ ④ ⑤   18. ① ② ③ ④ ⑤   32. ① ② ③ ④ ⑤   46. ① ② ③ ④ ⑤   60. ① ② ③ ④ ⑤
5. ① ② ③ ④ ⑤   19. ① ② ③ ④ ⑤   33. ① ② ③ ④ ⑤   47. ① ② ③ ④ ⑤   61. ① ② ③ ④ ⑤
6. ① ② ③ ④ ⑤   20. ① ② ③ ④ ⑤   34. ① ② ③ ④ ⑤   48. ① ② ③ ④ ⑤   62. ① ② ③ ④ ⑤
7. ① ② ③ ④ ⑤   21. ① ② ③ ④ ⑤   35. ① ② ③ ④ ⑤   49. ① ② ③ ④ ⑤   63. ① ② ③ ④ ⑤
8. ① ② ③ ④ ⑤   22. ① ② ③ ④ ⑤   36. ① ② ③ ④ ⑤   50. ① ② ③ ④ ⑤   64. ① ② ③ ④ ⑤
9. ① ② ③ ④ ⑤   23. ① ② ③ ④ ⑤   37. ① ② ③ ④ ⑤   51. ① ② ③ ④ ⑤   65. ① ② ③ ④ ⑤
10. ① ② ③ ④ ⑤   24. ① ② ③ ④ ⑤   38. ① ② ③ ④ ⑤   52. ① ② ③ ④ ⑤   66. ① ② ③ ④ ⑤
11. ① ② ③ ④ ⑤   25. ① ② ③ ④ ⑤   39. ① ② ③ ④ ⑤   53. ① ② ③ ④ ⑤
12. ① ② ③ ④ ⑤   26. ① ② ③ ④ ⑤   40. ① ② ③ ④ ⑤   54. ① ② ③ ④ ⑤
13. ① ② ③ ④ ⑤   27. ① ② ③ ④ ⑤   41. ① ② ③ ④ ⑤   55. ① ② ③ ④ ⑤
14. ① ② ③ ④ ⑤   28. ① ② ③ ④ ⑤   42. ① ② ③ ④ ⑤   56. ① ② ③ ④ ⑤

Número de respuestas correctas ☐

FIN DEL EXAMEN 3

EXAMEN 4
Interpretación de la Literatura y de las Artes

1. ① ② ③ ④ ⑤   10. ① ② ③ ④ ⑤   19. ① ② ③ ④ ⑤   28. ① ② ③ ④ ⑤   37. ① ② ③ ④ ⑤
2. ① ② ③ ④ ⑤   11. ① ② ③ ④ ⑤   20. ① ② ③ ④ ⑤   29. ① ② ③ ④ ⑤   38. ① ② ③ ④ ⑤
3. ① ② ③ ④ ⑤   12. ① ② ③ ④ ⑤   21. ① ② ③ ④ ⑤   30. ① ② ③ ④ ⑤   39. ① ② ③ ④ ⑤
4. ① ② ③ ④ ⑤   13. ① ② ③ ④ ⑤   22. ① ② ③ ④ ⑤   31. ① ② ③ ④ ⑤   40. ① ② ③ ④ ⑤
5. ① ② ③ ④ ⑤   14. ① ② ③ ④ ⑤   23. ① ② ③ ④ ⑤   32. ① ② ③ ④ ⑤   41. ① ② ③ ④ ⑤
6. ① ② ③ ④ ⑤   15. ① ② ③ ④ ⑤   24. ① ② ③ ④ ⑤   33. ① ② ③ ④ ⑤   42. ① ② ③ ④ ⑤
7. ① ② ③ ④ ⑤   16. ① ② ③ ④ ⑤   25. ① ② ③ ④ ⑤   34. ① ② ③ ④ ⑤   43. ① ② ③ ④ ⑤
8. ① ② ③ ④ ⑤   17. ① ② ③ ④ ⑤   26. ① ② ③ ④ ⑤   35. ① ② ③ ④ ⑤   44. ① ② ③ ④ ⑤
9. ① ② ③ ④ ⑤   18. ① ② ③ ④ ⑤   27. ① ② ③ ④ ⑤   36. ① ② ③ ④ ⑤   45. ① ② ③ ④ ⑤

Número de respuestas correctas ☐

FIN DEL EXAMEN 4

EXAMEN 5
Matemáticas

1. ① ② ③ ④ ⑤	13. ① ② ③ ④ ⑤	25. ① ② ③ ④ ⑤	37. ① ② ③ ④ ⑤	49. ① ② ③ ④ ⑤
2. ① ② ③ ④ ⑤	14. ① ② ③ ④ ⑤	26. ① ② ③ ④ ⑤	38. ① ② ③ ④ ⑤	50. ① ② ③ ④ ⑤
3. ① ② ③ ④ ⑤	15. ① ② ③ ④ ⑤	27. ① ② ③ ④ ⑤	39. ① ② ③ ④ ⑤	51. ① ② ③ ④ ⑤
4. ① ② ③ ④ ⑤	16. ① ② ③ ④ ⑤	28. ① ② ③ ④ ⑤	40. ① ② ③ ④ ⑤	52. ① ② ③ ④ ⑤
5. ① ② ③ ④ ⑤	17. ① ② ③ ④ ⑤	29. ① ② ③ ④ ⑤	41. ① ② ③ ④ ⑤	53. ① ② ③ ④ ⑤
6. ① ② ③ ④ ⑤	18. ① ② ③ ④ ⑤	30. ① ② ③ ④ ⑤	42. ① ② ③ ④ ⑤	54. ① ② ③ ④ ⑤
7. ① ② ③ ④ ⑤	19. ① ② ③ ④ ⑤	31. ① ② ③ ④ ⑤	43. ① ② ③ ④ ⑤	55. ① ② ③ ④ ⑤
8. ① ② ③ ④ ⑤	20. ① ② ③ ④ ⑤	32. ① ② ③ ④ ⑤	44. ① ② ③ ④ ⑤	56. ① ② ③ ④ ⑤
9. ① ② ③ ④ ⑤	21. ① ② ③ ④ ⑤	33. ① ② ③ ④ ⑤	45. ① ② ③ ④ ⑤	
10. ① ② ③ ④ ⑤	22. ① ② ③ ④ ⑤	34. ① ② ③ ④ ⑤	46. ① ② ③ ④ ⑤	
11. ① ② ③ ④ ⑤	23. ① ② ③ ④ ⑤	35. ① ② ③ ④ ⑤	47. ① ② ③ ④ ⑤	
12. ① ② ③ ④ ⑤	24. ① ② ③ ④ ⑤	36. ① ② ③ ④ ⑤	48. ① ② ③ ④ ⑤	

Número de respuestas correctas ☐

FIN DEL EXAMEN 5

Parte II: Composición

_____

_____

_____

_____

_____

_____

_____

_____

_____

_____

_____

_____

_____

_____

_____

_____

_____

_____

_____

_____

_____

_____

_____

FIN DEL EXAMEN 1

EXAMEN DIAGNÓSTICO

EXAMEN 1
EXPRESIÓN ESCRITA

La primera prueba de EXPRESIÓN ESCRITA tiene como propósito medir su habilidad para usar el español clara y efectivamente. Es una prueba de cómo escribir el español, no de cómo se habla.

La PRIMERA PARTE consiste en reconocer y corregir errores, revisar palabras y frases o cambiar la construcción de las oraciones enumeradas en los distintos párrafos. En la SEGUNDA PARTE se le pide al alumno que escriba una *composición* sobre un tema, explicándolo o dando su opinión sobre el mismo.

PARTE I
RECONOCIMIENTO Y CORRECCIÓN DE ERRORES

55 preguntas—75 minutos

El examen consiste en párrafos con oraciones numeradas. Algunas oraciones (no todas) contienen errores de estructura o construcción, de ortografía, puntuación, mayúsculas, etc. Lea primeramente el párrafo íntegro para familiarizarse con su sentido. Después conteste las preguntas de opción múltiple, corrigiendo, revisando o cambiando la construcción. Algunas preguntas se refieren a oraciones que son correctas tal como están. En estos casos, la mejor respuesta es dejar la oración tal como aparece en el original. En otros casos, en los que hay errores, preste atención al sentido general del texto, a fin de elegir las respuestas correctas de acuerdo al resto del párrafo.

No se demore demasiado en cada pregunta. Tiene 75 minutos para contestar las 55 preguntas. Indique sus respuestas en la hoja que tiene para ello por separado, según el modelo siguiente:

EJEMPLO:

Oración 1: Hablar y Escribir son dos funciones
afines, pero diferentes.
—¿Qué revisión debería hacerse en esta oración?

(1) Cambiar *Escribir* por *Escrivir*   ① ● ③ ④ ⑤
(2) Cambiar *Escribir* por *escribir*

(3) Poner punto y coma depúes de *afines*
(4) Cambiar *afines* por *a fines*
(5) Ninguna

En este ejemplo, *Escribir* no se escribe con mayúscula porque no va al principio de la oración, ni despues de punto. La respuesta correcta, por lo tanto, es la (2). a la que corresponde el ovalito número dos en la hoja de respuestas, que debe rellenarse sólidamente, segun el modelo adjunto.

Si cambia una respuesta, borre la primera marca por completo. Llene solamente un ovalito por coda pregunta. Las respuestas múltiples se consideran incorrectas. NO COMIENCE HASTA QUE SE LE AVISE.

Las preguntas 1–11 se refieren a la siguiente selección.

(1) Hablar y escribir son dos funsiones afines, pero diferentes. (2) Ambas tienen que ver con la misma forma de comunicación humana llamada <u>lengua o lenguage</u>. (3) Pero no todo el que habla una lengua puede escribirla. (4) Hay incluso quienes pueden hablar y leer, sin saber escribir su propia lengua. (5) La expresión escrita es un arte y una técnica. (6) Su dominio exije aprender una serie de reglas y su práctica. (7) Ni las reglas sin práctica, ni la práctica sin reglas nos habían conducido al objetivo señalado: escribir correctamente. (8) El aprendizaje de la escritura y el habla son muy distintos. (9) A hablar aprendemos inconscientemente y automáticamente desde la más tierna infancia. (10) En cambio, a escribir se aprende cuando se tiene uso de razón. (11) El lugar de aprender a hablar es generalmente el hogar; el de escribir, la escuela.

1. Oración 1: Hablar y escribir son dos funsiones afines, pero diferentes
-¿Qué revisión deberia hacerse en esta oración?

   (1) Cambiar *afines* por *a fines*
   (2) Poner punto en vez de coma depués de *afines*
   (3) Añadir *también* antes de *escribir*
   (4) Cambiar funsiones por *funciones*
   (5) Ninguna

2. Oración 2: Ambas tienen que ver con la misma forma de comunicación humana llamada lengua o lenguage.
-¿Qué revisión deberia hacerse en esta oración?

   (1) Cambiar *ambas* por *las dos*
   (2) Cambiar *tienen que ver* por *tienen relación*
   (3) Cambiar *lengua o lenguage* por *lengua o lenguaje*
   (4) Poner dos puntos después de *llamada*
   (5) Ninguna

3. Oración 2. En Las misma oración anterior, ¿cual seria la mejor forma de expresar las palabras

subrayadas? Si cree que la versión original es la mejor, elija la opción (1).

   (1) lengua *o* lenguaje
   (2) *ni* lengua *ni* lenguaje
   (3) lengua *y tambien* lenguaje
   (4) *ya* lengua *ya* lenguaje
   (5) lengua, *es decir,* lenguaje

4. Oración 3: *Pero* no todo el que habla una lengua puede escribirla.
-Cambie la palabra subrayada por su equivalente o sinónimo.

   (1) Mas
   (2) Más
   (3) Menos
   (4) Incluso
   (5) Seguro

5. Oración 4: Hay incluso quienes pueden hablar y leer, sin saber escribir su propia lengua.
-¿Qué revisión haría usted en esta oración?

   (1) Cambiar *Hay* por *Habían*
   (2) Cambiar *y leer* por *hablar, leer*
   (3) Cambiar *Hay incluso* por *Hay, incluso,*
   (4) Cambiar *sin* por *pero*
   (5) Ninguna

6. Oración 5. La expresión escrita es un arte *y una técnica.*
   -¿Cual seria la mejor manera de expresar la parte subrayada de esta oración? Si cree que la versión original es la mejor, elija la opción (1).

   (1) y una técnica
   (2) y una tecnología
   (3) pero no una técnica
   (4) y también una técnica
   (5) mas no una técnica

7. Oración 6: Su domino exije aprender una serie de reglas y su práctica.
   -¿Qué revisión haría usted en esta oración?

   (1) Cambiar *Su dominio* por *El dominio*
   (2) Cambiar *exije* por *exige*
   (3) Cambiar *exije* por *exijen*
   (4) Cambiar *y su práctica* por *y la práctica*
   (5) Ninguna

8. Oración 7: Ni las reglas sin práctica, ni las prácticas sin reglas nos *habían conducido* al objetivo señalado: escribir correctamente.
   -¿Cuál sería la mejor manera de expresar las palabras subrayadas? Si cree que la versión original es la mejor, elija la opción (1).

   (1) habían conducido
   (2) habrán conducido
   (3) condujeron
   (4) conducieron
   (5) conducirían

9. Oración 9: A hablar aprendemos inconscientemente y automáticamente desde la más tierna infancia.
   -¿Qué revisión debería hacerse en esta oración?

   (1) Cambiar *aprendemos* por *aprendemo*
   (2) Cambiar *inconscientemente* por *inconsciente*
   (3) Cambiar *automáticamente* por *automático*
   (4) Cambiar *tierna* por *dura*
   (5) Ninguna

10. Oración 10: *En cambio,* a escribir se aprende cuando se tiene uso de razón.
    -¿Cuál sería la mejor forma de expresar la parte subrayada? Si cree que la versión original es la mejor elija la opción (1).

    (1) En cambio,
    (2) A pesar de
    (3) De la misma manera
    (4) Al fin
    (5) Sin duda

11. Oración 11: El lugar de aprender a hablar es generalmente el hogar; el de escribir, la escuela.
    -Si tuviéramos que comenzar esta oración por *Generalmente el hogar,* ¿cuál sería la palabra siguiente?

    (1) es
    (2) el lugar
    (3) la escuela
    (4) aprender
    (5) escribir

Las preguntas 12–22 se refieren a la siguiente selección

(1) La technología se ha introducido hay en casi todos los campos de investigación y trabajo manual. (2) Aunque algunos expertos no consideran la técnica como una forma de conocimiento, la informática está dominada por la máquinas calculadoras. (3) En cuanto al trabajo manual, la contribución de la tecnología es la robótica. (4) Los robots son ya decisivos, por ejemplo, en la industria del automobil. (5) El trabajo en cadena favorece este tipo de autómata que realiza su tarea sin cansarse ni protester. (6) El robot no tiene Derechos Humanos, ni dias de fiesta, ni familia con la que dividir su atención. (7) No todo, sin embargo, son ventajas. (8) Si los ordenadores piensan y los robots ejecutan, ¿qué van a hacer los trabajadores humanos? (9) El desempleo y la alineación son graves problemas sociales. (10) Tan poco podemos decir, como el almanaque, la solución mañana.

12. Oración 1: La technología se ha introducido hoy en casi todos los campos de investigación y trabajo manual.
    -¿Qué revisión haria usted en esta oración?

    (1) Cambiar *technología* por *tecnología*
    (2) Añadir una coma después de *tecnología*
    (3) Poner una coma después de *investigación*
    (4) Cambiar *se ha introducido* por *se introdujo*
    (5) Ninguna

13. Oración 2: Aunque algunos expertos no consideran la técnica como *una forma de conocimiento*, la informática está dominada por las máquinas calculadoras.
    —¿Cuál sería la mejor forma de expresar la parte subrayada? Si cree que la versión original es la mejor, elija la opción (1).

    (1) una forma de conocimiento
    (2) una forma conocimiento
    (3) un conocimiento forma
    (4) un conocimiento formal
    (5) una fuente de conocimiento

14. Oración 3. En cuanto al trabajo manual, la contribución de la tecnología es la robótica.
    —¿Qué revisión deberíamos hacer en esta oración?

    (1) Omitir la coma después de *manual*
    (2) Cambiar *la contribución* por *la gran contribución*
    (3) Cambiar *robótica* por *Robótica*
    (4) Poner dos puntos después de *es*
    (5) Ninguna

15. Oración 4. Los robots son ya decisivos, por ejemplo, en la industria del automóbil.
    —¿Qué revisión haría usted en esta oración?

    (1) Cambiar *son* por *eran*
    (2) Quitar la doble coma en *por ejemplo*
    (3) Cambiar *automóbil* por *automóvil*
    (4) Cambiar *Los* por *Las*
    (5) Ninguna

16. Oración 5: El trabajo en cadena favorece este tipo de autómata *que* realiza su tarea sin cansarse ni protestar.
    —La combinación de las oraciones 4 y 5 en una sola frase debe incluir alguna de las siguientes palabras:

    (1) mientras
    (2) a través
    (3) por
    (4) porque
    (5) sin

17. Oración 5: En la misma oración anterior, ¿cuál sería la mejor manera de expresar la palabra

subrayada? Si cree que la versión original es la mejor, elija la opción (1).

(1) que
(2) aquel
(3) cual
(4) quien
(5) cuyo

18. Oración 6: El robot no tiene Derechos Humanos, ni días de fiesta, ni familia con la que dividir su atención.
    —¿Qué revisión se debería hacer en esta oración?

    (1) Cambiar Derechos Humanos por Derechos humanos
    (2) Cambiar Derechos Humanos por derechos humanos
    (3) Cambiar días de fiesta por Días de Fiesta
    (4) *El robot* por *Los robos*
    (5) Ninguna

19. Oración 7: No todo, *sin embargo*, son ventajas.
    —¿Cuál sería la mejor manera de expresar la palabra subrayada? Si cree que la versión original es la mejor, elija la opción (1).

    (1) sin embargo
    (2) tampoco
    (3) sin más
    (4) así porque sí
    (5) aun

20. Oración 8: Si los ordenadores piensan y los robots ejecutan, ¿qué van a hacer los trabajadores humanos?
    —Si comenzamos la oración con la pregunta, ¿qué palabra pondría usted después de seres humanos?

    (1) si
    (2) ordenadores
    (3) los robots
    (4) que
    (5) piensan

21. El desempleo y la alineación son graves problemas sociales.
    —¿Qué revisión deberíamos hacer en esta oración?

    (1) Cambiar *graves* por *grabes*

(2) Poner una coma después de *desempleo*
(3) Poner dos puntos después de *son*
(4) Cambiar *alineación* por *alienación*
(5) Ninguna

22. Oración 10: Tan poco podemos decir, como el almanaque, la solución mañana.

—¿Cuál sería la mejor manera de expresar las palabras subrayadas? Si cree que la versión original es la mejor, elija la opción (1).

(1) Tan poco
(2) Tampoco
(3) Cuando
(4) Porque
(5) Por donde

Las preguntas 23–32 se refieren a la siguiente selección:

(1) Desde antigüo ha dicho el proverbio: "el mundo es un pañuelo". (2) Para ello quiere decirse que desde la antigüedad el hombre se sorprendía de lo pequeño que es el mundo. (3) Sin embargo, sólo en nuestro tiempo (gracias precisamente a la técnica) el mundo se ha reducido realmente. (4) El progreso en los medios de comunicación ha cortado las distancias. (5) No hace mucho, los transatlánticos tardaban varios días en hacer el viaje de Europa a América. (6) En cambio, hoy un reactor ordinario hace el mismo viaje en cuestión de horas. (7) Los reactores especiales, como el Concorde, por ejemplo, tarda sólo tres horas y media en cruzar el Atlántico. (8) Lo mismo ocurre con la información. (9) Gracias a los satélites artificiales y a la antena parabólica, la televisión nos transmite en directo cualquier acontecimiento en cualquier lugar del mundo. (10) El espacio y el tiempo han sido achicados un golpe.

23. Oración 1: Desde antigüo ha dicho el proverbio: "el mundo es un pañuelo".
—¿Qué revisión haría usted en esta oración?

(1) Cambiar *Desde* por *De*
(2) Cambiar *antigüo* por antigúo
(3) Cambiar *antigüo* por antiguo
(4) Poner coma después de *proverbio*
(5) Ninguna

24. Oración 2: *Para ello* quiere decirse que desde la antigüedad el hombre se sorprendía de lo pequeño que es el mundo.
—¿Cuál sería la mejor manera de expresar las palabras subrayadas? Si usted cree que la versión original es la mejor, elija la opción (1).

(1) Para ello
(2) Por ello
(3) Con ello
(4) Sin ello
(5) A fin

25. Oración 3: Sin embargo, sólo en nuestro tiempo (gracias precisamente a la técnica) el mundo se ha reducido realmente.
—¿Qué revisión habría que hacer en esta oración?

(1) Omitir la coma después de *Sin embargo,*
(2) Omitir el acento en *sólo*
(3) Omitir el paréntesis y poner comas en su lugar
(4) Cambiar mundo por Mundo
(5) Ninguna

26. Oración 4: El progreso en los medios de comunicación *ha cortado* las distancias.
—¿Cuál sería la mejor manera de expresar las palabras subrayadas? Si cree que la versión original es la mejor, elija la opción (1).

(1) ha cortado
(2) ha acortado
(3) cortó
(4) cortaba
(5) habría acortado

27. Oración 5: No hace mucho, los transatlánticos tardaban varios días en hacer el viaje de Europa a América.
—¿Qué revisión introduciría usted en esta oración?

(1) Omitir la coma después de *No hace mucho*
(2) Cambiar *transatlánticos* por Transatlánticos
(3) Cambiar *tardaban* por *tardaron*
(4) Cambiar *en hacer* por *a hacer*
(5) Ninguna

28. Oración 6: *En cambio*, hoy un reactor ordinario hace el mismo viaje en cuestión de horas.
—¿Cuál sería la mejor manera de expresar las palabras subrayadas? Si cree que la versión original es la mejor, elija la opción (1).

    (1) En cambio
    (2) Finalmente
    (3) A propósito
    (4) Por ello
    (5) De cualquier modo

29. Oración 7: Los reactores especiales, como el Concorde, por ejemplo, tarda sólo tres horas y media en cruzar el Atlántico.
—¿Qué revisión haría usted en esta oración?

    (1) Omitir la coma después de *Concorde*
    (2) Cambiar *Concorde* por *Concord*
    (3) Cambiar sólo por solo
    (4) Cambiar *tarda* por *tardan*
    (5) Ninguna

30. Oración 8: Lo mismo ocurre con la información.
—¿Que revisión haría usted en esta oración?

    (1) Cambiar *Lo mismo* por *El mismo*
    (2) Cambiar *ocurre* por *ocure*
    (3) Cambiar *ocurre* por *sucede*

    (4) Cambiar *con* por *a*
    (5) Ninguna

31. Gracias a los satélites artificiales y a la antena parabólica, la televisión nos transmite *en directo* cualquier acontecimiento en cualquier lugar del mundo.
—¿Cuál sería la mejor manera de expresar las palabras subrayadas? Si cree que la versión original es la mejor, elija la opción (1).

    (1) en directo
    (2) directamente
    (3) instantáneamente
    (4) sin rodeos
    (5) como un rayo

32. Oración 10: El espacio y el tiempo han sido *achicados un golpe*.
—Si tuviera usted que escribir esta oración de una manera más formal, ¿con qué palabras substituiría la parte subrayada?

    (1) reducidos notablemente
    (2) brutalmente reducidos
    (3) reducidos al máximo
    (4) aniquilados
    (5) comprimidos

Las preguntas 33–42 se refieren al siguiente párrafo:

(1) Los problemas, al igual que los avances tecnológicos, parecen conducirnos inevitablemente a un mundo sin fronteras. (2) La lluvia ácida, que ha destruido la vida en los lagos y los árboles en la selva, no respeta soberanías. (3) Otro tanto ocurre a la contaminación de las plantas nucleares. (4) La energía escapada en un accidente se convierte en una nube. (5) Esta nube incontrolada viaja al azar y descarga lluvia radioactiva sobre los prados y bosques de otras naciones. (6) Esto hace que la cooperación entre todos los estados del mundo sean indispensables. (7) A la hora de la cooperación internacional, hay que estar a las verdes y a las maduras. (8) El hambre y la desertización, sin embargo, son problemas globales.

33. Oración 1: Los problemas, *al igual* que los avances tecnológicos, parecen conducirnos inevitablemente a un mundo sin fronteras.
—¿Cuál seria la mejor forma de expresar la parte subrayada? Si cree que la versión original es la mejor, elija la opción (1).

    (1) al igual
    (2) por igual
    (3) por el contrario
    (4) sin igual
    (5) diferentemente

34. Oración 2: La lluvia ácida, que ha destruido la vida en los lagos y los arboles en la selva, no respeta soberanías.
—¿Qué revisión habría que hacer en esta oración?

    (1) Cambiar *vida* por *vidas*
    (2) Cambiar *arboles* por *árboles*
    (3) Omitir la coma después de *ácida*
    (4) Cambiar *soberanía* por *soveranía*
    (5) Ninguna

35. Oración 3: Otro tanto ocurre *a la*
contaminación de las plantas nucleares.
—¿Cuál sería la mejor manera de expresar las
palabras subrayadas? Si cree que la versión
original es la mejor, elija la opción (1).

   (1) a la
   (2) con la
   (3) por la
   (4) contra la
   (5) en favor de

36. Oración 4: La energía escapada en un accidente
se convierte en una nube.
—¿Qué revisión haría usted en esta oración?

   (1) Cambiar *accidente* por *asidente*
   (2) Cambiar *accidente* por *catástrofe*
   (3) Poner coma después de *escapada* y de
   accidente
   (4) Cambiar *nube* por *nubes*
   (5) Ninguna

37. Oración 5: Esta nube incontrolada viaja al azar
y descarga lluvia radioactiva sobre los prados y
bosques de otras naciones.
—¿Qué revisión haría usted en esta oración?

   (1) Cambiar *azar* por *hazar*
   (2) Cambiar *Este* por *Esta*
   (3) Cambiar *radioactiva* por *radio activa*
   (4) Poner coma después de *azar*
   (5) Ninguna

38. Oración 6: Esto hace que la cooperación entre
todos los estados del mundo sean
indispensables.
—¿Qué revisión haría usted en la oración 6?

   (1) Cambiar *hace* por *hacen*
   (2) Poner coma después de *cooperación*
   (3) Cambiar *sean indispensables* por *sea
   indispensable*
   (4) Cambiar *sean* por *será*
   (5) Ninguna

39. Oración 7: A la hora de la cooperación
internacional, hay que estar *a las verdes y a las
maduras*.
—Si tuviera usted que escribir esta oración de
una manera más formal, ¿que expresión
utilizaría en lugar de las palabras subrayadas?

   (1) dispuestos a aceptar responsabilidades
   (2) preparados para morir
   (3) indiferentes
   (4) al aviso del vecino
   (5) impasibles

40. Oración 8: El hambre y la desertización, *sin
embargo*, son problemas globales.
—¿Cuál sería la mejor forma de expresar la
parte subrayada? Si cree que la versión original
es la mejor, elija la opción (1).

   (1) sin embargo
   (2) en cambio
   (3) también
   (4) por fin
   (5) finalmente

41. En la misma oración anterior busque el
equivalente o sinónimo de *globales* entre las
siguientes palabras:

   (1) redondos
   (2) rotundos
   (3) mundiales
   (4) nacionales
   (5) internacionales

42. Coordine las oraciones 4 y 5 mediante alguna
de las formas siguientes:

   (1) y
   (2) la cual
   (3) que
   (4) quien
   (5) pero

Las preguntas 43–55 se refieren al siguiente párrafo:

(1) Está demostrado que la dieta y la salud se relacionan entre sí como causa y efecto. (2) En igualdad de circunstancias, a una mejor dieta corresponde un más mejor estado de salud. (3) Y al contrario, a una dieta rica en grasas, sales y azúcares le siguen problemas de corazón y cáncer. (4) Aun descontando culequier tipo específico de enfermedad, la obesidad es de por sí un problema. (5) En las Sociedades Avanzadas, como la nuestra, muere más gente de comer que de hambre. (6) Según los psicólogos la gente no sólo come para satisfacer el hambre, sino otros apetitos también. (7) Es curioso que la depresión pueda inducir tanto el hambre como la desgana. (8) La dietética forma parte del credo de algunas religiones. (9) Lo cual quiere decir

que, según una buena parte de la humanidad, la dieta también tiene relación con la salud espiritual.

43. Oración 1: Esta demostrado que la dieta y la salud se relacionan entre sí como causa y efecto.
    —¿Que revisión deberíamos hacer en esta oración?

    (1) Cambiar *demostrado* por *demostrada*
    (2) Cambiar *dieta* por *alimentación*
    (3) Cambiar *entre sí* por *entre ellas*
    (4) Cambiar *Esta* por *Está*
    (5) Ninguna

44. Oración 1: *Está demostrado* que la dieta y la salud se relacionan entre sí como causa y efecto.
    —¿Cuál sería la mejor manera de expresar la parte subraya da? Si cree que la versión original es la mejor, elija la opción (1).

    (1) Está demostrado
    (2) No está demostrado
    (3) Su estuviera demostrado
    (4) Aun estando demostrado
    (5) Aún no estando demostrado

45. Oración 2: En igualdad de circunstancias, a una mejor dieta corresponde un más mejor estado de salud.
    —¿Qué revisión debería hacerse en esta oración?

    (1) Cambiar *circunstancias* por *circunstancia*
    (2) Cambiar *corresponde* por *pertenece*
    (3) Cambiar *un más mejor* por *un mejor*
    (4) Cambiar *de salud* por *en la salud*
    (5) Ninguna

46. Combine en una sola oración compuesta las oraciones 1 y 2 mediante alguna de estas palabras:

    (1) puesto que
    (2) desde que
    (3) aunque
    (4) después que
    (5) por si

47. Oración 3: Y al contrario, a una dieta rica en grasas, sales y azúcares le siguen problemas de corazón y cáncer.
    —¿Que revisión haría usted en esta oración?

    (1) Cambiar *azúcares* por *azúcar*
    (2) Cambiar *azúcares* por *asúcar*
    (3) Poner una coma después de *sales*
    (4) Poner coma después de *azúcares*
    (5) Ninguna

48. Oración 3: *Y al contrario*, a una dieta rica en grasas, sales y azúcares le siguen problemas de corazón y cáncer.
    —¿Cuál es la mejor forma de expresar la parte subrayada? Si cree que la versión original es la mejor, elija la opción (1).

    (1) Y al contrario
    (2) Y por lo visto
    (3) Y igualmente
    (4) E igualmente
    (5) Y sin embargo

49. Oración 4: Aun descontando cualquier tipo específico de enfermedad, la obesidad es de por sí un problema.
    —¿Qué revisión habría que hacer en esta oración?

    (1) Poner acento en *Aun*
    (2) Cambiar *cualequier* por *cualequiera*
    (3) Cambiar *cualequier* por *cualquiera*
    (4) Cambiar *cualequier* por *cualquier*
    (5) Ninguna

50. *Aun descontando* cualquier tipo de enfermedad, la obesidad es de por sí un problema.
    —¿Cuál es la mejor forma de expresar la parte subrayada? Si cree que la versión original es la mejor, elija la opción (1).

    (1) Aun descontando
    (2) Dando por descontado
    (3) Cuando contamos
    (4) Mientras
    (5) Sin conocer

51. En las Sociedades Avanzadas como la nuestra, muere más gente de comer que de hambre.

−¿Qué correcciones hay que hacer en esta oración?

(1) Cambiar *muere* por *mueren*
(2) Añadir una coma después de *comer*
(3) Poner coma después de *Avanzadas*
(4) Cambiar *Sociedades Avanzadas* por *sociedades avanzadas*
(5) Ninguna

52. Oración 6: Según los psicólogos, la gente no sólo come para satisfacer el hambre, sino otros apetitos también.
−¿Qué correcciones habría que hacer en esta oración?

(1) Quitar la coma después de *psicólogos*
(2) Eliminar el acento en *psicólogos*
(3) Cambiar *también* por *tampoco*
(4) Cambiar *apetitos* por *necesidades*
(5) Ninguna

53. Oración 7: Es curioso que la depresión *pueda inducir* tanto el hambre como la desgana.
−¿Cuál sería la mejor forma de expresar la parte subrayada? Si cree que la versión original es la mejor, elija la opción (1).

(1) pueda inducir
(2) puede inducir
(3) podría inducir
(4) podría conducir
(5) conduciría

54. Oración 8: La dietética forma parte *del credo* de algunas religiones.
−¿Cuál sería la mejor forma de expresar la parte subrayada? Si cree que la versión original es la mejor, elija la opción (1).

(1) del credo
(2) de la práctica
(3) del rito
(4) de la liturgia
(5) de la escatología

55. Oración 9: Lo cual quiere decir que, según una buena parte de la humanidad, la dieta también tiene relación con la salud espiritual.
−¿Qué revisión habría que hacer a esta oración?

(1) Omitir la coma después de *que*
(2) Cambiar *humanidad* por *Humanidad*
(3) Cambiar *también* por *tampoco*
(4) Poner dos puntos después de *humanidad*
(5) Ninguna

FIN DE ESTA PARTE

PARTE II
COMPOSICIÓN

Instrucciones: En esta parte se trata de comprobar su habilidad de expresarse por escrito. Se le pide que escriba una composición sobre un tema asignado. La exposición debe ser, ante todo, informativa. Al mismo tiempo, usted puede apoyar su punto de vista o dar su opinión aportando pruebas y ejemplos. *Tiempo:* 45 minutos. *Espacio:* Unas 200 palabras, lo que equivale a una página de veinticinco líneas, a ocho palabras por línea.

Al preparar su composición, se le recomienda que siga los siguientes pasos:

1. Ante todo, lea cuidadosamente el tema asignado. No escriba sobre ningún otro tema. Sería nulo.
2. Haga un pequeño plan esquemático anotando la idea principal primero; luego, las ideas secundarias, razones y ejemplos que piensa usted utilizar en favor de su opinión o punto de vista.
3. Escriba la composición entera en borrador.
4. Lea lo que ha escrito en el borrador y haga las correcciones y revisiones que crea convenientes.
5. Al corregir, tenga en cuenta todos los aspectos gramaticales, mecánica, usos, estructuras, así como el orden, claridad y coherencia de las oraciones.
6. Ponga en limpio la versión final, escrita con bolígrafo, en las páginas especiales asignadas para ello.
7. Escriba con letra clara, de forma que los evaluadores puedan leer su escrito con facilidad. El ensayo será leído por lo menos por dos evaluadores. La nota tendrá en cuenta todos los aspectos de la escritura, desde la puntuación hasta el orden lógico y la claridad.

TEMA

Desde el punto de vista de la técnica, parece que estamos en el mejor de los mundos posibles. Pero cuando se examinan algunas de sus aplicaciones militares, hay quien se siente aterrorizado.

¿Qué piensa usted? Escriba su respuesta en un ensayo de unas 200 palabras, alegando razones y ejemplos en favor de su opinión o punto de vista.

Use esta página para anotaciones.

EXAMEN 2:
ESTUDIOS SOCIALES

64 preguntas—85 minutos

Instrucciones: La prueba de Estudios Sociales consta de un total de 64 preguntas. Los temas que abarca son: historia, economía, geografía, política y ciencias del comportamiento. La prueba contiene lecturas de pasajes, preguntas teóricas, mapas, gráficas y cuadros estadísticos. Primero, lea la información dada y después responda a la pregunta. Indique sus respuestas en la hoja que tiene para ello por separado, sección de Estudios Sociales, según el modelo siguiente:

EJEMPLO:

La inflación se produce cuando hay

(1) desarrollo económico excesivo ① ② ● ④ ⑤
(2) un cierto grado de competición entre las industrias
(3) un aumento general de los precios
(4) una dependencia del comercio internacional
(5) una tendencia continua hacia la disminución de los precios

La respuesta correcta, por lo tanto, es la (3), a la que corresponde el ovalito número tres en la hoja de respuesta, que debe rellenarse sólidamente, según el modelo que se presenta. Si cambia una respuesta, borre la primera marca por completo. Llene solamente un ovalito por cada pregunta. No comience hasta que se le avise.

Las preguntas 1–4 se refieren al siguiente cuadro de población y a la lectura que le sigue:

Según las Naciones Unidas, los países más poblados del mundo en el año 2000, serán los siguientes:

Países	Población
1. China	1,189,600,000
2. India	1,036,700,000
3. Rusia	311,800,000
4. Estados Unidos	260,100,000
5. Indonesia	221,600,000
6. Brasil	212,500,000
7. Bangladesh	153,300,000
8. Nigeria	148,900,000
9. Pakistán	145,000,000
10. Japón	138,900,000
11. México	132,300,000
12. Filipinas	83,100,000
13. Vietnam	79,400,000
14. Tailandia	76,100,000
15. Turquía	69,400,000
16. Irán	65,400,000
17. Egipto	64,700,000
18. Italia	61,000,000
19. Alemania Occid.	59,500,000
20. Francia	57,300,000
21. Inglaterra	56,700,000
22. Etiopía	55,300,000
23. Birmania (Mianmar)	55,100,000
24. Rep. de Corea	50,800,000
25. Sudáfrica	47,800,000
26. Zaire (Congo-Kinshasa)	46,400,000
27. España	43,400,000
28. Colombia	42,500,000
29. Polonia	41,200,000
30. Afganistán	36,700,000

Fuente: Naciones Unidas. *Tendencias de la población mundial, 1988.*

Si los países pobres de hoy en día no prosperan, si no llegan a desarrollar sus economías en una proporción equivalente al crecimiento de sus poblaciones, el futuro que les espera será trágico: hambre, miseria, enfermedades, desorganización social. A pesar del descenso que ocurrirá en la población de los países más avanzados, éstos se verán afectados por el problema de la superpoblación mundial.

Cualquiera que sea la solución, el hecho es que la población mundial va en aumento. El espacio será más pequeño, habrá menus medios de subsistencia, la mortalidad infantil se reducirá aún más y llegará el momento en que tendremos que buscar una forma para arreglar los problemas de espacio, de contaminación del medio ambiente y de superpoblación.

1. Para el año 2000, ¿en qué continente existirá más población?

   (1) América
   (2) Asia
   (3) África
   (4) Oceanía
   (5) Europa

2. La población de la Tierra

   (1) tiende a crecer cada vez más
   (2) tiende a disminuir
   (3) va en aumento creando una estabilidad social
   (4) conducirá, con su aumento, a solucionar los problemas actuales de espacio
   (5) padece hoy miseria y esfermedad

3. Según el cuadro estadístico

   (1) los países más grandes tienden a un equilibrio de la población

   (2) los países de mayor población sufrirían un descenso
   (3) la economía tiene que crecer proporcionalmente con el aumento de la población
   (4) los países más pequeños tienden a reducir su población
   (5) los países más desarrollados se verán afectados por los problemas de población en el resto del mundo.

4. Para evitar el hambre y la miseria,

   (1) los países avanzados tendrán que controlar su población
   (2) habrá que solucionar el problema de la desorganización social
   (3) los países más avanzados tendrán que disminuir su crecimiento económico
   (4) la población mundial ha de aumentar
   (5) los países pobres tendrán que desarrollar sus economías proporcionalmente al crecimiento de sus poblaciones

Las preguntas 5–8 se refieren al pasaje siguiente:

"Nosotros, el pueblo de los Estados Unidos"—comienza así la Constitución de 1787— "con el propósito de formar una Unión más perfecta, establecer la Justicia, garantizar la Tranquilidad Nacional, atender a la Defensa común, fomenter el Bienestar general, y asegurar los beneficios de la Libertad para nosotros y para nuestros descendientes, promulgamos y establecemos esta Constitución para los Estados Unidos de América...

"Los senadores son elegidos por las legislaturas de los estados, a razón de dos por estado. Los representantes son elegidos por el pueblo de los diversos estados, en proporción de uno por cada 30,000 habitantes. El presidente asume el cargo por un período de cuatro años. Es jefe supremo de las fuerzas de mar y tierra, y tiene poder para celebrar tratados, con la ratificación del Senado, nombrar embajadores, ministros de gobierno, funcionarios públicos, etc. En caso de muerte, renuncia o destitución le sustituye el vicepresidente, que también es elegido por cuatro años. El Tribunal Supremo está integrado por miembros nombrados con carácter vitalicio por el presidente de la República. Este tribunal tiene, entre otros deberes, el de velar por el mantenimiento de la Constitución y el de resolver las controversies entre los diversos estados".

La Constitución confería los poderes legislativos al Congreso y el poder ejecutivo al presidente. El poder judicial lo encomendaba a un Tribunal Supremo y tribunales inferiores.

5. La Constitución de los Estados Unidos de América

   (1) fue creada para garantizar la libertad
   (2) fomentó el bienestar mundial
   (3) formó la estructura legislativa, judicial y ejecutiva del país
   (4) promulgó la libertad de los esclavos
   (5) estableció la política nacional, la legislación, la justicia, la ley ejecutiva y los tratados entre los estados.

6. El período de gobierno para el presidente de los Estados Unidos

   (1) fue de dos años
   (2) es de echo años
   (3) depende de la situación político del país
   (4) es de cuatro años
   (5) es vitalicio

7. Según el texto,

   (1) los representantes son elegidos por las legislaturas
   (2) los senadores son elegidos por el pueblo
   (3) un juez otorga el poder judicial
   (4) cada estado tiene dos senadores
   (5) el Senado nombra a los embajadores

8. Todas las afirmaciones siguientes están correctas con excepción de una. ¿Cuál es?

   (1) La Constitución confería los poderes legislativos al Congreso.
   (2) La Constitución confería el poder ejecutivo al presidente.
   (3) Los senadores son elegidos por las legislaturas de los estados.
   (4) El Tribunal Supremo está integrado por miembros representantes en proporción de uno por cada treinta mil habitantes.
   (5) La Constitución encomendó el poder judicial a un Tribunal Supremo y tribunales inferiores.

La pregunta 9 se refiere a la información histórica siguiente:

Después de la Segunda Guerra Mundial, y tras la derrota de Alemania en 1945, el país quedó dividido en cuatro zonas que se distribuyeron entre los vencedores.

Durante el tiempo que subsistió esta división comenzó a reorganizarse la vida económica. Posteriormente, las negociaciones consagraron en Alemania dos entidades políticas: la República Federal Alemana, en la parte occidental, y la República Democrática Alemana, en la parte oriental que incluye la ciudad de Berlín.

9. Una de las siguientes afirmaciones es correcta: ¿Cuál es?

   (1) Alemania venció en la Segunda Guerra Mundial.
   (2) Después de la Segunda Guerra Mundial, Alemania nunca se recuperó económicamente.
   (3) Después de 1945, Alemania quedó dividida en cuatro zonas.
   (4) Actualmente, Alemania no está dividida.
   (5) Antes de la Segunda Guerra Mundial, Alemania y Francia formaban un solo país.

Las preguntas 10–11 se refieren a los siguientes artículos:

La Declaración Universal de los Derechos Humanos consta de 30 artículos. Los primeros dicen así:

Artículo 1. Todos los seres humanos nacen libres e iguales en dignidad y derechos y, dotados como están de razón y conciencia, deben comportarse fraternalmente los unos con los otros.

Artículo 2. Toda persona tiene todos los derechos y libertades proclamados en esta Declaración, sin distinción alguna de raza, color, sexo, idioma, religión, opinión política o de cualquier otra índole, origen nacional o social, posición económica, nacimiento o cualquier otra condición. Además, no se hará distinción alguna fundada en la condición política, jurídica o internacional del país o territorio de cuya jurisdicción dependa una persona, tanto si se trata de un país independiente, como de un territorio bajo administración fiduciaria, no autónomo o sometido a cualquier otra limitación de soberanía.

Artículo 3. Todo individuo tiene derecho a la vida, a la libertad y a la seguridad de su persona.

Artículo 4. Nadie estará sometido a esclavitud ni a servidumbre; la esclavitud y la trata de esclavos están prohibidas en todas sus formas.

Artículo 5. Nadie será sometido a torturas ni a penas o tratos crueles, inhumanos o degradantes.

Artículo 6. Todo ser humano tiene derecho, en todas partes, al reconocimiento de su personalidad jurídica.

Artículo 7. Todos son iguales ante la ley y tienen, sin distinción, derecho a igual protección de la ley. Todos tienen derecho a igual protección contra toda discriminación que infrinja esta Declaración y contra toda provocación a tal discriminación.

10. El artículo uno: "Todos los seres humanos nacen libres e iguales en dignidad y derechos y, dotados como están de razón y conciencia, deben comportarse fraternalmente los unos con los otros," significa que

    (1) cada persona es libre y fraternal
    (2) todas las personas son iguales
    (3) las personas están dotadas de razón y conciencia
    (4) todo el mundo debe ser consciente de los derechos
    (5) todas las personas nacen con los mismos derechos de igualdad y libertad

11. Una de las afirmaciones siguientes no es correcta. ¿Cuál es?

    (1) Todo individuo tiene derecho a la vida.
    (2) Un individuo puede ser discriminado por su idioma u origen.
    (3) Todos tienen derecho a igual protección contra toda discriminación.
    (4) La esclavitud y la trata de esclavos están prohibidas.
    (5) A todo individuo se le debe reconocer su personalidad jurídica.

Las preguntas 12–14 se refieren al pasaje siguiente:

La Declaración de Quito, firmada y aprobada por los 33 representantes de los países latinoamericanos y del Caribe asistentes a la Conferencia Económica Latinoamericana (CEL), está dividida en dos partes: política y económica. Condena en la primera parte el intervencionismo extranjero en América Latina. La Declaración, apoya, asimismo, la gestión de paz que realiza el *grupo de Contadora* en Centroamérica.

En su apartado económico, denominado Plan de Acción, en la sección referida a la deuda externa, señala que la responsabilidad de los países de la región ha sido cumplida en los planes de ajuste extraordinarios que han desarrollado los gobiernos en los últimos años; por ello se requiere de la participación de los acreedores como parte de la solución al problema del que son corresponsables.

La deuda externa de América Latina asciende a 300,000 millones de dólares. En concreto, los países deudores latinoamericanos y caribeños consideran básica la ampliación de plazos y vencimientos, además de períodos de gracia más largos para el pago de la deuda y su servicio. También, de acuerdo al Plan de Acción, se deben reducir los pagos en concepto de intereses y comisiones. Los países latinos con mayores deudas son: México, el mayor deudor del mundo, con (85,000 millones) de dólares, seguido por Brasil, con (83,000 millones), Argentina (39,000 millones), Venezuela (32,000 millones), Chile (18,000 millones) y Perú (12,000 millones). La Comisión Económica para América Latina declaraba que "vivimos la crisis más importante de los últimos cincuenta años".

12. La Declaración de Quito

    (1) fue creada en la Conferencia de las Naciones Unidas
    (2) fue llamada más tarde "Plan de Acción"
    (3) aprueba el intervencionismo foráneo
    (4) condena la idea de que países extranjeros que no son latinoamericanos intervengan en los asuntos internos de América Latina
    (5) apoya la gestión de paz que realiza el grupo norteamericano llamado Contadora

13. La Declaración de Quito

    (1) condena la política de Contadora
    (2) pide, entre otras cosas, un período más largo para pagar la deuda externa

    (3) considera que hay que aumentar los pagos, intereses y comisiones
    (4) es llamada CEL
    (5) está aprobada por los 33 representantes de los países de América Latina y el Caribe

14. ¿Cuál de las afirmaciones siguientes es correcta?

    (1) Debido a su deuda externa, América Latina vive una gran crisis económica.
    (2) Según el Plan de Acción, hay que disminuir los plazos y vencimientos.
    (3) La deuda externa alcanza los 300,000 millones de dólares.
    (4) Brasil es el país con mayor deuda.
    (5) La Declaración de Quito se divide en dos partes: la política económica y el intervencionismo extranjero.

Las preguntas 15–18 se refieren al pasaje siguiente:

Childe definió el concepto de civilización tomando como base la ciudad, arquetipo del nuevo orden social; en consecuencia, acuñó el término de "revolución urbana" para caracterizar la conquista de la civilización. Los términos "civilización" y "revolución urbana" son usados con frecuencia como equivalentes. Para Gordon Childe, la revolución urbana constituía la culminación de un proceso de cambio progresivo en la estructura económica y la organización social; la ciudad era la "resultante y el símbolo" de esta revolución. Childe, sin embargo, no dejó claro que los términos "civilización" y "revolución urbana" no son idénticos. Desde una perspectiva histórica, el comienzo de la civilización no coincide necesariamente con la revolución urbana.

El término "civilización" se hace mucho más complejo cuando encontramos sociedades sin lenguas escritas y sin "ciudades" o sin "revolución urbana," y sin embargo, con estructuras sociales y culturales complejas, heterogéneas. Hoy no podemos decir, como simplemente han dicho algunos autores, que las sociedades "primitivas" son aquellas que se caracterizan por una estructura homogénea, o que las sociedades "civilizadas" son aquellas que se distinguen por estructuras "heterogéneas". Pueden encontrarse más rasgos de "civilización" en sociedades "primitivas" que en "ciudades" donde se ha producido una "revolución urbana".

15. Según Childe, el arquetipo del nuevo orden social es

    (1) el hombre
    (2) la revolución
    (3) la civilización
    (4) la ciudad
    (5) el pueblo "primitivo"

16. Para Gordon Childe, la revolución urbana significaba

    (1) la culminación y el progreso de un proceso de cambio en las estructuras económica y social
    (2) la guerra entre las ciudades civilizadas y primitivas
    (3) un cambio en el gobierno de un país
    (4) la conquista del nuevo orden social
    (5) la "resultante y el símbolo" de un cambio en las estructuras económica y social

17. Una de las siguientes afirmaciones no es correcta. ¿Cuál es?

    (1) Según Childe, la ciudad era la "resultante" y el "símbolo" de la revolución urbana.

    (2) El término civilización se hace más complejo en las sociedades que no tenían escritura.
    (3) Las sociedades "primitivas" no se caracterizan por una estructura homogénea.
    (4) Las sociedades civilizadas no se caracterizan necesariamente por una estructura heterogénea.
    (5) Desde una perspectiva histórica el comienzo de la civilización coincide siempre con la revolución urbana.

18. La frase: "Pueden encontrarse más rasgos de civilización en sociedades 'primitivas' que en 'ciudades' donde se ha producido una 'revolución urbana' significa que

    (1) las sociedades "primitivas" han sido siempre más civilizadas
    (2) las ciudades son más "primitivas"
    (3) pueden existir sociedades "primitivas" con características más civilizadas que las mismas ciudades
    (4) la sociedad "primitiva" ya no existe más
    (5) la revolución urbana fracasó

Las preguntas 19–21 se refieren al pasaje siguiente:

Por haber una población analfabeta que se calcula en 700 millones, o sea unas dos quintas partes de los habitantes adultos del mundo, los programas de la UNESCO prestan atención especial al trabajo de alfabetización y a la vinculación de este trabajo con los planes generales de desarrollo económico y social en los Estados Miembros. En 1965, la UNESCO contribuyó a promover un congreso mundial, que se celebró en Teherán, sobre la eliminación del analfabetismo. Se han elaborado planes para iniciar proyectos experimentales de alfabetización en diversos países de todas las regiones del mundo, organizado por el Programa de las Naciones Unidas para el Desarrollo y actuando la UNESCO como organismo ejecutor.

Se ha concedido una constante importancia a la planificación de la educación por intermedio del Instituto Internacional de Planeación de la Educación, con sede en París. La cooperación entre la UNESCO y el Banco Mundial en cuanto a la planificación y financiamiento de la educación, también ha tenido como resultado el envío de misiones de ayuda a diversos países de África, Asia y América Latina.

19. La organización mundial que presta atención especial al trabajo de alfabetización se llama

    (1) O.E.A.
    (2) O.N.U.
    (3) UNESCO
    (4) OTAN
    (5) O.P.A.

20. Por medio del Instituto Internacional de Planeación de la Educación se le ha dado importancia a

    (1) algunos países africanos, latinoamericanos y asiáticos
    (2) Estados Unidos
    (3) Japón y Europa
    (4) Australia
    (5) los países árabes

21. Las regiones en donde se registra un índice de analfabetización mayor son

    (1) algunos países africanos, latinoamericanos y asiáticos
    (2) Estados Unidos
    (3) Japón y Europa
    (4) Australia
    (5) los países árabes

Las preguntas 22–23 se refieren al pasaje siguiente:

Cuando muere un niño ewe, en el sur de Togo, se le sustituye por un muñeco de madera, que hace la función del fallecido. Esta costumbre de los llamados muñecos de los muertos tiene su origen en muñecos gemelos *ibeji* de los yoruba de Nigeria. Estos muñecos son cuidadosamente vestidos, lavados y alimentados, pues se les considera idénticos con el fallecido.

Los ewe también tienen su propia versión del oráculo *Ifa*, y hay en cada pueblo un anciano que sabe interpretarlo. Con frecuencia se practica en Lomé un culto de características muy similares a la magia vudú. El hechicero coloca a la persona escogida en el centro de un círculo. Dicha persona sostiene en sus manos un recipiente lleno de agua, en el cual el sacerdote o la sacerdotisa echan hierbas y esencias aromáticas. Acompañándose constantemente de cantos, se llama a los espíritus y, al tiempo que se frotan polvo y agua olorosa sobre la cabeza de la persona en cuestión, va en crescendo los extáticos cantos de los congregados que danzan alrededor. Si el afectado no da señales de reaccionar, entonces se degüella una gallina y se deja que su sangre corra por la cabeza y el tronco del paciente. Al cabo de cierto tiempo éste, ligeramente inclinado hacia atrás, empieza a imitar los movimientos de los bailarines; su expresión facial cambia; los ojos empiezan a darle vueltas, y, finalmente, derramando el agua, rompe a danzar desenfrenadamente.

Esta danza, ejecutada en estado de trance, acaba con un colapso producido por el agotamiento total. La finalidad de esta ceremonia es lograr un estado en el que la persona o paciente pueda establecer contacto con el mundo de los espíritus, para así estar en condiciones de descargar su tensión psíquica.

22. **Según el texto**

    (1) la ceremonia funeraria de los niños ewe tiene su origen en la religión Yoruba
    (2) los muñecos de trapo son idénticos al fallecido
    (3) las ceremonias de los Ibeji se originó en el sur de Togo
    (4) el muñeco de madera representa al niño que va a nacer
    (5) los ewe son de Nigeria

23. Una de las siguientes afirmaciones no es correcta. ¿Cuál es?

    (1) En Lomé se practica un culto de características similares a la magia vudú.
    (2) El sacerdote utiliza hierbas y esencias para sus ritos.
    (3) Los ewe creen en el mundo de los espíritus.
    (4) Los habitantes de estos pueblos creen en un Dios cristiano.
    (5) La danza es parte de los ritos.

Las preguntas 24–26 se refieren al pasaje siguiente:

Latinoamérica posee todos los elementos necesarios como para que la región, unificada, pudiese ser autosuficiente. Venezuela, México y Ecuador se cuentan entre los principales exportadores de petróleo; Brasil y Argentina, entre los principales países ganaderos; Cuba es el tercer productor de azúcar y el cuarto de níquel; Colombia es el segundo en café; Chile es el segundo productor de cobre; Bolivia, es el cuarto productor de estaño; Venezuela, el quinto de gas natural; Perú, el cuarto en plata; Brasil tiene gran abundancia en cacao, banano, café, maíz, soja, mineral de hierro y azúcar; Ecuador es el tercer productor de banano; México produce frijoles (cuarto productor mundial), garbanzos (tercero), maíz (quinto), naranjas (tercero), zinc (quinto) y plata (primero).

Sin embargo, en lo que concierne a la industria, los polos de desarrollo más importantes—São Paulo, Buenos Aires, y México—no pueden producir lo suficiente para satisfacer la enorme demanda existente.

24. **Los principales países latinoamericanos productores de metales son**

    (1) Estados Unidos y Canadá
    (2) Brasil y Argentina
    (3) México, Chile, Perú, Bolivia y Cuba
    (4) Ecuador y México
    (5) Venezuela, México y Ecuador

25. Una de las siguientes afirmaciones no es correcta. ¿Cuál es?

    (1) Latinoamérica, unificada, podría ser autosuficiente.
    (2) Colombia es el segundo país productor de café.
    (3) Cuba es un gran productor de azúcar.
    (4) Bolivia sobresale principalmente en la producción de metales.
    (5) Venezuela es considerado un país ganadero.

26. **En lo que concierne a la industria,**

    (1) es una región superdesarrollada
    (2) produce lo suficiente para satisfacer la demanda existente
    (3) su producción no satisface la gran demanda que hay
    (4) puede incrementar su tecnología
    (5) ofrece muchas fuentes de trabajo

Las preguntas 27–29 se refieren al mapa siguiente:

MAPA DEL MUNDO

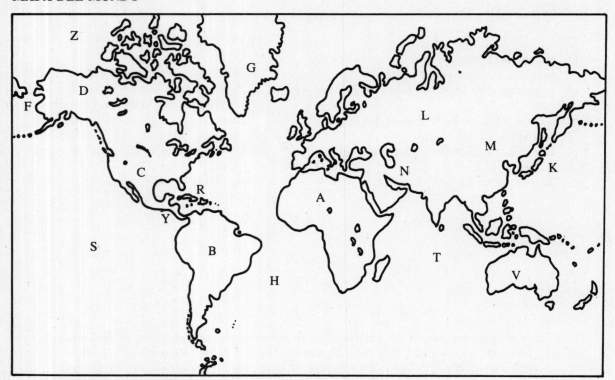

27. En el mapa del mundo representado aquí, la letra B señala

   (1) Ecuador y Chile
   (2) Brasil y Argentina
   (3) Ecuador y Uruguay
   (4) Centroamérica
   (5) Sudamérica

28. La letra H representa:

   (1) el océano Atlántico

   (2) el océano Índico
   (3) el mar Caribe
   (4) el mar Rojo
   (5) el océano Pacífico

29. La letra R indica:

   (1) el océano Pacífico
   (2) el océano Indico
   (3) las islas del Caribe
   (4) África
   (5) México

Las preguntas 30–32 se refieren al pasaje siguiente:

"La ciudad de las nubes," Machu Picchu, se yergue en los flancos del monte Salcanty. Declarada hoy patrimonio de la humanidad, esta ciudadela pétrea permaneció en la incógnita durante siglos, ya que los conquistadores españoles no supieron de su existencia. Un pacto de silencio entre el Inca y sus súbditos la mantuvo oculta.

Su construcción fue iniciada a mediados del siglo XIV (la edad de oro del Imperio inca) por el emperador Pachacutec y continuada por Tupac Yupanqui. En ella trabajaron continuamente unos 80,000 hombres.

Toda la ciudad estaba construida sobre planos diferentes, suspendidos sobre el abismo entre las estrechas laderas de la cumbre y unidos por multitud de escalinatas. En el centro se levantaba el gran templo, presidiendo un conjunto de sobria monumentalidad y perfecta ejecución.

30. Los conquistadores españoles nunca supieron de la "Ciudad de las Nubes" debido a

    (1) que en esa época no la habían construido
    (2) la actitud de silencio que mantuvo el inca con sus súbditos
    (3) los problemas que suponía la conquista
    (4) la lejanía geográfica
    (5) que los incas la destruyeron antes de la conquista

31. Los incas vivieron en

    (1) Argentina
    (2) Colombia
    (3) Brasil
    (4) Perú
    (5) México

32. Según el texto,

    (1) Pachacutec culminó finalmente su construcción
    (2) la construcción de Machu Picchu fue obra de los conquistadores españoles
    (3) Machu Picchu fue ignorada por los españoles durante siglos
    (4) en el centro de Machu Picchu estaba el gran palacio de Tupac
    (5) Machu Picchu fue construida con adobe

Las preguntas 33–36 se refieren al pasaje siguiente:

Conocido también con el nombre de "Nuevo Mundo", el continente americano fue durante muchos siglos tierra desconocida para los europeos. América se extiende de norte a sur, en el sentido de los meridianos, desde el océano Glacial Ártico hasta la punta del Cabo de Hornos, dividida en dos subcontinentes unidos por el istmo de Centroamérica y el arco de islas del Caribe. Aparece aislada del resto de las tierras emergidas por las dos mayores masas de agua: el Pacifico y el Atlántico.

El relieve de América es en general sencillo. Por el oeste, una cordillera formada por las Montañas Rocosas y los Andes la recorre en casi 14,000 kilómetros de longitud; por el este se encuentran montañas más pequeñas y no enlazadas entre si. Entre ambas líneas de cordilleras se encuentra una serie de inmensas llanuras y mesetas por donde discurren los grandes ríos americanos.

América cuenta con ríos largos y caudalosos, especialmente en la vertiente atlántica. Los del Pacífico son de curso corto por la proximidad de la gran cordillera. Además, en ningún otro continente se encuentra tan elevado número de lagos importantes.

Como consecuencia de la disposición de las tierras y su extensión se encuentran en América todos los tipos de climas, al norte y al sur de la línea ecuatorial.

33. ¿Que continente se conoce también con el nombre de Nuevo Mundo?

    (1) América
    (2) Asia
    (3) África
    (4) Europa
    (5) Oceanía

34. ¿Qué océanos rodean parte del continente americano?

    (1) Atlántico, Índico y Pacífico
    (2) Pacífico, Índico y Ártico
    (3) Índico y Ártico
    (4) Atlántico, Pacífico y Ártico
    (5) Pacífico y Ártico
    (5) Pacífico, Glacial Ártico y Mediterráneo

35. ¿Qué cordilleras pertenecen al continente americano?

    (1) Los Alpes y el Cabo de Hornos
    (2) El Himalaya
    (3) Las Montañas Rocosas y los Andes
    (4) La Oriental y la Occidental
    (5) La Atlántica y la Pacífica

36. Una de las afirmaciones siguientes no es correcta. ¿Cuál es?

    (1) América cuenta con ríos largos y caudalosos.
    (2) Los ríos de la vertiente del Pacífico son de curso corto.
    (3) América es el continente con mayor número de lagos importantes
    (4) Debido a la disposición de las tierras, en América se encuentran todos los tipos de climas.
    (5) La cordillera de los Andes pertenece a Norteamérica.

Las preguntas 37–41 se refieren a las dos gráficas siguientes:

PAÍSES MÁS GRANDES EN EXTENSIÓN TERRITORIAL Y POBLACIÓN

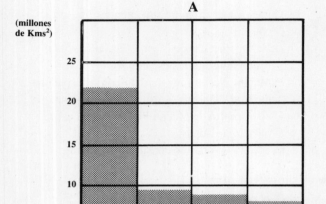

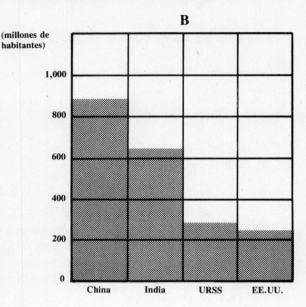

La gráfica A indica los países más grandes en extensión territorial del mundo.

Nombre	Area en kms. cuadrados
URSS (Rusia)	22,403,500
Canadá	9,976,137
China	9,596,137
EE.UU (Estados Unidos)	9,363,498

La gráfica B presenta los países de mayor población (1978) del mundo.

Nombre	Población
China	865,680,000
India	625,820,000
URSS	258,930,000
EE.UU.	221,651,000

37. Rusia

(1) es el país menos poblado
(2) es el más extenso
(3) es el más poblado
(4) es menos extenso que China
(5) es el país mayor en extensión y el tercero más poblado

38. ¿Cuál es el país más poblado?

(1) Estados Unidos
(2) China
(3) India

(4) Unión Soviética
(5) Canadá

39. La población china es casi cuatro veces mayor que la de

(1) Rusia
(2) India
(3) Estados Unidos
(4) Canadá
(5) México

40. De los siguientes países, hay uno que es el menor en extensión territorial y el menos poblado

    (1) Rusia
    (2) China
    (3) Canadá
    (4) Estados Unidos
    (5) India

41. Según los datos que aparecen en las dos gráficas, ¿cuáles son los paises más grandes en extensión territorial y en población?

    (1) China y Estados Unidos
    (2) Rusia y China
    (3) Canadá y China
    (4) Rusia y Estados Unidos
    (5) Estados Unidos e India

Las preguntas 42–45 se refieren al mapa siguiente:

POBLACIÓN ESTATAL–Promedio de Cambio, 1980 a 1985

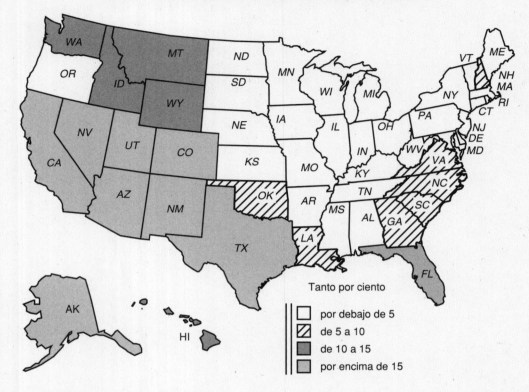

Tanto por ciento

- ☐ por debajo de 5
- ▨ de 5 a 10
- ▨ de 10 a 15
- ▨ por encima de 15

42. Entre 1980 y 1985, ¿qué áreas de los Estados Unidos muestran mayores cambios en su población?

    (1) El sudeste y el noroeste
    (2) La parte central norte y el noroeste
    (3) Los estados de la parte central y la región sur del Atlántico
    (4) El oeste y el nordeste
    (5) El sudoeste y el lejano oeste

43. Basándose en el mapa de arriba, una persona que esté buscando trabajo en estados con mayor índice de cambio en la población ¿cuáles de los estados siguientes puede considerar como posible lugar de empleo?

    (1) Arizona y Oklahoma
    (2) California y Alaska
    (3) Nueva York y California
    (4) Delaware y Louisiana
    (5) Virginia y Kentucky

44. ¿Cuál de los siguientes estados refleja un índice de cambio de población por debajo del 5%?

    (1) Texas
    (2) Florida
    (3) Oklahoma
    (4) Georgia
    (5) Nueva York

45. ¿Qué estados registran un promedio de 10 a 15% de cambio poblacional?

    (1) Arizona y Oregón
    (2) Idaho y Kansas
    (3) Florida y Montana
    (4) Montana y Wyoming
    (5) Michigan y California

Las preguntas 46–49 se refieren al pasaje siguiente:

La sed de tierras de los norteamericanos no se aplacó con la adquisición de Louisiana y Florida. Al suroeste se extendía Texas. Texas era parte de México, pero muchos norteamericanos se habían establecido en esa zona por invitación de los mexicanos. El gobierno mexicano quería construir una zona de separación entre los Estados Unidos, por un lado, y los indios del suroeste, por otro.

Entre 1820 y 1830, unos 20,000 norteamericanos se trasladaron a Texas. Pero no les estaba permitido tener un gobierno propio. Como consecuencia, las relaciones entre los colonos norteamericanos y las autoridades mexicanas llegaron a ser gravemente tensas. Les costaba trabajo recordar que no eran ciudadanos mexicanos.

Uno de los puntos conflictivos fue la esclavitud. El gobierno mexicano había prohibido la esclavitud en Texas, pero muchos colonos norteamericanos llevaron sus esclavos con ellos. Cuando el gobierno mexicano envió tropas a Texas para acabar con esta práctica de usar esclavos el escenario quedó preparado para una revuelta.

El conflicto llegó en 1836. Hoy se llama la *Guerra por la independencia de Texas*. Una de las primeras batallas de la guerra se sostuvo en San Antonio, Texas. Los defensores norteamericanos de la ciudad se habían refugiado en el *Álamo*, una misión convertida en fortaleza en el siglo XVIII. Las tropas mexicanas, al mando del general Santa Ana, atacaron el edificio y lo tomaron. Sin embargo, los norteamericanos, que eran muy pocos, resistieron aunque tuvieron gran número de bajas. Tras este pequeño enfrentamiento los mexicanos capturaron la misión. Cerca de doscientos norteamericanos murieron defendiéndola. Entre los fallecidos se encontraba Davy Crocket, al famoso combatiente contra los indios y explorador.

Seis semanas más tarde los norteamericanos se vengaban. El general Sam Houston derrotó a los mexicanos en la *batalla de San Jacinto* (21 de abril de 1836). El general Santa Ana fue hecho prisionero. Como resultado, el gobierno mexicano se vio forzado a conceder la independencia a Texas.

46. A comienzos del siglo XIX

    (1) Texas era un estado independiente
    (2) Texas formaba parte de los Estados Unidos
    (3) la población de Texas era india
    (4) Texas formaba parte de México
    (5) se había formado el estado de Texas

47. Las relaciones entre los colonos norteamericanos que vivían en el estado de Texas y el gobierno mexicano se volvieron tensas debido a

    (1) la autoridad del gobierno norteamericano
    (2) que los colonos no podían tener un gobierno propio
    (3) que los mexicanos querían dominar a los indios
    (4) la guerra civil que había en México
    (5) la Revolución Americana

48. Uno de los puntos más conflictivos fue

    (1) la aprobación de la exclavitud por parte del gobierno mexicano
    (2) el rechazo de la esclavitud por parte de los colonos
    (3) el rechazo de la esclavitud por parte del gobierno mexicano
    (4) el libertinaje entre los colonos
    (5) los productos de exportación

49. El gobierno mexicano concedió la independencia a Texas después de la derrota en la batalla de

    (1) Santa Ana
    (2) El Álamo
    (3) San Antonio
    (4) Sam Houston
    (5) San Jacinto

Las preguntas 50–51 se refieren a los datos históricos siguientes:

La paz entre los Estados Unidos y España se restauró oficialmente con el *Tratado de París* que se firmó el 10 de diciembre de 1898.

El Tratado de París que daba fin a la guerra imponía las siguientes condiciones:

- España acordaba retirarse de Cuba.
- Las posesiones españolas de Puerto Rico y Guam (una isla en el Pacífico) se entregaban a los Estados Unidos.
- Las islas Filipinas, cerca de la costa asiática, se "vendían" a los Estados Unidos por 20 millones de dólares.

Muchos americanos se oponían a este tratado ya que no querían que los Estados Unidos construyeran un imperio ultramarino, sobre todo cuando pocos años antes los norteamericanos habían criticado a Gran Bretaña por anexionarse territorios lejos de los suyos.

50. El Tratado de París se firmó entre

(1) Francia y España
(2) Francia y Estados Unidos
(3) París y España
(4) París y Estados Unidos
(5) España y Estados Unidos

51. Según el texto,

(1) España no se debía retirar de Cuba
(2) España no entregaba la isla de Puerto Rico a los Estados Unidos
(3) la isla de Guam se convertía en un estado de los Estados Unidos
(4) las islas Filipinas eran cedidas a los Estados Unidos
(5) la guerra entre España y los Estados Unidos terminaba con el Tratado de París

Las preguntas 52–56 se refieren a la gráfica siguiente:

PAÍSES MAYORES PRODUCTORES DE PETRÓLEO

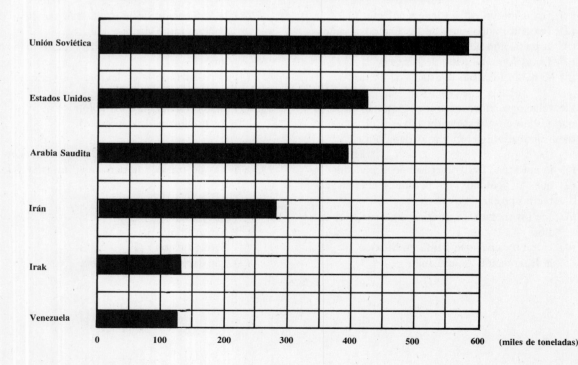

La gráfica indica los países productores de petróleo crudo más importantes del mundo (año 1978).

Nombre	Población	Extensión Kms^2	Miles de Toneladas
Unión Soviética	258,930,000	22,403,500	565,305
Estados Unidos	221,651,000	9,363,498	427,076
Arabia Saudita	9,520,000	2,149,690	390,056
Irán	34,270,000	1,648,000	284,659
Irak	11,910,000	434,924	123,613
Venezuela	12,929,000	916,490	111,354

52. Con respecto a la extensión territorial, ¿cuál de los siguientes países tiene la mayor producción de petróleo?

(1) Estados Unidos
(2) La Unión Soviética
(3) Irán
(4) Arabia Saudita
(5) Venezuela

53. De acuerdo con estos datos, ¿cuál de las siguientes afirmaciones es correcta?

(1) Irán produce más que la Unión Soviética
(2) La Unión Soviética e Irán producen la misma cantidad.
(3) Irán produce doscientas cincuenta mil toneladas de petróleo más que los Estados Unidos.
(4) La Unión Soviética produce más que Estados Unidos.
(5) Venezuela es el mayor productor de petróleo.

54. En relación al número de habitantes, ¿cuál es el país que produce menos petróleo?

(1) Venezuela
(2) Arabia Saudita
(3) Irán
(4) Unión Soviética
(5) Estados Unidos

55. Irán y Arabia Saudita

(1) producen más petróleo que los Estados Unidos
(2) exportan más que Venezuela
(3) tienen que importar petróleo de otros países porque lo que producen es insuficiente para el consumo local
(4) tienen ambos más que la Unión Soviética
(5) producen alrededor de 390,000 toneladas

56. Todos los países que indican las gráficas son productores de

(1) gasolina pura
(2) querosén
(3) hidrocarburos
(4) aceite pesado
(5) petróleo crudo

Las preguntas 57–59 se refieren al pasaje siguiente:

Uno de los más inmediatos e importantes resultados de la "política del garrote" de Roosevelt fue la construcción del *Canal de Panamá*. Durante siglos, América Central (la estrecha franja de tierra que conecta América del Norte con América del Sur) había sido considerada como lugar ideal para un canal que conectara el Atlántico y el Pacífico. Al principio del siglo XX, el gobierno de los Estados Unidos negoció para la construcción de un canal a través de Nicaragua. Pero poderosos intereses comerciales influyeron en el Senado de los Estados Unidos para que considerara la ruta a través de Panamá. Sin embargo, Panamá pertenecía a la república de Colombia y los colombianos rehusaban la propuesta.

Por esta época, Theodore Roosevelt había llegado a la presidencia de los Estados Unidos. A él le interesaba la construcción del canal de Panamá, así que denunció a los colombianos por no aceptar la propuesta.

Roosevelt tomó medidas para que el canal se construyera. Con la asistencia de la armada de los Estados Unidos estalló una revolución en Panamá, en 1903. Y Panamá se declaró país independiente. Se firmó el *Tratado Hay–Bunau–Varilla* entre Panamá y los Estados Unidos por el que se garantizaba a los Estados Unidos una franja de diez millas de ancho a través del istmo de Panamá como zona del canal. Los Estados Unidos acordaron pagar a Panamá diez millones de dólares de inmediato y una renta anual de doscientos cincuenta mil dólares.

Se organizó enseguida una comisión encabezada por el *coronel George W. Goethals* para construir el canal. Los trabajadores comenzaron en 1904 y las dificultades que se presentaron fueron tremendas, entre ellas estaban la malaria y la fiebre amarilla. El canal se abrió a la navegación el 15 de agosto de 1914.

Varios años después de la muerte del Presidente Roosevelt, los Estados Unidos pagaron a Colombia como compensación por las pérdidas que le causó la revolución en Panamá. A lo largo de los años, Panamá mostró su amargo descontento con las condiciones del contrato del canal. De acuerdo con la cláusula de alquiler, los Estados Unidos controlaban una importante faja del territorio panameño y controlaban el canal. Estas condiciones fueron criticadas por toda Latinoamérica. Pero no fue sino hasta 1977 que se aprobó un nuevo tratado entre Panamá y los Estados Unidos. Este tratado dio el control de la Zona del Canal a Panamá y, a partir del año 2000, propiedad única del canal.

57. La construcción del Canal de Panamá fue

(1) idea de Colombia
(2) hecha primero en Nicaragua
(3) resultado de los intereses de los Estados Unidos
(4) obra de los propios panameños
(5) motivo de acuerdo general por parte de otros países latinoamericanos

58. Antes de convertirse en un país independiente, Panamá era

(1) un estado de los Estados Unidos
(2) un estado centroamericano
(3) parte de Colombia
(4) parte de las islas caribeñas
(5) parte de Costa Rica

59. Una de las siguientes afirmaciones no es correcta ¿Cuál es?

(1) El canal se abrió a la navegación en 1914.
(2) Panamá tomó el control de la zona del canal en 1977.
(3) A partir del año 2000 Panamá será propietario único del canal.
(4) Roosevelt pagó a Colombia 5 millones de dólares como compensación por la pérdida de Panamá.
(5) Cuando se construyó el canal, Panamá no tuvo control sobre la Zona del Canal.

Las preguntas 60–64 se refieren a las dos gráficas siguientes:

RÍOS MÁS LARGOS Y ZONAS MARINAS MÁS PROFUNDAS

A

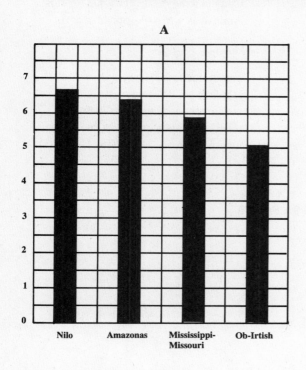

B

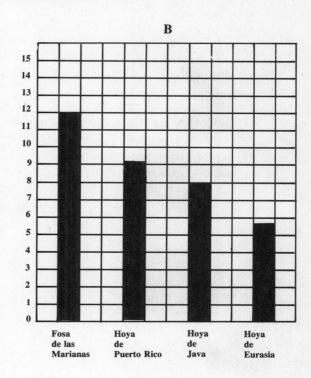

La gráfica A señala los ríos más largos del mundo.

Nombre	Longitud en kilómetros
Nilo	6,671
Amazonas	6,437
Mississippi-Missouri	5,971
Ob-Irtish	5,568

La gráfica B presenta las zonas marinas más profundas del mundo.

Nombre	Longitud en metros
Fosa de las Marianas	11,033
Hoya de Puerto Rico	8,648
Hoya de Java	7,725
Hoya de Eurasia	5,450

60. De acuerdo con la gráfica A, ¿cuál es el río más profundo del mundo?

    (1) El Nilo
    (2) El Mississippi-Missouri
    (3) El Ob-Irtish
    (4) La Fosa de las Marianas
    (5) No hay datos en el gráfico para contestar la pregunta

61. La Fosa de las Marianas

    (1) tiene más de diez mil metros
    (2) es menor que la Hoya de Puerto Rico
    (3) está en el Golfo de Persia
    (4) está en el Océano Índico y Pacífico
    (5) es mayor que el Nilo

62. El río Nilo sobrepasa en longitud al río Ob-Irtish en

    (1) 4,000 kms.
    (2) 103,000 kms.
    (3) 1,104 kms.
    (4) 2,402 kms.
    (5) 1,103 kms.

63. ¿Cuál de las siguientes afirmaciones no es correcta?

    (1) La Hoya de Eurasia representa el lugar más profundo del mundo.
    (2) El río Mississippi-Missouri no es el más largo del mundo.
    (3) La Fosa de las Marianas constituye el lugar más hondo del mundo.
    (4) El río Nilo es el mayor río del mundo.
    (5) Los ríos Nilo y Ob-Irtish unidos no tienen un caudal mayor de agua que los ríos Amazonas y Mississippi-Missouri.

64. La Hoya de Java es

    (1) menor que la de Eurasia
    (2) la más larga del mundo
    (3) más profunda que el río Ob-Irtish
    (4) menos profunda que la de Puerto Rico
    (5) menos larga que el río Nilo

FIN DE ESTA PARTE

EXAMEN 3
CIENCIAS

66 preguntas—95 minutos

Instrucciones: La prueba de Ciencias consta de 66 preguntas de opción múltiple cuya finalidad es la de medir sus conocimientos generales en los campos de la biología, ciencias de la Tierra, física y química. Las preguntas están basadas en la lectura de pasajes, datos breves, así como en gráficas y diagramas. Primero, lea la información dada y después responda a la pregunta. Indique sus respuestas en la hoja que tiene para ello por separado, sección de Ciencias, según el modelo siguiente:

EJEMPLO:

Todos los animales siguientes son reptiles, menos uno. ¿Cuál es?

(1) el lagarto   ① ② ③ ④ ●
(2) la boa
(3) el cocodrilo
(4) el camaleón
(5) la rana

El único animal que no es un reptil es la rana, que pertenece al grupo de los anfibios. La respuesta correcta es, pues, la opción número (5).

Las preguntas 1–4 se refieren al pasaje siguiente:

La función de la sangre es transportar las distintas sustancias de los alimentos que ingerimos a todas las partes del cuerpo. A simple vista, la sangre tiene el aspecto de un líquido algo viscoso, espeso, de color rojo. Pero, en realidad, la sangre está compuesta por partes diferentes, que sólo se pueden distinguir si las observamos al microscopio.

En una gota de sangre vista al microscopio podemos ver un líquido incoloro y transparente llamado plasma en donde se encuentran una gran cantidad de glóbulos o corpúsculos diminutos, los cuales podemos dividir en tres clases: los glóbulos rojos o hematíes, los leucocitos o glóbulos blancos y las plaquetas o trombocitos.

Los glóbulos rojos o hematíes son los más abundantes. Aislados son amarillos, pero al agruparse adquieren el color rojo, debido a una sustancia llamada hemoglobina que se combina con el oxígeno y el anhídrido carbónico. Tienen la forma de un disco, más grueso por los bordes que en el centro, y carecen de núcleo.

La misión que tienen los glóbulos rojos es transportar el oxígeno de los pulmones a las células, y el anhídrido carbónico desde las células a los pulmones. Son muy diminutos, tienen un diámetro de 7 micras (7 milésimas de milímetro), y abundantes, por cada milímetro cúbico de sangre hay unos cinco millones. Ellos son los que dan color a la sangre.

A diferencia de los hematíes, los *leucocitos o glóbulos blancos* tienen núcleo, es decir, son células vivas. Tienen una especie de tentáculos o prolongaciones en su cuerpo llamadas seudópodos que les facilita moverse libremente, desplazándose de unas partes a otras de los vasos sanguíneos. Con estos seudópodos capturan microbios eliminándolos de nuestro organismo para que no nos hagan daño. Ellos constituyen una gran defensa de nuestro cuerpo, sobre todo gracias a unas sustancias que segregan llamadas anti-toxinas que eliminan la acción de los venenos o toxinas que poseen los microbios dañinos. Los leucocitos son de mayor tamaño que los hematíes pero son menor en número; tenemos de 6,000 a 8,000 leucocitos por milímetro cúbico de sangre.

Por otra parte, otro elemento importante de los glóbulos son *las plaquetas o trombocitos.* Son diminutas células muertas, sin núcleo, muy pequeñas; miden unas 3 micras de diámetro, y se encuentran en cantidad de unos 300,000 por cada milímetro cúbico de sangre. La misión de las plaquetas es coagular la sangre cuando sale de los conductos. Gracias a ello se pueden cerrar las heridas. Cuando nos cortamos o sufrimos un accidente impiden que la sangre salga del cuerpo.

1. ¿Quién se encarga de transportar las distintas sustancias de los alimentos que ingerimos a todas las partes del cuerpo?

   (1) el plasma
   (2) los glóbulos blancos
   (3) el estómago
   (4) las venas
   (5) la sangre

2. Los glóbulos rojos y los glóbulos blancos se encuentran en:

   (1) el cerebro
   (2) el plasma
   (3) las venas
   (4) los pulmones
   (5) los riñones

3. ¿Cuál de las siguientes afirmaciones es verdadera?

   (1) Los glóbulos blancos son los más abundantes en la sangre.
   (2) Los glóbulos blancos transportan el oxígeno de los pulmones a las células.
   (3) Los glóbulos rojos son los que capturan los microbios.
   (4) Los glóbulos blancos también se llaman leucocitos.
   (5) Los glóbulos rojos segregan anti-toxinas.

4. Son también elementos importantes de la sangre

   (1) las válvulas
   (2) las aurículas
   (3) las plaquetas
   (4) las toxinas
   (5) los pulmones

Las preguntas 5–8 se refieren al pasaje siguiente:

El corazón es el órgano impulsor de la sangre. Tiene un tamaño aproximado de un puño y un peso de unos 300 gramos. Funciona como un motor de explosión. Su latir, rítmico, debe mantener a la sangre en continua circulación por todo el organismo, para llevar a cada una de las células el oxígeno y los elementos que necesitan.

El corazón tiene cuatro cavidades, y sus paredes son musculosas, de un tejido especial de fibra muscular estriada. Las dos cavidades superiores son más pequeñas y sus paredes más delgadas; se llaman aurículas. Las dos cavidades inferiores son mayores y sus paredes mucho más gruesas; se denominan ventrículos.

Cada aurícula se comunica con el ventrículo del mismo lado por un orificio aurículo-ventricular. Hay una válvula en cada uno de estos orificios cuya función es regular el paso de la sangre, haciendo que siempre vaya de la aurícula al ventrículo, y nunca en sentido contrario. La válvula que hay en el orificio de la derecha es la válvula triscúpide, y está formada por tres láminas elásticas. La válvula del orificio izquierdo se llama mitral o bicúspide, y está formada por dos láminas.

Para realizer su trabajo, el corazón funciona a presiones elevadas, que alcanzan en el ventrículo izquierdo (cámara encargada de la distribución de la sangre a todo el organismo) los 150–170 milímetros de mercurio en condiciones normales. Si se quiere mantener esta presión, es imprescindible un cierre total en momentos determinados del latido; para ello existen unas compuertas elásticas que se abren y se cierran herméticamente llamadas válvulas cardíacas.

5. La sangre se mantiene en constante circulación por todo el cuerpo gracias al

   (1) ventrículo
   (2) pulmón
   (3) cerebro
   (4) corazón
   (5) riñón

6. La función del corazón es

   (1) impulsar la sangre por todo el organismo
   (2) latir 60 veces por minuto
   (3) latir rítmicamente
   (4) limpiar la sangre
   (5) permitir la respiración de una persona

7. Una de las siguientes afirmaciones es incorrecta. ¿Cuál es?

   (1) El corazón tiene cuatro cavidades que se llaman aurículas y ventrículos.
   (2) La sangre siempre pasa del ventrículo a la aurícula.
   (3) Las aurículas se comunican por medio del orificio aurículo ventricular.
   (4) Una válvula controla el paso de la sangre en los orificios.
   (5) La válvula del orificio de la derecha se llama tricúspide.

8. El corazón funciona

   (1) a bajas presiones
   (2) en momentos determindaos
   (3) a presiones elevadas
   (4) a presión moderada
   (5) sin ninguna clase de presiones

Las preguntas 9–12 se refieren al pasaje siguiente:

Han desaparecido prácticamente las enfermedades que dejaban desoladas extensas regiones de Europa durante la Edad Media y la Edad Moderna: la peste, el tifus, la lepra, el cólera . . . Los mínimos cambios habidos en la sociedad y en la higiene han sido suficientes para que las enfermedades cambien a su vez.

Una serie de factores que influían negativamente en la salud concurrían en siglos pasados: poca higiene, falta de alcantarillado y agua potable, ciudades con poco sol y calles húmedas, alimentación pobre y desequilibrada, superexplotación de los seres humanos y de la mujer en especial, técnicas terapéuticas aberrantes, etc.

Hoy las circunstancias son distintas, pero los errores, lejos de desaparecer, se han transformado en otros: alimentación excesiva e inadecuada, saturada de productos químicos, contaminación a todos los niveles, venenos legales (café, alcohol, tabaco), vida harto sedentaria, intoxicación medicamentosa y vacunal (enfermedades yatrogénicas). Ante el desequilibrio que impera en el mundo, alejado del orden natural de las cosas, la comida y la bebida se subliman y compensan la falta de placer en otras áreas de la existencia. La enfermedad nerviosa —en realidad enfermedad social— se multiplica y la medicina se ve impotente para tratar enfermedades como la arterioesclerosis, leucemia, cáncer...

Las enfermedades carenciales han sido sustituidas por las enfermedades de la civilización o enfermedades por exceso. Una alimentación con un exceso de proteínas, grasas e hidratos de carbono refinados y una falta de vitaminas, sales minerales, clorofila, enzimas (fruta y verdura) son piezas claves para la enfermedad. Todas las enfermedades tienen el mismo origen: una mala forma de vida que da lugar a un agotamiento y a una intoxicación del organismo.

9. ¿Cúal de las siguientes enfermedades no era común en Europa durante la Edad Media?

    (1) la peste
    (2) el cáncer
    (3) el tifus
    (4) la lepra
    (5) el cólera

10. ¿Cuál de los siguientes factores no influía negativamente en la salud en siglos pasados?

    (1) falta de luz eléctrica
    (2) poca higiene
    (3) falta de alcantarillado
    (4) falta de agua potable
    (5) alimentación pobre

11. A excepción de uno, los factores que influyen actualmente de forma negativa en la salud son los siguientes:

    (1) alimentación excesiva
    (2) alimentación saturada de productos químicos
    (3) contaminación a todos los niveles
    (4) venenos legales (café, alcohol y tabaco)
    (5) exceso de vitaminas

12. ¿Cuál de las siguientes enfermedades no es hoy tan común como antes?

    (1) arterioesclerosis
    (2) cáncer
    (3) lepra
    (4) úlceras
    (5) leucemia

Las preguntas 13–16 se refieren al pasaje siguiente:

No debemos confundir la respiración con la función clorofílica o fotosíntesis. Cuando la planta respira lo hace exactamente igual que lo hacemos nosotros y los animales. Respiran siempre, de día y de noche, liberando energía. La función clorofílica tan sólo se realiza de día, con la luz. Al respirar, la planta toma oxígeno y desprende anhídrido carbónico; precisamente lo contrario de la fotosíntesis.

En los tallos jóvenes y en las hojas de las plantas, hay una sustancia llamada *clorofila*, que es la que da a las plantas el color verde que les caracteriza. Gracias a la clorofila las plantas pueden absorber la energía de la luz. A partir de sustancias inorgánicas, como son el agua, el anhídrido carbónico y las sales minerales, las plantas forman su propia materia orgánica. La *función clorofílica o fotosíntesis* es precisamente el proceso a través del cual se realizan una serie de reacciones como consecuencia de la transformación de sustancias inorgánicas en otras orgánicas. Gracias a la fotosíntesis, las plantas toman del aire anhídrido carbónico y desprenden oxígeno, al mismo tiempo que en las hojas se forma almidón.

Las plantas toman sus alimentos de la tierra por medio de la raíz, y del aire, a través de las hojas. Del suelo toman el agua donde se encuentran disueltas diferentes sales minerales, sobre todo potasio, nitrógeno, hierro, calcio, magnesio. Del aire toman principalmente anhídrido carbónico y también el oxígeno. La toma del agua y sales minerales se llama *absorción radicular* que se efectúa exclusivamente por medio de los pelos absorbentes de la zona pilífera de la raíz. Con este agua y sales minerales se forma la *savia bruta.*

Hay en la planta una corriente de savia bruta que va desde la raíz a las hojas, conducida por unos tubos muy finos llamados *vasos leñosos.* Esta corriente facilita la transpiración de la planta. El agua, como hemos estudiado, es absorbida del suelo, pasa por los vasos leñosos y a través de las hojas sale al exterior en forma de vapor de agua. A este proceso se le llama *transpiración.* El vapor de agua que pierde la planta sale al exterior a través de unos pequeños orificios llamados *estomas* que tienen las hojas en su cara inferior o envés.

La savia bruta que ha llegado a las hojas y que está formada solamente por agua y sales minerales, se convierte en *savia elaborada,* rica en sustancias orgánicas como, por ejemplo, almidón, azúcares y grasas. Esta savia elaborada pasa a otros vasos, llamados *vasos liberianos,* por donde se comunica a todos los órganos de la planta. La vida de la planta depende de este proceso que realiza principalmente la función ciorofílica al transformar sustancias inorgánicas en orgánicas. La planta, al realizar esta función de fotosíntesis, a la vez que toma el anhídrido carbónico desprende cantidades de oxígeno. El oxígeno es un gas necesario para la respiración y además de ello purifica el ambiente. Por este motivo es mucho más saludable vivir en el campo o en sitios en donde hay mucha vegetación.

13. La función clorofílica de las plantas se realiza

(1) de noche
(2) de día
(3) de día y de noche
(4) cada dos días
(5) al amanecer

14. Una de las siguientes afirmaciones no es correcta. ¿Cuál es?

(1) La clorofila se encuentra en los tallos jóvenes y en las hojas de las plantas.
(2) La clorofila es lo que le da el color verde a las plantas.
(3) Gracias a la fotosíntesis las plantas toman del aire anhídrido carbónico y desprenden oxígeno
(4) Las plantas toman sus alimentos por medio de la savia bruta que llega a las hojas.
(5) Las plantas toman sus alimentos por medio de la raíz.

15. Las plantas toman del suelo sales minerales. ¿Cuál de los elementos siguientes las plantas no toman del suelo?

(1) potasio
(2) calcio
(3) oxígeno
(4) hierro
(5) magnesio

16. ¿Cuál de las siguientes afirmaciones es verdadera?

(1) La savia bruta está compuesta de agua y sales minerales.
(2) La savia bruta va desde las hojas hasta las flores.
(3) La savia bruta se convierte en savia liberiana.
(4) La función clorofílica es lo mismo que la respiración.
(5) La función clorofílica es diferente a la fotosíntesis.

Las preguntas 17–20 se refieren al pasaje singuiente:

Los hipopótamos fueron muy numerosos a lo largo del Nilo. Este alto índice demográfico de la especie se mantuvo hasta finales del siglo pasado y fue el responsable de que, por ejemplo, los hipopótamos supusieran un grave peligro para la navegación de las frágiles embarcaciones que surcaban y surcan el río más largo del mundo, lo que bastó para que los singulares mamíferos acuáticos fueran masacrados y para que en la actualidad no quede un sólo hipopótamo en todo Egipto.

Las primeras noticias que se tienen sobre los hipopótamos se refieren a su aparición en la arena de los circos romanos junto a otros animales salvajes a los que se les daba muerte públicamente, o bien se pretendía que lucharan entre sí para entretenimiento de los espectadores. Pero hasta 1850 no llega el primer ejemplar de esta especie a un zoológico —el de Londres—y es entonces cuando se comienzan a recabar las primeras informaciones sobre este singular animal.

También se sabe, gracias a las excavaciones y hallazgos paleontológicos, que los hipopótamos ocupaban la práctica totalidad de las masas líquidas de la región Etiópica. Es más, sabemos que llegaban incluso hasta el Oriente Medio en la región del Jordán.

El hipopótamo es un mamífero acuático. Entre las lógicas modificaciones anatómicas que a todo mamífero acuático acaecen por la simple adopción de un medio, en principio, tan ajeno, a los dominios de su clase zoológica, conviene destacar para el hipopótamo la "migración" de la mayor parte de los órganos de los sentidos a la parte superior de la cabeza. Gracias a esta disposición, los hipopótamos pueden casi desaparecer bajo las agues sin perder contacto con el mundo exterior. Sin embargo, estos "caballos de río" dependen de la tierra firme para la obtención de sus nutrientes, constituidos básicamente por pastos herbosos.

Es característico en él su bostezo, gesto que sirve para indicar una señal territorial. Frecuentemente se da el caso de que dos hipopótamos de similar poderío físico y posición social pretendan averiguar cuál debe ostentar la primacía social o que, apremiados por un impulso sexual, dos machos se disputen una hembra. Una enconada lucha se desencadena entre ambos hasta que sale victorioso el vencedor. Un rasgo verdaderamente similar de estos mamíferos es que su piel apenas soporta la acción directa de los rayos solares. Por esta razón, los colosales mamíferos se aprestan a tomar protectores baños de barro y su actividad fuera del agua resulta eminentemente nocturna.

Pero el destino de los hipopótamos, equiparable al de otras especies ha sido la drástica reducción de su habitat, que en estos momentos les lleva a ester sólo presentes en unos cuantos parques nacionales y lugares recónditos de Africa.

17. Los hipopótamos cubren su piel con burro para

    (1) protegerse del agua de los ríos
    (2) curar enfermedades
    (3) protegerse de la intensidad de la luz
    (4) defenderse en situaciones hostiles
    (5) camuflarse

18. Con frecuencia los hipopótamos muestran su poder, impulso sexual o dominio territorial a través de un gesto característico:

    (1) el bostezo
    (2) se cubren la piel de barro
    (3) atacan los poblados vecinos junto al río Nilo
    (4) sostienen una enconada lucha con otras especies animales
    (5) los órganos de los sentidos "emigran" a la parte superior de la cabeza

19. El hipopótamo es un

    (1) invertebrado
    (2) fósil animal
    (3) reptil
    (4) mamífero
    (5) animal nocturno

20. Según el pasaje, los hipopótamos:

    (1) viven sin problemas futuros de extinción
    (2) debido a la destrucción de su medio ambiente viven hoy en parques naturales o en algunos lugares apartados de Africa
    (3) no tienen problemas con su hábitat
    (4) han sido respetados por los seres humanos y no tienen actualmente problemas de adaptación
    (5) no pueden adaptarse a los parques nacionales

Las preguntas 21–24 se refieren al pasaje siguiente:

Generalmente se atribuye a la Tierra una edad de 4,600 millones de años en base a las proporciones relativas de los isótopos de plomo en piedras muy antiguas y en meteoritos.

La masa de la Tierra se calcula en 5,976 cuatrillones de kg. Su extensión llega a 509.6 millones de km², de los cuales corresponden 148 millones de km² al área terrestre. El punto más elevado es el monte Everest (8,488 m sobre el nivel del mar) y el más bajo es la Fosa de las Marianas 11,033 m bajo el nivel del mar).

El globo terráqueo está dividido en cuatro partes, según se ha podido precisar recientemente del estudio de los fenómenos sísmicos. El núcleo interior sostiene al núcleo llamado exterior; tiene en promedio 1,300 km de radio; su densidad es de 14 g/cm³ y está compuesto por una masa metálica más o menos flúida. Esta masa parece ser bastante homogénea y, en su mayor parte, es hierro sólido. La temperatura del núcleo es bastante elevada, del orden de los 4,000 grados C, y su presión es también altísima, oscilando entre las 1,500 y las 35,000 toneladas métricas por centímetro cuadrado. La rotación del núcleo metálico produce el campo magnético que envuelve la Tierra.

El núcleo externo tiene unos 2,170 km de espesor y una densidad media de kk g/cm³. La evidencia disponible indica que esta parte es líquida y que consiste en una mezcla de hierro y níquel. Su temperatura es de uno 3,000 grados C. El núcleo externo está a su vez cubierto por un manto de silicatos que tiene unos 3 km de profundidad. Su densidad promedio es de 5g/cm³. Estos silicatos son ricos en magnesio y hierro.

La corteza terrestre es la más externa de las capas del globo y también la de espesor más variable. La corteza continental tiene de 35 a 45 km de espesor; en las profundidades marinas el espesor medio es de unos 7.5 km.

21. La edad de la Tierra está calculada en

   (1) 2–3 millones de años
   (2) 3–4 millones de años
   (3) 4–6 millones de años
   (4) 6–8 millones de años
   (5) 10 millones de años

22. La mayor parte de la superficie de la Tierra la ocupa

   (1) la superficie terrestre
   (2) las montañas
   (3) el manto y la corteza
   (4) la superficie acuática
   (5) el mar

23. El núcleo interior de la Tierra

   (1) se llama radio
   (2) es mayormente de hierro
   (3) es una masa acuática sólida
   (4) no produce un campo magnético
   (5) tiene un espesor de 2,170 km.

24. De todas las capas del globo terráqueo,

   (1) la corteza continental es la más pequeña
   (2) la externa está en el núcleo
   (3) la corteza terrestre es la que se encuentra más en la superficie
   (4) la marina es la más espesa
   (5) tan solo una está en el núcleo

Las preguntas 25–27 se refieren al pasaje siguiente:

El agua es el cuerpo más abundante que existe en la naturaleza. Se encuentra en los ríos, lagos, mares, océanos, glaciares y en la atmósfera, en forma de vapor de agua o de nubes. Combinado aparece en casi todas las substancias orgánicas. Forma el 55 por 100 del organismo humano.

Se demuestra que la fórmula del agua es H_2O, haciendo el análisis y la síntesis de la misma. El análisis se realiza en el voltámetro por electrólisis (descomposición del cuerpo por la corriente eléctrica). La síntesis, en el udiómetro, haciendo saltar la chispa en una mezcla de oxígeno e hidrógeno (doble volumen de éste).

El agua no se obtiene en los laboratorios; se purifica por destilación mediante el alambique. Entre sus propiedades físicas cabe destacar su capacidad calorífica, mayor que la de cualquier otra substancia de la tierra; por eso, contribuye en gran manera a suavizar el clima de los países marítimos. Su temperatura de congelación y ebullición son los puntos fijos del termómetro (0 grado y 100 grados). Alcanza su máxima densidad a 4 grados centígrados. Es incolora en pequeñas cantidades, azulada en grandes depósitos e inodora e insípida.

Algunos elementos reducen el agua dejando libre el hidrógeno: unos lo hacen a temperatura ordinaria, como el sodio, potasio, calcio; otros a temperatura elevada, como el carbón y el hierro. Sus aplicaciones son innumerables, para la bebida, el riego, etc. El agua destilada tiene aplicación constante en química. Las aguas minerales o medicinales (sulfurosas, ferruginosas, purgantes, etc.), tienen propiedades curativas.

Las aguas que llevan en disolución gran cantidad de sales de calcio y magnesio se llaman duras. No se pueden cocer con ellas las legumbres, pues, las endurecen más. No sirven para el lavado, pues con el jabón no forman espuma sino un compuesto insoluble. Por otra parte, el agua potable es aquella que puede emplearse para los diversos usos domésticos, y en especial para la bebida, sin peligro ninguno para la salud.

25. El agua

(1) es el elemento que mejor se obtiene químicamente
(2) se obtiene por síntesis en el udiómetro
(3) se analiza en el udiómetro
(4) constituye menos del 50 por ciento del organismo humano
(5) tiene menos capacidad calorífica que el aire

26. Una de las siguientes afirmaciones no es correcta, ¿cuál es?

(1) La capacidad calorífica del agua es mayor que la de cualquier otra sustancia.
(2) El agua se puede obtener en el laboratorio.
(3) El agua dura es potable.
(4) El agua es inodora e insípida.
(5) El agua destilada tiene aplicación constante en química.

27. El agua

(1) mineral tiene una aplicación constante en química
(2) destilada tiene propiedades curativas
(3) forma más de la mitad del organismo humano
(4) no posee capacidad calorífica
(5) combinada aparece tan sólo en algunas substancias químicas

Las preguntas 28–29 se refieren al pasaje siguiente:

El hidrógeno H_2 abunda en su estado natural en los astros y se ha identificado en la atmósfera solar. Combinado se encuentra en el agua, petróleos, sustancias orgánicas, etc. El agua tiene un 11 por 100 de hidrógeno.

En la industria se obtiene por electrólisis del agua acidulada ligeramente con ácido sulfúrico que favorece la disociación del agua. El H_2 se desprenderá en el cátodo según la siguiente ecuación: $2H^+ + 2e - H_2$.

La industria puede también obtenerlo del gas de agua $CO + H_2$, producido al hacer pasar vapor de agua sobre carbón al rojo, según la ecuación $C + H_2O = CO + H_2$ y con más vapor de agua se forma CO_2 y H_2, los cuales se pueden separar porque el CO_2 es soluble en agua a presión.

Es un gas incoloro, inodoro e insípido, de máxima ligereza, peso específico pequeño y muy difícil de licuar (temperatura crítica – 240 grados C). Reacciona violentamente con el oxígeno en presencia de un catalizador como el platino. Es un gran reductor; o sea, tiende a quitar el oxígeno a los demás cuerpos.

En el soplete oxhídrico se aprovecha el gran calor desprendido en la combustión del H_2. Para ello se hacen llegar los gases H_2 y O_2 por separado a la boca del soplete y allí se mezclan y arden, alcanzándose temperaturas de 2,700 grados suficientes para fundir el platino.

Con el oxígeno, el hidrógeno produce agua: H_2O.

28. El hidrógeno se obtiene industrialmente

    (1) por electrólisis
    (2) haciendo hervir el agua
    (3) con ácido carbónico
    (4) con ácido nítrico
    (5) con el H_2O

29. La frase: "El hidrógeno es un gran reductor", significa que

    (1) tiende a añadir el oxígeno a los demás cuerpos
    (2) toma oxígeno de los demás cuerpos
    (3) se puede combinar con el platino
    (4) reacciona fácilmente con el platino
    (5) reacciona difícilmente con el oxígeno

Las preguntas 30–35 se refieren al pasaje siguiente:

La luz es una forma de energía que excita las terminaciones nerviosas de la retina y nos permite ver. La luz se transmite a través de un movimiento que emiten los cuerpos luminosos en forma de *ondas*.

La luz se propaga en el vacío, por lo que no necesita de ningún medio para transmitirse. La luz solar que nos llega del Sol atraviesa el aire, la materia, amplios sectores vacíos del espacio, hasta llegar a la Tierra. Se propaga en línea recta y en todas las direcciones. La dirección de propagación rectilínea de la luz se llama *rayo luminoso*. Se puede apreciar, cuando vemos el rayo del sol que entra por una rendija de una habitación en penumbra, como aparece en línea recta. Los cuerpos *transparentes* son aquellos que dejan pasar la luz a través de ellos. Otros cuerpos detienen la luz: son los cuerpos *opacos*. La madera es opaca y el vidrio es transparente. La luz se propaga a una gran velocidad. En el vacío, recorre en un segundo 300,000 km.

Un término importante que hay que aprender es la *reflexión* de la luz, se produce cuando un rayo luminoso cambia de dirección al incidir sobre una superficie especular (espejos). Los espejos son superficies especulares en donde se refleja la luz. En los espejos *planos* las imágenes que se forman son simétricas al del objeto. Los espejos *esféricos* tienen forma de casquetes esféricos y se dividen en cóncavos y convexos, según la superficie reflectora sea la interior o la exterior del casquete. Estos últimos espejos modifican el tamaño de las imágenes según la distancia a que se coloque el objeto. Los espejos convexos siempre dan una imagen de menor tamaño que el objeto.

Cuando un rayo de luz pasa de un medio a otro distinto, como por ejemplo del aire al agua, el rayo se desvía y cambia de dirección en la superficie de separación de ambos medios. Este fenómeno se llama *refracción* de la luz y a él se debe el que al meter un palo recto en el agua parece que se quiebra en el punto en que lo introducimos.

30. La luz

    (1) es un gas
    (2) se transmite sin movimientos
    (3) llega hasta nosotros en forma de ondas
    (4) es un cuerpo luminoso
    (5) se transmite de forma estática con ondas

31. La luz se propaga en

    (1) línea recta
    (2) línea curva
    (3) una sola dirección
    (4) forma transparente
    (5) forma opaca

32. Un rayo luminoso puede cambiar de dirección cuando

    (1) pasa por un cuarto oscuro
    (2) pasa por una pared
    (3) atraviesa el hierro
    (4) atraviesa todos los objetos
    (5) incide sobre un espejo

33. Cuando un rayo de luz pasa de un medio a otro, el rayo se desvía y cambia de dirección. Este fenómeno se llama

    (1) reflexión
    (2) refracción
    (3) espejos convexos
    (4) espejos cóncavos
    (5) rayos luminosos

34. Tanto el espejo plano como el esférico

    (1) producen imágenes simétricas
    (2) siempre dan una imagen de menor tamaño que el objeto
    (3) reflejan en sus superficies la luz
    (4) forman casquetes esféricos
    (5) son convexos

35. Los cuerpos que se llaman opacos

    (1) dejan pasar la luz
    (2) transforman la reflexión de la luz
    (3) impiden que la luz pase
    (4) modifican los rayos luminosos
    (5) se caracterizan por ser transparentes

Las preguntas 36–40 se refieren al pasaje siguiente:

La concepción antropométrica del hombre antiguo se vio reflejada a la hora de medir: brazos, pies y manos se convirtieron en médidas de uso universal.

Enrique I, rey de Inglaterra, en el año 1101, tomó una decisión histórica para su país. Para ello sólo tuvo que estirar el brazo y permitir que un monje colocara una vara desde su nariz hasta su dedo pulgar. Después comunicó a sus cortesanos "Desde este momento se introduce en todo el reino la yarda como medida de longitud".

La yarda, todavía usada por los países anglosajones, resultó ser la distancia entre la punta de la nariz de Enrique I y el punto donde el extremo de su pulgar y la vara hacían contacto. Así de fácil resultaba ordenar las unidades de medida de un país hace casi novecientos años. El propio rey, con su cuerpo, era quien proporcionaba la medida de las cosas y los súbditos acataban la palabra real que por aquél entonces tenía valor de ley.

Posiblemente este sea uno de los momentos más interesantes en la historia de la implantación de medidas oficiales, pero también es verdad que no había sido el primero ni el único en el que las dimensiones reales eran tomadas como medida de todas las cosas. Así, por ejemplo, según la crónica de los marinos británicos, el rey de los maoríes midió con su cuerpo un velero, procedente de Gran Bretaña, que arribó a Nueva Zelanda en el año 1820. Para ello se tendió en el suelo y fue marcando una y otra vez el punto donde tocaba su cabeza.

Hoy estamos lejos de estas medidas arbitrarias. Agrupaciones de científicos acuerdan y reforman los patrones de medidas en complejos conciertos internacionales y con precisiones muy alejadas de las fáciles y reales, pero poco funcionales medidas de antaño. Resultaría muy complicado continuar operando con medidas tales como el pie de Carlomagno—quien implantó la huella de su *pie* como unidad de medición—precisamente, porque ni siquiera en esto del pie parecen haber estado muy de acuerdo todos los pueblos.

El pie, con este mismo nombre, ha sido profusamente usado en muchos países aunque con diferente valoración. Mientras que el pie babilónico medía 0.3083 metros, el griego, y también denominado olímpico, medía 0.3068 metros, y por su parte el romano o geométrico, 0.2946.

Hoy el pie anglosajón o *foot* se divide en doce pulgadas *(inches)* y equivale a 0.3048 metros.

36. La yarda como medida de longitud tuvo su origen en

    (1) Nueva Zelanda
    (2) Estados Unidos
    (3) Etiopía
    (4) España
    (5) Gran Bretaña

37. La yarda es equivalente a

    (1) más de un metro
    (2) menos de un metro
    (3) exactamente medio metro
    (4) dos metros
    (5) un metro y medio

38. ¿Cuál de las siguientes afirmaciones no es correcta?

    (1) Antiguamente las medidas eran implantadas por decreto real
    (2) Las medidas dependian del tamaño del rey
    (3) Las medidas antiguas son más exactas que las modernas
    (4) Carlomagno implantó la huella de su pie como medida de longitud
    (5) La yarda fue introducida como medida de longitud por el rey de Inglaterra.

39. ¿Cuál de las siguientes no es medida de longitud?

    (1) el metro
    (2) la yarda
    (3) el pie
    (4) el gramo
    (5) la pulgada

40. ¿Qué quiere decir concepción antropométrica?

    (1) el estudio antropológico de las medidas
    (2) los conceptos que había acerca del metro
    (3) las medidas eran en cierta forma reflejos de la estructura del cuerpo humano
    (4) todo se medía con el sistema métrico decimal
    (5) el cuerpo de los reyes

Las preguntas 41–44 se refieren a la gráfica siguiente:

CAMBIOS DE TEMPERATURA

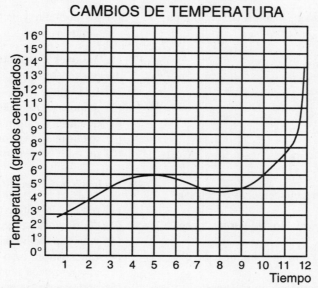

La gráfica indica los cambios de temperatura desde las doce de la noche a las doce del mediodía en una ciudad imaginaria.

41. ¿A qué hora se registró la máxima temperatura?

    (1) a las cinco y cuarto
    (2) a las once y media
    (3) a las doce en punto
    (4) a las diez y media
    (5) a las seis y cuarto

42. ¿A qué hora hacía más frío?

    (1) a las dos y media
    (2) alrededor de la una
    (3) a las tres y cuarto
    (4) cerca de las ocho
    (5) a las nueve en punto

43. Durante unas horas se mantuvo la temperatura estable entre 5 y 6 grados, ¿cuántas horas duró esta estabilidad?

    (1) cuatro
    (2) tres
    (3) dos
    (4) seis
    (5) una

44. Cuando la temperatura estaba a 10 grados, ¿qué hora era?

    (1) las cinco y media
    (2) las seis en punto
    (3) las doce y cuarto
    (4) las once y media
    (5) las diez en punto

Las preguntas 45–48 se refieren al pasaje siguiente:

Las válvulas del corazón poseen una gran resistencia y elasticidad. Hay que considerar que se abren y cierran aproximadamente unas 80 veces por minuto, lo que supone unos 3,000 millones de movimientos en la vida de una persona de 70 años.

Es preciso saber que el corazón está formado por dos mitades unidas entre sí. La mitad derecha, formada por la aurícula y ventrículo derechos, tiene sangre venosa. La mitad izquierda, con la aurícula y ventrículo izquierdos, tiene sangre arterial. La mitad derecha no se comunica con la izquierda.

Las lesiones que pueden afectar al corazón son múltiples; destacan entre ellas las congénitas, debidas a un defecto en su formación durante la vida intrauterina. También pueden dañar a las válvulas del corazón ciertas infecciones generales, como ocurre con la fiebre reumática, causada por un tipo específico de estreptococo. Las lesiones de las válvulas afectan al cierre o a la apertura de estas compuertas cardíacas y, por tanto, a esa cámara de presión que es el ventrículo izquierdo encargado de distribuir la sangre a todo el organismo.

45. Las válvulas del corazón se abren y cierran a un promedio de

(1) 50 veces por minuto
(2) 10 veces
(3) 5 veces
(4) 80 veces
(5) 150 veces

46. Una de las siguientes afirmaciones es falsa. ¿Cuál es?

(1) La aurícula y ventrículo derechos tienen sangre venosa.
(2) La aurícula y ventrículo izquierdos tienen sangre arterial.
(3) La mitad derecha no tiene comunicación con la izquierda.
(4) Las válvulas del corazón son elásticas.

(5) La aurícula y ventrículo izquierdos tienen sangre venosa.

47. Las lesiones congénitas que afectan el corazón pueden ser

(1) infecciosas
(2) adquiridas después del nacimiento
(3) adquiridas antes del nacimiento
(4) adquiridas en el momento de nacer
(5) de muy poca significancia

48. La función del ventrículo izquierdo es

(1) recoger la sangre de las venas
(2) distribuir la sangre a todo el organismo
(3) tener contacto con el ventrículo derecho
(4) funcionar en caso de que el ventrículo derecho no pueda funcionar
(5) ninguna de las anteriores.

Las preguntas 49–52 se refieren al pasaje siguiente:

Martillo, yunque y estribo son los tres huesos que componen el equipo de sonido de nuestros oídos. Ellos permiten la amplificación y el transporte de las vibraciones recogidas por el tímpano.

En el oído se encuentran unidos dos órganos sensoriales diferentes. Uno es el encargado de percibir los sonidos y está localizado en el caracol. El otro es el que nos da la idea del equilibrio y movimientos y se encuentra en el vestíbulo.

La audición se produce porque los cuerpos llamados sonoros dan lugar a unas ondas que llevadas por el aire, se transmiten en todas las direcciones. Son recogidas por el pabellón auricular, reflejándose en los repliegues que hay, pasan por el conducto auditivo, chocan con la membrana del tímpano y la hacen vibrar. Estas vibraciones se transmiten por la cadena de huesecillos a la membrana de la ventana oval, que vibra a su vez.

Esta cadena de huesecillos es la encargada de transmitir las vibraciones sonoras desde el tímpano hasta el oído interno; allí se encuentran las terminales nerviosas capaces de transportar hasta el cerebro la sensación auditiva. Estos huesos, minúsculos, son tres y su peso es de alrededor de 55 milígramos. Esta cadena transmisor de sonido tan sólo existe en los reptiles, las aves y los mamíferos.

Las vibraciones sonoras, capaces de producir una sensación auditiva en un oído normal, se propagan a través de cualquier medio sólido, líquido o gaseoso, pero no en el vacío.

49. El martillo, el yunque y el estribo son huesos que pertenecen

    (1) a la vista
    (2) al oído
    (3) al cráneo
    (4) al brazo
    (5) al cuello

50. En el oído se encuentran dos órganos sensoriales. Uno es el encargado de percibir los sonidos y el otro es el que nos da idea del equilibrio. Estos órganos son

    (1) el martillo y el caracol
    (2) el yunque y el vestíbulo
    (3) el estribo y el caracol
    (4) el caracol y el vestíbulo
    (5) el martillo y el vestíbulo

51. La audición se transmite por los siguientes medios excepto por

    (1) medios sólidos
    (2) ondas
    (3) medios líquidos
    (4) medios gasosos
    (5) el vacío

52. La cadena de transmisión de las vibraciones sonoras es del

    (1) tímpano al oído interno y de éste al cerebro
    (2) oído interno al tímpano y de éste al cerebro
    (3) cerebro al tímpano y de éste al oído interno
    (4) tímpano al cerebro y de éste al oído interno
    (5) cerebro al oído interno y de éste al tímpano

Las preguntas 53–56 se refieren al pasaje siguiente:

Debido a muchas razones, sobre todo de tipo cultural y biológicas, los métodos anticonceptivos para hombres son todavía bastante primitivos. La esterilización quirúrgica o vasectomía ha sido la alternativa para millones de hombres. Tan solo en los Estados Unidos existen 10 millones de casos y cada año el número aumenta cada vez más.

Especialistas del American Public Health Association han dado a conocer los resultados de un estudio realizado con 10,590 hombres esterilizados. El estudio muestra que la vasectomía es un método seguro que no produce peligro alguno. Los resultados del informe han tenido un fuerte impacto en la opinión pública.

Se creía que los hombres con vasectomías podían correr el riesgo de una serie de efectos secundarios graves tales como la impotencia, la artritis, el cáncer, la coagulación de la sangre, la arterioesclerosis y la gota, pero en dicha investigación, iniciada en 1976 y terminada recientemente, se ha comprobado que el temor a dichas complicaciones no tiene ningún fundamento. Algunos observadores han ido aún más lejos afirmando que los hombres con vasectomías son más saludables y llegan a vivir más años que otros hombres.

En la investigación realizada se han comparado 10,590 hombres con vasectomía y 10,590 hombres sin ella. El doctor Frank Hassey, de la Universidad de California, en Los Angeles, ha manifestado que los dos grupos eran bastante similares en cuanto a ingresos económicos, educación, historia médica u otros factores que podían haber influido en su salud. Las conclusiones son claras: La vasectomía es eficaz, segura y no perjudica al hombre. El hombre vasectomizado continúa produciendo esperma los cuales son absorbidos por el cuerpo. El estudio ha demostrado que esta absorción no tiene efectos nocivos.

53. La esterilización quirúrgica de los hombres se llama

(1) anticonceptiva
(2) esterilización
(3) vasectomía
(4) impotencia
(5) mastectomía

54. Se puede decir que la vasectomía

(1) no es efectiva como método de esterilización
(2) no convence a la mayoría de los hombres
(3) es peligrosa
(4) es un método seguro de esterilización
(5) algunas veces no funciona como método de esterilización

55. ¿Cuál de los efectos siguientes no era considerado como efecto secundario de la vasectomía?

(1) la coagulación de la sangre
(2) la enajenación mental
(3) la impotencia
(4) la artritis
(5) la arterioesclerosis

56. En el hombre vasectomizado los espermas

(1) no se producen nunca más
(2) se producen cada cierto período de tiempo
(3) son eliminados con mayor frecuencia
(4) son eliminados con menor frecuencia
(5) son absorbidos por el cuerpo

Las preguntas 57–60 se refieren al pasaje siguiente:

De 35,000 a 40,000 personas mueren cada año víctimas de picaduras de serpientes venenosas.

Las serpientes venenosas se dan en las familias *elapidae, hydrophidae, viperidae* y *colubridae*. Hay aproximadamente unas 2,500 especies de serpientes. Solamente 300 son venenosas. De las venenosas, 50 son de la familia marina *hydropidae* y realmente no representan peligro alguno al ser humano.

Las *elapidae* viven en África, Australia, sudeste de Asia, India, América. Esta familia contiene algunas de las serpientes más venenosas del mundo, como la cobra *(naja)*, la krait *(bungarus)*, la mamba *(dendroaspis)* y la serpiente de coral *(micrurus)*. Casi todas las serpientes venenosas de Australia, por ejemplo, la taipan *(oxyuranus)* y la serpiente tigre *(notechis)*, pertenecen también a este grupo. La cobra rey *(ophiophagus hannah)*, del sudeste de Asia, es la serpiente venenosa más larga que existe, alcanzando los 5.5 metros. Algunas cobras, como la ringhal africana *(hemachatus)* pueden escupir veneno en los ojos de un agresor, causando dolor y ceguera temporal. Cerca de 10,000 personas mueren al año en la India víctimas de mordeduras de serpientes cobras.

Las *hydrophidae* son serpientes marinas. Algunas especies tienen una gran cantidad de veneno. A pesar de ello, los pescadores de las costas de la India, Filipinas y Malasia cogen un buen número de *hydrophidaes* vivas. Ellos conocen qué serpientes de mar usan el veneno tan solo para cazar su presa y cuáles las que lo utilizan para defenderse. La mayoría de estas serpientes de mar permanecen cerca de las costas, alimentándose de peces. La serpiente de mar negra y amarilla *(pelamis platurus)*, sin embargo, es oceánica saliendo de los mares del sudeste asiático y Australia, para adentrarse en las costas de América y África.

La mordedura de la boomslang africana *(dispholidus typus)* es mortal.

57. Podemos decir que la mayoría de las serpientes

(1) son venenosas
(2) representan un serio peligro para el ser humano
(3) son de la familia *elapidae*
(4) no son venenosas
(5) son de la familia *viperidae*

58. Una de las siguientes afirmaciones no es correcta. ¿Cuál es?

(1) La cobra es una serpiente muy venenosa.
(2) La serpiente de coral es una serpiente muy venenosa.
(3) Las serpientes *elapidae* viven en Europa.
(4) La *krait* es una serpiente muy venenosa.
(5) La serpiente tigre es venenosa.

59. La serpiente venenosa más larga mide más de 5 metros y se llama

    (1) cobra
    (2) cobra rey
    (3) serpiente tigre
    (4) serpiente de coral
    (5) taipán

60. Las serpientes marinas se llaman

    (1) *elapidae*
    (2) mamba
    (3) cobra marina
    (4) *hydrophidae*
    (5) *colubridae*

Las preguntas 61–66 se refieren al pasaje siguiente:

La manzana es un fruto denominado pomo, de forma globosa con una corteza delgada. Su pulpa es carnosa con sabor acidulado o ligeramente dulce. Actualmente se conocen más de dos mil variedades de manzanas; desde las asilvestradas, cuyo tamaño es algo menor al de las variedades comerciales, con pulpa granulosa y sabor azucarado, hasta la "asperiaga", de ácido sabor y empleada en la elaboración de la sidra.

Como alimento, la manzana es un fruto rico en todo tipo de vitaminas, especialmente la C, aunque otros la tienen en mayor abundancia. Tiene gran agente gelificante de efectos antitóxicos y ácido málico, causante del sabor acidulado de las manzanas.

Si deseamos que no pierdan parte de su riqueza vitamínica, debemos de consumirlas enteras, ya que al pelarlas, se oxidan, y adquieren esa coloración marrón característica.

Al margen de las variedades sidreras, cuya principal característica es su fuerte sabor ácido, es frecuente encontrar en el mercado dos interesantes grupos: La *deliciosa*, recolectada entre septiembre y octubre, y el grupo de las *reinetas,* de recolección más tardía.

La mitología clásica alude a las "manzanas doradas" como una fruta cuyo jugo alargaba la existencia de los mortales al tiempo que fortalecía su capacidad amatoria. Está comprobado que este fruto, originario del Cáucaso, se cultivaba en la Antigua Grecia, allá por el siglo IV antes de Cristo.

61. ¿Cuál de las siguientes cualidades no se le atribuye a la manzana?

    (1) Es un fruto denominado pomo.
    (2) Tiene forma globosa.
    (3) Su corteza es algo gruesa.
    (4) Su pulpa es carnosa.
    (5) Se conocen más de dos mil variedades de manzanas.

62. La manzana nos proporciona en gran cantidad la vitamina

    (1) A
    (2) C
    (3) B
    (4) D
    (5) E

63. La manzana que se recolecta entre septiembre y octubre se le llama

    (1) reineta
    (2) asilvestrada
    (3) asperiaga
    (4) dorada
    (5) deliciosa

64. La manzana es un fruto originario de

    (1) Europa
    (2) Estados Unidos
    (3) Suramérica
    (4) El Caribe
    (5) África

65. En la antigüedad la manzana

    (1) se utilizaba en la química como agente de efectos antitóxicos
    (2) se explotaba sobre todo para hacer sidra
    (3) se creía que poseía poderes mitológicos, que alargaba la vida y fortalecía el amor
    (4) se cultivaba en la antigua Grecia, allá por el siglo IV después de Cristo.
    (5) era de sabor más dulce

66. Según el pasaje,

    (1) la manzana tan sólo contiene vitamina C
    (2) hay que pelarla para que conserve su riqueza vitamínica
    (3) se conocen más de dos mil variedades de manzanas en el mundo
    (4) la manzana se origina en Grecia y después se cultiva en el Cáucaso
    (5) la variedad sidrera de la manzana se caracteriza por su sabor dulce

FIN DE ESTA PARTE

EXAMEN 4
INTERPRETACIÓN DE LA LITERATURA
Y DE LAS ARTES

45 preguntas—65 minutos

Instrucciones: La prueba de INTERPRETACIÓN DE LA
LITERATURA Y DE LAS ARTES consiste en pasajes tomados de
literatura clásica y popular y de artículos sobre la literatura y las artes.
Cada pasaje va seguido de preguntas de opción múltiple sobre el contenido
de la lectura.

Primero lea cada pasaje y después conteste las preguntas que le siguen. Refiérase al
contenido da la lectura cuantas veces sea necesario para contestar las preguntas.

Cada pasaje va precedido por un título de orientación. Esta orientación le da una
idea general sobre la materia y puede ayudarle a enfocar su lectura.

Dispone de 65 minutos para contestar las 45 preguntas de esta prueba. Lea con
cuidado pero no pase demasiado tiempo en una sola pregunta.

Para indicar sus respuestas, llene uno de los óvalos numerados.

EJEMPLO:

El sueño de mi sobrino Pedro era poder comprar
pinturas. Con el color azul podía pintar el mar de
Las Palmas. El rojo le serviría para pintar el
amanecer. Las rocas podrían ser de color siena y
con el blanco podría pintar un barco de velas
navegando por sus sueños. ¿A qué se refiere
seguramente el pasaje?

(1) A una roca   ① ② ③ ● ⑤
(2) Al amanecer
(3) A cosas de viajes
(4) A pinturas
(5) A cosas de filosofía

La respuesta correcta es la número (4), dado que el pasaje se refiere a la pintura que
haría Pedro de poder comprar los colores para pintar. Marque la respuesta en el óvalo 4.

Las preguntas 1–4 se refieren al pasaje siguiente:

¿QUÉ SON LAS PALABRAS?

En su libro de memorias, publicado después de su muerte con el título *Confieso que he vivido*, Pablo Neruda (Chile, 1904-1973), escribía un bello fragmento sobre la palabra. En él, el gran poeta latinoamericano, dice:

...Todo lo que usted quiera, sí señor, pero son las palabras las que cantan, las que suben y bajan... Me prosterno ante ellas... Las amo, las adhiero, las persigo, las muerdo, las derrito... Amo tanto las palabras... Las inesperadas... las que glotonamente se esperan, se acechan, hasta que de pronto caen... Vocablos amados... Brillan como piedras de colores, saltan como platinados peces, son espuma, hilo, metal rocío... Persigo algunas palabras... Son tan hermosas que las quiero poner todas en mi poema... Las agarro al vuelo, cuando van zumbando, y las atrapo y las limpio, las pelo, las preparo frente al plato, las siento cristalinas, vibrantes, ebúrneas, vegetales, aceitosas, como frutas, como algas, como ágatas, como aceitunas... Y entonces las revuelvo, las agito, me las bebo, me las zampo, las trituro, las emperejilo, las liberto... Las dejo como estalactitas en mi poema, como pedacitos de madera bruñida, como carbón, como restos de naufragio, regalos de la ola... Todo está en la palabra... Una idea entera se cambia porque una palabra se trasladó de sitio, o porque otra se sentó como una reinita adentro de una frase que no la esperaba y que le obedeció... Tienen sombra, transparencia, peso, plumas, pelos, tienen de todo lo que se les fue agregando de tanto rodar por el río, de tanto transmigrar de patria, de tanto ser raíces... Son antiquísimas y recientísimas... Viven en el féretro escondido y en la flor apenas comenzada... Qué buen idioma el mío, qué buena lengua heredamos de los conquistadores torvos... Estos andaban a zancadas por las tremendas cordilleras, por las Américas encrespadas, buscando patatas, butifarras, frijolitos, tabaco negro, oro, maíz, huevos fritos, con aquel apetito voraz que nunca más se ha visto en el mundo... Todo se lo tragaban, con religiones, pirámides, tribus, idolatrías, iguales a las que ellos traían en sus grandes bolsas... Por donde pasaban quedaba arrasada la tierra... Pero a los bárbaros se les caían de las botas, de las barbas, de los yelmos, de las herraduras como piedrecitas, las palabras luminosas que se quedaron aquí resplandecientes... el idioma. Salimos perdiendo... Salimos ganando... Se llevaron el oro y nos dejaron el oro... Se lo llevaron todo y nos dejaron todo... Nos dejaron las palabras.

1. Según el texto, se deduce que Neruda

   (1) quiere resaltar la importancia del idioma
   (2) escribe sobre el vocabulario
   (3) quiere reflejar la riqueza de expresión de la palabra española
   (4) escribe el fragmento estando en exilio
   (5) quiere escribir una metáfora

2. ¿Qué quiere decir que las palabras: "tienen sombra, transparencia, peso, plumas, pelos"?

   (1) Son incomprensibles.
   (2) Son superficiales.
   (3) No se comprenden.
   (4) Es como si vivieran.
   (5) Son puras letras.

3. ¿Quiénes eran los "bárbaros" a los que se refiere Neruda?

   (1) Las tribus
   (2) Los idólatras
   (3) Los conquistadores
   (4) Los religiosos
   (5) Los caballeros

4. Neruda

   (1) no está de acuerdo con la conquista
   (2) agradece que los colonizadores trajeran el idioma español al Nuevo Mundo
   (3) dice que los latinoamericanos salieron perdiendo
   (4) habla de las pirámides mayas
   (5) hace un poema épico

Las preguntas 5–8 se refieren al pasaje siguiente:

¿ES FÁCIL ESCRIBIR?

En su cuento *En este pueblo no hay ladrones,* el autor colombiano García Márquez dice: "Yo, señor, me llamo Gabriel García Márquez. Lo siento: a mí tampoco me gusta ese nombre, porque es una sarta de lugares comunes que nunca he logrado identificar conmigo. Nací en Aracataca, Colombia (García Márquez nació el 6 de marzo de 1928)... y todavía no me arrepiento. Mi signo es Piscis y mi mujer Mercedes. Esas son las dos cosas más importantes que me han ocurrido en la vida, porque gracias a ellas, al menos hasta ahora, he logrado sobrevivir escribiendo.

"Soy escritor por timidez. Mi verdadera vocación es la de prestidigitador, pero me ofusco tanto tratando de hacer un truco, que he tenido que refugiarme en la soledad de la literatura. Ambas actividades, en todo caso, conducen a lo único que me ha interesado desde niño: que mis amigos me quieran más.

"En mi caso, el ser escritor es un mérito descomunal, porque soy muy bruto para escribir. He tenido que someterme a una disciplina atroz para terminar media página en ocho horas de trabajo; peleo a trompadas con cada palabra y casi siempre es ella quien sale ganando, pero soy tan testarudo que he logrado publicar cuatro libros en veinte años. El quinto, que estoy escribiendo, va más despacio que los otros, porque entre los acreedores y una neuralgia, me quedan muy pocas horas libres.

"Nunca hablo de literatura, porque no sé lo que es, y además estoy convencido de que el mundo sería igual sin ella. En cambio, estoy convencido de que sería completamente distinto si no existiera la Policía. Pienso por tanto, que habría sido más útil a la Humanidad si en vez de escritor fuera terrorista".

5. Gabriel García Márquez nos dice que

   (1) escribir es fácil
   (2) es un especialista en temas literarios
   (3) escribe por su carácter extrovertido
   (4) la literatura es imprescindible en el mundo
   (5) no es fácil escribir una página

6. Según la lectura,

   (1) para ser novelista hay que saber mucho de literatura
   (2) García Márquez es un prestidigitador
   (3) el autor colombiano tiene una gran disciplina al escribir
   (4) al autor no le interesa el afecto de sus amigos
   (5) el autor ha escrito muchísimos libros

7. García Márquez

   (1) cree que la literatura puede cambiar a la Humanidad
   (2) es un autodidacta
   (3) ha escrito 20 libros
   (4) dice que no le gusta hablar de literatura
   (5) nació en Bogotá, Colombia

8. Según el autor, el mundo

   (1) cambiaría con nuevas estructuras políticas
   (2) seguiría igual con el mismo sistema social
   (3) se transforma con la literatura
   (4) permanecería igual sin la literatura
   (5) es una metáfora

Las preguntas 9–12 se refieren al pasaje siguiente:

¿UN RELOJ DE PARED?

Julio Cortázar nació en Bruselas en 1914 pero se crió y educó en la Argentina. Pasó la mayor parte de su vida literaria en Francia. Murió en 1984. Con *Los reyes, Bestiario, y Final del juego* muestra ya sus extraordinarias cualidades como estilista del lenguaje. Combina la fantasía, lo maravilloso, con la lógica, el juego de la imaginación con una narrativa puramente intelectual. Después, su obra va aún más lejos de esta dialéctica estilística y vemos en su trabajo una prosa escéptica, violenta, artísticamente irracional. Publica *Las armas secretas, Los premios, La vuelta al día en ochenta mundos, Historia de cronopios y de famas, Rayuela, Todos los fuegos el fuego, Las armas secretas,* y *Libro de Manuel.*

Ha sido sin duda, uno de los grandes autores latinoamericanos. Desde hace treinta años su obra aparece como una de las mejores del mundo literario. Algunos críticos opinan que es la mejor, la "más intelectual". Lo cierto es que Cortázar ha llegado a crear una obra original, única. Sus primeros trabajos estuvieron influidos espiritualmente por Borges, pero después experimenta con las formas lingüísticas y narrativas hasta llegar a un límite en que las rompe, las contorsiona, las deja rotas en la página, creando su propio estilo: Decía el autor: "No hago diferencias entre la realidad y lo fantástico. Para mí lo fantástico procede siempre de lo cotidiano".

En Su *Historia de cronocopios y de famas,* dice:

> Un fama tenía un reloj de pared y todas las semanas le daba cuerda *con gran cuidado.* Pasó un cronopio y al verlo se puso a reír, fue a su casa e inventó el reloj-alcachofa o alcaucil, que de una y otra manera puede y debe decirse.
>
> El reloj alcaucil de este cronopio es un alcaucil de la gran especie, sujeto por el tallo a un agujero de la pared. Las innumerables hojas del alcaucil marcan las horas, y de modo que el cronopio no hace más que sacarle una hoja y ya sabe una hora. Como las va sacando de izquierda a derecha, siempre la hoja da la hora justa, y cada día el cronopio empieza a sacar una nueva vuelta de hojas. Al llegar al corazón el tiempo no puede ya medirse, y en la infinita rosa violeta del centro el cronopio encuentra un gran contento, entonces se la come con aceite, vinagre y sal, y pone otro reloj en el agujero.

9. Julio Cortázar se destaca desde un principio como un

(1) autor surrealista
(2) gran poeta
(3) novelista puramente dialéctico
(4) escritor de cuentos fantásticos
(5) gran estilista del idioma

10. ¿Qué quiere decir "una prosa artísticamente irracional"?

(1) Una novela de arte
(2) Una prosa revolucionaria, rompedora, pero con gran estilo y arte
(3) Ilógica
(4) Artística y filosófica
(5) Lo opuesto a lo racional

11. Para Cortázar

(1) no hay diferencias entre lo real y lo fantástico
(2) la realidad se diferencia de lo fantástico
(3) la fantasía no nace de la realidad
(4) la realidad siempre acaba en lo no-fantástico
(5) la realidad es diferente de lo cotidiano

12. La obra *Historia de cronopios y de famas* se refiere

(1) a unas hojas que mueren
(2) al mundo fantástico y real de un reloj
(3) a un rosa
(4) a un corazón que no puede medirse
(5) al camino que recorre la hora

Las preguntas 13–16 se refieren al fragmento dramático siguiente:

¿QUÉ LE OCURRIÓ A YERMA?

Fragmento I.

JUAN
Todo el mundo no es igual. ¿Por qué no te traes un hijo de tu hermano? Yo no me opongo.

YERMA
No quiero cuidar hijos de otros. Me figuro que se me van a helar los brazos de tenerlos.

JUAN
Con ese achaque vives alocada, sin pensar en lo que debías, y te empeñas en meter la cabeza por una roca.

YERMA
Roca que es una infamia que sea roca, porque debía ser un canasto de flores y agua dulce.

JUAN
Estando a tu lado no se siente más que inquietud, desasosiego. En último caso debes resignarte.

YERMA
Yo he venido a estas cuatro paredes para no resignarme. Cuando tenga la cabeza atada con un pañuelo para que no se me abra la boca, y las manos bien amarradas dentro del ataúd, en esa hora me habré resignado.

JUAN
Entonces, ¿qué quieres hacer?

YERMA
Quiero beber agua y no hay vaso ni agua, y quiero subir al monte y no tengo pies, quiero bordar mis enaguas y no encuentro los hilos…

Fragmento II.

YERMA
¿Y qué buscabas en mí?

JUAN
A ti misma.

YERMA
¡Eso! Buscabas la casa, la tranquilidad y una mujer. Pero nada más. ¿Es verdad lo que digo?

JUAN
Es verdad. Como todos.

YERMA
¿Y lo demás? ¿Y tu hijo?

JUAN *(Fuerte)*
¿No oyes que no me importa? ¡No me preguntes más! ¡Que te lo tengo que gritar al oído para que lo sepas, a ver si de una vez vives ya tranquila!

YERMA
¿Y nunca has pensado en él cuando me has visto desearlo?

JUAN
Nunca.

YERMA
¿Y no podré esperarlo?

JUAN
No.

YERMA
¿Ni tú?

JUAN
Ni yo tampoco. ¡Resígnate!

YERMA
¡Marchita!

JUAN
Y a vivir en paz. Uno y otro, con suavidad, con agrado. ¡Abrázame! *(La abraza)*

YERMA
¿Qué buscas?

JUAN
A ti te busco. Con la luna estás hermosa.

YERMA
Me buscas como cuando te quieres comer una paloma.

JUAN
Bésame... así.

YERMA
Eso nunca. Nunca. (YERMA *da un grito y aprieta la garganta de su esposo. Este cae hacia atrás. Le aprieta la garganta hasta matarle. Empieza el coro de la romería.)* Marchita, marchita, pero segura. Ahora sí que lo sé de cierto. Y sola. *(Se levanta. Empieza a llegar gente.)* Voy a descansar sin despertarme sobresaltada, para ver si la sangre me anuncia otra sangre nueva. Con el cuerpo seco para siempre. ¿Qué queréis saber? No os acerquéis, porque he matado a mi hijo, ¡yo misma he matado a mi hijo!

(Acude un grupo que queda al fondo. Se oye el coro de la romería.)

Estos dos fragmentos pertenecen a la obra *Yerma*, del autor andaluz Federico García Lorca (España, 1898–1936).

13. El propio nombre de "Yerma" quiere decir

(1) fecundo
(2) estéril
(3) fértil
(4) abundante
(5) muerte

14. ¿Qué quiere decir Yerma con: "...se me van a helar los brazos..."?

(1) Quería tener en sus brazos a un niño.
(2) Era infeliz con su marido.
(3) Le hacía falta el calor de su sobrino.
(4) No quería tener en sus brazos a un niño que no fuera su hijo.
(5) Quería abrazar a su hijo.

15. En la obra, Yerma dice: "Quiero beber agua y no hay vaso ni agua..." ¿Qué quería expresar con esta frase?

(1) Tenía sed
(2) No había agua
(3) Quería buscar la semilla, la vida, el hijo
(4) Quería casarse de nuevo
(5) No encontraba un vaso de agua

16. Según estos fragmentos,

(1) Yerma mató a su propio hijo al matar a su marido
(2) Juan quería tener un hijo
(3) Yerma no quería tener un hijo
(4) Juan mató a Yerma
(5) Yerma no mató a Juan

Las preguntas 17–21 se refieren al pasaje biográfico y a los poemas que le siguen:

¿HECHA DE PRESENTES?

Julia de Burgos (1916–1953) nació en el barrio de Santa Cruz de Carolina, Puerto Rico, hija de campesinos. Su segundo libro fue premiado por el Instituto de Literatura Puertorriqueña. Era periodista y escribió en publicaciones de Latinoamérica y Norteamérica. Se considera a Julia de Burgos la más grande poetisa de su tierra.
Entre sus obras, cabe destacar: *Poemas en veinte surcos* y *Canción de la verdad sencilla*.

Yo quise ser como quisieron que yo fuese:
un intento de vida,
un juego al escondite con mi ser.
Pero yo estaba hecha de presentes,
y mis pies planos sobre la tierra promisora
no resistían caminar hacia atrás,
y seguían adelante, adelante,
burlando las cenizas para alcanzar el beso de los senderos nuevos.
A cada paso adelantado en mi ruta hacia el frente
rasgaba mis espaldas el aleteo desesperado de los troncos viejos.

Pero la rama estaba desprendida para siempre,
y a cada nuevo azote la mirada mía
se separaba más y más y más de los lejanos horizontes aprendidos;
y mi rostro iba tomando la expresión que le venía de adentro,
la expresión definida que asomaba un sentimiento de liberación íntima;
un sentimiento que surgía
del equilibrio sostenido entre mi vida
y la verdad del beso de los senderos nuevos.
Ya definido mi rumbo en el presente,
me sentí brote de todos los suelos de la tierra,
de los suelos sin historia
de los suelos sin porvenir,
del suelo, siempre suelo sin orillas
de todos los hombres y de todas las épocas.

Y fui toda en mí como en mí la vida...

17. Julia de Burgos

    (1) prefirió vivir pensando en el pasado
    (2) busca en su poesía el ayer
    (3) camina hacia adelante en su poema
    (4) vive con nostalgia el tiempo convertido en cenizas
    (5) temía andar por senderos nuevos

18. La poetisa puertorriqueña

    (1) nació en el seno de una familia humilde
    (2) se educó dentro de la aristocracia de su país
    (3) se conformó con ser lo que "quisieron que ella fuese"
    (4) escribió versos faltos de esperanza
    (5) puede considerarse dentro de la corriente post-modernista

19. En la frase: "A cada paso adelantado en mi ruta hacia el frente rasgaba mis espaldas el aleteo desesperado de los troncos viejos," Julia de Burgos quería expresar que

    (1) la vida está tan solo inmersa en el pasado
    (2) huía del presente
    (3) a pesar de caminar hacia adelante sentía la huella moribunda del pasado
    (4) era preciso retroceder a las raíces, a los troncos viejos
    (5) tenía que vivir de nuevo en el ayer

20. En la frase " . . . y mis pies planos sobre la tierra promisoria no resistían caminar hacia atrás . . . ," la poetisa trata de decir que

    (1) ya no quería caminar más
    (2) no quería mirar al pasado
    (3) no quería caminar sin mirar al pasado
    (4) la tierra se resistía a comprenderla
    (5) era preferible vivir la fantasía del tiempo

21. La poesía de Julia de Burgos es

    (1) un canto a la universalidad y a la esperanza
    (2) triste y pesimista
    (3) etnocéntrica
    (4) muy parcial
    (5) épica

Las preguntas 22–25 se refieren al pasaje siguiente:

¿QUÉ ES EL ARTE?

Desde el Renacimiento—escribe Octavio Paz—la historia del arte fue la de un aprendizaje: había que dominar las reglas de la perspectiva y la composición. Pero al despuntar el siglo XX esos cuadros perfectos comenzaron a aburrir a los hombres. El arte moderno ha sido un desaprendizaje: un desaprender las recetas, los trucos y las mañas para recobrar la frescura de la mirada primigenia. Uno de los mementos más altos de ese proceso de desaprendizaje ha sido la obra de Miró. Es verdad que no todo lo que éste hizo tiene el mismo valor. Pintó mucho y será mucho lo que desecharán mañana nuestros descendientes. Su caso no es el único. También la obra de Picasso, aunque más variada e inventiva, será sometida a un escrutinio severo y por las mismas razones: la abundancia indiscriminada, la facilidad complaciente, el gesto gratuito, la ruptura inicial ya vuelta costumbre, la confusión entre juego de manos y creación. El artista, quizá, es un mago, no un prestidigitador. Pero el núcleo central de la obra de Miró seguirá asombrando por su fantasía, su descaro, su frescura y su humor. Wordsworth decía que el niño es el padre del hombre. El arte de Miró confirma esta idea. Debo añadir que Miró pintó como un niño de 5,000 años de edad. Un arte como el suyo es el fruto de muchos siglos de civilización, y aparece cuando los hombres, cansados de dar vueltas y vueltas alrededor de los mismos ídolos, deciden volver al comienzo.

22. Según el texto, Octavio Paz cree que

(1) el arte moderno no rompe con el arte renacentista
(2) los nuevos pintores buscaban la perfección realista
(3) la figuración dominó en el siglo XX
(4) la pintura moderna rompe con la figuración tradicional
(5) Miró representa el único artista revolucionario moderno

23. El artista es un

(1) niño
(2) prestidigitador
(3) mago, quizá
(4) ser sensible que sigue una corriente artística
(5) ídolo

24. La obra de Picasso

(1) nace del Renacimiento
(2) ha sido más variada y creadora
(3) es igual que la de Miró
(4) no es recordada
(5) es limitada

25. La obra de Miró

(1) es producto de una maduración artística
(2) tiene 5,000 años de antigüedad
(3) es realista
(4) es influida por la de Picasso
(5) es consecuencia de las ideas de Wordsworth

Las preguntas 26–29 se refieren al pasaje siguiente:

¿QUÉ PASÓ EN LA CIUDAD DEL VATICANO?

Juan Pablo II pidió ante el cuerpo diplomático acreditado en Ciudad del Vaticano una patria para el pueblo palestino, apoyó a los movimientos de independencia, nombrando concretamente a Namibia, condenó las ingerencias extranjeras en los problemas internos de los diversos países y, al mismo tiempo, justificó la lucha interna de un Estado "contra los totalitarismos insoportables."

Pidió también una participación activa para los ciudadanos en materia política y afirmó que "no se puede perder ni un sólo día" en el restablecimiento de las negociaciones entre las dos grandes superpotencias, al tiempo que subrayaba que quien desee quitarse de encima la responsabilidad de una negociación leal "será responsable mañana frente a la Humanidad y ante la Historia".

Juan Pablo II comenzó manifestando su satisfacción por el restablecimiento de las relaciones diplomáticas entre la Santa Sede y Estados Unidos después de 116 años de separación.

26. Juan Pablo II mostró su satisfacción por

(1) las negociaciones de paz entre las superpotencias
(2) el restablecimiento de relaciones diplomáticas entre los Estados Unidos y la Santa Sede
(3) los movimientos de independencia
(4) la lucha interna de los estados
(5) la humanidad y la historia

27. Juan Pablo II pidió en Ciudad del Vaticano

(1) dinero para la niñez desamparada
(2) dinero para los problemas humanos
(3) una patria para el pueblo palestino
(4) un nuevo nombre para designar a los palestinos
(5) solidaridad para con los pueblos en guerra

28. Juan Pablo II es contrario a

(1) la lucha interna de un estado "contra los totalitarismos insoportables"
(2) los movimientos de independencia
(3) que un país extranjero controle los asuntos de otros países
(4) la formación de una patria palestina
(5) ninguna de las anteriores

29. Juan Pablo II es partidario de

(1) la política de los Estados Unidos
(2) la actual situación de Sudáfrica
(3) los totalitarismos
(4) Namibia
(5) las relaciones diplomáticas con Namibia

Las preguntas 30–33 se refieren al pasaje siguiente:

¿ES LA FOTOGRAFÍA UN ARTE?

Durante los cuarenta años que dedicó a la fotografía, Henri Cartier-Bresson se comportó como un pescador que arroja su sedal al agua y espera durante horas a que el pez pique el anzuelo. Jamás un fotógrafo de prensa fue menos agresivo. Se acercaba a la realidad de puntillas, con pasos suaves como el terciopelo, como si fuera invisible. Su pez era el "momento culminante", ese instante único que, según el norteamericano Robert Frank, no necesariamente tiene por qué coincidir con el momento real, pero que para Cartier-Bresson es la esencia de la fotografía de reportaje.

"Fotografiar—dice el gran artista—es contener la respiración cuando todos los sentidos convergen ante la realidad fugaz. En esos momentos capturar una imagen produce una gran alegría".

Su obra es una obra maestro y constituye una concepción propia del hecho fotográfico. No aparece en su trabajo ni una sola imagen de él, ni un solo autorretrato. Cartier-Bresson no se ha dejado fotografiar nunca. Existen de él un par de fotos "robadas" que sólo unos pocos iniciados han tenido ocasión de ver y que él rechaza: "Para poder observar hay que ser discreto y pasar inadvertido. Por desdicha el fotógrafo es siempre un intruso y no olvidemos que los pescadores no agitan las aguas en las que pescan."

Cartier-Bresson desdeña todos los "trucos" del oficio. Jamás ha utilizado el "flash", encuadrado una fotografía en el laboratorio ni preparado una escena. Ama los resultados de su trabajo, las imágenes obtenidas, pero aborrece sus métodos. Por eso en 1973 abandonó su oficio, que ahora sólo ejerce muy rara vez, y se consagró a lo que considera su verdadera vocación, el dibujo y la pintura.

Cartier-Bresson nació en 1908, en Francia.

30. Según el texto,

    (1) la fotografía del mar es compleja
    (2) Cartier-Bresson no fue un artista innovador
    (3) el artiste continuó la tradición conservadora
    (4) la fotografía es un arte pictórico
    (5) el momento fotográfico no tiene por qué coincidir con el momento real

31. El trabajo de Cartier-Bresson antes de 1973 estaba relacionado con la

    (1) pintura
    (2) fotografía de anzuelos
    (3) fotografía paisajista
    (4) fotografía de peces
    (5) fotografía de prensa

32. Según el gran artista Cartier-Bresson, la fotografía

    (1) profundiza en los métodos
    (2) se concentra tan sólo en una imagen
    (3) requiere que la realidad sea estática
    (4) requiere una concentración total ante la realidad fugaz
    (5) necesita muchos años de estudio y práctica

33. Henri Cartier-Bresson

    (1) fue un fotógrafo que preparaba la escena
    (2) practicaba con el "flash"
    (3) utilizaba "trucos fotográficos"
    (4) ha sido muy poco fotografiado
    (5) se dedicó a escribir sobre la fotografía

Las preguntas 34–37 se refieren al pasaje siguiente:

¿CÓMO FREDERICK DOUGLASS LOGRÓ UNA EDUCACIÓN?

A partir de ahora me vigilaban estrechamente. Si me quedaba solo y por algún tiempo en una habitación separada, sospechaban que tenía un libro, y me llamaban enseguida para dar cuenta de lo que hacía. Todo esto, sin embargo, era demasiado tarde. El primer paso lo había dado cuando la señora de la casa me enseñó el alfabeto. Ahora sentía como si tuviera alas, quería aprender más, y nada podía impedirlo.

El plan que adopté, y el que me dio más resultado, fue el hacerme amigo de todos los niños que me encontraba en la calle. A todos ellos los convertí en mis maestros. Gracias a la ayuda que amablemente recibí de ellos, en diferentes lugares y tiempo, finalmente conseguí a aprender a leer. Cuando me mandaban por algún recado, siempre me llevaba un libro conmigo, y haciendo el mandado de prisa, tenía tiempo suficiente como para aprender una lección antes de regresar a la casa. Solía, también, llevar un poco de pan conmigo, había más que suficiente en la casa, y siempre me dejaban tomar; en este sentido, yo estaba mucho mejor que muchos niños blancos que vivían pobremente en nuestro vecindario. El pan lo usaba para darlo a estos chiquillos hambrientos, quienes, en cambio, me daban a mí algo que yo tanto apreciaba como era el pan del conocimiento.

Me gustaría mucho dar a conocer dos o tres nombres de estos niños de quienes aprendí a leer, como testimonio de mi gratitud y afecto por ellos; pero la prudencia me lo impide, no es porque esto me perjudique, sino que ello puede avergonzarlos, puesto que en este país cristiano es una ofensa casi imperdonable el enseñar a esclavos a leer. Suficiente es con decir que mis queridos camaradas vivían en la Calle Philpot, muy cerca de Durgin y del astillero de Bailey. Solía hablar de este asunto de la esclavitud con ellos. A veces, les decía que deseaba poder ser libre como ellos cuando fueran hombres. "¡Vosotros seréis libres tan pronto cumpláis 21 años, pero yo seré esclavo toda mi vida! ¿No tengo yo derecho de ser libre como vosotros?" Parecía que estas palabras les preocupaban, y expresaban por mí una gran simpatía, y me consolaban con la esperanza de que algo ocurriría y que yo podría ser libre.

34. Según el pasaje, ¿cómo aprendió Douglass a leer?

(1) por sus propios esfuerzos
(2) por la señora de la casa
(3) con la ayuda de niños blancos
(4) usando su tiempo de forma inteligente
(5) yendo a la escuela

35. ¿Por qué Douglass no quiso revelar los nombres de los niños blancos?

(1) Ellos le pidieron que no dijera sus nombres.
(2) Podían avergonzarse de ello.
(3) Nunca aprendió sus nombres.
(4) Se olvidó de los nombres.
(5) Temía que eso le perjudicaría a él.

36. ¿Cuál de las siguientes afirmaciones es correcta?

(1) Douglass era un niño blanco pobre.
(2) Los niños blancos pobres no sabían leer.
(3) Douglass daba pan a los niños blancos pobres que le ayudaban a aprender a leer.
(4) Douglass podía ser libre cuando cumpliera 21 años.
(5) Douglass aprendió solo a escribir.

37. Según el pasaje,

(1) tan solo los esclavos eran pobres.
(2) era una ofensa enseñarle a leer a los esclavos.
(3) los niños blancos eran indiferentes al futuro de Douglass.
(4) la señora de la casa fue cruel con Douglass.
(5) Douglass no pudo aprender a leer.

Las preguntas 38–41 se refieren al pasaje siguiente:

¿ERAN GRANDES POETAS LOS INCAS?

El Inca Garcilaso de la Vega (Perú, 1539–1616), ha sido uno de los mejores escritores mestizos. Venía de una familia inca y castellana. Su obra más importante fue los *Comentarios reales*, publicada entre los años 1609 y 1613. En uno de los fragmentos, dice hablando de la poesía de los incas amautas:

"No les faltó habilidad a los amautas, que eran los filósofos, para componer comedias y tragedias, que en días y fiestas solemnes representaban delante de sus reyes y de los señores que asistían en la corte. Los representantes no eran viles, sino Incas y gente noble, hijos de curacas, y los mismos curacas y capitanes hasta maestres de campo; porque los autos de las tragedias se representasen al propio; cuyos argumentos siempre eran de hechos militares, de triunfos y victorias, de las hazañas y grandezas de los reyes pasados, y de otros heroicos varones. Los argumentos de las comedias eran de agricultura, de hacienda, de cosas caseras y familiares. Los representantes, luego que se acababa la comedia, se sentaban en sus lugares conforme a su calidad y oficios. No hacían entremeses deshonestos, viles y bajos: todo era de cosas graves y honestas, con sentencias y donaires permitidos en tal lugar. A los que se aventajaban en la gracia del representar les daban joyas y favores de mucha estima.

De la poesía alcanzaron otra poca porque supieron hacer versos cortos y largos con medida de sílabas: en ellos ponían sus cantares amorosos con tonadas diferentes, como se ha dicho. También componían en verso las hazañas de sus reyes, y de otros famosos Incas, y curacas principales, y los enseñaban a sus descendientes por tradición para que se acordasen de los buenos hechos de sus pasados y los imitasen; los versos eran pocos porque la memoria los guardase; empero muy compendiosos, como cifras. No usaron de consonante en los versos, todos eran sueltos. Por la mayor parte semejaban a la natural compostura española que llaman redondillas. Una canción amorosa compuesta en cuatro versos me ofrece la memoria; por ellos se verá el artificio de la compostura y la significación abreviada compendiosa de lo que en su rusticidad querían decir. Los versos amorosos se hacían cortos porque fuesen más fáciles de tañer en la flauta. Holgara poner también la tonada en puntos de canto de órgano para que se viera lo uno y lo otro, mas la impertinencia me excusa del trabajo".

La canción es la que sigue y su traducción al castellano:

caylla llapi	....	al cántico
pununqui	....	dormirás
chaupituta	....	media noche
samusac	....	yo vendré

38. Los argumentos en las tragedias eran

    (1) episodios de la vida cotidiana
    (2) hechos militares
    (3) problemas familiares
    (4) relativos a la vida de los curacas
    (5) ninguna de las anteriores

39. Garcilaso de la Vega escribe sobre

    (1) la falta de representaciones dramáticas
    (2) la función del Inca
    (3) el papel de los actores
    (4) la riqueza poética de los amautas
    (5) cómo los argumentos de las comedias eran
        las hazañas de los grandes reyes.

40. Según el texto,

    (1) los incas eran de México
    (2) los incas no tenían teatros
    (3) a los buenos actores se les premiaba con joyas
        y otros objetos
    (4) los versos románticos eran largos
    (5) el amauta era un sacerdote

41. La poesía inca era

    (1) con rimas
    (2) larga y elaborada
    (3) sin medidas silábicas
    (4) de versos sueltos
    (5) de muchos versos

Las preguntas 42–45 se refieren al fragmento de prosa poética y a la nota bigráfica siguientes:

¿QUÉ DESEA EL PÁJARO PRESO?

El pájaro preso vivía en la jaula y el pájaro libre en el bosque. Pero estaban destinados a encontrarse, y el momento había llegado.

El pájaro libre cantaba: "Volemos juntos al bosque, amor mío". El pájaro preso decía muy bajito: "Ven aquí tú, y viviremos los dos en esta jaula". Decía el pájaro libre: "Las rejas no permiten que podamos abrir las alas". "¡Ay!, decía el pájaro preso: ¿Sabré volar por el cielo?"

El pájaro libre pedía: "Canta canciones del campo, amor mío". El pájaro preso decía: "Si te posas junto a mí, te enseñaré lo que cantan los sabios". El pájaro libre cantaba: "No, no, no; las canciones no pueden enseñarse". El pájaro preso decía: "¡Ay! Yo no sé las canciones del campo".

Se aman con un deseo infinito, pero no pueden volar juntos. Se observan una y otra vez a través de los barrotes de la jaula, pero no pueden colmar sus anhelos. Revolotean tristes y cantan: "Acércate más, acércate más". El pájaro libre grita: "No puedo, me da miedo no me vayan a encerrar en tu jaula". El pájaro preso canta muy bajito: "Mis alas no pueden responderme".

Rabindranath Thakub Tagore nació en Calcuta en 1861. Reticente a la enseñanza que se impartía en las escuelas clásicas, se educó junto a su padre. En 1878 y 1880 viajó a Gran Bretaña para estudiar leyes. En 1882 tomó contacto con sus primeras experiencias místicas, que le estimularon a escribir un poema sobre "El despertar de la Cascada", recogido más tarde en los *Cantos de la Aurora,* y que sería base y principio de su extensa obra poética y mística.

Entre su extensa obra podremos citar algunos títulos, como *El Cartero del rey, La Luna nueva, La cosecha, Chitra, Pájaros perdidos, Ofrenda lírica, Ciclo de primavera y El jardinero. y el Jardinero.*

La obra de Tagore es ante todo humanista e inequívocamente intimista. Inspirado en las viejas tradiciones y enseñanzas orientales, toda su obra está llena de una poesía y una mística difícilmente igualables.

42. Rabindranath Tagore es un

   (1) historiador
   (2) novelista
   (3) escritor místico y poético
   (4) adepto de la escuela tradicional
   (5) filósofo humanista

43. Rabindranath Tagore

   (1) sólo escribió diez obras
   (2) ejerció de abogado en Gran Bretaña
   (3) tuvo experiencias místicas en Gran Bretaña
   (4) escribía siempre sobre la libertad
   (5) es influido por las tradiciones orientales

44. El pájaro preso del fragmento

   (1) quiere aprender a cantar
   (2) es una metáfora de la esclavitud
   (3) quiere irse a vivir al campo
   (4) está contento de estar en la jaula
   (5) es una alegoría del arte

45. Las obras de Tagore se caracterizan por ser

   (1) sociales
   (2) fantásticas
   (3) humanistas
   (4) inverosímiles
   (5) políticas

FIN DE ESTA PARTE

EXAMEN 5
MATEMÁTICAS

56 preguntas—90 minutos

Instrucciones: La prueba de Matemáticas consiste en preguntas de opción múltiple que miden sus conocimientos generales de matemáticas y su habilidad para solucionar problemas. Las preguntas están basadas en lecturas cortas que frecuentemente incluyen gráficas, diagramas o dibujos.

Dispone de 90 minutos para contestar las 56 preguntas. Trabaje con cuidado pero no pase demasiado tiempo en una sola pregunta.

En la página siguiente hay algunas fórmulas que quizás pueda necesitar. No tendrá que usar fórmulas para todas las preguntas. No todas las fórmulas dadas serán necesarias.

No se permite el uso de calculadoras.

Para indicar sus respuestas, llene uno de los óvalos numerados según el modelo siguiente:

EJEMPLO:

Si paga usted una cuenta de $15.75 con un billete de $20, ¿cuánto dinero le darán de cambio?

(1) $5.26   ① ② ● ④ ⑤
(2) $4.75
(3) $4.25
(4) $3.75
(5) $3.25

La respuesta correcta es $4.25; por lo tanto, debe marcar el espacio número 3 en la hoja de respuestas.

FÓRMULAS

Descripción	Fórmula

ÁREA (A)

cuadrado $\quad$ $\boxed{A = l^2}$ $\quad l = $ lado

rectángulo $\quad$ $\boxed{A = la}$ $\quad l = $ longitud, $a = $ altura

paralelogramo $\quad$ $\boxed{A = ba}$ $\quad b = $ base, $a = $ altura

triángulo $\quad$ $\boxed{A = \frac{1}{2}ba}$ $\quad b = $ base, $a = $ altura

círculo $\quad$ $\boxed{A = \pi r^2}$ $\quad \pi = 3.14\ldots, r = $ radio

PERÍMETRO (P)

cuadrado $\quad$ $\boxed{P = 4l}$ $\quad l = $ lado

rectángulo $\quad$ $\boxed{P = 2l + 2a}$ $\quad l = $ longitud
$\qquad\qquad\qquad\qquad\qquad\qquad a = $ anchura

triángulo $\quad$ $\boxed{P = a + b + c}$ $\quad a, b$ y c son los lados

CIRCUNFERENCIA (C) de un círculo $\quad$ $\boxed{C = \pi d}$ $\quad \pi = 3.14\ldots, d = $ diámetro

VOLUMEN (V)

cubo $\quad$ $\boxed{V = l^3}$ $\quad l = $ lado

sólido rectangular $\quad$ $\boxed{V = xyz}$ $\quad x = $ longitud
$\qquad\qquad\qquad\qquad\qquad\qquad y = $ anchura
$\qquad\qquad\qquad\qquad\qquad\qquad z = $ altura

cilindro $\quad$ $\boxed{V = \pi r^2 a}$ $\quad \pi = 3.14\ldots, r = $ radio
$\qquad\qquad\qquad\qquad\qquad\qquad a = $ altura

Relación pitagórica $\quad$ $\boxed{c^2 = a^2 + b^2}$ $\quad c = $ hipotenusa, a y b
son los catetos de un triángulo recto

Distancia (d) entre dos puntos de un plano $\quad$ $\boxed{d = \sqrt{(x_2 - x_1)^2 + (y_2 - y_1)^2}}$

(x_1, y_1) y (x_2, y_2) $\quad$ son dos puntos de un plano

pendiente (m) de una recta $\quad$ $\boxed{m = \dfrac{y_2 - y_1}{x_2 - x_1}}$ $\quad (x_1, y_1)$

y (x_2, y_2) son dos puntos de un plano

La media	$$\text{media} = \frac{x_1 + x_2 + \ldots + x_n}{n}$$
	las x son los valores para los cuales se desea una media y n = número de valores de la serie

La mediana	mediana = el punto en un conjunto ordenado de números en el cual la mitad de los números son superiores y la mitad de los números son inferiores a este valor

Interés simple (i)	$i = crt$	c = capital, r = razón, y t = tiempo
Distancia (d) como función de razón y tiempo	$d = rt$	r = razón y t = tiempo
Costo total (c)	$c = nr$	n = número de unidades r = costo por unidad

1. Si en la escuela elemental de un pueblo hay matriculados 1974 alumnos y en la escuela superior 895 alumnos, ¿cuántos niños hay en el sistema escolar?

   (1) 1079
   (2) 2896
   (3) 2869
   (4) 2698
   (5) 2968

2. Si los estudiantes de nuestra escuela superior son este curso 9001 y en el noveno grado ingresaron este año 978 niños, ¿cuántos alumnos están en los otros tres grados de esta escuela superior?

   (1) 8032
   (2) 8023
   (3) 8033
   (4) 9979
   (5) 8230

3. Si el almuerzo de cada niño cuesta 86 centavos y 427 niños reciben gratis su almuerzo, ¿cuánto tiene que pagar la escuela cada día por el almuerzo de esos niños?

   (1) $372.72
   (2) $327.02
   (3) $357.22
   (4) $360.24
   (5) $367.22

4. Si se necesitan 637 m de cerca y el precio del metro de malla de alambre es $5.07, ¿cuanto costará la cerca?

   (1) $3229.59
   (2) $3630.90
   (3) $3280.29
   (4) $3420.69
   (5) $2461.09

5. El club de ajedrez reunido este curso $1223 los cuales dedicará a becas para sus miembros que son 39. ¿Cuánto dinero recibirá cada uno?

   (1) $30.06
   (2) $31.94
   (3) $32.36
   (4) $31.36
   (5) $31.58

6. Si María trabaja cinco días a la semana y obtiene un salario de $34.75 diario, ¿cuánto gana a la semana?

   (1) $243.25
   (2) $240.95
   (3) $173.75
   (4) $208.50
   (5) $183.25

7. Si Carlos paga con un billete de $50 por las siguientes mercancías: 3 camisas a $12.99 cada una y 2 corbatas a $4.50 cada una, ¿cuánto le devuelven?

   (1) $3.03
   (2) $2.93
   (3) $3.13
   (4) $2.30
   (5) $2.03

8. Redondee hasta el centavo más cercano. (Esto es, deje dos cifras decimales después del punto.) $923.0478.

   (1) $923.04
   (2) $923.11
   (3) $923.06
   (4) $923.05
   (5) $923.47

9. De los siguientes números, ¿cuál es el menor?

   (1) $20 \div 5$
   (2) $20 \times \frac{1}{4}$
   (3) $20 - 5$
   (4) $(20 - 17)^2$
   (5) $2(20 - 15)$

10. Si la escala en un mapa es de 2 cm = 60 kilómetros, ¿cuál es la distancia en kilómetros entre dos ciudades distantes en el mapa $5\frac{1}{2}$ cm?

    (1) 300 Km
    (2) 165 Km
    (3) 185 Km
    (4) 156 Km
    (5) 175 Km

11. ¿Por qué número multiplico 18 cuando se convierte en 270?

    (1) 150
    (2) 252
    (3) 25
    (4) 105
    (5) 15

12. ¿Por qué número divido 1081 cuando se convierte en 23?

    (1) 47
    (2) 57
    (3) 73
    (4) 74
    (5) 37

13. ¿Cuál es el próximo número de la serie: 2, 13, 24, 35, 46...?

    (1) 56
    (2) 57
    (3) 47
    (4) 24
    (5) 12

14. Vamos a comprar fieltro para hacer unos estandartes. Necesitamos $12\frac{3}{7}$ varas color naranja, $23\frac{2}{7}$ varas color verde, $6\frac{1}{7}$ color negro y $8\frac{5}{7}$ color blanco. ¿Cuántas varas se necesitan?

    (1) $48\frac{5}{7}$
    (2) $51\frac{1}{7}$
    (3) $50\frac{6}{7}$
    (4) $49\frac{4}{7}$
    (5) $50\frac{4}{7}$

15. Un corredor quiere romper el record de 93 minutos del corredor número 1 pero se desmaya a los $68\frac{5}{9}$ minutos. ¿Cuántos minutos le faltaron para igualar el record del No. 1?

    (1) $24\frac{4}{9}$
    (2) $25\frac{5}{9}$
    (3) $24\frac{3}{9}$
    (4) $23\frac{2}{9}$
    (5) $25\frac{1}{9}$

16. Multiplique $\frac{9}{19} \times \frac{95}{7}$

    (1) $5\frac{1}{7}$
    (2) $6\frac{2}{7}$

    (3) $6\frac{1}{7}$
    (4) $6\frac{3}{7}$
    (5) 7

17. Divida $120 \div \frac{2}{3}$.

    (1) 80
    (2) 180
    (3) 140
    (4) 220
    (5) 160

18. ¿Qué interés produce un capital de $9000.00 al 12% anual en 18 meses?

    (1) $1260
    (2) $1602
    (3) $1620
    (4) $2160
    (5) $2610

19. A razón $2.75 la libra de carne, ¿cuántas libras se podrán comprar con $33?

    (1) 13
    (2) 12
    (3) $14\frac{1}{2}$
    (4) $12\frac{1}{4}$
    (5) $13\frac{3}{4}$

20. ¿Cuánto tiempo ha transcurrido desde el 15 de enero de 1969 hasta el 1 de marzo de 1984?

    (1) 15 años, 4 meses, 2 días
    (2) 15 años, 19 días
    (3) 15 años, 2 meses, 14 días
    (4) 15 años, 2 meses, 1 día
    (5) 15 años, 1 mes, 16 días

21. ¿Cuál de las siguientes cantidades equivale a 1?

    (1) $\frac{4}{5}$
    (2) $\frac{9}{-9}$
    (3) $\frac{7}{7}$
    (4) $\frac{8}{4}$
    (5) $6 - 6$

22. Halle $\sqrt{25 \times 49}$.

    (1) 12
    (2) 14
    (3) 6
    (4) 53
    (5) 35

23. Cuántos metros hay en 43½ kilómetros?

    (1) 43,005 m
    (2) 43,500 m
    (3) 43,750 m
    (4) 4300.5 m
    (5) 4350 m

24. ¿Qué signo le corrresponde a la *x* (abscisas) en el tercer cuadrante de un sistema de coordenadas?

    (1) positivo
    (2) no tiene signo
    (3) positivo unas veces, y negativo otras
    (4) negativo
    (5) no se puede determinar

25. Halle la fracción común irreducible (generatriz) correspondiente a la fracción decimal .125.

    (1) ⅛
    (2) ¹⁄₂₅
    (3) ⁷⁄₁₅
    (4) ⅜
    (5) ⅘

26. Si $(R)(k) = 36$
y $R = 4$; entonces $k(15) =$

    (1) 41
    (2) 135
    (3) 60
    (4) 144
    (5) 19

27. Si $(M)(N) = 0$
y $M \neq 0$; entonces $N =$

    (1) 1
    (2) 10
    (3) 0
    (4) 9
    (5) No se puede determinar

28. ¿Cuánto se pagará por un televisor, cuyo precio original es $560, después de recibir un descuento del 20%?

    (1) $448
    (2) $520
    (3) $528
    (4) $484
    (5) $112

29. ¿Cuál es el equivalente en kilómetros de 160 millas?

    (1) 287.4 Km
    (2) 257.6 Km
    (3) 275 Km
    (4) 255.7 Km
    (5) 258.5 Km

30. Halle el cociente de:

$$\frac{(2^5)\,(3)^3}{(2)^3\,(3)^2}$$

    (1) 24
    (2) 16
    (3) 20
    (4) 12
    (5) 14

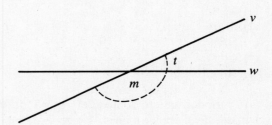

31. En la figura anterior, las rectas *w* y *v* forman cuatro ángulos. Si el ángulo *t* mide 38°, ¿qué valor tiene en grados el ángulo *m*?

    (1) 162°
    (2) 138°
    (3) 152°
    (4) 142°
    (5) 148°

32. Si un círculo tiene radio de 12.5, entonces su diámetro es

    (1) 6 ⅕
    (2) 20 ⅕
    (3) 25
    (4) 25 ⅖
    (5) 17

33. En la figura siguiente, *r* y *t* son líneas paralelas, y *s* es una secante, ¿cuánto mide el ángulo *p* si $\angle 3 = 61°$?

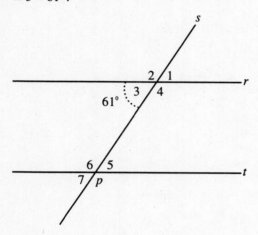

    (1) 129°
    (2) 120°
    (3) 119°
    (4) 29°
    (5) 130°

34. Si un cuadrado mide por un lado 13.5 cm, ¿cuál es su perímetro?

    (1) 62 cm
    (2) 54 cm
    (3) 45 cm
    (4) 135 cm
    (5) 60 cm

35. Si un terreno tiene de largo 18.25m y de ancho 10m, ¿cúal es el área de ese terreno?

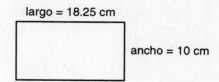

largo = 18.25 cm

ancho = 10 cm

    (1) 185.2 cm²
    (2) 1850 cm²
    (3) 182.5 cm²
    (4) 158.5 cm²
    (5) 1825 cm²

36. Si un cilindro tiene de altura 42 cm y el radio del círculo es 7.2 cm, ¿cuál es su volumen?

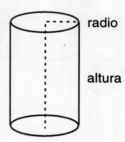

radio

altura

Fórmula: $V = \pi R^2 h$
$\pi = 3.14$

    (1) 7863 cm³
    (2) 6638 cm³
    (3) 5863.6 cm³
    (4) 6368.5 cm³
    (5) 6836.66 cm³

37. En la figura, ¿cuánto mide el ángulo E ?

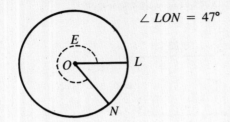

$\angle LON = 47°$

(1) 323°
(2) 313°
(3) 303°
(4) 283°
(5) 333°

38. La suma de los tres precios que aparece es

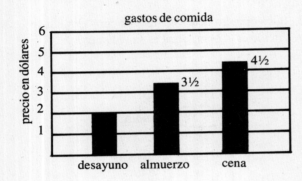

(1) $8.50
(2) $9.00
(3) $10.00
(4) $10.50
(5) $9.50

39. Si la arista de un cubo es 12 cm, ¿cuál es su volumen?

(1) 1278 cm³
(2) 1827 cm³
(3) 156 cm³
(4) 1728 cm³
(5) 144 cm³

40. ¿Cuál es el suplemento de un ángulo que mide 37° ?

(1) 143°
(2) 160°
(3) 134°
(4) 53°
(5) 93°

41. Si $x + 9 + 4x = 94$, entonces $x =$

(1) 24
(2) 17
(3) 21
(4) 18
(5) 32

42. Si $w/11 + 5 = 14$, entonces $w =$

(1) 69
(2) 89
(3) 91
(4) 209
(5) 99

43. Si $6k/7 - 4 = 38$, entonces $k =$

(1) 39
(2) 43
(3) 49
(4) 59
(5) 47

44. El producto de $(-15)(8)$ es

(1) -120
(2) -7
(3) 23
(4) 120
(5) -23

45. Los factores del trinomio $x^2 - 11x + 24$ son

(1) $(x - 12)(x - 2)$
(2) $(x + 8)(x + 3)$
(3) $(x + 12)(x - 2)$
(4) $(x - 8)(x - 3)$
(5) $(x + 24)(x - 1)$

46. Si para hacer 50 tamales necesito 6 libras de harina de maíz, ¿cuántos tamales pudiera hacer con 15 libras?

    (1) 57
    (2) 125
    (3) 95
    (4) 100
    (5) 80

47. De un tocadiscos que estaba marcado para la venta en $280, se rebaja el 12.5%. ¿Cuál es su nuevo precio de venta?

    (1) $245.00
    (2) $204.50
    (3) $340.45
    (4) $204.44
    (5) $244.40

48. Un padre reparte su fortuna entre sus hijos de la forma siguiente: al mayor le deja 15,000, que representa ⅛ de su capital, y el resto lo distribuye a partes iguales entre sus 5 hijos restantes. ¿Cuánto dinero recibe cada uno de estos últimos?

    (1) $21,000
    (2) $19,000
    (3) $23,000
    (4) $12,000
    (5) $22,000

49. ¿Cuánto costaría cercar un terreno de forma rectangular de 30 metros de largo y 20 metros de ancho, sabiendo que el metro de alambre cuesta 85 centavos y la mano de obra 75 dólares?

    (1) $159.00
    (2) $158.65
    (3) $160.00
    (4) $145.75
    (5) $190.00

50. Juana Pérez hace la compra siguiente: 5 camisas a $11.59 cada una, 3 carteras a $23.45 cada una, y 18 pañuelos a $2.89 cada uno. Después de pagar el impuesto (tax) del estado de New Jersey (6%), ¿a cuánto asciende el total de la compra?

    (1) $174.33
    (2) $209.02
    (3) $201.74
    (4) $191.14
    (5) $198.02

51. Si docena y media de huevos cuesta $1.20, ¿cuánto cuesta ¼ de docena?

    (1) $0.18
    (2) $0.24
    (3) $0.30
    (4) $0.20
    (5) $0.22

52. Lucía obtuvo 90 puntos de promedio en 5 exámenes de matemáticas. Las calificaciones fueren, 84, 88, 91, y 92. ¿Cuál fue su calificación en el quinto examen?

    (1) 87
    (2) 92
    (3) 89
    (4) 96
    (5) 95

53. Un conductor de un carro de carreras hace un promedio de 120.35 millas por hora. A esta misma velocidad, ¿cuántas millas podrá recorrer en 4.15 horas?

    (1) 29
    (2) 50
    (3) 499
    (4) 290
    (5) 501

54. En un hotel hay 2 piscinas, una rectangular de 100 pies de largo y 40 de ancho; y la piscina de los niños con 40 pies de lado. ¿Cuál es el area total en pies cuadrados de ambas piscinas?

    (1) 5660
    (2) 5600
    (3) 6500
    (4) 5800
    (5) 6002

55. Hay 24 latas de jugo de manzana en una caja y 6 onzas en cada lata. ¿Cuántas onzas de jugo hay en 4 cajas?

    (1) 495
    (2) 567
    (3) 576
    (4) 657
    (5) 675

56. ¿A qué edad murió Benito González, que nació el 24 de abril de 1911 y murió el 3 de enero de 1988?

    (1) 67 años, 11 meses, 3 días
    (2) 74 años, 6 meses, 11 días
    (3) 77 años, 4 meses, 2 días
    (4) 76 años, 7 meses, 18 días
    (5) 76 años, 8 meses, 9 días

FIN DEL EXAMEN DIAGNÓSTICO

RESPUESTAS CORRECTAS
DEL EXAMEN DIAGNÓSTICO

EXAMEN 1
Parte I: Clave del examen de Expresión Escrita

1. (4)	6. (1)	11. (1)	16. (4)	21. (4)	26. (2)	31. (1)	36. (5)	41. (3)	46. (1)	51. (4)
2. (3)	7. (2)	12. (1)	17. (1)	22. (2)	27. (5)	32. (1)	37. (5)	42. (1)	47. (5)	52. (5)
3. (1)	8. (5)	13. (1)	18. (2)	23. (3)	28. (1)	33. (1)	38. (3)	43. (4)	48. (1)	53. (1)
4. (1)	9. (2)	14. (2)	19. (1)	24. (3)	29. (4)	34. (2)	39. (1)	44. (1)	49. (4)	54. (2)
5. (5)	10. (1)	15. (3)	20. (1)	25. (3)	30. (5)	35. (2)	40. (3)	45. (3)	50. (1)	55. (5)

Examen 2: Clave del examen de Estudios Sociales

1. (2)	7. (4)	13. (2)	19. (3)	25. (5)	31. (4)	37. (5)	43. (2)	49. (5)	55. (4)	61. (1)
2. (1)	8. (4)	14. (1)	20. (1)	26. (3)	32. (3)	38. (2)	44. (5)	50. (5)	56. (5)	62. (5)
3. (5)	9. (3)	15. (4)	21. (1)	27. (5)	33. (1)	39. (3)	45. (4)	51. (5)	57. (3)	63. (1)
4. (5)	10. (5)	16. (1)	22. (1)	28. (1)	34. (4)	40. (4)	46. (4)	52. (5)	58. (3)	64. (4)
5. (3)	11. (2)	17. (5)	23. (4)	29. (3)	35. (3)	41. (5)	47. (2)	53. (4)	59. (4)	
6. (4)	12. (4)	18. (3)	24. (3)	30. (2)	36. (5)	42. (5)	48. (3)	54. (5)	60. (5)	

Examen 3: Clave del examen de Ciencias

1. (5)	7. (2)	13. (2)	19. (4)	25. (2)	31. (1)	37. (2)	43. (1)	49. (2)	55. (2)	61. (3)
2. (2)	8. (3)	14. (4)	20. (2)	26. (3)	32. (5)	38. (3)	44. (4)	50. (4)	56. (5)	62. (2)
3. (4)	9. (2)	15. (3)	21. (3)	27. (3)	33. (2)	39. (4)	45. (4)	51. (5)	57. (4)	63. (5)
4. (3)	10. (1)	16. (1)	22. (4)	28. (1)	34. (3)	40. (3)	46. (5)	52. (1)	58. (3)	64. (1)
5. (4)	11. (5)	17. (3)	23. (2)	29. (2)	35. (3)	41. (2)	47. (3)	53. (3)	59. (2)	65. (3)
6. (1)	12. (3)	18. (1)	24. (3)	30. (3)	36. (5)	42. (2)	48. (2)	54. (4)	60. (4)	66. (3)

Examen 4: Clave del examen de
Interpretación de la Literatura y de las Artes

1. (3)	5. (5)	9. (5)	13. (2)	17. (3)	21. (1)	25. (1)	29. (4)	33. (4)	37. (2)	41. (4)
2. (4)	6. (3)	10. (2)	14. (4)	18. (1)	22. (4)	26. (2)	30. (5)	34. (3)	38. (2)	42. (3)
3. (3)	7. (4)	11. (1)	15. (3)	19. (3)	23. (3)	27. (3)	31. (5)	35. (3)	39. (4)	43 (5)
4. (2)	8. (4)	12. (2)	16. (1)	20. (2)	24. (2)	28. (3)	32. (4)	36. (3)	40. (3)	44. (2)
										45. (3)

Examen 5: Clave del examen de Matemáticas

1. (3)	6. (3)	11. (5)	16. (4)	21. (3)	26. (2)	31. (4)	36. (5)	41. (2)	46. (2)	51. (4)
2. (2)	7. (5)	12. (1)	17. (2)	22. (5)	27. (3)	32. (3)	37. (2)	42. (5)	47. (1)	52. (5)
3. (5)	8. (4)	13. (2)	18. (3)	23. (2)	28. (1)	33. (3)	38. (3)	43. (3)	48. (1)	53. (3)
4. (1)	9. (1)	14. (5)	19. (2)	24. (4)	29. (2)	34. (2)	39. (4)	44. (1)	49. (3)	54. (2)
5. (4)	10. (2)	15. (1)	20. (5)	25. (1)	30. (4)	35. (3)	40. (1)	45. (4)	50. (4)	55. (3)
										56. (5)

Parte I: Respuestas explicadas del examen
de Expresión Escrita

1. **(4)** *funciones.* Error debido a la pronunciación de la *c* como *s.*
2. **(3)** *lenguaje.* Error debido a la semejanza con la ortografía en inglés: *language.*
3. **(1)** *lengua o lenguaje.* Son palabras distintas, pero de significado equivalente.
4. **(1)** *Mas.* Sin acento, es equivalente a *Pero.*
5. **(5)** Ninguna de las opciones que se ofrecen es correcta o tiene sentido. El punto de vista está en presente.
6. **(1)** La *y* es necesaria. *Técnica* no es lo mismo que *tecnología. Pero* implica una oposición que no existe. *Mas* significa lo mismo que *Pero.*
7. **(2)** *exige.* El error se debe a que algunas formas del verbo *exigir* se escriben con *j.* Pero esto ocurre solamente cuando la *g* va seguida de *o* o *a.*
8. **(5)** *conducirían.* El condicional tiene valor de futuro hipotético.
9. **(2)** *inconsciente.* Cuando hay dos adverbios terminados en *-mente,* sólo el último lleva esta terminación. En los demás, se sobreentiende.
10. **(1)** *En cambio.* Las otras opciones no tienen sentido dentro de la frase o del párrafo.
11. **(1)** *es.* Las otras expresiones no son coherentes con el texto.
12. **(1)** *tecnología.* El error es debido a la influencia de la ortografía de la palabra en inglés: *technology*
13. **(1)** *una forma de conocimiento.* Las opciones 4 y 5 tienen apariencia de sentido. Pero *conocimiento formal* no es lo mismo que *forma de conocimiento.* Tampoco *fuente* es lo mismo que *forma.*
14. **(2)** *la gran contribución. Gran* añade un matiz sin el cual la frase no es cierta. La robótica no es la única contribución de la tecnología al trabajo manual.
15. **(3)** *automóvil.* La duda en la ortografía de esta palabra, como en muchas otras, se debe al influjo del contacto constante con el inglés.
16. **(4)** *porque.* La conjunción *porque* establece una relación de causa a efecto, que es la que está implícita en la oración 5.
17. **(1)** *que.* Es la única forma posible de los relativos. *Cual* carece del artículo *la; quien* se reserva para las personas; y *cuyo,* para la forma posesiva.
18. **(2)** *derechos humanos.* No son nombres propios, ni títulos de una institución o un documento político famoso.
19. **(1)** *sin embargo.* Es la única opción que tiene sentido dentro de la frase, al contraponer ventajas e inconvenientes.
20. **(1)** *si.* Ninguna otra opción tiene sentido coherente con el resto de la frase. Por ejemplo: ¿Qué van a hacer los trabajadores humanos *que* los ordenadores piensan y los robots ejecutan?

21. **(4)** *alienación.* Error debido a la aliteración o al desconocimiento del significado o a ambas causas.
22. **(2)** *Tampoco.* El error se debe a que ambas palabras tienen un mismo sonido en la frase hablada.
23. **(3)** *antiguo.* La diéresis no es necesaria delante de *o.*
24. **(3)** *Con ello.* La única alternativa sería *Por ello,* pero esto indica más causa que instrumento.
25. **(3)** El paréntesis no es necesario porque la interrupción que se introduce no es ajena al texto.
26. **(2)** Cortar y acortar tienen significados diferentes. Haga la prueba aplicando uno y otro verbo a un mismo objeto.
27. **(5)** Ninguna de las otras opciones es correcta. Recuerde que el imperfecto indica acción continuada: *tardaban* equivale a *solían tardar.*
28. **(1)** *En cambio.* La oposición o contraste no se puede expresar con ninguna de las otras opciones que se nos ofrecen.
29. **(4)** *tardan.* El sujeto del verbo es reactores, no el Concorde, que es un modelo especial de reactor.
30. **(5)** Ninguna otra opción tiene sentido o es correcta. *Sucede* significa lo mismo que *ocurre* y no añadiría, ni restaría nada a la frase.
31. **(1)** *en directo.* Aunque *directamente e instantáneamente* se aceptaran como sinónimos de *en directo,* se trata de un término técnico insustituible.
32. **(1)** *reducidos notablemente.* Las otras opciones, aunque no sean vulgares o comunes, no expresan el mismo sentido. *Un golpe* es una cantidad considerable; no la máxima cantidad.
33. **(1)** *al igual.* Por igual tiene un sentido bastante diferente del que aparenta a primera vista. Las otras opciones significan lo contrario. Para escribir bien, hay que saber matizar.
34. **(2)** *árboles.* La única forma correcta según las normas para el uso del acento escrito.
35. **(2)** *con la.* Lo que ocurre no ocurre *a la* contaminción ni *por ella,* sino *con ella.* Esta última quiere decir: en el caso de la contaminación.
36. **(5)** *Asidente* es incorrecto; *catástrofe* no añade nada; la coma es innecesaria; la nube suele ser sólida y continua. Al menos, en su origen.
37. **(5)** Las cuatro opciones son incorrectas.
38. **(3)** *sea indispensable.* El sujeto es la cooperación.
39. **(1)** dispuestos a aceptar responsabilidades. Las otras opciones son formales, pero no tienen el mismo sentido que el dicho popular.
40. **(3)** *también.* Es la única opción que permite el contexto. Hay que evaluar cada oración de acuerdo con el sentido general del párrafo o selección.

41. **(3)** *mundiales.* Aunque globales puede significar totales, esta opción no se nos da. Además, no nos valdría, pues el sentido lo determina el contexto.

42. **(1)** *y.* Es la única conjunción que puede enlazar con la oración siguiente sin cambiar las palabras con las que comienza.

43. **(4)** *Está demostrado.* Palabra aguda terminada en vocal.

44. **(1)** *Está demostrado.* Las otras opciones alteran el orden lógico o gramatical de la oración.

45 **(3)** *un mejor. Más mejor* es un error debido probablemente a un calco de la forma inglesa *much better.*

46. **(1)** *puesto que.* Esta opción es la única que establece la relación de causa a efecto que está implícita en ambas oraciones.

47. **(5)** Las otras opciones son incorrectas. El cambio de *azúcares* por *azúcar* no es incorrecto, pero matiza menos. El matiz; siempre el matiz.

48. **(1)** *Y al contrario.* Es la única opción que establece el contraste apropiado.

49. **(4)** *cualquier.* El error es probablemente fonético. La escritura no es una transcripción fonética del habla.

50. **(1)** *Aun descontando. Dando por descontado* rompe el efecto cumulativo de la obesidad como enfermedad, además de ser causa de otras enfermedades.

51. **(4)** *sociedades avanzadas.* No son nombres propios, ni títulos, sino nombres comunes.

52. **(5)** Las otras opciones son incorrectas. *Necesidades* es menos coherente y específico que apetitos.

53. **(1)** *pueda inducir. Es curioso* puede ir seguido de indicativo o subjuntivo, según el punto de vista general del contexto.

54. **(2)** *de la práctica.* El credo es uno de los diversos módulos de la vida religiosa que no incluye las prácticas menores concretas. Para escribir bien es necesario conocer el vocabulario específico o técnico de cada rama del saber.

55. **(5)** Las demás opciones son incorrectas. *También* introduce una incoherencia o disparate.

Examen 1: Parte II Composición Ejemplo de Tema

TEMA I: LA TÉCNICA Y LAS ARMAS

Desde el punto de vista de la técnica, parecería que ahora se podrían solucionar la mayoría de los problemas y necesidades de la población del mundo. Se curan enfermedades que antes mataban a cientos de miles de personas y se tiene capacidad para dar vivienda y empleo a todo el mundo. La educación debería llegar a todos con la cultura y conocimientos que se tienen. Y se pueden nombrar muchas otras cosas que podrían ser de beneficio general.

Pero los sufrimientos que la humanidad tiene ahora son, en cierto sentido, peores que nunca. Millones de personas no tienen trabajo, vivienda, educación; los niños del tercer mundo se mueren de enfermedades simples y toda la técnica beneficia sólo a unos pocos. Lo que es peor, la técnica se usa de tal manera que hasta se arriesga toda la vida del mundo.

Pero el uso más terrible de la tecnología es la fabricación de armamentos, algunos tan poderosos que una guerra mundial significaría la muerte de la humanidad y de todos los seres vivos. Además, a veces el riesgo parece más terrible cuando se sabe que las armas son uno de los negocios más ricos del mundo, controlado por pocas compañías que ganan miles de millones vendiéndolas, todo bajo la excusa de que resguardan nuestra supuesta seguridad. Uno se pregunta si estas compañías estarán en realidad interesadas en apoyar las guerras, pues así sus ganancias aumentan, y si les importan mucho las terribles consecuencias que las guerras traen.

Examen 2: Respuestas explicadas del examen de Estudios Sociales

1. **(2)** Los países que pertenecen al continente asiático suman el mayor número de población: China, India, Indonesia, Bangladesh, Pakistán, Japón, Filipinas, Vietnam, Tailandia, Irán, Birmania, Rep. de Corea y Afganistán.

2. **(1)** Según los datos de las Naciones Unidas la población tiende a aumentar, sobre todo en los países en vías de desarrollo.

3. **(5)** A pesar de que habrá una disminución de la población en los países más avanzados, éstos se verán afectados por la superpoblación a nivel mundial.

4. **(5)** Debido a que los problemas económicos crean problemas de hambre, enfermedades, miseria y desorganización social, los países menos desarrollados tendrán que desarrollar sus economías proporcionalmente al aumento de sus poblaciones.

5. **(3)** La Constitución creó las bases de la estructura legislativa, judicial y ejecutiva del país.

6. **(4)** La Constitución determinó que el período de gobierno del presidente es de 4 años.

7. **(4)** Cada estado tiene dos senadores, elegidos por las legislaturas de los estados.

8. **(4)** El presidente nombra con carácter vitalicio a los miembros del Tribunal Supremo; por tanto el número de sus miembros no depende del número de habitantes del estado. Es la única respuesta correcta.

9. **(3)** La única firmación correcta es la número (3). Alemania, después de la Segunda Guerra Mundial quedó dividida en cuatro zonas.

10. **(5)** La Declaración Universal de los Derechos Humanos especifica en su primer artículo que toda persona, al nacer, tiene el mismo derecho a la igualdad y a la libertad.

11. **(2)** Todas las afirmaciones son correctas a excepción de la número (2). Según la Declaración Universal de los Derechos Humanos un individuo no puede ser discriminado en razón de su idioma u origen.

12. **(4)** La Declaración de Quito condena la política intervencionista de países extranjeros que no son latinoamericanos en los asuntos internos de América Latina.

13. **(2)** Debido a la enorme deuda económica de algunos países de Latinoamérica, la declaración de Quito pedía un período más largo para amortizar la deuda.

14. **(1)** Todas las afirmaciones son incorrectas a excepción de la número (1), que afirma que debido a la importante deuda externa, América Latina vive una gran crisis económica.

15. **(4)** Según Childe, la ciudad aparece como el arquetipo del nuevo orden social y como la base de la civilización.

16. **(1)** La revolución urbana significaba la culminación de un proceso de cambio en las estructuras económicas y sociales.

17. **(5)** Todas las afirmaciones son correctas a excepción de la número (5). Childe no decía que la civilización coincidiera siempre con la revolución urbana.

18. **(3)** A pesar de ser calificadas como sociedades "primitivas" en éstas pueden encontrarse características más civilizadas que en las mismas ciudades.

19. **(3)** Dentro de la Organización de las Naciones Unidas, la institución que se dedica a los temas de educación es la UNESCO.

20. **(1)** El Instituto Internacional de Planeación de la Educación ha dado prioridad a los países africanos, latinoamericanos y asiáticos.

21. **(1)** El índice de analfabetismo más alto se registra en algunos países africanos, latinoamericanos y asiáticos.

22. **(1)** Aunque los ewe viven en Togo, la ceremonia funeraria de los niños ewe tiene su origen en la religión de los yoruba de Nigeria.

23. **(4)** Todas las afirmaciones son correctas a excepción de la número (4), que afirma equivocadamente que los habitantes de estos pueblos creen en el Dios cristiano.

24. **(3)** El texto muestra la riqueza de recursos naturales de Latinoamérica e indica que los principales países productores de metales son México, Chile, Perú, Bolivia y Cuba.

25. **(5)** Todas las afirmaciones son correctas a excepción de la número (5). El texto destaca que Brasil y Argentina, no Venezuela, son países ganaderos

26. **(3)** El texto señala en el último párrafo que la producción industrial de los países latinoamericanos no puede satisfacer la enorme demanda que hay en el mercado.

27. **(5)** En el mapa del mundo la letra B señala a Sudamérica.

28. **(1)** La letra H representa el Océano Atlántico. Otros océanos representados en el mapa son el Océano Pacífico (S), el Océano Indico (T) y el Océano Artico (Z).

29. **(3)** El mapa señala con la letra R las islas del Caribe.

30. **(2)** Los españoles no conocían la Ciudad de las Nubes por la actitud de silencio que mantuvo el Inca con sus súbditos.

31. **(4)** Los incas vivieron en el territorio que se corresponde más o menos con lo que es hoy día el Perú.

32. **(3)** Durante siglos los españoles desconocieron la ciudad de Machu Picchu.

33. **(1)** El continente que se conoce con el nombre de Nuevo Mundo es el continente americano. El "Viejo Mundo" normalmente hace alusión a Europa.

34. **(4)** El continente americano está rodeado por los océanos Atlántico, Pacífico y Artico.

35. **(3)** Las Montañas Rocosas y los Andes pertenecen al continente americano.

36. **(5)** Todas las afirmaciones son correctas a excepción de la número (5). La cordillera de los Andes no pertenece a Norteamérica sino a Sudamérica.

37. **(5)** En la gráfica se muestra cómo Rusia es el país de más extensión y el tercero más poblado.

38. **(2)** El país más poblado del mundo es China.

39. **(3)** La población de China es casi cuatro veces mayor que la de los Estados Unidos.

40. **(4)** En la gráfica A Estados Unidos es el país con menor extensión territorial y en la gráfica B es también Estados Unidos el país con menor población.

41. **(2)** Según la gráfica los países con mayor extensión territorial y población son respectivamente Rusia y China.

42. **(5)** En el mapa de población estatal de los Estados Unidos las áreas que muestran mayores cambios en su población son las del sudoeste y el lejano oeste.

43. **(2)** Basándose en el mapa, esta persona consideraría los estados de California y Alaska, ya que entre todas las opciones, estos estados registran mayor índice de cambio de población.

44. **(5)** De los estados de la lista el único que aparece en blanco en el mapa, es decir, indicando un cambio poblacional de menos del 5%, es Nueva York.

45. **(4)** De los estados de la lista los únicos que aparece en el mapa marcados con rayas onduladas, es decir, indicando un cambio poblacional entre el 10 y el 15%, son Montana y Wyoming.

46. **(4)** Texas todavía formaba parte de México a comienzos del siglo XIX.

47. **(2)** La tensión entre los colonos y el gobierno mexicano surgió, entre otras razones, porque los colonos no podían tener un gobierno propio.

48. **(3)** Quizás el punto más conflictivo en las relaciones entre el gobierno mexicano y los colonos fue el hecho de que éstos traían esclavos, y el gobierno mexicano rechazaba la exclavitud.

49. **(5)** El gobierno mexicano tuvo que conceder la independencia a Texas después de la derrota que sufrió en la batalla de San Jacinto.

50. **(5)** El Tratado de París de 1898 fue un acuerdo al que llegaron España y los Estados Unidos por medio del cual se ponia fin a la colonización de España en América y Asia.

51. **(5)** Todas las afirmaciones son erróneas a excepción de la número (5), ya que la guerra entre los Estados Unidos y España terminó con el tratado de París.

52. **(3)** Aunque no es el mayor productor de petróleo en términos absolutos, en relación con su extensión territorial, Irán es el país que proporcionalmente tiene la mayor producción.

53. **(4)** Según esta gráfica de 1978, la Unión Soviética producía más petróleo que los Estados Unidos.

54. **(5)** Con relación al número de habitantes los Estados Unidos es el país de los incluídos en la gráfica que produce menos petróleo.

55. **(4)** Si se suman las producciones de petróleo de Irán y Arabia Saudita, dichos países juntos producen más petróleo que la Unión Soviética.

56. **(5)** Las gráficas indican los principales países productores de petróleo crudo.

57. **(3)** La construcción del Canal de Panamá fue resultado de los intereses económicos y políticos de los Estados Unidos.

58. **(3)** Antes de convertirse en un país independiente Panamá pertenecía a Colombia.

59. **(4)** Todas las afirmaciones son correctas a excepción de la número (4) en cuanto que los Estados Unidos pagó una subvención económica a Colombia por la pérdida del Canal años después de la muerte de Roosevelt.

60. **(5)** Las gráficas se refieren a los ríos más largos y a las zonas marinas más profundas pero no facilitan información sobre la profundidad de los ríos.

61. **(1)** La Fosa de las Marianas es la zona marina más profunda, con más de diez mil metros de profundidad.

62. **(5)** Si se calcula la longitud en kilómetros, el río Nilo sobrepasa al río Ob-Irtish en 1,103 kms.

63. **(1)** Todas las afirmaciones son correctas a excepción de la número (1), ya que la Fosa de las Marianas, y no la Hoya de Eurasia, representa el lugar más profundo del mundo.

64. **(4)** Según los datos de la gráfica, la Hoya de Java es menos profunda que la de Puerto Rico

Examen 3: Respuestas explicadas del examen de Ciencias

1. **(5)** Es la sangre la que transporta las distintas sustancias de los alimentos que ingerimos a todas las partes de nuestro cuerpo.

2. **(2)** Tanto los glóbulos rojos como los glóbulos blancos se encuentran en el plasma.

3. **(4)** La única afirmación correcta es la número (4): los glóbulos blancos se conocen también con el nombre de leucocitos.

4. **(3)** Las plaquetas son elementos importantes de la sangre. Gracias a ellas la sangre puede coagularse. Si nos cortamos, las heridas pueden cerrarse impidiendo que la sangre salga del cuerpo.

5. **(4)** El órgano que mantiene a la sangre en constante circulación por todo el cuerpo es el corazón.

6. **(1)** El corazón tiene como función más importante la de impulsar la sangre por todo el organismo.

7. **(2)** Todas las afirmaciones son correctas a excepción de la número (2), que dice equivocadamente que la sangre siempre pasa del ventrículo a la aurícula. Al contrario, tal como indica el texto en el tercer párrafo, la válvula

en el orificio aurículo-ventricular hace que la sangre siempre vaya de la aurícula al ventrículo

8. **(3)** Para realizar su trabajo, el corazón debe funcionar a presiones elevadas.

9. **(2)** La peste, el tifus, la lepra y el cólera eran enfermedades comunes en la Europa de la Edad Media; el cáncer no era común.

10. **(1)** En los siglos pasados, muchas enfermedades eran el resultado de poca higiene, falta de alcantarillado, falta de agua potable o alimentación pobre. Sin embargo, no parece que la falta de luz eléctrica no influyera significativamente en la salud.

11. **(5)** A excepción del exceso de vitaminas, los demás factores influyen de forma negativa en la salud.

12. **(3)** De las enfermedades que se citan, la lepra es la única que hoy día no es tan común como antes.

13. **(2)** La función clorofílica o fotosíntesis permite a las plantas tomar del aire anhídrido carbónico y desprender oxígeno, y esta función se hace durante el día.

14. **(4)** Todas las afirmaciones son válidas a excepción de la número (4). Las plantas no toman el alimento a través de la savia sino por medio de la raíz y las hojas.

15. **(3)** Las plantas no toman el oxígeno del suelo. El oxígeno llega a la planta a través del aire por medio de las hojas.

16. **(1)** El último párrafo del texto señala que la savia está compuesta de agua y sales minerales.

17. **(3)** Los hipopótamos apenas pueden soportar la acción directa de los rayos solares y cubren la piel con barro para protegerse de la intensidad de la luz.

18. **(1)** El gesto característico que hacen los hipopótamos cuando quieren mostrar su dominio territorial, primacía social o poder sexual es el bostezo.

19. **(4)** Tal como señala el cuarto párrafo del texto, el hipopótamo es un mamífero acuático.

20. **(2)** Los hipopótamos viven actualmente en parques nacionales y lugares recónditos de Africa debido a la drástica reducción de su hábitat.

21. **(3)** La edad aproximada de nuestro planeta se calcula entre 4 y 6 millones de años.

22. **(4)** La superficie total que forman los océanos, mares, lagos y ríos es más grande que la superficie terrestre, y por tanto ocupa la mayor parte de la superficie de la Tierra.

23. **(2)** El núcleo interno de la Tierra es una masa homogénea constituída mayormente de hierro sólido.

24. **(3)** De las cuatro capas que forman el globo terráqueo, la corteza terrestre es la más externa de todas ellas.

25. **(2)** El agua se obtiene en el udiómetro haciendo saltar una chispa en una mezcla de oxígeno e hidrógeno.

26. **(3)** Las aguas duras llevan gran cantidad de sales de calcio y magnesio y no sirven para el uso doméstico ni son potables.

27. **(3)** Como dice el texto, el agua forma el 55%, o lo que es lo mismo, algo más de la mitad del organismo humano.

28. **(1)** En la industria el hidrógeno se obtiene por electrólisis del agua acidulada con el ácido sulfúrico.

29. **(2)** El hidrógeno es un gran reductor en cuanto que quita el oxígeno a los demás cuerpos.

30. **(3)** La luz se transmite a través de un movimiento que transmiten los cuerpos luminosos en forma de ondas.

31. **(1)** La luz se puede propagar en todas las direcciones, pero siempre en línea recta.

32. **(5)** Cuando incide sobre una superficie especular o espejo, el rayo luminoso puede cambiar de dirección.

33. **(2)** Cuando un rayo de luz se desvía y cambia de dirección se conoce este fenómeno con el nombre de refracción.

34. **(3)** De todas las afirmaciones la única que se cumple en lo que respecta tanto al espejo plano como al esférico es que ambos, en tanto que espejos, reflejan siempre en sus superficies la luz. Las demás afirmaciones son erróneas, ya que, por un lado, el producir imágenes simétricas es una característica exclusiva de los espejos planos y, por otra parte, dar una imagen de menor tamaño que el objeto, formar casquetes esféricos o ser convexos son propiedades de los espejos esféricos.

35. **(3)** La característica de los cuerpos opacos no es la de transformar la reflexión de la luz, sino el impedir que la luz pase.

36. **(5)** Fue en Gran Bretaña, en el año 1101, cuando el rey Enrique I introdujo la yarda como medida de longitud.

37. **(2)** La yarda equivale a menos de un metro.

38. **(3)** Todas las afirmaciones son correctas a excepción de la número (3) en cuanto que las medidas modernas son hoy mucho más precisas que las antiguas.

39. **(4)** El metro, la yarda, el pie y la pulgada son medidas de longitud, pero no el gramo.

40. **(3)** Concepción antropométrica quiere decir que las medidas antiguas eran en cierta forma reflejos de la estructura del cuerpo humano.

41. **(2)** La gráfica tiene dos coordenadas que indican, una, la temperatura en grados centígrados, y la otra, el tiempo; la respuesta correcta es la número (2): como se puede apreciar en la parte de la derecha de la gráfica, a las once y media se registró la máxima temperatura de 14 grados.

42. **(2)** El índice más bajo de temperatura, unos 3 grados, se registró alrededor de la una.

43. **(1)** La curva indica que la temperatura se mantuvo estable entre 5 y 6 grados durante cuatro horas, concretamente entre las tres y las siete.

44. **(4)** Cuando la temperatura alcanzó los diez grados eran las once y media.

45. **(4)** Cada minuto las válvulas del corazón se abren y cierran 80 veces.

46. **(5)** La afirmación número (5) es incorrecta en cuanto que la aurícula y el ventrículo izquierdo no tienen sangre venosa sino arterial.

47. **(3)** Las lesiones congénitas que afectan al corazón pueden ser adquiridas antes del nacimiento.

48. **(2)** El ventrículo izquierdo es una especie de cámara de presión cuya función es la de distribuir la sangre a todo el organismo.

49. **(2)** El martillo, el yunque y el estribo son los tres huesos que forman el equipo de sonido de nuestro oído.

50. **(4)** En el caracol se encuentra el órgano sensorial encargado de percibir los sonidos y en el vestíbulo el órgano sensorial que nos da idea del equilibrio.

51. **(5)** El vacío es el único medio donde el sonido no puede transmitirse por lo cual no se produce la audición.

52. **(1)** Las vibraciones sonoras se transmiten a través de una especie de cadena que va del tímpano al oído interno y de éste al cerebro.

53. **(3)** La vasectomía es una alternativa como método anticonceptivo mediante la cual el hombre se esteriliza de forma quirúrgica con el fin de no poder fecundar.

54. **(4)** Contrariamente a lo que se pensaba en un principio, la vasectomía es un método seguro de esterilización.

55. **(2)** El tercer párrafo señala que en un principio se pensó que la vasectomía podía acarrear efectos secundarios como impotencia, artritis, cáncer, coagulación de la sangre, arterioesclerosis y gota; no obstante la enajenación mental no aparece mencionada.

56. **(5)** El hombre vasectomizado aún sigue produciendo espermas, aunque éstos son absorbidos por el cuerpo.

57. **(4)** Según el texto, aunque la picadura de muchas serpientes puede ser mortal para el ser humano, si tenemos en cuenta la gran variedad de la especie, la mayoría de las serpientes no son venenosas.

58. **(3)** Todas las afirmaciones acerca de las serpientes venenosas a excepción de la número (3) son correctas. Las serpientes elapidaes no existen en Europa.

59. **(2)** Según el pasaje la serpiente venenosa más larga es la cobra rey que llega a medir más de cinco metros.

60. **(4)** Hydrophidae es el nombre con que se conocen las serpientes marinas.

61. **(3)** La afirmación número (3) no es correcta. La manzana no tiene una corteza gruesa sino delgada.

62. **(2)** Aunque la manzana es rica en vitaminas de todo tipo, contiene especialmente vitamina C.

63. **(5)** Según el texto, la manzana sidrera que se recolecta entre los meses de septiembre y octubre, recibe el nombre de deliciosa.

64. **(1)** Originalmente, la manzana es un fruto procedente del Cáucaso, una región que se encuentra en el sureste de Europa.

65. **(3)** Se creía en la mitología clásica que la manzana contenía el poder de alargar la existencia de los mortales y de fortalecer la capacidad de amar.

66. **(3)** El texto indica en el primer párrafo que actualmente se conocen más de dos mil variedades de manzanas.

Examen 4: Respuestas explicadas
del examen de Interpretación de la Literatura y de las Artes

1. **(3)** Pablo Neruda, en ese bello fragmento, no escribe acerca del idioma, o del vocabulario, sino que refleja la riqueza de expresión de la palabra española.

2. **(4)** Tal como el poeta chileno escribe sobre las palabras parece como si vivieran.

3. **(3)** Los "bárbaros" a quienes alude el poeta son los conquistadores españoles.

4. **(2)** Neruda critica la conquista por parte de los españoles de América, por la destrucción y explotación que tuvo lugar, pero por otra parte, realza y agradece que los colonizadores trajeran el idioma español al Nuevo Mundo.

5. **(5)** Gabriel García Márquez, el gran escritor colombiano, nos confiesa en estas declaraciones que para él no es fácil escribir una página; requiere mucha horas para ello.

6. **(3)** El autor nos dice que él no sabe lo que es la literatura, que le hubiera gustado ser prestidigitador, que le agrada mucho el afecto de sus amigos, y que en veinte años tan sólo logró publicar cuatro libros; la respuesta correcta es la (3) en cuanto que afirma que tiene que someterse a una gran disciplina para poder escribir.

7. **(4)** García Márquez confiesa que prefiere no hablar de literatura.

8. **(4)** El autor nos dice que el mundo permanecería igual sin la literatura.

9. **(5)** Julio Cortázar se destaca como gran estilista del idioma.

10. **(2)** Según el texto, quiere decir una prosa revolucionaria, rompedora, pero con gran estilo y arte.

11. **(1)** El gran autor argentino nos dice que él no hace diferencias entre la realidad y lo fantástico; para él, lo fantástico procede siempre de lo cotidiano.

12. **(2)** La obra se refiere al mundo fantástico y real de un reloj.

13. **(2)** "Yerma" es lo opuesto a fecundo, abundante, fértil; significa "estéril".

14. **(4)** El autor quiere decir que Yerma no quería tener en sus brazos a un niño que no fuera su hijo.

15. **(3)** De forma metafórica, el gran poeta y dramaturgo andaluz, quiere decir que Yerma quería buscar la semilla, la vida, el hijo que tanto anhelaba.

16. **(1)** Aunque Yerma no tuvo hijos con Juan porque él no quería, al matar a su marido, Yerma, de forma simbólica, también mató a su propio hijo.

17. **(3)** La gran poetisa puertorriqueña expresa en su poema un deseo de caminar siempre hacia adelante.

18. **(1)** Julia de Burgos no nació en el seno de una familia adinerada sino humilde.

19. **(3)** A pesar de caminar hacia adelante sentía la huella moribunda del pasado.

20. **(2)** En su poema, la poetisa siente que quería caminar pero no quería mirar al pasado.

21. **(1)** En general, la poesía de Julia de Burgos es un bello canto a la universalidad y a la esperanza.

22. **(4)** El autor escribe sobre cómo la pintura moderna rompe con la figuración tradicional.

23. **(3)** Según el texto, el artista es una especie de mago.

24. **(2)** El poeta mexicano cita a dos pintores, Miró y Picasso. Con relación a este último comenta cómo su pintura ha diso muy variada y creadora.

25. **(1)** La obra de Miró, a pesar de que a primera vista parece la obra de un niño, es una pintura producto de una maduración artística.

26. **(2)** El texto señala en el último párrafo la satisfacción del Papa por el restablecimiento de relaciones diplomáticas entre los Estados Unidos y la Santa Sede.

27. **(3)** De todas las peticiones la única que aparece en el texto es la de una patria para el pueblo palestino.

28. **(3)** Juan Pablo II es contrario al domino de un país extranjero en el control o en los asuntos internos de otros países.

29. **(4)** El papa Juan Pablo II apoyó los movimientos de independencia, concretamente el de Namibia.

30. **(5)** Lo importante en la fotografía es el "momento culminante", un instante que no tiene por qué coincidir con el momento real.

31. **(5)** Antes de 1973, su trabajo se relacionó mayormente con la fotografía de prensa.

32. **(4)** Requiere ese momento de concentración, de "contener la respiración" cuando todos los sentidos convergen ante la realidad fugaz.

33. **(4)** Cartier-Bresson pensaba que el fotógrafo tenía que pasar inadvertido y por tanto se puede apreciar en su obra la ausencia de su autorretrato; él mismo ha sido muy poco fotografiado.

34. **(3)** Aunque Douglass no fue nunca a la escuela, gracias a sus propios esfuerzos y a la señora de la casa quien le enseñó el alfabeto, empezó a dar sus primeros pasos educativos, pero fueron sobre todo los niños blancos, a quienes él convirtió en maestros, quienes le enseñaron finalmente a leer.

35. **(2)** La única razón era que los niños blancos podían avergonzarse de ello.

36. **(3)** El niño esclavo Douglass daba pan a los niños blancos pobres que le enseñaban a leer.

37. **(2)** Según el pasaje, había niños blancos que también eran pobres, como los esclavos, pero al menos gozaban de libertad; asímismo, el texto nos dice que la señora de la casa ayudó a Douglass en un principio ayudándole a aprender el alfabeto; es decir, que de todas las afirmaciones, la correcta es la número (2) en cuanto que en aquel tiempo era una ofensa enseñarle a leer a los esclavos.

38. **(2)** A diferencia de los argumentos de las comedias que eran de agricultura, de cosas caseras y familiares, los argumentos de los autos de las tragedias eran de hechos militares, de guerras y grandezas de los reyes.

39. **(4)** El Inca Garcilaso de la Vega escribe en este pasaje de la riqueza poética de los amautas quienes eran también grandes expertos en la representación de comedias y tragedias.

40. **(3)** Los incas no vivían en México sino en la zona que comprende mayormente el Perú; los versos románticos eran cortos, y los amautas no eran sacerdotes necesariamente sino filósofos, poetas y dramaturgos; la repuesta correcta es, por tanto, la número **(3)**: los oficiales y reyes premiaban a los buenos actores con joyas y otros objetos.

41. **(4)** La poesía inca era de versos sueltos.

42. **(3)** Rabindranath Tagore, el gran poeta de la India, fue sobre todo un escritor místico y poético.

43. **(5)** Aunque educado durante algunos años en Europa, la inspiración de Tagore tenía sus raíces en las viejas tradiciones orientales.

44. **(2)** El pájaro preso de este bello fragmento es una metáfora de la esclavitud.

45. **(3)** Las obras de Tagore son sobre todo humanistas.

Examen 5: Respuestas explicadas del examen de Matemáticas

1. **(3)**
$$\begin{array}{r} 1{,}974 \\ +895 \\ \hline 2{,}869 \end{array}$$ *(respuesta)*

2. **(2)**
$$\begin{array}{r} 9{,}001 \\ -978 \\ \hline 8{,}023 \end{array}$$ *(respuesta)*

3. **(5)**
$$\begin{array}{r} 427 \\ \times\ \$.86 \\ \hline 2562 \\ 3416 \\ \hline \$367.22 \end{array}$$ *(respuesta)*

4. **(1)**
$$\begin{array}{r} .637 \\ \times\ \$5.07 \\ \hline 4459 \\ 31850 \\ \hline \$3229.59 \end{array}$$ *(respuesta)*

5. **(4)** $\$31.358 = 31.36$

$$\begin{array}{r} 39\overline{)1223} \\ -117 \\ \hline 53 \\ -\ 39 \\ \hline 140 \\ -117 \\ \hline 230 \\ -195 \\ \hline 350 \\ -\ 312 \\ \hline 38 \end{array}$$ (redondeando hasta la centésima)

Respuesta $31.36

6. **(3)**
$$\begin{array}{r} \$34.75 \\ \times5 \\ \hline \$173.75 \end{array}$$

(lo que gana María en un día de trabajo)
(días que trabaja en la semana)
(respuesta)

7. **(5)** 3 camisas a $12.99 cada una, es igual:
$$\begin{array}{r} 12.99 \\ \times3 \\ \hline 38.97 \end{array}$$
2 corbatas a $4.50 cada una, es igual:
$$\begin{array}{r} 4.50 \\ \times2 \\ \hline 9.00 \end{array}$$

$$\begin{array}{r} 38.97 \\ +\ 9.00 \\ \hline \$47.97 \end{array}$$ (total de la mercancía comprada por Carlos)

$$\begin{array}{r} \$50.00 \\ -\ \$47.97 \\ \hline 2.03 \end{array}$$ (cantidad devuelta)

Respuesta: $2.03

8. **(4)** $923.0478 = $923.05 *(respuesta)*
Redondear hasta el centavo más cercano, significa dejar dos cifras decimales después del punto; y como el tercer número a la derecha del punto decimal es 7, que es mayor de cinco, se le suma a cuatro y hace $923.05

9. **(1)** $20 \div 5 = 4$ y $20 \times 1/4 = 5$. De donde, la respuesta es 4, ya que $4 < 5$ (significa cuatro es menor que cinco).

10. **(2)** Si 2 cm = 60 km, 1 cm = 30 km, y 5 ½ cm será igual a $5 \frac{1}{2} \times 30 = 165$ km. También puede expresarse como un proporción:

$$\frac{2}{60} = \frac{5\frac{1}{2}}{x}, \text{ de donde:}$$

$$x = \frac{\overset{30}{\cancel{60}} \times 5.5}{\underset{1}{\cancel{2}}}$$

Respuesta: = 165 Km

11. **(5)** $18 \times \boxed{} = 270$ (producto)
(factor)   (factor desconocido)

Dividiendo el producto 270 por el factor conocido 18, se obtiene el otro factor que es 15.

$$\begin{array}{r} 15 \\ 18\overline{)270} \\ -18 \\ \hline 90 \\ -\ 90 \\ \hline 0 \end{array}$$

12. **(1)** $1081 \div \boxed{} = 23$
(dividendo) (divisor) (cociente)

En la división exacta, el dividendo es el producto de dos factores, que son el divisor y el cociente; por lo que dividiendo 1081 por 23, se obtendrá el otro factor, llamando cociente.

$$
\begin{array}{r}
47 \\
23\overline{\smash{\big)}\,1081} \\
92 \\
\hline
161 \\
-\ 161 \\
\hline
0
\end{array}
$$

Respuesta: 47

13. **(2)** 2, 13, 24, 35, 46... Como esta serie está formada sumando 11, el próximo número es 57 *(respuesta)*

14. **(5)**
$$
\begin{array}{r}
12^{3/7} \\
23^{2/7} \\
6^{1/7} \\
+\ 8^{5/7} \\
\hline
49^{11/7}
\end{array}
$$

$11/7 = 1^{4/7}$ que sumando a $49 = 50^{4/7}$ *(respuesta)*

15. **(1)**
$$
\begin{array}{r}
93 \\
-\ 68^{5/9}
\end{array}
=
\begin{array}{r}
92^{9/9} \\
-\ 68^{5/9} \\
\hline
24^{4/9}
\end{array}
\ \textit{(respuesta)}
$$

16. **(4)** $\dfrac{9}{\cancel{19}_{1}} \times \dfrac{\overset{5}{\cancel{95}}}{7} = 6\dfrac{3}{7}$ *(respuesta)*.

17. **(2)** $120 \div 2/3 = \overset{60}{\cancel{120}} \times \dfrac{3}{\underset{1}{\cancel{2}}} = 180$ *(respuesta)*.

Recuerde que para dividir fracciones, se cambia la división en multiplicación y se invierte la segunda fracción.

18. **(3)** La fórmula para hallar el interés es:
I = CTR (%)/100 (si el tiempo está dado en años)
1,200 (si el tiempo está dado en meses)
36,000 (si el tiempo está dado en días)

En el ejemplo:
$$I = \frac{9000 \times 18 \times 12}{1200} = 90 \times 18$$
$$= \$1620 \ \textit{(respuesta)}$$

19. **(2)** $33 dividiendo por el precio de una libra de carne nos dará la cantidad de libras compradas.

$$
2.75\overline{\smash{\big)}\,33} = 275\overline{\smash{\big)}\,3300}
$$
$$
\begin{array}{r}
12 \\
275\overline{\smash{\big)}\,3300} \\
-\ 275 \\
\hline
550 \\
-\ 550 \\
\hline
0
\end{array}
$$

Respuesta: 12 libras

20. **(5)**

	(año)	(mes)	(día)
	1984	3	1
−	1969	1	15
=	1984	2	31
−	1969	1	15
	15 años	1 mes	16 días

(respuesta)

21. **(3)** La única expresión que es igual a 1 es $7/7 = 1$; ya que, $9/-9$ es igual a uno negativo (-1).
Respuesta: 1

22. **(5)** $\sqrt{25 \times 49}$ — Extrayendo la raíz cuadrada dentro del signo radical, se obtiene $5 \times 7 = 35$ *(respuesta)*.

23. **(2)** 1 Kilómetro = 1000 metros. Luego, 43.5 Km es igual a $43.5 \times 1000 = 43,500$ m *(respuesta)*.

(al multiplicar por 1000 se eliminó el punto decimal del 43.5 y se le añadieron dos ceros)

24. **(4)**

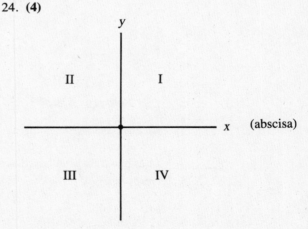

Todos los puntos marcados en el tercer cuadrante, tanto los marcados en x, como los marcados en y, son negativos.
Respuesta: signo negativo.

25. **(1)** $.125 = 125/1000 = 1/8$ *(respuesta)*. Significa que se encuentra 125 en 1000 ocho veces.

26. **(2)**. Si $(R)(K) = 36$, R y K son factores de 36 (producto). También, $R = 4$; por lo tanto $k = 36/4 = 9$. Entonces $k(15) = 9(15) = 135$ *(respuesta)*.

27. **(3)** Si $(M)(N) = 0$, Siendo cero el producto de dos factores, al menos uno de ellos tiene que ser cero; y como $M \neq 0$; la única alternativa posible es que N sea igual a cero. *Respuesta: $N = 0$*

28. **(1)** \$560 (precio original) con descuento $20\% = 20\%$ de 560.

$$\begin{array}{r} 560 \\ \times\ .20 \\ \hline \$112.00 \end{array}$$ (descuento)

$$\begin{array}{r} 560 \\ -\ 112 \\ \hline \$448 \end{array}$$ (precio del televisor después de rebajarse el descuento)

Respuesta: \$448

29. **(2)** 1 milla $= 1.61$ kilómetros. Por lo tanto, 160 millas será igual. Resolviendo 160×1.61:

$$\begin{array}{r} 160 \\ \times\ 1.61 \\ \hline 160 \\ 960 \\ 16000 \\ \hline 257.60 \end{array}$$ (El cero puede ser eliminado)

Respuesta: 257.6 Km

30. **(4)** $\dfrac{(2^5)(3^3)}{(2)^3(3)^2} = \dfrac{\cancel{32} \times \cancel{27}}{\cancel{8} \times \cancel{9}} = 12$ *(respuesta)*.

31. **(4)** El ángulo t y el ángulo M son suplementarios; esto es, que unidos miden $180°$. Si el $\angle t$ mide $38°$; el $\angle M$ será igual a $180 - 38° = 142°$ (medida

32. **(3)** Si el radio de un círculo es 12.5, como el diámetro es dos veces el radio, será $12.5 \times 2 = 25$ (diámetro). *Respuesta: 25*

33. **(3)** $\angle 3 = \angle 5$ (por alternos internos)
$\angle 5 = 61°$ (por ser igual al $\angle 3$)
$\angle 5 + \angle P$ (son suplementarios)
De donde, $\angle P = 180° - 61° = 119°$ *(respuesta)*.

34. **(2)** El perímetro de un cuadrado es igual a la medida de su lado multiplicada por 4. Siendo el lado 13.5 cm, su perímetro será:
$13.5 \times 4 = 54$ cm *(respuesta)*.

35. **(3)** Área del rectángulo $=$ largo $\times$ ancho
$18.25 \times 10 = 182.5$ cm^2 *(respuesta)*.

36. **(5)** Aplicando la fórmula del volumen del cilindro, $V = \pi R^2 h$, se tiene $V = 3.14 \times (7.2)^2 \times 42$.

$$\begin{array}{r} 7.2 \\ \times\ 7.2 \\ \hline 144 \\ 504 \\ \hline 51.84 \end{array}$$

$$\begin{array}{r} 51.84 \\ \times\ 3.14 \\ \hline 20736 \\ 5184 \\ 15552 \\ \hline 162.7776 \end{array}$$

$$\begin{array}{r} 162.7776 \\ \times\ 42 \\ \hline 3255552 \\ 6511104 \\ \hline 6836.6592 \end{array}$$

Respuesta: 6836.66 cm^3 (Redondeando la respuesta a la centésima más cercana)

37. **(2)** Una circumferencia tiene $360°$ y el ángulo $LON = 47°$. El ángulo E será igual a $360° - 47° = 313°$ *(respuesta)*.

38. **(3)**

$$\begin{array}{lr} \text{Desayuno:} & \$\ 2.00 \\ \text{Almuerzo:} & 3.50 \\ \text{Cena:} & 4.50 \\ \hline & \$10.00 \end{array}$$ *(respuesta)*

39. **(4)** El volumen del cubo se halla multiplicando su arista tres veces por ella misma. En este caso, $12 \times 12 \times 12$, o sea 12^3.
$12 \times 12 = 144$, y $144 \times 12 = 1728$.
Respuesta: 1,728 cm^3

40. **(1)** Angulos suplementarios son los que sumados miden $180°$. EL suplemento de un ángulo que mide $37°$ es $180° - 37° = 143°$ *(respuesta)*.

41. **(2)**
$$\begin{aligned} x + 9 + 4x &= 94 \\ 5x &= 94 - 9 \\ 5x &= 85 \\ x &= 85/5 \\ x &= 17 \end{aligned}$$ *(respuesta)*

42. **(5)**
$$w/11 + 5 = 14$$
$$w/11 = 14 - 5$$
$$w/11 = 9$$
$$w = 9 \times 11$$
$$w = 99 \text{ (respuesta)}$$

43. **(3)**
$$6k/7 - 4 = 38$$
$$6k/7 = 38 + 4$$
$$6k/7 = 42$$
$$6k = 42 \times 7$$
$$6k = 294$$
$$k = 294/6$$
$$k = 49 \text{ (respuesta)}$$

44. **(1)** $(-15)(8) = -120$ *(respuesta)* (Un factor negativo multiplicado por un factor positivo da un producto negativo)

45. **(4)** $x^2 - 11x + 24 = (x - 8)(x - 3)$ Esta respuesta se comprueba así: $(-8)(-3) = 24$ (término independiente del trinomio) $-8 + -3 = -11$ (coeficiente numérico del segundo término)
Respuesta: $(x - 8)(x - 3)$

46. **(2)** $\dfrac{50 \text{ tamales}}{6 \text{ libras}} = \dfrac{x}{15 \text{ libras}}$

$x = \dfrac{50 \times 15}{6} = 125$ tamales (repuesta)

47. **(1)** El tocadiscos se vende en $100\% - 12.5\% = 87.5\%$

$$\begin{array}{r} 280 \\ \times\ .875 \\ \hline 1400 \\ 1960 \\ 2240\ \ \\ \hline 245000 \end{array}$$
$87.5\% = .875$

$245000 = \$245.00$ (respuesta)

48. **(1)** El capital es igual a $15,000 \times 8 = 120,000$
$$\begin{array}{r} 120,000 \\ -\ \ 15,000 \\ \hline 105,000 \end{array}$$ que dividido por 5 es igual a $21,000 para cada uno (respuesta)

49. **(3)** Perímetro $= (30 + 20) \times 2 = 50 \times 2 = 100$
$.85 \times 100 = 85$
$85 + 75 = \$160.00$ (respuesta)

50. **(4)**
$$\begin{array}{rr} 11.59^. & \\ \times\ \ \ \ 5 & \\ \hline 57.95 & \end{array} \quad \begin{array}{r} 23.45 \\ \times\ \ \ 3 \\ \hline 70.35 \end{array} \quad \begin{array}{r} 2.89 \\ \times\ \ \ 18 \\ \hline 2312 \\ 289\ \ \\ \hline 52.02 \end{array}$$

$$\begin{array}{r} 57.95 \\ 70.35 \\ +\ 52.02 \\ \hline 180.32 \end{array} \quad \begin{array}{r} 180.32 \\ \times\ \ .06 \\ \hline 10.8192 \end{array} = \$10.82 \text{ (N.J. tax)}$$

$$\begin{array}{r} 180.32 \\ +\ \ 10.82 \\ \hline \$191.14 \end{array} \text{ (total incluyendo el tax o impuesto)}$$

51. **(4)** Docena y media es igual a 18 huevos
$1/4$ de docena es igual a 3 huevos

Luego: $\dfrac{18 \text{ huevos}}{\$1.20} = \dfrac{3 \text{ huevos}}{x}$

$x = \dfrac{1.20 \times 3}{18} = \$0.20$ (respuesta)

52. **(5)** Para tener un promedio de 90 puntos en 5 exámenes, necesita $90 \times 5 = 450$. Sumando $84 + 88 + 91 + 92 = 355$.
Luego, en el quinto examen su calificación tendrá que ser 95 puntos (respuesta) ya que $450 - 355 = 95$.

53. **(3)**
$$\begin{array}{r} 120.35 \text{ mph} \\ \times 4.15 \text{ horas} \\ \hline 601\ 75 \\ 1203\ 5\ \ \\ 48140\ \ \ \ \\ \hline 499.4525\ = \\ 499 \text{ millas (repuesta)} \end{array}$$

54. **(2)** 2 piscinas
Área $= 40 \times 100 = 4000$ pies cuadrados
Área (piscina de los niños) $= 40 \times 40 = 1600$ pies cuadrados
Luego: $4000 + 1600 = 5,600$ pies cuadrados (respuesta)

55. **(3)** $\dfrac{24 \text{ latas}}{144 \text{ onzas}} = \dfrac{96 \text{ latas}}{x}$

$x = \dfrac{144 \times 96}{24} = 576$ onzas (respuesta)

56. **(5)**
$$\begin{array}{r} 1987 \text{ años } 12 \text{ meses } 33 \text{ días} \\ 1988 \text{ años } \cancel{1} \text{ mese } \cancel{3} \text{ días} \\ -\ 1911 \text{ años } 4 \text{ meses } 24 \text{ días} \\ \hline 76 \text{ años } 8 \text{ meses } 9 \text{ días (respuesta)} \end{array}$$

SEGUNDA PARTE

EXPRESIÓN ESCRITA

EXPRESIÓN ESCRITA

INTRODUCCIÓN

La lengua es un sistema de comunicación, entre tantos otros inventados por el ser humano. Cuando vamos por carretera y nos encontramos con una señalización, podemos leer sin palabras un mensaje. La luz verde nos dice que pasemos; la luz roja, que paremos; la luz amarilla, que pasemos con cuidado.

En cualquier sistema o código de señales, sea lingüístico o no, lo esencial es una transferencia de información. La información es el significado de las señales. Las palabras son señales. Para que la información sea correcta, las palabras y las frases que formamos con ellas, tienen que ser precisas. Esto es lo que aprendemos cuando nos enseñan a leer y escribir.

Leer y escribir no es lo mismo que hablar. A hablar aprendemos naturalmente en el medio en que vivimos. A excepción de los que tienen impedimentos físicos (los sordomudos, por ejemplo), toda persona habla la lengua del país en que se ha criado. En cambio, leer y escribir requieren un largo aprendizaje que de ordinario aprendemos en la escuela.

Hay millones de personas perfectamente normales, sanas e inteligentes, que no pueden leer, ni escribir la lengua que hablan. En algunos países, el porcentaje de los llamados analfabetos o iletrados llega al ochenta o noventa por ciento. Esto constituye una tragedia comparable al hambre y a la falta de facilidades higiénicas y sanitarias básicas. El analfabeto carece de medios de comunicación para desarrollarse en las sociedades avanzadas, como la nuestra, en las que la expresión escrita es tan importante como la expresión hablada.

El texto que sigue tiene por objeto facilitar el entrenamiento del alumno en la expresión que requiere la prueba del GED. Con este fin se ha dividido en las siguientes secciones prácticas, que pueden estudiarse en el orden más conveniente para cada uno:

- Ortografía
- Formas y usos gramaticales
- Coordinación de frases y oraciones
- Orden lógico y gramatical
- Ejercicios prácticos
- Respuestas explicadas
- Glosario de términos gramaticales

Advertencia importante: El alumno no tiene que saber de memoria el material que aquí se presenta, sino entenderlo y familiarizarse con él, mediante la práctica, de tal manera que en el examen *pueda identificar rápidamente los errores de expresión escrita* y elegir consecuentemente la forma correcta. El *Glosario de términos gramaticales* es, como el diccionario, una obra de consulta. Utilícelo sólo cuando lo necesite en caso de duda. A escribir se aprende escribiendo, como a hablar, hablando, y a andar, andando.

ORTOGRAFÍA PRÁCTICA

La técnica de escribir comienza con la ortografía. La ortografía es lo que llamamos *spelling* en inglés. También traducimos esta palabra inglesa por "deletrear". En español tenemos menos necesidad de deletrear que en inglés. La razón es muy sencilla: en español, la mayor parte de las palabras se esciben como suenan. Pero desafortunadamente esto no ocurre siempre así.

Tanto en español como en inglés hay palabras que suenan de la misma manera, aunque se escriben de forma diferente. Por ejemplo, *haya y halla*. En algunas partes de España, especialmente en algunos lugares de Castilla la Vieja, estas palabras se pronuncian de forma distinta. Pero en las otras regiones de la Península, en Canarias y América, se pronuncian igual. ¿Cómo distinguirlas cuando se escriben? Para esto sirven las reglas y observaciones prácticas de ortografía. Las reglas son una ayuda; lo importante, sin embargo, es la práctica.

Regla 1: Aprenda bien el nombre correcto de las letras según las normas de la Academia.

El nombre de las letras en castellano es el siguiente:

a,	be,	ce,	che,	de,	e,	efe,	ge,	hache,	i,	jota,	ka,	ele,	elle,	eme,	ene,	eñe,
a	b	c	ch	d	e	f	g	h	i	j	k	l	ll	m	n	ñ

o,	pe,	cu,	ere,	erre	ese,	te,	u,	uve,	uve doble,	equis,	i griega,	zeta.
o	p	q	r	rr,	s	t	u	v	w	x	y	z

Se puede decir *ere* o *erre*; *uve* o *ve*; *uve doble* o *doble ve*; *veta* o *zeda*.

La *ch* y la *ll* no son letras dobles o compuestas como en inglés, sino letras distintas. Por eso no se separan nunca, ni se escriben con mayúscula ambas, sino sólo la primera. Ejemplo: Llama, Charo.

Las letras a, e, i, o, u son *vocales;* las demás son *consonantes.* La letra *y* puede ser vocal y consonante.

Las letras a, e, o, son vocales *fuertes,* i (y), u son vocales *débiles.*

La combinación de vocales fuertes y débiles o de dos débiles en una misma sílaba se llama diptongo (dos) o triptongo (tres). *Ejemplo:* hacia, instruir, buey.

EJERCICIOS:

Instrucciones: Escriba al margen el nombre de las siguientes letras:

z _____ w _____ r _____

y _____ u _____ ch _____

x _____ k _____ ll _____

Escriba seis palabras que tengan diptongo:

_____ _____ _____

_____ _____ _____

Regla 2:   B, V, W

La *be* y la *uve* se pronuncian del mismo modo tanto en España como en América. Pero se escriben de forma distinta.

Los hispanohablantes que viven en países de habla inglesa deben tener especial cuidado con las palabras que se escriben con *uve* en inglés y con *be* en castellano o a la inversa. Lo mismo ocurre con otras palabras que llevan *doble uve, hache, che* etc. *Ejemplos:*

automóvil (automobile)	vagón (wagon)
caballería (cavalry)	venda (bandage)
gobierno (government)	arpa (harp)
movilización (mobilization)	habilidad (ability)

Algunas palabras cambian de sentido según se escriban con *be* o con *uve*. *Ejemplos:*

revelar = descubrir	rebelar = sublevar
savia = jugo del árbol	sabia = mujer inteligente
vello = pelo	bello = hermoso
votar = dar el voto	botar = arrojar o echar al agua
vasto = extenso	basto = grosero, rudo

Aunque la *uve doble* esté admitida en castellano, sólo aparece en nombres extranjeros. Estos se escriben a veces con *uve*. Ejemplo: vagón, vals, vatio en vez de wagon, wals, watt.

EJERCICIOS:

Instrucciones: Escriba al margen la forma correcta de las siguientes palabras en las que entran la *b* o la *v:*

abrasar _____ inmóbil _____

absorber _____ fábula _____

aljive _____ desbán _____

baúl _____ embestir _____

avstemio _____ obario _____

cambiar _____ jorova _____

billar _____ querubín _____

bisiesto _____ caramba _____

invécil _____ rábano _____

exhibición _____ oveso _____

Advertencia importante: En caso de duda consulte las "387 palabras de escritura dudosa," en la página 106.

Regla 3: C, S, Z

En la mayor parte de las regiones de habla española, particularmente en América, no se distingue la pronunciación de la *ese,* la *ce* y la *zeta.* De aquí los errores al escribir las palabras que llevan estos sonidos.

La *ce* suena como *ka* delante de a, o, u y como *zeta* delante de e, i. *Ejemplos:* caja, cojo, curva, cerca, ciego.

Delante de e, i se escribe casi siempre *ce,* no *zeta.* Son pocas las excepciones y poco usadas. *Ejemplos:* zéjel (poema), zeta, zenit, zigzag, eczema.

EJERCICIOS:

Instrucciones: Escriba al margen la forma correcta de las siguientes palabras en las que entran la *c,* la *s,* la *x* o la *zeta.* Recuerde que la pronunciación es mala guía.

coser _____   siervo _____

cocer _____   sigüeña _____

cuenca _____   carraspera _____

cuáquero _____   complesión _____

diesiséis _____   sutano _____

fasista _____   sanahoria _____

calsetín _____   sarsillos _____

circular _____   servilleta _____

ciervo _____   sordomudo _____

yacer _____   trenzas _____

zambullirse _____   sisar _____

visera _____   visa _____

Regla 4: G, J

Los sonidos de la *ge* y la *jota* delante de e, i son idénticos. Así decimos *gente* y *gira; herejía* y *hereje.*

Para que la *ge* suene delante de e, i como suena delante de a, o, tenemos que poner una u intercalada. *Ejemplos:* guerra, guitarra.

Al contrario, si queremos que suene la u entre la *ge* y la e, i ponemos sobre ella dos puntos llamados diéresis. *Ejemplos:* vergüenza, pingüino.

EJERCICIOS:

Instrucciones: Escriba al margen la forma correcta de las siguientes palabras que se escriben con *g* o con *j*. Tenga presente que algunas precisan la diéresis.

cirugía _____

cirujano _____

aflijir _____

aflijo _____

gelatina _____

antiguedad _____

guerra _____

ojear _____

jilguero _____

jerga _____

jabalina _____

verguenza _____

gipijapa _____

interjección _____

Méjico _____

jiba _____

ingertar _____

güitarra _____

guayaba _____

gazpacho _____

Regla 5: H

La hache no se pronuncia nunca en español, pero todavía se oye como *ge* o *jota* en algunos pueblos de España y América, particularmente en el campo. Ejemplos: jacha en vez de acha, por *hacha;* güerta en vez de uerta, por *huerta.*

Los problemas de la escritura de la hache provienen en su mayor parte de esas dos raíces: ser muda teóricamente y pronunciarse aspirada, como *jota,* o como *ge* delante del diptongo *ue* en ciertos medios rurales.

Se escribe con *hache* toda palabra que empieza con el diptongo *ue* (hueso, hueco) y en medio de palabra cuando va precedido de una vocal. *Ejemplo:* parihuela.

EJERCICIOS:

Instrucciones: ¿Se escribe con *hache* o sin *hache?* Escriba al margen la forma correcta de las siguientes palabras:

¡a! _____

alçol _____

harpa _____

asta _____

aúlla _____

exibición _____

desonesto _____

¡hala! _____

hallá _____

halagüeño _____

güerta _____

jacha _____

jase _____

jasienda _____

ijo _____

¡uy! _____

güevo _____

güérfano _____

Recomendación: Los alumnos pueden dictarse mutuamente ésta u otras listas de palabras. La grabadora puede cumplir la misma función.

EJERCICIOS:

Instrucciones: Consulte la *Lista de palabras de escritura dudosa.* Tome al dictado las que tengan *hache* al principio o en medio de palabra.

Regla 6: Ll, Y

El *yeyeo* es cada vez más universal en todos los países de habla española. Dondequiera que se da este fenómeno no hay manera de fijar de antemano cuándo ese sonido se escribe con *elle* o con *i griega.* **La regla es la práctica.**

Como en el caso de la *be* y la *uve,* hay palabras que cambian de sentido según se escriban con *ll* o con *y. Ejemplos:*

arrollo (de *arrollar)*	arroyo (corriente de agua)
halla (de *hallar)*	haya (árbol)
pollo (ave)	poyo (asiento de piedra)
olla (recipiente)	hoya (hondonada)

Otros casos pueden verse en la *Lista de palabras de escritura dudosa.*

EJERCICIOS:

Instrucciones: ¿Se escribe con *elle* o con *i griega?* Escriba al margen la forma correcta de las siguientes palabras. En caso de duda, consulte la lista de palabras dudosas. No se fíe de la pronunciación. *Haya* y *halla* se pronuncian de la misma manera y se escriben, sin embargo, de forma distinta.

yama _____	vajilla _____	fayo _____
llaga _____	mullir _____	fayar _____
yanta _____	pabeyón _____	abllecto _____
yave _____	patruya _____	ahuyentar _____
llegua _____	payas _____	arrollo _____
yerno _____	pellizco _____	cerilla _____

Regla 7: M, N

Delante de *be, pe, efe* y *uve,* los sonidos de *eme* y *ene* son muy parecidos.

Se escribe *eme* delante de *be* y *pe. Ejemplos:* embarque, empate.

Se escribe *ene* delante de *efe* y *uve. Ejemplos:* confusión, invitar.

También se escribe *ene* delante de *eme. Ejemplos:* inmediato, inmóvil.

Se escribe *eme* delante de *ene. Ejemplos:* alumno, columna. *Excepciones:* innoble, circunnavegación.

EJERCICIOS:

Instrucciones: Escriba la forma correcta de las siguientes palabras. Fíjese bien en las reglas y en las excepciones a la regla. Consulte la lista de palabras de escritura dudosa, especialmente las que comienzan por *in*.

amnistía _____   imbécil _____

conplexión _____   inmóvil _____

circumvalación _____   inmolar _____

columna _____   innoble _____

commoción _____   circumnavegar _____

desembuchar _____   innato _____

enbalaje _____   imnegable _____

enbestir _____   imquilino _____

reenplazar _____   lomgevidad _____

Regla 8: R, RR

Use una *ere* siempre al principio de palabra, y, dentro de palabra, cuando vaya precedida de *ele, ene* o *ese. Ejemplos:* Ulrico, honra, Israel.

En las palabras compuestas se suele duplicar la *ere. Ejemplos:* pararrayos, contrarreforma. *Excepciones:* subrayar, hispanoromano.

EJERCICIOS:

Instrucciones: ¿Se escribe con una o con dos *eres*? Escriba la forma correcta al margen:

razón _____   hispanoromano _____

corazón _____   contrareforma _____

ahorrar _____   carraspera _____

arduo _____   hierro _____

barrullo _____   honrado _____

berinche _____   isrraelita _____

contrarevolución _____   rreacción _____

carácter _____   recambio _____

subrrayar _____   pararayos _____

Regla 9: X, S

La *equis* suena como *ese* delante de consonante. *Ejemplos:* expiar y espiar. Sólo la práctica puede enseñar el uso correcto. *Ejemplos: examen, axioma, reflexión, escaso, estricto, espectacular.*

México, Xérez, Xavier, Ximena se pueden escribir con *equis* o con *jota.* Los mejicanos prefieren la *equis;* los jerezanos la *jota.*

EJERCICIOS:

Intrucciones: ¿Se escribe con *equis* o con *ese?* Escriba la forma correcta al lado de las siguientes palabras:

examen _____   sesto _____   escéntrico _____

axioma _____   seso _____   estreñido _____

estricto _____   sexo _____   extraer _____

excaso _____   espiar _____   esesivo _____

EJERCICIOS DE REPASO GENERAL: NOMBRE DE LAS LETRAS, DIPTONGOS Y TRIPTONGOS, DELETREO.

Intrucciones: En el presente ejercicio se incluyen casos de todas las reglas anteriores. En caso de duda, consulte las palabras de escritura dudosa en la lista de este texto. Si no encuentra la palabra que busca, consulte el diccionario. *El manejo frecuente del diccionario es esencial para aprender a escribir correctamente.*

ll = doble ele _____   habíais _____

ch = ce hache _____   venían _____

ch = che _____   hacia _____

v = ve _____   huida _____

w = doble ve _____   fluido _____

y = ye _____   buey _____

z = zeda _____   instruir _____

r = erre _____   revelar _____

automóbil _____   botar _____

wagon _____   vasto _____

cavallería _____   imbécil _____

govierno _____   zéjel _____

mobilización _____   esema _____

harpa _____   kaja _____

banda _____   siego _____

benda _____   seta _____

abilidad _____   zeta _____

rebelar _____   halla _____

savia _____   allá _____

bello _____   excaso _____

Para aprender a escribir correctamente una palabra, ayuda saber su significado. Escriba frases completas con cada una de las palabras siguientes:

querubín _____

desván _____

seta _____

hereje _____

arrollo _____

arroyo _____

cirujía _____

cirujano _____

obeso _____

vello _____

excéntrico _____

extremo _____

extremidades _____

payaso _____

pabellón _____

yegua _____

mullir _____

pollo _____

poyo _____

olla _____

hoya _____

haya _____

jerga _____

axioma _____

387 PALABRAS DE ESCRITURA DUDOSA

La lista que sigue contiene palabras que suelen escribirse con faltas de ortografía, debido a que son excepciones a reglas generales o a que suenan de una misma manera y se escriben de forma diferente.

La mayor parte de los errores ortográficos se deben a mala pronunciación (*abuja* en vez de *aguja*; *güeco* en vez de *hueco*) y al contacto del hispanoparlante con lenguas extranjeras.

La práctica y el uso constante del diccionario son indispensables para adquirir una buena ortografía.

Recomendamos el siguiente ejercicio: tomar al dictado las palabras que aquí se dan, con la ayuda de un familiar, un compañero de clase o una grabadora; comparar el resultado con esta lista, y señalar con una X los errores; repetir por escrito de cinco a diez veces las palabras incorrectas, después de haber averiguado en qué consiste y a qué se debe el error de ortografía.

Se escriben en dos palabras

a menudo	de balde	de sobra	en medio
a pesar	de prisa	de veras	en seguida
a veces	de pie	en balde	por supuesto
ante todo	de seguida	en cuanto	sobre todo

Se escriben en una sola palabra

acerca	aprisa	guardacosta	parabién
aparte	asimismo	malcriado	vicecónsul
apenas	enhorabuena	mediodía	viceversa

Cumplen algunas de las reglas estudiadas y las de acentuación

A

abrasar
abrazar
abrogar
abrupto
absceso
absolver
absorver
abstemio
abuelo
abyecto
aceptar
acción
actriz
adherir
afligir
aguja
¡ah!
ahí
ahínco
ahíto
ahogar
ahorrar
ahuyentar
alioli
alcohol
aljibe
amnistía
arduo
arpa
arrollo
arroyo
asta
aúlla
aviar
ávido
avispa
¡ay!

B

barahúnda
barullo
baúl
bazofia
berenjena
berrinche
bifurcación
billar
bisabuelo
bisiesto
bisturí
biznieto
boina
botar
brío
buzón

C

cachivache
calavera
calcetín
calló
carabela
carácter
caracteres
carey
carraspera
casa
caucho
caviar
cayó
caza
centena
cerilla
cesión
cidra

ciervo
cigüeña
circunvalar
cirujía
cobijar
cocer
cohete
cohibir
cojín
columna
complexión
conmoción
cónyuge
coñac
coraje
corrección
coser
crujir
cuáquero
cuenca
cuota

D

de
dé
desayuno
desembuchar
deshielo
deshonesto
desmayar
desván
deuda
dictamen
dieciséis

E

¡eh!
el

él
embalaje
embestir
enclavar
energía
envejecer
ermita
errar
erupción
esotérico
estáis
estéis
estreñido
estribillo
etcétera
excavación
excéntrico
excepción
excesivo
exhibición
exhortar
expropiar
extraer

F

fábula
faccioso
falange
fallo
fascista
fiáis
fingir
fluido
flexión

G

gabardina
garage

garbanzo
gazpacho
gelatina
gendarme
gentil
gimansia
grecorromano
grúa
guayaba
guerra
guitarra

H

haba
habilidoso
hablaríais
hacienda
¡hala!
halagar
halagüeño
halla
hasta
haya
hebilla
herir
hervíboro
hiel
hielo
hierba
hierro
himno
hipnotizar
hojear
huérfano
huerta
huésped
huevo
huida
husmear
¡huy!

I

ibero
iberoamericano
imbécil
ídem
ignorancia
iguana
imagen
inhábil
injertar

inmóvil
inmolar
innato
innegable
innovación
inquilino
instalar
interjección
irreligioso
istmo

J

jabalina
jefe
jerarquía
jerga
jeringa
jiba
jilguero
jilote
jineta
jipijapa
jirón
joroba
joya
juicioso
jurisdicción
juvenil
juzgado

K

kilogramo
kilométrico

L

lavativa
laxante
lejía
ligero
lisonjero
litigio
longevidad

Ll

llaga
llama
llanta
llave

M

madrastra
magnesia
mahometano
maíz

más
mejilla
mellado
mi
mí
mohoso
móvil
mugir

N

navío
novato
nupcial

O

obeso
obvio
ojal
ojear
opción
oquedad
orfandad
osamenta
oval
ovario
oxígeno

P

pabellón
padrastro
país
países
patrulla
payaso
peluquería
pellizco
perjuicio
perejil
perenne
paria
plagio
precaver
prejuicio

prerrogativa
prohibición
púa

Q

quechua
querubín
quincallería
quiosco
quimono
quiromancia
quirúrgico
quizá

R

rábano
raída
raíl
raíz
reacio
recambio
reemplazar
reflexión
régimen
rehabilitar
rehén
rehusar
reír
reloj
reúma
riada
riáis
ribera
ríen
río
roído

S

saliva
salvajismo
se
sé
servilleta
sexo
sexto
sisar
sito
si
sí
solo

sólo
sonreír
sordomudo

T

tahona
te
té
tecnología
tejer
temíais
toalla
tóxico
transeúnte
traducción
trébol
trivial

tubería
tubular
turbina

U

ubicuidad
ujier
úlcera
ungüento
uva

V

vajilla
válvula
valla

vaquero
verbena
vaselina
vaya
vejiga
velludo
vendaje
vendaval
veintiuno
veracidad
verraco
verruga
vio
virar
visera
viuda
voltaje

votar

Y

yacer
yegua
yerro
yodo

Z

zafiro
zambullirse
zanahoria
zarcillos
zurzir
zutano

N.B. El conocimiento del significado de las palabras ayuda a la buena ortografía. Se recomienda escribir frases completas con las palabras cuyo significado se desconozca. *Ejemplo:* "*Zafiro:* piedra preciosa generalmente de color azul. Hay un zafiro blanco".

SEPARACIÓN DE SÍLABAS

La correcta separación de sílabas es necesaria al final de renglón, cuando no hay espacio suficiente para terminar la palabra.

Las sílabas se separan de manera distinta en español y en inglés.
Ejemplos: ab-rupt ab-er-ra-tion ab-o-rig-i-nal
    a-brup-to a-be-rra-ción a-bo-ri-gen

Para que haya sílaba tiene que haber por lo menos una vocal. La vocal sola se considera como una sílaba.

Recuerde que el *diptongo* es la combinación de una vocal fuerte y una débil o de dos débiles, en una misma palabra. El *triptongo* la combinación de dos débiles y una fuerte. La fuerte va siempre en medio. *Ejemplo:* miau, buey.

La *hache* entre las vocales de diptongos y triptongos no los disuelve, pero el acento sobre la débil, sí. Esto es importante al dividir las sílabas. *Ejemplos:* ahu-ma-do, ra-íz.

Reglas generales básicas

1. Cuando hay una sola consonante en la sílaba, la consonante va con la vocal siguiente. *Ejemplo:* bo-ni-to.

2. Cuando hay dos consonantes, una va con la primera y la otra, con la segunda vocal. *Ejemplo:* a-bier-ta.

3. *Excepción* a la regla anterior: En la combinación de *p, b, c, g, f,* con *l* o *r,* las dos consonantes van con la vocal siguiente. *Ejemplos:* cri-sis, gra-no, a-mi-ga-ble.
4. Cuando hay tres consonantes, las dos primeras van con la vocal que les precede; la tercera, con la vocal que sigue. *Ejemplo:* cons-pi-ra-ción.
5. *Ch, ll, rr* no se separan nunca.
6. La vocal no se debe dejar sola ni al principio, ni al final de renglón.

EJERCICIOS:

Instrucciones: Lea atentamente las reglas. Recuerde que en inglés y español la separación de las sílabas es diferente. Recuerde también que la separación de sílabas es necesaria al final de renglón. Separe con un guión las siguientes palabras según el modelo de la primera línea.

diptongo	dip-ton-go	angustia	
triptongo		apreciáis	
aberración		continua	
bonito		perspicaz	
ahumado		crisis	
raíz		ganado	
maíz		grano	
fluido		amigable	
suave		conspiración	

PUNTUACIÓN Y MAYÚSCULAS

Se usa el punto (.)

1. Para acabar una frase o pensamiento completo. *Ejemplo:* Vino y nos dio la noticia. Nunca más supimos de él.
2. En las abrevituras. *Ejemplo:* El Sr. Pérez y el Dr. Fernández acompañaron al P. Martínez hasta la iglesia.

El punto puede ser *seguido* o dentro de renglón; *aparte* o final de renglón: y *final,* para terminar lo escrito.

Se usa la coma (,)

1. En las enumeraciones. *Ejemplo:* la casa era grande, alegre, blanca y soleada.
2. Para separar oraciones gramaticales. *Ejemplo:* salieron al despuntar del alba, un poco antes de que Paco llegase.

3. Cuando nos dirigimos a una persona directamente. *Ejemplo:* Por favor, Juan, estáte quieto.
4. Cuando se interrumpe la frase para intercalar una aclaración. *Ejemplo:* Mi amigo Juan, genio extraño, me dijo algo increíble.
5. Al final del saludo en las cartas. *Ejemplo:* Un abrazo.
6. Las expresiones *sin embargo, en fin* y otras semejantes se escriben entre comas, cuando van intercaladas en la frase. *Ejemplo:* La mujer, sin embargo, siguió su camino.

Note que "las dos comas" al principio y al fin de palabra o frase, se dan siempre cuando la frase o palabra va intercalada.

Se usa el punto y coma (;)

1. En frases muy largas que han sido ya divididas por varias comas. *Ejemplo:* Y así fuimos, pues, pasando de unos a otros, sin mayor inconveniente, hasta llegar a él; gracias a que no nos vieron, pudimos salvarle.
2. Después de *pero, mas, aunque* cuando la frase es larga. Si es corta, se escribe con coma.

Se usan los dos puntos (:)

1. Para desarrollar, explicar o aclarar lo que se acaba de decir. *Ejemplo:* Todo estuvo a punto: la bebida, la comida, la música.
2. Para introducir una cita literal. *Ejemplo:* Un importante escritor ha dicho: "Un diente vale más que un diamante".

Se usan los puntos suspensivos (...)

1. Para indicar la frase incompleta. *Ejemplo:* Sí es bueno, pero...
2. Para indicar sentido de suspensión: duda, ironía... *Ejemplo:* Se puso hecho una furia y... de ahí no pasó.
3. Para indicar omisión de palabras en un texto que se copia literalmente entre comillas. *Ejemplo:* "Nos, los Inquisidores, por la gracia de Dios (...) hacemos saber..."

Se usan los signos de interrogación (¿?)
y admiración (¡!)

1. Al principio y al fin de la palabra o frase. *Ejemplo:* ¿Volverás? ¡Qué alegría! ¿Desde cuando no vienes a la fiesta de San Pedro?
2. Si la pregunta es exclamativa, se escribe con signo de admiración, al principio, y de interrogación, al final o viceversa. *Ejemplo:* ¡Qué pasa? ¡Quiénes son estos bandidos? ¿Qué justicia es ésta!

3. No se escribe punto después del signo de interrogación. Es incorrecto escribir lo siguiente: ¿Cuándo llegaste?.

Se usa el paréntesis ( )

Para intercalar palabras, números o frases que son incidentales al sentido del texto. *Ejemplos:* Sería por las mismas fechas (c. 1584) cuando se publicó el segundo edicto.

Se usan comillas (" ") y corchetes [ ]

Para citar un texto tal cual se encuentra en el original. Si se intercala algo que no estaba en el texto, se pone entre corchetes o paréntesis cuadrado. *Ejemplo: "A este tiempo [cito por la edición infantil] llamaron a la puerta". Cervantes.*

Se usa el guión (-)

1. Al final de renglón para indicar que la palabra continúa en el renglón siguiente.
2. Para unir algunos compuestos de nueva formación. *Ejemplo:* lección teórico-práctica

Se usa la raya (—)

1. Al principio de renglón para indicar el cambio de interlocutor en el diálogo.
   Ejemplo: —¿Cómo tan temprano por aquí?
   —Es que voy de viaje.
   —¿Otra vez?
2. Dentro de renglón, para indicar la persona que habla. *Ejemplo: "Un humilde asno— dijo el cura—es el héroe de esta historia".*

Se usa la diéresis o crema (¨)

En las sílabas *güe, güi,* para indicar que se pronuncie la *u. Ejemplo:* argüir, ungüento.

EJERCICIO GENERAL DE PUNTUACIÓN

Instrucciones: Puntúe el texto siguiente y escriba mayúsculas allí donde lo exija la puntuación.

el viaje alrededor del mundo duró cinco años durante el mismo darwin acumuló una enorme colección de observaciones botánicas, zoológicas y geológicas que constituyeron las bases de sus trabajos posteriores en 1859 apareció su obra más importante el origen de las especies que a pesar de las polémicas que promovió obtuvo un éxito resonante modificando la biología e influyendo en el pensamiento teológico, antropológico y social de su tiempo

_____
_____
_____
_____
_____
_____
_____
_____
_____
_____
_____
_____

Ponga signos de interrogación, exclamación, paréntesis, comillas y diéresis donde sean necesarios.

Cómo es posible que haya usted pensado eso. Yo soy un hombre de bien dijo el compesino. A lo que respondió el capataz con el látigo en la mano. En tu vida has hecho nada bueno Y le tiró un trallazo que le cruzó la cara de arriba a abajo. El brasero dio grito que más bien parecía un aullido y, al caer sin sentido en el suelo, pensó en las últimas palabras que le dijera el maestro sin educación serás siempre un esclavo. A pesar de eso

_____
_____
_____
_____
_____
_____
_____
_____
_____
_____

Se escriben con mayúscula

1. La primera letra de la frase. Si la consonante es doble, se escribe con mayúscula sólo la primera letra del compuesto. *Ejemplos:* Llamamos, y nos abrieron en seguida. Chinchilla era su nombre.
2. Los nombres propios y de corporaciones. *Ejemplos:* Bolívar, José, América, España, El Fénix Español, Escuela de Comercio.
3. Después de dos puntos, si la cita es textual. *Ejemplo:* La frase es de Unamuno: "Piensa el sentimiento; siente el pensamiento."
4. Los títulos y nombres de dignidad. *Ejemplos:* el Rey, el Papa, el Ministro de Obras Públicas.
5. Las abreviaturas de los títulos. *Ejemplos:* Sr. D. Dr. Dña.
6. El título completo de las revistas y periódicos, pero no el de los libros. *Ejemplos:* La Prensa, La Nación, Cien años de soledad.

Nótese bien que los nombres de los días de la semana y de los meses del año *no se escriben con mayúscula* en castellano.

EJERCICIOS:

Instrucciones: Escriba la frase correcta debajo de las que se dan a continuación atendiendo especialmente a las *mayúsculas*

1. *La prensa* y *El diario* fueron periódicos hispanos de Nueva York.

_____

2. La capital de Bolivia es La paz.

_____

3. La fuerza de la razón, no la razón de la fuerza.

_____

4. La universidad era famosa por su escuela de ingenieros.

_____

5. El ministro de educación vino a dar un discurso al colegio.

_____

6. El *Quijote* comienza así: "en un lugar de la Mancha..."

_____

7. *La letra escarlata* es el título de una novela norteamericana.

_____

8. Llama y te abrirá. CHaro es la portera y es amiga mía.

_____

9. El Doctor Santiponce y la Señora Matilde son primos hermanos.

_____

10. *El Origen de las Especies* es una obra famosísima de Darwin.

---

11. Dijo: hace un frío que pela.

---

12. El Senado y el Gobierno estuvieron esta vez de acuerdo.

Acentuación (´)

La mayor parte de las palabras llevan acento. Pero no todas lo llevan escrito. Llevan acento gráfico o escrito:

1. Las palabras *agudas* de más de una sílaba que terminen en vocal, *n* o *s*. Aguda es la palabra que tiene el acento en la última sílaba. *Ejemplos:* llamó, canción, serás.
2. Las palabras *llanas* terminadas en consonante que no sea ni *n*, ni *s*. Llana es la palabra que tiene el acento en la penúltima (antes de la última) sílaba. *Ejemplos:* Pérez, árbol.
3. Todas las palabras *esdrújulas* y *sobresdrújulas,* sin excepción. Esdrújula es la palabra que tiene el acento en la antepenúltima sílaba. *Ejemplos:* décimos, árboles. La sobresdrújula lo tiene antes de la antepenúltima. *Ejemplo:* cómpramela.
4. Los diptongos cuando cae el acento sobre la vocal débil. *Ejemplo:* había, continúo. Se exceptúa la combinación *ui. Ejemplos:* jesuita, fluido, huid, buitre.
5. Los monosílabos siguientes para distinguirlos de sus homónimos:

- *aún,* cuando equivale a *todavía,* no cuando equivale a *incluso.*
  Ejemplo: aún no ha venido; aun así, no queda claro.

- *dé,* del verbo *dar,* no la preposición *de.*
  Ejemplo: dé el libro de Juan a Pedro.

- *él,* pronombre personal, no el artículo *el.*
  Ejemplo: él le dio el dinero.

- *más,* adverbio de cantidad, no cuando equivale a *pero.*
  Ejemplos: lo que más quisiera; mas no puedo.

- *ó,* cuando va entre números.
  Ejemplo: 4 ó 5 días.

- *sé,* cuando es verbo, no cuando es pronombre.
  Ejemplo: lo sé, y por eso se lo doy.

- *sí,* cuando es afirmación y pronombre, no cuando es conjunción condicional.
  Ejemplo: Si lo hace por sí mismo dirá que sí.

- *té,* nombre de la bebida, no cuando es pronombre.
  Ejemplo: el té te sentará bien.

● *tú*, pronombre; no adjetivo.
Ejemplo: cuando tú ofreces tu casa.

6. *éste, ése, aquél* y sus plurales, cuando son pronombres; no cuando son adjetivos. *Ejemplos:* el hombre de que hablaba es éste; no son aquéllas, son éstas. Este nombre es imposible.
7. *Sólo,* cuando equivale a solamente; no cuando es adjetivo. *Ejemplo:* Me gusta el café solo, sólo cuando es colombiano.
8. *Qué, cuál, quién, cúanto, cómo, dónde* en interrogaciones y exclamaciones. *Ejemplos:* ¿Qué dices? ¡Quién lo diría!

EJERCICIOS DE ACENTUACIÓN:

Instrucciones: Escriba el acento donde sea necesario y explique a continuación por qué. Explique también por qué lo omite allí donde no lo haya puesto, según el siguiente ejemplo.

llamó ___ palabra aguda terminada en vocal _____

seras _____

habia _____

hacia _____

cancion _____

carambano _____

arboles _____

aun _____

de _____

fluido _____

buitre _____

jesuita _____

decimos _____

el _____

mas _____

se _____

te _____

tu _____

este _____

solo _____

que _____

¿que? _____

estéis _____

digais _____

Abreviaturas más frecuentes

Generales

art.	artículo	N. S.	Nuestro Señor
cap.	capítulo	P.	Padre (cura)
etc.	etcétera	PP.	Padres (religiosos)
id.	ídem (igual)	Q.E.P.D.	Que en paz descanse
N.B.	*Nota bene* (nótese bien)	R.	Reverendo
Núm. nº	número		Reverencia
p. Pág.	página	V., Vd., Ud.	Usted
P. D.	postdata	VV., Uds.	Ustedes
P. S.	post scriptum (postdata)	V. E.	Vuestra Excelencia
v. g.	verbi gratia (por ejemplo)		Vuecencia
Vº Bº	Visto bueno (aprobado)	V. S.	Vuestra Señoría
			Usía

De cortesía

D.	Don, don
Dña.	Doña, doña
Excmo.	Excelentísimo
Fr.	fray
Ilmo.	Ilustrísimo
J. C.	Jesucristo
M.	Madre (religiosa)

Comerciales

Comp. Cía.	Compañía
Inc.	Incorporada
K. Kg.	kilogramo
P. O.	por orden
S. A.	Sociedad Anónima
S. L.	Sociedad Limitada

FORMAS Y USOS GRAMATICALES: LO ESENCIAL DE LA GRAMÁTICA ESPAÑOLA

Para que la expresión escrita sea inteligible tiene que ser correcta. La corrección se adquiere mediante el conocimiento y la práctica de ciertas normas de conocimiento del lenguaje escrito, cuyo conjunto se denomina *gramática.*

La gramática puede ser, como cualquier otra forma de conocimiento, teórica o práctica, elemental o avanzada. Aquí nos ocupamos de la gramática elemental práctica. Esta nos orienta sobre la formación de las palabras aisladas o *morfología* y sobre su posición y función en la frase o *sintaxis.*

El apartado "Usos correctos", se refiere especialmente a la morfología. La sintaxis comprende los apartados siguientes: "Cordinación de las frases y oraciones", y "Orden lógico y gramatical".

Para no cargar excesivamente esta parte del texto, al final se da "Glosario de términos gramaticales", en el que se podrán encontrar los términos técnicos que aquí se hayan omitido y ampliar los conocimientos básicos que aquí se presentan.

Partes de la oración

La unidad mínima, el átomo o la célula de la materia escrita, es la frase. La frase se llama también oración gramatical o simplemente oración, cuando tiene a lo menos un verbo. Todas las oraciones son frases. Pero no al revés.

Las palabras que componen una oración completa se denominan *partes de la oración.* Las partes de la oración pueden ser variables o invariables, según que cambien o no sus terminaciones, para expresar distintos matices dentro de la misma palabra. Por ejemplo, *tomaba* y *tomo* son variantes del verbo *tomar.* El verbo es una parte variable de la oración. Son también variables: el nombre, el pronombre, el artículo y el adjetivo. Son invariables: el adverbio, la preposición, la conjunción y la interjección.

La preposición y la conjunción sirven para enlazar frases y oraciones. Por eso las estudiaremos al hablar de la coordinación y del orden lógico y gramatical.

Partes variables

El *nombre,* como indica la palabra, se usa para nombrar personas, animales y cosas. *Juan, mujer, loro, hamaca,* son nombres. El nombre es la cosa nombrada.

El *pronombre,* como también indica la palabra, está en lugar del nombre: *él,* en vez de *Juan; ella,* en lugar de *mujer; éste,* en lugar de *loro; ésa,* en lugar de *hamaca.* El, ella, éste, ésa, son pronombres. Hay bastantes más, como veremos en seguida.

El *artículo* concreta el significado del nombre indicando, entre otras cosas, su género (femenino o masculino) y el número: singular o plural. *El* (sin acento), *la, un, una,* son artículos.

El *adjetivo* describe ciertas cualidades del nombre: Juan es *inteligente,* la mujer *española,* el loro *charlatán, dos* hamacas. Las palabras subrayadas son adjetivos.

El *verbo* expresa la acción y estado de los nombres: Juan *corre;* la mujer *está* loca; el loro *se espulga;* la hamaca *es* cómoda.

Partes invariables

El *adverbio* modifica al verbo, al adjetivo y a otros adverbios. *Ejemplos:* lo hizo *muy bien;* está *muy* colorado; *bastante más* allá.

La *preposición* enlaza palabras según su dependencia. *Ejemplos:* el oro *de* América; sarna *con* gusto. *De* y *con* son preposiciones. Otras preposiciones frecuentes son: *a, para, por, en.*

La *conjunción* sirve para enlazar palabras y oraciones, aunque sean opuestas. *Ejemplos:* éste *y* el otro; tardío, *pero* cierto; dile *que* venga. Las palabras subrayadas son conjunciones. *Mas* (cuando equivale a *pero), sino, o, ni* y *si* (sin acento) son también conjunciones.

La *interjección* es una exclamación que encierra en sí un significado completo, generalmente de carácter emocional: *oh, ah, ay,* son interjecciones frecuentes. *Hola y ojalá* son también interjecciones. *Ojalá* quiere decir: "Dios quiera que sea así".

EJERCICIOS DE IDENTIFICACION DE LAS PARTES DE LA ORACION.

Instrucciones: Indique a qué parte de la oración pertenecen las siguientes palabras, según el ejemplo de las dos primeras líneas:

Juan	Nombre propio, parte variable, tiene plural.
él	Pronombre personal, sujeto, tercera persona, masculino.
ella	_____
camino	_____
decimos	_____
Pérez	_____
deshielo	_____
aún	_____
más	_____
pero	_____
para	_____

por _____

camelo _____

Francia _____

andino _____

paraguayo _____

y _____

solo _____

sólo _____

a pesar de _____

aunque _____

todos _____

catorce _____

el _____

Uso de los nombres

Los nombres pueden ser comunes y propios. Se usa el *nombre propio* cuando se aplica a una sola persona, animal o cosa. *Ejemplos:* Ramón, Rocinante, Bilbao, Bolivia.

Se usa el *nombre común* cuando se aplica a todos los de una misma especie. *Ejemplos:* hombre, casa, perro.

Al contrario, que en inglés, en español todos los nombres tienen *género:* son masculinos o femeninos tanto las personas, como los animales y las cosas. *La pluma* es femenino; y *el lápiz,* masculino. La mejor manera de aprender el género de los nombres es aprenderlos con el artículo delante. *Ejemplos:* pera, la pera; enano; el enano.

Hay nombres que se escriben igual en masculino que en femenino; lo único que les distingue es el artículo. *Ejemplos:* el artista, la artista; el centinela, la centinela. Y así muchos otros: compatriota, espía, indígena, cómplice, hereje, mártir, reo, testigo…

Los nombres de animales que son iguales en el femenino y masculino, añaden la palabra *macho* o *hembra* al final, para distinguir su sexo. Así se dice: *león* y *leona,* pero *ballena hembra* y *ballena macho; cebra hembra* y *cebra macho.*

Con frecuencia, el nombre del macho y de la hembra son completamente diferentes: el gallo y la gallina, el caballo y la yegua…

El plural de los nombres se forma de distinta manera según sea su terminación. La regla general es muy sencilla: los que acaban en vocal no acentuada añaden una *s;* los que acaban en vocal acentuada o en consonante añaden *es. Ejemplos:* niño, niños; alhelí; alhelíes, árbol, árboles.

Excepción a la regla anterior: los terminados en una *e* acentuada añaden solamente una *s. Ejemplos:* pie, pies; café, cafés.

Los nombres terminados en *z* forman el plural con *c. Ejemplos:* cruz, cruces; avestruz, avestruces.

Al contrario que en inglés, el apellido o nombre de familia, no tiene plural. *Ejemplo:* los Pérez y los Jiménez son familia.

EJERCICIOS:

Instrucciones: Indique el género y el número de los siguientes nombres, añadiendo el artículo correspondiente en el espacio que precede al nombre:

_____ pluma		_____ gallo	
_____ lápices		_____ gallina	
_____ perro		_____ tiza	
_____ león		_____ tiempo	
_____ leona		_____ alma	
_____ cebra		_____ estaciones	
_____ hereje		_____ Sur	
_____ herejes		_____ martes	
_____ mártir		_____ julio	
_____ perra		_____ agosto	

Escriba la forma correcta debajo de los siguientes nombres:

balleno (masculino)	pieses	bisturíes
_____	_____	_____
caballa (femenino)	cafeses	leyes
_____	_____	_____
cebro (masculino)	luzes	reyes
_____	_____	_____
hereja (femenino)	alcaldesa	papás
_____	_____	_____
mártira (femenino)	actrizes	sofaes
_____	_____	_____
centinelo (masculino)	institutriz	narizes
_____	_____	_____
cachiporra (femenino)	vaco (masculino)	parálisis (plural)
_____	_____	_____

Uso de los pronombres

Los pronombres pueden ser: *personales, posesivos, demostrativos, relativos, interrogativos e indefinidos.*

El *pronombre personal* puede ser masculino y femenino, singular y plural, sujeto y objeto o complemento. Cuando es complemento, puede ser directo, indirecto y circunstancial o preposicional.

Todos los pronombres personales se pueden ver en el siguiente cuadro:

sujeto	*objeto d.*	*objeto in.*	*objeto pro.*
yo	me	me	mí

tú (vos)	te	te	ti
ella, él, Ud.	la, lo (le)	le	ella, él, Ud.
nosotros	nos	nos	nosotros
vosotros	os	os	vosotros
ellas, ellos, uds.	las, los, (les)	les	ellas, ellos, Uds.

A las formas arriba indicadas hay que añadir los reflexivos: *se, sí.*

Vos, en vez de tú se usa en algunos países de América.

Mí, ti, sí + la preposición *con* forman *conmigo, contigo, consigo. Ejemplos:* me lo llevo conmigo, no con mí; te lo llevas contigo, no con ti; se lo lleva consigo, no con sí.

En español, al contrario que en inglés, se omite el pronombre personal sujeto casi siempre delante del verbo, a no ser que se quiera subrayar o contrastar las personas. *Ejemplos:* anoche (yo) hablé con mi novio; fui yo, no él, quien propuso la idea.

Aunque hay divergencias en su uso, lo más seguro es usar *la, lo* para el objeto directo, y *le* para el indirecto. El objeto es directo cuando la acción del verbo recae directamente sobre la persona; indirecto cuando hay otro objeto directo de por medio. *Ejemplos:* vi al hombre; lo vi sentado en el patio. Le di las buenas noches.

A excepción del imperativo, infinitivo y gerundio, los pronombres personales objetos directos e indirectos van delante del verbo. *Ejemplo:* lo vi, le dije; dáselo a él; verlo; viéndola.

Cuando el objeto directo y el indirecto van juntos, en vez de decir *le,* se dice *se,* para evitar el mal sonido de *le lo. Ejemplo:* le dio el café; se lo (no le lo) dio a las cuatro.

Cuidado con *se:* puede significar muchas cosas. Se usa también como impersonal y como reflexivo. *Ejemplo:* se dice que se cree un genio.

EJERCICIOS:

Instrucciones: En las siguientes oraciones marque con una *X* aquellas en que el pronombre personal está usado incorrectamente. Escriba debajo la forma correcta en una oración completa. Escriba también debajo de la línea correspondiente las oraciones que no tengan falta.

_____ Te quiero aquí mañana con ella o sin ella.

_____ Los hago saber que no quiero verlos.

_____ Traía con sí una cantidad enorme de cacharros inútiles.

_____ Tenía una mujer que no se la merecía.

_____ Calla te, tonto, que no es nada.

_____ Sin él, sin ti, sin mí, no pueden hacerlo.

_____   Se las voy a quitar. Voy a quitar se las.

_____

_____   Levántate y vístete y vente conmigo.

_____

_____   Deseo terminar lo hoy mismo.

_____

_____   Te compras una moto y está todo listo.

_____

_____   Si no te largas, te largamos.

_____

Escriba una oración completa *usando los siguientes pronombres:*

me   _____

te   _____

se   _____

le   _____

la   _____

lo   _____

mí   _____

sí   _____

ti   _____

nos   _____

os   _____

nosotros   _____

Pronombres posesivos

Los pronombres posesivos son: *mío, tuyo, suyo, nuestro, vuestro* y sus correspondientes femeninos y plurales. Generalmente se escriben con artículo: el mío, el tuyo, etc. *Ejemplo:* tu casa y la mía son idénticas.

Algunas veces van sin artículo después del verbo *ser*. Ejemplo: es mía o es la mía.

Pronombres demostrativos

Los demostrativos son dos en inglés y tres en español: *ésta, ésa, aquella* y sus masculinos y plurales.

Aquél, aquélla, están más lejos del que habla que *ése, ésa. Ejemplo:* Ésta que está aquí, es mejor que ésa que está *ahí* y que aquélla que está *allí*. Note la correspondencia: *aquí, ahí, allí.*

Éste, ésta significan también el último; aquél, aquélla, el primero. *Ejemplo:* La literatura es tan importante como la ciencia; si estudiamos ésta, también debemos estudiar aquélla.

EJERCICIOS:

Instrucciones: En las siguientes oraciones, marque con una *X* las que tienen errores en el uso de los pronombres posesivos y demostrativos, y escriba a continuación, en la línea inferior, la forma correcta.

_____ ¿Has dicho que es tuya o que es la tuya?

_____ Le di tu nombre y el de ella, no el tuyo.

_____ Lo que te dio no era suyo, era de nosotros.

_____ El carro será tuyo, pero la moto es mía.

_____ El carro será tuyo, pero la bici es la mía.

_____ Un antiguo amigo mío es tu mejor defensor.

_____ *Los míos* quiere decir "mi familia".

_____ Yo he pasado lo mío.

_____ De los dos, este es el mejor.

_____ Ese y aquella se creen sabios porque han sacado una A.

_____ Esta significa la primera; ésa, la última.

_____ ¿Cómo te va en ésa? (Indique debajo qué quiere decir "en ésa.")

_____ Y eso que era mi amigo.

Pronombres relativos

Los pronombres relativos son: *que, cual, quien, cuyo.*

Que se usa para personas y cosas y no tiene plural. *Ejemplos:* el hombre que viene es mi amigo; los cacharros que dices no son míos.

Quien se usa sólo para las personas y tiene plural. *Ejemplos:* la mujer de quien hablas es mi profesora; los hombres a quienes te refieres son mis alumnos.

Cual tiene plural y se usa para personas y cosas; el género se expresa con el artículo.

Ejemplos: entraron dos jóvenes desconocidos los cuales fueron interrogados de inmediato. La señora a la cual te refieres es mi madre.

Cuyo tiene plural y género y se usa para personas y cosas. *Ejemplos:* es una persona de cuyos rasgos es difícil olvidarse; "En un lugar de la Mancha de cuyo nombre no quiero acordarme…" La lámpara a cuya luz leo.

Observe: 1) que los cuatro pronombres relativos pueden usarse para referirse a personas, pero no son intercambiables: no se puede reemplazar uno por cualquiera de los otros; *2)* que el más frecuente y familiar de todos es *que*. Use, pues, *que* siempre que pueda. Use *que*, no quien, con el artículo. *Ejemplos:* Este hombre y *el que* tú dices son hermanos. Todos *los que* le tratan hablan bien de él.

No se puede usar *quien* como sujeto de una oración especificativa. *Ejemplos:* el hombre, quien vino ayer, es pintor. *Incorrecto*. El hombre *que* vino ayer, es pintor. *Correcto*.

Pronombres indefinidos

Se usan para expresar ideas vagas, tanto para personas como para las cosas. Los principales son: *alguien, nadie, algo, nada, cualquiera, quienquiera. Ejemplos:* alguien lo dijo; cualquiera que sea.

EJERCICIOS

Instrucciones: Escriba la frase u oración correcta en la línea debajo de las siguientes frases u oraciones. Preste especial atención al uso del relativo.

1. Los camareros *de que* me hablas no son estudiantes.

_____

2. Las camareras a quienes te refieres no son ésas.

_____

3. Ese quien dices es uno de tantos.

_____

4. El texto quien usabamos era pésimo.

_____

5. ¿Dónde están los regalos acabo de traer?

_____

6. La amiga que me refiero es otra.

_____

7. Quien no ha visto Sevilla no ha visto maravilla.

_____

8. Escritor es quien escribe; conductor, el que conduce.

_____

9. Me dio unas instrucciones, las cuales usé siempre.

_____

10. No son las mismas que he usado este año.

_____

11. El cóndor, en cuya región es rey, no apareció.

_____

12. El tabaco es un vicio del que te debes quitar.

_____

13. Usted no es quien para prohibírmelo.

_____

Uso de los adjetivos

Los adjetivos pueden ser, como los pronombres, de diversas clases: *posesivos, demostrativos y numerales*. También es conveniente distinguir los adjetivos *calificativos* de los *determinativos*. *Blanco* es un adjetivo calificativo; *catorce* es determinativo.

Generalmente se usa la terminación *o* para el masculino y la *a* para el femenino. Por ejemplo, rojo, roja. Pero hay muchos adjetivos que son invariables en su género. He aquí algunos: hipócrita, homicida, suicida; azteca, maya, israelita, cosmopolita; agradable, ingobernable; constante, independiente, breve, humilde, etc.

El adjetivo plural de dos nombres, uno masculino y otro femenino, es siempre masculino. *Ejemplo:* la casa y el jardín eran hermosos.

Al contrario que en inglés, el adjetivo va casi siempre después del nombre. *Ejemplo:* La casa blanca; la mujer casada. Con frecuencia, cuando cambia la posición, cambia de sentido. No es lo mismo *blanca nieve* que *nieve blanca*. Tampoco en inglés.

Algunos adjetivos en masculino como *bueno, malo, alguno, ninguno, primero, tercero*, pierden la vocal final delante del nombre. *Ejemplos:* un *buen* hombre, hace *algún* tiempo, en *primer* lugar.

EJERCICIOS

Instrucciones: Escriba la forma correcta debajo de las siguientes oraciones, aunque la oración modelo no contenga error alguno.

1. La mujer y el hombre aztecas pertenecen a una misma cultura.

_____

2. Es un niño ingobernable, como cualquiera otra.

_____

3. El bueno de Rodríquez se quedó sin uno céntimo.

_____

4. Tanto ella como él eran israelitas.

_____

5. Es un suicida; cualquiera día de estos se da un golpe.

_____

6. Por tercera vez en el segundo tiempo coló un gol.

_____

7. Es una mal amiga; no se puede un fiar de ella.

_____

8. Tan hipócrita es él como ella.

_____

9. Tengo un gran amigo en California; mide seis pies.

_____

10. El era muy trabajador, pero ella no era constanta.

_____

11. La terraza y la azotea eran hermosísmos.

_____

Uso de los numerales

Los números pertenecen a las matemáticas cuando se escriben en cifras (1, 2, 203), pero pertenecen a la gramática, cuando se escriben con palabras: uno, dos, doscientos tres.

Los números gramaticales pueden ser *cardinales* (uno, dos, tres...) u *ordinales:* primero, segundo, tercero, etc.

Uno tiene masculino y femenino, singular y plural. *Ejemplos:* una mujer; unos hombres; doscientas mujeres y trescientos hombres.

Uno pierde la terminación *o* delante de un nombre masculino, incluyendo *mil* y *millón. Ejemplos:* un hombre, un mil, un millón.

Ciento pierde la terminación o delante de cualquier nombre, incluyendo mil y millón, pero no delante de otros números. *Ejemplos:* cien toneladas; cien años; cien mil; cien millones; ciento uno; ciento veinte.

Los ordinales se usan para establecer categorías o series y pueden ser nombres, adjetivos o pronombres. *Ejemplos:* el primero, el segundo apellido; tercero.

Los ordinales tienen género y número. *Ejemplos:* primera jornada; los días segundos.

Primero y *tercero* pierden la *o* delante del nombre masculino. *Ejemplos:* el primer caso; el tercer tiempo.

EJERCICIOS

Instrucciones: Escriba con letras los siguientes números. (ordinales y cardinales)

203	_____	100 dólares	_____
31,130	_____	200 vacas	_____
1,305,850 pesos	_____	100,000	_____
Luis XIV	_____	100,000,000	_____
Juan XXIII	_____	16	_____
Capítulo III	_____		

Escriba la forma correcta de las siguientes frases y oraciones en las que aparecen los numerales.

1. Cuarenta mil soldados, y sólo doscientas armas.

---

2. Veintiún edificios no es los mismo que veintiunas casas.

---

3. Ciento una sillas; cien visitantes.

---

4. Al cambio actual cada dólar se convierte en cien pesetas.

---

5. 1984 se escribe así: mil novesciento ochenta y cuatro.

Formas de comparación

Tanto las cualidades como las cantidades que expresan los adjetivos pueden darse en distintos grados. La comparación expresa los grados entre dos términos iguales o desiguales, inferiores o superiores.

La comparación de igualdad se expresa con *tan...como. Ejemplo:* Las mujeres son *tan* inteligentes *como* los hombres.

La comparación de desigualdad se expresa con *más* o *menos* y *que. Ejemplos:* el avión es *más* rápido *que* el tren; la tortuga corre *menos que* el conejo.

Comparativos especiales: el comparativo de *bueno* es *mejor;* el de *malo, peor;* el de *grande, mayor;* el de *pequeño, menor.*

Mayor y *menor,* cuando se aplican a personas, se refieren a la edad, no a la estatura. *Ejemplos: Juan es mayor que Pedro* significa que tiene más edad. *Esta casa es mayor que la otra* significa que es más grande.

El superlativo se forma con *más* y el artículo correspondiente al nombre. *Ejemplos: Las más* guapa de la clase; *el más* fuerte del grupo. *Los más* ricos del mundo; *las más* pobres de la tierra.

Cuando el superlativo no hace referencia a otros nombres del mismo grupo se llama superlativo absoluto y se forma con la terminación *-ísima* o *-ísimo,* según sea femenino o masculino. *Ejemplos: una mujer hermosísima; un hombre guapísimo.*

EJERCICIOS:

Instrucciones: Todas las frases y oraciones que siguen contienen algún error referente a la comparación. Escriba la forma correcta en la línea debajo.

1. El comparativo de *bueno* es *peor;* el de *malo, mejor.*

---

2. El comparativo de *grande* es *menor;* el de *pequeño, mayor.*

---

3. Tan tonto era uno más que el otro.

---

4. La clase comenzó más temprano de ayer.

---

5. Esta pluma es mucho más mejor que ésa.

---

6. Un libra más o menos menor no importa.

---

7. Ese es el más rico de lo que usted cree.

---

8. He perdido más que veinte pesos en las carreras.

---

9. Era menor que yo; medía uno y medio.

---

10. Era la más guapa de la clase; pero no la más guapísima.

---

11. El acusado contestó con la mayor calma que el mundo.

Aumentativos y diminutivos

Los *aumentativos* se forman añadiendo a los nombres ciertas terminaciones. Los más frecuentes son: *-ón, -ona, -ote, -ota, -azo, -aza.*

Los *diminutivos* se forman añadiendo a los nombres las siguientes terminaciones: *-ito, -ita, ico; -illo, -illa.*

Aparte de incrementar o disminuir la cantidad o calidad de una cosa, los aumentativos y diminutivos pueden significar también afectos apreciativos o despectivos. *Ejemplos:* una *casucha* es una casa mala o desvencijada. *Monín* no es un monito pequeño, sino una forma de ternura para dirigirse a un niño de corta edad.

Los diminutivos abundan más en América que en España. Además de los nombrados, hay muchísimas otras formas que se aplican no sólo a los nombres y adjetivos, sino a otras partes de la oración. *Ejemplos:* ahorita, otrito, mismitamente...

EJERCICIOS

Instrucciones: Escriba el *aumentativo* de los siguientes nombres y adjetivos. (Use las terminaciones aquí citadas.)

silla _____   sinvergüenza _____

zapatos _____   pícaro _____

hamburguesa _____   amigo _____

noticia _____   enemigo _____

perro _____   libro _____

Escriba el diminutivo de los siguientes nombres y adjetivos, usando cualquier terminación que usted conozca y sea correcta.

Carlos _____   jardín _____

Ana _____   sartén _____

ahora _____   farol _____

cerca _____   agua _____

lejos _____   rubia _____

¡adiós! _____   momento _____

Escriba el diminutivo y anote su sentido: lo que quiere decir.

cigarro: _____

campana: _____

guerra: _____

Usos del artículo

Se usa el artículo (no el adjetivo posesivo, como en inglés) para expresar las partes del propio cuerpo y los vestidos de la propia persona. *Ejemplos:* perdí el brazo en la guerra; me pongo el sombrero para salir al campo. *No se dice:* perdí *mi* brazo; perdí *mí* tiempo; me puse *mi* sombrero.

Los artículos concuerdan en género y número con los nombres a que se anteponen. Se usa, sin embargo, el artículo masculino delante de un nombre femenino, si éste comienza por *a* o *ha* acentuadas. *Ejemplos:* el agua, el hacha, el arpa, el aula.

Cuando el nombre de los *Estados Unidos* se escribe con artículo, el verbo va generalmente en plural; cuando se omite el artículo, el verbo va en singular. *Ejemplos:* los Estados Unidos proponen un nuevo pacto; Estados Unidos devalúa el dólar.

El artículo *lo* (neutro) se usa para cosas generales y abstractas. *Ejemplos:* lo mío, lo blanco. Con frecuencia, el artículo *lo* acompaña a una frase completa. *Ejemplo:* lo que yo te he dicho es que eso no es así.

EJERCICIOS

Instrucciones: En las siguientes frases y oraciones hay algún error o errores. Escriba debajo de la línea corregida la frase correcta.

1. No pierdo mi tiempo haciendo tonterías.

_____

2. Me he cortado mi dedo con un cuchillo.

_____

3. Me pongo mi sombrero sólo cuando voy de cacería.

_____

4. La arpa y la hacha son femeninos.

_____

5. Los Estados Unidos es un gran potencia militar.

_____

6. Estados Unidos son una nación económicamente fuerte.

_____

7. Era uno de el otro. Y uno para el otro.

_____

8. Le dijo el uno a el otro: ese matón es un gallina.

_____

Escriba el artículo indefinido o definido delante de los siguientes nombres:

_____ Pérez   _____ hipócrita

_____ personas   _____ indígena

_____ área   _____ homicida

_____ almas   _____ reo

_____ inglés   _____ suicida

Escriba las formas contractas en estas dos frases

1. De el dicho a el hecho va un gran trecho.

_____

2. Hablaron de él y de ella y de todo lo demás.

_____

Usos de los verbos

1. El *verbo* es la parte de la oración más compleja e importante. También es la más difícil.
2. Los verbos pueden ser regulares o irregulares. La mayor parte de los verbos afortunadamente son regulares: sabiendo uno, se sabe la mayoría de ellos. *Amar* se conjuga lo mismo que *trabajar, hablar, parar* y así cientos o miles más. El truco es bien sencillo: aprender perfectamente el modelo o patrón por el que todos están cortados.
3. Los verbos irregulares se aprenden también por grupos, pues las irregularidades son con frecuencia comunes. Por ejemplo, *negar* es un verbo irregular de *irregularidad*

común. Como *negar* se conjugan: *acertar, apretar, aserrar,* y así muchos otros.

4. Los verbos irregulares de *irregularidad propia* y uso común son poquísimos y se pueden aprender fácilmente uno por uno. Irregularidad propia quiere decir que se aplica solamente a un verbo. Los principales verbos de esta clase son: *andar, caber, caer, dar, decir, estar, haber, hacer, ir, oír, poder, poner, querer, saber, ser, tener, traer, venir* y *ver.*

5. *Conjugar un verbo, ya sea regular o irregular, es estudiar sus diversas variaciones según personas y números; modos y tiempos. Los verbos regulares se agrupan en tres conjugaciones según que la terminación del infinitivo sea* − *ar* (primera conjugación), − *er* (segunda conjugación), − *ir,* tercera conjugación.

6. Las tres conjugaciones siguen la misma agrupación de sus diversas variantes, según modos y tiempos, personas y números.

7. Los *modos* son: indicativo, subjuntivo e imperativo; el infinitivo es el nombre del verbo; gerundio y participio.

8. Los *tiempos* son: presente, pretérito y futuro con sus distintas variantes: perfecto, imperfecto, etc.

9. Las *personas* son: primera *(yo),* segunda *(tú),* tercera, *ella, él.* La persona del verbo puede ser un ser humano, un animal o una cosa.

10. Los *números* son el singular y el plural de las personas.

Modelo o paradigma de los verbos regulares

FORMAS SIMPLES

1ª conjugación: *am-ar;* 2ª conjugación: *tem-er;* 3ª conjugación: *part-ir*

Añada las siguientes terminaciones a la radical:

INDICATIVO: PRESENTE

-o	-amos	-o	-emos	-o	-imos
-as	-áis	-es	-éis	-es	-ís
-a	-an	-e	-en	-e	-en

INDICATIVO: PRETÉRITO IMPERFECTO

-aba	-ábamos	-ía	-íamos	*Igual que la 2ª*
-abas	-abais	-ías	-íais	
-aba	-aban	-ía	-ían	

INDICATIVO: PRETÉRITO PERFECTO (simple)

-é	-amos	-í	-imos	*Igual que la 2ª*
-aste	-asteis	-iste	-isteis	
-ó	-aron	-ió	-ieron	

Añada las siguientes terminaciones al infinitivo:

INDICATIVO: FUTURO

-é	-emos		
-ás	-éis	*Igual que la 1ª*	*Igual que la 1ª*
-á	-arán		

INDICATIVO: CONDICIONAL

-ía	-íamos		
-ías	-íais	*Igual que la 1ª*	*Igual que la 1ª*
-ía	-ían		

Añada las siguientes terminaciones a la radical:

SUBJUNTIVO: PRESENTE

-e	-emos	-a	-amos	
-es	-éis	-as	-áis	*Igual que la 2ª*
-e	-en	-a	-an	

Añada las siguientes terminaciones a la tercera persona del plural del pretérito perfecto de indicativo menos -ron.

SUBJUNTIVO: PRETÉRITO IMPERFECTO

N.B. Tiene dos formas (amara o amase) y son las mismas para las tres conjugaciones.

-ra	-ramos	-se	-semos
-ras	-rais	-ses	-seis
-ra	-ran	-se	-sen

Añada las siguientes terminaciones a la radical:

IMPERATIVO

N.B. Tiene dos formas: una familiar para el tú, y otra para el Ud.

familiar			formal		
-a	-e	-e	-e	-a	-a
-ad	-ed	-id	-en	-an	-an

FORMAS IMPERSONALES

Infinitivo: am-ar, tem-er, part-ir.
Gerundio: am-ando, tem-iendo, part-iendo.
Participio de pasado: am-ado, tem-ido, part-ido.

TIEMPOS COMPUESTOS

Los tiempos compuestos se forman con las variantes del verbo *haber* más el participio de pasado del verbo correspondiente. El verbo *haber* se llama, por esto, verbo auxiliar. *Ejemplo:* había comido.

Los tiempos compuestos son: pretérito perfecto, pretérito pluscuamperfecto, pretérito anterior, futuro perfecto y condicional.

Observe finalmente que la acción del verbo (de cualquier verbo, regular o irregular) se puede expresar en forma activa (cuando la ejecuta el sujeto) o en forma pasiva: cuando la recibe. *Ejemplos:* amar (activa) ser amado: pasiva. Juan ama, Juan es amado.

EJERCICIOS:

Instrucciones: Identifique y nombre a continuación los modos, tiempos, números y personas de las siguientes formas verbales, según el modelo que se le ofrece en la primera línea:

amaría (yo)   indicativo, condicional singular, primera persona

parto _____

correspondan _____

trabajabais _____

amaras _____

amases _____

partieses _____

rompió _____

anduviste _____

ande (él) _____

caminad _____

vendré _____

tendrían _____

péinate _____

pagando _____

ceñirse _____

afligido _____

toque (usted) _____

Escriba la forma completa del futuro simple, pretérito perfecto simple de indicativo y el imperfecto de subjuntivo de los tres verbos modelos.

amar	*temer*	*partir*
INDICATIVO: FUTURO	INDICATIVO: FUTURO	INDICATIVO: FUTURO
INDICATIVO: PRETÉRITO	INDICATIVO: PRETÉRITO	INDICATIVO: PRETÉRITO
SUBJUNTIVO: IMPERFECTO	SUBJUNTIVO: IMPERFECTO	SUBJUNTIVO: IMPERFECTO

_____   _____   _____
_____   _____   _____
_____   _____   _____
_____   _____   _____

Verbos irregulares

Los verbos irregulares son aquellos que se apartan de los modelos que acabamos de ver.

Se suelen ordenar en *tres grupos,* de menor a mayor dificultad:
1. verbos impropiamente irregulares: los que sólo tienen algunos *cambios ortográficos;*
2. verbos propiamente irregulares de *irregularidad común;*
3. verbos de *irregularidad propia;*

A éstos se pueden añadir:
1. los verbos *defectivos,* que se conjugan sólo en algunos modos y tiempos. Ejemplo: *soler.*
2. los que tienen irregular sólo el participio de pasado. *Ejemplo: abrir, abierto.* No se dice *abrido.*

Verbos con cambios ortográficos

Cambio de la *z* en *c. Ejemplo:* alcan*z*ar, alcan*c*e

Cambio de la *c* en *qu. Ejemplo:* to*c*ar, to*qu*e

Cambio de la g en *j. Ejemplo:* afli*g*ir, afli*j*o

Cambio de la *g* en *gu. Ejemplo:* pa*g*ar, pa*gu*e

EJERCICIOS:

Instrucciones: Escriba las formas de imperativo (mandato) de los cuatro verbos anteriores tanto con tú *y* vosotros, *como con* usted *y* ustedes *y* ellos *o* ellas.

alcanzar	tocar	afligir	pagar	
_____	_____	_____	_____	*tú*
_____	_____	_____	_____	*vosotros*
_____	_____	_____	_____	*usted*
_____	_____	_____	_____	*Uds.*
_____	_____	_____	_____	*ellos*
_____	_____	_____	_____	*ellas*

Escriba el pretérito perfecto de indicativo (forma simple) de los siguientes verbos.

tropezar	trastocar	dirigir	regar
_____	_____	_____	_____
_____	_____	_____	_____
_____	_____	_____	_____

_____   _____   _____   _____

_____   _____   _____   _____

_____   _____   _____   _____

Escriba el presente de subjuntivo de los siguientes verbos que, como los anteriores, sufren cambios ortográficos:

exigir   *cruzar*   *cargar*   *truncar*

_____   _____   _____   _____

_____   _____   _____   _____

_____   _____   _____   _____

_____   _____   _____   _____

_____   _____   _____   _____

Verbos de irregularidad común

Hay muchos verbos cuya irregularidad es común. Estos se dividen en diez o doce grupos, de acuerdo a un modelo. Los demás se conjugan como el modelo.

Modelo 1: negar, entender, discernir
> Cambian la *e* de la radical en *ie: niego*

Modelo 2: almorzar, mover, volar
> Cambian la *o* en *ue: almuerzo.*

Modelo 3: reducir
> Cambian la *c* de la radical en *j: redujo*

Modelo 4: gruñir
> Omite la i en algunas desinencias: *gruñó*

Modelo 5: vestir
> Cambia la *e* de la penúltima sílaba en i: *visto*

Modelo 6: reír, ceñir
> Suprimen la *i* como en el modelo 4: *rió, ciñó*
> *Cambian la e en i como en el modelo 5: río, ciño*

Modelo 7: divertir
> Cambia la *e* de la penúltima sílaba en *ie*, en las sílabas tónicas o acentuadas: me *divierto.*
> Cambian la *e* de la penúltima sílaba en *i*, en las sílabas átonas o sin acento: se *divirtió.*

Modelo 8: jugar, inquirir
> Cambian la *u* en *ue* y la *i* en *ie: juega, inquiere*

Modelo 9: dormir, morir
> Cambian la *o* en *ue* en sílaba tónica: *duermo, muero*
> Cambian la *o* en *u* en sílaba átona: *durmió, murió*

Modelo 10: valer, salir
> Añaden una g después de la l en la radical: *valgo, salgo*
> *Añaden una d después de la l en la radical: valdría, saldría*

Modelo 11: recluir

Toman una y después de la u de la radical delante de *a, e, o: recluyo.*

Modelo 12: agradecer, conocer, nacer, relucir

Añaden una *z* antes de la *c* de la radical: *agradezca, nazca*

EJERCICIOS:

Instrucciones: Escriba el presente de indicativo de los siguientes verbos irregulares: *negar, mover, reducir, jugar*

negar	mover	reducir	jugar
_____	_____	_____	_____
_____	_____	_____	_____
_____	_____	_____	_____
_____	_____	_____	_____
_____	_____	_____	_____
_____	_____	_____	_____

Escriba el presente de subjuntivo de los mismos verbos

_____	_____	_____	_____
_____	_____	_____	_____
_____	_____	_____	_____
_____	_____	_____	_____
_____	_____	_____	_____
_____	_____	_____	_____

Escriba el imperativo (mandato) con tú y con usted de los siguientes verbos: *conocer, salir, dormir, reducir.*

conocer	salir	dormir	reducir
_____	_____	_____	_____
_____	_____	_____	_____
_____	_____	_____	_____

Escriba el imperfecto de subjuntivo de los verbos anteriores

_____	_____	_____	_____
_____	_____	_____	_____
_____	_____	_____	_____

_____ _____   _____
_____ _____   _____
_____ _____   _____

Verbos de irregularidad propia

Los modelos siguientes sirven solamente para los verbos citados y sus compuestos.

ANDAR: anduve, anduviera, anduviese
CABER: quepo, cupe, cabré, cabría, quepa, cupiera, cupiese
CAER: caigo, caiga, cayó
DAR: doy, di, diera, diese, diere
DECIR: diciendo, digo, dije, diré, diga, dijera, dicho
ESTAR: estoy, estuve, esté, estuviera, estuviese, estuviere
HABER: he, hube, habré, habría, hubiera, hubiese (AUXILIAR)
HACER: hago, hice, haré, haz, hiciera, hiciese, hecho
IR: voy, fui, iba, vaya, fuera, fuese, id
OÍR: oigo, oiga, oye
PODER: puedo, pude, podré, pueda, pudiera, pudiese, podría
PODRIR: pudrir, pudro, pudrí, pudra, pudriera, pudriese, podrido
PONER: pongo, puse, pondré, ponga, pusiera, pondría, pon, puesto
QUERER: quiero, quise, querré, quisiera, quisiese, querría
SABER: sé, supe, sabré, sepa, supiera, supiese, sabría
SER: soy, fui, era, sea, fuera, fuese, sé, sed (AUXILIAR)
TENER: tengo, tuve, tendré, tenga, tuviera, tendría, ten
TRAER: trayendo, traigo, traje, traiga, trajera, trajese
VENIR: viniendo, vengo, vine, vendré, venga, viniera, viniese, ven
VER: veo, vea, veía, visto

EJERCICIOS:

Instrucciones: Complete la forma comenzada de los siguientes verbos irregulares. Observe el modelo de la primera línea.

anduve   *anduviste, anduvo, anduvimos, anduvisteis, anduvieron*

quepo   _____

cupe   _____

doy   _____

he   _____

hice   _____

oigo   _____

pongo   _____

quiero   _____

soy   _____

fui   _____

traigo   _____

vengo	_____
veo	_____
haz (mandato)	_____

En las siguientes oraciones hay uno o varios errores en las formas de los verbos irregulares. Escriba debajo la forma correcta

1. Ayer andé toda la noche de juerga.
_____

2. No sé si mi ropa caberá en la maleta.
_____

3. Calló en la cuenta que estaba equivocada.
_____

4. Dijistes que sí y ahora te echas atrás.
_____

5. Tú, haz lo tuyo; el haze lo que puede.
_____

Lista de verbos irregulares y sus respectivos modelos

A	*modelo*		*modelo*
		arrendar	negar
		arrepentirse	divertir
abastecer	nacer	atender	entender
abolir	(defectivo)	atravesar	negar
aborrecer	nacer	atribuir	recluir
absolver	mover	avergonzar	volar
acertar	negar		
acontecer	(defectivo)	**B**	*modelo*
acordarse	volar	bendecir	decir
acostarse	volar		
adherir	divertir	**C**	*modelo*
adolecer	nacer	caber	CABER
adquirir	inquirir	caer	CAER
aducir	reducir	calentar	negar
advertir	divertir	carecer	nacer
afligir	AFLIGIR	cegar	negar
afluir	huir	cerrar	negar
alentar	negar	cocer	mover
amanecer	(defectivo)	colarse	volar
amoblar	volar	colgar	volar
andar	ANDAR	comenzar	negar
anochecer	(defectivo)	competir	pedir
apetecer	nacer	concebir	pedir
apostar	volar	concluir	recluir
apretar	negar	conducir	reducir
argüir	recluir	confesar	negar
arrecirse	(defectivo)		

conocer	nacer	forzar	volar
consolar	volar	fregar	negar
construir	recluir	freír	reír
contar	volar		
convalecer	nacer	**G**	*modelo*
corregir	pedir	gobernar	negar
costar	volar	gruñir	GRUÑIR
crecer	nacer		

D	*modelo*	**H**	*modelo*
dar	DAR	haber	HABER
decir	DECIR	hacer	HACER
deducir	reducir	herir	divertir
defender	entender	hervir	divertir
demoler	mover	huir	recluir
derretir	pedir		
descender	entender	**I**	*modelo*
descollar	volar	incluir	recluir
desleír	reír	inducir	reducir
desarrollar	volar	influir	recluir
despertar	negar	ingerir	divertir
desterrar	negar	inquirir	INQUIRIR
destruir	recluir	instituir	recluir
digerir	divertir	instruir	recluir
disminuir	recluir	invertir	divertir
disolver	mover	ir	IR
distribuir	recluir		
doler	mover	**J**	*modelo*
dormir	DORMIR	jugar	JUGAR

E	*modelo*	**Ll**	*modelo*
elegir	pedir	llover	(defectivo)
embrutecer	nacer		
empezar	negar	**M**	*modelo*
empobrecer	nacer	manifestar	negar
encender	entender	medir	pedir
encerrar	negar	mentir	divertir
encomendar	negar	merecer	nacer
encontrar	volar	morder	mover
entender	ENTENDER	morir	MORIR
errar	negar	mostrar	volar
escarmentar	negar	mover	MOVER
esforzarse	volar		
establecer	nacer	**N**	*modelo*
estar	ESTAR	negar	NEGAR
excluir	recluir		
extender	entender	**O**	*modelo*

F	*modelo*	obedecer	nacer
florecer	nacer	obstruir	recluir
fluir	recluir	oír	OÍR
		oler	mover

P	modelo
padecer	nacer
parecer	nacer
pensar	negar
perder	entender
permanecer	nacer
poblar	volar
poder	PODER
podrir	PUDRIR
poner	PONER
preferir	divertir
probar	volar
prostituir	recluir

Q	modelo
quebrar	negar
querer	QUERER

R	modelo
recluir	RECLUIR
recomendar	negar
recordar	volar
reducir	REDUCIR
referir	divertir
reforzar	volar
refregar	negar
regar	negar
reír	REIR
remendar	negar
rendir	pedir
renovar	volar
repetir	REPETIR
requerir	divertir
resolver	mover
restituir	recluir
rodar	volar
rogar	volar

S	modelo
saber	SABER
salir	SALIR
satisfacer	hacer

	modelo
seducir	reducir
seguir	pedir
sentarse	negar
sentir	divertir
servir	pedir
soler	(defectivo)
soltar	volar
sonar	volar
soñar	volar
sosegarse	negar
sugerir	divertir

T	modelo
temblar	negar
tender	entender
tener	TENER
tentar	negar
teñir	ceñir
tocar	TOCAR
tostar	volar
traducir	reducir
traer	TRAER
transferir	divertir
transgredir	pedir
trastocar	volar
tropezar	negar

V	modelo
valer	VALER
venir	VENIR
ver	VER
verter	entender
vestir	VESTIR
volar	VOLAR
volcar	volar
volver	mover

Y	modelo
yacer	YACER

Z	modelo
zambullir	mullir

¡ATENCION!:
1. La lista anterior es una selección, no una lista completa de todos los verbos irregulares. En caso de no encontrar un verbo irregular en esta lista, consulte el diccionario.
2. Los compuestos se conjugan como los simples. *Ejemplos:* decir, contradecir, predecir; probar, comprobar, etc.
3. Los verbos escritos con mayúscula son modelos de sí mismos.

Verbos con participio de pasado regular e irregular

abstraer	abstraído	abstracto
afligir	afligido	aflicto
bendecir	bendecido	bendito
circuncidar	circuncidado	circunciso
comprimir	comprimido	compreso
concluir	concluido	concluso
confundir	confundido	confuso
convencer	convencido	convicto
convertir	convertido	converso
corromper	corrompido	corrupto
elegir	elegido	electo
excluir	excluido	excluso
expulsar	expulsado	expulso
injertar	injertado	injerto
maldecir	maldecido	maldito
manumitir	manumitido	manumiso
omitir	omitido	omiso
oprimir	oprimido	opreso
poseer	poseído	poseso
prender	prendido	preso
proveer	proveído	provisto
recluir	recluido	recluso

N.B. La lista anterior no es completa. Hay muchos otros casos de verbos con doble participio de pasado. Tenga también en cuenta que a veces el significado no es el mismo. *Ejemplo: convencido* y *convicto.*

EJERCICIOS:

Instrucciones: En cada frase u oración hay uno o varios errores. Escriba la forma correcta en la línea de abajo.

1. El profesor estaba abstracto en sus pensamientos.

_____

2. La madre estaba muy aflicta por lo ocurrido.

_____

3. Los compresos de azúcar son malos para la salud.

_____

4. Dijo que había concluso mal.

_____

5. Afirmaba que había confuso la materia.

_____

Escriba a continuación de los participios de pasado su significación. Recuerde que puede ser igual o distinta.

1. convencido _____

    convicto _____

2. elegido _____

    electo _____

3. poseído _____

    poseso _____

4. recluido _____

    recluso _____

5. prendido _____

    preso _____

COORDINACIÓN DE FRASES Y ORACIONES

La expresión escrita, como la hablada, no es una mera sucesión de palabras inarticuladas, sino un conjunto lógico de frases y oraciones relacionadas entre sí.

La oración es la unidad básica de sentido completo. Recordemos que para que haya oración tiene que haber por lo menos un verbo. El verbo expresa un enunciado (afirmativo o negativo), una pregunta, un deseo o un mandato.

Toda oración se compone de sujeto y predicado. Sujeto es aquella parte de la que se dice algo. Este decir se llama técnicamente predicar, y a lo que se dice predicado. Predicado es lo que se dice del sujeto.

Las oraciones y frases se organizan en unidades más amplias llamadas párrafos, períodos o cláusulas. Los principales elementos de organización (coordinación y subordinación) son las *preposiciones* y *conjunciones*. El adverbio también puede servir de elemento de coordinación.

USO DE LA PREPOSICIÓN

La preposición se usa para enlazar dos elementos gramaticales, el primero llamado *inicial*, y el segundo, *terminal*. *Ejemplos:* bodas *de* plata; escrito *con* sangre.

La preposición subordina el elemento terminal al inicial. *Ejemplo: vivir para* comer o comer *para* vivir.

Las preposiciones más usadas son: *a, ante, bajo, con, contra, de, desde,* (tiempo y lugar) *entre, hacia, hasta, para, por, según, sin, sobre, tras. So* se usa solamente en las siguientes frases: so pena, so color, so capa, so pretexto.

Advertencia: Tenga en cuenta que una misma preposición puede significar cosas distintas, según la frase en que se encuentre. Por ejemplo, la preposición *a* puede ser complemento directo o indirecto y puede significar dirección, precio, modo etc. *Ejemplos:* vi *a* Pedro; se lo dije *a* él; voy *a* Roma; *a* dos pesos; *a* la marinera. Lo mismo ocurre con las otras preposiciones.

EJERCICIOS:

Instrucciones: Escriba frases y oraciones completas con las siguientes *preposiciones* que son las más usadas.

a _____

con _____

de _____

para _____

por _____

hacia _____

desde _____

entre _____

sobre _____

sin _____

Escriba lo que significa la preposición *de* en las siguientes oraciones. Observe el modelo de las dos primeras líneas.

Significa

1. El dinero *de* mi padre no es mucho.   posesión

2. La música es *de* un compositor cubano.   pertenencia

3. Es el gobernador *de* San Juan. _____

4. El helado era *de* chocolate. _____

5. Sólo salgo *de* noche. _____

Escriba lo que significa la preposición *a* en las siguientes oraciones. (El modelo igual que el de arriba.)

1. Le hablé *al* profesor del asunto. _____

2. Voy de vacaciones *a* California _____

3. Vi *a* Linda en misa de doce. _____

4. Me gusta el arroz *a* la marinera. _____

5. Te espero *a* las once. _____

USO DE LA CONJUNCIÓN

La conjunción se usa para enlazar distintas oraciones en un mismo período o cláusula, aunque las oraciones sean opuestas. *Ejemplos:* Vino *y* me dijo tal *y* tal cosa. Sí, vino, *pero* no me dijo nada de eso. En ambos casos hay enlace, pero en el segundo, el enlace es de oposición.

Las conjuciones originales simples son: *o* (*u* delante de otra *o*), *y* (*e* delante de otra *i*), *pero, mas* (sin acento), *sino, ni, que, si.*

La mayor parte de las conjunciones son compuestos de *que; puesto que, con tal que, aunque, porque, para que, a fin de que, bien que, mal que, por más que, etc.*

Algunas conjunciones funcionan en pares de palabras: *ni, ni; no sólo, sino; o, o; sea, sea; ya, ya*. *Ejemplos: ni esto, ni* lo otro. *Ya* sea esto, *ya* lo otro. *No sólo* por esto, *sino* por lo otro.

Según que el modo de enlace sea de mera coordinación o de subordinación de una oración a otra, las condiciones se llaman coordinativas o subordinativas. Las oraciones coordinadas tienen sentido independiente entre sí; en las subordinadas, el sentido depende de la oración principal. *Ejemplos:* Comió *y* durmió bien. *Aunque* comió bien, durmió mal.

EJERCICIOS:

Instrucciones: Escriba frases u oraciones completas con las siguientes conjunciones. (Siga el modelo de la primera línea.)

o y u: O vienes conmigo o te vas con ella; una cosa u otra.

y: _____

pero: _____

sino: _____

ni, ni: _____

que: _____

si: _____

e: _____

Escriba oraciones completas con las siguientes *conjunciones* compuestas. Tenga muy en cuenta que algunas exigen subjuntivo.

puesto que: _____

con tal que: _____

aunque: _____

para que: _____

a fin de que: _____

por más que: _____

bien que: _____

CONCORDANCIA Y COORDINACIÓN

Dentro de una frase u oración, el artículo, el nombre y el adjetivo concuerdan en género y número. *Ejemplos:* los niños bien educados; la niña bien educada.

Los títulos y tratamientos concuerdan según el sexo de la persona a que se dirigen y siempre van en tercera persona. *Ejemplos: usted es muy generosa,* hablando a una mujer. *Usted es muy generoso,* si nos dirigimos a un hombre. *Su excelencia me ordene.*

El verbo concuerda con el sujeto en número y persona. *Ejemplos:* ellos se acuerdan; tú te acuerdas.

Los colectivos (gente, mayoría, multitud) pueden concordar en plural o en singular, según el sentido. *Ejemplos:* vino mucha gente; la mayoría vinieron a pie. Es preferible el plural, si se especifica la mayoría. *Ejemplo:* la mayoría de los soldados, que asaltaron las defensas, eran jóvenes.

Las disyuntivas con *o* (o esto o lo otro) pueden concordar en singular o en plural, según el sentido. *Ejemplos:* el tiempo o el dinero decidirá el asunto. El uno o el otro acabarán con ella.

EJERCICIOS:

Instrucciones: En cada una de las oraciones siguientes hay uno o varios errores de concordancia. Escriba la forma correcta en la línea de abajo.

1. Las rosas y las violetas están muy escasa.

   _____

2. Cada día aumenta más el paro y la miseria.

   _____

3. Este y tú van y recogen al otro.

   _____

4. Habían muchos hombres esperando en la cola.

   _____

5. No me acuerdo bien si lo contaron ella o él.

   _____

Combine dos de las siguientes oraciones usando las conjunciones *adversativas pero, mas, sino, aunque* etc. o las *causales porque, que, puesto que, pues,* etc.

1. El refrán dice que Dios aprieta. / no ahoga.

   _____

2. El piso es magnífico. / no lo haya alquilado nadie.

   _____

3. No digas mal de los profesores. / te puede causar problemas.

   _____

4. No debe tener mucha fiebre. / anda por ahí sin suficiente ropa.

   _____

Concordancia de los modos y tiempos

Use subjuntivo en la oración subordinada, siempre que el verbo de la principal exprese duda, posibilidad, necesidad, deseo o mandato. *Ejemplos:* dudo que venga; puede que haya otros mejores; es preciso que se presente; te digo que te vayas.

Si ambas oraciones (la principal y la subordinada) están en indicativo, use en la subordinada cualquier tiempo que tenga sentido, menos el pretérito anterior. No tiene sentido decir: *hube dicho* que vendrá. Pero se puede decir: *he dicho* que voy, que iba, que iría, que había ido, etc.

Si el verbo de la oración principal está en indicativo, y el de la subordinada en subjuntivo, hay que atender a los tiempos: (1) si el verbo de la principal esté en *presente o futuro*, use cualquier tiempo de subjuntivo en la subordinada. *Ejemplos:* No creo (o creeré) que venga, viniera, viniese, haya venido, etc. (2) si el verbo de la principal está en *pasado,* use solamente los pasados de subjuntivo. *Ejemplo:* No creí que viniera, viniese, haya venido, hubiera venido.

Concordancias especiales

En las oraciones de relativo (que, quien) se pueden usar estas dos formas de coordinación: Yo soy el que *habló* o yo soy el que *hablé.* Tú eras la que hablaba o tú eras la que hablabas.

Los adverbios pueden servir para coordinar dos oraciones. *Ejemplo:* la casa donde nacimos es inolvidable.

Cuando el verbo de la oración principal y el de la subordinada tienen un mismo sujeto, es decir, son la misma persona, el verbo de la subordinada va en infinitivo y se suprime el *que. Ejemplo:* el miserable no comía para no gastar. Si el sujeto fuera distinto, el verbo iría en subjuntivo. *Ejemplo:* el miserable no comía, para que nosotros no comiésemos tampoco.

La oración principal puede ir delante o detrás de la subordinada. *Ejemplos:* para no gastar, el miserable no comía. El miserable no comía para no gastar. Note la coma en el primer caso.

La oración condicional en indicativo no puede usar el futuro. No se puede decir: si vendrá, ni si habrá venido.

La oración condicional en subjuntivo emplea el imperfecto para el presente y el futuro; y el pluscuamperfecto, para el pasado. *Ejemplos:* si no *parara* de llover, cogeríamos un taxi. Si no *hubiera parado* de llover, nos tendríamos que haber quedado a dormir.

EJERCICIOS:

Instrucciones: En las oraciones siguientes puede haber errores de concordancia entre los distintos modos y tiempos de los verbos de la oración principal y de la subordinada. Si hay error, escriba debajo la oración correcta. Si no hay error, diga por qué es correcto como está. Observe las reglas ya dadas.

1. Quería decir que no todo era malo.

_____

2. Para residir en Estados Unidos es necesario ser nativo.

_____

3. Tengo mis dudas de que él sea de Colombia.

_____

4. A pesar de todo, puede que tenga razón.

_____

5. Ya le hube dicho a usted que vendrá.

_____

6. No me digas eso, hombre, que me daba miedo.

_____

7. Pensaría que yo estaba soñando.

_____

8. Creería que yo estaría en clase.

_____

9. Creí que estaba enamorada, pero fue una ilusión.

_____

10. Qué le vamos a hacer; hemos perdido. Otra vez será.

_____

11. Nunca pensé que pudiera ganar ese equipo.

_____

12. Yo soy el que le dijo a usted eso.

_____

13. Soy yo el que se lo dije.

_____

14. ¿Eres tú la que llamaste anoche por teléfono?

_____

15. ¿Eres tú la que llamó?

_____

16. Pensé que me volvía loco.

_____

17. Pensé volverme loco.

_____

18. Pensé que me volviese loco.

_____

19. Para no comer, no compraba nada.

_____

ORDEN LÓGICO Y GRAMATICAL

El orden lógico y gramatical representa el grado más avanzado y, por lo tanto, el más importante de la expresión escrita. Comenzamos deletreando en la *ortografía,* que es como balbucear en la expresión oral; luego, aprendemos palabras sueltas, sus formas y funciones en la *morfología;* avanzamos en el desarrollo en la *sintaxis,* construyendo y coordinando frases y oraciones para formar cláusulas y períodos. Hemos llegado al final: la expresión escrita completa, en una exposición lógica, clara y apropiada.

ANÁLISIS LÓGICO

En el orden lógico y gramatical entran, además de todos los elementos anteriores (desde la coma a la sintaxis) otros factores más difíciles de precisar, como son el estilo y la propiedad de la expresión.

Ante todo, en un pasaje escrito, lo que hay que buscar es *la idea principal,* llamada también tema o idea central. Generalmente esta suele colocarse al principio de la composición. Pero puede encontrarse también en el medio o al final. Cuando se encuentra al final, puede actuar como conclusión o moraleja.

Una vez encontrada la idea principal, el segundo paso es buscar *las ideas secundarias,* para ver la relación que tienen con la principal. ¿La refuerzan y precisan o la confunden y debilitan? La relación de unas ideas con otras es lo que se entiende por lógica u orden lógico. El orden lógico se construye a base de un razonamiento apropiado.

En la lengua escrita, el razonamiento suele estar con frecuencia expresado por los elementos gramaticales que enlazan unas oraciones con otras. Los más frecuentes e importantes son las conjunciones *(puesto que, así que, como que, porque, así como)* pues expresan las relaciones de causa, finalidad, condición, analogía, etc.

Es, por lo tanto, importante examinar, en el pasaje escrito, las palabras de enlace o transición entre unas oraciones y otras.

Además de las conjunciones, cumplen también funciones de ordern lógico y gramatical, las preposiciones, los adverbios y los pronombres posesivos y relativos. Por ejemplo, en la frase "La casa quedó completamente destruida. Sus muros reducidos a escombros," el posesivo "sus" sirve de enlace entre las dos oraciones.

En relación con la propiedad de expresión, es finalmente importante atender a *la sucesión de los hechos* o desarrollo progresivo de la idea principal. ¿Están las frases secundarias en su lugar? Hay formas de empezar y de terminar. No se puede empezar diciendo "finalmente" o "además," porque estas palabras suponen que ya se ha dicho algo antes.

En resumen, el orden lógico y gramatical se compone de tres elementos básicos: (1) una idea principal que sirve de guía o tema al argumento de la composición: (2) varias ideas secundarias que desarrollan o ilustran la idea principal; y (3) una serie o sucesión de esos elementos que va desde el principio al fin en una forma ordenada o graduada.

Ocho consejos prácticos

Primero: ante todo, *lea* el pasaje completo que haya escrito.

Segundo: *subraye* la idea principal o idea dominante. ¿De qué se trata?

Tercero: *busque* las ideas secundarias que sirven de soporte o apoyo a la idea principal.

Cuarto: *compruebe* si el orden de sucesión (la secuencia) de los hechos es lógico, es decir, si tiene sentido.

Quinto: *omita* las frases que sean irrelevantes, es decir, supérfluas, impertinentes, repetitivas o redundantes, en relación con la idea principal.

Sexto: *añada* frase o palabras a fin de mejorar el orden lógico o gramatical.

Séptimo: *identifique* los elementos de enlace o transición entre las distintas oraciones.

Octavo: *cambie* el orden o lugar de las frases y oraciones, si fuese necesario, a fin de mejorar las relaciones de unas frases con otras o las del conjunto de la composición.

El procedimiento de análisis de una lectura es el mismo que el de su composición.

Tres observaciones finales

Primero: el estilo es apropiado cuando corresponde a la persona que habla, a la situación en que se expresa y a las personas a que se dirige lo escrito. "¿Que hay, macho?" no es la manera más adecuada de dirigirse al Rey. "Chao, mi viejo," no es la forma de despedirse del Papa. Por lo tanto, *cuidado con la lengua coloquial.*

Segundo: el fenómeno contrario es igualmente peligroso: usar palabras altisonantes y difíciles, que no vienen a propósito de lo que se dice, sobre todo cuando no se sabe con seguridad lo que significan. El estilo apropiado es el estilo adecuado; el estilo adecuado es el que está de acuerdo o a tono con el tema del escrito, la condición del que escribe y la del que se supone será su lector.

Tercero: hay un estrecho lazo entre el orden lógico y el orden gramatical. La gramática es una especie de introducción a la lógica. La lógica de la expresión escrita es universal: lo mismo vale para una receta de cocina que para un soneto amoroso o místico.

PRUEBAS DE PRÁCTICA — EXPRESIÓN ESCRITA

INSTRUCCIONES — EXPRESIÓN ESCRITA

En este apartado del texto ofrecemos al alumno ejercicios de práctica, según el modelo del GED, a tres niveles, de menor a mayor dificultad.

El formato y la mecánica de estas pruebas o exámenes son los mismos que los del examen diagnóstico, sólo que aquí seguimos el mismo orden que en el libro de texto, a fin de que sirvan de preparación y de repaso:

- Ortografía
- Puntuación y letras mayúsculas
- Formas y usos gramaticales
- Coordinación de frases y oraciones
- Orden lógico y gramatical

Las tres pruebas constan de las cinco secciones arriba nombradas, con un total de 40 preguntas cada una: la mitad justamente de las que tiene la prueba que administra el Estado oficialmente.

Cada pregunta va acompañada de una respuesta múltiple con cinco alternativas posibles numeradas del 1 al 5.

Marque las respuestas a las preguntas de esta prueba rellenando el número correspondiente en la hoja de repuestas. Las respuestas explicadas a las tres pruebas de práctica están en la página 165.

Ejemplo:
Identifique el error de ortografía.
(1) abrazar
(2) abrasar
(3) automóbil
(4) vehículo
(5) sin error

La respuesta correcta es el número 3

Rellene un solo espacio para cada pregunta. Si se equivoca y desea cambiar la respuesta, ponga una X sobre el número marcado erróneamente y rellene el nuevo número que escoja. Lea las instrucciones al inicio de cada sección.

El examen dura aproximadamente *media hora*. Administre bien el tiempo. No se demore demasiado en ninguna respuesta.

HOJA DE RESPUESTAS: PRUEBAS DE PRÁCTICA — EXPRESIÓN ESCRITA

Prueba I: Nivel Elemental

1. ① ② ③ ④ ⑤   9. ① ② ③ ④ ⑤   17. ① ② ③ ④ ⑤   25. ① ② ③ ④ ⑤   33. ① ② ③ ④ ⑤
2. ① ② ③ ④ ⑤   10. ① ② ③ ④ ⑤   18. ① ② ③ ④ ⑤   26. ① ② ③ ④ ⑤   34. ① ② ③ ④ ⑤
3. ① ② ③ ④ ⑤   11. ① ② ③ ④ ⑤   19. ① ② ③ ④ ⑤   27. ① ② ③ ④ ⑤   35. ① ② ③ ④ ⑤
4. ① ② ③ ④ ⑤   12. ① ② ③ ④ ⑤   20. ① ② ③ ④ ⑤   28. ① ② ③ ④ ⑤   36. ① ② ③ ④ ⑤
5. ① ② ③ ④ ⑤   13. ① ② ③ ④ ⑤   21. ① ② ③ ④ ⑤   29. ① ② ③ ④ ⑤   37. ① ② ③ ④ ⑤
6. ① ② ③ ④ ⑤   14. ① ② ③ ④ ⑤   22. ① ② ③ ④ ⑤   30. ① ② ③ ④ ⑤   38. ① ② ③ ④ ⑤
7. ① ② ③ ④ ⑤   15. ① ② ③ ④ ⑤   23. ① ② ③ ④ ⑤   31. ① ② ③ ④ ⑤   39. ① ② ③ ④ ⑤
8. ① ② ③ ④ ⑤   16. ① ② ③ ④ ⑤   24. ① ② ③ ④ ⑤   32. ① ② ③ ④ ⑤   40. ① ② ③ ④ ⑤

Prueba II: Nivel Intermedio

1. ① ② ③ ④ ⑤   9. ① ② ③ ④ ⑤   17. ① ② ③ ④ ⑤   25. ① ② ③ ④ ⑤   33. ① ② ③ ④ ⑤
2. ① ② ③ ④ ⑤   10. ① ② ③ ④ ⑤   18. ① ② ③ ④ ⑤   26. ① ② ③ ④ ⑤   34. ① ② ③ ④ ⑤
3. ① ② ③ ④ ⑤   11. ① ② ③ ④ ⑤   19. ① ② ③ ④ ⑤   27. ① ② ③ ④ ⑤   35. ① ② ③ ④ ⑤
4. ① ② ③ ④ ⑤   12. ① ② ③ ④ ⑤   20. ① ② ③ ④ ⑤   28. ① ② ③ ④ ⑤   36. ① ② ③ ④ ⑤
5. ① ② ③ ④ ⑤   13. ① ② ③ ④ ⑤   21. ① ② ③ ④ ⑤   29. ① ② ③ ④ ⑤   37. ① ② ③ ④ ⑤
6. ① ② ③ ④ ⑤   14. ① ② ③ ④ ⑤   22. ① ② ③ ④ ⑤   30. ① ② ③ ④ ⑤   38. ① ② ③ ④ ⑤
7. ① ② ③ ④ ⑤   15. ① ② ③ ④ ⑤   23. ① ② ③ ④ ⑤   31. ① ② ③ ④ ⑤   39. ① ② ③ ④ ⑤
8. ① ② ③ ④ ⑤   16. ① ② ③ ④ ⑤   24. ① ② ③ ④ ⑤   32. ① ② ③ ④ ⑤   40. ① ② ③ ④ ⑤

Prueba III: Nivel Avanzado

1. ① ② ③ ④ ⑤   9. ① ② ③ ④ ⑤   17. ① ② ③ ④ ⑤   25. ① ② ③ ④ ⑤   33. ① ② ③ ④ ⑤
2. ① ② ③ ④ ⑤   10. ① ② ③ ④ ⑤   18. ① ② ③ ④ ⑤   26. ① ② ③ ④ ⑤   34. ① ② ③ ④ ⑤
3. ① ② ③ ④ ⑤   11. ① ② ③ ④ ⑤   19. ① ② ③ ④ ⑤   27. ① ② ③ ④ ⑤   35. ① ② ③ ④ ⑤
4. ① ② ③ ④ ⑤   12. ① ② ③ ④ ⑤   20. ① ② ③ ④ ⑤   28. ① ② ③ ④ ⑤   36. ① ② ③ ④ ⑤
5. ① ② ③ ④ ⑤   13. ① ② ③ ④ ⑤   21. ① ② ③ ④ ⑤   29. ① ② ③ ④ ⑤   37. ① ② ③ ④ ⑤
6. ① ② ③ ④ ⑤   14. ① ② ③ ④ ⑤   22. ① ② ③ ④ ⑤   30. ① ② ③ ④ ⑤   38. ① ② ③ ④ ⑤
7. ① ② ③ ④ ⑤   15. ① ② ③ ④ ⑤   23. ① ② ③ ④ ⑤   31. ① ② ③ ④ ⑤   39. ① ② ③ ④ ⑤
8. ① ② ③ ④ ⑤   16. ① ② ③ ④ ⑤   24. ① ② ③ ④ ⑤   32. ① ② ③ ④ ⑤   40. ① ② ③ ④ ⑤

PRUEBA I: NIVEL ELEMENTAL

Sección I: Ortografía

Instrucciones: Una de las cinco palabras en cada grupo contiene un error de ortografía. Elija el número que corresponde a la palabra incorrecta y márquelo en la hoja de respuestas.

1. (1) abstemio
   (2) abyecto
   (3) ávido
   (4) varón
   (5) govierno

2. (1) bota
   (2) revelar
   (3) revelión
   (4) vatio
   (5) vals

3. (1) ciego
   (2) esema
   (3) caza

   (4) sidra
   (5) cedro

4. (1) caja
   (2) cemento
   (3) brasas
   (4) brazas
   (5) calsetín

5. (1) herejía
   (2) garage
   (3) jente
   (4) gira
   (5) guerra

Sección II: Puntuación y letras mayúsculas

Instrucciones: Cada oración tiene un error o ninguno, según lo indican las palabras o lugares señalados con un número. Escoja el número donde está el error y márquelo en la hoja de respuestas. Si no hay error, marque el 5.

6. Dijo que venía a despedirse __ pero se quedó
   <u>1</u> <u>2</u> <u>3</u> <u>4</u>
   toda la noche. Sin error.
   <u>5</u>

7. Gracias __ que la casa era grande y con muchas
   <u>1</u> <u>2</u> <u>3</u>
   camas ... Sin error.
   <u>4</u> <u>5</u>

8. Sí, don Pedro es buen amigo de casa, pero. Sin
   <u>1</u> <u>2</u> <u>3</u> <u>4</u>
   error.
   <u>5</u>

9. La enfermera le puso un unguento maravilloso.
   <u>1</u> <u>2</u> <u>3</u> <u>4</u>
   Sin error.
   <u>5</u>

10. La verdad, sin embargo __ es que todo está más
    <u>1</u> <u>2</u> <u>3</u> <u>4</u>
    caro en Miami. Sin error.
    <u>5</u>

11. No sé si fue en febrero o Marzo cuando volvimos
    <u>1</u> <u>2</u> <u>3</u>
    a la escuela. Sin error.
    <u>4</u> <u>5</u>

12. La <u>chamaca</u> le dijo <u> </u> <u>mi viejo</u>, <u>estate</u> quieto.
    ₁ ₂ ₃ ₄
    <u>Sin error.</u>
    ₅

13. <u>¿Qué pasa?</u> <u>¡Qué horror!</u> <u>¿Quién, yo?</u> <u>Sin error.</u>
    ₁ ₂ ₃ ₄ ₅

14. La Universidad de Nueva <u>York</u> es la <u>mejor</u> del
    ₁ ₂ ₃
    <u>Mundo.</u> <u>Sin error.</u>
    ₄ ₅

Sección III: Formas y usos gramaticales

Instrucciones: En cada una de las oraciones siguientes hay cuatro partes subrayadas, de las cuales una puede tener un error gramatical, que puede ser el acento. Identifique el error, si lo hay, y márquelo en la hoja de respuestas. Si no hay error, marque el número 5.

15. El plural <u>del</u> <u>avestruz</u> es <u>las</u> <u>avestruces.</u> <u>Sin error.</u>
    ₁ ₂ ₃ ₄ ₅

16. En mi calle no <u>hay</u> más que un <u>café,</u> pero en
    ₁ ₂ ₃
    Nueva York hay muchos <u>cafees.</u> <u>Sin error.</u>
    ₄ ₅

17. Cuando <u>estoy</u> <u>con ti</u> estoy <u>más</u> a gusto <u>que con</u>
    ₁ ₂ ₃ ₄
    nadie. <u>Sin error.</u>
    ₅

18. Eso será mejor <u>para ti,</u> pero <u>para</u> <u>mi</u> es <u>lo mismo.</u>
    ₁ ₂ ₃ ₄
    <u>Sin error.</u>
    ₅

19. Se <u>peinaba a sí</u> mismo <u>como unas</u> diez <u>veces</u> <u>al</u>
    ₁ ₂ ₃ ₄
    día. <u>Sin error.</u>
    ₅

20. El chico y <u>las dos</u> amigas <u>eran</u> <u>buenas</u> estudiantes.
    ₁ ₂ ₃ ₄
    <u>Sin error.</u>
    ₅

21. La <u>Blanca</u> <u>Casa</u> es la <u>residencia</u> del <u>Presidente.</u>
    ₁ ₂ ₃ ₄
    <u>Sin error.</u>
    ₅

22. Si yo no <u>cabo</u> en <u>este</u> sitio <u>usted</u> tampoco <u>cupo.</u>
    ₁ ₂ ₃ ₄
    <u>Sin error.</u>
    ₅

23. <u>Si yo andé,</u> <u>tú</u> también <u>andaste.</u> <u>Sin error.</u>
    ₁ ₂ ₃ ₄ ₅

24. El se <u>riyó</u> de <u>mí</u> como si <u>fuera</u> un tonto. <u>Sin error.</u>
    ₁ ₂ ₃ ₄ ₅

25. <u>Haz</u> lo que te <u>digo</u> y no te <u>aflijirán</u> más. <u>Sin error.</u>
    ₁ ₂ ₃ ₄ ₅

26. <u>Los Estados Unidos</u> <u>declaran</u> la <u>independencia</u> <u>en</u>
    ₁ ₂ ₃ ₄
    1776. <u>Sin error.</u>
    ₅

27. El alcalde de <u>este</u> municipio <u>llega</u> mañana a <u>las</u>
    ₁ ₂ ₃ ₄
    tres. <u>Sin error.</u>
    ₅

28. Cuando la <u>encontré,</u> <u>estuvo</u> <u>estudiando.</u> <u>Sin error.</u>
    ₁ ₂ ₃ ₄ ₅

29. Ahora <u>serán</u> las <u>diez.</u> El partido <u>será</u> a las <u>dos.</u>
    ₁ ₂ ₃ ₄
    <u>Sin error.</u>
    ₅

30. Si <u>ganara</u> <u>su</u> equipo, <u>perdiera</u> el <u>nuestro.</u> <u>Sin error.</u>
    ₁ ₂ ₃ ₄ ₅

31. El <u>mucho hablando</u> es <u>siempre</u> malo <u>para ti.</u> <u>Sin</u>
    ₁ ₂ ₃ ₄ ₅
    error.

32. A que no <u>sabéis</u> <u>por qué</u> <u>se</u> <u>preocupa</u> tanto. <u>Sin</u>
    ₁ ₂ ₃ ₄ ₅
    error.

Sección IV: Coordinación de frases y oraciones

Instrucciones: En esta sección cada ejercicio tiene dos oraciones numeradas I y II. La prueba consiste en escoger *una* de las palabras o frases numeradas del 1 al 5 que mejor *coordine las oraciones I y II*. Marque el número de la palabra elegida rellenando el número correspondiente en la hoja de respuestas.

33. I. La calidad del trabajo es pésima.
    II. No es posible competir con otros países.
    (1) sin embargo
    (2) sino
    (3) por eso
    (4) por
    (5) de

34. I. Aunque sea así.
    II. Se explica satisfactoriamente.
    (1) contra
    (2) no
    (3) entre
    (4) desde
    (5) y

35. I. Eso no se oye.
    II. Acabó la guerra del Vietnam.
    (1) desde que
    (2) para
    (3) por
    (4) o
    (5) sino que

36. I. La vida está cara.
    II. Las estadísticas dicen lo contrario.
    (1) más
    (2) aunque
    (3) hasta
    (4) en cuanto
    (5) así

Sección V: Orden lógico y gramatical

Instrucciones: Esta sección consta de cuatro preguntas, cada una de las cuales tiene cinco frases u oraciones que usted debe ordenar en el mejor *orden lógico y gramatical*, eligiendo una de las alternativas numeradas del 1 al 5. Marque la alternativa preferida en la hoja de respuestas.

37.
    I. Pero yo conocí a un amigo que podía comerse diez hamburguesas, y estaba perfectamente sano.
    II. Pues la verdad es que no lo creo.
    III. Dicen los románticos que hay quien enferma de amor.
    IV. Sólo se puede enfermar de no comer.
    V. Aunque también hay quien afirma lo contrario.
    (1) V, IV, III, II, I
    (2) I, V, II, IV, III
    (3) II, III, I, V, IV
    (4) III, II, IV, V, I
    (5) I, II, III, IV, V

38.
    I. Han declarado hoy lo mismo.
    II. Llevan a la conclusión.
    III. Que ganarán los Yankees.
    IV. Fuentes muy allegadas a la cadena dos.
    V. Todos los indicios que nosotros tenemos.
    (1) I, II, IV, III, V
    (2) V, IV, III, II, I
    (3) V, II, III, IV, I
    (4) I, V, IV, III, II
    (5) III, I, II, IV, V

39.
    I. Tendrán que ganar cuatro plazas.
    II. Cargadas de intensa emoción.
    III. En previas eliminaciones.

IV. Para la fase final.

V. Estos diez equipos.

(1) IV, V, I, III, II

(2) I, III, IV, II, V

(3) I, II, III, IV, V

(4) IV, II, III, I, V

(5) V, I, II, III, IV

40. I. Los más famosos atletas del mundo.

II. En el que han participado.

III. Ha sido el Maratón.

IV. De este gran año de los deportes.

V. Uno de los eventos más importantes.

(1) V, IV, III, II, I

(2) I, II, III, IV, V

(3) I, III, II, IV, V

(4) IV, III, I, II, V

(5) I, V, II, IV, III

FIN DE LA PRUEBA I
SI TERMINA ANTES DE QUE SE LE AVISE, REPASE
SUS CONTESTACIONES EN LAS CINCO SECCIONES

PRUEBA II: NIVEL INTERMEDIO

Sección I: Ortografía

Instrucciones: Una de las cinco palabras en cada grupo contiene un error de ortografía. Elija el número que corresponde a la palabra incorrecta y márquelo en la hoja de respuestas.

1. (1) jamón
   (2) jauja
   (3) jacha
   (4) jabalina
   (5) jíbaro

2. (1) abilidad
   (2) abuelo
   (3) arpa
   (4) huérfano
   (5) oler

3. (1) mi
   (2) mí
   (3) mas

   (4) más
   (5) ruína

4. (1) expiar
   (2) espiar
   (3) paragüas
   (4) subrayar
   (5) baúl

5. (1) estais
   (2) continúa
   (3) huid
   (4) lejía
   (5) maíz

Sección II: Puntuación y letras mayúsculas

Instrucciones: Cada oración tiene un error o ninguno, según lo indican las palabras o lugares señalados con un número. Escoja el número donde está el error y márquelo en la hoja de respuestas.

6. Comenzó la carta así: "Muy señor mío, Sin
   1   2   3   4   5
   error.

7. Digo __ finalmente, que esto es un abuso. Sin
   1   2   3   4   5
   error.

8. Este compañero, que fue el último, ahora sale
   1   2   3   4
   el primero. Sin error.
   5

9. ¿Hasta cuando va a durar esto, madre mía! Sin
   1   2   3   4   5
   error.

10. La cigueña sirve de símbolo __ para explicar __
    1   2   3

    el nacimiento a los pequeños. Sin error.
    4   5

11. La Química y la Física son ciencias exactas; pero
    1   2   3
    la economía no lo es. Sin error.
    4   5

12. La carta terminaba así: "De usted atentamente:"
    1   2   3
    Fulano de Tal. Sin error.
    4   5

13. He dicho __ que eran dos, Juan y su hermana
    1   2   3
    Inés. Sin error.
    4   5

14. ¿Cuándo llegaste?. Preguntó el muy bobo. Sin
    1   2   3   4   5
    error.

Sección III: Formas y usos gramaticales

Instrucciones: En cada una de las oraciones siguientes hay cuatro partes subrayadas, de las cuales una puede tener un error gramatical, que puede ser el acento. Identifique el error si lo hay y márquelo en la hoja de respuestas. Si no hay error, marque el número 5.

15. ¿No tienes nada que darme a mi? Sin error.
    1   2   3   4   5

16. Te aseguro que a mí me gusta tanto como a ti.
    1   2   3   4
    Sin error.
    5

17. En le diciendo esto, echó a correr con ella. Sin
    1   2   3   4   5
    error.

18. De repente, el bueno hombre se puso malo de
    1   2   3   4
    gravedad. Sin error.
              5

19. Nieve Blanca es una figura de ficción. Sin error.
    1   2   3   4   5

20. Uno millón de hombres y dos, de mujeres. Sin
    1   2   3   4   5
    error.

21. La alcancé y la dije: vuélvete, ¿estás loca? Sin
    1   2 3   4   5
    error.

22. Si yo parto y tú partes, nosotros partemos. Sin
    1   2   3   4   5
    error.

23. Pronúncialo tú primero; luego, que pronúncielo
    1   2   3
    él. Sin error.
    4   5

24. De tanto fumando se le secó la lengua. Sin error.
    1   2   3 4   5

25. Hablaba con ella altamente y dislocadamente. Sin
    1   2   3   4   5
    error.

26. Declaró a presencia del juez por dos horas. Sin
    1   2   3   4   5
    error.

27. Dentro de lo que cabía, no pudo estar mejor. Sin
    1   2   3   4   5
    error.

28. Andó toda la noche conmigo, pero no pasó nada.
    1   2   3   4
    Sin error.
    5

29. Lo mismo da decir preveido que previsto. Sin
    1   2   3   4   5
    error.

30. Se puede decir y escribir proveido y provisto. Sin
    1   2   3   4   5
    error.

31. Abstracto y abstraído son participios de abstraer.
    1   2   3   4
    Sin error.
    5

32. Aunque el participio de decir es dicho, el de
    1   2
    predecir es predecido. Sin error.
    3   4   5

Sección IV: Coordinación de frases y oraciones

Instrucciones: En esta sección cada ejercicio tiene dos oraciones, numeradas I y II. La prueba consiste en escoger *una* de las palabras o frases, numeradas del 1 al 5, que mejor *coordine las oraciones I y II.* Marque el número de la palabra elegida rellenando el número correspondiente en la hoja de respuestas.

33. I. La condición de la mujer es inferior a la del hombre.
    II. Prejuicios de siglos.
    (1) hasta
    (2) sin
    (3) con
    (4) por
    (5) para

34. I. No importa lo que traiga.
    II. Venga a tiempo.
    (1) con tal que
    (2) después de
    (3) por culpa de
    (4) a pesar de
    (5) de

35. I. Es un caprichito de la niña
    II. No se puede discutir.
    (1) de la
    (2) arriba de
    (3) abajo de
    (4) encima de
    (5) con la que

36. I. El capítulo catorce del libro no sirve.
    II. Es el mejor de todos.
    (1) por
    (2) apenas
    (3) más
    (4) a
    (5) aunque

Sección V: Orden lógico y gramatical

Instrucciones: Esta sección consta de cuatro preguntas. Las preguntas son distintas para cada ejercicio. Lea con cuidado la pregunta y conteste marcando el número correspondiente en la hoja de respuestas.

37. ¿En qué orden se deben poner las frases que siguen para que tengan el mejor sentido posible?
    I. Un especialista de oído dijo.
    II. Para hacer nuevos experimentos.
    III. Los astronaustas aprovecharon el día extra.
    IV. Que los resultados forzarían a los médicos.
    V. A reescribir sus textos.
    (1) V, IV, III, II, I
    (2) III, II, I, IV, V
    (3) I, II, III, IV, V
    (4) I, III, II, IV, V
    (5) V, III, IV, II, I

38. Tenía una nevera en el garaje y la comida desaparecía con frecuencia como por encanto. Entonces, en vez de denunciar el hecho a la policía, empezó a decir que era una fantasma. ¿Quién es el protagonista de esta historia?

    (1) una mujer
    (2) un hombre
    (3) una fantasma
    (4) la policía
    (5) ninguno de los anteriores

39. Comenzó el desfile militar con la infantería de marina. Después, seguían los carros de combate y otras unidades motorizadas. Cada cuerpo iba precedido por *varios jugadores*. Esto era lo más divertido; pero lo más impresionante era el paso de los cazabombarderos volando casi a ras de los tejados.

La frase *varios jugadores* es
(1) la idea principal
(2) una idea secundaria
(3) ilógica
(4) inapropiada
(5) una frase feliz

40. (I) Tan difícil es elegir cuando todo es bueno como cuando todo es malo. (II) Lo malo es cuando va uno a comprar un carro. (III) Hay carros de todas clases y precios. (IV) Qué lío. (V) Si todos fueran iguales, no habría problemas.

El autor de este párrafo se contradice en frases
(1) I y II
(2) I y III
(3) I y V
(4) IV y V
(5) III y IV

FIN DE LA PRUEBA II
SI TERMINA ANTES DE QUE SE LE AVISE, REPASE
SUS CONTESTACIONES EN LAS CINCO SECCIONES

PRUEBA III: NIVEL AVANZADO

Sección I: Ortografía

Instrucciones: Una de las cinco palabras de cada grupo contiene un error de ortografía. Elija el número que corresponde a la palabra incorrecta y márquelo en la hoja de respuestas.

1. (1) hermita
   (2) huelo
   (3) huelas
   (4) asta
   (5) hasta

2. (1) haya
   (2) halla
   (3) llanta
   (4) llegua
   (5) llega

3. (1) estéis
   (2) país
   (3) países

    (4) huír
    (5) freir

4. (1) sonreír
   (2) concluír
   (3) oír
   (4) constituir
   (5) combatir

5. (1) jesuita
   (2) huido
   (3) fluido
   (4) casuistico
   (5) prohíbe

Sección II: Puntuación y letras mayúsculas

Instrucciones: Cada oración tiene un error o ninguno. según lo que indican las palabras o lugares señalados con un número. Escoja el número donde está el error y márquelo en la hoja de respuestas.

6. no me siento muy bien de salud; pero no importa.
   <u> </u> <u> </u> <u> </u> <u> </u>
   1 2 3 4
   Sin error.
   5

7. Lo recibieron cinco estudiantes de Derecho y el
   1 2 3
   profesor. Sin error.
   4 5

8. Querido Papá: Te escribo para pedirte dinero.
   1 2 3 4
   Sin error.
   5

9. Por favor, maría, no se olvide de eso. Sin error.
   1 2 3 4 5

10. Sobre el volcán nevado apareció el Planeta Venus.
    1 2 3 4
    Sin error.
    5

11. El Niño de Jesús de Praga es una imagen Católica.
    1 2 3 4
    Sin error.
    5

12. El título era: La novela mexicana contemporá-
    1 2 3 4
    nea. Sin error.
    5

13. Estuvieron presentes el alcalde, el Ministro y el
    1 2 3
    Senador. Sin error.
    4 5

14. Pío XIII y Juan 23 fueron ambos papas. Sin error.
    1 2 3 4 5

Sección III: Formas y usos gramaticales

Instrucciones: En cada una de las oraciones siguientes hay cuatro partes subrayadas de las cuales una puede tener un error gramatical, que puede ser el acento. Identifique el error, si lo hay en la hoja de respuestas. Si no hay error, marque el número 5.

15. Déle a Juan lo que le corresponde. Sin error.
    1   2   3   4   5

16. Mi hermana y yo vivo con mi abuela. Sin error.
    1   2 3   4   5

17. La profesora nos ordenó que escribimos con tinta.
    1   2   3   4
    Sin error.
    5

18. No es necesario que vuelvas hasta las dos. Sin
    1   2   3   4   5
    error.

19. La clima de Miami es tropical. Sin error.
    1   2   3   4   5

20. Si a ti te gusta esa novela, a mí me gusta esta.
    1   2   3   4
    Sin error.
    5

21. ¿Qué le dijistes que se puso tan pálido? Sin error.
    1   2   3   4   5

22. Era una mujer de un talento y gracia extraordina-
    1   2   3   4
    rio. Sin error.
    5

23. Por su valor e inteligencia se hizo el más famosí-
    1   2   3   4
    simo. Sin error.
    5

24. En Física es el más mejor de la clase. Sin error.
    1 2   3   4   5

25. Rechazó las propuestas por parecerles demasiado
    1   2   3
    arriesgadas. Sin error.
    4   5

26. El pueblo no tenía más que veintiunas cases. Sin
    1   2   3   4   5
    error.

27. Me satisfacío mucho la lección de la maestra. Sin
    1 2   3   4   5
    error.

28. Habían muchos hombres en la plaza esperando.
    1   2   3   4
    Sin error.
    5

29. Ni es mía, ni tuya, sino de nosotros. Sin error.
    1   2   3   4   5

30. Perdí mí cabeza y le di un golpe. Sin error.
    1   2   3 4   5

31. La historia termina así: "Vivieron felices y comie-
    1   2   3   4
    ron perdices." Sin error.
    5

32. ¿Eres tú la que habló? Eres tú la que hablaste?
    1   2   3   4
    Sin error.
    5

Sección IV: Coordinación de frases y oraciones

Instrucciones: En cada ejercicio hay dos frases u oraciones marcadas I y II. Elija la palabra o palabras que mejor las coordinen, marcando el número correspondiente en la hoja de respuestas.

33. I. No es fácil olvidar la casa.
    II. Nacimos y nos criamos.
    (1) que
    (2) a la cual

    (3) donde
    (4) para la
    (5) por donde

34. I. Se oía una voz.
     II. Cantaba con timbre metálico.

     (l) quien
     (2) la que
     (3) en la que
     (4) que
     (5) cuya

35. I. Lo que acabas de decir no influye.
     II. Decíamos ayer.

     (l) en que
     (2) como

(3) en lo que
(4) porque
(5) mas

36. I. Los rascacielos sobresalían.
     II. Los otros edificios de la ciudad.

     (l) por encima
     (2) por debajo
     (3) delante
     (4) por entre
     (5) detrás

Sección V: Orden lógico y gramatical

Instrucciones: Esta sección consta de cuatro ejercicios. En cada ejercicio la pregunta es distinta. Conteste a lo que se le pide. Marque la respuesta en la hoja de respuestas.

37. ¿En qué orden se deben poner las oraciones que siguen para que tengan el mejor sentido posible? Recuerde que el orden debe ser integral: *todas* las oraciones deben estar coordinadas entre sí.

     I. Tal fue su patriotismo.
     II. Para llegar por la mañana a la parada militar.
     III. Algunos incluso pasaron toda la noche en el tren.
     IV. Vinieron miles de personas.
     V. El día de la Independencia hubo una gran fiesta.

     (1) I, V, II, IV, III
     (2) V, IV, III, II, I
     (3) I, III, II, V, IV
     (4) I, II, III, IV, V
     (5) I, V, III, II, IV

38. En el párrafo anterior (n°37) *la idea principal* es:

     (1) el patriotismo
     (2) la parada militar
     (3) una gran fiesta
     (4) el día de la Hispanidad
     (5) el día de la Independencia

39. Combine las siguientes oraciones en un orden gramatical y lógico que sea correcto. Elija una de las cinco posibilidades que se le ofren (del 1 al 5) y marque la respuesta en la hoja de respuestas.

     I. Si todos fuéramos ricos.
     II. El mundo estaría arreglado.
     III. Debo ester soñando.
     IV. No habría disgustos de familia, ni guerras.
     V. La verdad es que no todos podemos ser ricos.

     (1) V, IV, III, II, I
     (2) I, II, III, IV, V
     (3) II, III, V, I, IV
     (4) V, I, III, II, IV
     (5) I, II, IV, V, III

40. En el párrafo anterior (n°39) *la conclusión* es que

     (1) todos seamos ricos
     (2) todos seamos pobres
     (3) no hay solución para la pobreza
     (4) la familia es un problema
     (5) el autor soñaba despierto

**FIN DE LA PRUEBA III
SI TERMINA ANTES DE QUE SE LE AVISE, REPASE SUS
CONTESTACIONES EN LAS CINCO SECCIONES**

RESPUESTAS EXPLICADAS A LAS PRUEBAS DE PRÁCTICA

Prueba I: Nivel elemental

Sección I. Ortografía

1. **(5)** *gobierno.* El error se debe con toda probabilidad al influjo del inglés "government."
2. **(3)** *rebelión.* Del verbo *rebelar* o *rebelarse.* El error se debe a la falsa asociación con *revelar* y *revelarse.*
3. **(2)** *eczema.* Con frecuencia escribimos como pronunciamos. La pronunciación más común de *eczema* = *esema.*
4. **(5)** *calcetín.* Lo mismo que en el caso anterior. La pronunciación más común en América de *calcetín* = *calsetín.*
5. **(3)** *gente.* Es difícil distinguir el sonido de la *ge* del de la *jota* delante de *e, i.* Sólo la práctica nos puede ayudar.

Sección II. Puntuación y letras mayúsculas

6. **(3)** *despedirse.* La coma es necesaria delante de *pero.*
7. **(4)** *camas.* Sobran los puntos suspensivos. La frase está completa y acabada.
8. **(4)** *pero...* Faltan los puntos suspensivos. El sentido de la frase queda incompleto y se quiere expresar duda.
9. **(4)** *ungüento.* La diéresis es necesaria para que suene la *u* después de *g* y delante de *e.*
10. **(2)** *sin embargo.* Falta la segunda coma. Las partículas intercaladas, como el apóstrofe, se escriben con dos comas.
11. **(3)** *marzo.* Los nombres de los meses se escriben todos con minúscula.
12. **(2)** *le dijo:* se escriben dos puntos antes de expresar la frase en estilo directo.
13. **(5)** Los signos de interrogación y admiración son correctos: van detrás y delante de la frase.
14. **(4)** *mundo. Mundo* es nombre común, no propio.

Sección III: Formas y usos gramaticales

15. **(3)** *los.* Avestruz es masculino.
16. **(4)** *cafés.* Los nombres terminados en una *e* acentuada forman el plural añadiendo una s, no una *-es.*

17. **(2)** *contigo.* El objeto preposicional tiene esta forma especial con la preposición *con: contigo, conmigo, consigo.*
18. **(3)** *mí.* Se acentúa cuando es pronombre.
19. **(2)** *a sí mismo.* Es una redundancia. El reflexivo *se* expresa la idea suficientemente.
20. **(4)** *buenos.* El plural de dos nombres, uno masculino y otro femenino, es siempre masculino.
21. **(1)** *Casa Blanca.* Traducido literalmente del inglés, el título de la Casa Blanca resulta invertido en castellano.
22. **(1)** *quepo.* Del verbo *caber.* Verbo irregular de irregularidad propia.
23. **(2)** *anduve.* De *andar,* verbo irregular de irregularidad propia.
24. **(2)** *rió.* De *reír,* verbo irregular de irregularidad común. Vea la lista de los verbos irregulares.
25. **(4)** *afligirán.* Cambia la *ge* en *jota* solo delante de *a* y *o.*
26. **(5)** Aunque el acontecimiento es pasado, se puede usar el presente histórico.
27. **(5)** El presente tiene valor de futuro cuando se usa con adverbios de tiempo que indican el tiempo futuro.
28. **(3)** *estaba.* La acción continuada se expresa con el imperfecto.
29. **(5)** El futuro puede significar probabilidad (primera oración) y acción venidera, como en la segunda oración.
30. **(3)** *perdería.* Hay que usar condicional en las oraciones condicionales de subjuntivo.
31. **(2)** *hablar.* El participio de presente en inglés, *talking,* se traduce en estos casos por el infinitivo en castellano. Hay que tener mucho cuidado con las traducciones literales.
32. **(5)** La concordancia de modos es correcta. La segunda oración no está en subjuntivo, porque la principal no expresa duda.

Sección IV: Coordinación de frases y oraciones

33. **(3)** *por eso*
34. **(2)** *no*
35. **(1)** *desde que*
36. **(2)** *aunque*

Sección V: Orden lógico y gramatical

37. **(4)** III, II, IV, V, I

38. **(3)** V, II, III, IV, I

39. **(1)** IV, V, I, III, II

40. **(1)** V. IV, III, II, I

Prueba II: Nivel intermedio

Sección I: Ortografía

1. **(3)** *hacha*. Aunque en teoría la *hache* no se pronuncia en castellano, en la práctica se aspira como una *jota* en algunos medios sociales de España y América. De aquí el error de escritura.
2. **(1)** *habilidad*. Probablemente por influjo del inglés en el que se escribe sin *hache*.
3. **(5)** *ruina*. En los diptongos de dos débiles se sigue la regla general de acentuación de agudas, llanas y esdrújulas.
4. **(3)** *paraguas*. La diéresis se pone solamente cuando la *u* va seguida de *e* o de *i*.
5. **(1)** *estáis*. Se acentúan las segundas personas del plural del presente de indicativo y subjuntivo.

Sección II: Puntuación y letras mayúsculas

6. **(4)** *Muy señor mío:* Después del saludo en las cartas se escriben dos puntos.
7. **(1)** *Digo, finalmente,* Las palabras intercaladas se escriben entre comas.
8. **(5)** Sin error. La oración de relativo se escribe entre comas cuando es declarativa o explicativa.
9. **(5)** Sin error. Se pone signo de interrogación al principio, y de exclamación al final, cuando la pregunta es exclamativa.
10. **(1)** *cigüeña*. La diéresis es necesaria para que suene la *u* delante de *e*.
11. **(4)** *Economía*. La Economía es el nombre de una disciplina académica y, en cuanto tal, se escribe con mayúscula, como Literatura.
12. **(3)** *atentamente,* Después del saludo final o despedida, en las cartas, se escribe coma, no dos puntos.
13. **(2)** *dos:* Lo que sigue es explicación de lo anterior.
14. **(3)** *llegaste?* No se escribe punto después del signo de interrogación. Es un error de ortografía bastante frecuente incluso entre personas cultas.

Sección III: Formas y usos gramaticales

15. **(4)** *mí*. El pronombre personal *mí* se acentúa para distinguirlo del adjetivo posesivo *mi*.
16. **(5)** Sin error. Los pronombres personales están usados correctamente: *a mí me* no es redundante, sino enfático.
17. **(1)** *diciéndole*. En el gerundio o participio de presente, el pronombre personal objeto se coloca después del verbo y unido a él formando una sola palabra.
18. **(2)** *buen*. El adjetivo bueno pierde la *o* delante de otro nombre masculino.
19. **(1)** *Blanca Nieve*. En español, como en inglés, se invierte la posición del adjetivo en la frase para producir efectos diversos.
20. **(1)** *Un. Uno* pierde la *o* delante de otro nombre masculino, incluyendo *ciento* y *millón*.
21. **(3)** *le. La* es objeto directo. *Le* equivale *a ella*. El objeto directo en esta frase es lo que sigue a *le dije*.
22. **(4)** *partimos*. No todos los verbos irregulares son irregulares en todas las formas.
23. **(3)** *que lo pronuncie él*. Sólo el mandato directo requiere que el pronombre se ponga al final y adosado al verbo.
24. **(2)** *fumar*. El gerundio o participio de presente en inglés equivale al infinitivo en español. No traduzca literalmente.
25. **(3)** *alta*. Cuando dos adverbios terminados en *mente* van juntos, sólo el segundo lleva la terminación adverbial.
26. **(2)** *en presencia*. Las preposiciones pueden significar muchas cosas distintas, pero no pueden intercambiarse. Ciertas frases y verbos se construyen con una preposición determinada y sólo con ella.
27. **(5)** Sin error. Los verbos iregulares están usados correctamente. También la coordinación de tiempos, aunque aquí no se trate de ello.
28. **(1)** *anduvo*. El pretérito de *andar* crea con frecuencia problemas a todos los hispanohablantes.
29. **(3)** *previsto*. La forma *preveído* no existe. Algunos verbos tienen dos participios, uno regular y otro irregular; pero no éste.
30. **(5)** Sin error. Vea la nota anterior.
31. **(5)** Sin error. Verbo con dos participios. Pero nótese que no significan lo mismo. En términos generales se puede decir que el participio irregular funciona como un adjetivo con significado propio.
32. **(4)** *predicho*. No existe la forma *predecido*.

Sección IV: Coordinación de frases y oraciones

33. **(4)** *por.* La preposición *por,* como otras preposiciones puede significar varias relaciones. Aquí significa causa y es la única preposición posible con este significado entre las cinco alternativas.

34. **(1)** *con tal que.* Es la única conjunción de las cuatro que tiene valor condicional y rige (exige) subjuntivo. Las demás rigen infinitivo. La preposición *de* no tiene sentido.

35. **(5)** *con la que.* Oración de relativo. Las otras frases son adverbiales y no tienen sentido. Lo mismo ocurre con la preposición *de.*

36. **(5)** *aunque.* La conjunción *aunque* puede regir subjuntivo o indicativo. Las preposiciones *por* y *a* no tienen sentido. Lo mismo ocurre con los adverbios *más* y *apenas. Mas* (sin acento) es conjunción y podría tener sentido. Pero tiene acento.

Sección V: Orden lógico y gramatical

37. **(2)** El sentido de un período tiene que ser integral o total. Ninguna de las otras combinaciones, aunque combine dos o más frases, las combina todas lógica y gramaticalmente.

38. **(5)** El protagonista no está expresado. Los textos con frecuencia engañan al lector que asume más de lo que está escrito. El texto puede ser ambiguo (tener más de un sentido posible) intencionalmente.

39. **(4)** *inapropiada.* La frase resulta inapropiada porque no es de esperar, aunque no sea absolutamente imposible, que un grupo de jugadores participe en un desfile militar. Una composición tiene que ser *coherente.*

40. **(3)** I y V se contradicen. La contradicción, sin embargo, no es explícita. No se niega abiertamente en la segunda oración lo que se afirma en la primera; pero se puede deducir fácilmente.

Prueba III: Nivel Avanzado

Sección I: Ortografía

1. **(1)** *ermita.* El error probablemente se debe al hecho de que en inglés se escribe con *hache.*

2. **(4)** *yegua. Elle* y la consonante *i griega* son homófonas, es decir, suenan igual en la mayor parte de los países de habla española. De ahí el error en palabras poco usadas.

3. **(4)** *huir.* El diptongo *ui* sigue la regla general, no la de los diptongos.

4. **(2)** *concluir.* No se acentúa por la misma razón anterior.

5. **(4)** *casuístico.* Se debe acentuar por ser palabra esdrújula.

Sección II: Puntuación y mayúsculas

6. **(1)** *No.* Se escribe con mayúscula por ir al comienzo de frase.

7. **(5)** Sin error. Profesor no es título de dignidad.

8. **(2)** *papá.* Se escribe con minúscula por ser nombre común.

9. **(3)** *María.* Se escribe con mayúscula por ser nombre propio.

10. **(3)** *planeta.* Nombre común.

11. **(4)** *católico.* Adjetivo.

12. **(5)** Sin error. Suponiendo que sea el título de un libro y no el de una revista. Si fuera el título de un artículo, se escribiría sin subrayar y entre comillas: "La novela mexicana contemporánea."

13. **(2)** *Alcalde.* Título de dignidad en el mismo contexto de *Ministro,* y *Senador.*

14. **(2)** *XXIII.* Los nombres de papas y reyes se escriben con números romanos, no arábigos.

Sección III: Formas y usos gramaticales

15. **(5)** Sin error. *Déle* se acentúa por ser compuesto de *dé* y *le.*

16. **(3)** *vivimos.* El verbo debe concordar con el sujeto que está en plural, pues se compone de dos personas.

17. **(4)** *escribiésemos.* El mandato en la oración principal requiere subjuntivo en la oración subordinada. El pretérito perfecto de indicativo exige pretérito imperfecto de subjuntivo.

18. **(5)** *Sin error.* La forma impersonal "es necesario" exige subjuntivo.

19. **(1)** *el. Clima,* aunque termina en *a,* es masculino. La mayoría (no todos) los nombres terminados en *a* son femeninos.

20. **(4)** *ésta.* El pronombre demostrativo se acentúa para distinguirlo del adjetivo de la misma clase.
21. **(1)** *dijiste.* La segunda persona del singular del pretérito perfecto de indicativo no termina en -s. Es error muy frecuente incluso entre personas cultas.
22. **(4)** *extraordinarios.* El plural de dos nombres, uno femenino y el otro masculino, o viceversa, es siempre masculino.
23. **(3)** Omitirlo. *Famosísimo* es un superlativo absoluto (vea el glosario de términos gramaticales) sin término de comparación.
24. **(3)** Omitirlo. *Más* y *mejor* no pueden ir juntos.
25. **(3)** *parecerle.* El objeto indirecto de *parecer* es el sujeto de *rechazó:* él. *Parecer* se construye a la inversa en español y en inglés.
26. **(4)** *veintiuna.* No tiene plural.
27. **(2)** *satisfizo.* Verbo irregular. Forma poco usada.
28. **(1)** *había.* Las formas impersonales se escriben siempre en singular. *Hay* un hombre; *hay* cien hombres.
29. **(5)** Sin error. *De nosotros* equivale a *nuestra.*
30. **(2)** *la.* Con las partes del propio cuerpo se usa el artículo, en vez del posesivo.
31. **(5)** Sin error. *Felices* es aquí un adjetivo funcionando como adverbio; es lo que se llama un adjetivo adverbial.
32. **(5)** Sin error. Las dos formas están permitidas.

Sección IV: Coordinación de frases y oraciones

33. **(3)** *donde.* Es un adverbio de lugar con valor de relativo. Equivale a *en la que.*
34. **(4)** *que.* Las otras partículas son también de relativo, pero, no concuerdan: *quien* es sólo para personas, *cuya* es la forma del genitivo, etc.
35. **(3)** *en lo que.* Oración de relativo. La preposición *en* la exige el verbo *influir.* *Lo* es el artículo neutro que se usa con frases completas y nombres abstractos.
36. **(4)** *por entre.* Las otras formas de enlace están incompletas. Les falta la preposición *de.*

Sección V: Orden lógico y gramatical

37. **(2)** Es la única posibilidad lógica general.
38. **(5)** El "Día de la Hispanidad" se usa en algunos países de habla española para significar el día aniversario del descubrimiento de América.
39. **(5)** Es la única posibilidad lógica general. En las otras combinaciones, se pueden enlazar correctamente algunas oraciones, pero no todas.
40. **(5)** La conclusión se pone generalmente al final del escrito. Per también puede ir antes. Lo que nos indica lógicamente que esta es la conclusión es el sentido general del párrafo, en el que se debate una solución utópica. A esto suele llamarse "soñar despierto".

GLOSARIO DE TÉRMINOS GRAMATICALES

Ablativo. Cuarto de los casos. Se llama también preposicional porque en español va siempre acompañado de una preposición. *Conmigo* es ablativo de *yo*.

Acusativo. Tercero de los casos. Indica el objeto o complemento directo. *Ejemplo: la* vi.*La* es el acusativo de *ella*.

Adverbio. Parte invariable de la oración. Modifica al adjetivo, al verbo y a otros adverbios.

Artículo. Parte variable de la oración. Modifica al nombre. Es equivalente a un adjetivo demostrativo.

Atributo. Lo que se enuncia o atribuye al sujeto.El atributo puede ser un nombre *(ciudad satélite),* un adjetivo (ojos *claros)* o un verbo.

Casos. Formas de la declinación. Los casos en español son solamente cuatro. No hay genitivo, ni vocativo. El pronombre personal es la única parte de la oración declinable en castellano. *Ejemplo: nominativo: yo; dativo: me; acusativo: me; ablativo: mí.*

Comparativo. Uno de los tres grados de adjetivos y adverbios. Los otros son: positivo y superlativo. Los comparativos pueden ser de igualdad, de inferioridad y de superioridad. *Ejemplo: tan* grande, *menos* grande, *más* grande. El segundo término de la comparación, *que,* se substituye a veces por *de. Ejemplo:* más *de* dos, menos *de* tres.

Concordancia. Relación de conformidad entre dos partes variables de la oración: el artículo y el adjetivo concuerdan con el nombre en género y número. El verbo concuerda con el sujeto en número y persona.

Condicional. Tiempo del verbo. Expresa acción futura en relación con un pasado. *Ejemplo:* dijo que *vendría.* El condicional es el futuro del pasado. Puede ser simple o compuesto. Este indica una acción terminada. *Ejemplo: habría dicho.*

Conjugación. Conjunto de todas las formas de un verbo según sus modos y tiempos. Vea los términos *modos* y *tiempos.* La conjugación, como la declinación, son formas de flexión.

Conjunción. Parte invariable de la oración. Su función es enlazar dos términos gramaticales. El enlace puede ser por coordinación *(y, o)* o por subordinación: *a fin de que, porque* etc. La coordinación puede ser *copulativa* (éste *y* el otro), *distributiva* éste, *(ya* éste, *ya* el otro), disyuntiva *(o* éste *o* aquél), adversativa: éste, *pero* no el otro.

Contracción. Fusión de dos palabras en una, la primera de las cuales termina y la segunda empieza por vocal: *de + el = del; a + el = al.*

Dativo: Segundo de los casos. Indica el objeto o complemento indirecto. *Ejemplo: se* lo di. *Le* dije éso. *Se* y *le* son dativos de *él* y *ella.*

Declinación. Conjunto de formas de flexión de un pronombre según los casos de la declinación del pronombre personal de primera persona, *yo.*

Demostrativo. Clase de adjetivo y pronombre. Es adjetivo cuando va acompañando a un nombre *(esta casa);* es pronombre cuando va solo. Cuando es pronombre, se escribe con acento: *ésta.*

Diptongo: Combinación de dos vocales diferentes en una misma sílaba. Las vocales tienen que ser: una débil y otra fuerte o dos débiles. Según esto, hay catorce diptongos en español. El diptongo se deshace o disuelve cuando el acento cae sobre la vocal débil. *Ejemplo:* aire, había.

Desinencia. Terminación variable del verbo. *Ejemplo:* am-*o*, am-*as*, am-*a*. *O, as, a* son desinencias del verbo *amar*. *Am* es la raíz o radical del verbo.

Fonética: Parte de la gramática que trata de la pronunciación.

Futuro perfecto: Tiempo del verbo que expresa acción venidera por relación a otra también por venir. Es un tiempo comuesto. *Ejemplo:* para entonces, habré. Expresa también *probabilidad. Ejemplo:* como *habréis experimentado...*

Futuro simple: Tiempo del verbo que expresa acción venidera independientemente de cualquier otra. *Ejemplo:* hablaré. Expresa también *mandato* y *probabilidad. Ejemplo:* saldrás a su encuentro; serán las doce.

Género: Cualidad diferencial de origen sexual atribuida, por extensión de los seres vivientes a las cosas inanimadas y de éstas a las palabras. Los géneros gramaticales son: femenino, masculino y neutro.

Genitivo: Segundo de los casos en latín. En español el genitivo se expresa con la preposición *de*. Significa posesión, origen, etc.

Gerundio: Forma invariable del verbo. Expresa duración. *Ejemplo: hablando*. En algunas gramáticas se le llama *participio de presente*.

Gramática: "Ciencia y arte de la expresión lingüística." Ciencia de las palabras: sus leyes o comportamiento en una sociedad determinada.

Indicativo: Modo del verbo. Expresa una afirmación o una negación en forma de enunciado. *Ejemplo: hablo, escribo, leo.*

Infinitivo: Modo del verbo. Expresa simplemente el nombre de la acción o estado del verbo. *Ejemplo: amar, estar, ser.*

Imperativo: Modo del verbo. Expresa un mandato. El único imperativo original es el de la segunda persona del familiar *tú. Ejemplo: ven, vete.* Para las demás formas se usa el subjuntivo: *venga, váyase.*

Modos: Formas fundamentales de los verbos por las que se expresa la manera subjetiva en que se realiza la acción. Los modos del verbo propiamente son: indicativo, subjuntivo e imperativo.

Morfología: Parte de la gramática que trata de las formas de las palabras consideradas aisladamente, por oposición a la sintáxis, que trata del orden de las palabras en las frases y oraciones. *Morfo* significa *forma,* en griego.

Nombre: Parte variable de la oración. Designa personas, animales y cosas

Nominativo: Primero de los casos. Indica el sujeto. *Yo* es indicativo o está en indicativo.

Número: El número gramatical no es lo mismo que el matemático. Se refieren a las terminaciones que indican si las palabras son singulares o plurales, es decir, si expresan una o muchas unidades del mismo género.

Objeto: Complemento del verbo. Se opone a sujeto. Recibe la acción del verbo que ejerce el sujeto. El objeto puede ser directo e indirecto. Es directo cuando es afectado directamente; es indirecto cuando es afectado mediante otro objeto. En el ejemplo "le di el libro," "el libro" es el objeto directo; "le" el objeto indirecto.

Oración: Palabra técnica en gramática para designar una frase con un verbo a lo menos. No hay oración si no hay verbo en la frase.

Paradigma: Modelo de un verbo que sirve para conjugar otros de la misma clase.

Participio: Modo del verbo. Funciona como un adjetivo. Expresa la acción ya realizada. Tiene género. *Ejemplo:* hombre prevenido; mujer prevenida.

Persona: La persona gramatical no es lo mismo que la persona física. La persona gramatical es el sujeto del verbo y puede ser un ser humano, un animal o una cosa. Las personas del verbo son tres: primera (yo), segunda (tú), tercera (él) con sus femeninos y plurales.

Personal: Clase de pronombre. Indica las personas del verbo, tanto sujetos como complementos. Vea el cuadro de pronombres personales.

Posesivo: Clase de adjetivo y pronombre. Cuando es adjetivo va acompañado a un nombre; cuando es pronombre, va solo y generalmente con un artículo delante. *Ejemplo:* mi casa (adjetivo); la mía (pronombre).

Predicado: Lo que se afirma del sujeto. *Ejemplo:* María *es una buena chica.* Predicado quiere decir *lo dicho,* lo afirmado.

Prefijo: Partícula que se pone delante de una palabra para completar su significado. *Ejemplo:* auto-móvil, auto-biografía, auto-criticarse. Se opone a sufijo, lo que va detrás.

Preposición: Parte invariable de la oración que enlaza palabras y frases. *Ejemplo:* máquinas *de* coser.

Presente: Tiempo del verbo. Puede ser de indicativo o subjuntivo. Puede significar lo que es actual (es lo más general) así como el pasado (presente histórico) y el futuro. *Ejemplo: viene, viene mañana; Colón descubre América en 1492.* El presente de subjuntivo es aún más vago: puede significar lo mismo presente que futuro. *Ejemplo: no creo que venga* puede significar hoy o mañana.

Pretérito: Es lo mismo que el *pasado* de los verbos. Hay cuatro pretéritos: perfecto, imperfecto, plusquamperfecto y anterior. El perfecto puede ser simple o compuesto. Los pretéritos pueden ser de indicativo o subjuntivo.

Pretérito anterior: Como el pluscuamperfecto, es un pasado de otro pasado. A diferencia del pluscuamperfecto, la sucesión aquí es inmediata. *Ejemplo:* apenas *hubo oído* esto, dijo: "tate".

Pretérito imperfecto: En indicativo, expresa una acción pasada inacabada o continuada. *Ejemplo: hablaba, escribía.* En el subjuntivo corresponde a los tres tiempos simples del indicativo: perfecto, imperfecto y condicional. Las dos formas, *hablara o hablase,* se usan sin más distinción.

Pretérito perfecto: Puede ser simple o compuesto. El simple expresa una acción pasada sin relación con el presente *(hablé);* lo esencial del compuesto es expresar esta relación: he hablado. El pretérito perfecto de subjuntivo corresponde al pretérito perfecto compuesto y al futuro perfecto de indicativo. *Ejemplo: haya hablado.*

Pretérito pluscuamperfecto: Expresa una acción pasada y perfecta, por relación a otra también pasada. *Ejemplo:* habló después que el otro *había hablado.* En el subjuntivo equivale al condicional. *Ejemplo:* creí que *habría llegado* ‖ creí que hubiera o hubiese llegado.

Pronombre: Parte variable de la oración que ocupa el lugar del nombre, cuando no lo hay. *Ejemplo:* Juan viene; *él* viene. El pronombre puede ser de muchas clases: *personal, posesivo, demostrativo, relativo,* etc.

Relativo: Clase de pronombre y de oración gramatical. Las oraciones con *que, quien, cual, cuyo* se dicen oraciones de relativo. *Ejemplo:* El hombre *que vino ayer* es mi hermano.

Sintaxis: Parte de la gramática que trata del orden de las palabras en las frases y oraciones, por oposición a la *morfología,* que trata de las palabras consideradas aisladamente. *Sintaxis* significa *orden,* en griego.

Sujeto: Parte de la oración de la que se dice algo. A este decir se llama técnicamente *predicar.* Lo dicho es el *predicado.*

Subjuntivo: Modo del verbo. Subjuntivo significa subordinado. Expresa la acción del verbo dependiendo de otros factores, sobre todo psicológicos. *Ejemplo:* Deseo que *venga;* dudo que lo *sepa.*

Subordinación: Dependencia entre dos oraciones: una es la principal y la otra, la subordinada. *Ejemplo:* Escribo para que otros lean. "Escribo" es el verbo de la principal; "lean" el verbo de la subordinada.

Sufijo: Lo que se pone detrás de la palabra para completarla. *Ejemplo:* herm-*oso,* mañ-*oso. -Oso* es un sufijo.

Superlativo absoluto: Es el que no tiene término de comparación. *Ejemplo:* una mujer hermosísima. Se opone al superlativo relativo, que indica uno *(el mejor, el más)* entre otros. *Ejemplo:* la mujer más hermosa de todas las que allí habían nacido.

Triptongo: Combinación de tres vocales, dos débiles y una fuerte, en medio, en la misma sílaba. Según esto hay ocho diptongos posibles en español. El triptongo se deshace en las segundas personas del plural de los presentes de indicativo y subjuntivo. *Ejemplo:* desconfiáis; desconfiéis.

Verbo: Parte variable de la oración. Indica la acción o la condición del sujeto. *Ejemplo: comer, estar cansado.*

Voz Activa: Forma del verbo según la cual el sujeto ejecuta la acción. *Juan ama.* Se opone a la *voz pasiva,* según la cual el sujeto recibe o sufre la acción. *Ejemplo:* Juan es amado.

Yeísmo: Pronunciación de la *elle* como si fuese *eye* o *i griega* con valor de consonante. *Ejemplo:* me llamo = me yamo.

LA COMPOSICIÓN EN EL EXAMEN GED*

El Examen GED incluye una sección de composición. La prueba de composición consiste en un solo tema acerca del cual se espera que usted escriba una contestación bien organizada y redactada en los cuarenta y cinco minutos permitidos. Las preguntas para la composición en el GED son de dos tipos: exposición y persuasión.

¿QUÉ ES LA EXPOSICIÓN?

La exposición quiere decir escritura diseñada para transmitir información. La escritura expositiva es escritura *informativa*. Ésta explica o da direcciones. La mayor parte de la escritura práctica que hará usted en los años venideros—composiciones y pruebas, solicitudes de trabajo, informes de negocio, reclamos de seguro, su última voluntad y testamento—son ejemplos de escritura expositiva. Por eso forma parte de este examen, por lo importante que es en la vida.

¿QUÉ ES LA PERSUASIÓN?

La persuasión es la habilidad de usar el lenguaje para convencer al lector u oyente de llevar a cabo una acción o sostener una creencia. Hay tres maneras principales de persuadir a alguien:

1. Apelar a sus emociones
2. Apelar a su sentido de la razón
3. Apelar a su ética—su sentido del bien y del mal

La argumentación es la forma de persuasión que apela a la razón. Aunque un argumento esté más interesado en seguir una lógica razonable que en llevar a alguien a actuar, éste debe, sin embargo, convencer al auditorio de que lo que usted quiere decir vale la pena.

Con cualquier tipo de pregunta que reciba, de exposición o de persuasión, usted tendrá que plantear su caso lógicamente, mediante una respuesta completa con detalles y ejemplos específicos.

---

*Este capítulo fue escrito por Annette M. Ramos, MA.

¿CÓMO SE EVALÚA LA COMPOSICIÓN DEL EXAMEN GED?

Las composiciones GED se leen y son evaluadas por dos lectores expertos. Éstos leen la composición en su totalidad y evalúan en qué medida es efectiva en general. O sea, su composición puede tener unos cuantos errores y aún puede obtener una buena nota; lo que les interesa más es la lógica y una respuesta a la pregunta que esté completa y bien apoyada.

La puntuación que usan los lectores GED tiene un alcance de uno (baja) hasta seis (alta). La puntuación de ambos lectores se suma, con un resultado entre 2 y 12. Esta puntuación total de la composición se añade a la puntuación del candidato en la sección de selección múltiple del Examen de habilidad en la escritura para lograr una puntuación total entre 20 y 80.

Lo que quiere decir cada nota en la escala del 1 al 6

1. Estas composiciones carecen de un plan claro de acción y organización. Contienen elementos débiles tales como la gramática, el uso, la puntuación, la ortografía, las oraciones y párrafos correctos y las letras mayúsculas. El escritor de una composición de puntuación 1 no sólo no ha demostrado su punto, sino que no ha demostrado punto alguno.
2. Estas composiciones tienen detalles y ejemplos muy flojos. Las ideas no están desarrolladas ni demostradas del todo. El nivel de razonamiento no es sofisticado y demuestra que no se entiende bien la tesis. Hay muchas generalizaciones que no están apoyadas con detalles específicos. Puede que haya propósitos conflictivos en vez de un plan de acción claro. También hay muchos errores en el uso de otros elementos al igual que en las composiciones de puntuación 1.
3. Estas composiciones no están bien organizadas y simplemente enumeran detalles en vez de desarrollar ejemplos de apoyo. Aunque puede que el propósito esté *planteado* correctamente (al contrario que en las composiciones de puntuación 1 y 2, las cuales no establecen ningún punto), el propósito aún no está apoyado con detalles y ejemplos. También hay debilidades en otros aspectos como en las composiciones de puntuación 1 y 2.
4. Estas composiciones demuestran un plan y un método de organización claros, aunque los detalles de apoyo pudieran ser más fuertes. Hay errores en el uso y en el estilo, pero no son lo suficientemente serias como para destruir el plan de acción o el punto que se está demostrando.
5. Estas composiciones demuestran una organización muy clara y proveen suficiente apoyo para cada punto que se demuestra. El resultado es que el lector está convencido de la lógica del argumento del escritor. El escritor también muestra madurez de pensamiento al igual que en la redacción, y puede que presente ideas que demuestran un nivel de sofisticación más allá del tema, aunque siempre claramente *relacionado* con el *tema*. Es posible que haya algunos errores de redacción menores, pero no interrumpen el flujo de las ideas y las pruebas.
6. Estas composiciones tienen una "voz" o punto de vista muy claro. El tema no sólo está bien demostrado, sino que se nota un talento o estilo en la selección de palabras y

ejemplos que demuestra claramente las ideas y la madurez del escritor. Los detalles de apoyo son especialmente acertados porque son específicos y demuestran claramente el punto que se está discutiendo. Puede que haya uno que otro error, pero el escritor demuestra claramente que domina las reglas de la gramática y el uso de la lengua española.

UNA PREGUNTA PARA UNA COMPOSICIÓN DE MUESTRA

Vamos a ver una muestra de una pregunta para una composición de GED y las diferentes maneras en que contestaron varios candidatos. Considere cada respuesta escrita con detenimiento para que pueda apreciar cómo se asignaron las diferentes puntuaciones (alcance 1–6).

EJEMPLO:
Últimamente se le ha prestado mucha atención al problema de operar un automóvil bajo la influencia del alcohol. Las leyes acerca de OBI (Operar bajo la influencia) ahora son mucho más severas. Discuta las ventajas y las desventajas de los castigos más fuertes por conducir mientras uno está intoxicado. Sea específico/a.

Composición de Muestra A

A mí personalmente me parece que la ley de beber debe subir, una razón es que habrían menos personas metiéndose en accidentes, muchos accidentes son causados por conductores borrachos. La gente que se encuentra en OBI usualmente son muchachos jóvenes que se sienten presionados a ser populares entre sus compañeros y en vez le hacen daño a la vida de alguien. Muchos jóvenes bebiendo no son lo suficientemente responsables y le juegan la vida a otros esto está arruinando la vida de muchas personas y también la sociedad se está volviendo peor. El problema estaría casi resuelto si las leyes se subieran, poner bebiendo en mano de jóvenes es como darle café a un niño, ellos no tienen el buen sentido para poder tomar una decisión acerca de si tomarlo o no. Me parece que muchos adolescentes son demasiado jóvenes y por lo tanto yo creo que las leyes se deben subir si se bajasen sólo sería más problemas. Los legisladores están tomando la medida correcta para hacer la sociedad mejor si siguen haciendo cosas para prevenir los adolescentes que beban este país va a tener una mejor oportunidad de sobrepasar problemas. Me alegra que se subió la ley para que así no perdiera la vida en manos de un adolescente irresponsable. Por eso me parece que las leyes acerca de conducir bajo la influencia se deben subir.

EVALUACIÓN:
La organización de este ensayo es floja, pobre y no demuestra su punto. Hay demasiados errores serios en la redacción, especialmente en la construcción de las oraciones. Algunos ejemplos de la mala construcción de oraciones incluyen:

A mí personalmente me parece que la ley de beber se debe subir, una razón es que habrían menos personas metiéndose en accidentes, muchos accidentes son causados por conductores borrachos.

Esto es un ejemplo de *texto seguido*, que quiere decir que hay varias oraciones completas hilvanadas sin la puntuación correcta. La primera oración termina en la palabra "subir"; la segunda, después de la palabra "accidentes". Después de cada una de estas palabras debe haber puntos o palabras que desempeñen funciones de conjunción tales como "y" o "para". Además de los problemas técnicos en la redacción, los grupos de palabras hilvanadas no logran establecer la intención del autor.

Otro ejemplo de una oración débil sería:

Muchos jóvenes bebiendo no son lo suficientemente responsables y le juegan la vida a otros esto está arruinando la vida de muchas personas y también la sociedad se está volviendo peor.

Esto es un *texto seguido* y, para ser una oración adecuada, debiera terminar en "otros". Las ideas no comprueban la opinión y muestran una falta de lógica.

Debido a errores tales como los anteriores, esta composición obtendría una nota en *la escala de 1 a 2* como una composición muy floja. Vamos a ver lo que podemos hacer para mejorarla. Las ideas del autor son:

Ventajas de los castigos más fuertes   **Desventajas de los castigos más fuertes**
- menos accidentes

El autor les echa la culpa a los adolescentes por la mayoría de los problemas de OBI, ya que hoy en día ellos causan casi todos los accidentes debido a su actitud irresponsable. Como podemos apreciar, no hay suficientes *ventajas y desventajas* para establecer una opinión. Además, la lógica del autor es floja. *Puede* que en fin la situación de OBI sea principalmente el resultado de adolescentes irresponsables, pero el autor no proporciona hechos por ningún lado para respaldar este parecer. Vamos a considerar otra respuesta a la misma pregunta.

Hay aquí otra respuesta posible:

Composición de Muestra B

Me parece que la edad de beber debiera subir porque la mayoría de los accidentes causados hoy en día son en manos de jóvenes adolescentes que están borrachos mientras conducen. Casi matan a las personas porque están borrachos. Me parece que la edad debe subir a los 25 años de edad porque a esa altura muchas personas han de tener la cabeza en su sitio y sabrían si debieran de conducir o no en un momento determinado.

Sin embargo, muchos jóvenes adolescentes o mayores no le prestarían atención a la ley y beberían de todas maneras. Me parece que los policías debieran de comprobar más a menudo si las personas están borrachas y si merecen una multa por cierta cantidad, dependiendo de cuan borrachos están o cuanto daño han hecho. La gente debe escuchar y obedecer la ley (si surgiera alguna vez) y probablemente menos personas morirían en accidentes automovilísticos en donde estuviesen envueltas personas que han estado bebiendo.

EVALUACIÓN:
Vamos a considerar las ventajas y las desventajas aquí.

Ventajas de los castigos más fuertes
- impediría que los jóvenes OBI
- menos accidentes

Desventajas de los castigos más fuertes
- los adolescentes no eschucharían

Nuevamente podemos apreciar que aquí no hay suficientes ventajas y desventajas para establecer el punto del todo. Se culpa de nuevo a los adolescentes, y una vez más no hay suficientes pruebas para respaldar la opinión del autor que los adolescentes causan la mayoría de los accidentes en los cuales el alcohol y/o las drogas están involucrados. Mientras el punto acerca de las citaciones es bueno, no cabe bien dentro de esta composición donde se consideran las ventajas y desventajas de los castigos más fuertes para la OBI. Recuerde que no recibirá crédito por respuestas que no tengan que ver con la pregunta. Las destrezas son bastante buenas aquí, y por lo tanto esta composición estaría en *la escala de 2 a 3*, la cual provee una respuesta parcial a la pregunta.

Lea el ensayo siguiente y vea qué nota le daría usted. ¿Contesta correctamente la pregunta? ¿Hay suficientes detalles específicos para establecer el punto central del argumento? ¿Hay alguna evidencia de un estilo o "voz" que hace que la composición sea aun más persuasiva?

Composición de Muestra C

Las leyes de conducir y beber deben ser más fuertes. Cuando una persona bebe y conduce bebida, no sólo se está jugando la vida propia, sino además otras vidas inocentes. El gobierno debe imponer leyes muy estrictas sobre aquellos que beben y conducen porque quizás ellos piensen dos veces antes de montarse en un auto mientras están intoxicados.

No hay ventajas en beber y conducir. Es algo muy tonto. Las desventajas son que recibirá un castigo si viola la ley, pero eso no es culpa de nadie sino de usted, ya que usted se lo ha buscado.

La ventaja de castigos más fuertes es que quizás la gente dejaría el alcohol a un lado si están conduciendo solos. Según mi parecer, opino que no hay desventajas en los castigos más fuertes.

Cuando una persona está al volante de un automóvil mientras está intoxicado, no es consciente de muchas cosas que ocurren a su alrededor. Esto le lleva a hacer cosas que causan accidentes y, muchas veces, quitan la vida a otras personas. Beber y conducir es hacer algo muy serio y tonto. Los conductores intoxicados merecen una pena dura para que no vuelvan a hacerlo.

EVALUACIÓN:

Usted puede apreciar que esta composición está mucho mejor estructurada que las anteriores. Primeramente, los párrafos usan las palabras *ventajas* y *desventajas* y claramente responden a la pregunta. Vamos a desglosarla.

Ventajas de los castigos más fuertes
- evitarán muertes ("Pensarlo dos veces")
- las personas dejarán el alcohol a un lado

Desventajas de los castigos más fuertes
- usted será castigado

Aquí se ven divisiones y razonamientos claros. Mientras es posible que haya ejemplos mucho más específicos, la composición muestra cierto control sobre el tema y entendimiento claro de la pregunta. También hay cierto estilo, en frases tales como "No hay ventajas en beber y conducir" y "Es algo muy tonto". Esta composición *obtendría 4 en la escala.* Con ejemplos más específicos, fácilmente pudiera ser de 5 ó 6.

Vamos a considerar un ensayo más:

Composición de Muestra D

Mientras todas las personas interesadas están de acuerdo en que hay que hacer algo acerca del problema de conducir al estar intoxicado, hay ventajas y desventajas en aumentar los castigos. Las ventajas incluyen obviamente salvar vidas y propiedad, en tanto que las desventajas incluyen dar incentivos para aquellos que tienden a violar las leyes y continuar demostrando que lo pueden hacer. Cabe muy poca duda, sin embargo, de que las ventajas sobrepasan en gran medida a las desventajas.

La ventaja principal de reforzar la pena por conducir bajo la influencia del alcohol o las drogas sería la protección de vidas. Hay tantas personas inocentes que mueren todos los años en manos de conductores intoxicados que los ciudadanos se han movilizado para hacerse cargo de este asunto. Candy Lightner, la madre de una hija de dieciséis años muerta por un conductor borracho, formó una organización llamada M.A.D.D. (Mothers Against Drunk Drivers—Madres en Contra de los Conductores Borrachos) para educar a las personas acerca de los peligros de conducir bajo la influencia. Los países escandinavos, donde el alcoholismo y conducir ha sido un problema desde hace tiempo, han aumentado grandemente los castigos para aquellos convictos de conducir borrachos, y el resultado es que han disminuido las muertes significativamente. Tienen sentencias de cárcel mandatorias y publican los nombres de los delincuentes. Si se salvara sólo una vida como resultado de una legislación más severa, ésta estaría justificada.

Las desventajas pudieran incluir aquel sector de la sociedad que cree que es su responsabilidad violar reglas y puede que les parezca que las penas más severas por OBI son un reto para "burlar el sistema". Esto de por sí pudiera aumentar la cantidad de accidentes serios. También existe el problema de cómo promulgar las leyes. Una propuesta reciente, según la cual se puede considerar responsables a los anfitriones de una fiesta por dejar a sus invitados borrachos que salgan fuera, se recibió con gran desaprobación. A pesar de esto, muchos bares ya están limitando sus "Happy Hours" ("Horas de viernes social"), especialmente en Connecticut.

Sin tener en cuenta a aquellos que no están de acuerdo con reforzar las leyes de OBI, parece claro que algo debe hacerse para disminuir el número de muertes relacionadas con los conductores que están en la carretera cuando claramente no deben de estarlo. Una serie de leyes más severas sería la mejor manera de salvar vidas. Ha funcionado en otros países, y también puede funcionar aquí.

EVALUACIÓN:
La oración temática expone claramente la pregunta y los puntos por cubrirse. Los puntos incluyen:

Ventajas de los castigos más fuertes
- salvar vidas y propiedad

Desventajas de los castigos más fuertes
- proveer incentivos para que la gente viole la ley

Y el párrafo concluye con el punto de vista del autor: Las ventajas sobrepasan en gran medida a las desventajas.

El segundo párrafo dice claramente que la protección de vidas es la ventaja principal que tendrían las leyes más fuertes de OBI. Hay *dos* ejemplos específicos que apoyan esto:

1. Candy Lightner, fundadora de M.A.D.D.;
2. Los resultados de leyes más fuertes en los países escandinavos.

Estos ejemplos son excelentes porque demuestran el punto de la discusión *específicamente*.

El tercer párrafo también tiene un ejemplo claro y específico que presenta la reciente "ley del anfitrión", que hace que los anfitriones que permiten a los conductores borrachos salir de su casa se atengan a los resultados. También discute los cambios en Connecticut acerca de las reglas de las "Horas de viernes social". Ambos ejemplos sirven para comunicar el punto central del autor.

La conclusión tiene una oración que resume cada punto importante y expone claramente la convicción del escritor de que las leyes de OBI más duras ayudarían a todos en la prevención de muertes innecesarias.

Esto sería una composición de puntuación 6 porque usa ejemplos claros y específicos y tiene buena organización en la comunicación del argumento y una voz o tono claro; el autor obviamente está muy preocupado por este asunto. La selección de palabras es apropiada, y la gramática y el uso son correctos.

CÓMO PLANIFICAR SU COMPOSICIÓN

Los primeros pasos

Lo primero que debe hacer cuando tiene que contestar una pregunta de una composición, es examinarla para ver qué es lo que le pide. Hágase estas preguntas:

- *¿Qué* debo demostrar?
- *¿Cuántas cosas* me piden que haga?
- *¿Cuántos párrafos* necesitaré para esto?

Considere esta pregunta de muestra:

EJEMPLO:
La gente joven de hace una generación daban por sentado que se casarían y no mucho después serían padres. Las parejas de hoy en día parecen estar aplazando ser padres hasta después de haber pasado bastantes años de haberse casado, y un número notable no sabe si tenerlos o no. Discuta las ventajas y las desventajas de tener hijos. Sea específico.

Considere nuevamente las tres preguntas y conteste cada una:

- *¿Qué debo demostrar?*

A usted le piden que discuta las ventajas y las desventajas de tener hijos. Recuerde, a usted no le darán ningún crédito si no contesta lo que le preguntan.

- *¿Cuántas cosas me están pidiendo que haga?*

A usted le piden que discuta dos cosas: *ventajas y desventajas.* Usted puede tener cuantas ventajas y desventajas le plazcan, pero deberá representar ambas partes.

- *¿Cuántos párrafos necesitaré para esto?*

Usted necesitará cuatro párrafos, desglosados de la siguiente manera:

1. Introducción
2. Un lado—ya sean ventajas o desventajas
3. El otro lado—ya sean ventajas o desventajas
4. Conclusión

Ahora, formule la pregunta con otras palabras para estar seguro de que ha entendido lo que se le pregunta. Esto puede ser uno de los pasos más importantes para cualquier composición que escriba, ya que usted tiene que contestar la pregunta y si se precipita, sin entender del todo lo que la pregunta pide, usted puede perder todo crédito.

En otras palabras: _____

_____

_____

En otras palabras: _____

_____

_____

Hay muy pocas cosas tan atemorizantes como fijar la mirada en un pedazo de papel en blanco, sabiendo que sólo tiene algunos minutos para escribir una composición. ¿Por dónde comenzar? Esto puede ser muy desconcertante en un examen bajo presión, ya que no hay tiempo de parar y pensar por un rato, y no se le permite hablar con otras personas y obtener ayuda de ellos. No hay tiempo para revisar y reescribir la composición; el primer borrador tendrá que ser el último.

¿Cómo comenzar? ¿Lo mejor será respirar profundo y lanzarse de inmediato? ¿O será mejor planificar por unos momentos, aunque parezca que todos alrededor ya están escribiendo?

Siempre es mejor planificar antes de escribir

Siempre vale la pena establecer un plan de acción, aunque parezca que se va a retrasar, ya que todos los demás simplemente comienzan a escribir. Un plan siempre resulta en un proyecto mejor terminado, especialmente en un examen cronometrado, cuando no va a tener el privilegio de una revisión. Las ideas fluirán con más lógica y claridad si usted tiene un plan. Hay varias maneras diferentes de planificar. Seleccione la que sea mejor para usted.

Una manera de planificar: El método EAO

Una de las mejores maneras de organizar un ensayo requiere los siguientes pasos.

1. *Escriba* todas las posibles ideas que se le ocurran acerca del tema. No se detenga a pensar en sus ideas, e inclusive trate de no levantar el bolígrafo del papel. Simplemente escriba cuantas cosas que pueda pensar en cuanto antes. Esto debe tomarle no más de uno o dos minutos. Por ejemplo, considere la pregunta de nuevo:

EJEMPLO:

La gente joven de hace una generación daban por sentado que se casarían y no mucho después serían padres. Las parejas de hoy en día parecen estar aplazando ser padres hasta después de haber pasado bastantes años de haberse casado, y un número considerable no está de acuerdo sobre tenerlos. Discuta las ventajas y las desventajas de tener hijos. Sea específico.

Permitiéndose uno a dos minutos, usted quizás escriba algo así:

dinero	tiempo	carrera	trabajos	amor
vivienda	viajar	amistades	responsabilidades	continuación
familias	miedo	divorcio	hijastros	unidad
dinero	cosas materiales	educación	avances en la carrera	propósito

2. *Elimine* todo aquello que está duplicado, todo aquello acerca de lo cual preferiría no escribir porque no está bien informado, o es demasiado general e impreciso. Así es que tacharía:

~~dinero~~	tiempo	~~carrera~~	trabajos	amor
vivienda	~~viajar~~	amistades	responsabilidades	continuación
familias	~~miedo~~	divorcio	hijastros	~~unidad~~
dinero	cosas materiales	educación	avances en la carrera	propósito

Usted ha escrito "dinero" dos veces, así es que uno se tacha; "carrera" y "trabajos" son lo mismo; "miedo" es muy general; y así sucesivamente. Esto debe tomar otro minuto. Ahora tiene una lista de ideas posibles para discutir, y ya no está con la vista fija en un pedazo de papel en blanco.

Este proceso entero deberá llevarle de uno a tres minutos. No más.

3. Ahora, *agrupe* los puntos en posibles párrafos. Mire la pregunta de nuevo para poder arreglar los grupos.

Ventajas de tener hijos
- amor
- familias

o

- amistades
- amor

Desventajas de tener hijos
- educación
- trabajos

- responsabilidades
- dinero

4. Por último, *organice* los grupos de puntos en las formas posibles de contestar la pregunta: Cada número romano (I, II, III, IV, etc.) representa un párrafo. Cada letra mayúscula (A, B, C, etc.) representa un tema.

    I. Introducción—Hay ventajas y desventajas de tener hijos
   II. Ventajas de tener hijos
      A. Amistades
      B. Amor
  III. Desventajas de tener hijos
      A. Dinero
      B. Responsabilidades
 IV. Conclusión—apoye un lado

          o

    I. Introducción—Hay ventajas y desventajas de tener hijos
   II. Ventajas de tener hijos
      A. Amor
      B. Familias
  III. Desventajas de tener hijos
      A. Educación
      B. Trabajos
 IV. Conclusión—apoye un lado

Esto se llama el Método EAO:

E   Eliminar   (según tachó puntos que no le hacían falta)
A   Agrupar   (según agrupó puntos en párrafos posibles)
O   Organizar   (según organizó los puntos en una contestación posible)

Recuerde que este proceso está diseñado para completarse muy rápidamente. De principio a fin, debe tomar sólo algunos momentos. No se tome más de cinco minutos organizando su contestación, o es posible que no tenga tiempo para completar la composición.

La ventaja de este método, o de cualquier tipo de planificación, es que usted ha organizado y arreglado sus pensamientos de forma global. Su contestación tendrá mucho más sentido y usted no encontrará que complete un párrafo y después exclame, "¡Caramba! Se me olvidó el punto acerca de..." y tenga que insertar flechas y varios signos garabateados.

Los bosquejos son importantes

Una de las cosas más útiles para asegurar una buena nota en la composición es escribir bosquejos. Le ayuda a planificar y a asegurarse de que, en verdad, está de veras demostrando su punto con detalles buenos y específicos.

Existen muchas maneras de hacer bosquejos, dependiendo de la cantidad de tiempo de que usted disponga y la cantidad de detalle que necesite. Para nuestro propósito aquí, seguiremos un bosquejo muy específico, impreso adelante. No se preocupe por el deletreo ni la puntuación; concéntrese sólo en escribir los puntos más importantes en un lapso de tiempo muy breve.

Enfóquese en *los detalles* para asegurarse de que ha logrado demostrar un punto.

Siga este plan:

    I. Párrafo inicial
      A. Oración temática (ponga la pregunta en otras palabras)
      B. Oración que introduce al segundo párrafo

C. Oración que introduce al tercer párrafo

D. Oración que lleva al segundo párrafo (ésta es opcional)

II. El primer punto que tiene que hacer (puede que sean ventajas, desventajas, o meramente su primer tema bajo discusión)

A. Oración temática

B. Su primer punto (o ventaja, etc.)

    1. Detalle acerca del punto

    2. Detalle acerca del punto

C. Su segundo punto

    1. Detalle

    2. Detalle

D. Resumen opcional de los puntos esbozados en el párrafo

III. Su segundo punto (que pudiera ser desventajas, etc.)

A. Oración temática

B. Su primer punto

    1. Detalle

    2. Detalle

C. Su segundo punto

    1. Detalle

    2. Detalle

D. Conclusión opcional

IV. Conclusión al ensayo

A. Oración temática (ponga la pregunta en otras palabras)

B. Oración que resume el segundo párrafo

C. Oración que resume el tercer párrafo

D. Conclusión general que establece su punto

Otra manera de planificar: El método PCD

Hay muchas otras maneras de planificar su ensayo. Una que quizás le parezca útil se llama

P   Pregunta

C   Contestación

D   Detalles

y es así:

PREGUNTA:

Algunos creen que la universidad es una pérdida de tiempo y dinero, mientras que otros la consideran muy importante para la felicidad y el éxito. Explique las ventajas y las desventajas de asistir a la universidad. Sea específico.

CONTESTACIÓN:

Ventajas	**Desventajas**
• tener una mejor educación	• costosa
• conocer a personas	• perder tiempo en la carrera
• formar nuevos intereses	• mucho de lo que se aprende no es
• adquirir apreciación	útil para la carrera
de la cultura	• difícil de hacer

DETALLES:

Hay dos maneras de hacer esto.

1. Se puede hacer las siguientes preguntas, solicitando matrícula:

¿Qué occure?	¿Dónde?
¿Cuándo?	¿Por qué?
¿Cómo?	¿Quién?

o

2. Anote detalles específicos que pueda utilizar en esta composición.

Ventajas

Me hice más educada después que cursé Matemáticas 101 y Química. Aunque no puedo usar ninguno de estos dos cursos en mi trabajo, me parece que es verdaderamente importante entender cómo es que funcionan estos campos. Disfruté al aprender acerca de los números radicales y las ecuaciones de segundo grado, y encontré fascinante la manera en que funcionan las moléculas. Me parece que soy más culta habiendo estudiado estas áreas.

Conocí a muchas personas interesantes en la universidad, personas con quienes nunca me hubiera encontrado en mi pueblo natal. Me recuerdo especialmente de alguien de Hawaii y unas pocas personas de Inglaterra y Francia, quienes me hablaron de sus vidas y de su cultura. Todavía le escribo al hawaiano y me quedé en casa de mi amiga británica el año pasado.

Me interesé en las joyas y en la educación física en la universidad, dos campos que había ignorado por completo en la escuela superior. En el curso del Arte de la Joyería aprendí muchas cosas que nunca había visto antes—como soldar y batir el metal—y con la educación física me inicié en el tenis y el golf.

Desventajas

Mi universidad cobra $150.00 por un crédito de estudio, y se necesitan 125 créditos para graduarse. Si se cuentan el alojamiento y la comida y las cuotas, ¡eso es más de lo que mis padres pagaron por sus dos primeras casas combinadas!

Quisiera comenzar una carrera como jardinera paisajista y no puedo darme el lujo de perder entre dos a cuatro años en una universidad de artes liberales. Sé que existe la necesidad de jardinería paisajista en mi vecindario y si empiezo rápido, pudiera tener un negocio próspero.

Resiento tener que tomar Matemáticas y Ciencias, asignaturas que no me servirán de nada en mi carrera de representante de ventas. ¿Por qué debo de gastar todo ese tiempo y dinero en algo que nunca usaré?

ESCRIBIR SU COMPOSICIÓN

Las oraciones temáticas son imprescindibles

De cierta manera, escribir una buena oración temática es como apuntar con una pistola; si la oración temática está apuntada correctamente, el párrafo completo dará en el blanco y demostrará su punto.

- *Cada párrafo deberá tener una oración temática*. Esto incluye el primero, el segundo, el tercero, y el último.
- La oración temática expresa la idea principal, o el tema, del párrafo.
- La oración temática deberá enlazar todas las ideas que se expresan en el párrafo.
- La oración temática deberá ser lo suficientemente *limitada* como para desarrollarse dentro de un solo párrafo, pero lo suficientemente *abarcadora* para tener todas las ideas expresadas en ese párrafo. Mientras más específica sea su oración temática, más detallado y descriptivo será su párrafo.

Cómo limitar una oración temática

Recuerde: una oración temática tiene una idea que puede demostrarse por completo en un párrafo. Por ejemplo, lo que dice la oración "Usted puede aprender mucho acerca de la naturaleza humana con simplemente observar a las personas" es tan abarcador que no puede ser probado en un solo párrafo. Pero si escribimos

POR EJEMPLO:
"Usted puede aprender mucho acerca de la naturaleza humana con simplemente observar a las personas en una estación de autobús"

o

POR EJEMPLO:
"Usted puede aprender mucho acerca de la naturaleza humana con simplemente observar a las personas en la playa"

tenemos un tema que podemos demostrar en un párrafo.

Cómo expresar claramente una idea eje

Otra manera de apreciar la oración temática es a través de la *idea que sirve de eje*. Esto se logra mediante una palabra clave o un grupo de palabras que expresan la idea básica de la oración. Cuando la idea eje está clara, la oración será específica y clara por completo.

Instrucciones: Hágale un círculo a la idea eje en las siguientes oraciones.

EJEMPLO:
Una enciclopedia es un libro útil para los estudiantes. "Útil" es la idea eje, y en el párrafo que sigue, usted explicará cómo la enciclopedia es útil.

1. Obtener una licencia de conductor es una experiencia difícil.
2. He tenido varias experiencias raras durante citas románticas.
3. Viajar en tren tiene unas cuantas ventajas sobre viajar en automóvil.
4. Hay tres pasos para hacer un bistec a la parrilla.
5. El buen español es claro, adecuado y vivo.

CONTESTACIONES:
1. experiencia difícil
2. experiencias raras
3. unas cuantas ventajas
4. tres pasos
5. claro, adecuado y vivo

Cómo usar palabras específicas

Para demostrar su punto y tener una redacción interesante, use palabras y frases específicas.

> *Instrucciones:* Seleccione la palabra más específica de la lista que sigue en cada ejemplo para hacer la oración más precisa.

EJEMPLO:
Del miedo, su cara estaba _____.
descolorida   carmesí   blanquecina   pálida

La contestación es "blanquecina", ya que "descolorida" y "pálida" son muy imprecisas. "Carmesí" también está incorrecta, porque la cara no se torna carmesí (roja) cuando se tiene miedo. "Blanquecina" es la mejor palabra porque además del color—un blanco pálido y seco—también implica una textura—suave y fría como el mármol. Es la palabra más descriptiva y la que hará esta oración más efectiva.

1. Él llevaba una camisa _____.
   carmesí   coloreada   roja   de color brillante
2. El patio de recreo era un lodazal después del/de la _____.
   aguacero   precipitación   lluvia   humedad
3. El sol está alto y caliente; el aire abrasador; es la hora de _____.
   la siesta   dormir   dormitar   descansar

CONTESTACIONES:
1. "Carmesí" es el adjetivo más específico aquí, ya que describe un rojo brillante. Luego vendrían:

   ● rojo
   ● de color brillante
   ● coloreada

2. "Aguacero" describe un tipo de precipitación específica, un aguacero repentino y punzante. En el orden de especificación:

- lluvia
- precipitación (también puede ser nieve o granizo)
- humedad

3. "Siesta" describe un rato de dormir cuando hace mucho calor a mitad del día y por lo tanto es el sustantivo más preciso. Después vendrían:

- dormitar (dormir por poco tiempo)
- dormir (un tipo de descanso)
- descansar (sentarse o relajarse de cualquier manera)

Revisar y pasar en limpio puede aumentar su puntuación

Hay una tendencia muy fuerte a levantarse justo después de haber acabado de escribir y salir en cuanto antes del salón, aliviado porque ha llegado el fin de la jornada. A pesar de que todos somos susceptibles a este sentimiento, *usted debe darse tiempo para revisar y pasar su trabajo en limpio.* Se puede ahorrar muchos errores innecesarios si revisa su ensayo.

Después de que acabe de escribir, deje algunos minutos para verificar lo que dijo. Asegúrese de lo siguiente:

- ¿Contestó la pregunta?
- ¿Proporcionó detalles buenos y específicos para apoyar sus ideas?
- ¿Organizó su contestación de la mejor manera posible para demostrar su punto claramente?
- ¿Revisó lo escrito corrigiendo errores de deletreo, gramática, puntuación, palabras mal usadas, etc.?
- ¿Eliminó las palabras o frases repetitivas (redundancias)?

Este tiempo en verdad vale la pena. Debiera verificar lo que ha escrito, pero asegúrese de leer lo que está ahí, no lo que le parece que está ahí. No lea muy rápidamente y asegúrese de revisar cuidadosamente aquellos pasajes que no le parezcan claros.

A algunas personas les ayuda poner otro pedazo de papel encima de las líneas para así enfocarse en una línea a la vez. Siempre que pueda, haga las correcciones entre líneas. Cuando esto no sea posible, escriba al margen o al pie de la página, poniendo una marca correspondiente, la cual puede ser un número, una letra o un asterisco. Para tachar es suficiente tachar la palabra con una sola raya.

Antes de empezar a escribir en limpio, es recomendable volver a leer el borrador atendiendo a las correcciones. Léalo en la forma en que lo va a escribir en limpio.

Al fin y al cabo, lo más importante es que usted se asegure de lo que ha escrito, inclusive si todos los demás se están levantando a su alrededor.

¡Ganará usted mediante tal estrategia!

Antes de pasar a los temas de muestra, revise estas sugerencias para escribir mejores ensayos:

1. Siéntese en una habitación solo, sin televisión o radio. Emule las condiciones del salón del examen.
2. Permítase 45 minutos.
3. *Organícese* antes de escribir. Sugerimos el método EAO. Esto quiere decir que usted habrá de:

   - anotar todas las ideas que se le ocurran acerca de la pregunta
   - eliminar todas las ideas dobles o poco claras
   - agrupar las ideas de tal forma que contesten la pregunta
   - organizar un bosquejo y comenzar a escribir

   Este proceso completo sólo debe tomar algunos momentos.

4. Después que acabe de escribir, esté seguro de *revisar*. Estos momentos son muy provechosos.
5. Intente presentar la mejor composición posible cada vez que escriba. Haga que cada sesión de práctica cuente.
6. Trate de conseguir que alguien lea su ensayo y le ofrezca consejos. Esta persona le ayudará a saber si su redacción tiene sentido.

Temas de muestra para composiciones de práctica

Instrucciones: Cada uno de los siguientes temas es muy similar al que va a encontrar en el GED. Contéstelos según lo haría al tomar el examen. Después de la lista, encontrará un bosquejo del primer tema seguido por el ensayo en sí para que tenga un ejemplo más de una de las opciones de cómo proceder.

1. Enfrentados con presupuestos municipales congelados o más pequeños cada año, últimamente los ciudadanos norteamericanos han optado por recortar los fondos designados para las bibliotecas públicas, e inclusive por cerrar bibliotecas enteras, antes de hacer otros recortes. ¿Qué opina usted acerca de recortar y/o cerrar bibliotecas antes que otros servicios públicos? ¿Por qué?
2. "Si las armas se declaran ilegales, sólo los proscritos portarán armas" dice un marbete de automóvil. Discuta las ventajas y las desventajas del control sobre la dispensación de armas.
3. Muchos estados están adoptando proyectos de ley para que los estudiantes no puedan graduarse sin pasar una serie de exámenes de competencia. ¿Es esto bueno o malo? Diga su opinión y apóyela con detalles.
4. Las mujeres han obtenido logros notables en cambiar la manera en que viven, y por extensión, en la manera en que está organizada la familia. ¿Piensa usted que el llamado "Movimiento de Liberación Femenina" es algo bueno o malo? Apoye su contestación con ejemplos específicos.
5. ¿Qué piensa usted acerca del movimiento "English only" ("Solamente inglés") que sostiene que todo documento y procedimiento público (del gobierno u otras agencias públicas como las escuelas) deberá hacerse en la lengua inglesa exclusivamente?

6. Discuta las ventajas y las desventajas de los programas de bienestar público en los Estados Unidos, tales como los cupones de alimento y subsidios para el alquiler de domicilios. Apoye su opinión con ejemplos específicos.

7. "Buy American" ("Compre productos norteamericanos"), dice un rótulo en la carretera. Discuta las ventajas y las desventajas de comprar bienes fabricados en los Estados Unidos por sobre bienes fabricados en otros países.

8. Entable una discusión acerca del papel que le parece que debe tener el arte en la sociedad contemporánea, la cual está organizada en gran medida por la tecnología y el funcionalismo. ¿Piensa usted que los artistas deben ser comentaristas o moralistas? ¿Le parece que el arte debe concentrarse en representar "lo bello" y, de esa manera, preservar una esfera cultural fuera de las complicaciones de la vida diaria? Diga si está de acuerdo o no con las ideas anteriores y por qué.

9. La televisión, ese gran invento que ha hecho posible la comunicación global desde el seno del hogar, ha sido elogiada tanto como ha sido maldita en los últimos años. ¿Cuáles le parece que son las ventajas y las desventajas de la televisión?

10. ¿Qué opina usted acerca del aborto inducido durante los primeros tres meses de embarazo? ¿Por qué? Discuta también las ventajas y las desventajas de que sea legal en los Estados Unidos.

ENSAYO FINAL

Instrucciones: En esta parte se trata de comprobar su habilidad de expresarse por escrito. Se le pide que escriba una composición sobre un tema asignado. La exposición debe ser, ante todo, informativa. Al mismo tiempo, usted puede apoyar su punto de vista o dar su opinión aportando pruebas y ejemplos. *Tiempo:* 45 minutos. *Espacio:* Unas 200 palabras, lo que equivale a una página de veinticinco líneas, a ocho palabras por línea.

Al preparar su composición, se le recomienda que siga los siguientes pasos:

1. Ante todo, lea cuidadosamente el tema asignado. No escriba sobre ningún otro tema. Sería nulo. Además, recuerde que lo importante para efectos de la puntuación que reciba en su ensayo no es la naturaleza de su opinión; usted puede expresar algo convencional o radical. Lo que vale es que el ensayo incluya un argumento claro y una estructura sólida.

2. Haga un pequeño plan esquemático anotando la idea principal primero; luego, las ideas secundarias, razones y ejemplos que piensa usted utilizar en favor de su opinión o punto de vista.

3. Escriba la composición entera en borrador.

4. Lea lo que ha escrito en el borrador y haga las correcciones y revisiones que crea convenientes.

5. Al corregir, tenga en cuenta todos los aspectos gramaticales, mecánica, usos, estructuras, así como el orden, claridad y coherencia de las oraciones.

6. Ponga en limpio la versión final, escrita con bolígrafo, en las páginas especiales asignadas para ello.

7. Escriba con letra clara, de forma que los evaluadores puedan leer su escrito con facilidad. El ensayo será leído por lo menos por dos evaluadores. La nota tendrá en cuenta todos los aspectos de la escritura, desde la puntuación hasta el orden lógico y la claridad.

Tema

Enfrentados con presupuestos municipales congelados o más pequeños cada año, últimamente los ciudadanos norteamericanos han optado por recortar los fondos designados para las bibliotecas públicas, e inclusive por cerrar bibliotecas enteras, antes de hacer otros recortes. ¿Qué opina usted acerca de recortar y/o cerrar bibliotecas antes que otros servicios públicos? ¿Por qué?

Use estas páginas para su bosquejo

I. Párrafo inicial

   A. Oración temática (ponga la pregunta en otras palabras)

     _____

     _____

   B. Oración que introduce al segundo párrafo

     _____

     _____

   C. Oración que introduce al tercer párrafo

     _____

     _____

   D. Oración que lleva al segundo párrafo (esta es opcional)

     _____

     _____

II. El primer punto que tiene que hacer (puede que sean ventajas, desventajas, o meramente su primer tema bajo discusión)

   A. Oración temática

     _____

     _____

   B. Su primer punto (o ventaja, etc.)

     _____

     _____

     1. Detalle acerca del punto

       _____

     2. Detalle acerca del punto

       _____

C. Su segundo punto

_____

_____

1. Detalle

_____

2. Detalle

_____

D. Resumen opcional de los puntos esbozados en el párrafo

_____

_____

III. Su segundo punto (que pudiera ser desventajas, etc.)

A. Oración temática

_____

_____

B. Su primer punto

_____

_____

1. Detalle

_____

2. Detalle

_____

C. Su segundo punto

_____

_____

1. Detalle

_____

2. Detalle

_____

D. Conclusión opcional

_____

_____

IV. Conclusión al ensayo

A. Oración temática (ponga la pregunta en otras palabras)

_____

_____

B. Oración que resume el segundo párrafo

_____

_____

C. Oración que resume el tercer párrafo

_____

_____

D. Conclusión general que establece su punto

_____

_____

Ejemplo de bosquejo útil

Su bosquejo será diferente, y de esa manera será un reflejo de sus propias ideas. Si usted está satisfecho con su propio bosquejo, proceda a escribir su ensayo. Si se le hizo difícil preparar un bosquejo, incorpore algunas de estas ideas y prepare un nuevo bosquejo antes de que comience a escribir su ensayo.

BOSQUEJO:

I. Párrafo inicial
A. Oración temática (ponga la pregunta en otras palabras)
En esta época económica difícil, las bibliotecas públicas se han visto afectadas de forma adversa.
B. Oración que introduce al segundo párrafo
Esto es una lástima ya que las bibliotecas son instituciones que ofrecen muchos servicios.
C. Oración que introduce al tercer párrafo
Son iguales o más importantes que otros servicios públicos.
D. Oración que lleva al segundo párrafo (ésta es opcional)

II. El primer punto que tiene que hacer (puede que sean ventajas, desventajas, o meramente su primer tema bajo discusión)
A. Oración temática
Las funciones que cumplen las bibliotecas son muchas y variadas.
B. Su primer punto (o ventaja, etc.)
La función principal de las bibliotecas es alojar libros de todo tipo.
  1. Detalle acerca del punto
  Los libros están disponibles a cualquiera.
  2. Detalle acerca del punto
  En los últimos años los videos de ficción e instrucción se han añadido a los materiales de circulación.
C. Su segundo punto
En las bibliotecas también ocurren otras actividades.
  1. Detalle
  clubes de cine y lectura; conferencias
  2. Detalle
  servicios sociales como la alfabetización

    D. Resumen opcional de los puntos esbozados en el párrafo

III. Su segundo punto (que pudiera ser desventajas, etc.)
    A. Oración temática
        Son muchas las maneras en que las bibliotecas son tan importantes como o más importantes que otros servicios públicos.
    B. Su primer punto
        Al igual que las escuelas, ayudan a prevenir el crimen mediante la educación.
        1. Detalle
            Los libros inspiran a trascender el mundo individual y se aprende a apreciar y a respetar más al prójimo.
        2. Detalle
            Las bibliotecas son buenos lugares de reunión.
    C. Su segundo punto
        En una sociedad en que hay pobres y ricos, las bibliotecas públicas son muy importantes.
        1. Detalle
            recursos gratis
        2. Detalle
            todos son bienvenidos
    D. Conclusión opcional

IV. Conclusión al ensayo
    A. Oración temática (ponga la pregunta en otras palabras)
        Es difícil tener que escoger cómo organizar un presupuesto municipal y escoger entre bibliotecas y otros servicios públicos.
    B. Oración que resume el segundo párrafo
        Las bibliotecas ofrecen muchos servicios.
    C. Oración que resume el tercer párrafo
        Como instituciones, las bibliotecas son iguales o más importantes que otras.
    D. Conclusión general que establece su punto
        Las bibliotecas = instituciones vitales para cualquier pueblo democrático. Se deben salvar a toda costa.

Use estas páginas para su ensayo final

Ejemplo de un ensayo final

[Esto es sólo una muestra. Su ensayo puede ser muy diferente y sin embargo ser excelente también.]

En esta época económica difícil, las bibliotecas públicas se han visto afectadas de forma adversa. Esto es una lástima ya que las bibliotecas ofrecen muchos servicios. Las bibliotecas son iguales o más importantes que otras instituciones públicas.

Las funciones de las bibliotecas son muchas y variadas. El servicio más común es alojar libros. Se pueden encontrar libros de diversos temas hasta en la biblioteca más pequeña. Ya sean materiales de referencia o de circulación, todos están disponibles para cualquiera, después que se sigan varias reglas simples.

En los últimos años los videos se han añadido a los materiales de circulación. Algunos videos ofrecen el deleite de la ficción, y otros enseñan cosas tales como llenar planillas de impuestos correctamente que tienen que ver con los derechos y los deberes básicos de la ciudadanía.

En las bibliotecas principales también ocurren otras actividades. Ahí se reúnen clubes de cine y de lectura, y se auspician conferencias. Esto enriquece la vida cultural local. A veces hay programas de servicios sociales como de alfabetización.

Son muchas las maneras en que las bibliotecas son tan importantes como o más importantes que otros servicios públicos. Al igual que las escuelas, las bibliotecas ayudan a prevenir el crimen mediante la educación. O sea, sin la necesidad de un sólo policía, los libros y actividades inspiran a jóvenes y viejos a trascender su mundo particular y así se aprende a apreciar y a respetar más al prójimo. Además, las bibliotecas proveen un lugar sano y seguro donde los jóvenes pueden reunirse sin los peligros de la calle.

En una sociedad en que hay pobres y ricos, las bibliotecas públicas son muy importantes. Los recursos que ofrecen no se pueden conseguir gratis en ningún otro lugar. Además, son lugares en donde todos son bienvenidos. En una sociedad repleta de clubes privados exclusivos, las bibliotecas son profundamente democráticas.

Es difícil tener que organizar un presupuesto municipal y escoger entre bibliotecas y otros servicios públicos. Las bibliotecas ofrecen muchos servicios. Muchos de estos servicios a menudo son más importantes para un pueblo democrático que los que ofrecen otras instituciones. Las bibliotecas se deben salvar a toda costa.

TERCERA PARTE

ESTUDIOS SOCIALES

ESTUDIOS SOCIALES

INTRODUCCIÓN

Las preguntas del examen de equivalencia sobre Estudios Sociales son de opción múltiple y se refieren a conceptos generales de historia (25%), ciencias políticas (20%), ciencias de la conducta (20%), economía (20%), y geografía (15%).

Aparte de las lecturas de temas sociales, esta sección incluye tres apéndices: el primero, sobre gráficas y estadísticas; el segundo, sobre geografía, resaltando datos importantes sobre los cinco continentes del mundo, y el tercero consta de un parte teórica que abarca preguntas individuales sobre las diversas ciencias sociales. Un último apartado incluye un glosario de ciencias sociales que recoge conceptos y definiciones esenciales.

Aunque el contenido hace referencia a otras partes del mundo, se ha hecho énfasis en temas sociales relacionados con la historia y culturas del continente americano.

PASAJES

En la época de Colón, los grupos indios más avanzados vivían al sur de lo que hoy es llamado Estados Unidos. Uno de estos grupos eran los *mayas*. Vivían al sur de México y en Centroamérica.

Los mayas desarrollaron sistemas de escritura y matemáticas. Estudiaban astronomía y establecieron un calendario. También sabían cómo plantar maíz: esta cosecha, junto con la de papas y tomates, llegó a ser el alimento básico.

Los mayas eran también expertos arquitectos, ingenieros y escultores. Construyeron hermosos templos, edificaciones sagradas con escaleras ascendentes y plataformas en forma de pirámides.

Una civilización india muy avanzada era la de los *aztecas*. Vivían en el norte y centro de México. En la época en que los exploradores españoles llegaron a América, los aztecas eran mucho más poderosos que los mayas.

El centro de la civilización azteca y la capital del imperio era Tenochtitlán, que fue erigida en el lugar de la actual ciudad de México. Estaba rodeada de un lago y conectada a la bahía por puentes levadizos. Los españoles encontraron en la ciudad alrededor de 300,000 habitantes.

Los aztecas desarrollaron a un alto nivel su propia cultura. Pero también se apropiaron de algunos logros de la cultura maya, como, por ejemplo, el calendario y el sistema matemático. También copiaron de los mayas los métodos agrícolas y las formas del arte y de la arquitectura.

Quizá los indios más avanzados en esta época eran los *incas* de Sudamérica. Su inmenso imperio incluía partes de lo que hoy es Ecuador, Perú, Bolivia y Chile. Eran más expertos en el uso del metal que otros pueblos indios y fueron hábiles constructores de caminos.

En técnicas agrícolas, los incas eran también muy expertos. Crearon tierras de cultivo en las montañas, haciendo en ellas terrazas planas. También desarrollaron un sistema de riego para las zonas agrícolas en lugares de poca precipitación.

1. Los mayas

   (1) vivieron con los incas
   (2) ocupaban los territorios actuales de México y Centroamérica
   (3) vivían en la misma zona que los aztecas
   (4) eran expertos en el uso del metal
   (5) poblaron los territorios actuales de los Estados Unidos

2. Todas las afirmaciones son correctas a excepción de una. ¿Cuál es?

   (1) Los mayas eran grandes matemáticos.
   (2) La cultura maya creía en dioses.
   (3) Los indios mayas estudiaban astronomía.
   (4) Los mayas tenían un gran interés en la arqueología.
   (5) Los mayas plantaban maíz.

3. Los aztecas vivieron en el país que hoy se conoce como

   (1) Estados Unidos
   (2) México
   (3) Guatemala
   (4) Honduras
   (5) Perú

4. ¿Cuál de los siguientes países no está incluido en lo que fue el imperio inca?

   (1) Perú
   (2) Ecuador
   (3) Brasil
   (4) Bolivia
   (5) Chile

Simón Bolívar nació el 24 de julio de 1783, en Caracas, y falleció el 17 de diciembre de 1830. Vamos a citar algunos pensamientos del "Libertador":

"Juro delante de Usted; juro por el Dios de mis padres; juro por ellos, juro por mi honor, juro por la Patria, que no daré descanso a mi brazo ni reposo a mi alma, hasta que haya roto las cadenas que nos oprimen por voluntad del Poder Español...

"No se puede hacer nada bueno, porque los hombres buenos han desaparecido y los malos se han multiplicado... Un pueblo ignorante es instrumento ciego de su propia destrucción... Un hombre sin estudios es un ser imcompleto... Jesucristo, Don Quijote y yo, hemos sido los más insignes majaderos del mundo... Sin igualdad perecen todas las libertades, todos los derechos... Cuando el pueblo, por medio de la instrucción, sepa lo que son sus deberes y sus derechos, habremos consolidado la república.

...Es un principio recibido en la política, que tan tirano es el gobierno democrático absoluto como un déspota; así, sólo un gobierno temperado puede ser libre... La experiencia me ha enseñado que de los hombres se ha de exigir mucho para que hagan muy poco... Divididos, seremos más débiles, menos respetados de los enemigos y neutrales. La unión bajo un sólo gobierno supremo, hará nuestra fuerza y nos hará formidables a todos... He proclamado la libertad absoluta de los esclavos. La tiranía de los españoles les ha puesto en tal estado de estupidez e impreso en sus almas tan grande sentimiento de terror, ¡que han perdido hasta el deseo de ser libres!... La naturaleza hace a los hombres desiguales en genio, temperamento, fuerza y caracteres. Las leyes corrigen esta diferencia porque colocan al individuo en la sociedad para que la educación, la industria, las artes, los servicios, las virtudes, le den una igualdad ficticia, propiamente llamda política y social... La más hermosa corona es la que da la justicia... Hay hombres que necesitan estar solos y bien retirados de todo ruido para poder pensar y meditar; yo pensaba, reflexionaba y meditaba en medio de la sociedad, de los placeres, del ruido y de las balas... Yo no soy Napoleón ni quiero serlo; tampoco quiero imitar a César, aún menos a Iturbide. Tales ejemplos me parecen indignos de mi gloria. El título de Libertador es superior a todos los que ha recibido el orgullo humano... El primer deber del gobierno es dar educación al pueblo... Cada día me convenzo más que sin mi autoridad no se hace nada y que donde no estoy yo, todo sale tuerto... Una sola debe ser la patria de todos los americanos, ya que en todo hemos de tener una perfecta unidad... 'Es más difícil—dice Motesquieu—sacar un pueblo de la servidumbre que subyugar a uno libre'... Para un valiente, el riesgo es el verdadero apetito... Mi nombre pertenece ya a la historia: ella ha de ser la que me hará justicia".

5. Simón Bolívar fue llamado

   (1) "el Liberal"
   (2) "el Jefe militar"
   (3) "el Libertario"
   (4) "el Libertador"
   (5) "el Conquistador"

6. Simón Bolívar juró

   (1) salir de su patria
   (2) viajar a Europa
   (3) luchar junto a los españoles
   (4) unir Europa
   (5) liberar a su patria del dominio español

7. Simón Bolívar estaba de acuerdo con

   (1) libertar a todos los esclavos
   (2) la falta de instrucción
   (3) el dominio español
   (4) dividir América en países separados
   (5) la desigualdad económica política

8. ¿Cuál de las siguientes no es correcta?

   (1) A Bolívar se le conoce como "El Libertador"
   (2) Bolívar decía que debía haber sólo una patria para los americanos.
   (3) El primer deber del gobierno es dar educación al pueblo.
   (4) Bolívar decía que Latinoamérica debía dividirse y que cada país tuviera un gobierno independiente como hoy día.
   (5) Bolívar murió en 1830 en Santa Marta, Colombia.

"La libertad de nuestro país"—decía Samuel Adams—"es digna de ser defendida a costa de todos los sacrificios y es nuestro deber defenderla contra todos los ataques. La hemos recibido como una preciosa herencia de nuestros dignos antecesores, la compraron ellos para nosotros, con sus trabajos, sus peligros y exposición de hacienda o de sangre y nos la transfirieron con cuidado y con diligencia. Nos traería una marca indeleble de infamia a esta generación presente, ilustrada como es, si sufriésemos que esa libertad se nos puede arrancar por la violencia y la lucha, y que se nos pueda despojar de ella por los artificios de hombres maquinadores y falsos...

"Estamos en grave peligro. Por lo tanto, tengamos presente la gravedad de la situación y digamos a nuestros antepasados y a la posteridad que resolvimos mantener los derechos que nos fueron entregados por nuestros padres, a fin de que sea a beneficio de nuestros hijos. La necesidad de estos tiempos exige, más que nunca, la mayor circunspección".

En los primeros momentos de la Revolución, Samuel Adams fue uno de los hombres más destacados. Aspiraba a un régimen democrático y trató siempre de evitar la reconciliación con Inglaterra. Su labor fue muy activa en las campañas contra el impuesto del timbre y contra las cinco leyes intolerables.

9. Samuel Adams decía que era necesario

(1) formar una gran nación con Inglaterra
(2) mantener la esclavitud
(3) defender la libertad de su país
(4) exigirle beneficio a nuestros hijos
(5) hablar con nuestros antecesores

10. Samuel Adams se destacó

(1) al final de la revolución
(2) al comienzo de la revolución norteamericana
(3) durante la Segunda Guerra Mundial
(4) como presidente de Inglaterra
(5) por sus ideas económicas

11. Una de las siguientes afirmaciones no es correcta con respecto a Samuel Adams. ¿Cuál es?

(1) Aspiraba a un régimen democrático.
(2) Trató de evitar la reconciliación con Inglaterra.
(3) Participó en la campaña contra las cinco leyes intolerables.
(4) Defendió la libertad.
(5) Participó en las campañas a favor del impuesto del timbre.

12. Según el texto,

(1) Inglaterra favorecía las ideas de Adams
(2) Adams ayudó a libertar a su pueblo
(3) la democracia nace con Adams
(4) Adams creó las leyes del timbre
(5) Adams consideró como tolerables las cinco leyes

La Declaración de la Independencia de los Estados Unidos fue redactada por Thomas Jefferson. Nacido en 1743, en Virginia, Jefferson estudió en la Universidad de William and Mary. Fue jefe del Partido Demócrata y Secretario de Estado de Washington. El pueblo lo eligió presidente en 1801 y ejerció el cargo durante ocho años. En la labor de sus inmediatos sucesores, Madison y Monroe, fue una importante influencia. En la introducción de la Declaración de la Independencia se dice:

"Cuando en el curso de los acontecimientos humanos se hace necesario que un pueblo rompa los lazos políticos que lo han unido a otro, para ocupar entre las naciones de la tierra el puesto de independencia e igualdad a la que le dan derecho las leyes de la naturaleza y el Dios de esa naturaleza, el respeto decoroso al juicio de la humanidad exige que declare las causas que lo han llevado a la separación...

"Sostenemos como verdades evidentes que todos los hombres nacen iguales; que a todos les confiere su Creador ciertos derechos inalienables, entre los cuales están la vida, la libertad y la busca de la felicidad; que para garantizar esos derechos, los hombres instituyen gobiernos que derivan sus justos poderes del consentimiento de los gobernados; que siempre que una forma de gobierno tienda a destruir esos fines, el pueblo tiene derecho a reformarla o abolirla, a instituir un nuevo gobierno que se funde en dichos principios, y a organizar sus poderes en aquella forma que a su juicio garantice mejor su seguridad y su felicidad..."

La Declaración termina diciendo: "Por todo lo expuesto, nosotros, los Representantes de los Estados Unidos de América, reunidos en Congreso General, apelando a la rectitud de nuestras intenciones ante el Supremo Juez del Universo, y en nombre y por autoridad del buen pueblo de estas Colonias, solemnemente proclamamos y declaramos: 'Que estas Colonias Unidas son, y por derecho deben ser, Estados libres e independientes; que quedan exentas de toda fidelidad a la Corona inglesa, y que todo lazo político entre ellas y el Estado de la Gran Bretaña queda y debe quedar completamente roto; y que como tales Estados libres e independientes, tienen un pleno poder para declarar la guerra, hacer la paz, concertar alianzas, organizar su comercio, y realizar todos aquellos actos y providencias a que tienen derecho los Estados independientes. Para sostener esta Declaración, con firme confianza en la protección de la Divina Providencia, empeñamos mutuamente nuestras vidas, nuestras haciendas y nuestro más sagrado honor"

13. Thomas Jefferson,

(1) sucedió en el cargo a los presidentes Madison y Monroe
(2) representaba al Congreso
(3) fue reelegido en el cargo de presidente en 1805
(4) pasó por la presidencia de los Estados Unidos sin dejar huella política
(5) fue fiel a la Corona Inglesa

14. ¿A quién se referían los redactores de la Declaración cuando citaban al Juez Supremo del Universo?

(1) al juez del Tribunal Supremo de los Estados Unidos
(2) a Dios
(3) al juez del Estado de Virginia
(4) a todas las religiones
(5) al Dios de los mormones

15. En el segundo párrafo, cuando dice "rompa los lazos políticos que lo han unido a otro...," quiere decir

(1) independizarse de Inglaterra
(2) independizarse de España
(3) independizarse de Francia
(4) independizarse de Alemania
(5) provocar una guerra civil

16. En la Declaración de Independencia se proclamaron varios principios, excepto

(1) la libertad de los Estados Unidos de América
(2) fidelidad a la Corona inglesa
(3) instituir gobiernos que sean representativos de la voluntad del pueblo
(4) las Colonias Unidas deben ser independientes
(5) defender la libertad a cualquier precio

En la época de la Revolución Norteamericana casi dos tercios de la población de las colonias era inglesa. La mayoría procedía de Inglaterra; otros habían venido de diferentes partes de Gran Bretaña o de posesiones inglesas en las Antillas.

El tercio restante de la población norteamericana estaba formado por gente de diferentes nacionalidades. En este grupo que no era inglés, los alemanes constituían la mayoría. Algunos se instalaron en Maryland, New Jersey y New York. Pero la mayoría fue a Pennsylvania en busca de libertad religiosa. A menudo establecieron sus propias comunidades en donde hablaban alemán y mantenían las costumbres y tradiciones de su país.

Los colonos escoceses y los escoceses-irlandeses formaban otro grupo numeroso de colonos que no eran ingleses. Los escoceses-irlandeses llegaron del norte de Irlanda. Eran descendientes de escoceses que habían emigrado a Irlanda en el siglo XVII. En Irlanda habían vivido del comercio de exportación. Pero Inglaterra dictó ciertas leyes prohibiendo la exportación de algunas mercancías irlandesas. Estas·leyes privaron a los escoceses-irlandeses de su subsistencia y por eso comenzaron a buscar otro lugar donde vivir. Alrededor de 1714, los primeros inmigrantes escoceses-irlandeses llegaron a Norteamérica.

Como los alemanes, la mayoría de éstos se establecieron en Pennsylvania. Desde allí algunos se trasladaron al oeste de Virginia y a Carolina del Norte y del Sur.

Irlandeses, suizos-alemanes, suecos, holandeses y franceses también llegaron a las colonias. También había algunos judíos en Rhode Island, New York y Carolina del Sur.

A mediados del siglo XVIII los visitantes europeos se sorprendían enormemente por la gran variedad de nacionalidades. A su modo de ver estaban surgiendo "nuevas personas," "los americanos". Ciertamente una nueva sociedad angloamericana parecía estar configurándose.

17. El texto trata de

    (1) la importancia que los ingleses alcanzaron al llegar a los Estados Unidos
    (2) los problemas de los inmigrantes escoceses-irlandeses
    (3) las diversas nacionalidades que fueron formando la población los Estados Unidos
    (4) la Revolución Norteamericana
    (5) la corrupción de los dos tercios de la población de las colonias

18. Los escoceses-irlandeses

    (1) viajaron a Maryland porque Inglaterra prohibió la exportación de mercancías irlandesas
    (2) eran irlandeses y escoceses que emigraron a Sudamérica, formando un grupo compacto
    (3) eran descendientes de irlandeses
    (4) eran descendientes de escoceses que habían emigrado a Irlanda
    (5) sólo querían consumir artículos importados

19. Los inmigrantes alemanes

    (1) se instalaron mayormente en New Jersey y New York
    (2) habían nacido en Pennsylvania
    (3) no se relacionaban con otras comunidades
    (4) tenían tendencias a conservar su lengua y sus costumbres
    (5) 1 y 2

20. La sociedad angloamericana

    (1) está compuesta por ingleses
    (2) es muy joven si la comparamos con sociedades europeas
    (3) es muy antigua
    (4) está compuesta por una población uniforme
    (5) fue bautizada por los conservadores y puritanos

Los Padres de la Patria concedieron al gobierno un dirigente o jefe ejecutivo poderoso que desempeñara las funciones de presidente de los Estados Unidos. Con los Artículos no había poder ejecutivo. Éste fue uno de los motivos por los cuales el gobierno no podía funcionar. Los Padres de la Patria se dieron cuenta del problema y lo solucionaron con la creación del cargo de presidente.

De acuerdo con la Constitución, el presidente es una figura poderosa. Es el jefe del gobierno y tiene amplios poderes para hacer cumplir las leyes. Es también comandante en jefe de todas las fuerzas armadas y dirige las relaciones exteriores de la nación.

Sin embargo, el poder del presidente está también limitado ya que las otras ramas del poder pueden "verificar" sus acciones. El Senado, por ejemplo, debe aprobar los nombramientos que él haga en las cortes federales y asimismo puede rechazar cualquier tratado que el presidente haya firmado.

Los redactores de la Constitución consideraban que el pueblo debería participar sólo indirectamente en la elección del presidente. De ese modo, no somos nosotros realmente los que elegimos al presidente. El pueblo elige a un grupo de personas, llamado Colegio Electoral, el cual elige al presidente. De hecho, al principio, la mayoría de las veces los electores no eran elegidos por el pueblo sino por las legislaturas estatales. Los Padres de la Patria consideraban que los electores servirían para que el pueblo no escogiera a un mal presidente. Creían que la opinión de los electores sería más adecuada porque se dejarían llevar menos por las emociones.

Hoy, el trabajo de los electores es menos importante, ya que los electores de cada estado generalmente eligen el mismo candidato que el pueblo elige. Pero en 1787, el pueblo creía que el Colegio Electoral era el mejor modo de elegir al presidente.

21. El presidente de los Estados Unidos

    (1) no puede crear leyes
    (2) tiene poder ilimitado
    (3) es jefe del Colegio Electoral
    (4) ejerce el poder judicial
    (5) tiene potestad para elegir al nuevo presidente

22. La institución que vigila más de cerca las acciones del presidente es

    (1) la Constitución
    (2) el Senado
    (3) la corte federal
    (4) el Colegio Electoral
    (5) los gobernadores

23. Cuando se redactó la Constitución, se consideró que el pueblo

    (1) elegiría directamente al presidente
    (2) tendría el poder legislativo
    (3) elegiría indirectamente al presidente
    (4) formaría la legislatura estatal
    (5) no tendría participación alguna en la elección del presidente

24. A finales del siglo XVIII, el presidente era elegido por

    (1) el pueblo
    (2) el Senado
    (3) el Congreso
    (4) un grupo de personas elegido por el pueblo
    (5) la Cámara de Representantes

En la campaña de 1960, dos hombres muy jóvenes fueron postulados como candidatos presidenciales de los dos partidos mayoritarios: Richard M. Nixon y John F. Kennedy. Nixon había sido senador antes de ser vicepresidente en los dos períodos de Eisenhower. Kennedy, igual que Nixon, también había sido miembro de las dos Cámaras del Congreso.

Uno de los puntos más importantes de la campaña fue una serie de cuatro debates televisados entre los dos candidatos. El control de Kennedy parecía haberle dado un pequeño margen. Pero Kennedy era católico y ningún católico había sido elegido como presidente. La "cuestión católica" fue muy importante en la campaña. Algunos protestantes atacaron a Kennedy diciendo que un católico "seguiría las órdenes del Papa". Kennedy respondió a eso de la siguiente manera:

"Creo en una América en que un día terminará toda intolerancia religiosa, donde todos los hombres e iglesias reciban trato igual, donde cada hombre tenga el derecho de asistir o no asistir a la iglesia de su elección, donde no haya voto católico ni anticatólico, ni de 'bloque' de ninguna clase, y donde los católicos y protestantes y judíos se guarden de la actitud de desprecio y división que tan a menudo ha estropeado sus obras en el pasado y promuevan el ideal americano de hermandad.

Permítaseme expresar una vez más que éstos son mis puntos de vista; contrariamente a lo que han sugerido algunos periódicos, no soy el candidato católico sino el candidato del Partido Demócrata, que casualmente también es católico. En los asuntos públicos no hablo por mi iglesia y la iglesia no habla por mí".

Quizás este discurso tuvo efecto sobre las eleciones. Kennedy recibió sólo 120,000 votos más que Nixon. Kennedy, a sus 43, se convirtió en el presidente más joven y en el primer católico elegido para ocupar el liderazgo de la nación.

La juventud de Kennedy dio a muchos norteamericanos esperanza. La nación se fortalecería y podría hacerle frente a cualquier problema que surgiera. En su discurso inaugural pidió a todos los americanos que se unieran "en una lucha contra los enemigos comunes del hombre: la tiranía, la pobreza, la enfermedad y la guerra". Concluyó diciendo: "No preguntes lo que tu país puede hacer por ti, pregunta lo que tú puedes hacer por tu país".

25. John Kennedy y Richard Nixon

    (1) se presentaban a la vicepresidencia
    (2) habían sido representantes en el Congreso
    (3) apoyaban a Eisenhower
    (4) eran senadores de New York
    (5) ninguna de las anteriores

26. Para John Kennedy el hecho de que pudiera ser elegido como primer presidente católico en los Estados Unidos significaba

    (1) que su gobierno seguiría las órdenes del Papa
    (2) que sólo los católicos iban a ser tenidos en cuenta durante su gobierno
    (3) que su religión no iba a interferir en su labor
    (4) el desprecio por parte de los ciudadanos pertenecientes a otras religiones
    (5) ninguna de las anteriores

27. En 1960 Kennedy se convirtió en

    (1) senador
    (2) el primer gobernador de su estado
    (3) el presidente más joven que ha tenido Estados Unidos
    (4) el primer gobernador católico
    (5) ninguna de las anteriores

Tradicionalmente, la antropología se ha definido como "el estudio del hombre". Debido a la amplitud de su campo y al número de subdivisiones que existen dentro de la disciplina, uno de los mayores problemas que tiene hoy el antropólogo es el de definir su propia ciencia. En los Estados Unidos y en otros países de América, se ha dividido la antropología en cuatro ramas principales: lingüística, arqueología, antropología física y antropología cultural o social. La *lingüística* se ha descrito como el estudio comparativo de la naturaleza, estructura, historia y desarrollo de la lengua. En un principio, el lenguaje permite estudiar las diferencias entre los humanos y otros antropoides y puede reflejar ciertos contactos sociales culturales entre los pueblos. La *arqueología* centra primeramente su campo de estudio en la reconstrucción histórica de culturas que ya no existen. El arqueólogo nos ayduda a saber cómo vivían en el pasado los humanos, cómo se organizaban socialmente, las creencias que tenían, cómo era el arte prehistórico, las relaciones con otras culturas y el desarrollo de la civilización. La *antropología física* es una disciplina fundamentalmente biológica que estudia el desarrollo del organismo, la vida de los primates, la genética, las variaciones raciales, la relación entre la ecología y la conducta. El interés fundamental del antropólogo físico es el estudio de la evolución del ser humano.

Como el propio nombre lo indica, la *antropología cultural* estudia la cultura humana. Su concepto básico ha sido la cultura. La definición clásica de cultura se debe a Edward Tylor quien, en 1871, decía que "cultura o civilización es ese complejo de conocimientos, creencias, arte, moral, derecho, costumbres y cualesquiera otras aptitudes y hábitos que el hombre adquiere como miembro de la sociedad". Tylor concebía la cultura como un fenómeno que se daba de forma unilineal. Según él, toda cultura pasaba por similares etapas evolutivas. Sus ideas sobre la unidad de la cultura influirían en el pensamiento antropológico de finales del siglo XIX.

28. La antropología estudia

    (1) la conducta individual
    (2) la vida social
    (3) las culturas y sociedades humanas
    (4) la sociedad
    (5) la mente y la personalidad de los seres humanos

29. ¿Cuál de las siguientes no forma parte de las ramas de la antropología?

    (1) la lingüística
    (2) la antropología cultural
    (3) la antropología física
    (4) la arqueología
    (5) la psicología

30. La ciencia que estudia la reconstrucción de culturas extintas es

    (1) la antropología física
    (2) la arqueología
    (3) la psicología
    (4) la antropología cultural
    (5) la sociología

En vida tenía la apariencia de un mono orangután hembra o de un macho chimpancé, con la cara muy corta y unos 60 ó 70 kilogramos de peso. Murió tal vez de viejo, lo mismo que otros animales contemporáneos de él, y sus restos reposaron en lo que hoy es el cauce de un río seco durante unos diecisiete millones de años. Hasta que el verano pasado, Alan Walker, profesor de la Universidad norteamericana Johns Hopkins, y Richard Leakey, director del Museo Nacional de Kenia, desenterraron lo que quedaba: algunos huesos dispersos y las mandíbulas.

Esta mezcla de orangután y chimpancé podría ser el ancestro común del hombre y de los monos, que vivió en el Mioceno Inferior junto con antecesores—hoy desaparecidos— del elefante, del perro, del rinoceronte, de los monos pequeños, cocodrilos, tortugas, jirafas y ciervos, cuyos restos fueron hallados junto a él en Buluk, una región desértica de Kenia. De confirmarse esta hipótesis, el homínido de Buluk sería el abuelo más antiguo del hombre, y podría constituir el hallazgo antropológico más relevante de este siglo.

Tenemos tres hipótesis para explicar el hallazgo de Buluk,"—dice el profesor Walker. "Puede tratarse del ancestro de todos los monos y del hombre; puede ser solamente el ancestro del orangután, lo cual doblaría en años el período conocido de la evolución de este mono; o podría ser que no guardase ninguna relación con estas dos hipótesis y se tratase simplemente del ancestro de otros monos hoy extinguidos.

El simio de Buluk podría llenar el vacío existente si se probase que es el antecesor común de los grandes monos y del hombre. Subsistiría, empero, la duda sobre cuándo se produjo la escisión de la rama humana del tronco común con los primates. Por ahora se cree que acaeció hace solamente unos diez millones de años.

31. Los restos podrían pertenecer a un ancestro de

(1) elefante
(2) perro
(3) rinoceronte
(4) los homínidos
(5) gorila

32. "Buluk" es el nombre

(1) del antropólogo que halló los restos
(2) del homínido cuyos restos fueron desenterrados
(3) de una región africana
(4) de una especie de simios
(5) ninguna de las anteriores

33. Una de las siguientes afirmaciones es verdadera. ¿Cuál es?

(1) Los restos pertenecen al ancestro del orangután.
(2) La escisión de la rama humana del tronco común con los primates ocurrió hace 17 millones de años.
(3) Se cree que el animal encontrado tenía un peso de 50 kilos.
(4) Aún no se sabe cuándo la rama humana se separó del tronco de los primates.
(5) Está comprobado que el animal es un chimpancé.

La sociología ha sido una de las ciencias sociales que apareció más tarde dentro de las disciplinas científicas. Hasta bastante avanzado el siglo XIX no se intentó señalar los principios ni el sentido concreto de esta ciencia. Nació fundamentalmente en Francia y el sociólogo que más contribuyó a su desarrollo fue Durkheim. Como precursores importantes de la sociología en dicho país cabe señalar a Montesquieu y a Comte. En Inglaterra se destacó la obra de Spencer la cual alcanzó una importancia notable en Estados Unidos. En Alemania hubo una serie de autores que influyeron de forma determinante, en la configuración de la disciplina, como Marx, Tonnies, Simmel, Weber y Manheim.

Algunos autores han afirmado que la sociología es la "ciencia de la sociedad". Tradicionalmente, se ha definido la sociedad como un grupo de personas que tienen una cultura común, ocupan un área territorial determinada, tienen un sentido de unidad y se consideran a sí mismo como una entidad socialmente independiente. De esta manera, la sociedad aparece como un grupo particular con un sistema que comprende instituciones sociales básicas que regulan en gran parte la conducta humana. La sociología se podía definir, de acuerdo con estos principios, como la ciencia que estudia el sistema social, la organización de las poblaciones y grupos sociales, las instituciones y los cambios que se operan en la estructura social.

La sociología busca el desarrollo de un cuerpo de postulados científicos que puedan explicar y ayudar a comprender la conducta social. Estos postulados han de comprobarse con datos específicos y por ello la ciencia se vale de la observación empírica. La interpretación de dichos datos ha constituido una teoría y metodología que posibilitan la aplicación de ideas a problemas prácticos. Debido a la amplitud de su campo de estudio, la sociología se divide en una serie de subdisciplinas que se ocupan de analizar diferentes fenómenos sociales: sociología de la educación, aplicada, rural, política, industrial, médica, urbana, de la religión, del conocimiento.

Parsons, uno de los sociólogos más importantes de este siglo, decía que la sociología se diferencia de la economía en cuanto que ésta se concentra en los fenómenos que se producen dentro de un sistema de relaciones de intercambio, y guarda diferencias con una ciencia como la política que se ocupa del estudio de los sistemas de poder políticos. Asimismo, sus objetivos son en cierta forma distintos de los de la antropología y de la psicología. La primera analiza de cerca la vida social y cultural, y la segunda se centra en el individuo y en la personalidad. Para Parsons, la sociología es una ciencia social especial al ocuparse principalmente del estudio de los procesos de institucionalización que se dan en el sistema social.

34. Podemos decir que la sociología

    (1) nace en la antigüedad
    (2) es una ciencia social americana
    (3) es una ciencia social relativamente nueva
    (4) es lo mismo que la psicología
    (5) no es una disciplina científica

35. Parsons se interesaba por

    (1) la vida cultural del individuo
    (2) la evolución de la conducta personal
    (3) los procesos culturales de una sociedad
    (4) el proceso económico que se da en un sistema social
    (5) la evolución de la institucionalización social

36. La sociología estudia los siguientes temas, excepto

    (1) el sistema social

    (2) la organización de los problemas y grupos sociales
    (3) el ser individual
    (4) las instituciones sociales
    (5) los cambios que se operan en la estructura social

37. Una de las siguientes afirmaciones no es correcta. ¿Cuál es?

    (1) La antropología analiza la vida social y cultural.
    (2) La economía estudia la moneda de un país.
    (3) La psicología estudia el individuo y la personalidad.
    (4) La sociología es una ciencia social.
    (5) La política estudia los sistemas de poder político.

En 1841, una maestra de Massachusetts llamada Dorothea Dix, que tenía gran interés en saber la terapia que se les daba a personas dementes, visitó una cárcel en East Cambridge, Massachusetts. Se sorprendió muchísimo por el tratamiento que se daba a los prisioneros, especialmente porque a criminales y a locos inocentes los mezclaban juntos en las mismas celdas.

La señorita Dix decidió consagrar todo su tiempo a este problema. Visitó otros reformatorios, prisiones y casas de caridad. Encontró que los enfermos mentales eran tratados como criminales, aunque no fueran culpables de delito alguno.

Finalmente, en 1843, se presentó ante el Tribunal del Estado de Massachusetts para apelar por un mejor tratamiento de estas personas.

38. Dorothea Dix se interesó por

    (1) la sociología
    (2) la enseñanza para adiestrar a los delincuentes
    (3) los métodos terapéuticos y psiquiátricos
    (4) la organización de las cárceles de Massachu-setts
    (5) los criminales que habían sido injustamente tratados

39. Cuando comprobó las condiciones en que vivían los dementes, la señorita Dix

    (1) empezó a ejercer como maestra en las prisio-nes

    (2) dedicó su vida a buscar soluciones
    (3) enseñó a sus alumnos cómo debían tratar a los enfermos mentales
    (4) pasó once meses en reformatorios, prisiones, y casas de caridad
    (5) ninguna de las anteriores

40. Ella se sorprendió de ver

    (1) la cantidad de personas dementes que había
    (2) la docilidad de las personas neuróticas
    (3) tantos dementes jóvenes
    (4) que a locos y criminales se les daba un trato igual
    (5) la cantidad de criminales que había en Mas-sachusetts

Tradicionalmente, se concebía la psicología como el estudio del alma. La influencia que habían ejercido Platón y Aristóteles en el pensamiento filosófico occidental indujo a tal definición, sobre todo en tiempo de los escolásticos cristianos. La psicología no aparece como una disciplina independiente hasta el siglo XIX, hasta entonces fue parte de la filosofía. En dicho siglo, la psicología comienza a centrarse en el estudio de fenómenos observables, transformándose en "experimental". Ésta nació en Alemania gracias a los trabajos de Herbart, en un principio, y a la obra de Wundt quien fundó el primer laboratorio de psicología en Leipsig , en 1870. Junto a la psicología experimental aparecieron otras escuelas que trataban básicamente del mismo problema: qué grado de dependencia existía entre lo psicológico y lo biológico. Destacó la tendencia funcionalista que estudiaba la relación de dependencia entre el ser humano y determinadas leyes biológicas. También tuvo importancia el behaviorismo o conducismo, la escuela rusa que iniciara Pavlov y Bechterev, interesada en la neurofisiología y el psicoanálisis.

En el siglo XX se ha definido la psicología como el estudio científico de las actividades individuales. El campo de estudio es amplísimo, por ello existen hoy día un número de subdisciplinas que se ocupan de analizar diferentes fenómenos psíquicos. *La psicología fisiológica,* por ejemplo, estudia los fundamentos fisiológicos de la conducta y de la vida mental; se centra en la función que ejercen una serie de órganos somáticos en la actividad psíquica. El cerebro es, sin duda, el órgano más importante, el principal coordinador de los procesos mentales y de la conducta. Dentro de la psicofisiología, la rama que estudia exclusivamente la función del cerebro se denomina neuropsicología. Asimismo, la psico-logía fisiológica estudia la actividad que ejercen otros órganos.

41. La psicología aparece originalmente como una disciplina dependiente

    (1) de la filosofía
    (2) del estudio de las religiones
    (3) de la parapsicología
    (4) de la historia
    (5) de las ciencias naturales

42. En el siglo XIX, la psicología

    (1) era científica
    (2) analizaba la composición del alma

    (3) se estudiaba en laboratorios
    (4) estudiaba fenómenos observables o experi-mentales
    (5) analizaba las actividades intelectuales

43. Herbart y Wundt

    (1) trabajaron en Inglaterra
    (2) analizaron la relación entre la psicología y la biología
    (3) eran psicólogos conductistas
    (4) eran psicólogos experimentales
    (5) descubrieron la ciencia psicológica

Jean Jacques Rousseau (1712-1778), nació en Ginebra y, aunque pasó la mayor parte de su vida en Francia, siempre se sintió como un extraño, vinculándose siempre a su "patria" y llamándose "cuidadano de Ginebra". Fue en su ciudad natal donde transcurrieron sus primeros años. No llegó a conocer a su madre, que había muerto muy poco después de su nacimiento, y la educación que recibió de su padre no fue corriente. Isaac Rousseau era al mismo tiempo que un hábil fabricante de relojes un hombre extraño y temperamental que inculcó tempranamente a su hijo el gusto por la lectura a través de las novelas y de las *Vidas* de Plutarco. En su libro las *Confesiones*, Rousseau escribió: "Mi infancia no fue la propia de un niño. Siempre sentí y pensé como un hombre". A los 13 años, entró como aprendiz en el taller de un grabador, que le castigó muy duramente por pequeños hurtos y bribonadas. A los 16 años le ocurrió algo que cambiaría su vida. Un domingo de marzo de 1728, después de un paseo por el campo, volvió demasiado tarde, cuando ya las puertas de la ciudad se habían cerrado: en vez de regresar a Ginebra a la mañana siguiente, prefirió probar fortuna. Esta aventura le condujo ocasionalmente a Turín, al hospicio del Espíritu Santo, donde se convirtió en católico. "Me hice católico"—diría al final de su vida—"pero seguí siendo siempre cristiano".

Incapaz de encontrar un medio para ganarse la vida en Turín, Rousseau fue en 1729 a Annecy, en Saboya, para vivir con Madame de Warens, una buena mujer que tenía cerca de trienta años y que al principio le trató como a un hijo, pero poco después se convirtió en su amante. La vida de Rousseau en Saboya fue libre y feliz; los 12 años que permaneció en dicha ciudad fueron "el único breve período de felicidad"—dijo—"en toda mi vida".

Se dedicó a leer, a estudiar todo cuanto caía en sus manos: literatura, filosofía, astronomía, química, música. Mientra que los otros grandes escritores del siglo XVIII, Montesquieu, Voltaire, e incluso Diderot, recibieron una educación regular, Rousseau fue un autodidacta. Todo lo aprendió por sí mismo.

Abandonó Saboya en 1742 y se marchó a París. Triunfó primero como músico. Componía y dirigía obras musicales. Después, triunfó como escritor. Empezó a escribir en firme a partir de los 40 años. Escribió novelas, ensayos, tratados de carácter sociológico, filosofía, estudios de economía política y sobre educación. Sus dos obras más conocidas *Emile y Contrat Social* tuvieron un gran impacto en el mundo intelectual sirviendo como bases a ciencias que iban a desarrollarse después, como la sociología y la pedagoía.

Para Rousseau "el mayor bien no es la autoridad sino la libertad". Fue un defensor de la naturaleza, del orden natural, de la igualdad con la que nacen todos los seres humanos. Para Rousseau, la desigualdad es el mal original, el que engendra todos los demás. De esta forma, al oponer "la igualdad que la naturaleza había establecido entre los hombres a la desigualdad que los hombres han instituido," Rousseau formulaba un alegato contra la civilización y la vida en sociedad. La sociedad que debería reunir a los hombres, los mantiene de hecho separados y los hace enemigos de sus congéneres. Sus ideas fueron decisivas en la formación de las Ciencias Sociales. Rousseau fue severamente criticado y perseguido en los últimos años de su vida, por atentar en sus escritos contra la autoridad política y contra la estructura de las instituciones sociales.

44. Rousseau

(1) fue socialista
(2) albergaba a los hospicianos del Espíritu Santo
(3) defendió a la civilización
(4) defendió la libertad e igualdad
(5) ninguna de las anteriores

45. ¿Cuál de las siguientes afirmaciones no es correcta con respecto a Rousseau?

(1) Fue un autodidacta.
(2) Era suizo pero vivió mucho tiempo en Francia.

(3) Antes de dedicarse a escribir, fue músico.
(4) Fue un sicólogo famoso.
(5) Es conocido por sus obras de sociología y filosofía.

46. Las obras de Rousseau sirvieron como bases a ciencias que se desarrollaron más tarde como la

(1) música y literatura
(2) filosofía y sicología
(3) sociología y pedagogía
(4) astronomía y filosofía
(5) astronaútica y navegación

Ha sido principalmente a partir de la Segunda Guerra Mundial cuando la ciencia política se ha constituido como una disciplina autónoma con una estructura teórica propia. Anteriormente, su campo de acción se caracterizaba por una gran variedad de temas que giraban alrededor de ciertas prácticas e instituciones gubernamentales.

En el siglo XIX, la ciencia política se definía como el estudio de las instituciones estatales. El concepto político básico lo constituía el "Estado" concibiéndose éste como un cuerpo de normas constitucionales. Aparecía así como una disciplina mucho más interesada en estudiar formalismos jurídicos que en analizar los lazos que tenía la entidad estatal con la sociedad. Una buena parte de los politólogos de la época habían heredado de la filosofía política clásica inspirada en Aristóteles, un tono moralista, y limitaban el campo de la vida política a la esfera institucional, estatal y jurídica.

Algunos autores como Marx, Gumplowicz, Ratzenhofer, Treitschke, Oppenheimer se opusieron a dichos criterios al concebir la vida política como una lucha que sostenían diferentes grupos sociales por hacerse del poder. Interpretar la política en función del "poder" se anteponía a la teoría del "Estado". Los estudios que consideraban las relaciones de poder presentaban una serie de variables que tropezaban con el pensamiento político que se centraba en la vida institucional. Sin embargo, la teoría del poder presentaba también dificultades por la ambigüedad que encerraba el término. Había que definir qué es lo que se entendía por poder dentro de la esfera política ya que en todos los sectores de la vida social existían formas de poder. Era preciso, pues, diferenciar el poder político del económico, religioso o familiar.

En el siglo XX, los estudios sobre el "poder" comienzan a tomar forma.

47. La ciencia política

(1) es una disciplina muy heterogénea
(2) se define de una manera autónoma
(3) fue una disciplina poco estructurada hasta la Segunda Guerra Mundial
(4) tiene sus orígenes en Asia
(5) estudia la relación entre el Estado y las clases sociales medias

48. En el siglo XIX la ciencia política

(1) analizaba los lazos que unían al Estado con la sociedad
(2) centraba su interés en el aspecto jurídico de las instituciones
(3) clarificaba las normas constitucionales
(4) estudiaba la filosofía política clásica
(5) intentó estructurarse teóricamente

49. El primer científico político fue

(1) Aristóteles
(2) Platón
(3) Marx
(4) Gumplowicz y Oppenheimer
(5) ninguna de las respuestas anteriores

50. Con el tiempo, la ciencia política centró sus estudios en

(1) la lucha de clases
(2) el análisis de las relaciones de poder
(3) las variables que contradecían el pensamiento político
(4) la vida institucional
(5) la definición del término "política"

El Convenio Constitutivo del Fondo Monetario Internacional (FMI) fue redactado por la Conferencia Monetaria y Financiera de las Naciones Unidas reunida en Bretton Woods (New Hampshire), en julio de 1944. Asistieron a dicha Conferencia los representantes de 44 naciones. El Convenio Constitutivo entró en vigor el 27 de diciembre de 1945, y la sesión inaugural de la Junta de Gobernadores se celebró conjuntamente con la de la Junta de Gobenadores del Banco de Reconstrucción y Fomento en Savannah (Georgia), en marzo de 1946.

El Fondo fue establecido para fomentar la cooperación internacional respecto a problemas monetarios por conducto de una institución permanente de consulta y colaboración. Sus fines principales son: facilitar, como objetivos principales en materia de política económica, la expansión y el crecimiento equilibrado del comercio internacional, contribuyendo así a estimular y conservar niveles elevados de empleo e ingresos reales y a desarrollar los recursos productivos de todos los miembros; estimular la estabilidad de los cambios, mantener disposiciones entre los miembros, y evitar la depreciación compe titiva de los cambios; e inspirar confianza a los miembros poniendo a su disposición los recursos del Fondo con garantías adecuadas.

El 31 de diciembre de 1965, los activos del Fondo incluían, en cifras redondas, 2,668.9 millones de dólares en oro, 13,546.3 millones de dólares en diversas monedas nacionales, y 938.4 millones de dólares en suscripciones por recibir. El total de cuotas ascendía a 15,976.6 millones de dólares. Las suscripciones de los miembros son iguales a sus cuotas. Cada miembro debe pagar en oro, o bien el 25 por ciento de su suscripción, o el 10 por ciento de sus tenencias oficiales netas en oro y dólares, la cifra menor de ambas. El saldo se paga en la moneda propia del país.

51. El Fondo Monetario Internacional es una institución

(1) política
(2) económica de carácter permanente
(3) económica que sólo se reúne cuando hay algún problema
(4) que distribuye las inversiones a nivel internacional
(5) que no puede tener más de 50 miembros

52. A dicha conferencia asistieron

(1) los presidentes de 44 naciones
(2) los gobernadores políticos de 44 naciones
(3) los alcaldes de 44 ciudades
(4) representantes de 44 naciones
(5) los principales banqueros de 44 naciones

53. Una de las siguientes afirmaciones no es verdadera. ¿Cuál es?

(1) El Fondo no está de acuerdo con la expansión del comercio internacional.
(2) El Fondo estimula niveles elevados de empleo.
(3) El Fondo fomenta la cooperación internacional respecto a problemas monetarios.
(4) El Fondo contribuye a desarrollar los recursos productivos de todos los miembros.
(5) El Fondo estimula la estabilidad de los cambios.

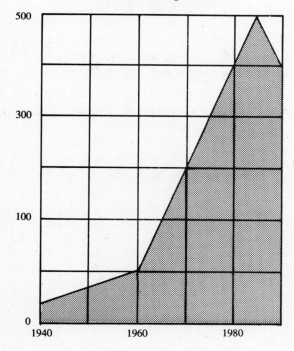

LICENCIATURAS
(Miles de diplomas)

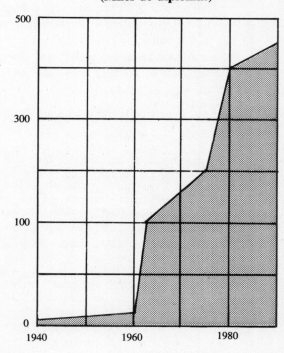

DOCTORADOS
(Miles de diplomas)

54. El número de doctorados alcanza su más alto nivel en

   (1) 1980
   (2) 1990
   (3) 1985
   (4) 1970
   (5) 1984

55. En el período 1960–1980, la tendencia del número de licenciados puede describirse como

   (1) descendente
   (2) estable
   (3) en aumento
   (4) inestable
   (5) decreciente

56. ¿Cuál de las siguientes afirmaciones es correcta?

   (1) En 1950 hubo 50,000 doctorados y 60,000 licenciados.
   (2) En 1960 hubo 50,000 doctorados.
   (3) El número de licenciados fue siempre en aumento.
   (4) En 1980 hubo 400,000 licenciados y 400,000 doctorados.
   (5) El número de doctorados llegó a ser mayor que el número de licenciados.

En 1960 el gasto total en publicidad en Estados Unidos se estimó en aproximadamente 12,000 millones de dólares, es decir, el 2.3 por ciento del producto nacional bruto (PNB). Como en 1947 la publicidad había ascendido al 1.8 por ciento del PNB, se dio una ligera tendencia alcista en ese período posterior a la segunda guerra mundial.

En 1954 el gasto en publicidad en Canadá ascendió al 1.6 por 100 del PNB, y cifras análogas en magnitud se dieron en Inglaterra. En estos dos países los gastos en publicidad constituyen un menor porcentaje del PNB o de la renta nacional que en Estados Unidos. Por lo que puede inferirse de los escasos datos disponibles, la publicidad es un medio de promoción menos importante en la mayoría de los demás países que en Estados Unidos.

Los principales canales de publicidad son: *a)* Los medios impresos, como revistas y periódicos, contienen a la vez publicidad y material editorial y se venden directamente al público; *b)* los medios audiovisuales, como la televisión y la radio, se financian principalmente mediante ingresos procedentes de la publicidad; *c)* la publicidad directa por correo; y, *d)* la publicidad mediante carteles publicitarios que intenta atraer la atención del público e influir directamente en las ventas.

La publicidad moderna se inició en la primera parte del siglo XIX, después de la introducción de los periódicos, diarios y revistas nacionales de bajo precio. La radio en los años veinte y la televisión en los cincuenta alteraron notablemente la composición del gasto en publicidad.

57. Podemos decir que la publicidad en los Estados Unidos

   (1) ha disminuido en los últimos años
   (2) es menor que en los países europeos
   (3) es menor que en Canadá
   (4) tiene mayor importancia que en la mayoría de los demás países
   (5) era mayor antes de la segunda guerra mundial

58. El gasto publicitario en los Estados Unidos representa, con respecto al PNB

   (1) 1.6 por ciento
   (2) 2.3 por ciento
   (3) 1.8 por ciento
   (4) 2.6 por ciento
   (5) menor del 1 por ciento

59. A excepción de uno, los principales canales de publicidad son:

   (1) el correo
   (2) los medios audiovisuales
   (3) los medios impresos
   (4) los carteles publicitarios
   (5) el teléfono

60. La publicidad moderna se inició

   (1) en la primera parte de este siglo
   (2) a mediados de este siglo
   (3) entre 1800 y 1850
   (4) entre 1900 y 1950
   (5) a principios del siglo pasado

La palabra "economía" proviene del griego *oikonomia,* de *oikos* que significa casa y *nomos* que equivale a ley. El *oikonomos* era en la antigua Grecia el administrador de bienes. La economía se reducía entre los griegos a ser parte del ámbito doméstico de la comunidad refiriéndose a funciones simples de producción y distribución. La economía no era una disciplina independiente sino que formaba parte de la ética o la política. Así, Platón (427–347 a. de C.) escribía en sus *Diálogos* parte de su pensamiento económico en términos morales. Según él, tanto el individuo como el Estado no son autosuficientes y por esta razón son necesarias la ayuda y cooperación mutua, principios básicos de la economía. Platón escribió sobre la necesidad de una economía de cambio ya que cada comunidad, debido a sus recursos escasos, ha de tener un mercado y una moneda para facilitar el intercambio. Al igual que Platón, Aristóteles (384–322 a. de C.) escribió en su *Etica a Nicómaco y Política* acerca de la economía de cambio basada en la división del trabajo y en la institución de la propiedad privada. Según Aristóteles, la fuente del valor es la necesidad, pues no habría intercambio alguno si no hubiera necesidad. Sostuvo que las relaciones económicas debían ser reguladas por la justicia, y atacó a los monopolios como formas de explotación al público. El dinero era necesario pero había de servir como medio de cambio y no de usura ni de acumulación de riquezas.

Platón y Aristóteles influyeron en los siglos posteriores en donde predominó, sobre todo en el pensamiento escolástico, este carácter moralista de la economía.

61. La economia era para los griegos

   (1) el estudio de las funciones filosóficas
   (2) algo relacionado con la producción y distribución de bienes
   (3) el estudio de los principios antropológicos
   (4) el análisis de los medios para que un Estado sea autosuficiente
   (5) ninguna de las anteriores

62. En la época de Platón, la economía

   (1) era una ciencia independiente
   (2) formaba parte de la sociología
   (3) formaba parte de la ética
   (4) aún no se conocía
   (5) formaba parte de la psicología

63. La economía de cambio fue preconizada por

   (1) Platón
   (2) Aristóteles
   (3) Oikonomos
   (4) Nicómaco
   (5) Platón y Aristóteles

64. Una de las siguientes afirmaciones no es correcta. ¿Cuál es?

   (1) *Etica a Nicómaco y Política* es una obra escrita por Aristóteles.
   (2) Aristóteles escribió acerca de la economía de cambio basada en la división del trabajo.
   (3) Según Aristóteles, la fuente del valor es la necesidad.
   (4) Según Aristóteles el dinero es necesario para la acumulación de riquezas.
   (5) Platón y Aristóteles eran griegos.

Dicen algunos demógrafos historiadores que en Europa, alrededor del año 71,000 antes de Cristo (a finales de la Edad de Piedra), la población total era de unos 10 millones de habitantes. Durante la Era Cristiana había unos 300 millones de personas. Al comienzo de la Edad Moderna, más o menos en el año 1650, la población total europea había aumentado en 500 millones. Y a partir de entonces, la población creció radicalmente.

La población pasó de 1,000 millones en 1800 a 1,600 millones en 1900. Y a pesar de conocer dos guerras mundiales, llegó a alcanzar 2,500 millones en 1950. En tan solo dos décadas, entre 1950 y 1970, el número aumentó a 3,600 millones. La mayor explosión ocurrió en la década de 1970. En tan solo diez años la población aumentó en 800 millones, siendo el total, en 1980, de 4,400 millones. Es decir, el crecimiento que se ha producido en los últimos 40 años iguala a la población total que ha tenido la historia previa de la humanidad.

Los demógrafos creen que para finales del siglo XX la población total mundial será de unos 6,000 millones. El Departamento de Población de las Naciones Unidas afirmaba que habrá una estabilización de la población pero que ésta no ocurrirá antes del año 2110. Casi un 90% del mundo en 2110 vivirá en áreas que comprenden las naciones menos desarrolladas de 1980. Los países más industrializados tendrán un descenso de población. Nos podemos preguntar: "¿Podrá alimentar, alojar o educar la Tierra a una población que será más del doble de la población actual?" Se calcula que en el año 2110 la población total mundial llegará a los 10,500 millones de personas.

65. Según el texto, podemos decir que la población de Europa era de

   (1) 7,000 antes de Cristo
   (2) 10 millones a finales de la edad de piedra
   (3) 1,650 habitantes al comienzo de la edad moderna
   (4) 500 millones a finales de la edad de piedra
   (5) 500 millones en la era cristiana

66. Una de las siguientes afirmaciones no es correcta.

   (1) La población aumentó 600 millones entre el siglo XIX y el siglo XX.
   (2) Entre las décadas de 1950 y 1970 la población aumentó en más de mil millones.
   (3) La población bajó después de las dos guerras mundiales.
   (4) El aumento de la población en los últimos cuarenta años iguala a la población total anterior.

   (5) En 1980 la población total supera los 4,000 millones.

67. Los demógrafos creen que para finales de este siglo, la población mundial será de

   (1) 4,000 millones
   (2) 1,600 millones
   (3) alrededor de 2,000 millones
   (4) alrededor de 6,000 millones
   (5) alrededor de 600 millones

68. Con respecto a la población, se cree que

   (1) tendrá un descenso a finales de este siglo
   (2) desaparecerá totalmente a finales de este siglo
   (3) bajará en los países más industrializados del futuro
   (4) se estabilizará antes del año 2000
   (5) se estabilizará antes de 1990

AMÉRICA CENTRAL Y AMÉRICA DEL SUR

69. La letra E representa al país de

    (1) Venezuela
    (2) Puerto Rico
    (3) Colombia
    (4) Costa Rica
    (5) Ecuador

70. La letra J representa a la isla de

    (1) St. Tomas
    (2) San Andrés
    (3) República Dominicana
    (4) Haití
    (5) Puerto Rico

71. La letra L representa al Océano

    (1) Pacífico
    (2) Atlántico
    (3) Artico
    (4) Antártico
    (5) Índico

72. La letra G representa al país más extenso de América del Sur:

    (1) Argentina
    (2) Perú
    (3) Venezuela
    (4) Brasil
    (5) Colombia

Entre los ríos Eufrates y Tigris, en la actual Mesopotamia, existió en la antigüedad la ciudad de Babilonia.

Cuna de remotas civilizaciones y asiento de poderosos imperios, el origen de Babilonia se pierde en la noche de los tiempos. Alcanzó su esplendor máximo en la época de Nabucodonosor, unos 600 años antes de Jesucristo.

73. Los ríos Tigris y Eufrates fueron importantes

    (1) en el sistema de regadío que creó Nabucodonosor
    (2) porque geográficamente ayudaron a crear las bases de una de las primeras civilizaciones que se conocen
    (3) por su enorme caudal
    (4) mucho después que Israel naciera como Estado
    (5) gracias a la destacada labor del emperador

Egipto tiene el río Nilo que pone una nota de verdor en el paisaje del desierto y crea el más fértil de los oásis, a lo largo de los 1,600 km que recorre el país. Cada año, en la segunda quincena de junio, comienza a crecer progresivamente hasta septiembre, invadiendo las campiñas vecinas y dejándolas, al retirarse a últimos de noviembre, cubiertas de un limo fertilizante. Se siembra, y en cuatro meses la cosecha germina, madura y se hace la recolección.

Este fenómeno que con precisión casi matemática se repite ininterrumpidamente año tras año, hizo definir a Egipto por un conquistador árabe como "un campo de polvo, un mar de agua dulce y un jardín de flores".

El origen de las crecidas se debe a las copiosas lluvias que en junio caen en el centro de África y al deshielo de las nieves de Etiopía, lugares éstos donde el Nilo tiene sus fuentes. Los antiguos, que veían crecer el río inundándolo todo mientras en el firmamento brillaba el sol, no pudiendo explicarse este fenómeno, creyeron que el río bajaba del cielo en la catarata del Sinaí y lo divinizaron.

74. En Egipto la siembra se acostumbra hacer

    (1) a finales de año
    (2) a comienzos de año
    (3) a mediados de año
    (4) cuando el río inunda las tierras
    (5) antes de que el río inunde las tierras

75. El Nilo crece debido a

    (1) la siembra
    (2) que el río es un canal natural
    (3) que el río es un mar de agua dulce
    (4) las lluvias que caen en el centro de África
    (5) la nieve que cae en invierno en Europa

76. Una de las siguientes afirmaciones no es correcta. ¿Cuál es?

    (1) El deshielo de las nieves de Etiopía contribuye a las crecidas del río.
    (2) Los antiguos divinizaron el río Nilo.
    (3) El río empieza a crecer a mediados de septiembre.
    (4) Después de la inundación, las tierras quedan listas para el cultivo.
    (5) El río Nilo tiene una longitud de 1,600 km.

Estados Unidos tiene una población de 223 millones de habitantes. Tiene una superficie de 9,363,498 km². Su capital es Washington D.C., con una población de 650,000 habitantes. Otras ciudades importantes son: New York (7 millones), Los Angeles (3 millones), Chicago (2,800,000), Philadelphia (1,700,000) y Detroit (1,250,000). El idioma es el inglés y las religiones predominantes son la protestante y la católica. El gobierno oscila entre república y democracia. La moneda que se usa es el dólar. Los productos más importantes son: cereales, algodón, tabaco, ganadería, petróleo, carbón, hierro y azufre.

El territorio de los Estados Unidos de América es en su mayor parte una inmensa llanura. Por el este aparece la cadena de los Montes Apalaches y por el oeste la Sierra Nevada y la Sierra de las Cascadas, costeras del Pacífico. El interior del país está recorrido por las Montañas Rocosas, que van desde México hasta Alaska. En ellas se encuentran los picos más altos, como Elbet (4,398 m), Massive (4,394 m), Harvard (4,388 m), La Plata (4,374 m) y Pikes Peak (4,303 m).

El gran río norteamericano es el Mississippi que con su afluente el Missouri tiene un recorrido de 5,971 km. Entre los muchos y grandes tributarios del Mississippi se encuentra el Arkansas (2,320 km). El mayor de los ríos del Pacífico es el Columbia (1,950 km) y el Yukon (3,220 km) que atraviesa Alaska.

Existen en el territorio miles de lagos. Los más importantes son los cinco del norte: Superior (82,103 km²), Huron (59,829 km²), Michigan (57,757 km²), Erie (25,667 km²) y Ontario (19,554 km²).

Dada la gran amplitud del país el clima ofrece grandes contrastes, encontrándose los más diversos tipos.

77. ¿Cuál de las siguientes cumbres no pertenece al territorio de los Estados Unidos?

(1) los Montes Apalaches
(2) la Sierra Nevada
(3) las Montañas Rocosas
(4) los Alpes
(5) la Sierra de las Cascadas

78. Estados Unidos

(1) es básicamente montañoso, con picos importantes
(2) se caracteriza por su poca agricultura
(3) tiene un territorio mayormente llano
(4) es un país predominantemente industrial
(5) es el país más grande de América en extensión territorial

79. ¿Cuál de los siguientes lagos no pertenece a los Estados Unidos?

(1) Superior
(2) Hurón
(3) Michigan
(4) Caspio
(5) Erie

Los Andes, con sus 7,500 km de longitud, forman desde el mar Caribe al cabo Hornos la cadena montañosa más larga del mundo. Las enormes alturas de sus cimas sólo son sobrepasadas por las cumbres de Asia Central.

80. Las montañas de los Andes son más bajas que

(1) las montañas europeas
(2) los picos norteamericanos
(3) los montes de América Central
(4) el Everest y otros montes de Asia
(5) las montañas rusas

La pregunta 81 se refiere al diagram siguiente.

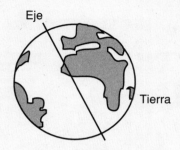

81. Basándose en el diagrama y en sus conocimientos de geografía, la inclinación del eje de la Tierra es la mayor causa de

    (1) las mareas
    (2) la rotación de la Tierra
    (3) la organizacion de los años en el calendario
    (4) los cambios de estaciones
    (5) la atmósfera

La pregunta 82 se refiere a la información siguiente.

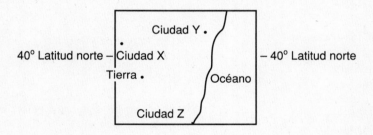

Escala: 1 pulgada = 500 millas

82. ¿Cuáles de las siguientes afirmaciones acerca del clima se puede deducir de la información que aparece en el cuadro?

    (1) La ciudad Z tendrá un clima suave.
    (2) La ciudad Y tendrá un clima más caluroso que la ciudad X.
    (3) La tres ciudades tendrán un clima similar.
    (4) En la ciudad Y lloverá más que en la ciudad Z.
    (5) La ciudad X es probable que tenga un invierno más frío que la ciudad Y.

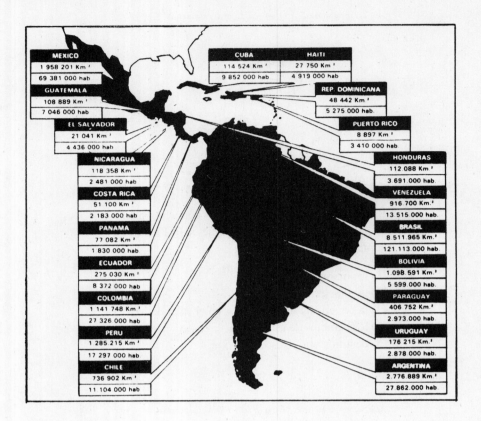

MEXICO
1 958 201 Km²
69 381 000 hab

CUBA
114 524 Km²
9 852 000 hab

HAITI
27 750 Km²
4 919 000 hab

GUATEMALA
108 889 Km²
7 046 000 hab

REP. DOMINICANA
48 442 Km²
5 275 000 hab.

EL SALVADOR
21 041 Km²
4 436 000 hab

PUERTO RICO
8 897 Km²
3 410 000 hab

NICARAGUA
118 358 Km²
2 481 000 hab

HONDURAS
112 088 Km²
3 691.000 hab.

COSTA RICA
51 100 Km²
2 183 000 hab

VENEZUELA
916.700 Km.²
13.515.000 hab.

PANAMA
77 082 Km²
1 830 000 hab

BRASIL
8 511.965 Km.²
121.113.000 hab.

ECUADOR
275 030 Km²
8 372 000 hab

BOLIVIA
1.098.591 Km.²
5 599.000 hab.

COLOMBIA
1 141 748 Km.²
27 326 000 hab

PARAGUAY
406.752 Km.²
2.973.000 hab.

PERU
1 285.215 Km²
17 297 000 hab

URUGUAY
176 215 Km.²
2.878.000 hab.

CHILE
736 902 Km²
11.104 000 hab

ARGENTINA
2.776.889 Km.²
27.862.000 hab.

83. ¿Cuáles son los países más extensos?

(1) Guatemala y El Salvador
(2) Brasil y Argentina
(3) Brasil y México
(4) Argentina y México
(5) Brasil y los Estados Unidos

84. Los países mayores en población son

(1) Brasil y México
(2) Brasil y Colombia

(3) Argentina y México
(4) Brasil y Argentina
(5) Bolivia y México

85. ¿Cuál de los siguientes países centroamericanos es el más poblado?

(1) Bolivia
(2) Perú
(3) Colombia
(4) Venezuela
(5) ninguno de ellos

GEOGRAFÍA
CONTINENTES, MAPAS Y
ESTADÍSTICAS

CONTINENTE AMERICANO

AMÉRICA (PAÍSES Y CAPITALES)

Países	Capitales	Países	Capitales
Argentina	Buenos Aires	Cuba	La Habana
Bahamas	Nassau	Chile	Santiago
Barbados	Bridgetown	Dominica	Roseau
Belice	Belmopan	Ecuador	Quito
Bolivia	La Paz	El Salvador	San Salvador
Brasil	Brasilia	Estados Unidos	Washington
Canadá	Ottawa	Granada	St. George
Colombia	Bogotá	Guatemala	Guatemala
Costa Rica	San José	Guyana	Georgetown

Haití	Port-au-Prince	República Dominicana	Santo Domingo
Honduras	Tegucigalpa	Santa Lucía	Castries
Jamaica	Kingston	San Vicente y las	
México	México	Granadinas	Kingstown
Nicaragua	Managua	San Kitts y Nevis	Basseterra
Panamá	Panamá	Surinam	Paramaribo
Paraguay	Asunción	Trinidad y Tobago	Puerto España
Perú	Lima	Uruguay	Montevideo
Puerto Rico	San Juan	Venezuela	Caracas

1. El continente que aparece en el mapa es

   (1) Norteamérica
   (2) Suramérica
   (3) Centroamérica
   (4) Europa
   (5) América

2. **Podemos decir que las letras E y D representan, aproximadamente,**

   (1) al océano Pacífico
   (2) a los Andes
   (3) a las islas del Caribe
   (4) a las islas Rocosas
   (5) al océano Ártico

3. La letra A nos sitúa en

   (1) los Estados Unidos
   (2) Canadá
   (3) México
   (4) Inglaterra
   (5) Honduras

4. La letra H representa

   (1) Argentina
   (2) Venezuela
   (3) Uruguay
   (4) Paraguay
   (5) Brasil

EXTENSIÓN DE LOS PAÍSES AMERICANOS

Canadá	9,976,137 km^2	Guyana	214,970 km^2	Belice	22,963 km^2
Estados Unidos	9,363,498 ''	Uruguay	177,508 ''	El Salvador	21,041 ''
Brasil	8,511,965 ''	Surinam	163,265 ''	Bahamas	13,939 ''
Argentina	2,776,889 ''	Nicaragua	127,755 ''	Jamaica	10,962 ''
México	1,958,201 ''	Honduras	112,088 ''	Puerto Rico	8,897 ''
Perú	1,285,215 ''	Cuba	110,922 ''	Trinidad y Tobago	5,128 ''
Colombia	1,141,748 ''	Guatemala	108,889 ''	Dominica	751 ''
Bolivia	1,098,581 ''	Guayana Francesa	91,000 ''	Santa Lucía	616 ''
Venezuela	916,490 ''	Panamá	76,650 ''	Barbados	430 ''
Chile	736,902 ''	Costa Rica	50,700 ''	San Vicente	389 ''
Paraguay	406,752 ''	Rep. Dominicana	48,442 ''	Granada	344 ''
Ecuador	275,030 ''	Haití	27,750 ''	San Kitts y Nevis	262 ''

POBLACIÓN DE LOS PAÍSES AMERICANOS 1982

País	Población	País	Población	País	Población
Estados Unidos	255,600,000 hab.	Bolivia	7,800,000 hab.	Trinidad y Tobago	1,300,000 hab.
Brasil	150,800,000 ''	Rep. Dominicana	7,500,000 ''	Guyana	800,000 ''
México	87,700,000 ''	Haití	6,400,000 ''	Surinam	400,000 ''
Colombia	34,300,000 ''	El Salvador	5,600,000 ''	Barbados	300,000 ''
Argentina	33,100,000 ''	Honduras	5,500,000 ''	Bahamas	300,000 ''
Canadá	27,400,000 ''	Paraguay	4,500,000 ''	Belice	200,000 ''
Perú	22,500,000 ''	Nicaragua	4,100,000 ''	Santa Lucía	200,000 ''
Venezuela	18,900,000 ''	Puerto Rico	3,600,000 ''	Granada	100,000 ''
Chile	13,600,000 ''	Costa Rica	3,200,000 ''	San Vicente	100,000 ''
Cuba	10,800,000 ''	Uruguay	3,100,000 ''	Dominica	100,000 ''
Ecuador	10,000,000 ''	Jamaica	2,500,000 ''	Guayana Francesa	95,000 ''
Guatemala	9,700,000 ''	Panamá	2,400,000 ''	San Kitts y Nevis	40,000 ''

AGLOMERACIONES URBANAS CON MÁS DE 1,200,000 HABITANTES

México, D.F.	20,900,000	hab.	Montreal	3,000,000	hab.	Montevideo	1,700,000	hab.
São Paulo	18,700,000	"	Dallas	2,800,000	"	Cali	1,700,000	"
New York	14,600,000	"	Washington	2,600,000	"	Brasilia	1,600,000	"
Río de Janeiro	11,700,000	"	Boston	2,500,000	"	Medellín	1,600,000	"
Buenos Aires	11,700,000	"	Houston	2,300,000	"	Vancouver	1,600,000	"
Los Angeles	10,100,000	"	Salvador	2,300,000	"	Milwaukee	1,600,000	"
Lima	6,800,000	"	La Habana	2,100,000	"	Kansas City	1,600,000	"
Chicago	6,500,000	"	Atlanta	2,800,000	"	Sacramento	1,500,000	"
Bogotá	5,900,000	"	Seattle	2,600,000	"	Portland	1,500,000	"
Santiago	5,300,000	"	San Diego	2,500,000	"	Guayaquil	1,400,000	"
Philadelphia	4,000,000	"	Minneapolis	2,500,000	"	Norfolk	1,400,000	"
San Francisco	4,000,000	"	Saint Louis	2,400,000	"	Colombus	1,400,000	"
Belo Horizonte	3,800,000	"	Baltimore	2,400,000	"	San Antonio	1,300,000	"
Miami	3,500,000	"	Santo Domingo	2,200,000	"	Fortaleza	1,300,000	"
Guadalajara	3,400,000	"	Pittsburgh	2,200,000	"	Maracaibo	1,300,000	"
Caracas	3,200,000	"	Phoenix	2,100,000	"	Indianápolis	1,200,000	"
Toronto	3,100,000	"	Tampa	2,000,000	"	New Orleans	1,200,000	"
Porto Alegre	3,100,000	"	Denver	1,900,000	"	Buffalo	1,200,000	"
Detroit	3,000,000	"	Cincinnati	1,700,000	"	Quito	1,200,000	"
Monterrey	3,000,000	"	Puebla	1,700,000	"			

5. El país americano que posee mayor extensión territorial es:

   (1) Brasil
   (2) Canadá
   (3) Estados Unidos
   (4) Argentina
   (5) México

6. El país americano con mayor población es

   (1) Brasil
   (2) Canadá
   (3) Rusia
   (4) Argentina
   (5) Estados Unidos

7. ¿Cuál de las siguientes ciudades no está considerada entre las que tienen mayor aglomeración de seres humanos?

   (1) New York
   (2) México D.F.
   (3) São Paulo
   (4) Quito
   (5) Buenos Aires

8. ¿Cuál de las siguientes afirmaciones es verdadera?

   (1) Costa Rica tiene mayor extensión territorial que Chile.
   (2) Puerto Rico tiene más habitantes que la República Dominicana.
   (3) Colombia tiene más habitantes que Venezuela.
   (4) New York no tiene más habitantes que Buenos Aires.
   (5) Ecuador no es menos extenso que Paraguay.

EUROPA

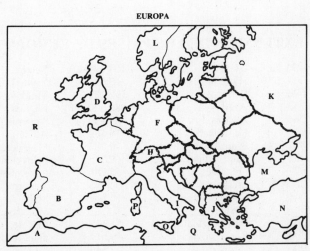

Países	Capitales	Países	Capitales
Albania	Tirana	Letonia	Riga
Alemania	Berlín	Liechtenstein	Vaduz
Andorra	Andorra La Vella	Lituania	Vilna
Armenia	Yereván	Luxemburgo	Luxemburgo
Austria	Viena	Macedonia	Skopje
Azerbaiyán	Bakú	Malta	LaValetta
Belarús	Minsk	Moldova	Kishinev
Bélgica	Bruselas	Mónaco	Mónaco-Ville
Bosnia-Herzegovina	Sarajevo	Noruega	Oslo
Bulgaria	Sofía	Países Bajos	Amsterdam/La Haya
Croacia	Zagreb	Polonia	Varsovia
Dinamarca	Copenhague	Portugal	Lisboa
Eslovenia	Liubliana	Reino Unido	Londres
España	Madrid	Rep. Checa	Praga
Estonia	Tallinn	Rep. Eslovaca	Bratislava
Finlandia	Helsinki	Rumania	Bucarest
Francia	París	Rusia	Moscú
Georgia	Tbilisi	San Marino	San Marino
Grecia	Atenas	Suecia	Estocolmo
Hungría	Budapest	Suiza	Berna
Irlanda	Dublín	Ucrania	Kiev
Islandia	Reikiavik	Vaticano	Ciudad del Vaticano
Italia	Roma	Yugoslavia	Belgrado

9. La letra B nos sitúa en

(1) Portugal
(2) España
(3) Francia
(4) Italia
(5) Alemania

10. La letra K representa

(1) Polonia
(2) Hungría
(3) Letonia
(4) Rusia
(5) Suiza

11. La letra Q representa

(1) la Península Ibérica
(2) el Mar Rojo
(3) el Mar Mediterráneo
(4) el Mar de las Antillas
(5) la Península de los Dardanelos

12. La letra D representa

(1) Inglaterra
(2) España
(3) Suecia
(4) Irlanda
(5) Bélgica

═ EXTENSIÓN DE LOS PAÍSES DE EUROPA ═

País	Extensión		País	Extensión		País	Extensión	
Rusia	17,075,400	km²	Islandia	103,999	km²	Suiza	41,293	km²
Ucrania	603,700	"	Hungría	93,030	"	Países Bajos	41,160	"
Francia	547,026	"	Portugal	92,082	"	Moldova	33,700	"
España	504,750	"	Azerbaiyán	86,600	"	Bélgica	30,515	"
Suecia	499,964	"	Austria	83,850	"	Armenia	29,800	"
Noruega	385,935	"	Rep. Checa	78,862	"	Albania	28,748	"
Alemania	356,807	"	Irlanda	70,283	"	Macedonia	25,713	"
Finlandia	337,032	"	Yugoslavia	69,775	"	Eslovenia	20,251	"
Polonia	312,677	"	Letonia	65,786	"	Luxemburgo	2,586	"
Italia	301,260	"	Lituania	64,445	"	Andorra	453	"
Reino Unido	244,045	"	Croacia	56,537	"	Malta	316	"
Rumania	237,500	"	Bosnia-			Mónaco	189	"
Belarús	207,600	"	Herzegovina	51,129	"	Liechtenstein	160	"
Georgia	167,700	"	Rep. Eslovaca	49,014	"	San Marino	61	"
Grecia	131,900	"	Estonia	47,549	"	Vaticano	0.44	"
Bulgaria	110,912	"	Dinamarca	43,069	"			

POBLACIÓN DE LOS PAÍSES DE EUROPA

Rusia	148,600,000	hab.	Bélgica	10,000,000	hab.	Armenia	3,500,000	hab.
Alemania	80,600,000	"	Bulgaria	9,000,000	"	Irlanda	3,400,000	"
Italia	58,000,000	"	Suecia	8,700,000	"	Albania	3,300,000	"
Reino Unido	57,500,000	"	Austria	7,900,000	"	Letonia	2,700,000	"
Francia	56,900,000	"	Azerbaiyán	7,100,000	"	Eslovenia	2,000,000	"
Ucrania	52,100,000	"	Suiza	6,900,000	"	Macedonia	1,900,000	"
España	39,300,000	"	Georgia	5,500,000	"	Estonia	1,600,000	"
Polonia	38,400,000	"	Rep. Eslovaca	5,300,000	"	Luxemburgo	400,000	"
Rumania	22,800,000	"	Dinamarca	5,200,000	'	Malta	400,000	"
Países Bajos	15,300,000	"	Finlandia	5,000,000	"	Islandia	300,000	"
Hungría	10,700,000	"	Croacia	4,600,000	"	Andorra	55,000	"
Portugal	10,500,000	"	Moldova	4,400,000	"	Mónaco	30,000	"
Grecia	10,300,000	"	Noruega	4,300,000	"	Liechtenstein	30,000	"
Belarús	10,300,000	"	Bosnia-			San Marino	21,000	"
Rep. Checa	10,300,000	"	Herzegovina	4,200,000	"	Vaticano	1,000	"
Yugoslavia	10,000,000	"	Lituania	3,700,000	"			

AGLOMERACIONES URBANAS CON MÁS DE 1,000,000 HABITANTES

Moscú	10,400,000	hab.	Kiev	2,800,000	hab.	Gorki	1,400,000	hab.
Londres	9,100,000	"	Lisboa	2,400,000	"	Copenhague	1,400,000	"
París	8,700,000	"	Viena	2,300,000	"	Munich	1,300,000	"
Essen	7,500,000	"	Budapest	2,300,000	"	Praga	1,200,000	"
Belgrado	5,800,000	"	Bucarest	2,200,000	"	Turín	1,200,000	"
Milán	4,800,000	"	Birmingham	2,200,000	"	Chelyabinsk	1,200,000	"
San Petersburgo	4,700,000	"	Yereván	2,000,000	"	Sofía	1,100,000	"
Madrid	4,600,000	"	Bakú	1,700,000	"	Kuibychev	1,100,000	"
Barcelona	4,200,000	"	Minsk	1,700,000	"	Donetske	1,100,000	"
Manchester	4,000,000	"	Varsovia	1,700,000	"	Rostov	1,100,000	"
Atenas	3,500,000	"	Hamburgo	1,600,000	"	Colonia	1,000,000	"
Roma	3,000,000	"	Kharkiv	1,600,000	"	Dublín	1,000,000	"
Berlín	3,000,000	"	Estocolmo	1,500,000	"	Volgogrado	1,000,000	"
Nápoles	3,000,000	"	Jarkov	1,500,000	"			

13. El país más extenso de Europa es

(1) Francia
(2) España
(3) Suecia
(4) Rusia
(5) Inglaterra

14. ¿Cuál de los siguientes países europeos tiene mayor población?

(1) Alemania
(2) Italia
(3) Rusia
(4) Francia
(5) Gran Bretaña

15. ¿Cuál de los siguientes países tiene menos de cinco millones de habitantes?

(1) Suecia
(2) Noruega
(3) Yugoslavia
(4) España
(5) Polonia

16. La ciudad europea de las siguientes con mayor cantidad de habitantes pertenece a

(1) Italia
(2) Grecia
(3) España
(4) Inglaterra
(5) Francia

El continente europeo se encuentra situado en el hemisferio norte y en su mayor parte dentro de la zona templada. Esta situación es geográficamente muy favorable para el desarrollo de las sociedades, pues las lluvias son frecuentes y las temperaturas no son, en general, extremas. La corriente del golfo de México lleva sobre sus costas el calor y la humedad.

Desde el punto de vista climático se determinan en Europa tres grandes zonas: la atlántica, desde Portugal a Noruega; la continental, en el centro y oriente; y la mediterránea, que abarca las regiones ribereñas de este mar.

En correspondencia con la situación y el clima, el bosque de la zona templada es el tipo de vegetación dominante. Le sigue en importancia la vegetación mediterránea y son menos frecuentes las estepas y la tundra.

Los ríos europeos no tienen la potencia de los de otras regiones del mundo, ni en caudal ni en longitud. Pero en cambio la mayor parte discurren por tierras llanas, lo que facilita el trazado de canales, tienen un régimen constante y son navegables.

Europa tiene una población total de 755,401,000 habitantes. La extensión de Europa es cerca de 24,000,000 km².

17. El continente europeo se encuentra ubicado en

    (1) el sur de los Estados Unidos
    (2) el hemisferio Norte
    (3) el hemisferio Sur
    (4) la costa Atlántica
    (5) cerca del Golfo de México

18. Podemos decir que en Europa el principal tipo de vegetación es

    (1) desierto
    (2) selva
    (3) bosque
    (4) tundra
    (5) estepa

19. ¿Cuál de las siguientes afirmaciones es la incorrecta?

    (1) Los ríos europeos son largos y caudalosos.
    (2) Las temperaturas en Europa no son extremas.
    (3) La mayor parte del continente europeo se encuentra en la zona templada.
    (4) Los ríos europeos son navegables.
    (5) Europa se divide en tres zonas climáticas.

20. ¿Cuál de los siguientes países no es europeo?

    (1) Italia
    (2) Alemania
    (3) Suecia
    (4) Egipto
    (5) Francia

ASIA

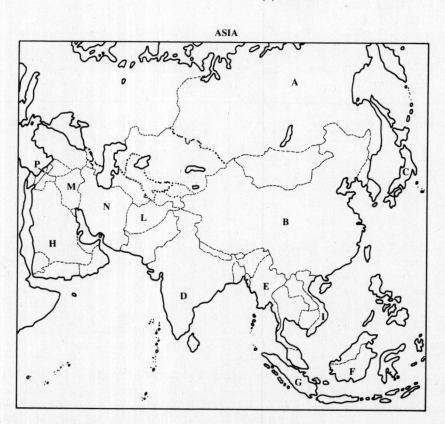

Países	Capitales	Países	Capitales
Afganistán	Kabul	Kirguistán	Bishkek
Arabia Saudita	Riyad	Kuwait	Al-Kuwait
Bahrein	Manama	Laos	Vientiane
Bangladesh	Dacca	Líbano	Beirut
Brunei	Bandar Seri Begawan	Malasia	Kuala Lampur
Bután	Timbu	Maldivas	Malé
Camboya	Pnom Pengh	Mongolia	Ulan Bator
Corea del Norte	Pyongyang	Mianmar	Rangún
Corea del Sur	Seúl	Nepal	Katmandú
China	Beijing (Pekín)	Omán	Mascate
Chipre	Nicosia	Pakistán	Islamabad
Emiratos Árabes Unidos	Abu Dhabi	Singapur	Ciudad de Singapur
Filipinas	Manila	Siria	Damasco
India	Nueva Delhi	Sri Lanka	Colombo
Indonesia	Yakarta	Tailandia	Bangkok
Irak	Bagdad	Taiwán	Taipei
Irán	Teherán	Tayiskitán	Dushambé
Israel	Jerusalén	Turkmenistán	Ashkhabad
Japón	Tokio	Turquía	Ankara
Jordania	Ammán	Uzbekistán	Tashkent
Katar	Doha	Vietnam	Hanoi
Kazajstán	Alma-Ata	Yemen	Sana

21. La letra B representa a

(1) Indonesia
(2) India
(3) China
(4) Filipinas
(5) Japón

22. La letra D representa a

(1) India
(2) Pakistán
(3) Tailandia
(4) Turquía
(5) Irán

23. La letra N representa a

(l) Mianmar
(2) Siria
(3) Camboya
(4) Corea
(5) Irán

24. La letra G representa a

(1) China
(2) Sumatra
(3) Borneo
(4) Taiwán
(5) Japón

POBLACIÓN DE LOS PAÍSES DE ASIA

China	1,165,800,000 hab.	Taiwán	20,800,000 hab.	Turkmenistán	3,900,000 hab.
India	882,600,000 "	Nepal	19,900,000 "	Jordania	3,600,000 "
Indonesia	184,500,000 "	Malasia	18,700,000 "	Líbano	3,400,000 "
Japón	124,400,000 "	Irak	18,200,000 "	Singapur	2,800,000 "
Pakistán	121,700,000 "	Sri Lanka	17,600,000 "	Emiratos Árabes U.	2,500,000 "
Bangladesh	111,400,000 "	Afganistán	16,900,000 "	Mongolia	2,300,000 "
Vietnam	69,200,000 "	Kazajstán	16,900,000 "	Omán	1,600,000 "
Filipinas	63,700,000 "	Arabia Saudita	16,100,000 "	Kuwait	1,400,000 "
Irán	59,700,000 "	Siria	13,700,000 "	Bután	700,000 "
Turquía	59,200,000 "	Yemen	10,400,000 "	Chipre	700,000 "
Tailandia	56,300,000 "	Camboya	9,100,000 "	Bahrein	500,000 "
Corea del Sur	44,300,000 "	Tayiskitán	5,500,000 "	Katar	500,000 "
Mianmar	42,500,000 "	Israel	5,200,000 "	Brunei	300,000 "
Corea del Norte	22,200,000 "	Kirguistán	4,500,000 "	Maldivas	200,000 "
Uzbekistán	21,300,000 "	Laos	4,400,000 "		

AGLOMERACIONES URBANAS CON MÁS DE 2,000,000 DE HABITANTES

Tokio	27,200,000 hab.	Hong Kong	5,700,000 hab.	Ankara	2,900,000	hab.
Seúl	16,800,000 "	Pusán	5,000,000 "	Rangún	2,900,000	"
Osaka	13,900,000 "	Tientsin	4,900,000 "	Singapur	2,700,000	"
Bombay	12,100,000 "	Bangalore	4,800,000 "	Taegú	2,700,000	"
Calcuta	11,900,000 "	Dacca	4,400,000 "	Harbin	2,600,000	"
Manila	10,200,000 "	Lahore	4,400,000 "	Poona	2,500,000	"
Yakarta	9,900,000 "	Shenyang	4,300,000 "	Tashkent	2,500,000	"
Teherán	9,800,000 "	Bagdad	4,000,000 "	Pyongyang	2,400,000	"
Delhi	8,800,000 "	Ciudad Ho		Chungking	2,400,000	"
Karachi	8,000,000 "	Chi Ming	3,700,000 "	Chengdu	2,400,000	"
Shanghai	6,900,000 "	Ahmedabah	3,700,000 "	Nagoya	2,200,000	"
Taipei	6,700,000 "	Hyderabad	3,700,000 "	Kanpur	2,100,000	"
Estambul	6,700,000 "	Cantón	3,400,000 "	Medán	2,100,000	"
Bangkok	6,000,000 "	Surabaya	3,200,000 "	Riyad	2,000,000	"
Madrás	5,900,000 "	Wuhan	3,200,000 "			
Pekín	5,800,000 "	Yokohama	3,200,000 "			

25. Podemos decir que el país asiático con mayor número de habitantes es

(1) India
(2) Japón
(3) China
(4) Bangladesh
(5) Pakistán

26. ¿Cuál de los siguientes países tiene menos de 3 millones de habitantes?

(1) Siria
(2) Taiwán
(3) Israel
(4) Mongolia
(5) Jordania

27. La ciudad más poblada de Asia es

(1) Shanghai
(2) Bombay
(3) Pekín
(4) Tokio
(5) Yakarta

28. ¿Cuál de las siguientes ciudades no pertenece a Asia?

(1) Tokio
(2) Calcuta
(3) Estambul
(4) Taipei
(5) Belgrado

La geografía de Asia es compleja. Es el mayor y más elevado de los continentes, con una extensión que equivale a la tercera parte de las tierras emergidas. Situadas casi todas sus tierras en el hemisferio norte sobrepasa en buena parte el Círculo Polar; por el sur se extienden sus grandes islas hasta sobrepasar el Ecuador.

Se encuentran en el continente asiático con la mayor grandiosidad las formas más señaladas del relieve: elevadas cordilleras, extensas mesetas y profundas depresiones. Su núcleo geográfico es la meseta de Pamir, llamada "techo del mundo." De ella irradian en todos los sentidos grandes cordilleras que separan entre sí mesetas y llanuras.

En Asia existen prácticamente todos los climas del planeta. Las tierras del norte, cubiertas de hielos, registran las más bajas temperaturas; las islas del sur soportan grandes calores y copiosas lluvias; en las regiones costeras del Índico, se dejan sentir con la máxima intensidad los vientos monzones. En el interior, en las extensas y elevadas mesetas, el clima continental origina violentos contrastes de temperatura.

Existen en Asia ríos inmensos en longitud y caudal. Los del norte permanecen helados gran parte del año, experimentando grandes crecidas en las épocas del deshielo. Los del Pacífico y el Índico riegan llanuras fertilísimas y muchos de ellos son navegables. En Asia se encuentra también la cuenca interior más extensa, con ríos que desembocan en los grandes lagos o se pierden en las mesetas.

El contraste demográfico se manifiesta en Asia más que en ningún otro continente; allí vive más de la mitad de la población del mundo, pero muy desigualmente repartida. Inmensas regiones están completamente vacías, como las altas montañas y los desiertos; otras muy poco pobladas, como las estepas; los valles fertilizados por los monzones constituyen verdaderos hormigueros humanos. La población total de Asia alcanza los 3,207,000,000 habitantes.

29. ¿Cuál de los continentes es considerado como el de mayor tamaño?

   (1) América
   (2) África
   (3) Europa
   (4) Oceanía
   (5) Asia

30. El núcleo geográfico asiático es

   (1) el círculo Polar
   (2) la meseta de Pamir
   (3) la región costera del Índico
   (4) las profundas depresiones
   (5) los vientos monzones

31. Podemos decir que Asia

   (1) tiene un tamaño relativamente pequeño
   (2) no tiene ríos de gran longitud
   (3) tiene toda clase de climas
   (4) no tiene vientos monzones
   (5) se extiende hasta el polo sur

32. La población de Asia

   (1) es igual a más de la mitad de la población total del mundo
   (2) es igual a la población del continente africano
   (3) es igual a la población del continente americano
   (4) está concentrada en las altas montañas
   (5) está concentrada en las islas del Pacífico

ÁFRICA

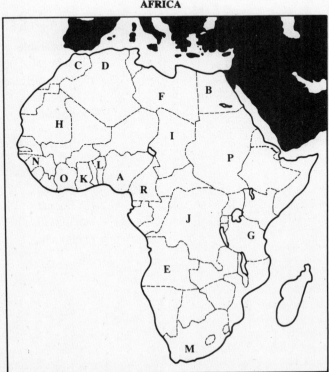

ÁFRICA (PAÍSES Y CAPITALES)

Países	Capitales	Países	Capitales
Angola	Luanda	Liberia	Monrovia
Argelia	Argel	Libia	Trípoli
Benín	Porto Novo	Madagascar	Antananarivo
Botswana	Gaberones	Malawi	Lilongwe
Burkina Faso	Ouagadougou	Malí	Bamako
Burundi	Bujumbura	Marruecos	Rabat
Cabo Verde	Praia	Mauricio	Port Luis
Camerún	Yaounde	Mauritania	Novakchott
Rep. Centroafricana	Bangui	Mozambique	Maputo
Comores	Moroni	Namibia	Windhoek
Congo-Brazzaville	Brazzaville	Níger	Niamey
Congo-Kinshasa	Kinshasa	Nigeria	Lagos
Costa de Marfil	Yamoussoukro	Ruanda	Kigali
Chad	N'Djamena	São Tomé y Príncipe	São Tomé
Djibouti	Djibouti	Senegal	Dakar
Egipto	El Cairo	Seychelles	Victoria
Eritrea	Asmara	Sierra Leona	Freetown
Etiopía	Addis-Abeba	Somalia	Mogadiscio
Gabón	Libreville	Suazilandia	Mbabane
Gambia	Banjul	Rep. Sudafricana	Pretoria
Ghana	Accra	Sudán	Jartum
Guinea	Conakry	Tanzania	Da res Salaam
Guinea Bissau	Bissau	Togo	Lomé
Guinea Ecuatorial	Malabo	Túnez	Túnez
Kenia	Nairobi	Uganda	Kampala
Lesotho	Maseru	Zambia	Lusaka
		Zimbabwe	Harare

33. La letra B representa

    (1) Uganda
    (2) Libia
    (3) Nigeria
    (4) Egipto
    (5) Siria

34. La letra C representa

    (1) Sudáfrica
    (2) Argelia
    (3) Marruecos
    (4) Etiopía
    (5) Zambia

35. La letra P representa

    (1) Mozambique
    (2) Senegal
    (3) Congo-Brazzaville
    (4) Liberia
    (5) Sudán

36. África limita al norte con

    (1) el Mar Mediterráneo
    (2) Nigeria
    (3) Etiopía
    (4) Sudáfrica
    (5) Francia

EXTENSIÓN DE LOS PAÍSES AFRICANOS

Sudán	2,505,813 km²	Rep. Centroafricana	622,984 km²	Benín	112,622 km²
Argelia	2,380,000 "	Botswana	600,372 "	Liberia	111,369 "
Congo-Kinshasa	2,344,885 "	Madagascar	587,041 "	Sierra Leona	71,740 "
Libia	1,759,540 "	Kenia	582,646 "	Togo	56,600 "
Chad	1,284,000 "	Camerún	475,442 "	Guinea Bissau	36,125 "
Níger	1,267,000 "	Marruecos	458,730 "	Lesotho	30,355 "
Angola	1,246,700 "	Zimbabwe	390,622 "	Guinea Ecuatorial	28,051 "
Malí	1,240,142 "	Congo-Brazzaville	342,000 "	Burundi	27,834 "
Rep. Sudafricana	1,221,042 "	Costa de Marfil	322,463 "	Rwanda	26,338 "
Etiopía	1,104,300 "	Burkina Faso	274,200 "	Djibouti	23,000 "
Mauritania	1,030,700 "	Gabón	267,677 "	Swazilandia	17,363 "
Egipto	1,001,449 "	Guinea	245,857 "	Gambia	11,295 "
Tanzania	937,186 "	Ghana	238,537 "	Cabo Verde	4,033 "
Nigeria	923,768 "	Uganda	236,860 "	Mauricio	1,865 "
Namibia	824,292 "	Senegal	196,722 "	Comoras	1,797 "
Mozambique	783,030 "	Túnez	163,610 "	São Tomé y	
Zambia	746,254 "	Malawi	118,484 "	Príncipe	964 "
Somalia	637,657 "	Eritrea	117,600 "	Seychelles	376 "

POBLACIÓN DE LOS PAÍSES AFRICANOS

Nigeria	90,200,000 hab.	Angola	8,900,000 hab.	Eritrea	2,600,000 hab.
Egipto	55,700,000 "	Malawi	8,700,000 "	Congo-Brazzaville	2,400,000 "
Etiopía	51,700,000 "	Malí	8,500,000 "	Mauritania	2,100,000 "
Rep. Sudafricana	41,700,000 "	Túnez	8,400,000 "	Lesotho	1,900,000 "
Congo-Kinshasa	37,900,000 "	Zambia	8,400,000 "	Namibia	1,500,000 "
Tanzania	27,400,000 "	Níger	8,300,000 "	Botswana	1,400,000 "
Sudán	26,500,000 "	Somalia	8,300,000 "	Gabón	1,100,000 "
Marruecos	26,200,000 "	Senegal	7,900,00() "	Mauricio	1,100,000 "
Kenia	26,200,000 "	Guinea	7,800,000 "	Giuinea Bissau	1,000,000 "
Argelia	26,000,000 "	Rwanda	7,700,000 "	Gambia	900,000 "
Uganda	17,500,000 "	Burundi	5,800,000 "	Swazilandia	800,000 "
Mozambique	16,600,000 "	Chad	5,200,000 "	Comoras	500,000 "
Ghana	16,000,000 "	Benín	5,000,000 "	Guinea Ecuatorial	400,000 "
Costa de Marfil	13,000,000 "	Libia	4,500,000 "	Djibouti	400,000 "
Camerún	12,700,000 "	Sierra Leona	4,400,000 "	Cabo Verde	400,000 "
Madagascar	11,900,000 "	Togo	3,800,000 "	São Tomé y Príncipe	100,000 "
Zimbabwe	10,300,000 "	Rep. Centroafricana	3,200,000 "	Seychelles	100,000 "
Burkina Faso	9,600,000 "	Liberia	2,800,000 "		

AGLOMERACIONES URBANAS CON MÁS DE 700,000 HABITANTES

El Cairo	10,000,000 hab.	Dar es Salaam	1,400,000 hab.	Lusaka	900,000 hab.
Kinshasa	3,700,000 "	Ibadan	1,300,000 "	Jartún	800,000 "
Casablanca	3,500,000 "	Nairobi	1,200,000 "	Antananativo	800,000 "
Alejandría	3,000,000 "	Abidján	1,000,000 "	Pretoria	800,000 "
El Cabo	1,900,000 "	Durban	1,000,000 "	Mombassa	800,000 "
Giza	1,700,000 "	Rabat	1,000,000 "	Brazzaville	800,000 "
Joannesburgo	1,600,000 "	Kampala	1,000,000 "	Mogadiscio	700,000 "
Argel	1,500,000 "	Maputo	1,000,000 "	Conakry	700,000 "
Addis Abeba	1,500,000 "	Rand del Este	1,000,000 "	Harare	700,000 "
Dakar	1,500,000 "	Accra	1,000,000 "	Lumbumbashi	700,000 "
Luanda	1,500,000 "	Túnez	900,000 "	Ogbomosto	700,000 "

37. Según las estadísticas

(1) Nigeria es el país con mayor extensión

(2) Argelia es el segundo país con más población

(3) Sudán es el país de mayor área territorial

(4) El Cairo es el país con mayor aglomeración humana

(5) Seychelles es la ciudad más pequeña de África

38. Podemos afirmar que

   (1) la mayor parte del pueblo africano vive fuera de centros urbanos grandes
   (2) Etiopía tiene más habitantes que Egipto
   (3) en Senegal se habla inglés
   (4) Casablanca es la capital de Marruecos
   (5) África está menos poblado que Oceanía

39. La ciudad africana con mayor población se encuentra en

   (1) Nigeria
   (2) Senegal
   (3) Congo-Kinshasa
   (4) Egipto
   (5) Sudán

40. ¿Cuál de los siguientes países no está considerado entre los de mayor población?

   (1) Congo-Kinshasa
   (2) Namibia
   (3) Sudán
   (4) Marruecos
   (5) Angola

África tiene una población total de 654,000,000 habitantes. El continente africano extiende sus tierras en la parte más meridional del viejo mundo, alargándose al sur del ecuador. Desgajada de Eurasia con la apertura del canal de Suez, África forma hoy una inmensa isla entre los océanos Atlántico e Índico y los mares Mediterráneo y Rojo. Sus enormes dimensiones, 8,000 km de norte a sur y 7,500 km de este a oeste en su parte más ancha, la convierten en el tercer continente en extensión.

La configuración de la superficie africana es relativamente sencilla. En su mayor parte está invadida por altiplanicies y mesetas de poca elevación, rodeadas por cordilleras que bordean casi todo el litoral y que escasamente aparecen en el interior.

Los ríos, por el contrario, constituyen elementos de destacada importancia en el conjunto geográfico de África. Por su caudal y longitud son corrientes fluviales que figuran entre las primeras del mundo; no obstante, no constituyen como en otros continentes vías de penetración que conduzcan al interior, pues su curso accidentado dificulta la navegación.

Una mirada global al continente africano, aún sin penetrar profundamente en sus características, lo muestra lleno de desigualdades y contrastes físicos y humanos.

Donde se albergan los más grandes desiertos aparecen también impenetrables selvas vírgenes. En la misma línea ecuatorial coexisten temperaturas de más de 50 grados C. y nieves perpetuas. Las ciudades de El Cabo y Argel, en los extremos del continente, disfrutan del mismo clima mediterráneo. Junto a zonas donde viven más de mil habitantes por kilómetro cuadrado hay otras con sólo un habitante cada cuatro kilómetros. El continente que albergó por espacio de miles de años una de las más grandes civilizaciones sigue siendo hoy día bastante desconocido desde el punto de vista cultural en muchos lugares del mundo.

41. No limita con el continente africano

   (1) el océano Pacífico
   (2) el océano Atlántico
   (3) el océano Índico
   (4) el mar Mediterráneo
   (5) el canal de Suez

42. ¿Cuál de las siguientes afirmaciones no es correcta?

   (1) África posee muchas altiplanicies.
   (2) África posee mesetas numerosas.
   (3) Las cordilleras africanas rodean el litoral.
   (4) Las cordilleras africanas se encuentran especialmente en el interior del continente.
   (5) Ninguna de las anteriores.

43. Los ríos africanos

   (1) son de poco caudal
   (2) son de corta extensión
   (3) son poco aptos para la navegación
   (4) costituyen grandes vías de comunicación
   (5) desembocan en el océano Pacífico

44. ¿Cuál de las siguientes afirmaciones es verdadera?

(1) En África existe el contraste de extremas temperaturas.
(2) África es el continente más nuevo cronológicamente hablando.
(3) Las ciudades de El Cairo y Argel se encuentran en Sudáfrica.
(4) África tiene una alta densidad de población en todo su territorio.
(5) La cultura africana es mundialmente muy conocida.

OCEANÍA

Países	Capitales	Países	Capitales
Australia	Canberra	Nauru	Yarón
Belau	Koror	Nueva Zelanda	Wellington
Estados Federales		Papua Nueva Guinea	Port Moresby
de Micronesia	Kolonia	Samoa Occidental	Apia
Fiji	Suva	Tonga	Nuku Alofa
Islas Salomón	Honiara	Tuvalu	Funafuti
Kiribati	Tarawa	Vanuatu	Vila

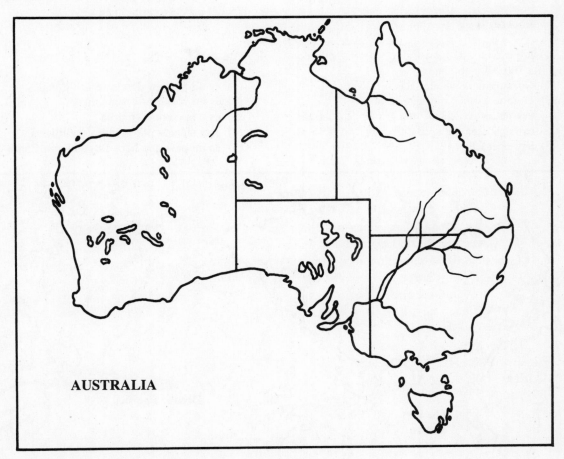

AUSTRALIA

Australia es el país más uniforme del mundo, formado por una gran meseta de poca elevación. Solamente al oeste y sureste hay algunas cadenas montañosas que alcanzan la máxima altura en el pico Kosciusko (2,300 m). Tiene una superficie de 7,682,300 km², y una población de 18 millones de habitantes. Su capital es Canberra, de 310,000 habitantes. Ciudades destacadas son: Sidney (3,700,000), Melbourne (3,000,000), Brisbane (1,300,000), Adelaide (1,000,000), y Perth (1,200,000). Se habla el idioma inglés, y la religión protestante (60%) predomina sobre la católica (25%). La forma de gobierno es la república; la moneda, el dólar australiano. Sus productos principales son: cereales, azúcar, ganadería, carbón, hierro, plomo y cinc.

El clima del país es desfavorable para el ser humano. En su mayor parte es desértico y carente de lluvias; solamente al este y sur presenta buenas condiciones para el desarrollo de la vida. Las corrientes de agua son escasas. Destacan el río Murray (2,589 km) y sus afluentes: el Darlint (2,739 km), el Murrumbidgee (1,579 km) y el Lachland (1,287 km). Los lagos por el contrario, se encuentran en abundancia.

45. Australia es

(1) un continente sin montañas
(2) un país
(3) lo mismo que Oceanía
(4) una península
(5) la capital de Canberra

46. Según el texto

(1) la capital de Australia es Sidney con 3,700,000 habitantes.
(2) Oceanía tiene veinte islas
(3) el norte es más rico que el sur
(4) uno de los problemas más graves de Australia es la escasez de agua
(5) hay pocos lagos

47. ¿Cuál de las siguientes afirmaciones no es correcta?

(1) El idioma oficial de Australia es el inglés.
(2) La religión predominante es la protestante.
(3) La forma de gobierno es la república.
(4) Australia tiene 18 millones de habitantes.
(5) El producto principal es el café.

48. Australia

(1) es un país en donde se habla inglés
(2) es un continente comunista
(3) es una colonia inglesa
(4) está situada por grandes cordilleras
(5) es un país que hace frontera con China

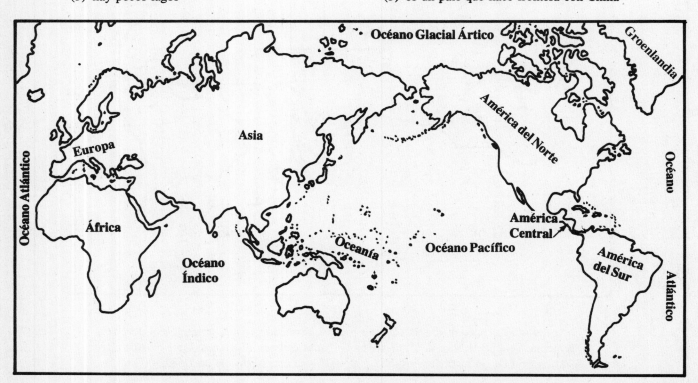

49. De acuerdo con el mapa,

    (1) Asia es el país más grande
    (2) Europa es el continente más poblado
    (3) América está rodeada por tres océanos
    (4) el océano Ártico baña también parte de África
    (5) el océano Índico toca las costas de Europa

50. ¿Cuál de los continentes siguientes es el más pequeño?

    (1) Europa
    (2) África
    (3) Asia
    (4) América
    (5) todos son iguales

51. ¿Cuál de los continentes está más cerca de la zona ártica?

    (1) África
    (2) Europa
    (3) Asia
    (4) Oceanía
    (5) América

52. ¿Cuál de las siguientes afirmaciones no es correcta?

    (1) El océano Índico rodea a Europa.
    (2) El océano Atlántico baña parte de Suramérica.
    (3) Europa está unida por tierra a Asia.
    (4) América es un sólo continente.
    (5) Asia no está unida a Australia.

SUPERFICIES CONTINENTALES

Asia	44,185,140 km^2
América	42,180,474 "
África	30,196,120 "
Europa	10,519,500 "
Oceanía	7,686,850 "

SUPERFICIES OCEÁNICAS

Pacífico	166,241,754 km^2
Atlántico	86,557,403 "
Índico	73,427,458 "
Ártico	13,223,702 "

PROFUNDIDADES MARINAS

Fosa de Filipinas	11,516 m.
Fosa de las Marianas	11,033 "
Fosa de Puerto Rico	8,648 "
Hoya de Java	7,725 "
Hoya de Eurasia	5,450 "

---

53. De acuerdo con el cuadro, el continente más extenso es

    (1) América
    (2) África
    (3) Europa
    (4) Asia
    (5) Australia

54. El océano más extenso es el

    (1) Pacífico

    (2) Ártico
    (3) Índico
    (4) Atlántico
    (5) El Pacífico y el Atlántico son los mismos.

55. ¿Cuál es la mayor profundidad marina?

    (1) Fosa de las Marianas
    (2) Hoya de Java
    (3) Fosa de Puerto Rico
    (4) Fosa de Filipinas
    (5) Hoya de Eurasia

56. La mayor profundidad marina se encuentra en el

    (1) Atlántico
    (2) Pacífico

    (3) Índico
    (4) Ártico
    (5) Antártico

GRANDES ISLAS		MAYORES LAGOS	
Groenlandia	2,175,590 km^2	Mar Caspio	371,793 km^2
Nueva Guinea	791,441 ''	Superior	82,103 ''
Borneo	725,474 ''	Victoria	69,484 ''
Madagascar	587,039 ''	Mar Aral	65,527 ''
Tierra de Baffin	507,451 ''	Hurón	59,829 ''
Sumatra	473,605 ''	Míchigan	57,557 ''
Hondo	227,441 ''	Tanganika	32,893 ''
Gran Bretaña	218,041 ''	Osos	31,328 ''
Tierra Victoria	217,290 ''	Baikal	30,510 ''
Ellesmere	196,236 ''	Nyasa	29,604 ''
Célebes	179,370 ''	Esclavos	28,570 ''
Nueva Zelanda (Sur)	150,717 ''	Erie	25,667 ''
Java	126,296 ''	Winnipeg	24,390 ''
Cuba	114,524 ''	Ontario	19,554 ''
Nueva Zelanda (Norte)	114,452 ''	Balkash	18,428 ''
Terranova	108,860 ''	Ladoga	17,703 ''
Luzón	105,879 ''	Chad	16,317 ''
Islandia	102,999 ''	Maracaibo	13,512 ''

PRINCIPALES MARES

Mar de China Meridional	2,974,601 km^2
Mar Caribe	2,515,914 ''
Mar Mediterráneo	2,509,957 ''
Mar de Bering	2,261,060 ''
Golfo de México	1,507,632 ''
Mar de Ojhotsk	1,392,119 ''
Mar del Japón	1,012,944 ''
Bahía de Hudson	730,118 ''
Mar de China Oriental	664,591 ''
Mar de Andaman	564,876 ''
Mar Negro	507,897 ''
Mar Rojo	452,898 ''
Mar del Norte	427,089 ''
Mar Báltico	382,023 ''
Mar Amarillo	293,964 ''
Golfo Pérsico	240,000 ''
Golfo de San Lorenzo	240,000 ''
Mar de Irlanda	220,000 ''

57. La isla más grande del mundo se encuentra

    (1) en Nueva Guinea
    (2) cerca del Polo Norte

    (3) en Borneo
    (4) en Madagascar
    (5) en Australia

58. La isla más grande del mundo se encuentra en

    (1) el mar Caribe
    (2) el océano Pacífico
    (3) el océano Índico
    (4) el mar Mediterráneo
    (5) ninguno de los anteriores

59. El lago más extenso del mundo se encuentra en

    (1) Europa

    (2) Asia
    (3) África
    (4) América
    (5) Oceanía

60. El Mar Mediterráneo se encuentra

    (1) en Asia
    (2) en África
    (3) en Europa
    (4) cerca de Inglaterra y España
    (5) entre Europa y África

CATARATAS FAMOSAS		DESIERTOS MÁS EXTENSOS	
Nombre y situación	**Altura**	**Nombre y situación**	**Extensión**
Salto del Ángel (Venezuela)	979 m.	Sahara (Norte de África)	9,100,000 km²
Tugela (Sudáfrica)	948 "	Libia (Libia-Egipto)	1,680,000 "
Cuquenán (Venezuela)	610 "	Australiano (Australia)	1,550,000 "
Takakkaw (Canadá)	503 "	Arábigo (Arabia)	1,300,000 "
Ribbón (EE.UU.)	491 "	Gobi (China-Mongolia)	1,040,000 "
Rey Jorge VI (Guyana)	488 "	Rub al Kali (Arabia)	770,000 "
Gavarnie (Francia)	422 "	Kalahari (Botswana)	520,000 "
Glass (Brasil)	404 "	Sirio (Siria-Arabia-Irak-Jordania)	310,000 "
Victoria (Zambia)	122 "	Takla Makán (China)	310,000 "
Iguazú (Brasil-Argentina)	70 "	Karakum (Turqumenistán)	260,000 "
Niágara (Canadá-EE.UU.)	50 "	Nubia (Sudán)	260,000 "

61. La catarata más alta del mundo se encuentra en

    (1) América
    (2) Europa
    (3) Asia
    (4) África
    (5) Oceanía

62. Según los datos señalados

    (1) dos de las cataratas más altas se encuentran en América
    (2) Tugela supera a las cataratas de Venezuela
    (3) falta información sobre la altura
    (4) las cataratas más importantes se encuentran en Venezuela
    (5) las cataratas más conocidas son las del Niágara

63. El desierto más extenso del mundo es

    (1) Libia
    (2) el Sahara
    (3) el Australiano
    (4) el Arábigo
    (5) el Sirio

64. El desierto más extenso del mundo se encuentra en

    (1) Europa
    (2) Arabia
    (3) África
    (4) Mauritania
    (5) Egipto

RÍOS IMPORTANTES
Europa

Volga	3,685 km.
Danubio	2,850 ”
Don	1,964 ”
Rhin	1,298 ”
Elba	1,100 ”
Sena	776 ”

Asia

Obi-Irtisk	5,568 km.
Yang-tse-kiang	5,472 ”
Hoang-ho	4,677 ”
Amur	4,480 ”
Lena	4,313 ”
Mekong	4,180 ”
Yenisei	4,130 ”
Éufrates	3,597 ”
Brahmaputra	2,900 ”
Indo	2,897 ”
Ganges	2,511 ”

África

Nilo-Kagera	6,671 km.
Congo	4,374 ”
Níger	4,184 ”
Zambeze	2,736 ”

América

Amazonas-Ucayali	6,276 km.
Mississippi-Missouri	5,971 ”
MacKenzie	4,241 ”
Paraná	4,023 ”
Yukón	3,220 ”
Grande del Norte	3,024 ”
Orinoco	2,140 ”
Magdalena	1,538 ”

Oceanía

Murray-Darling	3,490 ”

ALTURAS NOTABLES
Europa

Elbrus (Georgia)	5,633 m.
Mont Blanc (Francia)	4,792 ”
Monte Rosa (Suiza)	4,634 ”
Mulhacén (España)	3,478 ”

Asia

Everest (Nepal)	8,848 m.
K-2 (Pakistán) , , , , , , , , , , ,	8,611 ”
Nanda Devi (India)	7,817 ”
Muztagh Ata (China)	7,546 ”
Comunismo (Tayiskitán)	7,495 ”
Chomo Lhari (Bután)	7,327 ”
Ararat (Turquía)	5,160 ”
Fujiyama (Japón)	3,778 ”

África

Kilimanjaro (Tanzania)	5,895 m.
Kenia (Kenia)	5,202 ”
Ruwenzori (Uganda)	5,119 ”
Karisimbe (Ruanda)	4,560 ”
Jabal Toubkal (Marruecos)	4,180 ”
Camerún (Nigeria)	4,070 ”

América

Aconcagua (Argentina)	6,959 m.
Ojos del Salado (Chile)	6,880 ”
Huascarán (Perú)	6,768 ”
Sajama (Bolivia)	6,550 ”
Pico Logan (Canadá)	6,050 ”
Pico Colón (Colombia)	5,755 ”
Orizaba (México)	5,747 ”
Pico Bolívar (Venezuela)	5,007 ”
Tajamulco (Guatemala)	4,220 ”

Oceanía

Wilhelm (Nueva Guinea)	4,695 m.
Cook (Nueva Zelanda)	3,764 ”
Kosciusko (Australia)	2,230 ”

VOLCANES EN ACTIVIDAD
Europa

Etna (Italia)	3,323 m.
Hekla (Islandia)	1,491 ”
Vesubio (Italia)	1,277 ”
Estrómboli (Italia)	926 ”

Asia

Semeru (Indonesia)	3,676 m.
Agung (Indonesia)	3,142 ”
Mayón (Filipinas)	2,990 ”
Gede (Indonesia)	2,958 ”
Batur (Indonesia)	1,717 ”

Kirishima (Japón) .... 1,700 ”
Keli Mutu (Indonesia) .... 1,640 ”
Pinatubo (Filipinas) .... 1,462 ”
Sakurajima (Japón) .... 1,118 ”
Krakatoa (Indonesia) .... 500 ”

África

Nyrangongo (Congo-Kinshasa) ...... 3,465 m.
Fogo (Cabo Verde) .... 2,829 ”

América

Chimborazo (Ecuador) .... 6,310 m.
Antofalla (Argentina) .... 6,111 ”
Guallatiri (Chile) .... 6,060 ”

Cotopaxi (Ecuador) .... 5,897 ”
Popocatépetl (México) .... 5,452 ”
Colima (México) .... 3,960 ”
Agua (Guatemala) .... 3,752 ”
Irazú (Costa Rica) .... 3,482 ”
Santa Helena (EEUU) .... 2,950 ”
Poás (Costa Rica) .... 2,704 ”
Pacaya (Guatemala) .... 2,544 ”
Trident (EEUU) .... 2,070 ”
Izalco (El Salvador) .... 1,910 ”
Peleé (Isla Martinica) .... 1,397 ”

Oceanís

Mauna Loa (Hawai) .... 4,170 m.
Lovepi (Vanautu) .... 1,447 ”

65. El rio Amazonas se encuentra en

(1) América del Norte
(2) Centro América
(3) Europa
(4) Suramérica
(5) Africa

66. Los montes más altos de América están en el

(1) norte
(2) sur
(3) este
(4) oeste
(5) centro

67. Los picos más altos se encuentran en

(1) América
(2) Africa
(3) Asia
(4) Europa
(5) Australia

68. El continente que tiene más volcanes en actividad es

(1) Africa
(2) Europa
(3) Asia
(4) Oceanía
(5) América

GLOSARIO DE ESTUDIOS SOCIALES

Aborigen. Natural u originario de un país, pueblo o territorio en que vive.

Absolutismo. Un sistema de gobierno en el que todos los poderes se concentran en un grupo o en una persona, y los ejercen de forma limitada.

Acéfalo. Comunidad, secta o partido que no tiene jefe o líder.

Acomodación. Es el proceso de salida y ajuste a nuevas y cambiantes condiciones del medio ambiente, de modo que las pautas de comportamiento ya existentes sean modificadas a fin de enfrentarse con nuevas situaciones e informaciones.

Acracia. Doctrina ideológica partidaria de la supresión de toda forma de gobierno o autoridad.

Acreedor. Es la persona a quien el deudor ha de satisfacer la deuda.

Aculturación. Comprende aquellos fenómenos que resultan cuando grupos que tienen culturas diferentes entran en contacto directo y continuo, con los subsiguientes cambios en la cultura original de uno de ambos.

Adanismo. Es la costumbre de comenzar una actividad como si ninguna otra persona la hubiera desarrollado antes.

Adaptación. El proceso por el cual un organismo se adapta o ajusta a su medio ambiente.

Administración de justicia. Es aquella función de los tribunales y jueces a quienes corresponde de manera independiente y exclusiva la potestad de aplicar la ley en los juicios civiles y criminales, juzgando y haciendo que se realice lo juzgado.

Administración pública. Conjunto de organismos y funcionarios a quienes corresponde la responsabilidad de aplicar las necesarias disposiciones para el cumplimiento de las leyes y para la conservación y fomento de los intereses de la comunidad nacional.

Alienación. Enajenación; en la teoría marxista, dependencia del proletariado de un sistema explotador.

Amnistía. Indulto o cancelación que se concede por ley.

Anarquismo. Ideología o doctrina de carácter político que propugna la abolición de toda forma de autoridad estatal.

Anomía. Condición social caracterizada por la ausencia relativa o por la confusión de valores en una sociedad o grupo. Evidencia de la anomía puede encontrarse en algunos barrios o zonas urbanas modernas habitada por emigrantes que proceden de áreas rurales; estos barrios no aceptan ya sus normas y valores tradicionales y todavía permanecen sin ser asimilados en la vida cultural y social de la comunidad urbana.

Apartheid. Literalmente, significa "segregación racial". Sistema político impuesto por el gobierno de la República de Sudáfrica con la intención de proteger la cultura anglosajona de las culturas de los diversos grupos nativos africanos que pueblan el país.

Aristocracia. Es el gobierno ejercido por las clases nobles o privilegiadas.

Asimilación. Es el proceso por el cual los grupos que viven en un territorio común, pero que provienen de culturas diferentes, alcanzan cierta solidaridad cultural y social de interés para la unidad nacional del país.

Autarquía. Condición autónoma, en donde se puede subsistir sin la ayuda del otro. En economía, se evitan las importaciones reduciéndolas al mínimo y, asimismo, se rechaza el capital extranjero, con la finalidad de lograr una economía independiente.

Autocracia. Es una forma de gobierno en la que la autoridad absoluta reside en una persona, el autócrata, que ocupa el primer lugar en una jerarquía de poder.

Banda. Es la forma más elemental de comunidad, más pequeña que una tribu, y propia de grupos nómadas o seminómadas.

Beneficio. La cantidad en que los ingresos totales exceden a los costos totales.

Bolcheviquismo. Sistema de gobierno implantado en Rusia por la revolución de 1917. Bolcheviques fueron llamados los partidarios de la facción de izquierda encabezados por Lenin, de la democracia social rusa. Ante los moderados, en un congreso en 1903, se llamaron minoristas o mencheviques.

Burocracia. Fuerza, poder o influencia de los funcionarios públicos en los asuntos del Estado.

Cacique. En algunos pueblos indios, jefe o superior. Personaje con gran influencia en la administración y política de algún pueblo o comarca.

Cantonalismo. Sistema político que propugna la división del Estado en territorios o cantones dotados de autonomía y de una casi absoluta independencia.

Capitalismo. Sistema político y económico cuyo desarrollo en su forma industrial o "plena" se inició en Inglaterra a finales del siglo XVIII. Al contrario que los sistemas económicos colectivistas o comunistas en donde sólo la autoridad estatal puede autorizar la producción, el sistema capitalista permite la libertad del individuo para acometer la producción de cualquier mercancía, la competencia, la sustitución de la propiedad privada y la separación de los poderes político y económico.

Censo. La enumeración y colección de información acerca de una población. El censo electoral es el padrón o lista de ciudadanos que tienen derecho a sufragio activo.

Colaboracionismo. Cuando participan en el gobierno diferentes partidos políticos de ideologías distintas.

Colectivismo. Sistema político o socioeconómico que suprime la propiedad privada, nacionalizándola y confiando al Estado la distribución de los bienes materiales.

Comercio. Puede definirse como una secuencia repetida de intercambios de mercancías.

Complejo de Edipo. Según Freud, la vida sexual del niño se proyecta con cierta rivalidad sobre las personas relacionadas íntimamente con él. Para el niño la madre será su primer objeto amoroso; para la niña, el padre.

Comunidad. Se ha definido como un sistema social territorialmente limitado o un conjunto de subsistemas funcionales engranados o integrados, referidos a una población residente que comparte una cultura común.

Comunismo. Sistema político y económico en donde el poder político se centra en un partido único, aspira al establecimiento de una sociedad sin clases, y pretende que los medios de producción y los bienes de consumo sean comunes. El gobierno no permite la propiedad privada y dirige todos los aspectos de la vida económica.

Constitución. Es la ley fundamental por la que se rige la organización del Estado.

Consumo. Gasto o uso de un producto.

Chauvinismo. Actitud patriótica llevada al extremo.

Democracia. "Gobierno del pueblo". Sistema que defiende la directa intervención del pueblo en los asuntos del gobierno.

Deuda. Obligación legal o económica de pagar alguna transacción realizada.

Devaluación. Depreciación de la moneda en relación con otros países.

Dinastía. Serie de monarcas que se suceden en el trono de un país por pertenecer a un mismo linaje.

Ecología. Ciencia que estudia la relación existente entre el ser humano y su ambiente, o entre los organismos y el "habitat" o medio ambiente.

Egocentrismo. Falta de interés o conocimiento acerca de cualquier cosa que exista fuera del dominio de la experiencia inmediata.

Élite. Minoría de personas que tienen autoridad o poder.

Emigración. La salida de individuos o grupos de su país natal con la finalidad de residir de forma permanente en otro país.

Endogamia. Dentro de una sociedad, la restricción que existe dentro de un grupo o segmento con respecto a la institución del matrimonio. Tan sólo se pueden casar los miembros del grupo entre sí; no está permitido el matrimonio fuera del mismo.

Estado. Entidad de carácter social y político, jurídicamente independiente, constituida por comunidades que ocupan uno o varios territorios. Max Weber definía al Estado como la asociación humana que posee el monopolio de la fuerza física legítima en una esfera dada.

Étnico, grupo. Un grupo con una tradición cultural común y un sentido de identidad que existe como un subgrupo de una sociedad.

Exogamia. Cuando los miembros de un grupo, segmento o sociedad pueden casarse sin restricciones con otros individuos que no pertenecen al mismo sistema.

Facción. Bando, grupo.

Fascismo. Movimiento socio-político fundado en 1919 por el italiano Benito Mussolini, cuyas bases son anticomunistas, corporativistas y nacionalistas.

Gemeinschaft. Término tipológico desarrollado por Tonnies que define a una comunidad de "sentimientos", rural, en donde predomina una "voluntad natural".

Gesellschaft. Tonnies desarrolló este término para señalar un tipo de sociedad en donde se da una "voluntad racional" de mercado. "Cada individuo está solo y aislado... en un estado de tensión respecto a todos los demás..."

Gobierno. Poder ejecutivo de una nación; conjunto que forman los altos cargos o jefes ministeriales de un Estado.

Golpe de Estado. Medida violenta de una minoría, generalmente militar, que toma el poder rompiendo las leyes constitucionales y se impone sin contar con la participación del pueblo.

Gremio. Agrupación o conjunto de personas que ejercen un mismo oficio.

Guerra civil. Dentro de una misma nación, la lucha armada que se establece entre bandos opuestos.

Gueto. Barrio en donde viven generalmente personas de un mismo grupo étnico o clase social.

Heterodoxia. Disconformidad con el dogma de la iglesia católica.

Huelga. Paro organizado de forma colectiva por trabajadores que pertenecen a una misma empresa o tienen la misma profesión.

Ilota. Es el estado en que se encuentra o cree encontrarse una persona desposeída de los derechos que disfrutan los ciudadanos.

Imitación. En psicología, el intento del niño por ajustarse al medio ambiente. Se basa fundamentalmente en la acomodación del niño a aquello que observa a su alrededor, ya sea que lo comprenda (que lo haya asimilado) o no.

Imperialismo. Política económica expansionista, hegemónica, de un Estado que domina a otros por medios políticos y económicos.

Impuesto. Tributo.

Incesto. Relaciones sexuales entre dos personas que pertenecen a una misma familia.

Inmigración. La entrada en un país de individuos o grupos que han dejado su país nativo para establecer su residencia en un nuevo lugar.

Internacional. Asociaciones internacionales formadas por organizaciones obreras con la finalidad de defender los derechos de los trabajadores.

Jacobinismo. Partido político sanguinario, radical, que existió durante la Revolución Francesa. Se llama así porque tiene su origen en un convento de frailes jacobinos.

Justicia. Derecho que le pertenece a cada ser humano.

Kibbutz. Organización agraria colectiva de Israel de carácter socialista.

Koljós. Cooperativa agraria soviética.

Ku-Klux-Klan. Sociedad racista secreta de los Estados Unidos cuya finalidad es defender la supremacía del hombre angloamericano blanco.

Kula. Un sistema circular o rotativo de intercambio de productos existente en Nueva Guinea.

Laborismo. Política del Partido Laborista británico de carácter socialista.

Ley. Precepto o regla de derecho dictada por un Estado con la finalidad de proteger la justicia y la libertad de los ciudadanos.

Ley marcial. Decretada por una nación cuando se declara estado de guerra, garantizando la seguridad y defensa militar de los ciudadanos.

Liberalismo. Ideología o doctrina que favorece la libertad política, económica y religiosa de los estados.

Libertad. En teoría, derecho de toda persona de pensar o hacer algo o no hacerlo según su propia responsabilidad y conciencia.

Maquiavelismo. Doctrina fundada por el escritor italiano Maquiavelo, siglo XVI, y expresada en su libro *El Príncipe,* en donde se expone la tiranía y despotismo que ha de utilizar el príncipe para hacer triunfar la política del Estado.

Marxismo. Movimiento ideológico social y político que trata de aplicar las ideas de Karl Marx; base teórica del socialismo y del comunismo.

Marxismo-Leninismo. Doctrina oficial del Partido Comunista ruso; aplicación de las ideas sociales y políticas de Karl Marx de acuerdo con el sentido revolucionario de Lenin.

Matriarcado. Antigua sociedad en donde la mujer constituía o representaba la mayor autoridad. Se dice que fue anterior al patriarcado y que era un reflejo de la importancia que tenía la madre como miembro de la familia.

Mesocracia. Sistema de gobierno formado por la burguesía o clases medias en general.

Migración. Salida o marcha de un pueblo que busca un cambio permanente de residencia.

Monarquía. Forma de Estado o gobierno cuyo jefe es un rey o monarca.

Monopolio. Control o modo exclusivo de actividades económicas.

Nación. Un grupo de personas que tienen una lengua común, habitan un territorio determinado y están protegidos por las leyes generales de un mismo Estado.

Nazismo. Ideología del partido nacional-socialista alemán caracterizado por un fuerte poder central estatal.

Neófito. Persona que se inicia en un culto o se convierte a una religión.

Nihilismo. Es una ideología que niega toda clase de norma, ya sea moral, económica, política, social; defiende lo absurdo y cree en la nada.

Obscurantismo. Sistema que se opone a la difusión de la cultura entre las clases obreras.

Oligantropía. Problema socioeconómico que se caracteriza por la escasez de hombres, principalmente como consecuencia de guerras.

Oligarquía. Gobierno de unos pocos que ejercen el poder de forma ilimitada sin tener en cuenta, en la mayoría de los casos, las necesidades del pueblo.

Panamericanismo. Política de solidaridad entre los países de América.

Partido. Agrupación de personas que defienden una misma ideología y creen que ésta ha de ser la base del poder.

Patria. País o nación en donde se ha nacido.
Patriarcado. Cultura en la que el varón goza de un estatus superior al de la mujer.

Pauperismo. Es la abundancia de personas que existen en un país en una situación de pobreza permanente.

Per cápita. Por individuo, o, literalmente, por cabeza; es el ingreso o renta que obtiene una persona considerada individualmente.

Plebiscito. Referéndum o votación popular directa.

Plusvalía. Aumento del valor de un producto o propiedad; beneficio que obtiene el propietario y, sin embargo, no disfruta el obrero.

Plutocracia. Gobierno constituido por personas ricas e influyentes.

Poder. Habilidad de un individuo, grupo, o Estado, para controlar, manipular, o influir la conducta de otros, viéndose estos últimos obligados a cumplir las disposiciones.

Poder Ejecutivo. Recae en el gobierno y es ejercido por él a través de las autoridades que representan sus diversos órganos.

Poder Judicial. Es ejercido por los jueces y tribunales con el fin de administrar la justicia.

Poder Legislativo. El encargado de hacer y reformar las leyes.

Poder Moderador. El que tiene el jefe del Estado.

Pogromo. Acto racista o violento que trata de exterminar, matar, a personas indefensas. Un ejemplo de ello fue lo que hizo en Alemania Hitler con la población judía.

Presupuesto. Es el cálculo que se hace previamente acerca del importe de un trabajo u obra.

Proletario. Obrero.

Racismo. Orientación ideológica y forma de etnocentrismo en la cual se mantiene que el grupo a que pertenece uno tiene una raza distinta que es por naturaleza superior a otras razas.

Rebelión. Sublevación contra el Estado o poderes del mismo con la intención de derrocarlos.

República. Estado dirigido por un presidente. No existe un modelo único de República. Unos autores dicen que teóricamente la soberanía reside en el pueblo en vez de en el monarca, pero ello no implica que el pueblo ejerza un control sobre el gobierno. Otros autores afirman que es principalmente un gobierno de los asuntos o negocios públicos.

Revolución. Cambio radical en las instituciones o en el sistema político de un país, modificando el gobierno e instaurando un nuevo orden político y económico.

Sindicalismo. Sistema que reúne a organizaciones obreras, empresariales, y de otras agrupaciones, formando sindicatos.

Sionismo. Movimiento internacional judío que aspira al establecimiento de una patria en Palestina.

Socialismo. Sistema político y económico basado en la propiedad estatal y en el control del gobierno de los medios de producción y distribución.

Solidaridad mecánica. Concepto desarrollado por Emile Durkheim que refiere a una sociedad basada en un sentido de igualdad o similitud que origina una conciencia colectiva entre los miembros. Se da en una sociedad simple, homogénea.

Solidaridad orgánica. Durkheim la asoció con la "organización profesional", caracterizada por la hetereogeneidad y complejidad que resultan de la división del trabajo social.

Tiranía. Gobierno ejercido por un déspota o tirano que abusa de la autoridad y del poder por medio de la fuerza y la represión.

Totalitarismo. Sistema político y social que cuenta con un único partido, asumiendo éste todos los poderes estatales.

Trotskismo. Sistema político que forjó León Trotsky, comunista ruso. A diferencia de Stalin, que trataba de concentrar el desarrollo del socialismo en una nación, Trotsky creía en la revolución del proletariado a escala internacional.

Xenofilia. Aprecio exagerado a todo lo que es extranjero.

Xenofobia. Desprecio ilimitado hacia los extranjeros.

Zarismo. Sistema de gobierno de carácter absolutista que existía bajo el poder del emperador de Rusia.

CLAVE DE RESPUESTAS PARA LAS PREGUNTAS DE ESTUDIOS SOCIALES

1.	(2)	18.	(4)	35.	(5)	52.	(4)	69.	(3)
2.	(4)	19.	(4)	36.	(3)	53.	(1)	70.	(5)
3.	(2)	20.	(2)	37.	(2)	54.	(2)	71.	(2)
4.	(3)	21.	(1)	38.	(3)	55.	(3)	72.	(4)
5.	(4)	22.	(2)	39.	(5)	56.	(4)	73.	(2)
6.	(5)	23.	(3)	40.	(4)	57.	(4)	74.	(1)
7.	(1)	24.	(4)	41.	(1)	58.	(2)	75.	(4)
8.	(4)	25.	(2)	42.	(4)	59.	(5)	76.	(3)
9.	(3)	26.	(2)	43.	(4)	60.	(5)	77.	(4)
10.	(2)	27.	(3)	44.	(4)	61.	(2)	78.	(3)
11.	(5)	28.	(3)	45.	(4)	62.	(3)	79.	(4)
12.	(2)	29.	(5)	46.	(3)	63.	(5)	80.	(4)
13.	(3)	30.	(2)	47.	(3)	64.	(4)	81.	(4)
14.	(2)	31.	(4)	48.	(2)	65.	(2)	82.	(5)
15.	(1)	32.	(3)	49.	(1)	66.	(3)	83.	(2)
16.	(2)	33.	(4)	50.	(2)	67.	(4)	84.	(1)
17.	(3)	34.	(3)	51.	(2)	68.	(3)	85.	(5)

CLAVE DE RESPUESTAS PARA LAS PREGUNTAS DE GEOGRAFÍA: CONTINENTES, MAPAS Y ESTADÍSTICAS

1.	(5)	15.	(2)	29.	(5)	43.	(3)	57.	(2)
2.	(3)	16.	(4)	30.	(2)	44.	(1)	58.	(5)
3.	(2)	17.	(2)	31.	(3)	45.	(2)	59.	(2)
4.	(5)	18.	(3)	32.	(1)	46.	(4)	60.	(5)
5.	(2)	19.	(1)	33.	(4)	47.	(5)	61.	(1)
6.	(5)	20.	(4)	34.	(3)	48.	(1)	62.	(1)
7.	(4)	21.	(3)	35.	(5)	49.	(3)	63.	(2)
8.	(3)	22.	(1)	36.	(1)	50.	(1)	64.	(3)
9.	(2)	23.	(5)	37.	(3)	51.	(3)	65.	(4)
10.	(4)	24.	(2)	38.	(1)	52.	(1)	66.	(2)
11.	(3)	25.	(3)	39.	(4)	53.	(4)	67.	(3)
12.	(1)	26.	(4)	40.	(2)	54.	(1)	68.	(5)
13.	(4)	27.	(4)	41.	(1)	55.	(4)		
14.	(3)	28.	(5)	42.	(4)	56.	(2)		

CUARTA PARTE

CIENCIAS

CIENCIAS

INTRODUCCIÓN

Las preguntas en el examen de Ciencias están basadas en lecturas de pasajes, dibujos y gráficas relacionadas con temas de biología (50%), ciencias de la Tierra (20%), química (15%) y física (15%). Se incluye, además de lecturas sobre dichos temas, un apartado dedicado a preguntas teóricas sobre conceptos generales, un apéndice de tablas de elementos químicos, otro apéndice que contiene un atlas abreviado con importantes datos sobre anatomía humana, reino vegetal y animal. Y, por último, un glosario de términos básicos.

HOJA DE RESPUESTAS:
CIENCIAS

Pasajes

1. ① ② ③ ④ ⑤	16. ① ② ③ ④ ⑤	31. ① ② ③ ④ ⑤	46. ① ② ③ ④ ⑤
2. ① ② ③ ④ ⑤	17. ① ② ③ ④ ⑤	32. ① ② ③ ④ ⑤	47. ① ② ③ ④ ⑤
3. ① ② ③ ④ ⑤	18. ① ② ③ ④ ⑤	33. ① ② ③ ④ ⑤	48. ① ② ③ ④ ⑤
4. ① ② ③ ④ ⑤	19. ① ② ③ ④ ⑤	34. ① ② ③ ④ ⑤	49. ① ② ③ ④ ⑤
5. ① ② ③ ④ ⑤	20. ① ② ③ ④ ⑤	35. ① ② ③ ④ ⑤	50. ① ② ③ ④ ⑤
6. ① ② ③ ④ ⑤	21. ① ② ③ ④ ⑤	36. ① ② ③ ④ ⑤	51. ① ② ③ ④ ⑤
7. ① ② ③ ④ ⑤	22. ① ② ③ ④ ⑤	37. ① ② ③ ④ ⑤	52. ① ② ③ ④ ⑤
8. ① ② ③ ④ ⑤	23. ① ② ③ ④ ⑤	38. ① ② ③ ④ ⑤	53. ① ② ③ ④ ⑤
9. ① ② ③ ④ ⑤	24. ① ② ③ ④ ⑤	39. ① ② ③ ④ ⑤	54. ① ② ③ ④ ⑤
10. ① ② ③ ④ ⑤	25. ① ② ③ ④ ⑤	40. ① ② ③ ④ ⑤	55. ① ② ③ ④ ⑤
11. ① ② ③ ④ ⑤	26. ① ② ③ ④ ⑤	41. ① ② ③ ④ ⑤	56. ① ② ③ ④ ⑤
12. ① ② ③ ④ ⑤	27. ① ② ③ ④ ⑤	42. ① ② ③ ④ ⑤	57. ① ② ③ ④ ⑤
13. ① ② ③ ④ ⑤	28. ① ② ③ ④ ⑤	43. ① ② ③ ④ ⑤	58. ① ② ③ ④ ⑤
14. ① ② ③ ④ ⑤	29. ① ② ③ ④ ⑤	44. ① ② ③ ④ ⑤	59. ① ② ③ ④ ⑤
15. ① ② ③ ④ ⑤	30. ① ② ③ ④ ⑤	45. ① ② ③ ④ ⑤	60. ① ② ③ ④ ⑤

PASAJES

Instrucciones: Las preguntas siguientes están basadas en las lecturas que les anteceden. Se debe leer primero el pasaje y contestar luego las preguntas correspondientes. Marque el número de su respuesta.

Fue Robert Hooke quien descubrió las células. Él describió así su descubrimiento: "Tomé un trozo limpio de corcho y con un cortaplumas, afilado como una navaja, corté un trozo, dejando la superficie muy lisa, y la examiné luego con mucho cuidado por medio de un microscopio. Así pude observar que aparecía un poco porosa; pero no podía verla con claridad suficiente para asegurar que eran poros... Con el mismo cortaplumas afilado corté del primer trozo una delgada capa de la superficie y la puse sobre una placa negra, puesto que era un objeto blanco, y dirigiendo la luz sobre él con un espejo planoconvexo, muy curvo, pude percibir muy bien que estaba perforado y era poroso, de forma parecida a una colmena, pero cuyos poros no fueran regulares... estos poros, células o celdas, no eran muy profundos, sino que estaban formados por una gran cantidad de pequeños departamentos... Este tipo de textura no es sólo característica del corcho, puesto que examinando en mi microscopio he visto que la médula de sauco, o de cualquier otro árbol, la pulpa interna o la zona medular de los tallos huecos de otros vegetales distintos, como el hinojo, las zanahorias, la cardencha, los helechos... y otros, se parecen mucho al esquema que he indicado anteriormente en el corcho".

En el año 1831, Robert Brown, al descubrir el núcleo de las células vegetales, desarrolló los estudios iniciados por Hooke y desde ese momento numerosos estudios han ido añadiendo conocimientos acerca de la estructura, forma y reproducción de las células.

Una célula se define como la parte más pequeña de un ser dotado de vida propia.

1. Según el texto,

   (1) Robert Brown descubrió las células
   (2) Robert Hooke descubrió la célula
   (3) Hooke descubrió el corcho
   (4) Brown descubrió el núcleo del corcho
   (5) Hooke descubrió la ciencia

2. El descubrimiento de las células se hizo en base a

   (1) un cortaplumas
   (2) una navaja
   (3) una superficie lisa
   (4) un corcho
   (5) un espejo

3. Las células se pueden observar con la ayuda de

   (1) un espejo plano
   (2) un espejo curvo
   (3) un microscopio
   (4) un objeto blanco
   (5) un tallo hueco

4. ¿Cuál de las siguientes afirmaciones no es correcta?

   (1) Las células son como pequeñas celdas.
   (2) Robert Brown descubrió el núcleo de las células vegetales.
   (3) La célula es el más pequeño ser con vida propia.
   (4) Robert Hooke descubrió el núcleo de las células.
   (5) Las células también fueron descubiertas en muchos vegetales.

Los ojos son los dos órganos del sentido de la vista. Están situados en las órbitas de la cara y en ellos pueden distinguirse dos partes: el globo ocular u ojo propiamente dicho, y los órganos anexos.

El globo ocular es de forma casi esférica y tiene aproximadamente unos dos y medio centímetros de diámetro. En su porción anterior está formado por unas partes transparentes que dejan pasar la luz; son los denominados medios transparentes. El resto está constituido por tres membranas opacas que se llaman esclerótica, coroides y retina, en este orden de fuera a dentro.

La esclerótica es la membrana más externa. Es de color blanco, dura y resistente. En la parte anterior de la esclerótica se encuentra la córnea, transparente y abombada. Por la parte posterior pasa el nervio óptico.

Partes del globo ocular

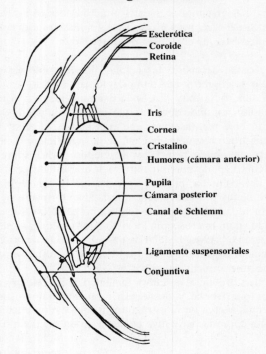

A continuación de la esclerótica se encuentra la coroides, blanda y de color muy oscuro. Su misión es la de alimentar a las otras dos membranas a través de los numerosos vasos sanguíneos que posee. En su parte anterior se encuentra el iris que presenta en su centro un orificio llamado pupila o niña del ojo. El color del iris varía según las personas.

La retina es la membrana más interna y a ella se une el nervio óptico. Se distinguen dos puntos importantes: el punto ciego, en donde el nervio óptico se une a la retina y en donde no existe visión; y, la mancha amarilla, de color amarillo, como su nombre lo indica, y localizado en la parte posterior. La mancha amarilla es la zona más sensible, el lugar donde procuramos formar la imagen.

Hay una serie de membranas y sustancias a través de las cuales pasa la luz. Son los llamados medios transparentes del ojo.

5. Los órganos del sentido de la vista son

(1) la órbita de los ojos
(2) la ceja
(3) los ojos
(4) la esclerótica
(5) el órgano anexo

6. ¿Cuál de las siguientes partes no forma parte del globo ocular?

(1) los medios transparentes
(2) la esclerótica
(3) la coroides
(4) la retina
(5) las pestañas

7. La pupila del ojo se encuentra en

    (1) la esclerótica
    (2) el iris
    (3) el nervio óptico
    (4) los medios transparentes
    (5) las membranas opacas

8. El lugar donde se forma la imagen es

    (1) la mancha amarilla
    (2) el punto ciego
    (3) la pupila
    (4) el iris
    (5) la esclerótica

Los huesos son los distintos órganos que forman el esqueleto y están constituidos de un tejido especial llamado tejido óseo. Este tejido está formado por células óseas, con muchas ramificaciones, entre las que se encuentra una abundante sustancia intercelular llamada osteína. Esta sustancia está impregnada de sales cálcicas, que son las que dan dureza al hueso. Si esta caliza se encuentra en cantidad insuficiente, como ocurre con las personas que padecen de raquitismo, los huesos se hacen blandos. Por la forma que tienen, pueden distinguirse tres clases diferentes de huesos: largos, cortos y planos.

Epífisis   **Diáfisis**   **Epífisis**

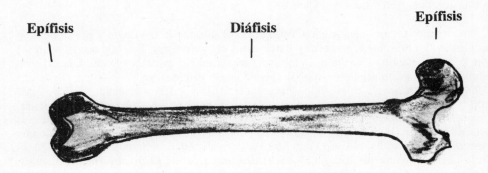

Los huesos largos tienen una parte media alargada llamada diáfisis, hueca, en cuyo interior se encuentra la médula amarilla o tuétano. La estructura de esta parte media del hueso es compacta y resistente. Los extremos terminan en unas partes ensanchadas, más gruesas, denominadas epífisis, de estructura esponjosa, con abundancia de tabiques que separan cavidades rellenas de médula roja, con abundancia de glóbulos rojos de la sangre. Estos huesos largos se encuentran en las extremidades.

Los huesos cortos son casi tan largos como anchos y lo forman numerosos huesos del cuerpo, como por ejemplo los de la muñeca. Los huesos planos son aplastados y anchos, como los de la bóveda craneal.

El cráneo, junto con la cara, forman el *esqueleto de la cabeza*. El cráneo está constituido por una bóveda, resistente y dura, compuesta por 8 huesos. Los dos parietales, que forman el techo, y los dos temporales, por debajo de los anteriores, en donde están alojados los oídos. El frontal, está situado en la frente; el occipital, en la nuca, tiene un orificio por donde pasa la médula espinal. En la parte inferior, están situados el etmoides y el esfenoides.

En la cara hay catorce huesos. De ellos, trece tienen articulaciones fijas y forman la mandíbula superior. El otro hueso es movible y forma la mandíbula inferior.

Los más importantes de la mandíbula superior son: los dos huesos nasales, que forman la bóveda de la nariz, el vómer, que forma el tabique que separa las fosas nasales; los dos maxilares superiores, en cuyos bordes están los alveolos o huecos en donde se implantan los dientes; los dos pómulos o malares, que forman las mejillas; y los dos palatinos, que forman la parte dura del paladar.

El hueso que forma la mandíbula inferior es el maxilar inferior, con forma de herradura y con alveolos para los dientes en su borde de arriba.

9. Los huesos están constituidos por

(1) el esqueleto
(2) las membranas
(3) células de estructura ósea
(4) la médula roja
(5) la médula ósea

10. El tuétano se encuentra en

(1) el esqueleto
(2) las células óseas
(3) la diáfisis
(4) la epífisis
(5) la médula roja

11. El cráneo está formado por 8 huesos. ¿Cuál de

los siguientes huesos no se encuentra en el cráneo?

(1) el etmoides
(2) los alveolos
(3) los parietales
(4) el occipital
(5) el esfenoides

12. En la cara hay catorce huesos. ¿Cuál de los siguientes huesos no se encuentra en la cara?

(1) el vómer
(2) los maxilares superiores
(3) los malares
(4) los palatinos
(5) los temporales

Dos órganos importantes pueden distinguirse al estudiar la fisiología y morfología de las plantas: los *órganos vegetativos* y los *órganos reproductores*. Los órganos vegetativos son la *raíz*, el *tallo* y las *hojas,* y sirven para la nutrición de la planta. Los órganos reproductores varían según el grupo de planta a que pertenezcan.

La *raíz* se encuentra en el suelo, crece hacia abajo y sujeta a la planta, a la vez que sirve para la *absorción del agua y de las sales minerales* que necesita para su nutrición. Una raíz joven tiene la forma de un cono muy alargado que termina en punta. Se une al tallo en un lugar denominado *cuello.* La punta más o menos fina, protegida por una especie de dedal se llama *cofia cuya función es la de defender la raíz contra los roces de la tierra. Encima de la cofia se encuentra una zona de pelos absorbentes* llamada *región pilífera.* Gracias a estos pelos la planta puede absorber el agua y otras substancias disueltas. Más arriba, entre la región de los pelos absorbentes y la cofia existe una *region desnuda* que es donde se produce el crecimiento de la raíz. Ésta se caracteriza por tener lo que se denomina geotropismo positivo, es decir, una tendencia a crecer siempre en dirección al centro de la tierra. Ésta es, en reglas generales, la estructura interna de una raíz joven. Esta estructura primaria se diferencia de la composición de una raíz vieja en cuanto que estas raíces de más edad poseen una gruesa capa de tejido suberoso en la superficie, con la pérdida de los pelos absorbentes y la aparición de nuevas capas de vasos que hacen que la raíz crezca con más grosor.

La mayoría de las raíces son como estas que hemos descrito: subterráneas, pero hay plantas con raíces acuáticas, que viven en el agua, y otras tan solo se dan en el aire, son las llamadas raíces aéreas que absorben el vapor de agua directamente del aire como son las plantas de parajes muy húmedos. Asimismo, hay raíces que no crecen del tallo hacia abajo, como hemos estudiado, sino que pueden nacer en cualquier punto del tallo e incluso de las hojas; son las llamadas *raíces adventicias,* como por ejemplo las de la hiedra. En sus hojas nacen raíces que les sirven para adherirse a las ventanas, paredes o cortezas de árboles.

Es importante notar, asimismo, con relación a la morfología de las raíces, que poseen muy diversas formas. Las hay *fasciculadas,* sin raíz principal pero con varias raíces igualmente desarrolladas, como la del trigo; *axonomorfas,* con una sóla raíz principal, de la cual nacen otras raíces secundarias, como la del cerezo; *napiformes* o *tuberosas,* con una raíz principal muy gruesa cargada de materiales nutritivos, como la remolacha.

13. ¿Cuál de los siguientes órganos es considerado un órgano vegetativo de la planta?

(1) las flores
(2) el fruto
(3) los pétalos
(4) la corola
(5) las hojas

14. La planta toma lo necesario para su nutrición por medio de

   (1) las hojas
   (2) el tallo
   (3) la raíz
   (4) las flores
   (5) el fruto

15. Las raíces que nacen en cualquier punto del tallo incluso en las hojas son las raíces

   (1) fasciculadas
   (2) adventicias
   (3) axonomorfas
   (4) tuberosas
   (5) napiformes

16. Una raíz que posea muchas sustancias nutritivas en su raíz principal es

   (1) napiforme
   (2) adventicia
   (3) fasciculada
   (4) axanomorfa
   (5) aérea

Debemos hacer todo lo posible por tener buena salud, evitando todo tipo de enfermedades. Muchas enfermedades son producidas por microbios patógenos que entran en nuestro organismo y dan lugar a infecciones. Los *microbios patógenos* suelen transmitir enfermedades por contagio y con frecuencia dan lugar a una gran mortandad. Entre estos microbios se encuentran los animales unicelulares, las bacterias y los virus. Ejemplos de animales con una célula son el Plasmodium, que produce la enfermedad llamada paludismo, y el Tripanosoma, que produce la enfermedad del sueño. Las *bacterias* son plantas que no tienen clorofila; se reproducen por división, de una sola bacteria; al cabo de unos días se pueden formar millones. Las bacterias son muy resistentes y cuando se encuentran en un medio que no es el apropiado a su vida, se rodean de una gruesa membrana y entran en un estado de vida latente. Hay muchas bacterias que producen enfermedades, algunas muy graves, como el cólera, la difteria, la tuberculosis. Los *virus* son seres muy pequeños, tan solo pueden ser detectados con el microscopio electrónico y no pueden vivir más que en el interior de las células de otros seres vivos, animales o plantas, donde se desarrollan alimentándose de la sustancia de la célula, a la que terminan por matar. Entre las enfermedades que producen los virus se encuentran la poliomielitis o parásito infantil, el sarampión, la viruela, entre otras muchas.

Nuestro organismo dispone de defensas adecuadas. Las principales son las formadas por los leucocitos y los anticuerpos. Debemos prevenir las enfermedades guardando las reglas de higiene individual y pública, con los medios adecuados, como son la vacunación obligatoria ante determinadas enfermedades, control del alimento y agua, pureza del aire, etc.

Es importante resaltar la lucha de numerosos científicos para combatir las enfermedades. En el año 1910 el químico Ehrlich descubrió una sustancia llamada salvarsán que mataba a los microbios que penetraban en el organismo. Gracias a esta sustancia se pudo luchar contra muchas bacterias pero no con todas. Unos años más tarde, en 1935, Domagh hizo otro descubrimiento importante al aplicar sulfamidas para la curación de muchas enfermedades microbianas.

Pero, sin duda, el descubrimiento más importante fue el realizado por Alexander Fleming con la penicilina, creando las bases de los muchos antibióticos que conocemos hoy día. En el año 1945 Fleming, y otros dos científicos que continuaron sus investigaciones, Florey y Chain, recibieron el premio Nóbel.

En el año 1928, Fleming trabajaba como médico de un hospital de Londres y se dedicaba a investigar las bacterias. Un día pudo comprobar en su laboratorio cómo en una de las cajas Petri, que contenían unos cultivos bacterianos, por descuido se introdujo un moho que había crecido y multiplicado en ese medio. Fleming se fijó en que las bacterias que estaba en los alrededores del moho habían desaparecido; parecía como si el moho hubiese producido una sustancia que destruyera las bacterias. Fleming recogió el hongo, llamado Penicillium notatum, y para comprobar lo ocurrido cultivó el moho en un caldo y conservó el cultivo dándose cuenta de que, en efecto, el caldo del cultivo tenía la propiedad de destruir gran número de bacterias distintas. Había descubierto un remedio que, de poderse aplicar al cuerpo humano, tendría efectos incalculables.

17. Las enfermedades contagiosas son transmitidas por microbios patógenos. ¿Cuál de los siguientes no es un microbio patógeno?

    (1) las bacterias
    (2) los virus
    (3) el plasmodium
    (4) los leucocitos
    (5) el tripanosoma

18. ¿Cuál de las enfermedades siguientes no es producida por un virus?

    (1) la poliomielitis
    (2) la anemia
    (3) la parálisis infantil
    (4) el sarampión
    (5) la viruela

19. El descubridor de la penicilina fue

    (1) Robert Koch
    (2) Robert Hooke
    (3) Pasteur
    (4) Ehrlich
    (5) Alexander Fleming

20. ¿Cuál de las siguientes afirmaciones no es correcta?

    (1) Las principales defensas del organismo son los leucocitos y los anticuerpos.
    (2) Las enfermedades se pueden prevenir con vacunas.
    (3) La penicilina fue decubierta el siglo pasado.
    (4) Ehrlich descubrió el salvarsán.
    (5) La base de muchos antibióticos es la penicilina.

El origen vírico del cáncer, al menos del cáncer humano, es un tema muy controvertido, por el que los investigadores muestran siempre un gran interés. Se sabe que existen unos virus, bautizados con el nombre de "retrovirus", que pueden ser la causa de la leucemia y de distintos tipos de cáncer, en muchas especies animales. Varios equipos de científicos han intentado hallar, sin éxito, un virus parecido en el hombre. Sin embargo, recientemente, un grupo de investigadores americanos ha descubierto un retrovirus en las células de personas enfermas de leucemia.

Este descubrimiento representa un importante avance en el conocimiento de la enfermedad y quizá la confirmación de una de las hipótesis que avanzan los científicos: las largas cadenas de secuencias G-C, que caracterizan los cambios de orientación de la doble hélice del ADN (ácido desoxiribonucleico), podrían deberse a este virus.

Veamos primero qué son los retrovirus. Fueron los doctores Ellerman y Bang, quienes detectaron el virus en unos polluelos enfermos de leucemia. A grandes rasgos se trata de un virus cuyos genes están formados por secuencias de ARN (ácido ribonucleico), en vez de ADN. Cuando un retrovirus penetra en una célula, su ARN se transforma en ADN, gracias a una encima especial que posee: la "transcriptasa," llamada también "ADN polimerasa". Los genes del virus convertidos en ADN pueden integrarse al ADN de la célula y conseguir que esta célula sintetice las proteínas que programan. Los virus son organismos parásitos que se aprovechan de la maquinaria celular, haciendo que ejecute las órdenes inscritas en sus genes. Los retrovirus, además, no rompen la célula en la que se multiplican, sino que salen de ella y desarrollan unos brotes que pueden infectar a otras células.

21. Se cree que la causa de la leucemia

    (1) es la alimentación
    (2) son las aguas contaminadas
    (3) es un virus
    (4) son las impurezas en el aire
    (5) es una bacteria

22. Según el texto, un grupo de investigadores pudo notar

    (1) una vacuna para la leucemia

    (2) la cura del cáncer
    (3) una bacteria en personas enfermas de cáncer
    (4) una bacteria en los enfermos de leucemia
    (5) un virus en las células de personas enfermas de leucemia

23. El virus que se ha encontrado tiene el nombre de

    (1) ADN
    (2) ADN polimerasa
    (3) transcriptasa

(4) retrovius

(5) nucléico

24. Todas las afirmaciones siguientes son verdaderas a excepción de una. ¿Cuál es?

(1) Los virus son organismos parásitos.

(2) Los retrovirus no rompen la célula en que se multiplican.

(3) Los retrovirus desarrollan unos brotes para infectar a las demás células.

(4) Una bacteria posee una enzima llamada Transcriptasa.

(5) El descubrimiento es importante porque favorece al ser humano.

La historia de los descubrimientos científicos está llena de ejemplos que nos muestran cómo el hombre empezó a inventar copiando de las propiedades o formas de conducta de las plantas y animales. De hecho, esta tendencia a imitar las creaciones de la naturaleza viva, los sistemas biológicos creados por ellas, se hacen en las herramientas primitivas. Los hallazgos arqueológicos de las primeras hachas demuestran que la parte cortante era una piedra semejante al diente de un oso.

Así apareció la ciencia llamada *Biónica*. Esta ciencia procura trasladar a la técnica las mejores creaciones de la Naturaleza, las estructuras y procesos más racionales y económicos que fueron cimentándose en los sistemas biológicos durante millones de años de desarrollo evolutivo.

En la Física, por ejemplo, el estudio de muchos principios fundamentales de la teoría de la electricidad comenzó con el análisis de la llamada electricidad animal. Los célebres experimentos de Luis Galvani, fisiólogo italiano del siglo XVIII, realizados con las extremidades de la rana, condujeron a la creación de los acumuladores galvánicos, fuentes químicas de energía eléctrica. Más tarde, Juan Luis María Poiseville, fisiólogo y físico francés del siglo XIX, basándose en las investigaciones experimentales sobre la circulación de la sangre en los vasos sanguíneos, estableció la ley de la circulación de los líquidos en los tubos estrechos.

No parece, pues, extraño que el hombre volviera sus ojos hacia la Naturaleza para copiar estos ingenios. El radar ultrasonoro lo tiene el murciélago; el motor a reacción funciona en el calamar; el martillo neumático lo encontramos en las avispas; la transmisión hidráulica en la arena; el barómetro de precisión lo poseen las ranas, los loches y las sanguijuelas; el pronosticador de tormentas podemos buscarlo en las medusas; un analizador capaz de diferenciar 500,000 olores lo tenemos en el perro callejero; el contador Geiger, en los caracoles; la brújula solar polarizadora, en las abejas; el depurador de agua de mar, en el albatros; el sismógrafo supersensible, en el escarabajo de agua y en el saltamontes; las gaviotas adivinan las borrascas; los tallos de ciertas plantas presentan estructuras que los arquitectos están imitando en proyectos urbanos futuristas; la perfecta adaptación del cuerpo del delfín a la penetración hidrodinámica ha inspirado el diseño de naves y aviones, etc.

Actualmente, las investigaciones biónicas abarcan una gran diversidad temática, pero destaca fundamentalmente en cinco ramas: la neurobiología, la orientación, la modelación de sistemas analizadores, la navegación, la biomecánica y la bionergética.

25. Según el texto, muchos descubrimientos se basan en

(1) la necesidad de cosas originales

(2) la observación de la conducta o propiedades de animales y plantas

(3) los hallazgos arqueológicos

(4) la historia de los descubrimientos

(5) los sistemas minerales

26. El análisis de la electricidad animal fue de gran utilidad para una ciencia llamada

(1) biología

(2) química

(3) astronomía

(4) física

(5) estadística

27. La ley de la circulación de los líquidos en tubos estrechos fue

    (1) creada por Juan Luis María Poiseville en el siglo XVII
    (2) establecida el siglo pasado por un fisiólogo francés
    (3) implementada por un biólogo americano
    (4) basada teóricamente
    (5) establecida por Luis Galvani

28. ¿Cuál de las siguientes afirmaciones no es correcta?

    (1) El radar ultrasonoro se inventó gracias a estudios con murciélagos.
    (2) Las gaviotas adivinan las borrascas.
    (3) El pronosticador de tormentas podemos encontrarlo en el caracol.
    (4) La transmisión hidraúlica se inventó por estudios de la arena.
    (5) El barómetro de precisión lo poseen las ranas.

Un grupo de biólogos de la Universidad de Cornell, en los Estados Unidos, ha descubierto que las salamandras son extremadamente sensibles a elementos magnéticos, mucho más que las palomas mensajeras.

Las salamandras presentan formas variadas en tamaños, colores y costumbres. Algunas son acuáticas. Otras, viven en la tierra pero depositan los huevos en el agua. Hay salamandras que viven enteramente en la tierra o encima de los árboles. La salamandra tiene la piel más suave que la del lagarto, y algunas especies, como por ejemplo, la *Ambystoma maculatum*, llega a vivir hasta cincuenta años.

Los experimentos se han llevado a cabo con varias salamandras que fueron capturadas y transportadas fuera de sus casas, de sus habitats, en cajas transpirables pero herméticamente cerradas; les taparon los ojos, bloquearon otros órganos sensoriales y cambiaron las condiciones ambientales. Modificaron los campos magnéticos alrededor de las cajas, y a pesar de todo ello, los científicos descubrieron cómo las salamandras caminaron en dirección de sus habitats.

Los experimentos indican que la salamandra tiene la habilidad de: a) sentir el campo magnético actual de la tierra; b) orientarse por sí misma en relación a él.

Al ser la salamandra uno de los animales más sensibles del mundo al poder de atracción que ejerce la Tierra, lo interesante sería investigar si sus propiedades magnéticas pueden ser comunicadas o transferidas a otros cuerpos.

29. En la Universidad de Cornell se descubrió

    (1) el origen de la salamandra
    (2) la evolución de las palomas mensajeras
    (3) el origen de los elementos magnéticos
    (4) que las salamandras son muy sensibles a los elementos magnéticos
    (5) que las palomas mensajeras son las más sensibles a los elementos magnéticos

30. Todas las afirmaciones son correcta a excepción de una. ¿Cuál es?

    (1) Algunas salamandras son acuáticas.
    (2) Algunas especies de salamandras son terrestres.
    (3) Todas las salamandras son terrrestres.
    (4) Algunas especies viven hasta medio siglo.
    (5) Algunas salamandras depositan sus huevos en la tierra.

31. Las salamandras se reproducen por medio de

    (1) huevos
    (2) células
    (3) un sistema de reproducción biocelular
    (4) bacterias
    (5) fertilización de la salamandra hembra

32. Cuando se dice que la salamandra puede orientarse por sí misma en relación al campo magnético significa que

    (1) no lo hace por intuición
    (2) posee propiedades similares al imán
    (3) posee un poder de atracción común en los reptiles
    (4) camina en línea recta hacia un imán
    (5) puede orientarse en dirección de su habitat

Uno de los problemas más grandes que vivimos en el mundo natural es la extinción de las especies. La extinción ya no se refiere a algunas especies raras como el dodo o el rinoceronte de Java, sino que se presenta en forma de desapariciones masivas, a gran escala. Se dice que antes del año 2,000 podrían desaparecer definitivamente alrededor de un millón de especies. No es difícil de imaginarse las repercusiones a escala mundial de una extinción de esta magnitud, acompañada del debilitamiento en las poblaciones de muchas otras especies y de los ecosistemas de los que forman parte.

Estos fenómenos no son hechos aislados: traducen la degradación continua de los ecosistemas. La lucha en favor de la preservación de éstos ya no es un movimiento romántico y elitista de ornitólogos, naturalistas y amantes de la naturaleza: representa la preservación de la biosfera misma, de los ecosistemas y de sus componentes.

Hay muchas razones para evitar la extinción de especies: de orden ético (todas las especies tienen derecho a la permanencia en su medio natural), por su valor simbólico, belleza, interés biológico; por su valor económico (el potencial es enorme: médico, alimentario, de control de plagas, y de muchos otros tipos); y finalmente, el argumento más importante: las especies son componentes de los ecosistemas y, en definitiva, del ecosistema Tierra. Son vitales para mantener el funcionamiento estable de la Tierra y la prestación de servicios esenciales para la humanidad. Intervienen en actividades biológicas y en el mantenimiento de la calidad de la atmósfera, control del clima, regulación del ciclo del agua, formación y mantenimiento de los suelos, reciclado de los nutrientes y desaparición de residuos, control de plagas y enfermedades, polinización de las plantas, y mantenimiento de la genoteca, de la que ahora y en el futuro se podrá consultar y extraer información de gran valor.

Estos argumentos deberían ser suficientes para convencer a todo el mundo de la imperiosa necesidad de la preservación de todas las especies. Debe pensarse que para construir un ecosistema es necesario poseer "las piezas originales," en este caso las especies que lo constituian, y que en caso de extinción, es imposible "fabricar" de nuevo.

Un gran número de causas provocan la extinción de las especies: Además de las directas (caza excesiva, comercio de flora y fauna salvaje, lucha contra los predadores, comercio de pieles, etc.) que afectan a un número no demasiado elevado de especies, no son de menor importancia las causas indirectas. Principalmente las relacionadas con la degradación de los ecosistemas o su envenenamiento. Entre estas causas se encuentran: la urbanización (ciudades, industrias y redes viarias, etc.), conversión en tierras agrícolas, desertización, deforestación, minería a cielo abierto, introducción de especies no autóctonas, contaminación (lluvias ácidas, metales pesados, plaguicidas, etc.), presión ciudadana (turismo, excesiva frecuentación), y por supuesto una guerra nuclear, que acabaría con un número incalculable de ecosistemas y de especies (incluida probablemente la humana).

33. La extinción de una especie significa

   (1) que quedan pocos animales de una especie
   (2) la eliminación total de una especie
   (3) que solamente quedarán los animales más vigorosos
   (4) que aumenta la especie
   (5) que paulatinamente va desapareciendo un grupo de animales

34. Para evitar la extinción de las especies, todas las razones siguientes son válidas, a excepción de una:

   (1) éticas
   (2) económicas
   (3) artística
   (4) ecológicas
   (5) médicas

35. Las especies son responsables de las funciones siguientes, excepto:

   (1) un funcionamiento estable de la tierra
   (2) una serie de servicios a la humanidad
   (3) mantenimiento de la calidad de la atmósfera
   (4) la presión atmosférica
   (5) regulación del ciclo del agua

36. En la extinción de las especies, no se considera causa directa

   (1) la urbanización
   (2) la caza excesiva
   (3) el comercio de la flora
   (4) el comercio de la fauna
   (5) el comercio de pieles

Su gracia, pero sobre todo su rareza y la calidad de su piel, sumadas a muy peculiares costumbres alimenticias y de apareamiento, hacen del oso panda un animal hoy día muy conocido pero trágicamente al borde de la extinción total.

Actualmente existen en todo el mundo unos mil ejemplares amenazados por los traficantes de pieles, el ciclo de floración del bambú y su alto contenido de exigencia en el momento de formar pareja.

Aunque China mantiene la prohibición del comercio de estas pieles desde 1962, es cierto que pueden encontrarse en el mercado peletero clandestino de Taiwán montañas de pieles, amontonadas esperando al comprador. Es tal la demanda que existe, que hoy en día un abrigo de piel de panda cuesta casi 30,000 dólares.

Ante esta situación la Convención sobre el Comercio Internacional de Especies en peligro exigió del Gobierno de Pekín un reforzamiento en sus controles internacionales.

Otro grave problema que podría acabar con la vida del oso panda viene ocasionado por la escasez de bambú. Como se sabe, el bambú, principal alimento de estos animales, florece una vez cada decenas de años y luego se extingue durante varios años antes de regenerarse. Este año florece en la mayor parte de las doce reservas de pandas que hay en China, lo que indica el inicio de un largo período de escasez.

Quizá la solución pueda ser la construcción de granjas en las reservas. De esta forma los animales podrían ser trasladados a ellas cuando se encontrasen en peligro y ser alimentados y cuidados por expertos.

Hay que tomar medidas urgentes, de lo contrario el oso panda corre el riesgo de convertirse sólo en una curiosidad de zoológicos.

37. Los osos pandas provienen de

(1) América
(2) Europa
(3) Asia
(4) Africa
(5) Australia

38. El oso panda es muy conocido por

(1) su gracia y por encontrarse en extinción
(2) ser muy común en el mundo entero
(3) comer cualquier clase de alimentos
(4) ser su apareamiento muy común
(5) nacer tan sólo en China

39. El oso panda está en peligro de desaparecer por una serie de causas; una de ellas no es correcta:

(1) el peligro que representan los cazadores
(2) escasez de alimento propio
(3) dificultad de apareamiento
(4) los cambios climatológicos
(5) el alto valor de su piel

40. El oso panda se alimenta de

(1) yerbas tropicales
(2) bambú
(3) flores
(4) peces
(5) carne

Hemos llegado al final de un período extraordinario de exploraciones dentro de nuestro sistema solar, comenzando a mediados de la década del 1960 hasta el viaje que realizó el *Voyager,* en 1982, a Júpiter y Saturno. Podemos decir que hemos escrito de nuevo el libro sobre el espacio, sobre nuestros planetas vecinos. Estos mundos los veíamos antes a través de laboratorios y telescopios de manera muy imperfecta. En los últimos 20 años hemos ido a estos lugares, en algunos incluso hemos andado sobre su suelo; en otros hemos pasado muy cerca, hemos recogido muestras de sus superficies y hemos tomado fotos desde muy poca distancia. La situación es, pues, muy diferente.

En el caso de los satélites de los planetas de nuestro sistema solar, en el mayor de los telescopios que tenemos, los satélites aparecían como pequeñas bolas de ping-pong; podíamos ver muy poco, conocerlos muy superficialmente. Ahora, en pocos años, cada una de estas pequeñas bolas en el espacio ha aparecido ante nuestros ojos como nuevos mundos. Algunos tienen grandes gargantas y desfiladeros; otros, gigantescos volcanes en erupción; algunos tienen colores variados y, en definitiva, cada uno constituye un mundo geológico increíble que nos lleva a nuevas exploraciones.

Ha sido una época de descubrimientos espaciales sin precedentes. Es algo parecido a lo que sintieron los habitantes del siglo XV cuando Colón descubrió América. Los exploradores regresaban a Europa contando historias de mundos totalmente diferentes, lugares que los europeos no sabían ni siquiera que existían porque nunca habían sido descritos antes. El mundo se hizo mucho más grande de lo que parecía. Encontraron que había que ponerles nombres, gentes con otras culturas, animales, árboles, flores desconocidas.

41. La nave espacial *Voyager* realizó viajes de exploración a

(1) Plutón y Mercurio
(2) Venus y Marte
(3) Júpiter y Saturno
(4) Urano y Neptuno
(5) Mercurio y Urano

42. ¿Cuál de las siguientes afirmaciones no es correcta?

(1) Un telescopio ayuda a observar la configuración de un planeta.
(2) Comenzando en 1960 ha habido muchos estudios de planetas fuera de nuestro sistema solar.
(3) Algunos planetas tienen volcanes gigantescos.
(4) En los últimos 20 años se ha investigado mucho sobre la vida espacial.
(5) Júpiter es el planeta más grande de nuestro sistema solar.

43. Las investigaciones espaciales han demostrado que

(1) hay vida en otros planetas de nuestro sistema solar
(2) la Tierra nació hace 7,000 millones de años
(3) el conocimiento del cosmos es muy grande
(4) es posible profundizar en el conocimiento del universo
(5) conocemos ya al menos los planetas de nuestra galaxia

44. Según el texto,

(1) Colón descubrió América en el siglo XIV
(2) los descubrimientos espaciales han sido claves en las últimas décadas
(3) los europeos van a la vanguardia en la conquista espacial
(4) en Júpiter se encontraron especies animales microscópicas
(5) en la Luna puede que exista la vida celular

En 500 años no habíamos experimentado una era similar de descubrimientos. Ahora, desde el puerto de la Tierra, las naves espaciales, las pequeñas embarcaciones, salen navegando a través de ese inmenso océano del espacio con la misión de descubrir la vida que hay en el Universo. Hemos comenzado de nuevo la era de viajes fantásticos que nos recuerda a aquellos años en que se daba con tanta frecuencia el mundo de la fábula exótica, las aventuras de los viajeros. Esta vez no es una isla o un continente, sino un mundo entero, y sucede a veces que descubrimos un sol, un satélite, un nuevo fenómeno cósmico, en un día, en unas horas.

El telescopio nos da una visión limitada del Universo. La atmósfera está frecuentemente nublada, contaminada, e incluso en un día claro y en lo alto de una montaña el aire que es transparente a la luz puede ser opaco a muchas radiaciones en el espacio.

Hoy podemos estudiar el Universo, no sólo desde la luz visible, sino también a través de estas radiaciones, usando rayos ultravioletas, X, infrarrojos, gammas, etc. Estamos viendo ahora el Universo con ojos diferentes. Gracias a ello hemos descubierto zonas que desconocíamos, regiones compactas donde se generan grandes cantidades de energía. A veces, los conocimientos de física que tenemos actualmente no son suficientes como para analizar lo que descubrimos.

Más allá de nuestra pequeña galaxia hay cientos de miles de millones de estrellas, soles, planetas; hay otras galaxias, millones y millones de cuerpos que flotan en el espacio. Nuestro Universo es enorme y al estudiar el movimiento de las galaxias encontramos que cada una de ellas se aleja de las otras, como si hubiera habido una Gran Explosión hace muchos siglos. Son como fragmentos de esa explosión todavía alejándose, y nosotros estamos viviendo en uno de esos fragmentos. Son una pequeña partícula dentro del Universo, y a pesar de los descubrimientos que hemos realizado, todavía no hemos escrito la primera página del libro sobre el espacio.

45. ¿Cuál de los siguientes objetos ha sido fundamental para los descubrimientos espaciales?

(1) la brújula
(2) las naves espaciales
(3) el barómetro
(4) el microscopio
(5) el telescopio

46. ¿Cuál de las siguientes afirmaciones no es correcta?

(1) El telescopio nos da una visión limitada del Universo.
(2) Algunas veces la atmósfera impide observar el espacio.
(3) La contaminación interfiere para hacer buenas observaciones en el espacio.

(4) En su movimiento las galaxias se acercan unas a otras
(5) El aire puede ser opaco a muchas radiaciones.

47. Antiguamente se estudiaba el espacio a través de

(1) los rayos gamma
(2) los rayos ultravioletas
(3) los rayos X
(4) los rayos infrarrojos
(5) la luz visible

48. Según el texto

(1) nuestra galaxia es única en el espacio
(2) sólo hay un sol en el Universo
(3) hay millones de soles en el Universo
(4) hemos explorado ya los sistemas espaciales
(5) nuestro Universo es relativamente pequeño

Los terremotos y los temblores de tierra, son movimientos bruscos y de breve duración que se dan en la corteza de la Tierra. Dentro de la Geofísica hay una ciencia que estudia los terremotos llamada Sismología.

Las causas que pueden originar los sismos son varias. Sismos de pequeña intensidad pueden producirse por variaciones bruscas y acusadas de la presión atmosférica, dando lugar a *ciclones*; o también pueden ser causados por lluvias torrenciales repentinas, grandes mareas, explosiones en la atmósfera o en las capas subterráneas, o por hundimiento de cavernas o deslizamientos de rocas. Los terremotos se producen, entre otras causas, por las erupciones o explosiones volcánicas. Pero los grandes *sismos* se producen como consecuencia de dislocaciones internas de la corteza terrestre, que causan la rotura de las rocas para originar una gran *falla* (las fallas son planos de fractura en los cuales ha habido un desplazamiento relativo de los bloques rotos), o el movimiento de los bloques a los lados de una falla ya existente. Las fuerzas tectónicas se van acumulando en una zona, hasta que de modo brusco, se modifica la posición de los bloques, lo que produce una vibración transmitida a toda la corteza y al interior de la Tierra. Cuando las rocas están próximas al punto de ruptura, el terremoto puede ser desencadenado por otro lejano o por algunas de las causas antedichas.

El punto del interior de la Tierra donde se produce el sismo es el hipocentro o foco; el punto de la superficie, situado en su vertical y primero en registrar el terremoto, es el epicentro.

Según la profundidad a que esté situado el hipocentro se distinguen tres clases de sismos: superficiales —a menos de 70 km—; intermedios —de 70 a 300 km—; y profundos, por debajo de los 300 km; la máxima profundidad registrada es de unos 700 km. Los focos de los terremotos profundos se sitúan en las zonas continentales de altas cordilleras de la orogenia alpina, cerca de la costa.

Normalmente, un terremoto no dura más allá de unos segundos o excepcionalmente, unos minutos. Comienza el sismo con unos movimientos preliminares o premonitores de poca intensidad y duración, que pueden repetirse varios días antes de la sacudida principal. En la actualidad se investiga intensamente sobre ellos, para tratar de prever el terremoto. Viene luego la sacudida o movimiento principal; tras él se pueden producir otros movimientos de reajuste o réplica, de menor intensidad y que pueden repetirse durante un período largo, a intervalos regulares. Los terremotos pueden ir acompañados, precedidos o seguidos por sonidos sordos y retumbantes, como de truenos lejanos, a veces muy acusados; se registran sismos de mayor o menor intensidad, casi continuamente. La mayoría son microsismos, apenas perceptibles, que constituyen el "ruido de fondo" de la Tierra.

49. Los terremotos son estudiados por los

(1) geógrafos químicos
(2) astrónomos
(3) astrólogos
(4) sismólogos
(5) geólogos

50. ¿Cuál de las siguientes causas puede originar sismos de gran intensidad?

(1) roturas internas de la corteza de la Tierra
(2) lluvias torrenciales repentinas
(3) explosiones en la atmósfera
(4) explosiones en las capas externas
(5) deslizamiento de nubes

51. El punto del interior de la Tierra donde se produce el sismo se conoce con el nombre de

(1) epicentro

(2) hipocentro
(3) hipercentro
(4) semicentro
(5) centro

52. ¿Cuál de las siguientes afirmaciones no es correcta?

(1) Un terremoto no dura más de unos pocos minutos.
(2) En la Tierra se registran sismos casi continuamente.
(3) Un terremoto viene precedido de pequeños temblores.
(4) El punto de la superficie donde se registra el terremoto se llama epicentro.
(5) A los terremotos se les llama también microtemblores.

La *magnetita* es un óxido de hierro que cristaliza en formas octaédricas perfectas o rombododecaédricas, con todas sus caras surcadas por numerosas estrías paralelas a la diagonal del rombo. Las figuras geométricas son características del sistema cúbico de cristalización, al cual pertenece este mineral. Tiene el color negro ébano con brillo metálico y reflejos azulados.

En cuanto a sus propiedades podemos decir que es un excelente conductor de la corriente eléctrica. La magnetita es muy dura —seis en la escala Mohs— densa y pesada, al tiempo que frágil. Es un mineral conocido desde muy antiguo por sus propiedades magnéticas, en ocasiones con carácter de imán permanente. Al respecto, parece que los primeros testimonios fueron recogidos por Plinio y provienen del siglo II (a.C.), cuando un pastor de nombre Magnes notó sobre la suela de sus sandalias un influjo extraño de las rocas formadas por este mineral. En la composición de la magnetita el hierro está presente en más de un 70% lo que, junto a su abundancia por todo el planeta, se convierte en una de las principales fuentes de obtención de tan preciado metal.

La calidad del material extraído en Kiruna (Suecia) y Magnetigera (Rusia) colocan a ambos yacimientos a la cabeza de la producción mundial.

53. La magnetita es

(1) una amalgama
(2) un polvo blanco
(3) un buen conductor de electricidad
(4) un líquido negro
(5) una sustancia radiactiva

54. Una de las afirmaciones no es cierta: La magnetita

(1) es un mineral
(2) es una sustancia dura
(3) es muy pesada
(4) es conocida desde tiempos muy antiguos
(5) es de color azulado

55. El hierro se puede obtener principalmente gracias al (a la)

(1) magnetita
(2) ébano
(3) imán
(4) yacimiento de Kiruna
(5) conductor de la corriente eléctrica

56. La magnetita es importante en

(1) los compuestos metálicos
(2) la producción de hierro
(3) las rocas
(4) todos los metales de formas octaédricas
(5) el brillo metálico

Cada día usted respira alrededor de 16,000 cuartos de aire. Casi en cualquier parte del estado de Nueva York, especialmente en zonas densamente pobladas, el aire que circula por sus pulmones y que suministra oxígeno a la sangre está mezclado con sustancias que no son saludables—carbón negro, ceniza residual flotante, hollín, silicato, polvo de metal y otras poluciones orgánicas e inorgánicas.

Toda una serie de aires contaminantes provenientes de industrias, incineradores, plantas de fuerza motriz, automóviles, aviones, y escombros quemados, nos amenazan produciendo muertes y elevando el número de enfermedades. Investigaciones médicas demuestran que la polución del aire puede producir cáncer de pulmón. Asimismo, aumenta con el aire contaminado el número de personas con síntomas de enfermedades tales como la pulmonía, alergias, asma, y el común catarro, y agrava también casos de bronquitis crónica y de enfisema.

Grandes concentraciones de aire contaminado—de tan sólo unos días de duración—fueron las principales causantes del aumento de un considerable número de muertes en el Valle de Meuse, Bélgica, en 1930; en Donora, Pensilvania, en 1948; en Londres, en 1952; y en la ciudad de Nueva York, en 1963 y 1966. La polución del aire mata.

La polución del aire afecta de forma adversa a todas las cosas vivientes, atrofiando y exterminando flores, arbustos, árboles y cultivos. La espinaca, por ejemplo, no puede cultivarse en los alredededores de Los Angeles debido a los problemas de contaminación de la ciudad. El daño de los cultivos significa precios más altos de los productos alimenticios, perjudicando aun más nuestro ya presupuesto inflacionario de comestibles.

Agentes contaminadores también dañan la propiedad y materiales, manchan tejidos, descoloran pinturas e incluso corroen la piedra, el mármol y el metal. De nuevo, el resultado de ello puede ser medido en dólares y centavos, en inconveniencias y en cuentas más costosas para propietarios, comerciantes y el gobierno, en lo que respecta a limpieza y mantenimiento.

57. ¿Cuál es la ciudad que tiene problemas de contaminación y que impide que se pueda cultivar la espinaca?

    (1) el Valle de Meuse
    (2) Los Angeles
    (3) Nueva York
    (4) San Francisco
    (5) Moscú

58. ¿Cuál de las siguientes enfermedades no es un efecto médico de la contaminación del aire?

    (1) el catarro común
    (2) asma
    (3) alergias
    (4) polio
    (5) pulmonía

59. El organismo del cuerpo más afectado por la contaminación del aire es

    (1) el cerebro
    (2) la glándula tiroides
    (3) el pulmón
    (4) el intestino
    (5) el estómago

60. La contaminación del aire ha matado a muchas personas en un período breve de tiempo en todos los lugares siguientes excepto en

    (1) el Valle de Meuse, Bélgica
    (2) Donora, Pensilvania
    (3) Londres
    (4) Nueva York
    (5) Newark

TABLA PERIÓDICA DE ELEMENTOS

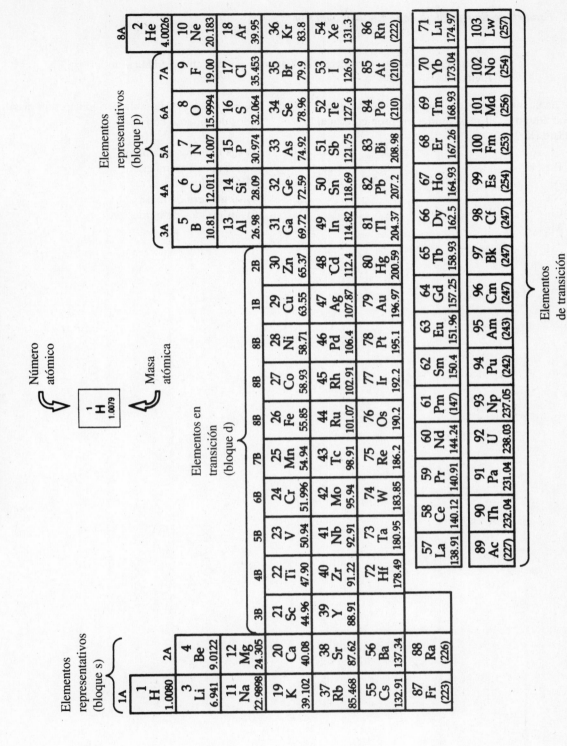

Número atómico

| 1 |
| H |
| 1.0079 |

Masa atómica

Elementos representativos (bloque s)

Elementos en transición (bloque d)

Elementos representativos (bloque p)

Elementos de transición interna (bloque f)

1A	2A	3B	4B	5B	6B	7B	8B	8B	8B	1B	2B	3A	4A	5A	6A	7A	8A
1 H 1.0080																	2 He 4.0026
3 Li 6.941	4 Be 9.0122											5 B 10.81	6 C 12.011	7 N 14.007	8 O 15.9994	9 F 19.00	10 Ne 20.183
11 Na 22.9898	12 Mg 24.305											13 Al 26.98	14 Si 28.09	15 P 30.974	16 S 32.064	17 Cl 35.453	18 Ar 39.95
19 K 39.102	20 Ca 40.08	21 Sc 44.96	22 Ti 47.90	23 V 50.94	24 Cr 51.996	25 Mn 54.94	26 Fe 55.85	27 Co 58.93	28 Ni 58.71	29 Cu 63.55	30 Zn 65.37	31 Ga 69.72	32 Ge 72.59	33 As 74.92	34 Se 78.96	35 Br 79.9	36 Kr 83.8
37 Rb 85.468	38 Sr 87.62	39 Y 88.91	40 Zr 91.22	41 Nb 92.91	42 Mo 95.94	43 Tc 98.91	44 Ru 101.07	45 Rh 102.91	46 Pd 106.4	47 Ag 107.87	48 Cd 112.4	49 In 114.82	50 Sn 118.69	51 Sb 121.75	52 Te 127.6	53 I 126.9	54 Xe 131.3
55 Cs 132.91	56 Ba 137.34	57 La 138.91	72 Hf 178.49	73 Ta 180.95	74 W 183.85	75 Re 186.2	76 Os 190.2	77 Ir 192.2	78 Pt 195.1	79 Au 196.97	80 Hg 200.59	81 Tl 204.37	82 Pb 207.2	83 Bi 208.98	84 Po (210)	85 At (210)	86 Rn (222)
87 Fr (223)	88 Ra (226)	89 Ac (227)														71 Lu 174.97	103 Lw (257)

58 Ce 140.12	59 Pr 140.91	60 Nd 144.24	61 Pm (147)	62 Sm 150.4	63 Eu 151.96	64 Gd 157.25	65 Tb 158.93	66 Dy 162.5	67 Ho 164.93	68 Er 167.26	69 Tm 168.93	70 Yb 173.04
90 Th 232.04	91 Pa 231.04	92 U 238.03	93 Np 237.05	94 Pu (242)	95 Am (243)	96 Cm (247)	97 Bk (247)	98 Cf (247)	99 Es (254)	100 Fm (253)	101 Md (256)	102 No (254)

Las preguntas 61–62 se refieren al diagrama de la Tabla Periódica de Elementos.

61. No había más potasio en el depósito químico. ¿Qué átomo es el más similar en propiedades al potasio (K)?

(1) P
(2) Al
(3) Na
(4) Ca
(5) Mg

62. Los elementos en la tabla periódica están clasificados de acuerdo con

(1) sus números atómicos
(2) sus masas atómicas
(3) su conductividad
(4) su número de masa
(5) sus estados de oxidación

CLAVE DE RESPUESTAS PARA LAS PREGUNTAS DE CIENCIAS

1. (2)	17. (4)	33. (2)	49. (4)
2. (4)	18. (2)	34. (3)	50. (1)
3. (3)	19. (5)	35. (4)	51. (2)
4. (4)	20. (3)	36. (1)	52. (5)
5. (3)	21. (3)	37. (3)	53. (3)
6. (5)	22. (5)	38. (1)	54. (5)
7. (2)	23. (4)	39. (4)	55. (1)
8. (1)	24. (4)	40. (2)	56. (2)
9. (3)	25. (2)	41. (3)	57. (2)
10. (3)	26. (4)	42. (2)	58. (4)
11. (2)	27. (2)	43. (4)	59. (3)
12. (5)	28. (3)	44. (2)	60. (5)
13. (5)	29. (4)	45. (2)	61. (3)
14. (3)	30. (3)	46. (4)	62. (1)
15. (2)	31. (1)	47. (5)	
16. (1)	32. (1)	48. (3)	

APÉNDICE: ILUSTRACIONES DE LA CÉLULA, LOS INVERTEBRADOS, LOS CORDADOS, EL MUNDO VEGETAL Y EL SISTEMA HUMANO

Los fósiles nos enseñan que antes que habitara el ser humano en la Tierra, vivían en el planeta células, plantas, peces, insectos, aves, reptiles, mamíferos y muchos otros animales.

La evolución del cuerpo humano es el resultado de toda una evolución orgánica, desde la simple y primitiva célula, a través de innumerables especies biológicas, en el transcurso de cientos de millones de años.

El por qué, cómo, y cuándo se produjo esta obra de la naturaleza todavía es un misterio para el mundo científico.

Las ilustraciones de este apéndice tratan de ayudarle a conocer gráficamente la estructura de la célula, la planta, los invertebrados, los vertebrados y la composición anatómica del cuerpo humano.

LA CÉLULA

Una célula se define como la parte más pequeña de un ser dotado de vida propia.
(Véanse los pasajes dedicados a la célula, páginas 249 y 491).

ESTRUCTURA DE UNA CÉLULA

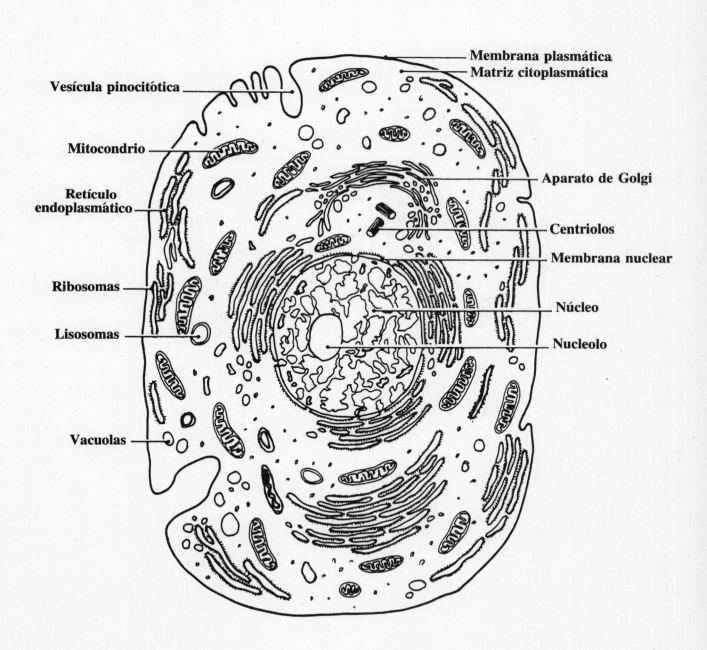

Membrana plasmática
Matriz citoplasmática

Vesícula pinocitótica

Mitocondrio

Retículo
endoplasmático

Aparato de Golgi

Centriolos

Membrana nuclear

Ribosomas

Núcleo

Lisosomas

Nucleolo

Vacuolas

PARTES DE UNA CÉLULA TÍPICA

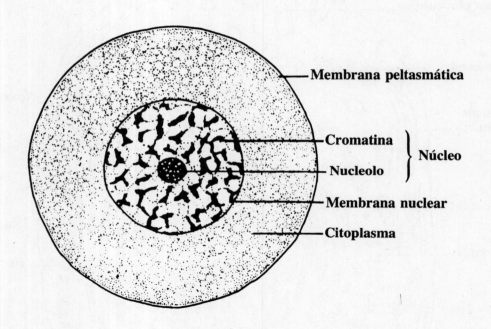

MITOSIS EN LAS CÉLULAS DE LAS PLANTAS

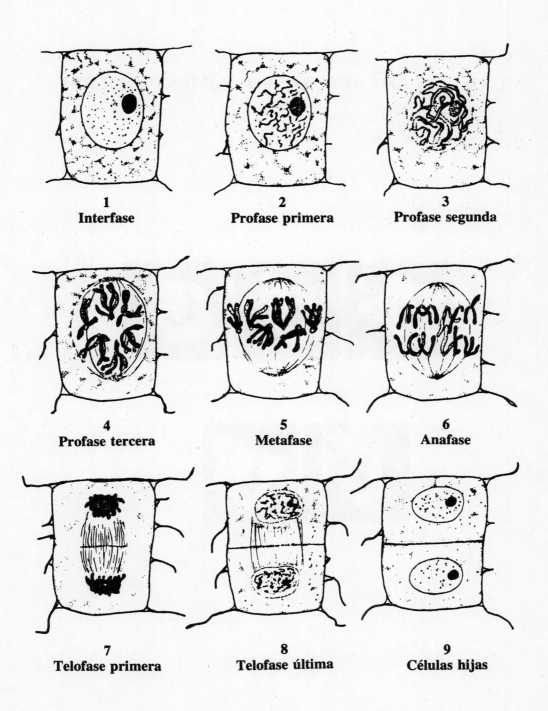

1
Interfase

2
Profase primera

3
Profase segunda

4
Profase tercera

5
Metafase

6
Anafase

7
Telofase primera

8
Telofase última

9
Células hijas

UNA CÉLULA CAPTURANDO ALIMENTO SÓLIDO

ESTRUCTURA DE LAS PLANTAS

Dos órganos importantes pueden distinguirse al estudiar la fisiología y morfología de las plantas: los órganos vegetativos y los órganos reproductores.

Los órganos vegetativos son la raíz, el tallo y las hojas, y sirven para la nutrición de la planta.

Los órganos reproductores varían según el grupo de planta a que pertenezcan.

(Véanse los pasajes dedicados a la estructura de las plantas, páginas 252, 493, 576 y 577.

ESTRUCTURA DE LA SEMILLA

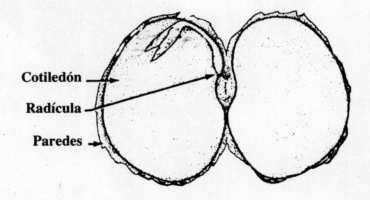

Cotiledón

Radícula

Paredes

PARTES DE UN TALLO

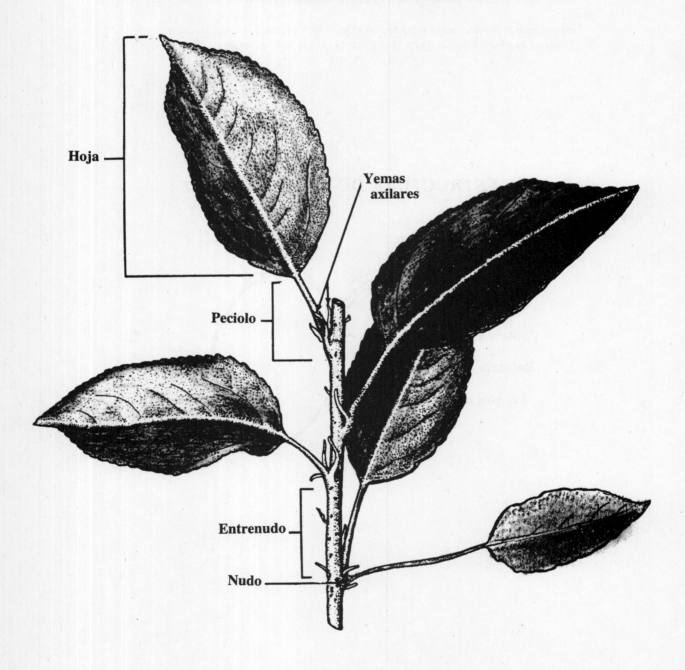

CLASES DIFERENTES DE RAÍCES

1

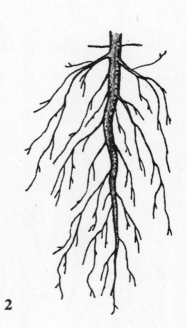

2

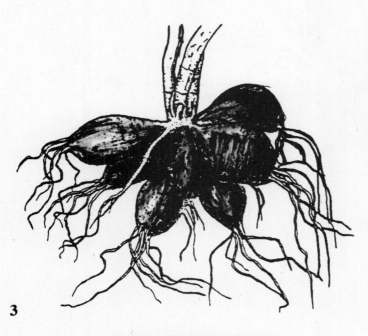

3

4

1. **Raíz fasciculada (trigo)**
2. **Raíz del girasol**
3. **Raíz de la dalia**
4. **Raíz tuberosa (remolacha)**

PARTES DE UNA FLOR COMPLETA

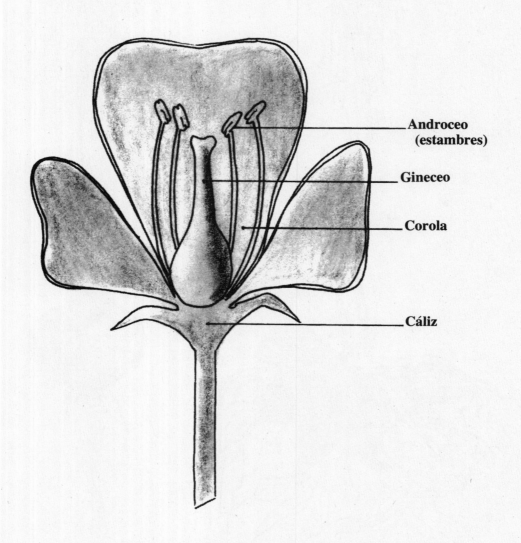

Androceo
(estambres)

Gineceo

Corola

Cáliz

ESTRUCTURA DE UNA PLANTA

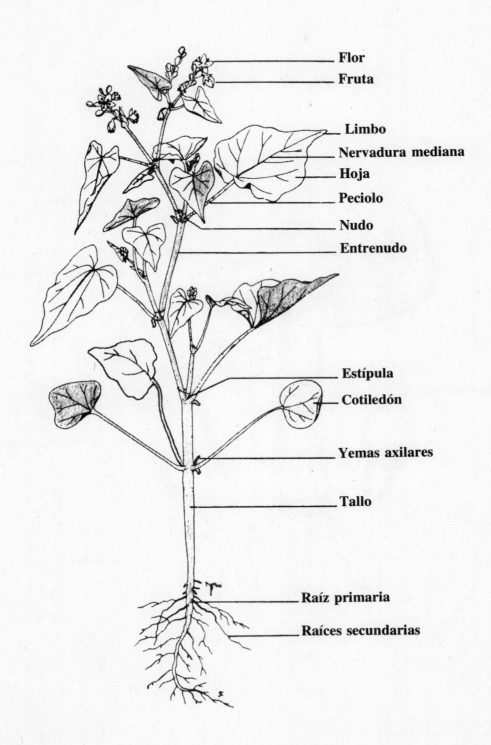

Flor

Fruta

Limbo

Nervadura mediana

Hoja

Peciolo

Nudo

Entrenudo

Estípula

Cotiledón

Yemas axilares

Tallo

Raíz primaria

Raíces secundarias

PARTES DE UN CHAMPIÑÓN

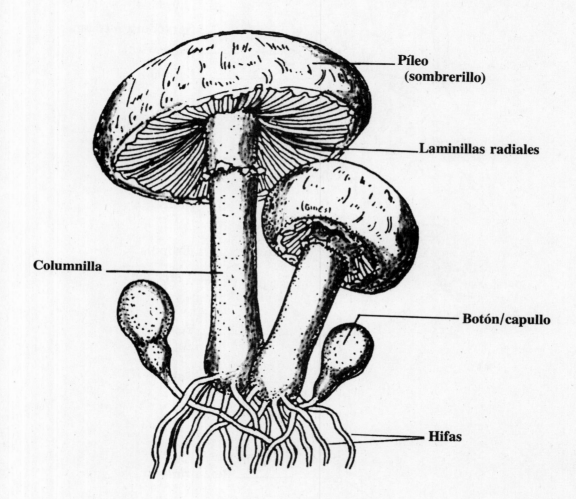

Píleo
(sombrerillo)

Laminillas radiales

Columnilla

Botón/capullo

Hifas

EL REINO ANIMAL

El reino animal puede dividirse en dos grupos grandes: invertebrados y vertebrados.

Los animales invertebrados no tienen columna vertebral ni esqueleto interno, como las esponjas, gusanos, pulpos e insectos.

Los animales vertebrados son aquellos que poseen columna vertebral y esqueleto interno, como los peces, las aves y el ser humano.

Los animales invertebrados

Carecen de columna vertebral y esqueleto interno.

Los poríferos y celentéreos son animales pluricelulares cuyos cuerpos están formados por dos capas de células. Se reproducen por gemación, regeneración o sexualmente. Ejemplo de poríferos son las esponjas. Ejemplos de celentéreos son el pólipo y la medusa.

Los platelmintos o gusanos planos y los nematelmintos o gusanos redondos muestran una estructura más especializada. Muchos son parásitos. Ejemplo de gusanos planos es la tenia o la lombriz solitaria. Ejemplo de gusanos redondos es la triquina.

Los anélidos o gusanos segmentados tienen el cuerpo formado por anillos. Las especies más conocidas de este grupo son la lombriz de tierra y la sanguijuela.

Los moluscos son animales de cuerpo blando. La mayor parte de ellos están protegidos por caparazones o conchas calcáreas. Ejemplos conocidos de este grupo lo son el caracol de tierra, la babosa; las especies bivalvas como los mejillones, las almejas y las ostras. Las sepias y calamares son moluscos sin concha exterior, aunque sí disponen de una concha interior cartilaginosa; el pulpo carece totalmente de concha.

Los artrópodos son animales de cuerpo segmentado, patas articuladas y esqueleto externo duro. Los crustáceos, miriápodos, arácnidos e insectos son artrópodos. Los insectos son los más numerosos y extendidos de los animales invertebrados.

Los equinodermos son animales de piel espinosa que poseen simetría radial en la estructura. Ejemplo de este grupo es la estrella de mar.

PARTES DE UN PARAMECIO

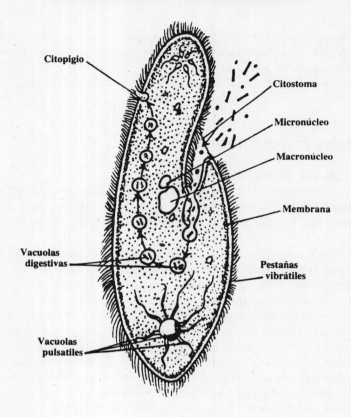

ESTRUCTURA INTERNA DE UNA ALMEJA

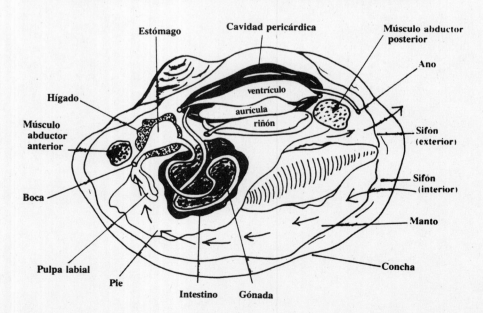

ÓRGANOS DE LA ESTRELLA DE MAR

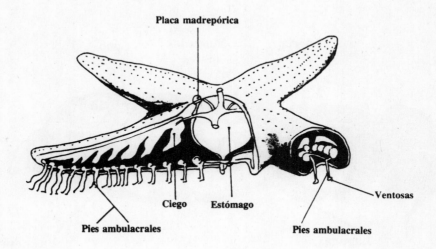

Placa madrepórica

Ciego Estómago

Ventosas

Pies ambulacrales

Pies ambulacrales

PARTES DEL CUERPO Y APÉNDICES DE UN CANGREJO DE RÍO

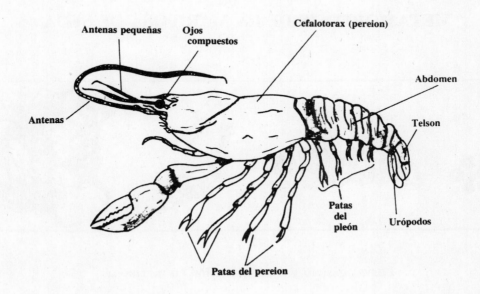

Antenas pequeñas Ojos compuestos

Cefalotorax (pereion)

Abdomen

Antenas

Telson

Patas del pleón

Urópodos

Patas del pereion

APARATO CIRCULATORIO DE UN INSECTO

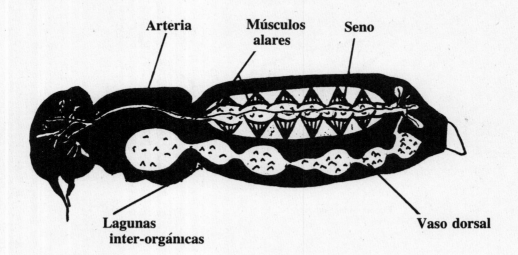

METAMORFOSIS DE LA MARIPOSA DE SEDA

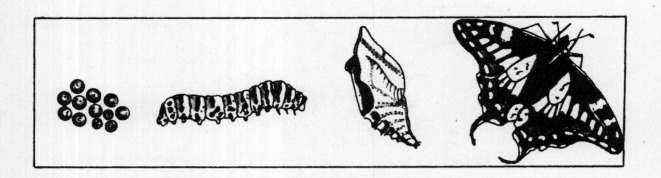

Larva, gusano y transformación en mariposa

Los animales vertebrados

Son animales que se caracterizan por tener columna vertebral interna, un extremo de la cual presenta un ensanchamiento, denominado cráneo, donde se alojan los órganos centrales del sistema nervioso. El interior de la columna vertebral está ocupado por la médula espinal.

Los peces son los más simples de los animales vertebrados. Tienen las extremidades en forma de aletas y el cuerpo cubierto de escamas. Viven en el agua. Respiran por medio de branquias o agallas. Son de sangre fría, y su corazón tiene dos cavidades. Hay dos grandes grupos de peces, que se diferencian en su esqueleto. Uno lo forman los peces de esqueleto óseo, como el salmón, la merluza, etc., y otro los de esqueleto cartilaginoso, como las rayas y tiburones.

Los anfibios pasan parte de su vida en el agua y parte en la tierra. Son animales de sangre fría. Su corazón tiene tres cavidades. El páncreas es en ellos una importante glándula digestiva. Ejemplos son la rana, el sapo y la salamandra.

Los reptiles son animales de sangre fría. Su piel es gruesa y escamosa. Respiran por medio de pulmones. El corazón con cuatro cavidades aparece en los cocodrilos. Ejemplos de reptiles son los lagartos, serpientes, tortugas y cocodrilos.

Las aves son animales de sangre caliente, cuerpo cubierto de plumas y esqueleto especialmente adaptado para el vuelo. En el pico y en las patas se pueden observar adaptaciones a diversas condiciones de vida. La mayor de las aves actuales es el avestruz, que tiene poco desarrolladas las alas en relación con el tamaño del cuerpo, pero aunque no puede volar, en la carrera puede ser más veloz que un caballo.

Los mamíferos son los vertebrados más desarrollados. Tienen el cuerpo cubierto de pelo. En la primera edad se alimentan de la leche producida por las glándulas mamarias de la madre. El ser humano pertenece al grupo de los primates.

Hay muchas clases de mamíferos:

- ovíparos: ornitorrinco
- marsupiales: canguro
- desdentados: armadillo
- insectívoros: erizos, musarañas y topos
- cetáceos: ballenas y delfines
- sirenios: manatí
- lagomorfos: conejos
- carnívoros: perros, gatos, osos, tigres y leones
- roedores: ratas, ratones y ardillas
- ungulados: caballos, vacas, ovejas, cerdos, rinocerontes e hipopótamos
- quirópteros: murciélagos
- proboscideos: elefantes
- primates: lemures, mandriles, chimpancés, gorilas, orangutanes y el ser humano

PARTES Y ÓRGANOS DEL CUERPO DE UN PEZ

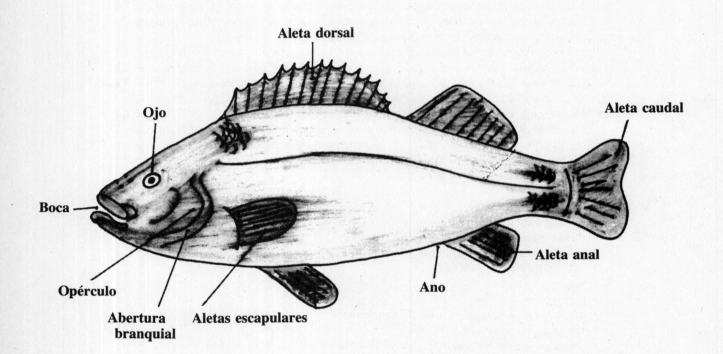

Aleta dorsal

Ojo

Aleta caudal

Boca

Aleta anal

Opérculo

Ano

Abertura branquial

Aletas escapulares

ESTRUCTURA INTERNA DE UNA RANA (HEMBRA)

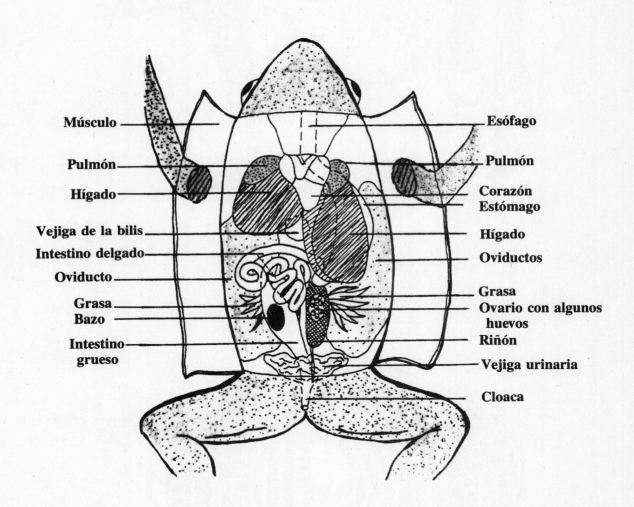

Músculo

Pulmón

Hígado

Vejiga de la bilis

Intestino delgado

Oviducto

Grasa

Bazo

Intestino
grueso

Esófago

Pulmón

Corazón
Estómago

Hígado

Oviductos

Grasa

Ovario con algunos
huevos

Riñón

Vejiga urinaria

Cloaca

RUMIANTE: APARATO DIGESTIVO

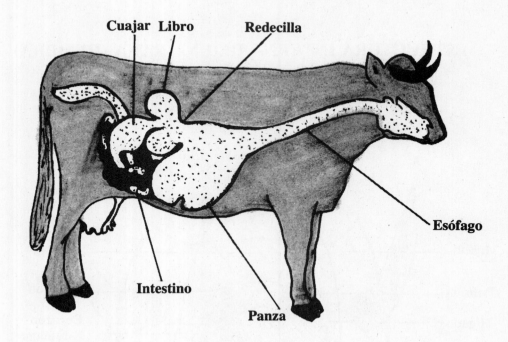

Cuajar Libro   Redecilla

Esófago

Intestino

Panza

PARTES DE UN HUEVO

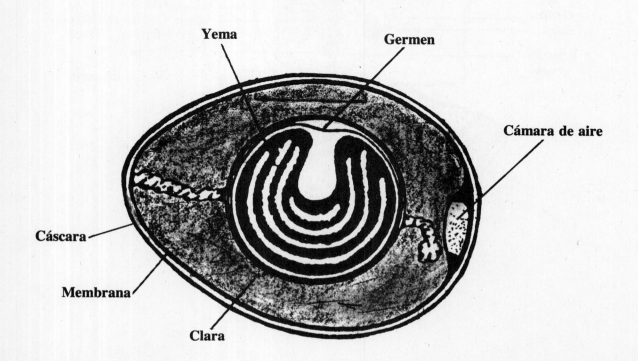

Yema   Germen

Cámara de aire

Cáscara

Membrana

Clara

EL CUERPO HUMANO

La composición del cuerpo humano comienza por miles de millones de células microscópicas que forman los *tejidos* (óseos, musculares, nerviosos, etc.)

Los tejidos forman los *órganos* (músculos, nervios, huesos, cerebro, corazón, pulmones, estómago).

Estos órganos, si funcionan con un mismo objeto, constituyen un *aparato* o *sistema* (digestivo, locomotor, circulatorio).

El trabajo que realiza un sistema se denomina *función* y puede ser de "nutrición" (circulación, digestión, respiración) o de "relación" (sentidos, locomoción).

EL SISTEMA ESQUELÉTICO

El armazón del cuerpo está formado por un conjunto de piezas duras y resistentes llamadas *huesos* y de otras más blandas denominadas *cartílagos*.

Los huesos tienen la doble misión de proteger algunas partes delicadas de nuestro organismo (médula espinal, encéfalo) y de formar los órganos pasivos del movimiento.

El esqueleto humano consta de un total de 206 ó 207 huesos.

Los huesos del esqueleto humano se pueden clasificar de la siguiente forma:

Huesos de la cabeza:
- Cráneo: 8 huesos
- Cara: 14 huesos

Hueso hioideo:
- un hueso

Huesos del tronco:
- Columna vertebral: 32 ó 33 huesos
- Tórax: 25 huesos

Huesos de los miembros:
- Superiores: 64 huesos
- Inferiores: 62 huesos

(Sobre las partes de un hueso, véase el pasaje, página 251).

PARTES DE UN HUESO

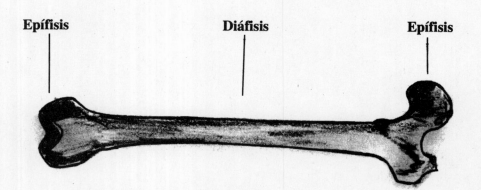

Epífisis   **Diáfisis**   **Epífisis**

EL ESQUELETO HUMANO

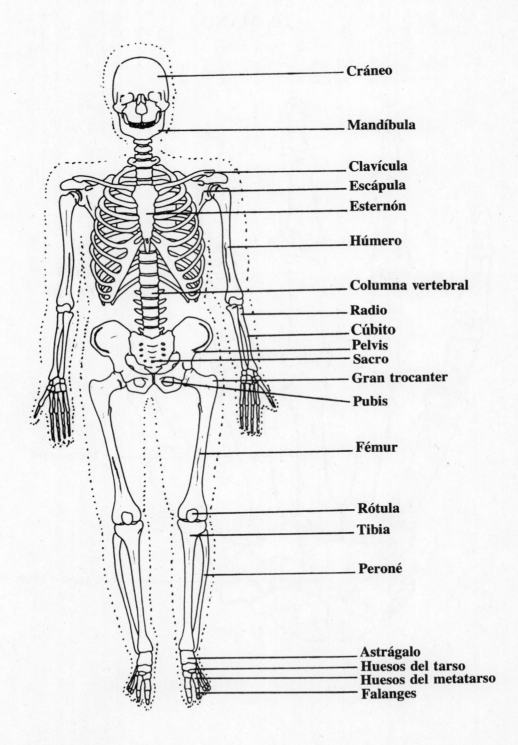

Cráneo

Mandíbula

Clavícula

Escápula

Esternón

Húmero

Columna vertebral

Radio

Cúbito

Pelvis

Sacro

Gran trocanter

Pubis

Fémur

Rótula

Tibia

Peroné

Astrágalo

Huesos del tarso

Huesos del metatarso

Falanges

LA MANO

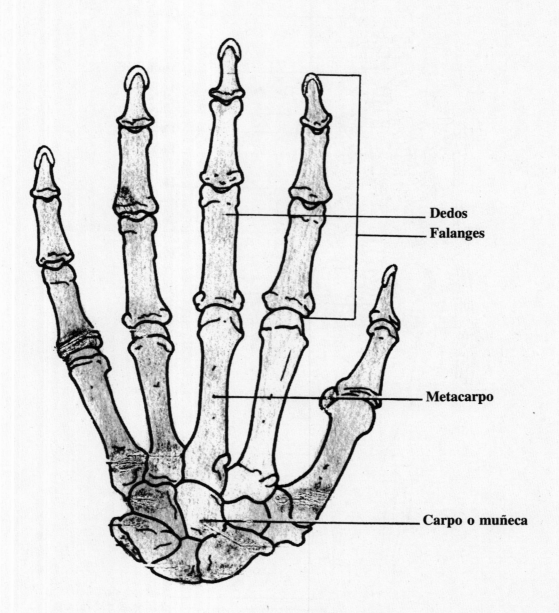

Dedos

Falanges

Metacarpo

Carpo o muñeca

EXTREMIDAD INFERIOR O ABDOMINAL

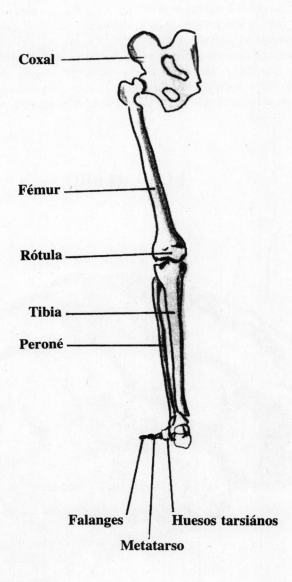

Coxal

Fémur

Rótula

Tibia

Peroné

Falanges   Huesos tarsiános

Metatarso

SISTEMA NERVIOSO

Es el órgano más perfeccionado y complejo del organismo, que nos sirve para relacionarnos con el exterior y para regular y dirigir el funcionamiento de todos los órganos del cuerpo.

El sistema nervioso está formado por dos partes:

- El sistema nervioso cerebro-espinal, que dirige las funciones de relación: la movilidad, las sensaciones y los actos de inteligencia y voluntad; comprende el encéfalo, la médula espinal y los nervios.
- El sistema nervioso autónomo o neuro-vegetativo, que regula las funciones de nutrición y la actividad de todas las vísceras del cuerpo, independientemente de la voluntad. Se le llama también sistema simpático y está compuesto por dos cordones nerviosos situados a ambos lados de la médula, compuesta de ganglios nerviosos.

EL CEREBRO

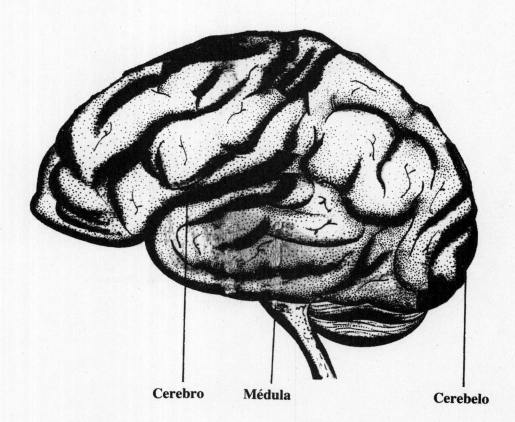

Cerebro   **Médula**   **Cerebelo**

SISTEMA NERVIOSO

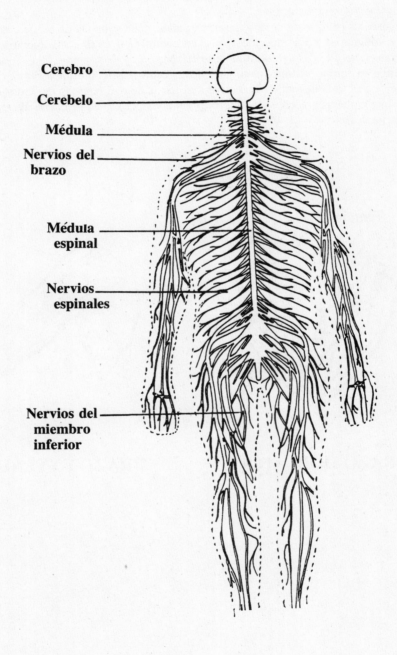

Cerebro

Cerebelo

Médula

Nervios del
brazo

Médula
espinal

Nervios
espinales

Nervios del
miembro
inferior

SISTEMA MUSCULAR

Los músculos están formados por haces de fibras musculares que tienen la propiedad de contraerse por los estímulos nerviosos. El sistema muscular es el conjunto de órganos activos del movimiento que completa el aparato locomotor. Está constituido por los músculos, ligamentos y articulaciones.

Los músculos pueden ser de dos clases: estriados, que forman la carne, de contracción rápida y voluntaria; y los músculos lisos, de contracción lenta e involuntaria, que se encuentran en las paredes del intestino, arterias, etc.

Debido a su forma, los músculos pueden ser fusiformes, como los biceps exteriores; circulares, con forma de anillo; orbiculares, en forma de ojal (son los músculos que cierran los ojos); planos y anchos (frente, recto del abdomen); o en forma de abanico (dorsales, pectorales).

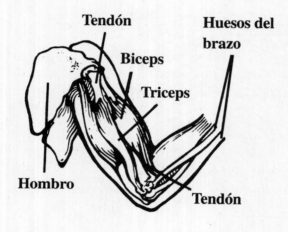

BRAZO DOBLADO   **BRAZO EXTENDIDO**

EL TRONCO

Forma la parte mayor del cuerpo humano. En el tronco están implantados la cabeza y las extremidades y en cuya cavidad interna se encuentra la mayor parte de los órganos y aparatos vitales. Se divide en tórax y abdomen. En el tórax se halla el órgano central del aparato circulatorio, el corazón, del que parten los grandes vasos por los que la sangre se distribuye por todo el organismo.

El aparato respiratorio está formado por la tráquea, bronquios y pulmones.

En el abdomen se encuentra la mayor porción del aparato digestivo (estómago, intestinos, hígado, páncreas), el aparato excretor (riñones, vejiga) y el aparato reproductor.

SISTEMA CIRCULATORIO

Tiene por objeto llevar, a través de la sangre, a todas las células del organismo todos los elementos precisos para su nutrición: el oxígeno que lo toma la sangre de los pulmones y los alimentos tomados de los intestinos. Asimismo, recoge los desechos o desperdicios que son eliminados por los riñones, piel, pulmones, etc.

La circulación está compuesta de un órgano central—el corazón—y de un sistema de tubos o vasos para el transporte de la sangre a partir del corazón—las arterias, que distribuyen la sangre, los capilares, que penetran por todos los órganos, y las venas, que la recogen y la devuelven al corazón.

EL CORAZÓN

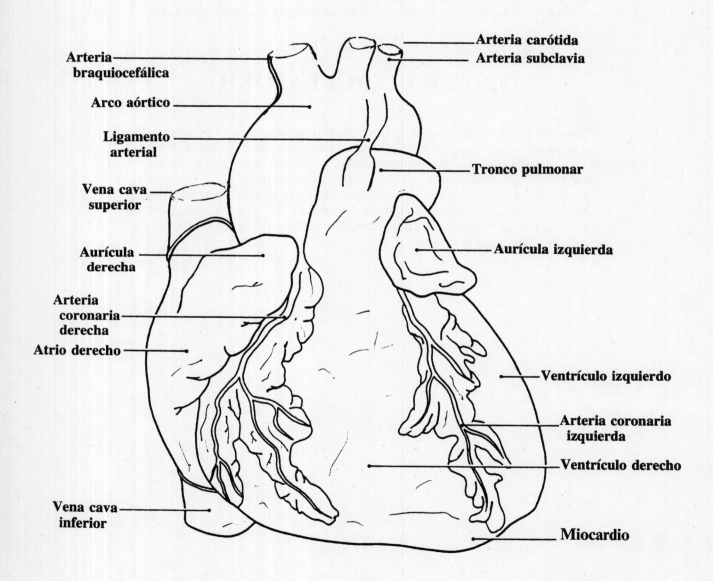

Arteria braquiocefálica

Arco aórtico

Ligamento arterial

Vena cava superior

Aurícula derecha

Arteria coronaria derecha

Atrio derecho

Vena cava inferior

Arteria carótida

Arteria subclavia

Tronco pulmonar

Aurícula izquierda

Ventrículo izquierdo

Arteria coronaria izquierda

Ventrículo derecho

Miocardio

SISTEMA CARDIOVASCULAR

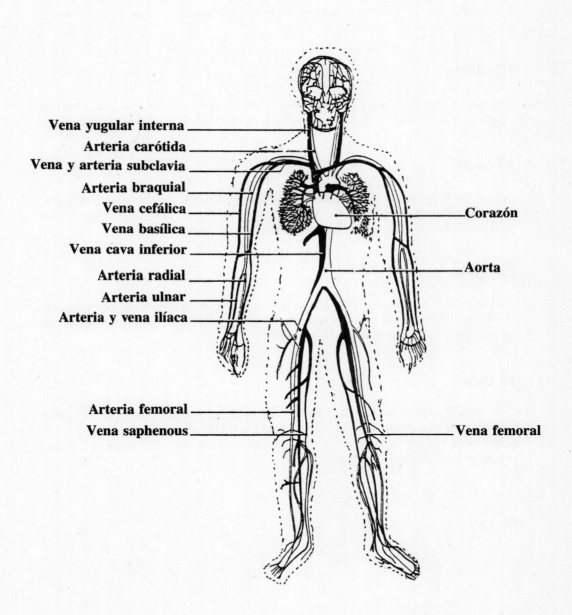

Vena yugular interna

Arteria carótida

Vena y arteria subclavia

Arteria braquial

Vena cefálica

Vena basílica

Vena cava inferior

Arteria radial

Arteria ulnar

Arteria y vena ilíaca

Corazón

Aorta

Arteria femoral

Vena saphenous

Vena femoral

LOS CINCO SENTIDOS

El gusto

Es el sentido a través del cual se puede percibir el sabor de las sustancias. Está localizado en la lengua y más exactamente en las papilas gustativas. Las zonas de sabores son: dulce, salado, ácido y amargo.

El olfato

El sentido del olfato nos permite percibir los olores producidos por las sustancias odoríferas. Los receptores nerviosos se encuentran en el interior de las fosas nasales.

El tacto

Es el sentido especializado para recibir sensaciones de contacto, presión, temperatura y dolor. Se encuentra irregularmente distribuido por toda la piel, situándose especialmente en algunas regiones muy sensibilizadas a ciertas impresiones.

La vista

El sentido de la vista, destinado a la percepción visual del ambiente que nos rodea, está alojado en dos cuencas u órbitas simétricas de la cara y está compuesto del globo ocular, órganos protectores y mecanismo de la visión.

El oído

El sentido del oído nos permite percibir las vibraciones sonoras y se encuentra situado a ambos lados de la cabeza y alojado en los huesos temporales. Está formado por tres partes: oído externo, oído medio y oído interno. También en este órgano del oído se encuentra el sentido del equilibrio.

EL OÍDO

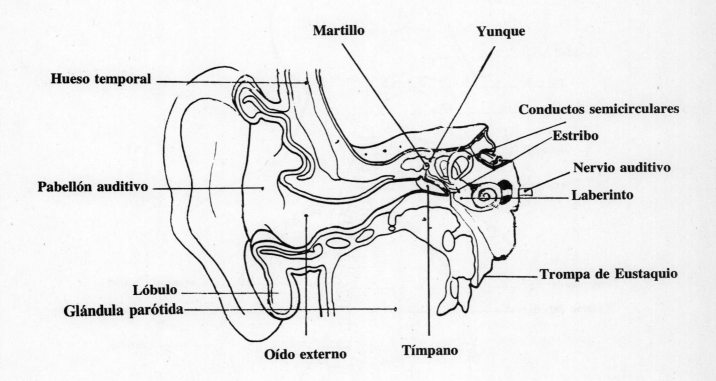

Martillo

Yunque

Hueso temporal

Conductos semicirculares

Estribo

Nervio auditivo

Pabellón auditivo

Laberinto

Trompa de Eustaquio

Lóbulo

Glándula parótida

Oído externo

Tímpano

LA RESPIRACIÓN

Función que permite al organismo utilizar el oxígeno que necesita para la combustión de los elementos energéticos que le suministran energía y calor.

La respiración es, pues, un intercambio del oxígeno utilizable por el gas carbónico desechable. El órgano encargado de realizar esta función es el aparato respiratorio mediante el proceso de aspiración y respiración.

SISTEMA RESPIRATORIO

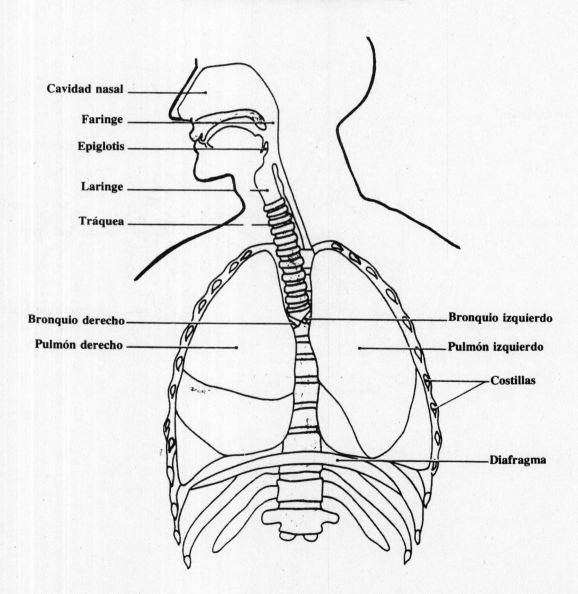

LA DIGESTIÓN

Se llama digestión al proceso de transformación de los alimentos en sustancias más sencillas que pueden ser asimiladas por el organismo.

Este proceso se realiza a través del tubo digestivo (boca, faringe, esófago, estómago e intestinos) por las glándulas digestivas (salivares, gástricas, hepáticas, pancreáticas e intestinales).

En el proceso de la digestión, se producen las siguientes etapas:

1. Boca: Masticación, insalivación, digestión salivar
2. Faringe: Deglución
3. Esófago: Progresión
4. Estómago: Digestión estomacal
5. Intestino delgado: Digestión intestinal, absorción
6. Intestino grueso: Progresión, defecación

SISTEMA DIGESTIVO

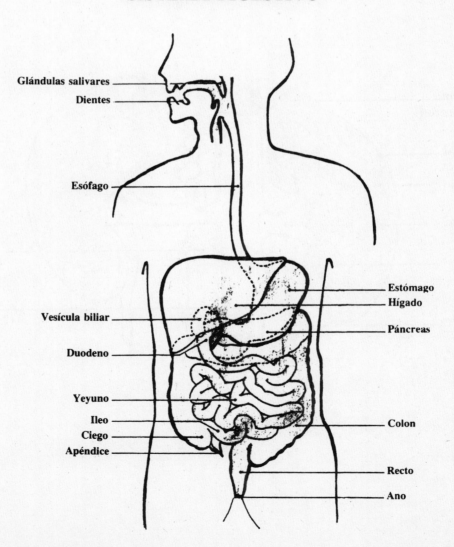

LA EXCRECIÓN

Es la separación y expulsión del organismo de todas las sustancias de desecho producidas durante la actividad vital. Este proceso se realiza en el aparato urinario, en las glándulas sudoríparas de la piel, en los pulmones y en el hígado.

En los riñones, se produce el principal proceso de excreción del organismo, separando de la sangre el exceso de agua, la sal común, la urea y diversas sales.

Los residuos son transportados a la vejiga en forma de orina y expulsados periódicamente al exterior por la uretra.

LOS RIÑONES

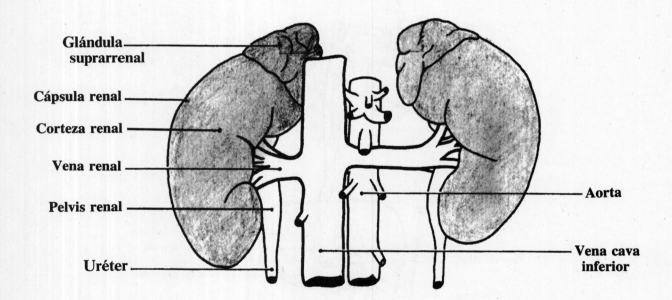

ARTERIAS RENALES. SECCIÓN LONGITUDINAL DEL RIÑÓN

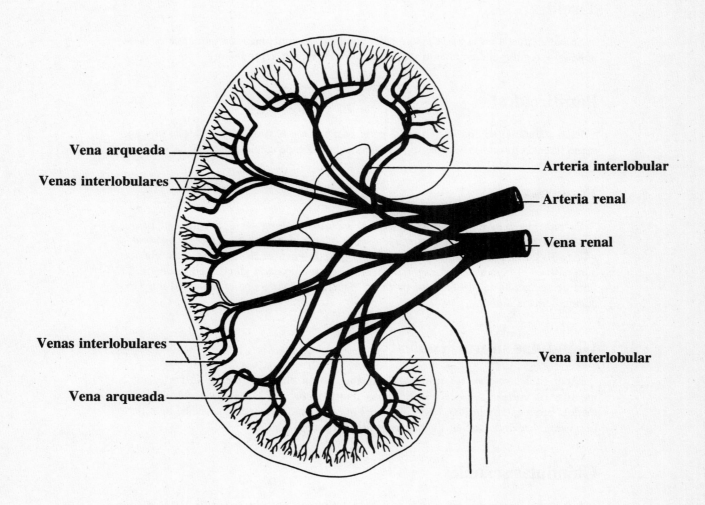

Vena arqueada

Venas interlobulares

Arteria interlobular

Arteria renal

Vena renal

Venas interlobulares

Vena interlobular

Vena arqueada

EL SISTEMA ENDOCRINO

En el ser humano se distinguen las siguientes glándulas endocrinas:

Hipófisis

Se encuentra por detrás de las fosas nasales. Segrega varias hormonas, entre ellas las hormonas del crecimiento y las estimulantes.

Tiroides

Se halla situada en la parte anterior del cuello y sus funciones son aumentar el metabolismo y regular el crecimiento y el desarrollo del aparato reproductor.

Paratiroides

Estas glándulas se encuentran en la parte posterior de la tiroides y segregan una hormona llamada *paratormona* que regula la concentración de calcio en la sangre.

Páncreas

Es una glándula mixta. Como glándula exocrina elabora el jugo pancreático, que facilita la digestión de los alimentos. Como glándula endocrina segrega *insulina* y *glucagón*. La insulina disminuye la proporción de la glucosa en la sangre y su almacenamiento en el hígado. El glucagón aumenta el contenido de la glucosa en la sangre. La falta de secreción de insulina por parte del páncreas provoca una enfermedad muy frecuente llamada *diabetes*.

Glándulas suprarrenales

Están situadas sobre los riñones. Se distinguen en ellas dos partes: la corteza y la médula. La corteza segrega una hormona llamada *cortisol*, la hormona del estrés. La médula produce *adrenalina*, la hormona del miedo cuando una persona recibe una fuerte impresión, haciendo que el organismo se prepare para la acción.

Glándulas sexuales

Reciben el nombre de gónadas. Las hay de dos clases: gónadas masculinas o *testículos* y gónadas femeninas u *ovarios*.

SISTEMA ENDOCRINO

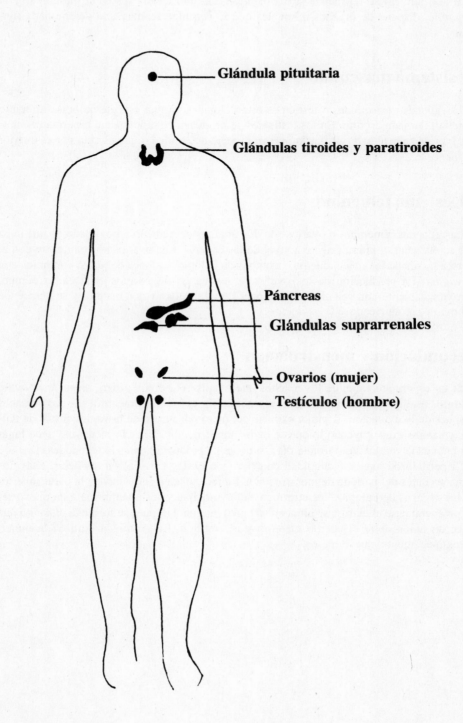

EL SISTEMA REPRODUCTIVO

El ser humano se reproduce sexualmente. Cada uno de los sexos, el masculino y el femenino, dispone de órganos diferentes que le permiten realizar una determinada función.

El sistema masculino

Las gónadas masculinas o testículos están alojados en una especie de bolsa de tejido epitelial, llamada escroto. En los testículos se producen continuamente espermatozoides, que han de salir al exterior por la *uretra*, especie de conducto que circula por el interior del *pene*.

El sistema femenino

Las gónadas femeninas u ovarios son dos órganos del tamaño aproximado de una nuez que se encuentran interiormente a nivel de las caderas. Los ovarios se comunican con el útero a través de los oviconductos o trompas de Falopio. La boca del útero comunica con la *vagina*. La producción de los óvulos se realiza en los ovarios cada cierto tiempo, aproximadamente una vez al mes. Entonces uno de estos óvulos madura y se desprende del ovario, produciéndose la *ovulación*.

Fecundación y menstruación

Si un espermatozoide, de los muchos que expulsa el hombre, logra alcanzar al óvulo maduro, éste queda *fecundado*. En caso contrario, aproximadamente a las dos semanas después de la ovulación, la mujer expulsa del útero por medio de la vagina restos de tejidos y sangre, constituyendo lo que se llama *menstruación*. El ciclo menstrual tiene lugar también cada veintiocho o treinta días, si no se ha producido antes la fecundación.

El período de mayor fecundidad coincide con el de la ovulación, es decir, unas dos semanas antes del período de menstruación. La fecundación se realiza en la parte superior de las trompas de Falopio. Posteriormente el óvulo, que ya es un embrión o un nuevo ser en potencia, pasa al útero y se aloja en su pared interna. Después se forma la *placenta* que sirve de unión entre el cuerpo materno y el embrión. La *gestación* dura en la mujer, aproximadamente, nueve meses.

SISTEMA REPRODUCTIVO (HOMBRE)

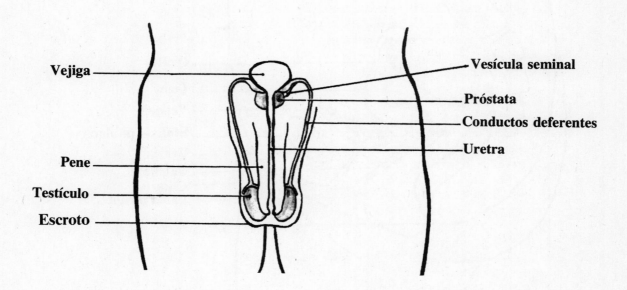

Vejiga

Vesícula seminal

Próstata

Conductos deferentes

Uretra

Pene

Testículo

Escroto

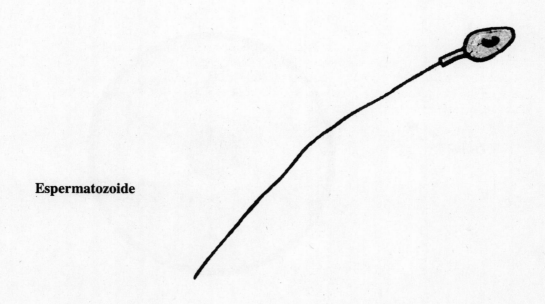

Espermatozoide

SISTEMA REPRODUCTIVO (MUJER)

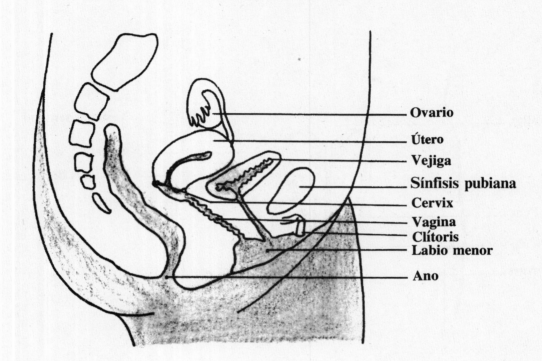

- Ovario
- Útero
- Vejiga
- Sínfisis pubiana
- Cervix
- Vagina
- Clítoris
- Labio menor
- Ano

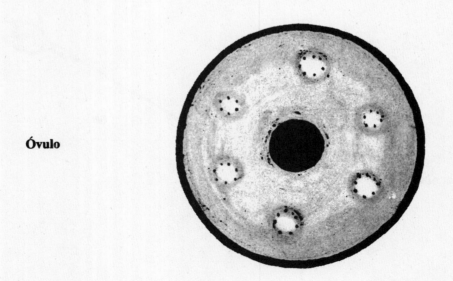

Óvulo

COMPARACIÓN DE LOS CRÁNEOS DEL CHIMPANCÉ, AUSTRALOPITHECUS Y HOMO

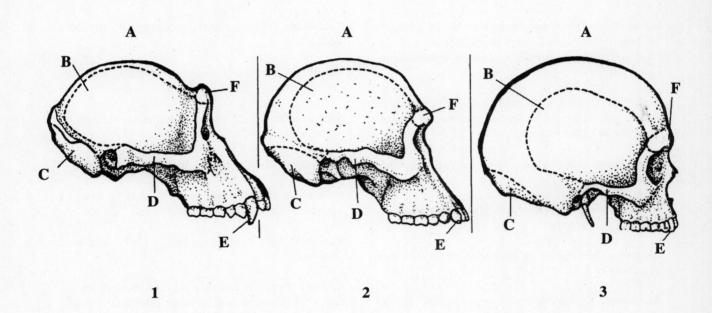

1. Chimpancé _____ A = 400 cm³
2. **Australopithecus** ___ A = 450 cm³
3. Homo sapiens _____ A = 1400 cm³

A = Capacidad craneal
B = Área temporal
C = Área de la nuca
D = Arco cigomático
E = Canino
F = Seno frontal

GLOSARIO DE CIENCIAS

Ácido: Compuesto que produce iones de hidrógeno cuando se disuelve en agua.

Adrenalina: Hormona segregada por la glándula adrenal (suprarrenal); estimula el corazón y el sistema circulatorio además de aumentar o subir la presión arterial.

Aleación: Un metal producto de la combinación de dos o más metales. Un ejemplo puede ser el bronce, mezcla de cobre y estaño.

Amalgama: Unión o mezcla de mercurio con otro metal.

Amino-ácidos: Los elementos básicos que sostienen a todas las proteínas.

Amperio. Medida de la intensidad de la corriente eléctrica.

Anatomía: La ciencia que estudia la estructura del cuerpo.

Anaeróbico: Que no requiere oxígeno.

Antera: La parte de la flor en donde se produce el polen.

Antibiótico: Sustancia producida por un micro-organismo que puede prevenir, inhibir o destruir a otro micro-organismo.

Anticuerpo: Proteínas producidas en la sangre como reacción a la presencia de antígenos.

Antígeno: Proteína extraña al organismo que estimula la producción de un anticuerpo. Anticuerpos específicos pueden neutralizar la acción de antígenos específicos.

Antiséptico: Sustancia capaz de destruir micro-organismos que pueden causar enfermedades, putrefacción o fermentación.

Arteria: Vasos venenosos en forma de tubo que llevan la sangre del corazón a través de todo el cuerpo.

Asteroide: Pequeño planeta o roca que gira alrededor del sol.

Astro: Cualquiera de los cuerpos celestes que pueblan el Universo.

Astronomía: La ciencia que estudia los cuerpos en el espacio.

Atmósfera: Gas que rodea a un cuerpo en el espacio.

Átomo: La partícula más pequeña de la materia; no puede dividirse por medios químicos.

Aurícula: Cámara del corazón que recibe sangre de las venas.

Azúcar: Sustancia formada por un hidrato de carbono. Compuesto natural de sabor dulce que se extrae principalmente de la caña de azúcar y la remolacha.

Bacteria: Pequeño organismo unicelular carente de un núcleo organizado; no contiene clorofila.

Biología: Ciencia que estudia los seres vivos.

Bióxido de carbono (CO_2): Gas incoloro y sin olor, pesado, que se encuentra en la atmósfera.

Botánica: Rama de la biología que estudia la vida de las plantas.

Brújula: Instrumento utilizado para determinar las direcciones sobre la Tierra.

Caloría: Unidad de calor.

Carbohidratos: Hidratos de carbono, compuestos de carbono, hidrógeno y oxígeno.

Carbono: Elemento no metálico que se encuentra solo (como en el diamante y en el grafito) o formando parte del carbón, del petróleo, del asfalto, de la piedra caliza y de otros carbonatos.

Catálisis: Acción que ejercen ciertas sustancias químicas sobre la composición de otras sin sufrir ellas ningún cambio.

Célula: La unidad básica y más pequeña de la vida.

Centígrado: Sistema de medida de temperatura. También se llama escala Celsius. En la escala centígrada, el punto de congelación del agua es cero grado. El punto de ebullición es 100 grados.

Cianuro: Compuesto muy venenoso que contiene gas cianógeno.

Cinobrio: Principal mena del mercurio de un hermoso color rojo brillante.

Circuito: El camino que sigue (generalmente circular) una corriente eléctrica.

Clorofila: La sustancia verde que tienen las plantas que les facilita producir azúcar cuando se pone en contacto con la energía de la luz.

Cobalto: Elemento metálico fuerte, lustroso, de color blanco plateado, magnético; se encuentra junto con el hierro y el níquel.

Combustión: Oxidación de una sustancia, normalmente acompañada por calor y luz. El fuego es un ejemplo.

Compuesto: Combinación de dos o más elementos químicos combinados en proporciones definidas por el peso.

Concentración: La cantidad relativa de un componente en un volumen dado.

Condensación: Cambio de un sistema de estado gaseoso al estado líquido.

Constelación: Grupo de estrellas o soles.

Contaminación ambiental: Degradación de la atmósfera, la tierra, el agua, etc. por sustancias dañinas o venenosas. Tambien: polución.

Corazón: Órgano central de la circulación de la sangre.

Corpúsculo: Célula roja de la sangre.

Cristalizar: Proceso por el cual una sustancia toma forma cristalina. Por ejemplo, cuando el agua se congela.

Crustáceo: Animal acuático que se distingue por un esqueleto óseo, un cuerpo segmentado y otras características. Ejemplos de crustáceos son las langostas, cangrejos, etc.

Diamante: Carbono puro que cristaliza en el sistema cúbico o regular generalmente en octaedros, dodecaedros y hexaedros; es el mineral más duro que se conoce en la Tierra.

Digestión: Proceso de desintegración de la comida en sustancias simples que pueden pasar a través de las membranas de las células.

DNA: Ácido nucleico que contiene el material hereditario de los cromosomas (cuerpos en forma de filamentos o hilos situados junto a los genes en el núcleo de la célula).

Eclipse: Obstrucción de luz que ocurre cuando un objeto celeste o cósmico se desplaza enfrente de otro. Cuando la luna se interpone entre la Tierra y el sol produce una sombra o eclipse en la parte de la Tierra. El eclipse solar se produce cuando el sol no puede verse. Eclipse lunar se produce cuando la Tierra se interpone entre el sol y la luna, obstruyendo el paso de la luz a la luna.

Ecología: La ciencia que estudia la relación que existe entre los animales y las plantas con el medio que los rodea.

Electrón: Partícula atómica con carga negativa.

Elemento: Una de las aproximadamente 103 sustancias básicas que no pueden dividirse en componentes más simples por medios químicos ordinarios.

Embriología: Estudia los primeros desarrollos del organismo.

Enzima: Sustancia producida en las células capaz de producir cambios en otras sustancias del cuerpo sin cambiarse a sí misma.

Erosión: Desgaste, destrucción lenta de una cosa producida por un agente físico.

Eter: Líquido incoloro e inflamable que se emplea como anestésico.

Evaporación: Paso de un líquido al estado de vapor por debajo de su punto de ebullición. Los líquidos y gases cambian a gases.

Evolución: Cambios graduales, lentos en los organismos, produciendo eventualmente nuevas especies.

Faringe: Conducto músculo-membranoso que se extiende desde el cielo del paladar hasta el esófago con que se continúa.

Fertilidad: Capacidad de reproducir.

Fertilización: Combinación de un espermatozoide y un óvulo; reproducción sexual.

Fetus/Feto: Vertebrado que no ha nacido todavía o permanece sin incubar.

Fosfato: Sal formada por el ácido fosfórico encontrada en los fertilizantes y en las sodas de refrescos.

Fósil: Restos que se conservan, generalmente petrificados, y que nos ayudan a estudiar las antiguas especies que habitaron la Tierra.

Fundición: Proceso por el cual se derriten los metales y otros cuerpos.

Galaxia: Sistema del Universo compuesto por billones de estrellas.

Gameto: Célula que se une con otra célula en la reproducción sexual.

Gene: Unidad básica de la herencia.

Genética: Estudia las características del proceso hereditario.

Geología: Ciencia que estudia la Tierra y sus orígenes.

Glándula: Célula o grupo de células que remueven partículas materiales de la sangre.

Grasa: Se denominan también lípidos y está compuesta de carbonos, hidrógenos y oxígenos. Son insolubles en el agua y solubles en los disolventes orgánicos. Comúnmente se conocen como la manteca, o el sebo de un animal. Se usan como alimento en la fabricación de aceites secantes para pintura, y en jabones. Están formadas por mezclas de glicéridos.

Gravedad: Fuerza que atrae a todos los cuerpos situados cerca de la superficie de la Tierra hacia su centro.

Habitat: Lugar adecuado para la vida de un animal o planta.

Hemoglobina: Proteína que le da color rojo a la sangre y ayuda al organismo transportando oxígeno.

Hemofilia: Desorden hereditario. Afecta principalmente al varón pero es transmitido por la hembra. La sangre no puede coagularse. Se caracteriza por el derrame excesivo de sangre.

Hemorragia: Derrame excesivo de sangre.

Herencia: La forma en que los rasgos pasan de generación a generación.

Hidrólisis: Descomposición de moléculas grandes en unidades más pequeñas debido a la reacción que experimentan con el agua.

Hígado: Órgano glandular que segrega la bilis.

Hormona: Sustancia producida por las glándulas endocrinas y que entra en la sangre e influencia la actividad de un órgano, célula o tejido. La adrenalina y la insulina son hormonas.

Inducción: Proceso por el cual un objeto adquiere propiedades magnéticas o se carga eléctricamente.

Invertebrados: Animales sin una espina dorsal.

Iones: Atomos o grupos de átomos que están cargados eléctricamente como resultado de la adquisición o pérdida de electrones.

Isótopos: Atomos que tienen el mismo número de protones, pero número diferente de neutrones. Esta variación no cambia la identidad química del átomo, pero sí afecta la masa.

Kilovatio-Hora: Unidad de energía equivalente a 1000 vatios de electricidad en uso durante una hora.

Láser: Artificio que convierte la energía en una corriente directa de luz.

Luz-año/Año-luz: La distancia de luz que viaja en un año a una velocidad constante de 186,000 millas por segundo.

Magma: Material fundido que existe debajo de la corteza terrestre.

Mamífero: Vertebrado con pelo y glándulas mamarias.

Membrana: Tejido fino que existe en un organismo y que actúa como una pared entre dos partes de un organismo.

Metabolismo: Suma total de todas las reacciones químicas de un ente viviente.

Metamorfosis: Serie de cambios que se producen en algunos animales como los insectos. Hay transformación de la larva hasta llegar a adulta.

Meteoro: Una de las pequeñas partículas de materia que hay en el sistema solar y que es observable directamente solamente cuando cae en la atmósfera terrestre y cuya fricción causa una incandescencia temporal.

Meteorología: Estudia el tiempo y las condiciones de la atmósfera.

Microbio: Una forma muy pequeña de vida que puede causar enfermedades.

Neurona: Célula nerviosa.

Nitrógeno: Gas incoloro, insípido e inodoro que forma aproximadamente las cuatro quintas partes de la atmósfera.

Núcleo: El centro o el corazón tanto de la célula como del átomo.

Nutrición: Proceso por el cual un animal o planta utiliza la comida para estimular su crecimiento.

Omnívoro: Que come carne y plantas.

Óptica: Estudio de la luz y de sus efectos.

Órbita: La ruta que toma un objeto en el espacio alrededor de otro objeto espacial.

Organismo: Un ente viviente, bien animal o vegetal.

Óxido: Un compuesto químico formado de oxígeno y de otro elemento.

Oxidación: La combinación de un elemento con el oxígeno.

Oxígeno: Elemento químico que compone una quinta parte de la atmósfera, vital para todos los organismos vivos.

Ovario: El órgano productor del óvulo de la mujer.

Ozono: Una forma de oxígeno después de haber pasado a través de una carga eléctrica.

Páncreas: Glándula situada en la cavidad abdominal en comunicación con el intestino delgado, donde vierte un jugo que contribuye a la digestión: el jugo pancreático.

Parásito: Organismo que vive sobre otro organismo o dentro de él y recibe su alimentación del otro organismo sin dar nada a cambio.

Pasteurización: Proceso que se usa para matar o eliminar micro-organismos por medio del calor. Se usa en la purificación de la leche. Fue inventado por Louis Pasteur, científico francés.

Pistilo: Órgano femenino de la flor.

Planeta: Cualquiera de los nueve cuerpos celestes que giran alrededor del sol. La Tierra es un planeta.

Plancton: Organismos principalmente microscópicos que cambian con las corrientes. Es la comida básica de las ballenas y otros animales grandes.

Polen: El elemento masculino en la fertilización de las plantas con flores.

Proteína: Una de las sustancias que contiene nitrógeno que son una parte necesaria de las células de los animales y las plantas; la carne, la leche, el queso, los huevos y los frijoles contienen proteínas.

Protón: Partícula atómica cargada positivamente.

Protozóo: Animal unicelular.

Radioactividad: Propiedad que poseen algunos elementos que debido a la desintegración del núcleo de sus átomos emiten espontáneamente rayos alpha, beta, y, en algunas ocasiones, gamma.

Reproducción: Proceso por el cual organismos crean descendientes o hijos de su propia especie.

Respiración: Procesos químico y físico por los cuales un organismo alimenta con oxígeno a sus células y tejidos y extrae de ellos dióxido de carbono.

Ritcher, Escala de: Escala que se usa para medir el grado de intensidad de un terremoto o movimiento de la tierra.

Riñón: Cada uno de los dos órganos glandulares situados en la región lumbar que segregan la orina. Segregan, asimismo, insulina.

RNA: Acido nucleico esencial en la manufactura de proteínas.

Sal: Sustancia formada cuando un ácido se mezcla con una base.

Satélite: Cuerpo celeste que se mueve alrededor de un planeta.

Soluble: que puede disolverse en un líquido.

Simbiósis: Relación entre dos organismos que viven juntos. En la relación, ambos se benefician.

Taxonomía: Ciencia que estudia la clasificación de los organismos por sus características comunes.

Testículo: Estructura en los varones que produce espermatozoides.

Termodinámica: Estudia la acción del calor.

Tórax: Región del pecho en el cuerpo.

Tráquea: Conducto respiratorio que empieza en la faringe y desciende hasta la mitad del pecho.

Ultrasonido: Sonido que el oído humano no puede oír debido a su alta frecuencia.

Unicelular: Organismo de una sola célula.

Uranio: Elemento pesado, radioactivo, que se usa en la producción de energía nuclear.

Vacuna: Inocular con gérmenes muertos o débiles.

Vejiga: Saco membranoso en el cual va depositándose la orina segregada por los riñones.

Vena: Vaso en forma de tubo que lleva la sangre de los capilares al corazón. En las plantas, los tubos conductores que tienen las hojas.

Ventrículo: Cámara del corazón que bombea sangre.

Vertebrado: Animales tales como los mamíferos, pájaros, reptiles, anfibios y peces que tienen una columna espinal segmentada.

Virus: Partícula parásita, no celular, submicroscópica, que refleja algunas propiedades asociadas con organismos vivos, incluyendo la cualidad de cambiar y evolucionar.

Vitamina: Sustancias orgánicas que se encuentran en la comida en pequeñas cantidades. Son necesarias para la salud y crecimiento de los organismos.

Voltio: Unidad que estudia a los animales.

Zoología: Ciencia que estudia a los animales.

Zigoto: Célula formada por la unión de dos gametos.

QUINTA PARTE

INTERPRETACIÓN DE LA LITERATURA Y DE LAS ARTES

INTERPRETACIÓN DE LA LITERATURA Y DE LAS ARTES

INTRODUCCIÓN

Las preguntas del examen de Interpretación de la Literatura y las Artes consisten en pasajes tomados de la literatura clásica (25%) y popular (50%) y de comentarios y artículos sobre la literatura y las artes (25%). Cada pasaje va seguido de preguntas de opción múltiple sobre la materia de la lectura. En la selección de los pasajes se ha hecho énfasis en fragmentos de la obra literaria clásica y popular de autores hispanoamericanos. Las preguntas se hacen teniendo en cuenta cuatro categorías básicas del análisis literario: comprensión, deducción, aplicación y análisis. En esta sección se incluye un glosario extenso de términos de métrica y retórica.

TEXTOS LITERARIOS

Instrucciones: Las preguntas siguientes están basadas en los textos literarios que les anteceden. Se debe leer primero el texto y contestar luego las preguntas correspondientes. Marque el número de su respuesta.

Pasajes

Se conservan muy pocos textos originales de la época precolombina. La mayoría de ellos fueron destruidos. Había, antes de la llegada de Colón, cientos de lenguas diferentes, aunque las más cultas eran el quechua del Perú, el maya-quiché y el nahuatl de los aztecas. En la civilización incaica no había escritura. Los archivos de "quipus" eran cordeles, anudados, que hacían las funciones de libros nemotécnicos. Los mayas tenían libros con figuras jeroglíficas, y los aztecas tampoco tenían libros literarios, pero sí representaban su pensamiento con figuras y pinturas.

Entre 1554 y 1558, un indio, educado por los españoles, recopiló en su lengua quiché, pero con la ayuda del alfabeto español, las tradiciones históricas y cultura de su pueblo. La idea era hacer un libro que supliera al Libro del Consejo o *Popol Vuh*. Aunque hoy día se conoce el texto original, existe la copia y la traducción al castellano que hizo el Padre Francisco Ximénez (1666–1729).

El texto que citamos a continuación trata de las creencias que tenía el pueblo inca sobre cómo los dioses querían formar hombres que les rindieran honores y alabanzas. El texto se llama "la muerte de los muñecos de palo". El fragmento dice así:

"En seguida fueron aniquilados, destruidos y deshechos los muñecos de palo, y recibieron la muerte.

"Una inundación fue producida por el Corazón del Cielo; un gran diluvio se formó, que cayó sobre las cabezas de los muñecos de palo.

"La tzite (planta) se hizo la carne del hombre, pero cuando la mujer fue labrada por el Creador y el Formador, se hizo de espadaña la carne de la mujer. Estos materiales quisieron el Creador y el Formador que entraran en su composición.

"Pero no pensaban, no hablaban con su Creador, su Formador, que los habían hecho, que los habían creado. Y por esta razón fueron muertos, fueron anegados. Una resina abundante vino del cielo. El llamado *Xecotcovach* (el gran pájaro) llegó y les vació los ojos; *Camalotz* (el gran vampiro) vino a cortarles la cabeza; y vino *Cotzbalam* (el gran tigre) y les devoró las carnes. El *Tucumbalam* (el gran tapir) llegó también y les quebró y magulló los huesos y los nervios, les molió y desmoronó los huesos.

"Y esto fue para castigarlos porque no habían pensado en su madre, ni en su padre, el Corazón del Cielo, llamado Huracán. Y por este motivo se oscureció la faz de la tierra y comenzó una lluvia negra, una lluvia de día, una lluvia de noche".

1. Una de las siguientes afirmaciones es cierta. ¿Cuál es?

    (1) Todos los pueblos indígenas precolombinos tenían escritura.
    (2) La lengua quechua la hablaban los incas.
    (3) La región en que vivieron los incas está en Centroamérica.
    (4) Los aztecas eran unos indígenas peruanos.
    (5) Los incas usaron jeroglíficos para comunicarse.

2. Un indio recogió en su lengua nativa, con la ayuda del alfabeto español, las tradiciones históricas y la cultura de su pueblo. La lengua del nativo era

    (1) quiché
    (2) quechua
    (3) chibcha
    (4) maya
    (5) azteca

3. "La muerte de los muñecos de palo" trata sobre las creencias de los indios

    (1) aztecas
    (2) mayas

(3) chibchas

(4) incas

(5) guaraníes

4. Por no haber hablado con ellos, los dioses se enfadaron con

(1) el gran tigre

(2) el gran tapir

(3) los humanos que habían creado

(4) el gran pájaro

(5) la gran serpiente

A pesar de que vivió hace unos 300 años, *Sor Juana Inés de la Cruz* (México, 1648–1695), es una de las escritoras más recordadas y actuales. Una monja con un gran estilo literario, de una prosa fina y profunda, fuerte y de tono irónico. Cantó siempre a la libertad, y en su tiempo, dentro de la estructura religiosa del momento, fue declarada como una rebelde que debía abandonar el mundo de las letras. Pero no lo hizo, dejándonos una gran obra literaria, tanto en prosa como en verso. En su obra *El Sueño,* hay más de un millar de versos. Fue la voz más viva y alegre del período barroco hispanoamericano, reflejándose en su trabajo temas relacionados con Dios, el amor, la libertad, el abandono, los celos, la feminidad, la muerte. Sintetizó las corrientes barrocas practicadas a principios de siglo: Góngora, Calderón, Lope, Quevedo. Entre sus obras cabe destacar: *El cetro de José, El mártir del Sacramento, El divino Narciso, Los empeños de una casa, Amor es más laberinto, Respuesta a Sor Filotea de la Cruz.* En esta última obra, en uno de los fragmentos, dice:

"Prosiguiendo en la narración de mi inclinación, de que os quiero dar entera noticia, digo que no había cumplido los tres años de mi edad cuando enviando mi madre a una hermana mía, mayor que yo, a que se enseñase a leer en una de las que llaman Amigas, me llevó a mí tras ella el cariño y la travesura; y viendo que le daban lección, me encendí yo de manera en el deseo de saber leer, que engañando, a mi parecer, a la maestra, le dije que mi madre ordenaba me diese lección. Ella no lo creyó, porque no era creíble; pero, por complacer al donaire, me la dio. Proseguí yo en ir y ella prosiguió en enseñarme, ya no en burlas, porque la desengañó la experiencia; y supe leer en tan breve tiempo, que ya sabía cuando lo supo mi madre, a quien la maestra lo ocultó por darle el gusto por entero y recibir el galardón por justo; y yo lo callé, creyendo que me azotarían por haberlo hecho sin orden. Aún vive la que me enseñó (Dios la guarde) y puede testificarlo.

"Acuérdame que en estos tiempos, siendo mi golosina la que es ordinaria en aquella edad, me abstenía de comer queso, porque oí decir que hacía rudos, y podía conmigo más el deseo de saber que el de comer, siendo éste tan poderoso en los niños. Teniendo yo después como seis o siete años, y sabiendo ya leer y escribir, con todas las otras habilidades de labores y costura que desprenden las mujeres oí decir que había Universidad y Escuelas en que se estudiaban las ciencias, en México; y apenas lo oí cuando empecé a matar a mi madre con instantes e importunos ruegos sobre que, mudándome el traje, me enviase a México, en casa de unos deudos, que tenía, para estudiar y cursar la Universidad; ella no lo quiso hacer, e hizo muy bien, pero yo despiqué el deseo en leer muchos libros varios que tenía mi abuelo, sin que bastasen castigos ni represiones a estorbarlo; de manera que cuando vine a México, se admiraban, no tanto del ingenio, cuanto de la memoria y noticias que tenía en edad que parecía que apenas había tenido tiempo para aprender a hablar".

5. Sor Juana de la Cruz

(1) defendía en sus escritos la libertad

(2) fue una monja sumisa al sistema eclesiástico

(3) pertenece al movimiento literario renacentista

(4) escribía sobre temas históricos y teológicos

(5) fue una gran escritora contemporánea de Góngora y otros autores barrocos

6. En su *Respuesta a Sor Filotea de la Cruz,* Sor

Juana Inés de la Cruz

(1) decía que tardó muchos años para aprender a leer

(2) estaba de acuerdo con ella (Sor Filotea)

(3) confiesa su poco amor por la lectura

(4) muestra humor, ironía, una prosa fina, y su carácter rebelde

(5) expresa sus ideas acerca de la educación del país

7. Las obras de Sor Juana Inés de la Cruz pertenecen al período literario

   (1) de la revolución hispanoamericana
   (2) de la liberación hispanoamericana
   (3) del barroco hispanoamericano
   (4) del renacimiento
   (5) de la generación del 98

8. Una de las siguientes afirmaciones con respecto a Sor Juana Inés de la Cruz no es correcta. ¿Cuál es?

   (1) Fue una gran poetisa mexicana.
   (2) Vivió en el siglo XVI.
   (3) Sus obras estuvieron en parte influidas por Góngora.
   (4) Escribió tanto en prosa como en verso.
   (5) Sus obras también estaban inspiradas en Calderón, Lope y Quevedo.

   Eugenio María de Hostos (Puerto Rico, 1839–1903) dedicó su vida a la actividad didáctica, a la enseñanza. Renunció a su vocación literaria para centrarse en la vida práctica. Llegó hasta criticar a la literatura (en su obra *Moral Social*, 1888); pero en estas páginas de discrepancias y polémica se puede palpar los dos polos en que se movía su vida: por una parte, una calidad innata, natural, de artista, de escritor; por otra, una preocupación social por el momento en que vivía que le lleva a dedicarse totalmente a funciones didácticas. En España, en donde vivió de 1851 a 1869, escribió breves relatos líricos y, sobre todo, una novela poética, *La peregrinación de Bayoan,* 1863, en donde se puede ver la vena de creación literaria que tenía, cualidad que no cultivó. Su pensamiento gira en torno a la libertad de su patria, la unidad de Puerto Rico, Cuba, Santo Domingo y Haití, la justicia y la verdad. Dejó escritas obras de gran sensibilidad, como *Inda* (1878) y sus *Cuentos a mi hijo* (1878).

   En un discurso pronunciado en la investidura de los primeros maestros normales de la República Dominicana, en 1884, dice: "La enseñanza verdadera, la que se desentiende de los propósitos históricos, de los métodos parciales, de los procedimientos artificiales, y, atendiendo exclusivamente al sujeto del conocimiento, que es la razón humana, y al objeto de conocimiento, que es la naturaleza, favorece la cópula de entrambas y descansa en la confianza de que esa cópula feliz dará por fruto la verdad.

   "Dadme la verdad, y os doy el mundo. Vosotros, sin la verdad, destrozaréis el mundo: y yo, con la verdad, con solo la verdad, tantas veces reconstruiré el mundo cuantas veces lo hayáis vosotros destrozado. Y no os daré solamente el mundo de las organizaciones materiales: os daré el mundo orgánico, junto con el mundo de las ideas, junto con el mundo de los afectos, junto con el mundo del trabajo, junto con el mundo de la libertad, junto con el mundo del progreso, junto —para disparar el pensamiento entero— con el mundo que la razón fabrica perdurablemente por encima del mundo natural.

   "¿Y qué sería yo, obrero miserando de la nada, para tener esa virtud del todo? Lo que podríais ser todos vosotros, lo que pueden ser todos los hombres, lo que he querido que sean las generaciones que empiezan a levantarse, lo que, con toda la devoción, con toda la unción de una conciencia que lleva consigo la previsión de un nuevo mundo moral e intelectual, quisiera que fueran todos los seres de razón: un sujeto de conocimiento fecundado por la naturaleza, eterno objeto de conocimiento".

9. Eugenio María de Hostos

   (1) se dedicó a la poesía
   (2) fue principalmente un hombre político
   (3) era un artista
   (4) fue esencialmente un pedagogo
   (5) se dedicó totalmente a funciones estéticas

10. El centro de su pensamiento didáctico radicaba en

    (1) la política

    (2) la consecución de la justicia humana, la verdad, y la libertad
    (3) la religión
    (4) la filosofía
    (5) la moral social y religiosa

11. El pensamiento de Eugenio María de Hostos siempre giró en torno a las siguientes ideas, excepto a una:

    (1) la libertad de su patria

(2) la justicia
(3) la verdad
(4) la ocupación de cargos políticos
(5) la unidad de Puerto Rico, Cuba, Santo Domingo y Haití

12. Cuando Hostos dice que hay algo que siempre vence, que reconstruye lo que otros han destruido, se refiere a

(1) la política
(2) la verdad
(3) la pedagogía
(4) la literatura
(5) el conocimiento del progreso

La indiferencia del mexicano ante la muerte —escribe Octavio Paz— se nutre de su indiferencia ante la vida. "El mexicano no solamente postula la intrascendencia del morir, sino la del vivir. Nuestras canciones, refranes, fiestas y reflexiones populares manifiestan de una manera inequívoca que la muerte no nos asusta porque 'la vida nos ha curado de espantos'. Morir es natural y hasta deseable; cuanto más pronto, mejor. Matamos porque la vida, la nuestra y la ajena, carece de valor. Y es natural que así ocurra: vida y muerte son inseparables y cada vez que la primera pierde significación, la segunda se vuelve intrascendente. La muerte mexicana es el espejo de la vida de los mexicanos. Ante ambas el mexicano se cierra, las ignora.

"El desprecio a la muerte no está reñido con el culto que le profesamos. Ella está presente en nuestras fiestas, en nuestros juegos, en nuestros amores y en nuestros pensamientos. Morir y matar son ideas que pocas veces nos abandonan. La muerte nos seduce. La fascinación que ejerce sobre nosotros quizá brote de nuestro hermetismo y de la furia con que lo rompemos. La presión de nuestra vitalidad, constreñida a expresarse en formas que la traicionan, explica el carácter mortal, agresivo o suicida, de nuestras explosiones. Cuando estallamos, además, tocamos el punto más alto de la tensión, rozamos el vértice vibrante de la vida. Y allí, en la altura de ese frenesí, sentimos el vértigo: la muerte nos atrae".

Octavio Paz, el escritor mexicano más conocido del momento, nació en 1914. Surgió con la revista *Taller* (1936–1937). Pero ya, desde muy joven, empezó su trayectoria literaria. *Luna silvestre* fue su primer libro (1933), después publicaría *¡No pasarán!; Raíz del hombre; La estación violenta; El laberinto de la soledad; El arco y la lira; Los signos en rotación; Piedra del sol; Blanco*, entre otros. El mismo autor ha revelado el secreto de su obra: un afán de resolver tesis y antítesis en una síntesis que restablezca la perdida unidad del hombre: El ser y la existencia, lo social y lo individual; la masa y la soledad.

13. Según el texto, Octavio Paz escribe sobre

(1) la importancia de la existencia
(2) la muerte en el mundo ideológico mexicano
(3) la indiferencia hacia la muerte
(4) la separación de los conceptos naturaleza/muerte
(5) el olvido de la muerte

14. Para el autor, la muerte

(1) no es objeto de reflexión
(2) explica el carácter simbólico y popular
(3) está continuamente presente en la vida
(4) representa la agresión
(5) no es deseable

15. Según las ideas de Octavio Paz, ¿cuál de las siguientes afirmaciones no es correcta?

(1) Al mexicano no le asusta la muerte.
(2) El mexicano es indiferente a la vida y a la muerte.
(3) Para el mexicano la muerte es algo natural y deseable.
(4) La muerte mexicana es el espejo de la vida de los mexicanos.
(5) Los mexicanos le dan un gran valor a la vida.

16. Según el autor, la esencia de su obra radica en

(1) sus ideas políticas
(2) su afán por resolver tesis y síntesis en una antítesis
(3) su necesidad de crear
(4) tratar de restablecer la unidad del hombre
(5) la vida individual

Miguel Angel Asturias nació en Guatemala, en el año 1899. Se graduó en Derecho en su tierra, en 1923, y siguió después estudios especializados en la Universidad de París, bajo la dirección de George Reynaud, con quien se dedicó a investigaciones sobre las religiones antiguas de América Central.

En su libro de poesía *Sien de alondra* cambia de formas y estilos, aunque predomina el tema bucólico, las escenas de aldeas, los viajes y el tono popular. Pero ha sido la novela lo más importante de su obra. Probablemente, la más conocida sea *El señor Presidente*, en la que describe una sociedad moralmente enferma de un país hispanoamericano: miserias, injusticias y amarguras que hacen vivir al lector la vida que encierra cada página. En éstas se multiplican las escenas, los rasgos y las metáforas. Escribe otras, como *Hombres de maíz,* de tema social: la lucha entre los indios de Guatemala, que dependen del maíz para su sobrevivencia, y los criollos que lo siembran para negocio, empobreciendo las tierras con su avaricia. Predomina el tema antropológico y sociológico en novelas como *Viento fuerte, El Papa Verde y Los ojos de los enterrados.* En sus *Leyendas de Guatemala,* publicadas en 1930, dice:

El sol, que iba sacando la cabeza de la camisa blanca del día, borraba en la puerta, claveteada de oro y plata, la espalda del Maestro y la cara morena de la que era un pedacito de su alma, joya que no compró con un lago de esmeraldas.

¿Cuántas lunas pasaron andando los caminos?...

Entre los labios de la esclava se acurrucó la respuesta y endureció como sus dientes. El Maestro callaba con insistencia de piedra misteriosa. Llenaba la luna del Buho-Pescador. En silencio se lavaron la cara con los ojos, al mismo tiempo, como dos amantes que han estado ausentes y se encuentran de pronto.

La escena fue turbada por ruidos insolentes. Venían a prenderles en nombre de Dios y el Rey, por brujo a él y por endemoniada a ella. Entre cruces y espadas bajaron a la cárcel, el Maestro con la barba rosada y la túnica verde, y la esclava luciendo las carnes que de tan firmes parecían de oro.

Siete meses después se les condenó a morir quemados en la Plaza Mayor. La víspera de la ejecución, el Maestro acercose a la esclava y con la uña le tatuó un barquito en el brazo, diciéndola: —Por virtud de este tatuaje, Tatuana, vas a huir siempre que te halles en peligro, como vas a huir hoy. Mi voluntad es que seas libre como mi pensamiento; traza este barquito en el muro, en el suelo, en el aire, donde quieras, cierra los ojos, entra en él y vete...

Vete, pues mi pensamiento es más fuerte que ídolo de barro amasado con cebollín.

¡Pues mi pensamiento es mas dulce que la miel de las abejas que liban la flor del suquinay!

Sin perder un segundo la Tatuana hizo lo que el Maestro dijo: trazó el barquito, cerró los ojos y entrando en él — el barquito se puso en movimiento, escapó de la prisión y de la muerte.

Y a la mañana siguiente, la mañana de la ejecución, los alguaciles encontraron en la cárcel un árbol seco que tenía entre las ramas dos o tres florecitas de almendro, rosadas todavía.

Miguel Angel Asturias recibió el Premio Nobel de Literatura en 1967.

17. Miguel Angel Asturias

(1) se dedicó a la investigación
(2) enseñó a George Reynaud
(3) se interesó en un principio en el estudio de las creencias religiosas de los nativos americanos
(4) escribió un libro en prosa titulado *Sien de alondra*
(5) prescinde del tema popular

18. En su novela, *El Señor Presidente,* el autor

(1) narra la riqueza de Latinoamérica
(2) destaca la belleza del paisaje de su país
(3) escribe su autobiografía
(4) expresa sus ideas políticas
(5) muestra la vida mísera e injusta que sufre el pueblo

19. La frase: "En silencio se lavaron la cara con los ojos," expresa

(1) la conversación que sostuvo el maestro
(2) un intercambio de sentimientos comunes
(3) cuando la esclava lava su cara con aguas
(4) ideas diferentes
(5) el silencio del Rey

20. En el texto

(1) tanto el maestro como la esclava mueren
(2) la esclava huye, gracias al maestro
(3) ejecutan al maestro
(4) Tatuana muere
(5) el Sasguito se hunde

Alejo Carpentier nació en La Habana, Cuba, en el 1904; de madre rusa y padre francés. Viajó de niño por Europa y comenzó en París la escuela media y sus estudios musicales. Viajó también dentro de la literatura: verso, ensayo, novela. Comienza a destacarse como escritor en *Los pasos perdidos,* novela que contrasta la vida rural y la urbana, la civilización y las formas elementales de la sociedad, la ciudad moderna y la vida selvática. Su obra aparece con una gran fuerza artística, imaginativa, y se refleja en ella una visión especial de la cultura y de la historia. Escribe *El reino de este mundo, El acoso, La música en Cuba, Tristán e Isolda en tierra firme, El siglo de las luces, Guerra del Tiempo.* En uno de los relatos, "Viaje a la semilla", narra un viaje regresivo a través del Tiempo: un viejo se convierte en niño, regresa a la placenta de la madre, y después de toda su experiencia en la Tierra, desaparece en el mundo de las sombras....
En uno de los fragmentos de este extraordinario relato, el gran escritor cubano dice:

Hambre, sed, calor, dolor, frío. Apenas Marcial redujo su percepción a la de estas realidades esenciales, renunció a la luz que ya le era accesoria. Ignoraba su nombre. Retirado el bautismo, con su sal desagradable, no quiso ya el olfato, ni el oído, ni siquiera la vista. Sus manos rozaban formas placenteras. Era un ser totalmente sensible y táctil. El universo le entraba por todos los poros. Entonces cerró los ojos que sólo divisaban gigantes nebulosos y penetró en un cuerpo caliente, húmedo, lleno de tinieblas, que moría. El cuerpo arrebozado con su propia sustancia, resbaló hacia la vida.

Pero ahora el tiempo corrió más pronto, adelgazando sus últimas horas. Los minutos sonaban a glissando de naipes bajo pulgar de jugador.

Las aves volvieron al huevo en torbellino de plumas. Los peces cuajaron la hueva, dejando nevada de escamas en el fondo del estanque. Las palmas doblaron las pencas, desapareciendo en la tierra como abanicos, Los tallos sorbían sus hojas y el suelo tiraba de todo lo que le pertenecía. El trueno retumbaba en los corredores. Crecían pelos en la gamuza de los guantes. Las mantas de lana se destejían, redondeando el vellón de carneros distantes. Los armarios, los vargueños, las camas, los crucifijos, las mesas, las persianas, salieron volando en la noche, buscando sus antiguas raíces al pie de las selvas. Todo lo que tuviera clavos se desmoronaba. Un bergantín, anclado no se sabía donde, llevó presurosamente a Italia los mármoles del piso y de la fuente. Las panoplias, los herrajes, las llaves, las cazuelas de cobre, los bacados de las cuadras, se derretían, engrosando un río de metal que galerías sin techo canalizaban hacia la tierra. Todo se metamorfoseaba, regresando a la condición primera. El barro volvió al barro, dejando un yermo en lugar de la casa.

21. En su novela, *Los pasos perdidos,* Carpentier

(1) escribe de la civilización
(2) expresa la vida de la sociedad
(3) describe las costumbres de los pueblos
(4) confronta el dualismo rural-urbano
(5) destaca la función de la cultura y de la política

22. En su "Viaje a la semilla," el viejo

(1) no se llamaba Marcial
(2) se convierte en un niño
(3) sabía su nombre
(4) era un ser insensible y universal
(5) murió

23. En el relato, Carpentier

(1) escribe sobre la destrucción del Universo
(2) expresa un mundo lleno de tinieblas
(3) describe metafóricamente el origen de la vida
(4) cuenta como cambia el cuerpo
(5) destaca la importancia de la literatura

24. "Todo se metamorfoseaba" quiere decir aquí que todo

(1) permanecía igual
(2) se hacía nada
(3) regresaba a la condición última
(4) cambiaba, dividía, evolucionaba, pero en sentido inverso
(5) se convertía en polvo

Don Damián entró en la inconsciencia rápidamente, a compás que la fiebre iba subiendo por encima de treinta y nueve grados. Su alma se sentía muy incómoda, casi a punto de calcinarse, razón por la cual comenzó a irse recogiendo en el corazón. El alma tenía infinita cantidad de tentáculos, como un pulpo de innúmeros pies, cada uno metido en una vena y algunos sumamente delgados metidos en vasos. Poco a poco fue retirando esos pies, y a medida que eso iba haciendo Don Damián perdía calor y empalidecía. Se le enfriaron primero las manos, luego las piernas y los brazos; la cara comenzó a ponerse atrozmente pálida, cosa que observaron las personas que rodeaban el lujoso lecho. La propia enfermera se asustó y dijo que era tiempo de llamar al médico. El alma oyó esas palabras y pensó: "Hay que apresurarse, o viene ese señor y me obliga a quedarme aquí hasta que me queme la fiebre".

En este fragmento, del cuento "La bella alma de Don Damián", Juan Bosch (República Dominicana, 1909) nos da otra muestra de la nota fantástica que caracteriza a su obra. El alma de Damián se desprende del cuerpo, presencia las mentiras de sus familiares, se mira al espejo y vuelve a meterse en el cuerpo, sabiendo ahora qué es lo que piensan sus amigos y familiares.

La obra del autor dominicano Bosch recoge con variedad el lenguaje popular, describe escenas y personajes con una gran sensibilidad, distanciándose de la realidad para verla con arte. Es un escritor prolífico, ha escrito novelas, como *La mañosa;* ensayos como *De Colón a Fidel Castro* y, sobre todo, cuentos, destacándose como uno de los mejores autores latinoamericanos en este género: *Camino real, Indios, Dos pesos de agua, Ocho cuentos, La muchacha de la Guaira,* entre muchos otros. En la mayoría de ellos narra con sencillez y profundidad la vida del campesino caribeño.

Empezaba a clarear. Por los cristales de las ventanas entraba una luz lívida, que anunciaba el próximo nacimiento del día. Asomándose a la boca de Don Damián —que se conservaba semiabierta para dar paso a un poco de aire— el alma notó la claridad y se dijo que si no actuaba pronto no podría hacerlo más tarde, debido a que la gente la vería salir y le impediría abandonar el cuerpo de su dueño. El alma de Don Damián era ignorante en ciertas cosas; por ejemplo, no sabía que una vez libre resultaba totalmente invisible.

25. En el texto, el alma de Don Damián

    (1) gozaba de buena salud
    (2) sentía como salía para siempre del cuerpo
    (3) era como un pulpo
    (4) llamó al médico
    (5) empalideció y murió por enfriamiento

26. Don Damián

    (1) se sentía muy bien
    (2) se le enfrió la cara
    (3) es un gran escritor de cuentos
    (4) se puso muy enfermo
    (5) escribe diferentes ensayos

27. El alma de Don Damián

    (1) desconocía su invisibilidad
    (2) salió de la boca y comenzó a andar en la calle
    (3) salió cuando aclaró el día
    (4) abandonó el cuerpo de su dueño
    (5) sabía que era libre

28. La mayoría de los cuentos de Bosch tratan sobre

    (1) la política
    (2) la vida familiar
    (3) la vida del campesino
    (4) el amor
    (5) los viajes

POESÍA

Walt Whitman (West Hills, Long Island, 1819–1892) ha sido el máximo cantor del Yo, del cuerpo humano, de la fraternidad universal, de la igualdad democrática, del sexo; profanador insigne de todas las convenciones de formas y lenguaje; ignorado, combatido y exaltado por sus contemporáneos. Es considerado hoy el poeta de Norteamérica, cuya obra, profundamente renovadora, se ha convertido en fuente de inspiración permanente para las nuevas generaciones.

Su libro más conocido, probablemente su único libro, corregido una y otra vez por el mismo autor, transformando poemas, creando otros nuevos, revisando constantemente su voz, es *Hojas de hierba;* en él recoge casi la totalidad de la obra de Whitman. Se publicó por primera vez, por cuenta del propio autor, en el año 1855, y aparecieron sucesivamente nueve ediciones, corregidas y aumentadas, la última de las cuales coincide con el año de la muerte del poeta. Unos años antes, en 1887, José Martí había presentado la obra de Whitman en el mundo de habla española. A partir de entonces han sido muchos los autores hispanos que se han sentido atraídos por ella: Martí, Rubén Darío, Neruda, García Lorca,... Whitman moría en Camden, víctima de una bronconeumonía aguda. Contaba setenta y tres años de edad. Fue uno de los mayores poetas de todos los tiempos.

En uno de sus poemas, dice:

Quien camina una milla sin amor, se dirige a su propio
funeral envuelto en su propia mortaja;
y yo y tú, sin tener un centavo, podemos comprar lo
más precioso de la tierra,
y la mirada de unos ojos o una arveja en su vaina
confunden la sabiduría de todos los tiempos,
y no hay oficio ni profesión en los cuales el joven que
los sigue no pueda ser un héroe,
y no hay cosa tan frágil que no sea el eje de las ruedas
del universo,
y digo a cualquier hombre o mujer: Que tu alma esté
serena y en paz – ante millones de universos.
Y digo a la Humanidad; no hagas preguntas sobre
Dios,
porque yo que pregunto tantas cosas, no hago
preguntas sobre Dios,
(no hay palabras capaces de expresar mi seguridad
ante Dios y la muerte.)
Escucho y veo a Dios en cada cosa, pero no lo
comprendo en los más mínimo,
ni comprendo como pueda existir algo más prodigioso
que yo mismo.
En el rostro de los hombres y de las mujeres veo a
Dios, y en mi propio rostro en el espejo;
encuentro cartas de Dios tiradas por la calle y su
firma en cada una,
y las dejo donde están porque sé que dondequiera que
vaya,
otras llegarán puntualmente.
Y en cuanto a ti, Muerte, y a ti, amargo abrazo mortal,
es inútil que trates de asustarme.

29. **Walt Whitman**

(1) es el poeta más importante de la literatura angloamericana

(2) no influyó a poetas latinos

(3) fue un cantor del paisaje

(4) dijo que quien camina con amor se dirige a su propio funeral

(5) escribió numerosas obras de poesía

30. **Todas las afirmaciones siguientes son correctas menos una: ¿Cuál es?**

    (1) El que ama vive.
    (2) Todo se puede conseguir en la vida.
    (3) La riqueza no lo es todo.
    (4) Es preferible no cuestionarse la existencia de Dios.
    (5) El poeta no ve en los hombres la huella de Dios.

31. **Whitman fue un poeta**

    (1) comprendido en su época
    (2) convencional de las formas del lenguaje
    (3) profundamente humano
    (4) conservador
    (5) incomprendido después de su muerte

32. **En su poesía, Whitman**

    (1) no cree en el amor
    (2) se pregunta acerca de Dios
    (3) no habla de la universalidad humana
    (4) es un pesimista
    (5) cree en el amor y en Dios

Poeta de la vida, Martí escribió:

> Yo soy un hombre sincero
> de donde crece la palma,
> y antes de morirme quiero
> echar mis versos del alma

Nació en La Habana, hijo de madre valenciana y padre canario, ambos de condición muy modesta. Ya de muy joven se distinguió en sus estudios. En la *Patria Libre,* periódico insurgente que salió en seguida de comenzar la "Guerra de los diez años," en 1869, publicó *Abdala,* poema dramático; y en ese mismo año, cuando concluía su tercer año de la enseñanza media, José Martí sufrió un proceso que concluyó en una sentencia de seis años de presidio, por causas políticas.

> Yo vengo de todas partes,
> y hacia todas partes voy;
> arte soy entre las artes;
> en los montes, monte soy.
>
> Yo sé los nombres extraños
> de las hierbas y las flores,
> y de mortales engaños,
> y de sublimes dolores.

Pero gracias a un indulto, dejó la cárcel a los cinco meses, para trasladarse a Isla de Pinos y de allí a España a principios de 1871. Estudió en Madrid y en Zaragoza, se graduó en Derecho y Filosofía y Letras, y pasó a México en 1875; allí escribió para *El Federalista* y la *Revista Universal*, y participó en el movimiento literario que dirigía Ignacio Altamirano. Vivió luego en Guatemala, donde enseñó en la Escuela Normal (1877–1878), hasta que pudo volver a Cuba.

> Yo he visto el águila herida
> volar al azul sereno,
> y morir en su guarida
> la víbora del veneno.
>
> Yo sé que el necio se entierra
> con gran lujo y con gran llanto,
> y que no hay fruta en la tierra
> como la del camposanto.

Poco vivió en La Habana, donde empezó a ejercer su profesión de abogado, porque muy pronto tuvo que salir nuevamente desterrado, cuando se comprobó que estaba complicado en trabajos revolucionarios, y se marchó a España. Un año había pasado en su patria, y le bastó para ganar nombre de orador con varias conferencias notables. En los primeros días de 1880 estaba ya de vuelta en New York, intentando ganarse la vida como periodista, al mismo tiempo que participaba en la nueva tentativa malograda del general Calixto García. En los Estados Unidos viviría de sus correspondencias a grandes diarios sudamericanos.

Si ves un monte de espumas,
es mi verso lo que ves:
mi verso es un monte, y es
un abanico de plumas.

Mi verso es como un puñal
que por el puño echa flor;
mi verso es un surtidor
que da un agua de coral.

Mi verso es de un verde claro
y de un carmín encendido:
mi verso es un ciervo herido
que busca en el monte amparo.

A principios de 1892 estaba constituido el Partido Revolucionario Cubano, y poco después se fundaba el periódico *Patria,* dirigido por Martí. A principios de abril de 1895 desembarcó en Cuba para ponerse al frente del movimiento de liberación. Y el 19 de mayo, cayó muerto luchando por libertar a su tierra.

33. En su poesía,

(1) la víbora es el águila herida
(2) el águila herida es el poeta
(3) el necio es el pueblo
(4) la peor fruta es la del camposanto
(5) crece la palma en el hombre injusto

34. José Martí tuvo problemas en su vida debido a

(1) situaciones familiares
(2) sus estudios
(3) su pasado
(4) causas políticas
(5) ninguna de las anteriores

35. José Martí, además de ser escritor, fue

(1) científico
(2) abogado
(3) banquero
(4) economista
(5) sociólogo

36. Una de las siguientes afirmaciones con respecto a José Martí no es correcta. ¿Cuál es?

(1) Murió luchando por libertar a su patria.
(2) Escribió el poema dramático "Abdela".
(3) Tuvo que salir desterrado de Cuba.
(4) Murió en Nueva York.
(5) Dirigió el periódico "Patria".

Lucila Godoy Alcayaga —como se llamaba en verdad— nació en Vicuña (Chile), pueblecito del valle de Elqui, y murió en Nueva York. En su tierra natal se crió y educó. Las primeras lecturas literarias de esta gran poetisa, conocida por todos con el nombre de Gabriela Mistral, fueron los versos de su padre, un maestro rural que abandonó a su familia cuando la niña tenía tres años. Gabriela empezó a escribir muy joven, publicando versos en el diario local. Después enseñó en las escuelas de provincias. En 1914 ganó un primer premio de poesía, "Los sonetos de la muerte," pero la desconocida maestra no fue a recoger el galardón. En su soneto dice:

Del nicho helado en que los hombres te pusieron
te bajaré a la tierra humilde y soleada.
Que he de dormirme en ella los hombres no supieron
y que hemos de soñar sobre la misma almohada.

Te acostaré en la tierra soleada con una
dulcedumbre de madre para el hijo dormido,
y la tierra ha de hacerse suavidades de cuna
al recibir tu cuerpo de niño dolorido.

Luego iré espolvoreando tierra y polvo de rosas,
y en la azulada y leve polvareda de luna
los despojos livianos irán quedando presos.

Me alejaré cantando mis venganzas hermosas,
¡porque a ese hondor recóndito la mano de ninguna
bajará a disputarme tu puñado de huesos!

Gabriela Mistral comenzaría desde entonces una profunda actividad literaria. No dejó el mundo de la enseñanza, representando a su país en diversas misiones culturales. Su poesía es simbolista; su gran tema es el amor. A los diecisiete años el hombre que amaba se suicidó por honor. Esto le dejó una profunda huella que se refleja en sus primeros poemas, recogidos en su primer libro: *Desolación* (1922). Es una poesía de soledad, de amor puro, de desconsuelo, de desesperación, de amor a Dios, de canto a la naturaleza, de sentimientos, de acercamiento a los humildes, y sobre todo dedicada a los niños, para quienes escribió poesías, canciones y cuentos.

Entre sus obras más conocidas podemos citar: *Ternura; Tala* y *Lagar*. Ganó, en 1945, el Premio Nobel de Literatura. Fue el primer Premio Nobel de Literatura que ganaba América.

37. Aparte de ser poetisa, Gabriela Mistral se dedicó también a

(1) la novela
(2) la contemplación espiritual
(3) la enseñanza
(4) los movimientos simbolistas
(5) la política, representando a su país

38. "Del nicho helado... te bajaré a la tierra humilde...," quiere decir que

(1) vivía todavía
(2) de la muerte lo llevará a un lugar con vida
(3) lo alejará de la tierra soleada
(4) los despojos irán quedando presos
(5) se alejará de la tierra

39. En la poesía de Gabriela Mistral influyó

(1) los versos de su madre
(2) el honor
(3) el tema de la muerte
(4) el premio Nóbel que ganó
(5) la muerte del hombre que amaba

40. Por encima de todo su poesía se caracteriza por el tema de

(1) la muerte
(2) Dios
(3) la soledad
(4) el amor a los niños
(5) la desesperación

Hay golpes en la vida, tan fuertes... ¡Yo no sé!
Golpes como del odio de Dios; como si ante ellos,
la resaca de todo lo sufrido
se empozara en el alma... ¡yo no sé!

Son pocos; pero son... Abren zanjas oscuras
en el rostro más fiero y en el lomo más fuerte.
Serán tal vez los potros de bárbaros atilas;
o los heraldos negros que nos manda la Muerte.

Nació en Santiago de Chuco, pueblo de la sierra del Perú, y murió en París. En 1923, después de publicar su segundo libro, *Trilce,* con el cual creó una verdadera rebelión poética en su tiempo, César Vallejo (1892–1938) se marchó para siempre a Europa. Varios factores motivaron su exilio: la muerte de su madre, cierta reputación molesta de bohemio y extremista, y un desgraciado incidente que lo llevó por cuatro meses a la cárcel. Vivió con muchas dificultades, escribió para periódicos de Lima, París y Madrid. Su poesía encarna la expresión aguda y desgarrada del dolor, el grito herido de la especie humana, la soledad más infinita, el quejido metafísico del hombre que no encuentra felicidad en la sociedad que le tocó vivir.

Son las caídas hondas de los Cristos del alma,
de alguna fe adorable que el Destino blasfema.
Esos golpes sangrientos son las crepitaciones
de algún pan que en la puerta del horno se nos quema.

Y el hombre... ¡Pobre... pobre! Vuelve los ojos como
cuando por sobre el hombro nos llama una palmada;
vuelve los ojos locos, y todo lo vivido
se empoza, como un charco de culpa, en la mirada.

Hay golpes en la vida tan fuertes... ¡Yo no sé!

En este fragmento de su libro *Los heraldos negros* (1918), César Vallejo llega pobre, libre, a lo más profundo de sí. La sangre de su tierra de cholos corre por las arterias de sus versos pintando tristeza, desilusión, sufrimiento. Además de *Trilce* y *Los heraldos negros*, publicó los *Poemas humanos, España, aparta de mí este cáliz; Poesías completas; Escalas melografiadas; Tungsteno;* y *Artículos olvidados.*

41. La poesía de César Vallejo se caracterizó por

    (1) el tema de la muerte
    (2) el dolor físico
    (3) el tema religioso
    (4) la infelicidad y soledad
    (5) el tema de la pobreza

42. El poeta llevó una vida

    (1) fácil
    (2) llena de dificultades
    (3) dedicada a la Universidad
    (4) entregada a la novela
    (5) austera

43. "Hay golpes en la vida...," expresa

    (1) los problemas físicos
    (2) el ocio
    (3) la violencia
    (4) el dolor metafísico humano
    (5) ninguna de las anteriores

44. Los últimos años de su vida César Vallejo los vivió en el exilio en

    (1) New York
    (2) Argentina
    (3) Europa
    (4) Panamá
    (5) Perú

ARTÍCULOS Y COMENTARIOS

Tratar de correr más que un caballo, compitiendo con él, subir el Empire State Building, convertir la Quinta Avenida en escenario de la mejor carrera jamás celebrada, todo es posible en el atletismo de esta década. Se trata de sacar el atletismo del santuario de los estadios para convertirlo en un espectáculo urbano. La Federación Estadounidense de Atletismo, el New York Road Runners Club (60,000 socios) y el International Management Group se han unido para hacerlo posible. Y lo van a pasear por el mundo entero. Las previsiones son que 185 millones de personas presenciarán, bien en directo o a través de la televisión, las grandes competencias organizadas por este triunvirato.

Eamonn Coghlan, atleta irlandés afincado en New York, corrió hace tres años contra un caballo. Ganó aprovechando la lenta salida del caballo y que, al ser una prueba de obstáculos, el rival era más un trotón que un *sprinter*. Poco después, Fred Lebow, presidente del New York Road Runners Club, le preguntó: "¿Serías capaz de correr en la Quinta Avenida?" Coghlan sonrió: "Sólo si acabara frente a la Oficina de Turismo Irlandés, en la esquina de la calle 48". Así nació la idea de la milla de la Quinta Avenida de New York.

45. **Según el texto**

   (1) **ya se había celebrado una carrera de caballos en la ciudad**
   (2) **se trata de convertir la carrera de caballos en un espectáculo rural conocido**
   (3) un atleta irlandés corrió contra un caballo ι
   (4) el caballo ganó la carrera
   (5) presenciaron la carrera 100 millones de personas

46. ¿Qué significa la frase?: "Se trata de sacar el atletismo del santuario de los estadios para convertirlo en un espectáculo urbano."

   (1) El atletismo es un deporte.
   (2) El atletismo es un espectáculo popular.
   (3) El atletismo no se practicará en los estadios.
   (4) Los estadios son santuarios.

   (5) El atletismo hay que practicarlo también en las calles de la ciudad.

47. Eamonn Coghlan es un atleta

   (1) europeo
   (2) canadiense
   (3) americano
   (4) inglés
   (5) nacido en Nueva York

48. La idea de la milla de la Quinta Avenida de New York nació

   (1) **en Irlanda**
   (2) **en la Quinta Avenida**
   (3) **cuando un futbolista corrió contra un caballo**
   (4) **después de que un atleta, E. Coghlan, corriera contra un caballo**
   (5) **en los juegos olímpicos**

Aventurero, soldado, militante político, Ernst Junger es también uno de los grandes escritores de este siglo. Parece, por su mirada fría, un viajero extraviado en el mundo moderno. En una entrevista, declaraba:

Pregunta. Sus últimos libros han revelado una curiosa convergencia con los movimientos llamados alternativos o ecologistas.

Respuesta. Es cierto que algunos valores materialistas están siendo ampliamente puestos en tela de juicio en Alemania, sobre todo por los ecologistas. Han comprendido el peligro que amenaza a toda la Humanidad. Darwin ha demostrado que la evolución puede también conducir a la extinción de una especie que se convierta en inadaptada para la vida. Como el tigre cuyos dientes crecieran desmesuradamente. Nuestra especie sufre una hipertrofia de las funciones de la inteligencia. Ha perdido toda armonía con las fuerzas naturales.

Pero personalmente no tengo ninguna relación con los movimientos alternativos. Soy todo lo contrario a un pedagogo y rechazo jugar el papel de guru. Una tercera parte de mi correspondencia consiste en rehusar proposiciones, en rechazar, sobre todo, las tomas de posiciones políticas.

P. Usted consagra una gran parte de su tiempo a viajar.

R. He recorrido el mundo como un fugitivo. Busco los lugares en los que se ha conservado algo del mundo antiguo. Esta búsqueda se hace cada vez más desesperada: por dondequiera que voy, la gran marea de la técnica, de la civilización de masas, ha tragado ya los paisajes que recordaba. He vuelto a encontrar Singapur transformado en un hormiguero de rascacielos.

49. Según el texto, el autor

    (1) está de acuerdo con el siglo XX
    (2) habla de la amenaza de la civilización moderna contra el mundo natural
    (3) es un dirigente político
    (4) aceptaría la función de guru espiritual
    (5) se define como miembro de los movimientos ecologistas

50. **Ernst Junger habla de**

    (1) la vida de la Humanidad
    (2) Charles Darwin
    (3) las teorías de la evolución
    (4) la falta de armonía del mundo moderno con la naturaleza
    (5) el exterminio de las fuerzas naturales

51. El autor nos dice que

    (1) la sociedad está bien organizada
    (2) la vida humana no está en peligro
    (3) quedan pocos lugares en donde no se note el peso de la civilización industrial
    (4) el socialismo europeo es la solución
    (5) la gente todavía vive en armonía con la naturaleza

52. **A Ernst Junger le gusta viajar por el mundo**

    (1) porque escribe sobre un fugitivo
    (2) para estudiar sus civilizaciones antiguas
    (3) para buscar los nuevos adelantos de la técnica
    (4) para buscar lugares que no se han transformado con el paso de las nuevas técnicas
    (5) para escribir sobre las costumbres de los pueblos

Después de haber frustrado los planes de Lex Luthor (Superman I), que pretendía convertir la costa americana del Pacífico en una línea de recreo particular, y tras vencer a un trío de supermalvados de otra galaxia (Superman II), el héroe de Krypton se había ganado el derecho a un descanso. Pero Superman vuelve a la lucha, cada vez más dura, cada vez más complicada. El hombre de acero habrá de enfrentarse ahora no sólo con la mala voluntad humana, sino también con ciertos milagros de la tecnología moderna.

A la cabeza de un montón de nuevos adversarios figuran un magnate megalómano, que ha averiguado el secreto de cómo controlar el medio ambiente de la Tierra y ponerlo al servicio de sus nefastos propósitos.

Después aparece un genio, Richard Pryor, rescatado del anonimato de la cola de parados para que pueda crear el arma suprema: el ordenador de una locura criminal, y, finalmente, una fuerza psíquica tan diabólica que transforma a Superman en enemigo de sí mismo.

En principio, nada varía en el esquema maniqueísta que sustenta la aventura de este héroe del cómico norteamericano. Sin embargo, los productores de "Superman III" se hicieron, al parecer, el propósito de convertir en algo nuevo el tercer episodio de la serie: La lucha del hombre de acero contra las máquinas y ordenadores que dominan el mundo moderno.

53. En esta nueva película el héroe de Krypton es

   (1) Lex Luthor
   (2) el trío de supermalvados
   (3) Superman
   (4) Batman
   (5) el hombre nuclear

54. ¿Cuántas películas de Superman se han filmado de acuerdo con la lectura?

   (1) 1
   (2) 3
   (3) 5
   (4) 4
   (5) 2

55. Cuando dicen que una fuerza síquica transforma a Superman en enemigo de sí mismo, ¿a qué fuerza se refieren?

   (1) nuclear
   (2) social
   (3) fuerza del enemigo
   (4) mental
   (5) mecánica

56. La tercera película de Superman está relacionada con

   (1) una historia de amor
   (2) un viaje por el espacio
   (3) los ordenadores
   (4) un secuestro
   (5) el planeta Krypton

Durante demasiado tiempo la fotografía ha sido la "fiel doméstica de las ciencias y las artes," como parece que la quería Baudelaire; ha estado al servicio de la actualidad periodística, del paisaje entarjetado, del "animus narrandi" cinematográfico; ha sido la abnegada conservadora del museo de los horrores del álbum familiar.

Marga Clark le ha quitado la cofia a su cámara y, siguiendo la senda liberadora de los artistas fotógrafos, le ha soltado el pelo que la mantenía amarrada a la simple reproducción de la realidad. Ha convertido su objetivo en un "bisturí para adentrarse hondo en la textura de los datos", en caleidoscópico Aleph borgiano que contiene todo el universo parcelado; en espejo a través del cual penetra Marga en el país que trasciende los estrechos límites de cada objeto; en instrumento psicoanalítico para sacar al nivel consciente el "inconsciente óptico" de las cosas y de las cosas que no son.

Marga Clark utiliza la fotografía como medio, más que como fin, para alterar una realidad que le gusta y reordenarla a su capricho estético. Consigue, así, "pintar" auténticos cuadros en claro oscuro en los que el ojo ha suplido a la mano del artista, la lente al pincel y la foto original a la pincelada.

En una de sus reflexiones, Marga Clark dice: "En la oscuridad del laboratorio fue donde empecé a ver por primera vez. En cierto modo, mi trabajo es una manera de cuestionarme a mí misma. Una excusa para adentrarme más en todo lo que me rodea. No me interesa lo estático, sino el movimiento que resulta al yuxtaponer el objeto consigo mismo, al aislarlo de su entorno o al ponerlo en relación con otros contextos diferentes al propio. Me interesa ese momento único y permanente que desafía a lo instantáneo. Esa continuidad de lo eterno. Esa relación principio/fin. Esa mirada propia del objeto".

57. Según el texto, la fotografía ha sido la "fiel doméstica de las ciencias y las artes" porque

   (1) ha trascendido los límites de cada objeto
   (2) ha sido considerada como un arte
   (3) ha estado subordinada a la mera reproducción del objeto
   (4) se ha adelantado a la textura de los datos
   (5) ha profundizado en un universo desconocido

58. El autor del texto está de acuerdo en considerar la fotografía

   (1) dedicada al paisaje entarjetado

   (2) al servicio de la actualidad periodística
   (3) como "animus narrandi" cinematográfico
   (4) como búsqueda de la realidad
   (5) como simple reproducción de imágenes

59. Marga Clark busca

   (1) la imagen estática
   (2) el movimiento de la imagen
   (3) la fotografía como fin
   (4) no transformar al objeto
   (5) la imagen en su contexto

60. El texto habla, en general, de

    (1) la fotografía comercial
    (2) los artistas fotógrafos

    (3) la historia de la imagen
    (4) las ideas de una artista dedicada a la fotografía
    (5) la teoría de los movimientos de los objetos

En septiembre de 1971, cuando Ronald Biggs y sus compinches del tren de Glasgow todavía no habían sido inmortalizados en el cine, otra banda superó su record, llevándose tres millones de libras esterlinas de una sucursal del Lloyd's Bank de Londres. En 1975 le tocó el turno a la oficina del Bank of America de Mayfair, donde un nuevo grupo de delincuentes obtuvo ocho millones de libras esterlinas, que siguen siendo el mayor botín histórico producido por un atraco.

Pero el 4 de abril de 1983, los atracadores de Mayfair estuvieron a punto de perder este primer puesto, cuando un equipo de cuatro a seis hombres, ya que ni siquiera este extremo está todavía aclarado, sustrajeron de la Security Express, una importante empresa londinense de seguridad, casi cinco toneladas de billetes por valor de siete millones de libras esterlinas, que traducidas a dólares hoy, representan más de nueve millones de dólares.

En la calle, la gente ha vuelto a sonreír con mezcla de picardía y admiración, para comentar que "todavía hay quien tiene cerebro". Y los periódicos han tenido que repetir la máxima de que, por mucho que la industria de la seguridad se perfeccione, no existen directores de personal ni oropeles electrónicos capaces de contener la audacia de algún grupo de delincuentes decididos y sin miedo.

El caso es que este último golpe de Londres se realizó con mucha paciencia y pocos medios técnicos. A las siete de la mañana del citado día festivo, cuando la ciudad de Londres estaba desierta, los asaltantes escalaron los dos metros y medio de muro que rodean toda la parte trasera del edificio de Security Express, aprovechando que el único vigilante de guardia se había movido de su puesto, frente a los monitores del circuito cerrado de televisión que controla el perímetro, para recoger la leche con la que pensaba hacerse su té matutino.

Las restantes garantías tecnificadas de un edificio, supuestamente acorazado, fallaron a partir de ese momento. Ocultos bajo caretas, los atracadores redujeron al guardia, desconectaron las alarmas y esperaron pacientemente la llegada del resto del personal. Permanecieron casi cinco horas en el local y consumieron bocadillos, algunas botellas de vino barato y otros jarabes italianos.

Los cuatro empleados que trabajaban ese día fueron reducidos, en la puerta, por riguroso turno. Los asaltantes rociaron a uno de ellos con gasolina y amenazaron con prenderle fuego, para que el responsable del grupo entregara las llaves de la puerta que conduce a los sótanos, donde se encontraba el dinero. A continuación, cargaron los fajos de billetes en dos furgonetas de la propia empresa y, sobre las tres de la tarde, se perdieron en las desoladas calles del centro de Londres.

Los atracadores incluso dejaron abandonado un millón de libras en moneda, probablemente para no cargar con su peso.

61. El mayor botín producido por un atraco ha sido

    (1) 3 millones de libras esterlinas
    (2) 4 millones de libras esterlinas
    (3) 6 millones de libras esterlinas
    (4) 7 millones de libras esterlinas
    (5) 8 millones de libras esterlinas

62. El atraco lo realizaron al

    (1) Lloyd's of America
    (2) Bank of America de Mayfair
    (3) Security Express
    (4) Ronald Biggs Co.
    (5) Tren de Glasgow

63. El atraco fue realizado un

    (1) sábado
    (2) viernes
    (3) domingo
    (4) día festivo
    (5) día entre semana

64. Los atracadores

(1) realizaron el robo con gran rapidez
(2) quemaron a uno de los guardas
(3) esperaron varias horas dentro del lugar antes de llevarse el dinero
(4) eran cinco
(5) salieron con el botín pero dejaron un millón de dólares

Ivan Lendl se encuentra a gusto en el Masters. La pista, más lenta que la mayoría de los torneos *indoor,* y las bolas más pesadas, le beneficiaban. Además, llega al Masters descansado y hambriento de tenis. Se ha repetido la historia del pasado año. Entonces Lendl ganó fácilmente a Jimmy Connors por 6–3 y 6–1. Ayer, el checo necesitó más esfuerzos para ganar por 6–3 y 6–4, pero ya en el primer *set* quedó claro quién iba a jugar la final al colocarse Lendl sin apenas esfuerzos, con una ventaja de 5–0.

El servicio de Lendl en el Madison es terrorífico. Ese servicio ya le dio el triunfo en los dos últimos años, y ayer le sirvió para mantener a Connors en una situación constante de inferioridad.

Connors, sin embargo, parece muy inferior a Lendl en Madison. Tan sólo le ganó en 1981 en el llamado "partido de la gallina". El último día de la fase previa Lendl y Connors salieron a la pista sabiendo que el ganador se enfrentaría a Borg y el perdedor a Min Mayer. Lendl entregó prácticamente el partido. Y Connors le llamó "gallina".

Lendl parece un fiel seguidor de la escuela de a quien tanto temía, Bjorn Borg. El sueco nunca subía a la red ni siquiera cuando jugaba en pista rápida. Ayer Lendl se mantuvo todo el partido sobre la línea de fondo y desde allí dominó a Connors llevándole a un lado y a otro de la pista. Connors nunca controló el ritmo del partido. Ni siquiera cuando tras ir perdiendo 5–0 y espoleado por el público, remontó hasta 5–3. Ahí se acabó la reacción. Lendl, serio, sobrio, seguro y efectivo, colocó cuatro servicios perfectos y el norteamericano tuvo que limitarse a estirar la raqueta con su cuerpo detrás totalmente inclinado para devolver, siempre en muy malas condiciones, la bola. En el segundo *set* se mantuvo el dominio de Lendl.

65. Según el texto,

(1) Lendl perdió ante Borg
(2) Lendl le llamó a Connors "gallina"
(3) Lendl ganó a Connors
(4) Lendl ganó siempre a Connors
(5) el partido estuvo muy igualado

66. Lendl es de

(1) Estados Unidos
(2) Checoslovaquia
(3) Suecia
(4) Yugoeslavia
(5) Rumania

67. De acuerdo con el pasaje,

(1) Lendl jugó mejor que Connors
(2) Connors ganó tres veces a Lendl
(3) Lendl sólo le ha ganado un partido a Connors
(4) los dos jugadores perdieron ante Borg
(5) el público animaba a Lendl

68. Borg

(1) jugaba ante Connors la final
(2) derrotó a Lendl
(3) tenía un saque terrorífico
(4) ganó a Connors por 6–3, 6–4
(5) tenía que jugar la final

GLOSARIO DE TÉRMINOS DE MÉTRICA Y RETÓRICA*

* Tomado de las siguientes fuentes: Tomás Navarro, *Métrica española; Diccionario Vox de la lengua española; Diccionario de Literatura española* (Revista de Occidente); Anderson Imbert y Eugenio Florit, *Literatura Hispanoamericana; Diccionario de la Real Academia de la Lengua.*

Acento: La mayor intensidad con que se pronuncia determinada sílaba de una palabra o en un verso. Es ley general del verso castellano que lleve un *acento* en la penúltima sílaba. Según esto, las últimas palabras de los versos se alteran al contar las sílabas cuando no son graves; las esdrújulas son consideradas como si tuvieran una sílaba menos, y en las agudas, la última sílaba equivale a dos.

Aconsonantados: Se dice de los versos que tienen iguales sonidos —vocales y consonantes— a partir de la última vocal acentuada, o tónica.

Aféresis: Licencia usada a veces en poesía, que consiste en suprimir una o más letras al principio de un vocablo.

Alejandrino: El verso de catorce sílabas, dividido generalmente en dos hemistiquios de siete. *El alejandrino francés consta de doce sílabas.*

Aliteración: Repetición en una cláusula de la misma letra, o grupos de sonidos.

Anisosílabos: Versos desiguales entre sí.

Antítesis: Figura que consiste en contraponer una frase o una palabra a otra de contraria significación.

Arte mayor: Los versos de más de ocho sílabas.

Arte menor: Los versos de ocho o menos sílabas.

Asonancia: Rima entre dos palabras cuyas *vocales* son iguales a contar desde la última acentuada. Se la llama también *rima imperfecta.*

Auto: Acto, composición dramática en que por lo general intervienen personajes bíblicos o alegóricos. *Auto sacramental:* el escrito en loor de la Eucaristía. *Auto de Navidad:* el de asunto relacionado con dicha fiesta religiosa.

Bucólica (poesía): La que canta las bellezas de la naturaleza y los encantos de la vida campestre.

Cadencia: Distribución y combinación de los acentos, pausas y melodía.

Canción: Composición poética derivada de la «canzone» italiana, y generalmente de tema amoroso. En su aspecto popular, la canción está relacionada con la música, es de métrica diversa y de tono sencillo y natural.

Canto: Cada una de las partes en que se divide un poema, especialmente los del género épico.

Cesura: Pequeña pausa que se hace en un lugar determinado del verso.

Coloquio: Género de composición literaria en forma de diálogo. Puede ser en prosa o en verso.

Consonancia: Igualdad de los últimos sonidos, tanto vocales como consonantes, en dos palabras, a partir de la última vocal acentuada. Llamada *rima perfecta* en poesía.

Copla: Breve composición lírica, especialmente la que sirve de letra en las canciones populares. Por extensión, cualquier clase de estrofa.

Cuarteta: Estrofa de cuatro versos octosílabos de rima *abab.* Cualquier otra combinación de cuatro versos de arte menor.

Cuarteto: Estrofa de cuatro versos endecasílabos de rima *abba*. Combinación métrica de versos de arte mayor.

Dáctilo: Pie de la poesía clásica formado por una sílaba larga y dos breves.

Décima: Conjunto de diez octosílabos dispuestos en el orden de dos redondillas y dos versos de enlace, *abba; ac; cddc*. Llámase también «espinela».

Diéresis: Licencia poética que consiste en separar en dos sílabas las dos vocales de un diptongo.

Dodecasílabo: El verso de doce sílabas, compuesto de 6 más 6. Cuando la cesura va después de la séptima sílaba, se suele llamar «seguidilla», y fue muy empleado por los poetas modernistas.

Égloga: Poema bucólico lírico, de forma dialogada.

Elegía: En su origen, composición fúnebre. Es con frecuencia una lamentación por cualquier motivo que produce tristeza en el ánimo del poeta.

Encabalgamiento: Se dice que hay *encabalgamiento* cuando la unidad rítmica del verso no coincide con una unidad de significación y, por tanto, el final de un verso, para completar su sentido tiene que enlazarse con el verso siguiente.

Endecasílabo: El verso de once sílabas.

Eneasílabo: El verso de nueve sílabas.

Epigrama: Composición poética que expresa un pensamiento por lo general festivo o satírico.

Epíteto: Palabra o frase que se une al nombre para especificarlo o caracterizarlo.

Estribillo: Cláusula en verso que se repite después de cada estrofa en algunos poemas líricos.

Estrofa: Grupo de versos sujetos a un orden metódico. Cualquiera de las partes o grupos de versos de que constan algunos poemas, aunque no estén ajustadas a exacta simetría.

Fábula: Poema alegórico que contiene una enseñanza moral, y en el que intervienen cosas o animales.

Glosa: Composición poética con una estrofa inicial, de la que se repiten uno o más versos al final de cada una de las siguientes.

Hemistiquio: La mitad de un verso, separada de la otra mitad por una cesura. Puede designar también cada una de dos partes desiguales de un mismo verso.

Heptasílabo: El verso de siete sílabas.

Hernandina: Estrofa usada por José Hernández en su poema «Martín Fierro», y que consiste en una décima a la que se le suprimen los cuatro primeros versos.

Hexadecasílabo: Verso de la medida clásica, que consta de seis pies.

Hexasílabo: El verso de seis sílabas.

Hiato: Efecto de la pronunciación separada de dos vocales que van juntas. Si las vocales forman un diptongo, su pronunciación separada se llama *diéresis*.

Hipérbaton: Figura que consiste en alterar el orden que las palabras deben tener en el discurso con arreglo a las leyes de la sintaxis llamada regular.

Hipérbole: Exageración de las cualidades de un ser, realzándolas o rebajándolas.

Imagen: Representación de una cosa determinada con detalles fieles y evocativos. No es necesario que sea metafórica o visual; puede tener carácter sensual, y también dar lugar a interpretaciones simbólicas.

Isosílabos: Versos de igual número de sílabas.

Letrilla: Poema de origen popular, cada una de cuyas estrofas termina con uno o más versos que forman el *estribillo*.

Lira: Combinación métrica o estrofa de cinco versos, endecasílabos el segundo y quinto, y heptasílabos los otros tres, de rima consonante *ababb*. Puede formarse también con seis versos de diferente medida.

Madrigal: Poema breve, de tono delicado, generalmente amoroso.

Medida: Número y clase de sílabas que ha de tener un verso.

Metáfora (o traslación): Trasposición del significado primero de un nombre; traslación del sentido recto de las voces en otro figurado, en virtud de una comparación tácita.

Métrica: Ciencia y arte que trata de los versos.

Metro: La medida aplicada a cierto número de palabras para formar un verso. También se llama así al verso con relación a la medida que le corresponde según su clase.

Octava (de Oña): Combinación de arte menor formada como la octava italiana, pero con los versos cuarto y octavo agudos.

Oda: Composición del género lírico, generalmente dividida en estrofas o partes iguales. Suele ser un canto de entusiasmo ante un suceso grandioso o notable.

Onomatopeya: Imitación del sonido de una cosa en el vocablo que se forma para significarla.

Paradoja: Figura consistente en el empleo de expresiones o frases que envuelven contradicción.

Paráfrasis: Interpretación o libre traducción de un texto literario.

Pareado: Combinación de dos versos unidos y aconsonantados.

Pentasílabo: El verso de cinco sílabas.

Poema épico: Narración en verso de un suceso de importancia, hecha en tono elocuente y entusiasta y, por lo general, asociado a la historia de un pueblo o nación.

Poema heroico: Aquel en que, como en el anterior, se narran o cantan hazañas gloriosas o hechos memorables, pero de importancia menos general.

Polimetría: Variedad de metros en una misma composición poética.

Prosopopeya: Atribución de cualidades o actos de persona a otros seres.

Quintilla: Combinación de cinco versos octosílabos aconsonantados; no han de ir tres consonantes seguidos, ni terminar con un pareado.

Redondilla: Estrofa de cuatro octosílabos de rima consonante *abba*.

Rima: Semejanza o igualdad entre los sonidos finales de verso, a contar desde la última vocal acentuada. Composición poética breve, de género lírico.

Romance: Combinación métrica formada por una serie indefinida de versos octosílabos, asonantados en los pares y sin rima en los impares. *Heroico:* el formado por versos endecasílabos.

Romancillo: El compuesto por versos de menos de ocho sílabas.

Rondel: Breve composición amorosa, generalmente en redondillas octosílabas, en que se repiten armoniosamente conceptos y rimas. Algunos poetas usan endecasílabos de diversos tipos.

Seguidilla: Composición poética que puede constar de cuatro o de siete versos, y en que se combinan heptasílabos y pentasílabos. Es de carácter popular.

Sextina: Estrofa de seis versos endecasílabos. *Sextina modernista:* combinación de seis versos de cualquier medida, con rima consonante de *aabccb*.

Silva: Composición formada por endecasílabos solos o combinados con heptasílabos, sin sujeción a orden alguno de rimas ni estrofas. Poema en silvas.

Sinalefa: Pronunciación en una sola sílaba de la última vocal de una palabra y la primera de la palabra siguiente.

Soneto: Composición poética de catorce versos distribuidos en dos cuartetos y dos tercetos, generalmente endecasílabos. Modernamente se escriben sonetos con otras clases de versos.

Terceto: Tres versos endecasílabos, que riman el primero con el tercero. Cuando son varios, el segundo verso de cada uno de los grupos consuena con el primero y tercero del siguiente, y se termina con un cuarteto. Llamado también *tercia rima*.

Tetrasílabo: Verso de cuatro sílabas.

Triolet: Nombre provenzal de una composición poética usada por Manuel González Prada, que no es otra que el antiguo *zéjel*.

Trisílabo: El verso de tres sílabas.

Tropo: Empleo de las palabras en sentido distinto al que propiamente les corresponde, pero que tiene con éste alguna conexión, correspondencia o semejanza.

Versificación: Arte de versificar, de hacer versos. Por razón de su medida, los versos son *métricos* si se ajustan a un determinado número de sílabas y *asimétricos* si no se sujetan a tal igualdad.

Verso: Período rítmico constante cuya unidad representan los acentos. Palabra o conjunto de palabras sujetas a medida y cadencia, según ciertas reglas. *Verso blanco* o *verso libre,* o *suelto:* el verso sin rima.

Villancico: Composición poética popular con estribillo, y especialmente de asunto religioso.

CLAVE DE RESPUESTAS
PARA LAS PREGUNTAS
DE INTERPRETACIÓN DE LA
LITERATURA Y DE LAS ARTES

1. (2)	15. (5)	29. (1)	43. (4)	57. (3)
2. (1)	16. (4)	30. (5)	44. (3)	58. (4)
3. (4)	17. (1)	31. (3)	45. (3)	59. (2)
4. (3)	18. (5)	32. (5)	46. (5)	60. (5)
5. (1)	19. (2)	33. (2)	47. (1)	61. (5)
6. (4)	20. (2)	34. (4)	48. (4)	62. (2)
7. (3)	21. (4)	35. (2)	49. (2)	63. (4)
8. (2)	22. (2)	36. (4)	50. (4)	64. (3)
9. (4)	23. (3)	37. (3)	51. (3)	65. (3)
10. (2)	24. (4)	38. (2)	52. (4)	66. (2)
11. (4)	25. (3)	39. (5)	53. (3)	67. (2)
12. (2)	26. (4)	40. (4)	54. (2)	68. (5)
13. (2)	27. (4)	41. (4)	55. (4)	
14. (3)	28. (3)	42. (2)	56. (3)	

SEXTA PARTE

MATEMÁTICAS

MATEMÁTICAS

INTRODUCCIÓN

El texto de Matemáticas consta de doce partes: Números enteros (Aritmética), números fraccionarios o quebrados, fracciones decimales, potencias y raíces, razones y proporciones, tanto por ciento, estadísticas, gráficas, series, medidas, álgebra y geometría.

Cada parte va acompañada de un número de ejercicios o conjuntos. En su totalidad, aparecen en el texto 74 conjuntos o grupos de ejercicios.

De acuerdo con las normas del examen, el texto se ha elaborado teniendo en cuenta las materias en el siguiente orden de importancia: álgebra, gráfica matemática, geometría, números enteros, promedios, quebrados y decimales.

Se hace énfasis en preguntas cognitivas que incluyen aplicación, análisis y evaluación, así como en la habilidad de solucionar los problemas. Las preguntas se hacen dentro de un contexto realista y no de forma abstracta.

Aparte de la estructura del texto, se incluye, además, un apéndice sobre sistemas de numeración y sus bases.

NÚMEROS ENTEROS, NATURALES, CARDINALES Y ORDINALES

Hay varias definiciones para el vocablo "número" pero nosotros nos ajustaremos al contenido y propósito de esta obra. Por lo tanto, diremos que número es la expresión de la cantidad en relación a una unidad, o, también, la cantidad de personas o cosas de determinada especie.

Número entero es el que consta de una o más unidades completas. Así, son números enteros el 9, 27, 36, 129, 741, etc.

Números naturales, son los números enteros que usamos para contar: 1,2,3,4,5,...etc.

Números cardinales, son los números enteros concebidos en forma abstracta; por ejemplo, la cantidad de libros en una biblioteca, los meses del año, etc.

Números ordinales, son los que expresan orden o sucesión: ejemplo, primero, segundo, tercero, etc.

Operaciones fundamentales con números enteros: Estructura y propiedades

Suma o Adición

Sumar es reunir en una sola varias cantidades homogéneas. *Por ejemplo:* 9 libretas más 6 libretas hacen 15 libretas. No sumamos 1 aguacate con un cocodrilo, por no pertenecer a la misma especie.

Al sumar dos o más cantidades, colocamos las cifras de las unidades, decenas, centenas, etc. en columnas. *Ejemplos:*

$$
\begin{array}{r} 7 \\ 23 \\ + 141 \\ \hline 171 \end{array}
\qquad
\begin{array}{r} 489 \\ 5,874 \\ + 92 \\ \hline 6,455 \end{array}
\qquad
\begin{array}{r} 7,489 \\ 329 \\ + 94 \\ \hline 7,912 \end{array}
$$

CONJUNTO 1

Sume:

(1)
$$\begin{array}{r} 49 \\ 58 \end{array}$$

(3)
$$\begin{array}{r} 53 \\ 44 \end{array}$$

(5)
$$\begin{array}{r} 69 \\ 73 \end{array}$$

(7)
$$\begin{array}{r} 79 \\ 94 \end{array}$$

(2)
$$\begin{array}{r} 35 \\ 76 \end{array}$$

(4)
$$\begin{array}{r} 89 \\ 36 \end{array}$$

(6)
$$\begin{array}{r} 83 \\ 98 \end{array}$$

(8)
$$\begin{array}{r} 26 \\ 84 \end{array}$$

(9) 46
     99

(12) 39
      76

(15) 46
      86

(18) 58
      83

(10) 48
      48

(13) 83
      59

(16) 99
      59

(19) 60
      94

(11) 95
      86

(14) 29
      97

(17) 66
      87

(20) 74
      56

Conjunto 2

Sume:

(1) 76
     48
     57

(6) 98
     76
     83

(11) 74
      86
      96

(16) 70
      90
      47

(2) 29
     36
     71

(7) 63
     90
     68

(12) 91
      18
      77

(17) 73
      29
      46

(3) 82
     46
     55

(8) 44
     67
     25

(13) 56
      73
      98

(18) 81
      91
      78

(4) 87
     48
     70

(9) 67
     48
     91

(14) 63
      39
      41

(19) 45
      85
      49

(5) 55
     74
     58

(10) 83
      38
      74

(15) 83
      99
      88

(20) 76
      97
      41

Conjunto 3

Sume:

(1) 138
      23
     436

(4) 296
       3
     248

(7) 369
      48
     723

(10) 735
      429
       98

(2) 809
     944
       7

(5) 529
     638
     974

(8) 437
     249
      26

(11) 669
      403
       83

(3) 621
      84
     123

(6) 748
     907
      28

(9) 871
      44
     356

(12) 768
      344
       56

(13)	364	(15)	409	(17)	774	(19)	836
	986		576		886		935
	524		452		59		49

(14)	767	(16)	745	(18)	890	(20)	799
	68		629		783		48
	878		436		49		788

CONJUNTO 4

Sume:

(1)	4,529	(6)	4,248	(11)	436	(16)	7,650
	636		726		445		678
	2,874		521		508		469
	62		96		5,203		5,203

(2)	7,669	(7)	3,465	(12)	7,045	(17)	367
	4,048		8,326		586		1,288
	267		903		943		345
	823		48		89		634

(3)	7,468	(8)	3,666	(13)	6.759	(18)	1,382
	367		448		483		946
	29		5,573		999		1,389
	83		223		777		93

(4)	9,264	(9)	5,489	(14)	4,673	(19)	2,349
	283		466		1,948		741
	677		299		694		1,115
	84		58		52		36

(5)	52	(10)	446	(15)	8,349	(20)	3,893
	783		5,486		633		281
	98		903		529		1,499
	1,675		346		38		6

Resta o substracción

Restar es hallar la diferencia entre dos cantidades. Para esto, coloque las cantidades en la forma indicada para la suma, y después proceda a quitar una cantidad de otra.

Ejemplos:

98	72	401	9,003
− 75	− 47	− 198	− 875
23	25	203	8,128

CONJUNTO 5

Reste:

(1)	29	(2)	85	(3)	47	(4)	58
	− 21		− 43		− 36		− 41

(5)	68 − 55	(9)	36 − 36	(13)	68 − 59	(17)	63 − 46
(6)	81 − 36	(10)	74 − 73	(14)	73 − 36	(18)	80 − 46
(7)	70 − 39	(11)	72 − 29	(15)	52 − 18	(19)	73 − 34
(8)	43 − 28	(12)	51 − 44	(16)	74 − 25	(20)	83 − 49

CONJUNTO 6

Reste:

(1)	403 − 98	(6)	800 − 198	(11)	518 − 29	(16)	204 − 193
(2)	619 − 93	(7)	710 − 483	(12)	836 − 497	(17)	715 − 584
(3)	581 − 439	(8)	910 − 876	(13)	617 − 354	(18)	833 − 599
(4)	481 − 193	(9)	603 − 149	(14)	794 − 625	(19)	721 − 437
(5)	890 − 486	(10)	744 − 77	(15)	875 − 694	(20)	834 − 249

CONJUNTO 7

Reste:

(1)	7,154 − 2,439	(6)	3,401 − 2,876	(11)	2,047 − 1,988	(16)	3,401 − 2,845
(2)	6,093 − 4,348	(7)	9,436 − 7,859	(12)	8,206 − 4,549	(17)	7,445 − 2,888
(3)	8,306 − 1,649	(8)	6,340 − 2,528	(13)	5,436 − 1,925	(18)	6,043 − 2,965
(4)	4,003 − 2,678	(9)	9,001 − 8,704	(14)	4,209 − 2,856	(19)	7,000 − 4,596
(5)	5,402 − 2,945	(10)	1,389 − 1,098	(15)	7,003 − 4,998	(20)	2,246 − 1,973

CONJUNTO 8

Reste:

(1)	23,435 − 9,769	(6)	22,501 − 18,476	(11)	40,301 − 6,386	(16)	83,007 − 9,998
(2)	16,043 − 11,489	(7)	41,421 − 19,889	(12)	17,603 − 15,836	(17)	90,308 − 78,459
(3)	42,001 − 9,876	(8)	24,079 − 9,498	(13)	22,054 − 15,235	(18)	92,487 − 6,496
(4)	35,033 − 27,985	(9)	16,422 − 13,576	(14)	63,614 − 28,596	(19)	87,421 − 24,687
(5)	12,001 − 9,389	(10)	28,400 − 8,385	(15)	72,428 − 32,679	(20)	97,241 − 68,425

Multiplicación: Sus propiedades

La multiplicación es un proceso abreviado de la suma. Así, en vez de sumar 8 siete veces, decimos $8 \times 7 = 56$.

El resultado o respuesta en la multiplicación es llamado "producto" y los números u otros símbolos multiplicados se llaman "factores". *Ejemplos:* $2 \times 6 = 12$, donde el 2 y 6 son factores y el 12 es el producto.

$11 \times 8 = 88$

$(f)(f) = (p)$

factores $= f$

productos $= p$

CONJUNTO 9

Multiplique:

(1)	5×9	(6)	4×5	(11)	16×4	(16)	14×9
(2)	7×4	(7)	9×4	(12)	17×3	(17)	15×5
(3)	11×3	(8)	7×7	(13)	18×2	(18)	17×6
(4)	8×3	(9)	12×5	(14)	19×5	(19)	18×5
(5)	9×6	(10)	13×4	(15)	17×7	(20)	19×3

CONJUNTO 10

Multiplique:

(1)	23 × 14	(2)	37 × 24	(3)	72 × 18	(4)	32 × 23

(5)   41
      × 19

(9)   58
      × 43

(13)   73
       × 14

(17)   55
       × 40

(6)   28
      × 35

(10)   25
       × 40

(14)   44
       × 22

(18)   70
       × 28

(7)   54
      × 21

(11)   37
       × 29

(15)   39
       × 16

(19)   59
       × 20

(8)   63
      × 20

(12)   28
       × 30

(16)   41
       × 36

(20)   73
       × 43

CONJUNTO 11

Multiplique:

(1)   923
      × 49

(6)   648
      × 38

(11)   841
       × 58

(16)   406
       × 57

(2)   736
      × 90

(7)   878
      × 93

(12)   746
       × 82

(17)   837
       × 43

(3)   405
      × 49

(8)   526
      × 47

(13)   526
       × 88

(18)   625
       × 76

(4)   836
      × 94

(9)   746
      × 83

(14)   946
       × 23

(19)   381
       × 98

(5)   496
      × 73

(10)   901
       × 93

(15)   377
       × 86

(20)   594
       × 23

CONJUNTO 12

Multiplique:

(1)   834
      × 206

(6)   987
      × 804

(11)   6,745
       × 703

(16)   5,412
       × 803

(2)   715
      × 914

(7)   714
      × 509

(12)   9,349
       × 345

(17)   7,419
       × 995

(3)   521
      × 406

(8)   1,425
       × 432

(13)   8,310
       × 309

(18)   9,393
       × 702

(4)   648
      × 305

(9)   3,459
       × 207

(14)   5,604
       × 729

(19)   6,750
       × 502

(5)   299
      × 805

(10)   4,126
       × 308

(15)   9,006
       × 407

(20)   8,348
       × 709

División: Sus propiedades

La división es una operación inversa de la multiplicación. La división separa un todo en partes y la multiplicación agrupa partes de un todo.

Cuando multiplicamos 7×9, obtenemos como respuesta o "producto" el número 63; luego si tomamos el 63 y lo dividimos por uno de sus factores, por ejemplo, el 7, obtenemos el 9; y si lo dividimos por 9, obtenemos como resultado el factor 7. Vemos que en la división exacta nos dan un producto y un factor del mismo; y para obtener el otro factor, o lo que también se llama "cociente"; dividimos el producto por el factor conocido.

Los diferentes componentes de la división se denominan *dividendo, divisor* y *cociente;* y si la división no es exacta, nos queda un *remanente* o *residuo. Ejemplo:*

$$\begin{array}{r} 7 \\ 5\overline{\smash{)}36} \\ -35 \\ \hline 1 \end{array}$$

De donde: 7 es el cociente
36 es el dividendo
5 es el divisor
y 1 es el residuo

Conjunto 13:

Divida:

(1)	$27 \div 3$	(6)	$120 \div 5$	(11)	$182 \div 7$	(16)	$260 \div 5$
(2)	$63 \div 21$	(7)	$136 \div 8$	(12)	$243 \div 9$	(17)	$272 \div 4$
(3)	$60 \div 5$	(8)	$133 \div 19$	(13)	$135 \div 5$	(18)	$518 \div 7$
(4)	$78 \div 13$	(9)	$144 \div 6$	(14)	$294 \div 42$	(19)	$395 \div 5$
(5)	$98 \div 7$	(10)	$90 \div 18$	(15)	$432 \div 9$	(20)	$581 \div 7$

Conjunto 14:

Divida:

(1)	$276 \div 12$	(6)	$1,632 \div 68$	(11)	$1,323 \div 27$	(16)	$2,088 \div 36$
(2)	$602 \div 14$	(7)	$1,690 \div 26$	(12)	$682 \div 11$	(17)	$1,647 \div 61$
(3)	$1,736 \div 31$	(8)	$1,813 \div 37$	(13)	$1,378 \div 26$	(18)	$1,334 \div 58$
(4)	$936 \div 24$	(9)	$954 \div 18$	(14)	$1,316 \div 28$	(19)	$2,080 \div 32$
(5)	$930 \div 15$	(10)	$2,130 \div 71$	(15)	$1,775 \div 25$	(20)	$2,025 \div 81$

CONJUNTO 15

Divida:

(1)	$3,528 \div 36$	(6)	$6,460 \div 95$	(11)	$7,663 \div 97$	(16)	$5,494 \div 82$
(2)	$5,418 \div 63$	(7)	$8,924 \div 92$	(12)	$8,455 \div 89$	(17)	$5,200 \div 65$
(3)	$8,064 \div 96$	(8)	$7,820 \div 85$	(13)	$6,794 \div 86$	(18)	$5,586 \div 57$
(4)	$8,245 \div 97$	(9)	$7,410 \div 78$	(14)	$5,780 \div 68$	(19)	$8,439 \div 87$
(5)	$8,008 \div 91$	(10)	$5,460 \div 84$	(15)	$6,786 \div 78$	(20)	$6,072 \div 69$

CONJUNTO 16

Divida:

(1)	$32,026 \div 67$	(6)	$76,840 \div 85$	(11)	$85,696 \div 412$	(16)	$62,230 \div 635$
(2)	$30,218 \div 58$	(7)	$70,380 \div 92$	(12)	$59,241 \div 637$	(17)	$47,565 \div 453$
(3)	$39,463 \div 67$	(8)	$52,887 \div 61$	(13)	$47,104 \div 128$	(18)	$60,192 \div 608$
(4)	$26,684 \div 28$	(9)	$29,799 \div 231$	(14)	$57,088 \div 446$	(19)	$49,538 \div 527$
(5)	$59,296 \div 68$	(10)	$82,042 \div 254$	(15)	$91,516 \div 167$	(20)	$51,168 \div 624$

Problemas escritos

CONJUNTO 17

Solucione los siguientes problemas escritos:

(1) En cierto instituto hay 508 estudiantes de primer año, 490 de segundo, 450 de tercero y 412 de cuarto. ¿Cuántos estudiantes hay en total?

(2) José trabaja en una fábrica empaquetando piezas. El lunes empaquetó 64; el martes 85; el miércoles 72; el jueves 90 y el viernes 104. ¿Cuántas piezas empaquetó en total?

(3) En ciertas elecciones, el candidato A recibió 12,754 votos; el candidato B recibió 7,008; el candidato C recibió 15,084. ¿Cuántos votos más recibió el candidato C que el B?

(4) María gana $17,000 al año y Juan gana $16,085. ¿Cuánto más gana María que Juan?

(5) Si Julia tiene $1,205 en la cuenta de ahorros y saca $509 para ir de vacaciones. ¿Cuánto dinero le queda?

(6) El señor González se va a comprar un automóvil. Si lo compra a plazos le cuesta $11,350. Si lo compra al contado le cuesta $9,830. ¿Cuánto se ahorra comprándolo al contado?

(7) Si del sueldo mensual de $1,350 Rolando se gasta $345 en alquiler y $312 en comida, ¿qué cantidad queda?

(8) Jesús tiene $950 en la cuenta corriente. Durante el mes extiende los siguientes cheques: $450,

$125, $84, $34 y $112. ¿Cuánto dinero le queda en la cuenta a fin de mes?

(9) Siete personas deciden formar un negocio y, para comenzar, cada uno aporta $1,250. ¿Cuánto aportan entre todos?

(10) Si una libra de carne cuesta $2, ¿cuánto costarán 12 libras?

(11) El señor, Guzmán compra 120 acciones a $85 cada una. Si además tiene que pagar una comisión de $135, ¿cuanto pagó por todos.

(12) Luis trabajó 7 horas el lunes, 9 horas el martes, 8 horas el miércoles, 8 horas el jueves y 9 horas el viernes. Si le pagan $6 por hora, ¿cuanto ganó?

(13) En una asociación de 42 miembros cada uno vende 35 boletos para una rifa. ¿Cuántos boletos se vendieron?

(14) En el problema anterior, si los premios costaron $1,275 y cada boleto costaba $2 ¿cuál fue la ganancia?

(15) Ricardo tiene un sueldo mensual de $1,360. ¿Cuál es su sueldo semanal?

(16) Consuelo tiene un sueldo anual de $15,900. ¿Cuál es su sueldo mensual?

(17) Esther pidió un préstamo de $500 a pagar en 10 pagos mensuales iguales. ¿Qué cantidad debe pagar cada mes?

(18) La familia Suárez se va de vacaciones y recorre 1,744 kilómetros en 8 días. Si recorre la misma distancia todos los días, ¿cuántos kilómetros hace por día?

(19) En una colecta se recaudaron $34, $75, $87, $5ó, $95 y $81. Si luego se reparte esta suma a partes iguales entre 4 personas necesitadas, ¿cuánto recibe cada persona?

(20) Una asociación tiene un fondo de $1,230. Cuatro miembros asisten a una conferencia y cada uno tiene gastos por la cantidad de $108. Si los gastos los paga la asociación, ¿cuánto dinero queda?

Respuestas a los conjuntos

RESPUESTAS AL CONJUNTO 1

(1) 107	(6) 181	(11) 181	(16) 158
(2) 111	(7) 173	(12) 115	(17) 153
(3) 97	(8) 110	(13) 142	(18) 141
(4) 125	(9) 145	(14) 126	(19) 154
(5) 142	(10) 96	(15) 132	(20) 130

RESPUESTAS AL CONJUNTO 2

(1) 181	(6) 257	(11) 256	(16) 207
(2) 136	(7) 221	(12) 186	(17) 148
(3) 183	(8) 136	(13) 227	(18) 250
(4) 205	(9) 206	(14) 143	(19) 179
(5) 187	(10) 195	(15) 270	(20) 214

RESPUESTAS AL CONJUNTO 3

(1) 597	(3) 828	(5) 2,141	(7) 1,140
(2) 1,760	(4) 547	(6) 1,683	(8) 712

(9) 1,271	(12) 1,168	(15) 1,437	(18) 1,722
(10) 1,262	(13) 1,874	(16) 1,810	(19) 1,820
(11) 1,155	(14) 1,713	(17) 1,719	(20) 1,635

RESPUESTAS AL CONJUNTO 4

(1) 8,101	(6) 5,591	(11) 6,592	(16) 14,000
(2) 12,807	(7) 12,742	(12) 8,663	(17) 2,634
(3) 7,947	(8) 9,910	(13) 9,018	(18) 3,810
(4) 10,308	(9) 6,312	(14) 7,367	(19) 4,241
(5) 2,608	(10) 7,181	(15) 9,549	(20) 5,679

RESPUESTAS AL CONJUNTO 5

(1) 8	(6) 45	(11) 43	(16) 49
(2) 42	(7) 31	(12) 7	(17) 17
(3) 11	(8) 15	(13) 9	(18) 34
(4) 17	(9) 0	(14) 37	(19) 39
(5) 13	(10) 1	(15) 34	(20) 34

RESPUESTAS AL CONJUNTO 6

(1) 305	(6) 602	(11) 489	(16) 11
(2) 526	(7) 227	(12) 339	(17) 131
(3) 142	(8) 34	(13) 263	(18) 234
(4) 288	(9) 454	(14) 169	(19) 284
(5) 404	(10) 667	(15) 181	(20) 585

RESPUESTAS AL CONJUNTO 7

(1) 4,715	(6) 525	(11) 59	(16) 556
(2) 1,745	(7) 1,577	(12) 3,657	(17) 4,557
(3) 6,657	(8) 3,812	(13) 3,511	(18) 3,078
(4) 1,325	(9) 297	(14) 1,353	(19) 2,404
(5) 2,457	(10) 291	(15) 2,005	(20) 273

RESPUESTAS AL CONJUNTO 8

(1) 13,666	(6) 4,025	(11) 33,915	(16) 73,009
(2) 4,554	(7) 21,532	(12) 1,767	(17) 11,849
(3) 32,125	(8) 14,581	(13) 6,819	(18) 85,991
(4) 7,048	(9) 2,846	(14) 35,018	(19) 62,734
(5) 2,612	(10) 20,015	(15) 39,749	(20) 28,816

RESPUESTAS AL CONJUNTO 9

(1) 45	(2) 28	(3) 33	(4) 24

(5) 54	(9) 60	(13) 36	(17) 75
(6) 20	(10) 52	(14) 95	(18) 102
(7) 36	(11) 64	(15) 119	(19) 90
(8) 49	(12) 51	(16) 126	(20) 57

RESPUESTAS AL CONJUNTO 10

(1) 322	(6) 980	(11) 1073	(16) 1476
(2) 888	(7) 1134	(12) 840	(17) 2200
(3) 1296	(8) 1260	(13) 1022	(18) 1960
(4) 736	(9) 2494	(14) 968	(19) 1180
(5) 779	(10) 1000	(15) 624	(20) 3139

RESPUESTAS AL CONJUNTO 11

(1) 45,227	(6) 24,624	(11) 48,778	(16) 23,142
(2) 66,240	(7) 81,654	(12) 61,172	(17) 35,991
(3) 19,845	(8) 24,722	(13) 46,288	(18) 47,500
(4) 78,584	(9) 61,918	(14) 21,758	(19) 37,338
(5) 36,208	(10) 83,793	(15) 32,422	(20) 13,662

RESPUESTAS AL CONJUNTO 12

(1) 171,804	(6) 793,548	(11) 4,741,735	(16) 4,345,836
(2) 653,510	(7) 363,426	(12) 3,225,405	(17) 7,381,905
(3) 211,526	(8) 615,600	(13) 2,567,790	(18) 6,593,886
(4) 197,640	(9) 716,013	(14) 4,085,316	(19) 3,388,500
(5) 240,695	(10) 1,270,808	(15) 3,665,442	(20) 5,918,732

RESPUESTAS AL CONJUNTO 13

(1) 9	(6) 24	(11) 26	(16) 52
(2) 3	(7) 17	(12) 27	(17) 68
(3) 12	(8) 7	(13) 27	(18) 74
(4) 6	(9) 24	(14) 7	(19) 79
(5) 14	(10) 5	(15) 48	(20) 83

RESPUESTAS AL CONJUNTO 14

(1) 23	(6) 24	(11) 49	(16) 58
(2) 43	(7) 65	(12) 62	(17) 27
(3) 56	(8) 49	(13) 53	(18) 23
(4) 39	(9) 53	(14) 47	(19) 65
(5) 62	(10) 30	(15) 71	(20) 25

RESPUESTAS AL CONJUNTO 15

(1) 98	(6) 68	(11) 79	(16) 67
(2) 86	(7) 97	(12) 95	(17) 80
(3) 84	(8) 92	(13) 79	(18) 98
(4) 85	(9) 95	(14) 85	(19) 97
(5) 88	(10) 65	(15) 87	(20) 88

RESPUESTAS AL CONJUNTO 16

(1) 478	(6) 904	(11) 208	(16) 98
(2) 521	(7) 765	(12) 93	(17) 105
(3) 589	(8) 867	(13) 368	(18) 99
(4) 953	(9) 129	(14) 128	(19) 94
(5) 872	(10) 323	(15) 548	(20) 82

RESPUESTAS AL CONJUNTO 17

(1) 1,860	(6) $1,520	(11) $10,335	(16) $1,325
(2) 415	(7) $693	(12) $246	(17) $50
(3) 8,076	(8) $145	(13) 1,470	(18) 218
(4) $915	(9) $8,750	(14) $1,665	(19) $107
(5) $696	(10) $24	(15) $340	(20) $798

Operaciones con las potencias de 10

Multiplicación

Para realizar operaciones de multiplicar y dividir con las potencias de 10; es decir, 10, 10^2, 10^3, 10^4, etc.; no es necesario efectuar las operaciones regulares de multiplicación y división. Veamos los ejemplos siguientes:

$$59 \times 10 = 590$$
$$632 \times 10 = 6,320$$
$$9 \times 10 = 90$$
$$35 \times 10^2 = 35 \times 100 = 3,500$$
$$14 \times 10^3 = 14 \times 1,000 = 14,000$$
$$726 \times 10^4 = 726 \times 10,000 = 7,260,000$$

De los ejemplos anteriores, podemos inducir que, para multiplicar un número entero por una potencia de 10, basta con repetir en el producto el mismo número y añadirle tantos ceros como existan después del uno (1) en la potencia de 10 multiplicada.

También estas operaciones se conocen con el nombre de "multiplicaciones con enteros por la unidad seguida de ceros."

CONJUNTO 18

Multiplique, usando el método corto para las potencias de 10.

(1)	9×10	(6)	76×10^3	(11)	14×10^4	(16)	59×10^2
(2)	23×10^2	(7)	208×10	(12)	5×10^5	(17)	60×10^3
(3)	48×10^3	(8)	314×10^2	(13)	29×10	(18)	73×10
(4)	57×10	(9)	136×10	(14)	40×10^2	(19)	19×10^4
(5)	98×10^2	(10)	94×10^3	(15)	38×10^3	(20)	35×10^2

CONJUNTO 19

Multiplique:

(1)	33×10^2	(6)	94×10^3	(11)	$56 \times 10{,}000$	(16)	$420 \times 10{,}000$
(2)	84×100	(7)	$813 \times 1{,}000$	(12)	$77 \times 1{,}000$	(17)	$570 \times 1{,}000$
(3)	$98 \times 1{,}000$	(8)	$24 \times 100{,}000$	(13)	35×100	(14)	890×100
(4)	$139 \times 1{,}000$	(9)	$3 \times 1{,}000{,}000$	(14)	$876 \times 10{,}000$	(19)	$20 \times 10{,}000$
(5)	$439 \times 10{,}000$	(10)	18×100	(15)	$21 \times 100{,}000$	(20)	$580 \times 10{,}000$

División

Ya vimos anteriormente el método para multiplicar por las potencias de 10. Ahora veamos el método para realizar operaciones de dividir. Ejemplos:

$$98 \div 10 = 9.8$$
$$593 \div 10 = 59.3$$
$$6 \div 10 = .6$$
$$1{,}943 \div 10^2 = 1{,}943 \div 100 = 19.43$$
$$639 \div 10^3 = 639 \div 1{,}000 = .639$$
$$7 \div 10^2 = 7 \div 100 = .07$$
$$8 \div 10^3 = 8 \div 1{,}000 = .008$$
$$14{,}879 \div 10^4 = 14{,}879 \div 10{,}000 = 1.4879$$

De los ejemplos anteriores, induciremos que, para dividir números enteros por las potencias de 10, movemos el punto decimal, que se encuentra a la derecha del último número, o sea, a la derecha de la difra de las unidades, tantos lugares a la izquierda como ceros haya después del uno (1).

CONJUNTO 20

Divida usando el método corto para las potencias de 10.

(1) $83 \div 10$

(2) $79 \div 10^2$

(3) $114 \div 10^3$

(4) $94 \div 10^3$

(5) $289 \div 10^4$

(6) $6 \div 10^2$

(7) $8 \div 10$

(8) $43 \div 10^3$

(9) $69 \div 10^2$

(10) $936 \div 10$

(11) $583 \div 10^2$

(12) $1,245 \div 10^2$

(13) $3,458 \div 10^3$

(14) $9,389 \div 10^3$

(15) $8,280 \div 10^4$

(16) $7,369 \div 10^5$

(17) $20,463 \div 10^2$

(18) $83,459 \div 10^3$

(19) $73,004 \div 10^4$

(20) $90,300 \div 10^2$

CONJUNTO 21

Divida:

(1) $425 \div 10$

(2) $83 \div 100$

(3) $13 \div 1,000$

(4) $29 \div 10,000$

(5) $132 \div 1000$

(6) $1,425 \div 100$

(7) $3,879 \div 10$

(8) $4,634 \div 100$

(9) $9,328 \div 1,000$

(10) $14,380 \div 10$

(11) $28,450 \div 10,000$

(12) $3,756 \div 1,000$

(13) $82,429 \div 10^3$

(14) $73,477 \div 100$

(15) $90,000 \div 1,000$

(16) $10,000 \div 10,000$

(17) $83,000 \div 1,000$

(18) $790,000 \div 10,000$

(19) $123,000 \div 100$

(20) $14,000 \div 10$

Respuestas a los conjuntos

RESPUESTAS AL CONJUNTO 18

(1) 90
(2) 2,300
(3) 48,000
(4) 570
(5) 9,800

(6) 76,000
(7) 2,080
(8) 31,400
(9) 1,360
(10) 94,000

(11) 140,000
(12) 500,000
(13) 290
(14) 4,000
(15) 38,000

(16) 4,200,000
(17) 60,000
(18) 730
(19) 190,000
(20) 3,500

RESPUESTAS AL CONJUNTO 19

(1) 3,300
(2) 8,400
(3) 98,000
(4) 139,000
(5) 4,390,000

(6) 94,000
(7) 813,000
(8) 2,400,000
(9) 3,000,000
(10) 1,800

(11) 560,000
(12) 77,000
(13) 3,500
(14) 8,760,000
(15) 2,100,000

(16) 4,200,000
(17) 570,000
(18) 89,000
(19) 200,000
(20) 5,800,000

RESPUESTAS AL CONJUNTO 20

(1) 8.3

(2) .79

(3) .114

(4) .094

(5) .0289

(9) .69

(13) 3.458

(17) 204.63

(6) .06

(10) 93.6

(14) 9.389

(18) 83.459

(7) .8

(11) 5.83

(15) .8280

(19) 7.3004

(8) .043

(12) 12.45

(16) .07369

(20) 903.00

RESPUESTAS AL CONJUNTO 21

(1) 42.5

(6) 14.25

(11) 2.8450

(16) 1

(2) .83

(7) 387.9

(12) 3.756

(17) 83.000

(3) .013

(8) 46.34

(13) 82.429

(18) 79.0000

(4) .0029

(9) 9.328

(14) 734.77

(19) 1,230.00

(5) .132

(10) 1,438.0

(15) 90.000

(20) 1,400.0

NÚMEROS FRACCIONARIOS

Números fraccionarios son los que representan partes de un todo. También se les conoce con el nombre de quebrados o fracciones comunes. Así, serán fracciones comunes o quebrados las siguientes: $^5/_{10}$, $^7/_{13}$, $^1/_2$, $^4/_7$, etc., denominándose "numerador" el número en la parte superior a la raya y "denominador", al que se halla debajo de la raya. La raya que separa al numerador del denominador también puede ser diagonal: $^7/_{15}$, $^9/_{19}$, $^4/_5$, etc.

Clase de fracciones comunes o quebrados

Los quebrados pueden ser "propios e impropios". Son propios cuando son menores que la unidad, o sea, menores que 1. Por lo tanto, serán propios los quebrados, $^3/_{11}$, $^4/_{11}$, $^5/_{11}$, etc., en este caso la unidad fue dividida en once partes y se tomaron, 3, 4 y 5 partes respectivamente, y decimos con símbolos que:

$$^3/_{11} < 1 \qquad ^4/_{11} < 1 \qquad y \ ^5/_{11} < 1$$

Si hubieran tomado las once partes en que se dividió la unidad, la fracción sería igual a la unidad; y se representaría $^{11}/_{11} = 1$.

Son impropios las fracciones mayores que la unidad como $^5/_3$, $^7/_2$, $^{11}/_4$, etc. En los casos anteriores si efectuamos la operación indicada, el cociente será siempre mayor que 1; y lo indicaremos simbólicamente.

$$^5/_3 > 1 \qquad ^7/_2 > 1 \qquad ^{11}/_4 > 1$$

Obsérvese que en las fracciones propias, el numerador es siempre menor que el denominador, y en las impropias resulta lo contrario: el numerador es siempre mayor que el denominador.

Las fracciones cuyo numerador es igual a su denominador, se consideran como fracciones iguales a la unidad.

Números mixtos

Los números mixtos están compuestos de una parte entera y una fracción. Así, serán números mixtos los siguientes: $18^3/_4$, $29^1/_5$, $6^2/_3$, etc.

Estos números pueden convertirse en fracciones impropias y viceversa.

Para convertir números mixtos a fracción impropia, se multiplica el denominador de la parte fraccionaria por el entero y a este producto se le suma el numerador de la fracción, dejándosele el mismo denominador al resultado.

En el caso anterior la operación sería:

$$18^3/_4 = 18 \times 4 = \begin{array}{r} 72 \\ + \ \ 3 \\ \hline 75 \end{array}$$

Esta suma (75) se divide por 4; dejando la operación indicada, $^{75}/_4$.

$$29\tfrac{1}{5} = 29 \times 5 = \begin{array}{r} 145 \\ + \ 1 \\ \hline 146 \end{array} = \frac{146}{5}$$

$$6\tfrac{2}{3} = 6 \times 3 = \begin{array}{r} 18 \\ + \ 2 \\ \hline 20 \end{array} = \frac{20}{3}$$

CONJUNTO 22

Convierta a fracciones impropias:

(1) $7\tfrac{4}{11}$ (6) $23\tfrac{2}{5}$ (11) $30\tfrac{1}{8}$ (16) $40\tfrac{2}{7}$

(2) $5\tfrac{3}{5}$ (7) $20\tfrac{3}{10}$ (12) $26\tfrac{3}{4}$ (17) $43\tfrac{2}{5}$

(3) $9\tfrac{4}{13}$ (8) $18\tfrac{3}{4}$ (13) $32\tfrac{1}{5}$ (18) $54\tfrac{3}{4}$

(4) $6\tfrac{1}{4}$ (9) $24\tfrac{1}{2}$ (14) $29\tfrac{2}{9}$ (19) $49\tfrac{5}{6}$

(5) $7\tfrac{12}{13}$ (10) $27\tfrac{3}{7}$ (15) $33\tfrac{1}{4}$ (20) $53\tfrac{1}{9}$

Para convertir fracciones impropias en números mixtos, efectuamos la operación indicada por la raya horizontal o diagonal. Así $^{20}/_7$ es igual a

$$\begin{array}{r} 2 \\ 7 \,\overline{\left)\, 20\right.} \\ -\,14 \\ \hline 6 \end{array}$$

y el resultado se expresa en forma de número mixto, esto es, una parte entera seguida de una fracción: $2\tfrac{6}{7}$

Otros ejemplos: $^{43}/_5$, después de efectuada la operación, que puede hacerla mentalmente, el resultado es: $8\tfrac{3}{5}$; ya que, 5 está en el 43, 8 veces, y sobran 3. El número 8 es el entero; el residuo 3 se escribe como numerador de la fracción; y el divisor 5, se deja como denominador. Así, $^{43}/_5 = 8\tfrac{3}{5}$

$^{58}/_{11} = 5\tfrac{3}{11}$; $^{100}/_{29} = 3\tfrac{13}{29}$

$^{115}/_{12} = 9\tfrac{7}{12}$; $^{88}/_7 = 12\tfrac{4}{7}$

CONJUNTO 23

Convierta a números mixtos:

(1) $\dfrac{24}{11}$ (3) $\dfrac{32}{7}$ (5) $\dfrac{37}{5}$ (7) $\dfrac{39}{7}$

(2) $\dfrac{12}{7}$ (4) $\dfrac{29}{6}$ (6) $\dfrac{40}{9}$ (8) $\dfrac{58}{15}$

(9) $\dfrac{63}{13}$ (12) $\dfrac{108}{7}$ (15) $\dfrac{302}{3}$ (18) $\dfrac{401}{10}$

(10) $\dfrac{58}{3}$ (13) $\dfrac{201}{4}$ (16) $\dfrac{421}{11}$ (19) $\dfrac{368}{15}$

(11) $\dfrac{95}{14}$ (14) $\dfrac{251}{16}$ (17) $\dfrac{503}{17}$ (20) $\dfrac{299}{14}$

Simplificaciones de Fracciones

Simplificar o reducir una fracción es convertirla en otra fracción equivalente, con números más pequeños, pero con el mismo valor matemático. Para esto es necesario dividir el numerador y el denominador por su mayor factor común, esto es, por el máximo común divisor de ambos números. *Ejemplos:* Reducir: $^{18}\!/_{27}$. El mayor factor común es 9; luego, podemos expresar esta fracción como $^{2\times9}\!/_{3\times9}$ y al eliminar o cancelar el factor 9; la fracción nos queda reducida a $\frac{2}{3}$.

Otros ejemplos: $^{7}\!/_{35} = \frac{1}{5}$ ya que $^{1\times7}\!/_{5\times7}$; al cancelar el 7; factor común, queda el 1 en el numerador y el 5 en el denominador. Del mismo modo: $^{21}\!/_{36} = {}^{7\times3}\!/_{12\times3} = {}^{7}\!/_{12}$

$^{60}\!/_{105} = {}^{4\times15}\!/_{7\times15} = {}^{4}\!/_{7}$

$^{65}\!/_{117} = {}^{5\times13}\!/_{9\times13} = {}^{5}\!/_{9}$

Conjunto 24

Simplifique:

(1) $\dfrac{18}{54}$ (6) $\dfrac{20}{75}$ (11) $\dfrac{40}{104}$ (16) $\dfrac{70}{560}$

(2) $\dfrac{17}{68}$ (7) $\dfrac{65}{260}$ (12) $\dfrac{50}{250}$ (17) $\dfrac{85}{102}$

(3) $\dfrac{14}{22}$ (8) $\dfrac{22}{33}$ (13) $\dfrac{57}{95}$ (18) $\dfrac{43}{129}$

(4) $\dfrac{15}{35}$ (9) $\dfrac{28}{70}$ (14) $\dfrac{54}{270}$ (19) $\dfrac{54}{90}$

(5) $\dfrac{16}{44}$ (10) $\dfrac{56}{63}$ (15) $\dfrac{27}{51}$ (20) $\dfrac{300}{900}$

Fracciones: Suma o Adición

Caso en que los denominadores son iguales

Cuando se suman fracciones o quebrados con el mismo denominador, simplemente, se suman los numeradores y se deja el mismo denominador a la suma.

Ejemplos: $\quad \dfrac{5}{8}+\dfrac{3}{8}=\dfrac{8}{8}=1 \qquad ; \qquad \dfrac{4}{13}+\dfrac{7}{13}=\dfrac{11}{13}$

$$\dfrac{7}{15}+\dfrac{2}{15}=\dfrac{9}{15}=\dfrac{3}{5} \qquad ; \qquad \dfrac{1}{8}+\dfrac{3}{8}=\dfrac{4}{8}=\dfrac{1}{2}$$

Recuerde que la respuesta debe darse siempre simplificada.

$$\dfrac{5}{11}+\dfrac{7}{11}=\dfrac{12}{11}=1\dfrac{1}{11} \qquad ; \qquad \dfrac{11}{24}+\dfrac{17}{24}=\dfrac{28}{24}=\dfrac{7}{6}=1\dfrac{1}{6}$$

No olvide de reducir las fracciones impropias a números mixtos.

Estas operaciones de suma también pueden efectuarse en forma vertical sin cambiar en nada la estructura de las operaciones. Así, tendremos:

$$\begin{array}{r} \tfrac{5}{8} \\ +\ \tfrac{3}{8} \\ \hline \tfrac{8}{8}=1 \end{array} \qquad \begin{array}{r} \tfrac{4}{13} \\ +\ \tfrac{7}{13} \\ \hline \tfrac{11}{13} \end{array}$$

$$\begin{array}{r} \tfrac{7}{15} \\ +\ \tfrac{2}{15} \\ \hline \tfrac{9}{15}=\tfrac{3}{5} \end{array} \qquad \begin{array}{r} \tfrac{1}{8} \\ +\ \tfrac{3}{8} \\ \hline \tfrac{4}{8}=\tfrac{1}{2} \end{array}$$

CONJUNTO 25

(1) $\tfrac{5}{17}+\tfrac{8}{17}$ (6) $\tfrac{8}{13}+\tfrac{6}{13}$ (11) $\tfrac{15}{19}+\tfrac{14}{19}$ (16) $\tfrac{9}{44}+\tfrac{25}{44}$

(2) $\tfrac{1}{9}+\tfrac{4}{9}$ (7) $\tfrac{12}{23}+\tfrac{15}{23}$ (12) $\tfrac{29}{43}+\tfrac{16}{43}$ (17) $\tfrac{13}{22}+\tfrac{15}{22}$

(3) $\tfrac{6}{19}+\tfrac{13}{19}$ (8) $\tfrac{2}{41}+\tfrac{40}{41}$ (13) $\tfrac{23}{59}+\tfrac{37}{59}$ (18) $\tfrac{20}{39}+\tfrac{29}{39}$

(4) $\tfrac{6}{11}+\tfrac{2}{11}$ (9) $\tfrac{6}{29}+\tfrac{9}{29}$ (14) $\tfrac{21}{37}+\tfrac{15}{37}$ (19) $\tfrac{26}{29}+\tfrac{2}{29}$

(5) $\tfrac{7}{9}+\tfrac{1}{9}$ (10) $\tfrac{7}{32}+\tfrac{25}{32}$ (15) $\tfrac{17}{52}+\tfrac{37}{52}$ (20) $\tfrac{33}{47}+\tfrac{20}{47}$

En las operaciones de suma pueden intervenir más de dos sumandos. Así tendremos:

$$\dfrac{5}{23}+\dfrac{4}{23}+\dfrac{15}{23}=\dfrac{24}{23}=1\dfrac{1}{23}$$

$$\dfrac{7}{29}+\dfrac{10}{29}+\dfrac{12}{29}=\dfrac{29}{29}=1$$

$$\dfrac{3}{17}+\dfrac{8}{17}+\dfrac{4}{17}=\dfrac{15}{17}$$

CONJUNTO 26

Sume:

(1) $\tfrac{3}{7}+\tfrac{1}{7}+\tfrac{2}{7}$ (2) $\tfrac{5}{13}+\tfrac{1}{13}+\tfrac{7}{13}$ (3) $\tfrac{4}{19}+\tfrac{8}{19}+\tfrac{9}{19}$ (4) $\tfrac{5}{23}+\tfrac{7}{23}+\tfrac{10}{23}$

(5) $8/29 + 15/29 + 7/29$

(6) $1/31 + 8/31 + 7/31$

(7) $15/47 + 18/47 + 1/47$

(8) $7/20 + 9/20 + 1/20$

(9) $6/35 + 1/35 + 8/35$

(10) $20/31 + 2/31 + 1/31$

(11) $8/19 + 15/19 + 2/19$

(12) $1/48 + 5/48 + 13/48$

(13) $6/22 + 1/22 + 15/22$

(14) $17/42 + 19/42 + 5/42$

(15) $13/56 + 21/56 + 19/56$

(16) $25/31 + 1/31 + 3/31$

(17) $3/40 + 5/40 + 29/40$

(18) $11/53 + 15/53 + 29/53$

(19) $18/61 + 23/61 + 17/61$

(20) $15/73 + 16/73 + 40/73$

Suma de fracciones comunes con diferente denominador

Para sumar fracciones comunes o quebrados con diferente denominador, se busca un denominador común, que será el mínimo común múltiplo de los denominadores.
Ejemplo:

$$\frac{2}{5} + \frac{3}{10} = \frac{4+3}{10} = \frac{7}{10}$$

El número 10 (común denominador) se divide por cada denominador y el cociente de esta división se multiplica por el numerador. En el caso anterior:

$$10 \div 5 = 2 \quad y \quad 2 \times 2 = 4;$$
$$10 \div 10 = 1 \quad y \quad 1 \times 3 = 3$$

Se suma el 4 con el 3 = 7; y se deja debajo de la raya el denominador común 10. Cuando los denominadores no tienen factores comunes, como en el caso de $5/7 + 2/3$ para hallar el denominador común hay que multiplicar el 7 por el 3, de donde se obtiene 21; y así:

$$\frac{5}{7} + \frac{2}{3} = \frac{15+14}{21} = \frac{29}{21} = 1\frac{8}{21}$$

Si se tiene más de dos sumandos, el procedimiento es similar.
Ejemplo: $1/15 + 2/3 + 1/2$; el menor de los múltiplos entre estos números es 30; luego éste será el denominador común.

Así, $\dfrac{1}{15} + \dfrac{2}{3} + \dfrac{1}{2} = \dfrac{2+20+15}{30} = \dfrac{37}{30} = 1\dfrac{7}{30}$

Estas operaciones pueden también hacerse verticalmente con el mismo resultado. Así,

$$
\begin{aligned}
1/15 &= 2/30 \\
2/3 &= 20/30 \\
+ 1/2 &= 15/30 \\
\hline
37/30 &= 1\,7/30
\end{aligned}
$$

CONJUNTO 27

Sume:

(1) $2/7 + 5/14$

(2) $1/8 + 7/32$

(3) $3/11 + 1/2$

(4) $4/9 + 3/5$

(5) $7/13 + 9/39$

(6) $3/17 + 7/51$

(7) $3/13 + 5/6$

(8) $2/9 + 4/7$

(9) $1/15 + 3/4$

(10) $8/23 + 1/2$

(11) $4/29 + 1/87$

(12) $5/21 + 1/4$

(13) $3/19 + 7/38$

(14) $1/31 + 3/62$

(15) $11/15 + 1/45$

(16) $12/23 + 5/69$

(17) $21/29 + 5/58$

(18) $4/37 + 3/74$

(19) $5/41 + 1/2$

(20) $3/10 + 7/50$

Conjunto 28

Sume:

(1) $\frac{3}{4} + \frac{1}{5} + \frac{1}{2}$

(2) $\frac{3}{5} + \frac{2}{3} + \frac{7}{15}$

(3) $\frac{4}{7} + \frac{3}{5} + \frac{1}{35}$

(4) $\frac{2}{11} + \frac{1}{4} + \frac{1}{2}$

(5) $\frac{7}{8} + \frac{3}{4} + \frac{3}{16}$

(6) $\frac{5}{6} + \frac{3}{7} + \frac{3}{14}$

(7) $\frac{2}{19} + \frac{5}{38} + \frac{1}{2}$

(8) $\frac{7}{13} + \frac{1}{2} + \frac{1}{3}$

(9) $\frac{1}{4} + \frac{7}{30} + \frac{1}{2}$

(10) $\frac{4}{9} + \frac{1}{3} + \frac{5}{36}$

(11) $\frac{2}{15} + \frac{2}{5} + \frac{5}{6}$

(12) $\frac{2}{17} + \frac{1}{3} + \frac{4}{51}$

(13) $\frac{1}{18} + \frac{5}{9} + \frac{7}{36}$

(14) $\frac{5}{27} + \frac{1}{3} + \frac{4}{9}$

(15) $\frac{1}{23} + \frac{5}{46} + \frac{1}{2}$

(16) $\frac{3}{7} + \frac{1}{21} + \frac{1}{3}$

(17) $\frac{2}{5} + \frac{3}{8} + \frac{1}{2}$

(18) $\frac{4}{11} + \frac{5}{33} + \frac{2}{3}$

(19) $\frac{7}{20} + \frac{1}{40} + \frac{3}{4}$

(20) $\frac{3}{10} + \frac{1}{20} + \frac{1}{2}$

Suma de números mixtos, con la fracción de igual denominador

Para sumar números mixtos, se suman los enteros y las fracciones separadamente.
Ejemplo: $9\frac{3}{4} + 4\frac{1}{4} = 9 + 4 + \frac{3}{4} + \frac{1}{4} = 13\frac{4}{4} = 14$ o en forma vertical

$$\begin{array}{r} 9\frac{3}{4} \\ + \ 4\frac{1}{4} \\ \hline 13\frac{4}{4} = 14 \end{array}$$

Esta operación también puede efectuarse convirtiendo los números mixto en fracciones impropias; pero el procedimiento es más largo.

Conjunto 29

Sume:

(1) $8\frac{1}{5} + 4\frac{4}{5}$

(2) $9\frac{3}{8} + \frac{1}{8}$

(3) $10\frac{2}{7} + 3\frac{5}{7}$

(4) $20\frac{1}{6} + \frac{5}{6}$

(5) $15\frac{1}{11} + 2\frac{3}{11}$

(6) $23\frac{4}{9} + 2\frac{1}{9}$

(7) $16\frac{2}{7} + 8\frac{5}{7}$

(8) $5\frac{1}{8} + 4\frac{5}{8}$

(9) $19\frac{4}{13} + 8\frac{5}{13}$

(10) $11\frac{5}{12} + 6\frac{7}{12}$

(11) $30\frac{2}{9} + 5\frac{1}{9}$

(12) $27\frac{3}{19} + 8\frac{5}{19}$

(13) $40\frac{1}{5} + \frac{4}{5}$

(14) $28\frac{4}{7} + 1\frac{5}{7}$

(15) $43\frac{9}{11} + 3\frac{1}{11}$

(16) $63\frac{7}{20} + 8\frac{9}{20}$

(17) $59\frac{9}{13} + 6\frac{8}{13}$

(18) $67\frac{2}{5} + \frac{2}{5}$

(19) $72\frac{5}{8} + 8\frac{3}{8}$

(20) $81\frac{4}{9} + 7\frac{7}{9}$

Suma de números mixtos, con la fracción de diferente denominador

Para sumar números mixtos con la fracción de diferente denominador, se busca un denominador común y después se procede de la misma forma que en el caso anterior.

Ejemplo:

$$8\frac{1}{4} = 8\frac{3}{12}$$
$$+ \ 7\frac{5}{6} = 7\frac{10}{12}$$
$$15\frac{13}{12} = 16\frac{1}{12}$$

El común denominador entre 4, y 6 es el número 12

En estas operaciones pueden intervenir más de dos sumandos. Así,

$$9\frac{2}{5} = 9\frac{6}{15}$$
$$+ \ 6\frac{1}{3} = 6\frac{5}{15}$$
$$12\frac{4}{15} = 12\frac{4}{15}$$
$$27\frac{15}{15} = 28$$

El comuún denominador entre 5, 3 y 15 es el número 15

Conjunto 30

Sume:

(1) $4\frac{3}{5} + 8\frac{7}{10}$

(2) $12\frac{1}{9} + 6\frac{5}{7}$

(3) $11\frac{3}{7} + 9\frac{5}{14}$

(4) $28\frac{1}{5} + 6\frac{2}{15}$

(5) $32\frac{1}{18} + 5\frac{1}{6}$

(6) $15\frac{7}{11} + 6\frac{5}{33}$

(7) $18\frac{1}{5} + 3\frac{3}{10}$

(8) $22\frac{5}{9} + 4\frac{1}{4}$

(9) $40\frac{4}{9} + 7\frac{1}{5}$

(10) $48\frac{2}{7} + 22\frac{4}{11}$

(11) $51\frac{5}{8} + 43\frac{1}{4}$

(12) $56\frac{5}{9} + 7\frac{1}{27}$

(13) $43\frac{1}{7} + 28\frac{3}{5}$

(14) $73\frac{1}{8} + 38\frac{1}{5}$

(15) $6\frac{4}{13} + 28\frac{5}{26}$

(16) $4\frac{13}{17} + 81\frac{4}{51}$

(17) $6\frac{1}{10} + 58\frac{3}{8}$

(18) $12\frac{7}{20} + 63\frac{4}{15}$

(19) $78\frac{3}{11} + 60\frac{1}{4}$

(20) $83\frac{2}{3} + 67\frac{3}{5}$

Conjunto 31

Sume:

(1) $4\frac{3}{5} + 2\frac{1}{4} + 1\frac{1}{2}$

(2) $8\frac{2}{3} + 6\frac{2}{5} + 5\frac{1}{4}$

(3) $12\frac{1}{35} + 16\frac{3}{7} + 8\frac{3}{5}$

(4) $7\frac{1}{8} + 13\frac{3}{4} + 5\frac{5}{24}$

(5) $16\frac{2}{7} + 4\frac{1}{2} + 1\frac{1}{3}$

(6) $30\frac{1}{5} + 8\frac{1}{8} + 7\frac{3}{20}$

(7) $20\frac{1}{5} + 6\frac{3}{7} + 9\frac{7}{35}$

(8) $19\frac{3}{4} + 11\frac{1}{2} + 6\frac{1}{5}$

(9) $43\frac{2}{5} + 3\frac{1}{20} + 2\frac{1}{2}$

(10) $37\frac{4}{13} + 8\frac{1}{2} + 1\frac{7}{26}$

(11) $49\frac{2}{3} + 50\frac{3}{4} + 4\frac{1}{5}$

(12) $31\frac{5}{7} + 20\frac{3}{4} + 2\frac{1}{2}$

(13) $50\frac{7}{12} + 8\frac{1}{8} + 3\frac{1}{4}$

(14) $7\frac{1}{4} + 40\frac{3}{5} + 10\frac{1}{40}$

(15) $10\frac{1}{10} + 7\frac{7}{20} + 1\frac{3}{5}$

(16) $37\frac{2}{11} + 8\frac{1}{4} + 7\frac{1}{2}$

(17) $62\frac{2}{3} + 50\frac{1}{5} + 6\frac{2}{65}$

(18) $103\frac{2}{7} + 10\frac{3}{4} + 93\frac{1}{2}$

(19) $207\frac{1}{8} + 13\frac{3}{4} + 81\frac{7}{40}$

(20) $315\frac{1}{4} + 168\frac{1}{2} + 70\frac{5}{6}$

Resta de fracciones comunes: Fracciones con el mismo denominador

Esta es una operación donde al igual que en la división intervienen solo dos componentes. Para efectuar esta operación se restan los numeradores, dejándose el mismo denominador.

Ejemplo:

$$\frac{9}{17}$$
$$- \ \frac{7}{17}$$
$$\frac{2}{17}$$

o en la forma horizontal: $\frac{9}{17} - \frac{7}{17} = \frac{2}{17}$

$^8/_{15} - ^4/_{15} = ^4/_{15}$

$^{23}/_{48} - ^{17}/_{48} = ^6/_{48}$ y simplicando esta fracción, tendremos: $^6/_{48} = ^1/_8$

Ya que, el 6 está en el propio 6, una vez, y está en el 48 ocho veces.

CONJUNTO 32

Reste:

(1) $^5/_{11} - ^2/_{11}$ (6) $^5/_{21} - ^4/_{21}$ (11) $^{12}/_{31} - ^7/_{31}$ (16) $^{47}/_{61} - ^{18}/_{61}$

(2) $^7/_8 - ^5/_8$ (7) $^{16}/_{29} - ^{14}/_{29}$ (12) $^{32}/_{35} - ^{21}/_{35}$ (17) $^{37}/_{42} - ^{17}/_{42}$

(3) $^8/_{19} - ^3/_{19}$ (8) $^{14}/_{15} - ^4/_{15}$ (13) $^{29}/_{47} - ^8/_{47}$ (18) $^{50}/_{71} - ^{45}/_{71}$

(4) $^6/_{13} - ^3/_{13}$ (9) $^{16}/_{43} - ^{11}/_{43}$ (14) $^{43}/_{51} - ^{13}/_{51}$ (19) $^{49}/_{50} - ^{43}/_{50}$

(5) $^9/_{23} - ^8/_{23}$ (10) $^{10}/_{29} - ^8/_{29}$ (15) $^{53}/_{72} - ^{43}/_{72}$ (20) $^{75}/_{83} - ^{14}/_{83}$

Resta con números mixtos

Para restar números mixtos se pueden reducir los mixtos a fracciones impropias y, entonces proceder de la misma forma que en las fracciones propias. Pero éste no es el mejor procedimiento. Recomendamos que la operación se efectúe de la siguiente forma.

Ejemplos: $9^5/_8$ Se restan los enteros entre sí; $9 - 6 = 3$; y como la parte
       $- 6^1/_8$ fraccionaria tiene el mismo denominador, a $^5/_8$ le restamos $^1/_8$
       $\overline{3^4/_8} = 3^1/_2$ y queda $^4/_8$; que, después de simplificada, resulta $^1/_2$.

Así, $20^7/_{11}$
      $- 8^1/_{11}$
      $\overline{12^6/_{11}}$ o en forma horizontal: $40^4/_7 - 33^3/_7 = 7^1/_7$

CONJUNTO 33

Reste:

(1) $8^9/_{11} - 3^1/_{11}$ (6) $19^4/_{19} - 8^2/_{19}$ (11) $32^9/_{23} - 14^4/_{23}$ (16) $57^6/_{23} - 18^3/_{23}$

(2) $9^3/_5 - 6^1/_5$ (7) $20^5/_8 - 18^3/_8$ (12) $39^5/_6 - 21^1/_6$ (17) $69^{15}/_{17} - 36^4/_{17}$

(3) $14^7/_9 - 7^2/_9$ (8) $31^7/_{12} - 20^4/_{12}$ (13) $53^2/_3 - 42^1/_3$ (18) $73^{11}/_{20} - 18^7/_{20}$

(4) $15^8/_{15} - 2^7/_{15}$ (9) $40^5/_7 - 1^2/_7$ (14) $61^7/_8 - 43^1/_8$ (19) $84^4/_5 - 70^2/_5$

(5) $23^6/_{13} - 8^3/_{13}$ (10) $37^4/_9 - 17^1/_9$ (15) $73^4/_{17} - 8^1/_{17}$ (20) $90^7/_8 - 46^3/_8$

Nota: Cuando la parte fraccionaria del sustraendo en el número mixto es mayor que la parte fraccionaria del minuendo, proceda así:

$$\begin{array}{r} 7 \\ 8\frac{2}{7} \\ -\ 5\frac{4}{7} \\ \hline \end{array}$$ Se toma una unidad del 8 y se convierte en $\frac{7}{7}$ y se le añade a los $\frac{2}{7}$, haciendo la fracción impropia $\frac{9}{7}$. Ahora se puede efectuar la operación: $\frac{9}{7} - \frac{4}{7} = \frac{5}{7}$

$$\begin{array}{r} 7\frac{9}{7} \\ -\ 5\frac{4}{7} \\ \hline 2\frac{5}{7} \end{array}$$

Otros ejemplos:

$$\begin{array}{r} 12\frac{5}{9} = 11^{14}\!/\!9 \\ -\ 7\frac{7}{9} = 7\ \frac{7}{9} \\ \hline 4\ \frac{7}{9} \end{array} \qquad \begin{array}{r} 23\frac{1}{8} = 22\frac{9}{8} \\ -\ 6\frac{5}{8} = 6\frac{5}{8} \\ \hline 16\frac{4}{8} = 16\frac{1}{2} \end{array}$$

CONJUNTO 34

Reste:

(1) $17\frac{1}{5} - 8\frac{3}{5}$

(2) $20\frac{3}{11} - 13\frac{5}{11}$

(3) $24\frac{5}{12} - 6\frac{7}{12}$

(4) $19\frac{2}{13} - 9\frac{5}{13}$

(5) $22\frac{1}{8} - 12\frac{5}{8}$

(6) $31\frac{1}{15} - 28\frac{4}{15}$

(7) $48\frac{3}{7} - 40\frac{5}{7}$

(8) $42\frac{1}{10} - 30\frac{7}{10}$

(9) $29\frac{5}{19} - 12\frac{7}{19}$

(10) $51\frac{3}{5} - 28\frac{4}{5}$

(11) $53\frac{3}{11} - 20\frac{5}{11}$

(12) $44\frac{7}{20} - 40\frac{11}{20}$

(13) $60\frac{1}{9} - 50\frac{4}{9}$

(14) $55\frac{4}{13} - 53\frac{7}{13}$

(15) $59\frac{1}{8} - 43\frac{5}{8}$

(16) $73\frac{1}{4} - 70\frac{3}{4}$

(17) $82\frac{1}{11} - 81\frac{5}{11}$

(18) $73\frac{2}{15} - 72\frac{4}{15}$

(19) $89\frac{3}{7} - 87\frac{5}{7}$

(20) $92\frac{1}{9} - 90\frac{7}{9}$

Resta de fracciones con diferentes denominados

Cuando las fracciones no tienen el mismo denominador, se busca un denominador común:

$$\begin{array}{r} \frac{4}{5} = {}^{12}\!/\!15 \\ -\ \frac{2}{3} = {}^{10}\!/\!15 \\ \hline {}^{2}\!/\!15 \end{array}$$

Si se trata de números mixtos, se procede así:

$$\begin{array}{r} 8\frac{4}{7} = {}^{32}\!/\!56 \\ -\ 5\frac{3}{8} = {}^{21}\!/\!56 \\ \hline 3^{11}\!/\!56 \end{array}$$

Si al buscar un común denominador, el minuendo es menor que el sustraendo se toma una unidad del número entero y se convierte en fracción.

$$\begin{array}{r} 12\frac{1}{5} = {}^{7}\!/\!35 \quad 11^{42}\!/\!35 \\ -\ 7\frac{4}{7} = {}^{20}\!/\!35 = 7^{20}\!/\!35 \\ \hline 7\frac{4}{7} = {}^{20}\!/\!35 = 4^{22}\!/\!35 \end{array}$$

El uno (1) que se restó de 12 se convirtió en $^{35}\!/\!35$ más $^{7}\!/\!35$ es igual a $^{42}\!/\!35$.

CONJUNTO 35

Reste:

(1) $5/7 - 2/3$

(2) $11/13 - 2/3$

(3) $7/8 - 2/11$

(4) $8/9 - 3/7$

(5) $13/18 - 2/5$

(6) $8\frac{2}{3} - 3\frac{1}{4}$

(7) $34\frac{5}{9} - 8\frac{3}{7}$

(8) $40\frac{1}{8} - 3\frac{4}{5}$

(9) $56\frac{5}{6} - 7\frac{4}{5}$

(10) $60\frac{1}{8} - 10\frac{4}{9}$

(11) $33\frac{1}{2} - 8\frac{2}{5}$

(12) $80\frac{1}{7} - 60\frac{8}{11}$

(13) $72\frac{3}{5} - 5\frac{4}{7}$

(14) $90\frac{5}{6} - 12\frac{6}{7}$

(15) $100\frac{1}{8} - 81\frac{3}{5}$

(16) $77\frac{4}{9} - 60\frac{5}{8}$

(17) $83\frac{1}{9} - 80\frac{2}{3}$

(18) $76\frac{4}{11} - 50\frac{5}{7}$

(19) $130\frac{2}{7} - 9\frac{4}{5}$

(20) $136\frac{1}{2} - 83\frac{2}{3}$

Fracciones comunes o quebrados: Multiplicación

Para multiplicar fracciones comunes o quebrados se multiplica numerador por numerador y denominador por denominador.

Ejemplos:
$$\frac{3}{7} \times \frac{2}{3} = \frac{3 \times 2}{7 \times 3} = \frac{6}{21}$$
$$\frac{4}{5} \times \frac{1}{7} \times \frac{2}{9} = \frac{4 \times 1 \times 2}{5 \times 7 \times 9} = \frac{8}{315}$$

Nota: Cuando existan factores comunes entre los numeradores y denominadores, se debe simplificar antes de efectuar la multiplicación para hacer más fácil el proceso. Así:

$$5/8 \times 2/15 = 1/4 \times 1/3 = 1/12$$

Ya que, el cinco está tres veces en el quince, y el dos, cuatro veces en el ocho.

CONJUNTO 36

Multiplique:

(1) $4/9 \times 4/5$

(2) $1/3 \times 1/8 \times 1/2$

(3) $5/8 \times 3/5$

(4) $7/9 \times 5/14$

(5) $10/11 \times 3/5$

(6) $8/17 \times 5/24$

(7) $13/17 \times 51/39$

(8) $7/12 \times 48/5$

(9) $4/23 \times 46/3$

(10) $5/19 \times 38/35$

(11) $5/21 \times 1/20$

(12) $1/4 \times 2/5 \times 2/3$

(13) $3/7 \times 1/4 \times 5/2$

(14) $14/27 \times 54/28$

(15) $29/31 \times 93/58$

(16) $7/21 \times 5/49 \times 3/5$

(17) $19/2 \times 10/57 \times 2/5$

(18) $22/5 \times 15/66 \times 1/3$

(19) $31/7 \times 14/62 \times 1/2$

(20) $43/2 \times 4/17 \times 34/86$

Multiplicación con números mixtos

Para multiplicar números mixtos, convertimos éstos en fracciones impropias y después efectuamos la operación correspondiente.

Ejemplos: $2\frac{1}{3} \times 4\frac{1}{2}$
$2\frac{1}{3} = 7/3$ y $4\frac{1}{2} = 9/2$
Así, $7/3 \times 9/2 = 21/2 = 10\frac{1}{2}$

En la multiplicación pueden intervernir más de dos factores; así como en la suma se puede tener más de dos sumandos. La resta y la división son operaciones binarias; es decir, dos componentes solamente.

$4\frac{2}{3} \times 2\frac{1}{5} \times 3\frac{3}{4}$

Convirtiendo los números mixtos en fracciones impropias, se tiene: $\frac{14}{3} \times \frac{11}{5} \times \frac{15}{4}$; reduciendo el 5 con el 15 y el 4 con el 14, queda: $\frac{7}{3} \times \frac{11}{1} \times \frac{3}{2} = \frac{231}{6} = 38\frac{1}{2}$

Cuando se multiplica un número entero por un mixto, se procede de forma similar. Así,

$$60 \times 2\frac{1}{5} = 60 \times \frac{11}{5} = 132$$

o un mixto por un entero:

$$8\frac{3}{4} \times 24 = \frac{35}{4} \times 24 = 210$$

CONJUNTO 37

Multiplique:

(1) $4\frac{1}{9} \times 2\frac{1}{4}$	(6) $20 \times 4\frac{2}{7}$	(11) $\frac{5}{8} \times \frac{7}{15} \times \frac{1}{2}$	(16) $\frac{2}{3} \times 2\frac{1}{4} \times \frac{1}{2}$
(2) $6\frac{1}{3} \times 4\frac{1}{5}$	(7) $15 \times 2\frac{2}{9}$	(12) $\frac{3}{8} \times \frac{5}{6} \times \frac{4}{9}$	(17) $4\frac{1}{3} \times 2\frac{1}{7} \times 3\frac{1}{8}$
(3) $3\frac{2}{5} \times 6\frac{1}{2}$	(8) $3\frac{1}{5} \times 30$	(13) $12 \times \frac{1}{4} \times \frac{2}{3}$	(18) $6\frac{2}{5} \times 1\frac{1}{4} \times 5\frac{2}{3}$
(4) $7\frac{1}{3} \times 8\frac{2}{3}$	(9) $7\frac{4}{5} \times 50$	(14) $30 \times \frac{4}{5} \times \frac{3}{7}$	(19) $2\frac{1}{9} \times 4\frac{1}{3} \times 6\frac{1}{2}$
(5) $9\frac{1}{5} \times 5\frac{1}{4}$	(10) $10\frac{1}{3} \times 27$	(15) $45 \times \frac{3}{4} \times \frac{1}{5}$	(20) $7\frac{1}{4} \times 3\frac{1}{2} \times 4\frac{2}{5}$

División con números mixtos

Para dividir números mixtos, se convierten éstos en fracciones impropias y después se procede a efectuar la división en la forma indicada.

$10 \div 3\frac{3}{5} = 10 \div \frac{18}{5}$
$= 10 \times \frac{5}{18} = 5 \times \frac{5}{9}$
$= \frac{25}{9} = 2\frac{7}{9}$

y también se puede dividir un mixto por un entero:

$7\frac{4}{5} \div 4 = \frac{39}{5} \times \frac{1}{4} = \frac{39}{20} =$

$1\frac{19}{20}$

CONJUNTO 38

Divida:

(1) $5\frac{1}{2} \div 3\frac{4}{5}$	(4) $3\frac{2}{9} \div 2\frac{4}{5}$	(7) $4\frac{2}{7} \div 2\frac{1}{2}$	(10) $12\frac{1}{4} \div 3\frac{1}{7}$
(2) $9\frac{1}{4} \div 2\frac{5}{6}$	(5) $8\frac{1}{8} \div 3\frac{1}{5}$	(8) $5\frac{1}{3} \div 4\frac{2}{5}$	(11) $20 \div 3\frac{1}{4}$
(3) $6\frac{2}{5} \div 1\frac{1}{4}$	(6) $7\frac{1}{8} \div 2\frac{1}{3}$	(9) $3\frac{2}{7} \div 1\frac{1}{6}$	(12) $40 \div 2\frac{1}{5}$

(13) $55 \div 1\frac{2}{3}$ (15) $24\frac{1}{3} \div 2\frac{1}{4}$ (17) $23 \div 6\frac{1}{3}$ (19) $13\frac{1}{5} \div 5$

(14) $48 \div 2\frac{1}{4}$ (16) $16 \div 4\frac{1}{2}$ (18) $10\frac{1}{2} \div 4$ (20) $21\frac{2}{3} \div 6$

Problemas escritos

Conjunto 39

(1) Carlos trabajó 7½ horas el lunes, 8½ el martes, 7¾ el miércoles, 8 el jueves y 8¼ el viernes ¿cuántas horas trabajó en total?

(2) Susana compró 3 lbs de manzanas, 2½ de peras, 3¼ uvas y 5⅓ de melocotones. ¿Cuántas libras de fruta compró?

(3) María pesaba 157 lbs y ahora pesa 135½. ¿Cuántas libras ha rebajado?

(4) Un electricista tiene 138¾ metros de cable. Si usa 64⅓ en una obra ¿cuánto le queda?

(5) Un carpintero hizo una estantería y para ello necesitó tablas de las siguientes medidas: 3 metros, 2½ m, 3¼ m y 2 m. Si comenzó con 12 metros de tabla, ¿qué cantidad le queda?

(6) Si del sueldo de $2,400 gasto la cuarta parte en alquiler, la quinta en comida y la sexta en ropa. ¿Qué cantidad me queda?

(7) Durante la primera semana un hombre viajó 8½ Kms, 22 Kms, 11¼ Kms, 9⅓ Kms, 10⅙ Kms. Durante la segunda semana viajó 7⅚ Kms, 8¼

Kms, 13½ Kms, 15 Kms y 12⅓ Kms. ¿Cuántos kilómetros más recorrió la primera semana que la segunda?

(8) Si tres bolsas de monedas pesan 12¾ kgs y las tres pesan igual, ¿cuánto pesa cada una?

(9) Cinco libros iguales pesan 6⅔ kg en total. ¿Cuánto pesarán 9 libros?

(10) María trabajó 8½ horas los 5 días de la semana. Si le pagan a $3 la hora, ¿cuánto ganó al final de la semana?

(11) En un examen de 120 preguntas Rosalía contestó las ¾ correctamente. ¿Cuántas preguntas contestó mal?

(12) En una reunión a la cual asistieron 60 personas las ⅘ partes votaron a favor de una sugerencia. ¿Cuántas personas no votaron a favor?

(13) Un hombre repartió su fortuna de la siguiente manera: la mitad para su esposa, la tercera parte para su hijo y el resto para obras benéficas. ¿Qué parte le dio a las obras benéficas?

Respuestas a los conjuntos

Respuestas al conjunto 22

(1) $^{81}/_{11}$ (6) $^{117}/_5$ (11) $^{241}/_8$ (16) $^{282}/_7$

(2) $^{28}/_5$ (7) $^{203}/_{10}$ (12) $^{107}/_4$ (17) $^{217}/_5$

(3) $^{121}/_{13}$ (8) $^{75}/_4$ (13) $^{161}/_5$ (18) $^{219}/_4$

(4) $^{25}/_4$ (9) $^{49}/_2$ (14) $^{263}/_9$ (19) $^{299}/_6$

(5) $^{103}/_{13}$ (10) $^{192}/_7$ (15) $^{133}/_4$ (20) $^{478}/_9$

RESPUESTAS AL CONJUNTO 23

(1) $2\frac{2}{11}$ (6) $4\frac{4}{9}$ (11) $6\frac{11}{14}$ (16) $38\frac{3}{11}$

(2) $1\frac{5}{7}$ (7) $5\frac{4}{7}$ (12) $15\frac{3}{7}$ (17) $29\frac{10}{17}$

(3) $4\frac{4}{7}$ (8) $3\frac{13}{15}$ (13) $50\frac{1}{4}$ (18) $40\frac{1}{10}$

(4) $4\frac{5}{6}$ (9) $4\frac{11}{13}$ (14) $15\frac{11}{16}$ (19) $24\frac{8}{15}$

(5) $7\frac{2}{5}$ (10) $19\frac{1}{3}$ (15) $100\frac{2}{3}$ (20) $21\frac{5}{14}$

RESPUESTAS AL CONJUNTO 24

(1) $\frac{1}{3}$ (6) $\frac{4}{15}$ (11) $\frac{5}{13}$ (16) $\frac{1}{8}$

(2) $\frac{1}{4}$ (7) $\frac{1}{4}$ (12) $\frac{1}{5}$ (17) $\frac{5}{6}$

(3) $\frac{7}{11}$ (8) $\frac{2}{3}$ (13) $\frac{3}{5}$ (18) $\frac{1}{3}$

(4) $\frac{3}{7}$ (9) $\frac{2}{5}$ (14) $\frac{1}{5}$ (19) $\frac{3}{5}$

(5) $\frac{4}{11}$ (10) $\frac{8}{9}$ (15) $\frac{9}{17}$ (20) $\frac{1}{3}$

RESPUESTAS AL CONJUNTO 25

(1) $\frac{13}{17}$ (6) $1\frac{1}{13}$ (11) $1\frac{10}{19}$ (16) $\frac{17}{22}$

(2) $\frac{5}{9}$ (7) $1\frac{4}{23}$ (12) $1\frac{2}{43}$ (17) $1\frac{3}{11}$

(3) 1 (8) $1\frac{1}{41}$ (13) $1\frac{1}{59}$ (18) $1\frac{10}{39}$

(4) $\frac{8}{11}$ (9) $\frac{15}{29}$ (14) $\frac{36}{37}$ (19) $\frac{28}{29}$

(5) $\frac{8}{9}$ (10) 1 (15) $1\frac{1}{26}$ (20) $1\frac{6}{47}$

RESPUESTAS AL CONJUNTO 26

(1) $\frac{6}{7}$ (6) $\frac{16}{31}$ (11) $1\frac{6}{19}$ (16) $\frac{29}{31}$

(2) 1 (7) $\frac{34}{47}$ (12) $\frac{19}{48}$ (17) $\frac{37}{40}$

(3) $1\frac{2}{19}$ (8) $\frac{17}{20}$ (13) 1 (18) $1\frac{2}{53}$

(4) $\frac{22}{23}$ (9) $\frac{3}{7}$ (14) $\frac{41}{42}$ (19) $\frac{58}{61}$

(5) $1\frac{1}{29}$ (10) $\frac{23}{31}$ (15) $\frac{53}{56}$ (20) $\frac{71}{73}$

RESPUESTAS AL CONJUNTO 27

(1) $\frac{9}{14}$ (2) $\frac{11}{32}$ (3) $\frac{17}{22}$ (4) $1\frac{2}{45}$

(5) $^{10}/_{13}$	(9) $^{49}/_{60}$	(13) $^{13}/_{38}$	(17) $^{47}/_{58}$
(6) $^{16}/_{51}$	(10) $^{39}/_{46}$	(14) $^{5}/_{62}$	(18) $^{11}/_{74}$
(7) $1^{5}/_{78}$	(11) $^{13}/_{87}$	(15) $^{34}/_{45}$	(19) $^{51}/_{82}$
(8) $^{50}/_{63}$	(12) $^{41}/_{84}$	(16) $^{41}/_{69}$	(20) $^{11}/_{25}$

RESPUESTAS AL CONJUNTO 28

(1) $1^{9}/_{20}$	(6) $1^{10}/_{21}$	(11) $1^{11}/_{30}$	(16) $^{17}/_{21}$
(2) $1^{11}/_{15}$	(7) $^{14}/_{19}$	(12) $^{9}/_{17}$	(17) $1^{11}/_{40}$
(3) $1^{1}/_{5}$	(8) $1^{29}/_{78}$	(13) $^{29}/_{36}$	(18) $1^{2}/_{11}$
(4) $^{41}/_{44}$	(9) $^{59}/_{60}$	(14) $^{26}/_{27}$	(19) $1^{1}/_{8}$
(5) $1^{13}/_{16}$	(10) $^{11}/_{12}$	(15) $^{15}/_{23}$	(20) $^{17}/_{20}$

RESPUESTAS AL CONJUNTO 29

(1) 13	(6) $25^{5}/_{9}$	(11) $35^{1}/_{3}$	(16) $71^{4}/_{5}$
(2) $9^{1}/_{2}$	(7) 25	(12) $35^{8}/_{19}$	(17) $66^{4}/_{13}$
(3) 14	(8) $9^{3}/_{4}$	(13) 41	(18) $67^{4}/_{5}$
(4) 21	(9) $27^{9}/_{13}$	(14) $30^{2}/_{7}$	(19) 81
(5) $17^{4}/_{11}$	(10) 18	(15) $46^{10}/_{11}$	(20) $89^{2}/_{9}$

RESPUESTAS AL CONJUNTO 30

(1) $13^{3}/_{10}$	(6) $21^{26}/_{33}$	(11) $94^{7}/_{8}$	(16) $85^{43}/_{51}$
(2) $18^{52}/_{63}$	(7) $21^{1}/_{2}$	(12) $63^{16}/_{27}$	(17) $64^{19}/_{40}$
(3) $20^{11}/_{14}$	(8) $26^{29}/_{36}$	(13) $71^{26}/_{35}$	(18) $75^{37}/_{60}$
(4) $34^{1}/_{3}$	(9) $47^{29}/_{45}$	(14) $111^{13}/_{40}$	(19) $138^{23}/_{44}$
(5) $37^{2}/_{9}$	(10) $70^{50}/_{77}$	(15) $34^{1}/_{2}$	(20) $151^{4}/_{15}$

RESPUESTAS AL CONJUNTO 31

(1) $8^{7}/_{20}$	(3) $37^{2}/_{35}$	(5) $22^{5}/_{42}$	(7) $35^{29}/_{35}$
(2) $20^{19}/_{60}$	(4) $26^{1}/_{12}$	(6) $45^{19}/_{40}$	(8) $37^{9}/_{20}$

(9) $48\frac{19}{20}$

(12) $54\frac{27}{28}$

(15) $19\frac{1}{20}$

(18) $207\frac{15}{28}$

(10) $47\frac{1}{13}$

(13) $61\frac{23}{24}$

(16) $52\frac{41}{44}$

(19) $302\frac{1}{20}$

(11) $104\frac{37}{60}$

(14) $57\frac{7}{8}$

(17) $118\frac{35}{39}$

(20) $554\frac{7}{12}$

RESPUESTAS AL CONJUNTO 32

(1) $\frac{3}{11}$

(6) $\frac{1}{21}$

(11) $\frac{5}{31}$

(16) $\frac{29}{61}$

(2) $\frac{1}{4}$

(7) $\frac{2}{29}$

(12) $\frac{11}{35}$

(17) $\frac{10}{21}$

(3) $\frac{5}{19}$

(8) $\frac{2}{3}$

(13) $\frac{21}{47}$

(18) $\frac{5}{71}$

(4) $\frac{3}{13}$

(9) $\frac{5}{43}$

(14) $\frac{10}{17}$

(19) $\frac{3}{25}$

(5) $\frac{1}{23}$

(10) $\frac{2}{29}$

(15) $\frac{5}{36}$

(20) $\frac{61}{83}$

RESPUESTAS AL CONJUNTO 33

(1) $5\frac{8}{11}$

(6) $11\frac{2}{19}$

(11) $18\frac{5}{23}$

(16) $39\frac{3}{23}$

(2) $3\frac{2}{5}$

(7) $2\frac{1}{4}$

(12) $18\frac{2}{3}$

(17) $33\frac{11}{17}$

(3) $7\frac{5}{9}$

(8) $11\frac{1}{4}$

(13) $11\frac{1}{3}$

(18) $55\frac{1}{5}$

(4) $13\frac{1}{15}$

(9) $39\frac{3}{7}$

(14) $18\frac{3}{4}$

(19) $14\frac{2}{5}$

(5) $15\frac{3}{13}$

(10) $20\frac{1}{3}$

(15) $65\frac{3}{17}$

(20) $44\frac{1}{2}$

RESPUESTAS AL CONJUNTO 34

(1) $8\frac{3}{5}$

(6) $2\frac{4}{5}$

(11) $32\frac{9}{11}$

(16) $2\frac{1}{2}$

(2) $6\frac{9}{11}$

(7) $7\frac{5}{7}$

(12) $3\frac{4}{5}$

(17) $\frac{7}{11}$

(3) $17\frac{5}{6}$

(8) $11\frac{2}{5}$

(13) $9\frac{2}{3}$

(18) $\frac{13}{15}$

(4) $9\frac{10}{13}$

(9) $16\frac{17}{19}$

(14) $1\frac{10}{13}$

(19) $1\frac{5}{7}$

(5) $9\frac{1}{2}$

(10) $22\frac{4}{5}$

(15) $15\frac{1}{2}$

(20) $1\frac{1}{3}$

RESPUESTAS AL CONJUNTO 35

(1) $\frac{1}{21}$

(4) $\frac{29}{63}$

(7) $26\frac{8}{63}$

(10) $49\frac{49}{72}$

(2) $\frac{7}{39}$

(5) $\frac{29}{90}$

(8) $36\frac{13}{40}$

(11) $25\frac{1}{10}$

(3) $\frac{61}{88}$

(6) $5\frac{5}{12}$

(9) $49\frac{1}{30}$

(12) $19\frac{32}{77}$

(13) $67^1/_{35}$ (15) $18^{21}/_{40}$ (17) $2^4/_9$ (19) $120^{17}/_{35}$

(14) $77^{41}/_{42}$ (16) $16^{59}/_{72}$ (18) $25^{50}/_{77}$ (20) $52^5/_6$

RESPUESTAS AL CONJUNTO 36

(1) $^{16}/_{45}$ (6) $^5/_{51}$ (11) $^1/_{84}$ (16) $^1/_{49}$

(2) $^1/_{48}$ (7) 1   (12) $^1/_{15}$ (17) $^2/_3$

(3) $^3/_8$ (8) $5^3/_5$ (13) $^{15}/_{56}$ (18) $^1/_3$

(4) $^5/_{18}$ (9) $2^2/_3$ (14) 1   (19) $^1/_2$

(5) $^6/_{11}$ (10) $^2/_7$ (15) $1^1/_2$ (20) 2

RESPUESTAS AL CONJUNTO 37

(1) $9^1/_4$ (6) $85^5/_7$ (11) $^7/_{48}$ (16) $^3/_4$

(2) $26^3/_5$ (7) $33^1/_3$ (12) $^5/_{36}$ (17) $29^1/_{56}$

(3) $22^1/_{10}$ (8) 96   (13) 2   (18) $45^1/_3$

(4) $63^5/_9$ (9) 390   (14) $10^2/_7$ (19) $59^{25}/_{54}$

(5) $48^3/_{10}$ (10) 279   (15) $6^3/_4$ (20) $111^{13}/_{20}$

RESPUESTAS AL CONJUNTO 38

(1) $1^{17}/_{38}$ (6) $3^3/_{56}$ (11) $6^2/_{13}$ (16) $3^5/_9$

(2) $3^9/_{34}$ (7) $1^5/_7$ (12) $18^2/_{11}$ (17) $3^{12}/_{19}$

(3) $5^3/_{25}$ (8) $1^7/_{33}$ (13) 33   (18) $2^5/_8$

(4) $1^{19}/_{126}$ (9) $2^{40}/_{49}$ (14) $21^1/_3$ (19) $2^{16}/_{25}$

(5) $2^{69}/_{128}$ (10) $3^{79}/_{88}$ (15) $10^{22}/_{27}$ (20) $3^{11}/_{18}$

RESPUESTAS AL CONJUNTO 39

(1) 40   (6) 920   (11) 30

(2) $14^1/_{12}$ (7) $4^1/_3$ (12) 12

(3) $21^1/_2$ (8) $4^1/_4$ (13) $^1/_6$

(4) $74^5/_{12}$ (9) 12

(5) $1^1/_4$ (10) $127.50

FRACCIONES DECIMALES

Las fracciones decimales son otra forma de representar numéricamente partes de un todo. Así, .25 (se lee veinticinco centésimos). En el campo de las fracciones comunes o quebrados se escribiría $^{25}/_{100}$; y después de simplificada la fracción se convierte en ¼. Otras fracciones decimales son .45, .4, .125, .48, .93, etc.

Las fracciones decimales pueden ser exactas como .75, o inexactas como .33.... Veamos el siguiente cuadro sinóptico:

Fracciones $\Big\{$ Exactas, .65, .5, .625; etc.

Decimales $\Big\{$ Inexactas $\Big\{$ Periódicas $\Big\{$ puras, .7... o $.\overline{7}$
mixtas, $.8\overline{3}$

Los puntos a la derecha del número decimal significan que la fracción es inexacta. El mismo significado tiene una pequeña raya arriba del número o números que se repiten.

Si una fracción exacta, como .35, se quiere convertir en una fracción común o quebrado, se escribe en el numerador la parte decimal, sin el punto; y como denominador la unidad seguida de tantos ceros como cifras decimales haya; en este caso, dos ceros. .35 = $^{35}/_{100}$. Ahora, reduciendo, tenemos $^{35}/_{100} = ^{7}/_{20}$. Este es el quebrado ya reducido a su mínima expresión. También se le llama generatriz.

Otro ejemplo: .125 = $^{125}/_{1,000}$; reduciendo nos queda $^{125}/_{1,000} = ^{1}/_{8}$.

Veamos ahora las fracciones inexactas: $.\overline{7} = ^{7}/_{9}$. Se escribe un período como numerador, y como denominador, tantos nueves como cifras tenga el período. En este caso, un solo nueve porque el período tiene una sola cifra, que es el siete.

Si el período tiene dos cifras, como en el caso de $.\overline{12}$, el procedimiento es el siguiente: $.\overline{12} = ^{12}/_{99}$. Se escriben dos nueves en el denominador porque el período, que es el número 12, tiene dos cifras. Reduciendo esta fracción, nos queda, $^{12}/_{99} = ^{4}/_{33}$.

Estas dos fracciones, $.\overline{7}$ y $.\overline{12}$ son fracciones periódicas puras.

En el caso de las fracciones periódicas mixtas el procedimiento es el siguiente: $.2\overline{3}$ (esta fracción indica que el número que se repite es el 3, siendo el 2 la cifra no periódica).

Para hallar la generatriz, se escribe en el numerador la parte no periódica seguida de un período; menos la parte no periódica, y como denominador tantas cifras como tenga el período seguido de tantos ceros como cifras tenga la parte no periódica.

$$.2\overline{3} = \frac{23 - 2}{90} = \frac{\overset{7}{\cancel{21}}}{\underset{30}{\cancel{90}}} = \frac{7}{30}$$

Conjunto 40

Halle la generatriz o quebrado irreducible de los siguientes:

(1) .43   (3) .65   (5) .96   (7) .76

(2) .58   (4) .88   (6) .55   (8) .85

(9) $.135$

(12) $.\overline{21}$

(15) $.\overline{32}$

(18) $.\overline{25}$

(10) $.145$

(13) $.\overline{63}$

(16) $.\overline{4}$

(19) $.\overline{18}$

(11) $.\overline{6}$

(14) $.\overline{14}$

(17) $.\overline{16}$

(20) $.\overline{32}$

Operaciones con números decimales

Suma

La suma de decimales defiere sólo de la de números enteros en la colocación del punto, ya que éstos deben ser colocados en forma vertical; dejando los números enteros en el lado izquierdo del punto y los decimales a la derecha.

Sumar: $8.45 + 28.4 + .31$

Colocando los sumandos en forma vertical, tenemos:

$$\begin{array}{r} 8.45 \\ 28.4 \\ +\quad .31 \\ \hline 37.16 \end{array}$$

Cuando sumamos enteros y decimales, consideramos que en los enteros el punto decimal se encuentra omitido a la derecha del último dígito. Así, al sumar,

$$73 + 5.9 + .325 + 180$$

procedemos de la forma siguiente:

$$\begin{array}{r} 73. \\ 5.9 \\ .325 \\ +\ 180. \\ \hline 259.225 \end{array}$$

CONJUNTO 41

Sume:

(1)
$$\begin{array}{r} .58 \\ 4.2 \\ 12.43 \\ \hline \end{array}$$

(4)
$$\begin{array}{r} 39.2 \\ 4.76 \\ 52. \\ 169.4 \\ \hline \end{array}$$

(7)
$$\begin{array}{r} 74.25 \\ 129.6 \\ 4.36 \\ \hline \end{array}$$

(10)
$$\begin{array}{r} 92.27 \\ .73 \\ 128. \\ \hline \end{array}$$

(2)
$$\begin{array}{r} 6.32 \\ 25. \\ 4.09 \\ \hline \end{array}$$

(5)
$$\begin{array}{r} 51.75 \\ 4.38 \\ .075 \\ 63.1 \\ \hline \end{array}$$

(8)
$$\begin{array}{r} 83.6 \\ 5.48 \\ 75.52 \\ \hline \end{array}$$

(11)
$$\begin{array}{r} 621.4 \\ 19.87 \\ 6.425 \\ \hline \end{array}$$

(3)
$$\begin{array}{r} 14.8 \\ 613.05 \\ 1.9 \\ 24. \\ \hline \end{array}$$

(6)
$$\begin{array}{r} 4.08 \\ 51.709 \\ 9.17 \\ \hline \end{array}$$

(9)
$$\begin{array}{r} 47.61 \\ 53.9 \\ 4.72 \\ \hline \end{array}$$

(12)
$$\begin{array}{r} 743.15 \\ 81.96 \\ 326.5 \\ \hline \end{array}$$

(13)	402.9	(15)	689.4	(17)	1,276.5	(19)	6,344.125
	70.25		35.65		489.58		76.38
	858.4		136.44		60.9		493.5
					1.32		.63

(14)	715.9	(16)	376.58	(18)	4,358.63	(20)	2,122.9
	68.43		122.46		729.41		44.4
	10.63		32.75		33.99		6.9
			.32		6.4		1,943.25

Resta

Se efectúa igual que la resta de números enteros, pero colocando los puntos decimales en forma vertical, cuidando que los enteros queden a la izquierda del punto y los decimales a la derecha.

Ejemplos:

(1) $34.21 - 18.94$

$$
\begin{array}{r}
34.21 \\
- 18.94 \\
\hline
15.27
\end{array}
$$

(2) $85.3 - 76.48$

$$
\begin{array}{r}
85.30 \\
- 76.48 \\
\hline
8.82
\end{array}
$$
Se coloca un cero en el minuendo para facilitar la operación de resta.

(3) $134 - 78.53$

$$
\begin{array}{r}
134.00 \\
- 78.53 \\
\hline
55.47
\end{array}
$$
Se colocan dos ceros después del punto por la misma razón apuntada arriba.

CONJUNTO 42

Reste:

(1)	12.43 − 8.56	(6)	184.75 − 98.66	(11)	500 − 69.43	(16)	700 − 68.98
(2)	46.5 − 29.84	(7)	231 − 58.77	(12)	527.3 − 99.85	(17)	731.1 − 649.83
(3)	60.01 − 49.93	(8)	300 − 176.8	(13)	603 − 574.69	(18)	804 − 49.73
(4)	93.4 − 76.38	(9)	401.2 − 76.49	(14)	638.1 − 59.36	(19)	845.6 − 137.72
(5)	81.4 − 9.5	(10)	432 − 6.87	(15)	690 − 54.45	(20)	931.6 − 748.78

Multiplicación

La multiplicación con números decimales se efectúa de la misma forma que la multiplicación con números enteros, con la única diferencia de que en el producto final se coloca el punto decimal, contando de derecha a izquierda tantos lugares como lugares decimales haya en el multiplicando y en el multiplicador juntos.

Ejemplos: 3.47×4.5

Efectuando la operación:

```
      3.47
  ×   4.5
    ─────
     1735
    1388
    ──────
   15.615
```

```
Multiplicar   815
      ×      4.8
           ─────
           6520
          3260
          ──────
          3912.0
```

CONJUNTO 43

Multiplique:

(1) 8.3×4

(2) 14.6×3.5

(3) 2.43×6.8

(4) 74.1×8.7

(5) 9.6×4.63

(6) 10.2×5.3

(7) 26.9×2.8

(8) 50.8×8.6

(9) 3.98×2.6

(10) 42.6×3.5

(11) 5.2×8.1

(12) 50.2×6.4

(13) $4.93 \times .12$

(14) 62.5×7.3

(15) 18.1×6.9

(16) 20.8×10.4

(17) 7.3×4.8

(18) 16.4×7.9

(19) 8.6×9.6

(20) 81.4×2.6

División

Para dividir decimales se eliminan los puntos decimales en el divisor, y después se procede como si fueran enteros, teniendo presente colocar el punto, decimal en el cociente si el dividendo es un número decimal.

Veamos estos conceptos numéricamente:

(1) Dividir: $9.72 \div .3$

$$.3\overline{)9.72}\ \begin{cases} \text{Moviendo el punto decimal en ambos, divisor y dividendo, queda:} \\[2mm] 3\overline{)97.2} \end{cases}$$

Nota: Esta operación se puede efectuar porque al multiplicar por 10, divisor y dividendo, no se altera la proporcionalidad en ambas cantidades.

Efectuando esta operación, tenemos:

$$
\begin{array}{r}
32.4 \\
3\overline{)97.2} \\
-9 \\
\hline
07 \\
-6 \\
\hline
12 \\
-12 \\
\hline
0
\end{array}
$$

(2) Dividir: $33 \div 2.75$

$$2.75\overline{)33} \quad =$$

$$
\begin{array}{r}
12 \\
275\overline{)3300} \\
-275 \\
\hline
550 \\
-550 \\
\hline
0
\end{array}
$$

Respuesta: 12

(3) Dividir: $49.5 \div 15$

$$
\begin{array}{r}
3.3 \\
15\overline{)49.5} \\
-45 \\
\hline
4\,5 \\
-4\,5 \\
\hline
0
\end{array}
$$

Nota: Al bajar el 5, se pone el punto en el cociente, ya que el 5 es un número decimal.

CONJUNTO 44

Divida:

(1) $51.7 \div 11$

(2) $88.48 \div 14$

(3) $140.6 \div 7.4$

(4) $196.56 \div 21$

(5) $296.7 \div 12.9$

(6) $471.15 \div 17.45$

(7) $1,010.6 \div 31$

(8) $607.2 \div 17.6$

(9) $1,165.5 \div 51.8$

(10) $845 \div 6.5$

(11) $1,014.62 \div 19.4$

(12) $1,381.8 \div 28$

(13) $2,185.38 \div 63.9$

(14) $1,144.8 \div 15.9$

(15) $871.5 \div 83$

(16) $1,891.41 \div 9.41$

(17) $1,534.5 \div 7.75$

(18) $2,855.6 \div 236$

(19) $4,205.9 \div 307$

(20) $2,444.31 \div 8.23$

Problemas Escritos

CONJUNTO 45

Solucione los siguientes problemas escritos:

(1) Rosario depositó los siguientes cheques en su cuenta de ahorros: $67.50, $125.55, $34.42 y $9.75. ¿Cuánto depositó en total?

(2) Miguel fue de compras y gastó $12.99 en una camisa, $17.50 en un pantalón, y $25 en un par de zapatos. ¿Cuánto dinero gastó?

(3) Juan mide 1.95 m y Rosa mide 1.78 m. ¿Cuánto más mide Juan que Rosa?

(4) Marta gasta $43.59 en el supermercado; si paga con un billete de $50, ¿cuánto le devuelven?

(5) Carlos pagó sus deudas con cheques por las siguientes cantidades: $130.25, $94.40, $35.20, $325.50 y $18.95. Si tenía $800.25 en la cuenta corriente, ¿cuánto dinero le queda después de haber pagado sus deudas?

(6) El Señor López gana $58.40 diarios. ¿Cuánto gana en cinco días?

(7) Luisa gana $3.45 en una hora. ¿Cuánto gana en 8½ horas?

(8) Si un automóvil corre a la velocidad de 80.5 km por hora, ¿cuánto corre en 5¼ horas?

(9) Leonardo ganó $320.60 en 5 días. ¿Cuánto ganó por día?

(10) Margarita compró un pollo de 3.4 lb por $2.35. ¿Cuánto le costó la libra?

(11) ¿Cuál es el precio de 50 pies de cable a $0.12 el pie?

(12) Una suscripción a cierta revista mensual cuesta $9.75 anualmente. Si se compra un número suelto el precio es de $1.25. ¿Cuánto se ahorra con la suscripción en un año?

(13) Aurora compró 2 docenas de huevos y una barra de pan. Si los huevos cuestan a $1.35 la docena y la cuenta fue $3.35. ¿Cuánto costó el pan?

(14) Viajando a 45.5 millas por hora, ¿cuánto tardaría en viajar 380 millas?

(15) Si una docena de lápices cuesta $0.84, ¿cuánto costarán 18 lápices?

(16) Los boletos para una rifa cuestan $1.25. Si se recaudaron $308.75, ¿cuántos boletos se vendieron?

(17) Alberto compra 3 camisas a $8.75 cada una y paga con un billete de $50.00. ¿Cuánto le devuelven?

(18) Ana compró 5 sellos a 31¢ cada uno, y 6 sobres a $1.80 la docena. Si pagó con un billete de $5.00, ¿cuánto le devolvieron?

(19) A razón de $1.20 la docena de toronjas, ¿cuántas docenas pueden comprarse con $18.00?

(20) Si cada caja de 12 botellas de refresco cuesta $4.20, ¿cuántas botellas pueden comprarse con $44.10?

Respuestas a los conjuntos

RESPUESTAS AL CONJUNTO 40

(1) $43/100$

(2) $29/50$

(3) $13/20$

(4) $22/25$

(5) $24/25$

(6) $11/20$

(7) $19/25$

(8) $17/20$

(9) $^{27}/_{200}$ (12) $^{7}/_{33}$ (15) $^{32}/_{99}$ (18) $^{25}/_{99}$

(10) $^{29}/_{200}$ (13) $^{7}/_{11}$ (16) $^{4}/_{9}$ (19) $^{2}/_{11}$

(11) $^{2}/_{3}$ (14) $^{14}/_{99}$ (17) $^{16}/_{99}$ (20) $^{32}/_{99}$

RESPUESTAS AL CONJUNTO 41

(1) 17.21   (6) 64.959   (11) 647.695   (16) 532.11

(2) 35.41   (7) 208.21   (12) 1,151.61   (17) 1,828.3

(3) 653.75   (8) 164.6   (13) 1,331.55   (18) 5,128.43

(4) 265.36   (9) 106.23   (14) 794.96   (19) 6,914.635

(5) 119.305   (10) 221   (15) 861.49   (20) 4,117.45

RESPUESTAS AL CONJUNTO 42

(1) 3.87   (6) 86.09   (11) 430.57   (16) 631.02

(2) 16.66   (7) 172.23   (12) 427.45   (17) 81.27

(3) 10.08   (8) 123.2   (13) 28.31   (18) 754.27

(4) 17.02   (9) 324.71   (14) 578.74   (19) 707.88

(5) 71.9   (10) 425.13   (15) 635.55   (20) 182.82

RESPUESTAS AL CONJUNTO 43

(1) 33.2   (6) 54.06   (11) 42.12   (16) 216.32

(2) 51.1   (7) 75.32   (12) 321.28   (17) 35.04

(3) 16.524   (8) 436.88   (13) .5916   (18) 129.56

(4) 644.67   (9) 10.348   (14) 456.25   (19) 82.56

(5) 44.448   (10) 149.1   (15) 124.89   (20) 211.64

RESPUESTAS AL CONJUNTO 44

(1) 4.7   (6) 27   (11) 52.3   (16) 201

(2) 6.32   (7) 32.6   (12) 49.35   (17) 198

(3) 19   (8) 34.5   (13) 34.2   (18) 12.1

(4) 9.36   (9) 22.5   (14) 72   (19) 13.7

(5) 23   (10) 130   (15) 10.5   (20) 297

RESPUESTAS AL CONJUNTO 45

(1) $237.22

(2) $55.49

(3) .17

(4) $6.41

(5) $195.95

(6) $292.00

(7) $29.33

(8) 422.63

(9) $64.12

(10) $0.69

(11) $6.00

(12) $5.25

(13) $0.65

(14) 8.35 min.

(15) $1.26

(16) 247

(17) $23.75

(18) $2.55

(19) 15

(20) 126

POTENCIAS Y RAÍCES

Los conceptos de potencias y raíces son considerados matemáticamente como operaciones inversas. *Por ejemplo:* 7 elevado al cuadrado es igual a $7^2 = 49$; luego si extraemos la raíz cuadrada de 49, su resultado será: $\sqrt{49} = 7$.

Dada la brevedad con que tendremos que enfocar este capítulo; atenderemos básicamente los conceptos que no pueden ser excluidos:

Multiplicación de potencias con la misma base

$5^2 = 25$; donde 5 es la base, 2 es el exponente y 25 es la potencia. Multiplicar $2^3 \times 2^2 = 2^{3+2} = 2^5$; y la potencia será, 2 tomado como factor, 5 veces, o sea: $2 \times 2 \times 2 \times 2 \times 2 = 32$. Luego, 32 es una potencia de 2.

La regla o generalización para efectuar esta operación es la siguiente: para multiplicar cantidades con la misma base; dejamos como producto la misma base y sumamos los exponentes. Así:

$7^2 \times 7^6 = 7^8$; $11^4 \times 11^5 = 11^9$, etc. y en general:

$$w^4 \times w^7 = w^{11},$$

Si una base no tiene ningún exponente escrito; se entenderá que tiene el exponente uno (1).

Por ejemplo: $B \times B^7 = B^{1+7} = B^8$

El primer factor tiene el exponente 1, omitido, pero que tiene que ser considerado para hallar el producto.

CONJUNTO 46

(1) 5×5^3

(2) $2^3 \times 2^2$

(3) $9^2 \times 9$

(4) $7^2 \times 7^2$

(5) $11^4 \times 11^3$

(6) $t^4 \times t$

(7) $y^2 \times y^9$

(8) $m^4 \times m \times m^2$

(9) $p \times p \times p$

(10) $v^5 \times v \times v^3$

(11) $n^7 \times n^6 \times n$

(12) $5^{2w} \times 5^w$

(13) $3^m \times 3$

(14) $m^3 \times m^4 \times m$

(15) $7^t \times 7^{2t} \times 7$

(16) $2^x \times 2^x \times 2^{2x}$

(17) $7^2 \times 7^r$

(18) $4 \times 4^4 \times 4$

(19) $y^m \times y^{5m}$

(20) $n^9 \times n^8 \times n$

División por la misma base

Ejemplo: $\dfrac{2^9}{2^6} = 2^{9-6} = 2^3 = 8$

El cociente está formado por la misma base, donde una resta ha sido efectuada entre el exponente de la base en el numerador y el exponente de la base en el denominador, y en general: $\dfrac{A^7}{A^5} = A^{7-5} = A^2$

También: $\dfrac{R^m}{R} = R^{m-1}$

Conjunto 47

Divida:

(1) $5^9/5^7$

(2) $3^7 \div 3^4$

(3) $2^4 \div 2^3$

(4) $7^5 \div 7^5$

(5) $9^4/9$

(6) $B^5 \div B^3$

(7) $M^{11} \div M^5$

(8) A^{12}/A^3

(9) $W^{10} \div W^4$

(10) $C^{12} \div C^{11}$

(11) $G^5 \div G$

(12) $H^{14} \div H^9$

(13) $K^7 \div K^4$

(14) $V^9 \div V^6$

(15) $R^{17} \div R^9$

(16) $K^7 \div K^2$

(17) $M^{13} \div M^7$

(18) N^{20}/N

(19) $7^{5t}/7^{2t}$

(20) $W^8 \div W^6$

Método para hallar la raíz cuadrada a un número mayor de 100

Hallar la raíz cuadrada de 529:

$$
\begin{array}{r|l}
\sqrt{5'29} & \dfrac{23}{43 \times 3} = \\
-4 & \\
\hline
129 & 129 \\
-\,129 & \\
\hline
0 &
\end{array}
$$

Método: Se separan grupos de dos dígitos comenzando por la derecha, y se extrae la raíz cuadrada del número que quede a la izquierda; que puede ser de una o dos cifras. En el ejemplo, tiene una sola cifra, el número cinco. Se extrae la raíz cuadrada de 5; y se obtiene el número 2. Se eleva el 2 al cuadrado, que resulta 4; y este número se resta del 5; obteniéndose el número 1. A continuación se baja el 29 y se busca el doble de la raíz hallada; esto es, 4. Ahora se separa la última cifra del 129, para probar la nueva raíz; dividiéndose 12 por 4, que resulta 3. Se escribe el 3 al lado del 4; formándose el número 43 y se multiplica por el mismo 3, resultando 129, que al efectuarse la resta, resulta 0. De donde la raíz cuadrada resultante es el número 23.

Aclaración: Si al efectuarse la multiplición anterior el producto hubiera sido mayor de 129; el 3 no sería la nueva raíz, sino el 2.

Otro ejemplo:

$$
\begin{array}{r|l}
\sqrt{9'12'04} & \dfrac{302}{602 \times 2} = \\
-9 & \\
\hline
01204 & 01204 \\
-\,01204 & \\
\hline
0 &
\end{array}
$$

Al separar el último dígito del 12, queda a la izquierda el 1, que al ser menos que 3, se escribe el 0 al lado del 3; formándose el número 30. También se escribe el 0, al lado del 6, para formar el número 60, que es el doble de 30. A continuación se baja el 0 y el 4, para formar el 1204; y al dividir 120 por 60, se obtiene de cociente el 2; que resulta la nueva raíz. *Resultado:* 302

CONJUNTO 48

Halle la raíz cuadrada de:

(1) $\sqrt{361}$

(2) $\sqrt{484}$

(3) $\sqrt{784}$

(4) $\sqrt{961}$

(5) $\sqrt{1,156}$

(6) $\sqrt{1,849}$

(7) $\sqrt{2,916}$

(8) $\sqrt{3,481}$

(9) $\sqrt{3,969}$

(10) $\sqrt{5,041}$

(11) $\sqrt{7,056}$

(12) $\sqrt{8,649}$

(13) $\sqrt{9,409}$

(14) $\sqrt{23,716}$

(15) $\sqrt{29,929}$

(16) $\sqrt{11,449}$

(17) $\sqrt{41,616}$

(18) $\sqrt{166,464}$

(19) $\sqrt{251,001}$

(20) $\sqrt{644,809}$

Respuestas a los conjuntos

RESPUESTAS AL CONJUNTO 46

(1) 5^4

(2) 2^5

(3) 9^3

(4) 7^4

(5) 11^7

(6) t^5

(7) y^{11}

(8) m^7

(9) p^3

(10) v^9

(11) n^{14}

(12) 5^{3w}

(13) 3^{m+1}

(14) m^8

(15) 7^{3t+1}

(16) 2^{4x}

(17) 7^{2+r}

(18) 4^6

(19) y^{6m}

(20) n^{18}

RESPUESTAS AL CONJUNTO 47

(1) 5^2

(2) 3^3

(3) 2

(4) $7^0 = 1$

(5) 9^3

(6) B^2

(7) M^6

(8) A^9

(9) W^6

(10) C

(11) G^4

(12) H^5

(13) K^3

(14) V^3

(15) R^8

(16) K^5

(17) M^6

(18) N^{19}

(19) 7^{3t}

(20) W^2

Respuestas al conjunto 48

(1) 19	(6) 43	(11) 84	(16) 107
(2) 22	(7) 54	(12) 93	(17) 204
(3) 28	(8) 59	(13) 97	(18) 408
(4) 31	(9) 63	(14) 154	(19) 501
(5) 34	(10) 71	(15) 173	(20) 803

RAZONES Y PROPORCIONES

Razones

Razón, desde el punto de vista metemático, es el resultado de comparar dos cantidades. Esta comparación puede efectuarse mediante una resta, para conocer la diferencia entre dos cantidades, o a través de la división para saber cuantas veces una cantidad contiene a la otra.

En este capítulo sólo se estudiarán las razones geométricas o por cociente por ser éstas las de más uso. Son razones, la siguiente: $\frac{4}{5}$, $\frac{6}{13}$, $\frac{8}{11}$, etc. Estas razones geométricas se leen: Cuatro es a cinco, seis es a trece, ocho es a once, etc. También puede indicarse la división así: $4 \div 5$, $6 \div 13$, y $8 \div 11$.

Los términos en una razón geométrica son antecedente, el primero, y consecuente, el segundo. Escrito en la forma de fracción común o quebrado, antecedente es el numerador y consecuente es el denominador.

Las razones geométricas conservan las mismas propiedades que las fracciones comunes o quebrados; por lo tanto, si se multiplica o divide el antecedente y el consecuente por el mismo número, la razón no varía.

Proporciones geométricas

Una proporción geométrica es la igualdad de dos razones geométricas. *Ejemplos:*

(1) $\frac{r}{s} = \frac{u}{v}$ o también $r:s::u:v$, leyéndose r es a s como u es a v.

(2) $\frac{3}{5} = \frac{9}{15}$ se lee: tres es a cinco como nueve es a quince.

Extremos

o $3:5::9:15$, leyéndose igual. El 3 y el 15 son los extremos de la proporción y el 5 y el

Medios

9 son los medios. El producto de $3 \times 15 = 45$ es igual a el producto de $9 \times 5 = 45$; de donde se asegura que en toda proporción geométrica el producto de los extremos es igual al producto de los medios.

Así, $\frac{4}{11} = \frac{8}{22}$, ya que:

$$4 \times 22 = 11 \times 8$$
$$88 = 88$$

Clases de proporciones geométricas

Las proporciones geométricas pueden ser discretas o continuas.

Son discretas cuando sus medios no son iguales, como 5:7::10:14 y continuas cuando sus medio son iguales, como en: 2:10::10:50

Media proporcional o media geométrica

Es cada uno de los términos medios en una proporción geométrica continua. *Ejemplo:*

$$2:12::12:72 \quad ó \quad \frac{2}{12} = \frac{12}{72}$$

Método para hallar una media proporcional entre dos números dados

Los números dados se toman como extremos, siendo x los medios: Para hallar la media proporcional entre 4 y 16, se procede así:

4 y 16 serán los extremos de la proporción:

$$\frac{4}{x} = \frac{x}{16}$$

y despejando x, tenemos:

$$x^2 = 64$$

De donde $x = \sqrt{64}$

$x = 8$

Comprobando la proporción, se tiene:

$$\frac{4}{8} = \frac{8}{16} \quad y \quad 4 \times 16 = 8 \times 8$$
$$64 = 64$$

Tercera proporcional

Es el primero y cuarto término en una proporción geométrica continua.

Así, en la proporción $\frac{2}{4} = \frac{4}{8}$ ó 2:4::4:8, 2 es una tercera proporcional de 4 y 8, y 8 es una tercera proporcional de 2 y 4.

Método para hallar una tercera proporcional entre dos números dados

Los números dados; se toma uno como extremo y el otro como medio, y como estas proporciones son continuas, el número que se toma como medio se repite, ya que los medios tienen que ser iguales. Para hallar una tercera proporcional entre 5 y 20, se procede así:

$$\frac{5}{20} = \frac{20}{x}$$

Despejando x, se tiene: $x = \dfrac{\overset{4}{\cancel{20}} \times 20}{\underset{1}{\cancel{5}}} = 4 \times 20 = 80$

y comprobando la proporción: $\dfrac{5}{20} = \dfrac{20}{80}$; de donde $5 \times 80 = 20 \times 20$

$$400 = 400$$

Cuarta proporcional

Cuarta proporcional es cualquier término de una proporción geométrica discreta. Así, en la proporción:

$$\frac{2}{11} = \frac{6}{33}$$

Cualquiera de estos cuatro términos es considerado como una cuarta proporcional respecto de los otros tres.

Método para hallar una cuarta proporcional entre tres números dados

Se toman los números en orden, esto es, que al escribir un extremo, un medio, otro medio, se representa el número desconocido con x, que es el último extremo.

Así, para encontrar una cuarta proporcional entre 7, 12 y 35, se hace lo siguiente: $7:12::35:x$

En forma de quebrado o fracción común sería $\dfrac{7}{12} = \dfrac{35}{x}$

Resolviendo la proporción: $x = \dfrac{12 \times 35}{7} = 12 \times 5 = 60$

Comprobando: $\dfrac{7}{12} = \dfrac{35}{60}$

$$7 \times 60 = 12 \times 35$$
$$420 = 420$$

Nota aclaratoria: Estas propiedades estudiadas de las proporciones geométricas son aplicables también a otra clase de números, no sólo a números enteros.

Vea algunos ejemplos con números fraccionarios:

(1) $\dfrac{\frac{1}{2}}{4} = \dfrac{x}{48}$

Dejando x: $x = \dfrac{\frac{1}{2} \times \overset{12}{\cancel{48}}}{\underset{1}{\cancel{4}}} = \frac{1}{2} \times 12 = 6$

Comprobando: $\dfrac{\frac{1}{2}}{4} = \dfrac{6}{48} = \frac{1}{2} \times 48 = 4 \times 6$

$$24 = 24$$

(2) $\dfrac{2}{\frac{1}{5}}=\dfrac{80}{x}$

Despejando x: $\quad x=\dfrac{\frac{1}{5}\times 80}{2}=\frac{1}{5}\times 40=8$

Comprobando: $\dfrac{2}{\frac{1}{5}}=\dfrac{80}{8}=2\times 8=\frac{1}{5}\times 80$

$$16=16$$

(3) $\dfrac{x}{18}=\dfrac{3}{\frac{3}{4}}$

Despejando x: $\quad x=\dfrac{18\times 3}{\frac{3}{4}}=54\div \frac{3}{4}$

$$=54\times \frac{4}{3}=72$$

Comprobando: $\dfrac{72}{18}=\dfrac{3}{\frac{3}{4}}$

$$72\times \tfrac{3}{4}=18\times 3$$
$$18\times 3=18\times 3$$
$$54=54$$

CONJUNTO 49

Halle x en las siguientes ecuaciones:

(1) $\dfrac{5}{17}=\dfrac{20}{x}$

(2) $\dfrac{12}{3}=\dfrac{x}{25}$

(3) $\dfrac{x}{9}=\dfrac{10}{15}$

(4) $\dfrac{85}{x}=\dfrac{17}{5}$

(5) $\dfrac{8}{x}=\dfrac{32}{48}$

(6) $\dfrac{6}{15}=\dfrac{x}{20}$

(7) $\dfrac{27}{36}=\dfrac{18}{x}$

(8) $\dfrac{x}{15}=\dfrac{21}{45}$

(9) $\dfrac{12}{x}=\dfrac{96}{40}$

(10) $\dfrac{8}{3}=\dfrac{240}{x}$

(11) $\dfrac{\frac{1}{2}}{3}=\dfrac{4}{x}$

(12) $\dfrac{x}{\frac{3}{4}}=\dfrac{12}{3}$

(13) $\dfrac{x}{30}=\dfrac{\frac{2}{5}}{12}$

(14) $\dfrac{8}{\frac{2}{3}}=\dfrac{x}{9}$

(15) $\dfrac{\frac{3}{4}}{\frac{1}{5}}=\dfrac{x}{\frac{4}{5}}$

(16) $\dfrac{9}{12}=\dfrac{x}{16}$

(17) $\dfrac{4}{8}=\dfrac{8}{x}$

(18) $\dfrac{x}{\frac{1}{5}}=\dfrac{6}{2}$

(19) $\dfrac{2}{20}=\dfrac{\frac{1}{2}}{x}$

(20) $\dfrac{25}{x}=\dfrac{x}{4}$

CONJUNTO 50

Halle el término medio proporcional o media proporcional:

(1) 2 y 18

(2) 32 y 2

(3) 3 y 48

(4) 5 y 45

(5) 500 y 5

Halle una tercera proporcional:

(6) 4 y 6

(7) 6 y 9

(8) 4 y 16

(9) 1/2 y 4

(10) 1/3 y 7

Respuestas al los conjuntos

RESPUESTAS AL CONJUNTO 49

(1) 68	(6) 8	(11) 24	(16) 12
(2) 100	(7) 24	(12) 3	(17) 16
(3) 6	(8) 7	(13) 1	(18) 3/5
(4) 25	(9) 5	(14) 108	(19) 5
(5) 12	(10) 90	(15) 3	(20) 10

RESPUESTAS AL CONJUNTO 50

(1) 6	(6) 9
(2) 8	(7) 13½
(3) 12	(8) 64
(4) 15	(9) 32
(5) 50	(10) 147

TANTO POR CIENTO

El tanto por ciento (%), al igual que las fracciones, es una forma de representar partes de un todo; en este caso partes de cien. Por lo tanto, cuando hablamos del 8% de un número lo podemos representar en forma de fracción, o sea, 8/100 (lo cual sería equivalente a 2/25).

A continuación, varios ejemplos:

(1) $1/2 = 50/100 = 50\% = 0.50$

(2) $3/4 = 75/100 = 75\% = 0.75$

(3) $2/5 = 40/100 = 40\% = 0.40$

(4) $7/10 = 70/100 = 70\% = 0.70$

Hallar el tanto por ciento de un número

Ejemplos:

(1) Halle el 25% de 60.

Solución: $25\% = 25/100 \quad \dfrac{\overset{1}{25}}{\underset{4}{100}} \times 60 = 15$

(2) Encuentre el 20% de 320.
Solución: $20\% = 20/100$; $20/100 \times 320 = 64$

(3) Busque el 8% de 35.
Solución: $8\% = 8/100$; $8/100 \times 35 = 280/100 = 2.8$

Hallar un número cuando se conoce un tanto por ciento de él.

Ejemplo: Supongamos que el 20% de cierto número es 64, ¿cuál es el número?

Solución: Llamemos el número x, entonces:

$$20\% = 64$$
$$100\% = \ x$$

De donde:

$$\frac{20}{100} = \frac{64}{x}$$
$$x = \frac{64 \times 100}{20}$$
$$x = 64 \times 5$$
$$x = 320$$

CONJUNTO 51

Resuelva los siguientes problemas:

De qué número es

(1) 105 el 35%

(2) 51 el 60%

(3) 288 el 40%

(4) 266 el 38%

(5) 108 el 90%

(6) 324 el 6%

(7) 13 el 6½%

(8) 30 el 15%

(9) 18 el 36%

(10) 150 el 90%

(11) 120 el 60%

(12) 300 el 10%

(13) 60 el 72%

(14) 45 el 60%

(15) 27 el 81%

(16) 25 el 80%

(17) 280 el 14%

(18) 180 el 30%

(19) 350 el 70%

(20) 500 el 10%

Hallar qué tanto por ciento es un número de otro

Ejemplo: ¿Qué tanto por ciento es 40 de 160?

Solución: $x/100 \times 160 = 40$
$$160x/100 = 40$$
$$160x = 40 \times 100$$
$$x = 40 \times 100/160$$
$$x = 25$$

De modo que 40 es el 25% de 160.

Otro procedimiento: Pongamos los números en forma de fracción: 40 de 160 = 40/160. Reduciendo obtenemos 1/4. Ahora combiamos la fracción a decimal (se divide $1 \div 4$)

CONJUNTO 52

Resuelva los siguientes problemas:

(1) ¿Qué tanto por ciento es 80 de 400?

(2) ¿Qué tanto por ciento es 20 de 250?

(3) ¿Qué tanto por ciento es 36 de 360?

(4) ¿Qué tanto por ciento es 48 de 800?

(5) ¿Qué tanto por ciento es 36 de 108?

(6) ¿Qué tanto por ciento es 75 de 200?

(7) ¿Qué tanto por ciento es 80 de 320?

(8) ¿Qué tanto por ciento es 45 de 900?

(9) ¿Qué tanto por ciento es 12 de 240?

(10) ¿Qué tanto por ciento es 84 de 280?

(11) ¿Qué tanto por ciento es 65 de 130?

(12) ¿Qué tanto por ciento es 18 de 54?

(13) ¿Qué tanto por ciento es 72 de 90?

(14) ¿Qué tanto por ciento es 24 de 60?

(15) ¿Qué tanto por ciento es 12 de 96?

(16) ¿Qué tanto por ciento es 700 de 800?

(17) ¿Qué tanto por ciento es 16 de 40?

(18) ¿Qué tanto por ciento es 10 de 160?

(19) ¿Qué tanto por ciento es 30 de 80?

(20) ¿Qué tanto por ciento es 5 de 60?

Porcentaje: Aplicaciones a problemas escritos

Ejemplos:

(1) Un televisor que regularmente se vende por $540.00 tiene un descuento de un 20%. ¿Cuál es el pricio del televisor? (Este problema es similar al primer grupo.)

Solución: $20\% = 20/100$ $20/100 \times 540.00 = 108.00$

La rebaja o descuento es de $108.00 así es que si a $540 le restamos $108.00 obtendremos la respuesta, o sea, $432.00.

(2) Un equipo de pelota juega 24 juegos, de los cuales gana 18. ¿Qué por ciento de los juegos ganó? (Este es similar al tercer grupo.)

$18/24 = 3/4$; ahora dividimos $3 \div 4$

$$\begin{array}{r} 0.75 \\ 4\overline{)3.0} \\ \underline{2\ 8} \\ 20 \\ \underline{20} \end{array}$$

$0.75 = 75\%$ o sea, que el equipo ganó el 75% de los juegos.

(3) Si compramos un automóvil por $7,200.00 y lo vendemos en $5,400.00 ¿cuál ha sido el porcentaje de pérdida en la transacción?

Solución: Pérdida $= 7,200 - 5,400 = \$1,800$.

Ahora hablamos qué tanto por ciento es 1,800 de 7,200: $\dfrac{1,800}{7,200} = \dfrac{18}{72} = \dfrac{1}{4}$

$$\begin{array}{r} .25 \\ 4\overline{)1.0} \\ \underline{8} \\ 20 \\ \underline{20} \end{array}$$

$0.25 = 25\%$ El porcentaje de pérdida es de un 25%.

(4) Un abrigo se vende por $69.79. Si este precio indica ya un descuento de un 30%, ¿cuál era el precio original del abrigo? (Este problema es similar al segundo grupo.)

Solución: $^{70}/_{100} = ^{69.79}/_x$

$$70x = 69.79 \times 100$$

$$x = \frac{69.79 \times 100}{70}$$

$$x = \frac{697.9}{7} = \$99.70$$

Nota: Si el abrigo se vende con un 30% de descuento esto significa que se está pagando un 70% del costo, o sea $100 - 30 = 70\%$

El precio original del abrigo era $99.70.

(5) Si depositamos $600.00 en un banco al 12% de interés anual ¿qué interés recibimos al final del año?

Solución: Usamos la fórmula siguiente:

$$\text{Interés} = \frac{\text{Capital} \times \% \times \text{tiempo}}{100}$$

$$I = \frac{600 \times 12 \times 1}{100}$$

$I = 72$ Recibiremos $72.00 de interés.

(6) ¿Qué interés debemos pagar por un préstamo de $3,200 al 13½ anual durante 2 años y 3 meses?

Solución: $I = \dfrac{C \times \% \times T}{1,200}$

(Convirtiendo 2 años y 3 meses a meses obtenemos 27 meses.)

$$I = \frac{3,200 \times 13.5 \times 27}{1,200}$$

$$I = \$972.00$$

Nota: Cuando el tiempo está dado en meses, dividimos por 1,200; cuando está dado en días, dividimos por 3,600.

Debemos pagar $972.00 en interés.

(7) Calcule el capital que produjo un interés de $104 durante 2 años al 8%.

Solución: Aplicamos la fórmula $\text{Capital} = \dfrac{100 \times \text{Interés}}{70 \times \text{Tiempo}}$

Nota: Si el tiempo está dado en meses, se multiplica por 1,200 en vez de 100.

$$\text{Capital} = \frac{100 \times 104}{8 \times 2}$$

$$C = \$650$$

El capital fue de $650.00.

Problemas escritos

CONJUNTO 53

Soluciones los siguientes problemas escritos:

(1) Un equipo de baloncesto ha jugado 20 juegos. Si ganó el 65% de los juegos, ¿cuántos juegos ganó el equipo?

(2) El Señor García ganó $60,000 en la lotería. Se quedó con el 70% de la suma total para él y su esposa; a su hijo le dio el 15% y el resto se lo dio a su hija. ¿Qué cantidad de dinero recibió la hija?

(3) María se compró un vestido que regularmente se vende en $56.00 Al pagar le hicieron un descuento de 25%. ¿Cuánto pagó María por el vestido?

(4) Antonio gasta el 25% de su sueldo mensual de $2,400 en alquiler. ¿Cuánto le queda después de pagar el alquiler?

(5) Si el ingreso mensual de una familia es de $1,200 y se gasta $300 en comida, ¿qué porcentaje de los ingresos se va en comida?

(6) En una clase de 24 estudiantes hay 6 ausentes ¿qué porcentaje de la clase está ausente? ¿Que porcentaje esta presente?

(7) Doce de los 60 miembros de cierta asociación se han ofrecido para preparar una fiesta ¿Qué por ciento de los miembros van a ayudar?

(8) En un examen de 120 preguntas Juan contesta 96 correctamente. ¿Qué por ciento de las preguntas contestó mal?

(9) El Señor Pérez compra una casa en $45,000 y luego la vende en $60,000. ¿Cuál ha sido el percentaje de ganancia en la transacción?

(10) Un televisor a colores está rebajado y se vende en $312.00. Si este precio indica un descuento de un 35%. ¿Cuál era el precio orginal del televisor.

CONJUNTO 54
Soluciones los siguientes problemas escritos:

(1) Jorge ha gastado 20% de su sueldo en medicinas este mes. Si su sueldo es de $850 mensuales ¿cuánto dinero gastó Jorge en medicina?

(2) ¿Cuánto dinero recibirá en intereses por $900.00 al 9% de interés anual después de 2 años y medio.

(3) ¿Cuánto dinero se recibirá en interes por $750.00 al 8% de interés anual al final del año?

(4) Calcule el capital que produjo $540.00 anual 12% durante 2 años y medio.

(5) Cuál es el capital que al 6¼% produjo $100 en 1 año y 4 meses?

(6) Calcule el capital que al 8% durante 3 meses produce $69.00 de interés.

(7) Halle el tanto por ciento a que estuvieron impuestos $12,000 que produjeron $300 de intereses en 6 meses.

(8) Halle el tanto por ciento a que estuvieron impuestos $1,200 que produjeron $360.00 en 5 años.

(9) Halle el tanto por ciento a que estuvieron impuestos $7,500 que produjeron $450.00 en 9 meses.

(10) Halle el tanto por ciento a que estuvieron impuestos $5,000 que produjeron $150 en 90 días.

Respuestas a los conjuntos

RESPUESTAS AL CONJUNTO 51

(1) 300	(6) 5400	(11) 200	(16) 31¼
(2) 85	(7) 200	(12) 3,000	(17) 2,000
(3) 720	(8) 200	(13) 83⅓	(18) 600
(4) 700	(9) 50	(14) 75	(19) 500
(5) 120	(10) 166⅔	(15) 33⅓	(20) 5,000

RESPUESTAS AL CONJUNTO 52

(1) 20%	(3) 10%	(5) 33⅓%	(7) 25%
(2) 8%	(4) 6%	(6) 37½%	(8) 5%

(9) 5%	(12) 33⅓%	(15) 12½%	(18) 6¼%
(10) 30%	(13) 80%	(16) 87½%	(19) 37½%
(11) 50%	(14) 40%	(17) 40%	(20) 8⅓%

RESPUESTAS AL CONJUNTO 53

(1) 13	(6) 25%/75%
(2) $9,000	(7) 20%
(3) $42.00	(8) 20%
(4) $1,800.00	(9) 25%
(5) 25%	(10) $480

RESPUESTAS AL CONJUNTO 54

(1) $170	(6) $3,450
(2) $202.50	(7) 5%
(3) $60.00	(8) 6%
(4) $1,800.00	(9) 8%
(5) $1,200.00	(10) 12%

ESTADÍSTICA

Cuando hablamos de estadística usamos con frecuencia las palabras promedio, número medio en una serie y valor que ocurre con la mayor frecuencia.

Por ejemplo: En una clase los estudiantes sacaron las siguientes calificaciones: 95, 54, 72, 60, 85, 80, 72, 80, 64, 98, 72, 88 y 94.

(1) Halle el promedio de la clase.

Solución: Sumamos todos las calificaciones (13 en total) y dividimos la suma por 13:

$$\frac{95 + 54 + 72 + 60 + \dots}{13} = \frac{1,014}{13} = 78.$$

El promedio es 78.

(2) Halle la calificación media.

Solución: Ponemos los números en orden: 98, 95, 94, 88, 84, 80, 80, 72, 72, 72, 64, 60, 54. El número 80 cae en el medio de modo que 80 es el número medio.

(3) Halle la calificación que ocurre con la mayor frecuencia.

Solución: 72 es el número más frecuente porque ocurre 3 veces.

Probabilidad

La probabilidad trata de los resultados al azar, o sea, acontecimientos sobre los cuales uno no tiene ningún control. Como, por ejemplo, sacar un número, echar los dados, etc.

La probabilidad de cierto acontecimiento es igual al número de un posible resultado dividido por el número total de posibles resultados.

Ejemplo No. 1: Si una caja contiene 5 lápices de los cuales 2 son rojos, la probabilidad de que al sacar un lápiz salga rojo es ⅖ y de sacar uno que no sea rojo es ⅗.

Nota: La probabilidad se puede expresar en forma de quebrado (fracción); en forma decimal o en tanto por ciento; de modo que en el problema anterior la probabilidad es ⅗ o 60%.

Ejemplo No. 2: Al caer una moneda existen 2 posibilidades: cara y cruz. La posibilidad de que salga cara es $1 \div 2$ ó ½.

Ejemplo No. 3: Si cierto acontecimiento es seguro, entonces la probabilidad de que ocurra es 1 y si el acontecimiento es imposible entonces la probabilidad de que ocurra es 0 así es que si una caja contiene solamente lápices rojos, la probabilidad de que al sacar un lápiz salga rojo es 1 y de que salga uno verde es 0.

El resultado de un muestreo hecho al azar dentro de un grupo es aplicable al grupo total o a otros grupos semejantes.

Por ejemplo: Si de 100 artículos revisados al azar en una fábrica, 9 salen defectuosos, en la producción total de 25,000 artículos ¿cuántos es posible que salgan defectuosos?

Solución: La probabilidad de que un artículo salga defectuoso es de ⁹⁄₁₀₀ ó 9% de modo que ⁹⁄₁₀₀ × 25,000 = 2,250.

CONJUNTO 55

(1) Halle el promedio de 7, 5, 11, 4, 9, 6.

(2) Halle el promedio de 130, 85, 49, 125, 91, 27.

(3) Busque el promedio de 4½, 3¼, 6, 2¼, 5⅓, 2⅔

(4) Halle el número medio en la serie 20, 31, 42, 35, 60, 13, 49.

(5) Halle el valor que ocurre con la mayor frecuencia en la serie 4, 12, 15, 9, 8, 24, 3, 12, 6, 12, 9, 8.

(6) Fernando ganó $37.00 el lunes, $42.00 el martes, $37.50 el miércoles, $38.45 el jueves y $46.75 el viernes. ¿Cuál es el sueldo promedio diario?

(7) Los resultados de una encuesta indican que en cierto grupo de 10 familias el número de hijos por familia es de 3, 3, 4, 2, 1, 2, 0, 2, 2, 1. ¿Cuál es el promedio de hijos por familia?

(8) En el problema anterior, ¿cuál es el número de niños más popular?

(9) En el mismo problema, ¿cuál es la probabilidad de que al escoger una de las familias al azar sea de 2 niños?

(10) En el mismo problema, ¿cuál es la probabilidad de que sea una de 4 niños?

(11) ¿Cuál es la probabilidad de que al echar un dado salga un número par?

(12) ¿Cuál es la probabilidad de que al echar un dado salga el número 6?

(13) Una caja contiene 3 lápices rojos, 2 negros y 4 azules. ¿Cuál es la probabilidad de que al sacar un lápiz salga uno rojo?, ¿y uno azul?

(14) En el problema anterior, ¿cuál es la probabilidad de que salga uno blanco?

(15) En un grupo de 1200 hombres y mujeres hay 580 mujeres. ¿Cuál es la probabilidad de que al sacar una persona al azar sea mujer?

(16) En un muestrario hecho con 100 juguetes en una fábrica, 7 salieron defectuosos. En la producción total de 2,800 juguetes, posiblemente ¿cuántos saldrán con algún defecto?

(17) En una baraja de 40 cartas ¿cuál es la probabilidad de que salga un as de bastos?, ¿un caballo?

(18) En la misma baraja, ¿cuál es la posibilidad de que salga una carta de oros?

(19) Se han vendido 120 boletos para una rifa. Si Ernesto ha comprado 3 boletos, ¿qué probabilidades tiene de ganar?

(20) Si se compran 10 reglas a $1.20 la docena y 15 a $0.84 la docena, ¿cuál es el precio promedio por regla?

RESPUESTAS AL CONJUNTO 55

(1) 7	(6) $40.34	(11) ½	(16) 196
(2) 84.5	(7) 2	(12) ⅙	(17) ¹⁄₄₀ / ¹⁄₁₀
(3) 4	(8) 2	(13) ⅓ / ⁴⁄₉	(18) ¼
(4) 35	(9) ⅖	(14) 0	(19) ¹⁄₄₀
(5) 12	(10) ¹⁄₁₀	(15) ²⁹⁄₆₀	(20) 8.8¢

GRÁFICAS

El estudio de las gráficas es un aspecto importantísimo en el campo de las matemáticas, ya que mediante dicha representación podemos ver de una forma más clara la relación que existe entre diferentes magnitudes.

Existen diversos tipos de gráficas, entre ellas:

a) gráficas de barras—horizontales/verticales
b) gráficas de líneas
c) gráficas dentro del círculo

Nota: Existen otras clases de gráficas, pero las tres mencionadas anteriormente son las que más se ajustan al contenido de este libro.

Ejemplos de los tipos de gráficas

Gráficas de barras

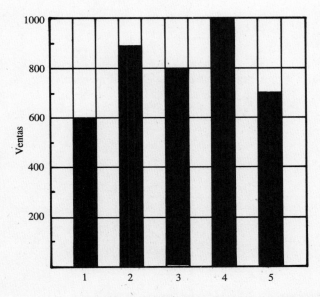

El Señor Pérez es vendedor. La gráfica representa sus ventas durante un período de 5 semanas.

1. El total de ventas durante la segunda semana fue de $900.
2. La diferencia entre la semana que más vendió y la que menos vendió fue de $1,000 - 600 = \$400$.
3. El promedio de ventas durante las 5 semanas fue de:
   $600+900+800+1,000+700/5 = 4,000/5 = \$800$.
4. Si recibe un 15% de comisión, la semana que más vendió ganó: $^{15}/_{100} \times 1,000 = \$150$ en comisión.

Gráficas de líneas

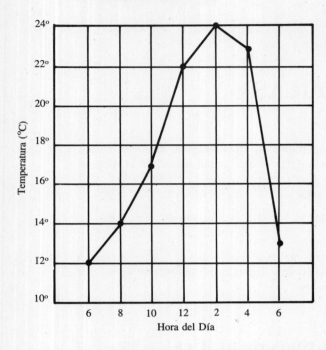

La gráfica representa el cambio de temperatura en un día entre las 6 de la mañana y las 6 de la tarde.

1. La temperatura más alta del día se registró a las 2 de la tarde.
2. Entre el mediodía y las 6 de la tarde hubo un cambio de $22 - 13 = 9$ grados centígrados.
3. Al mediodía la temperatura estaba a 22°C.
4. Entre las 4 y las 6 de la tarde la temperatura bajó $23 - 13 = 10$ grados.

Gráficas dentro del círculo

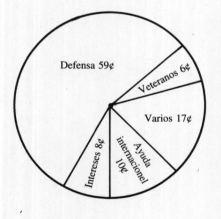

La gráfica representa en qué emplea el gobierno cada dólar.

1. El gasto mayor del país es la defensa en un presupuesto de 100 millones de dólares cuánto se iría en:
2. defensa: $^{59}/_{100} \times 100 = 59$ millones de dólares.
3. ayuda al exterior: $^{10}/_{100} \times 100 = 10$ millones de dólares.
4. intereses: $^{8}/_{100} \times 100 = 8$ millones de dólares.

CONJUNTO 56

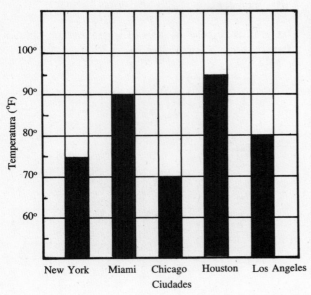

La gráfica representa la temperatura en diferentes cuidades a las 2:00 de la tarde.

(1) ¿En qué ciudad se registró la temperatura más alta?

(2) ¿Qué diferencia de temperatura hubo entre New York City y Houston?

(3) ¿En qué cuidad se registró la temperatura más baja?

(4) ¿Cuál fue el promedio de temperatura en la cinco cuidades?

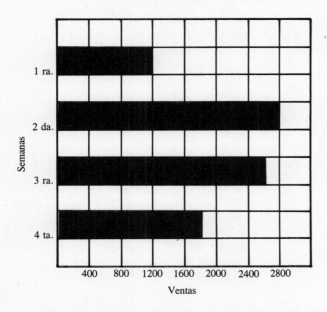

La gráfica representa la ventas de cierta tienda durante las 4 semanas de febrero.

(5) ¿Cuál fue la diferencia entre la semana que más se vendió y la que menos se vendió?

(6) La tienda tiene que pagar 6% de impuestos en cada venta. ¿Cuánto tuvo que pagar la 3ra semana?

(7) ¿Cuál fue el promedio de ventas de las 4 semanas?

(8) Si la tienda tiene una ganancia de un 40% en todas las ventas, ¿cuál fue la ganancia total de las 4 semanas?

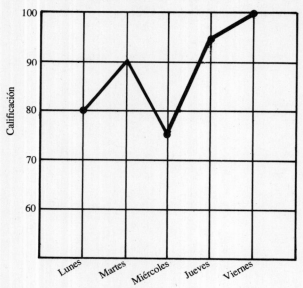

La **gráfica representa las calificaciones que obtuvo** Patricia en la clase de álgebra.

(9) ¿Qué día sacó la nota más baja?

(10) ¿Cuál fue el promedio de la semana?

(11) ¿Cuál fue la nota más cerca del promedio?

(12) Si una "A" representa cualquier nota de 90 a 100 ¿cuántos días sacó "A"?

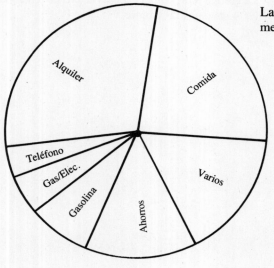

La **gráfica representa la distribución del ingreso total** mensual de $1,250 de la familia Hernández.

Alquiler $350
Comida $320
Teléfono $30
Gas/Electricidad $40
Gasolina $60
Ahorros $150
Varios $300

(13) ¿Cuánto se gasta la familia en alquiler y comida?

(14) ¿Qué gasto representa un 12% del ingreso total?

¿Qué porcentaje de los ingresos se va en:

(15) alquiler?

(16) comida?

(17) gastos varios?

(18) teléfono, gas y luz combinadas?

(19) gasolina?

(20) ¿Qué porcentaje de los ingresos ahorra la familia?

RESPUESTAS AL CONJUNTO 56

(1) Houston	(6) $156	(11) 90	(16) 25.6%
(2) 20°F	(7) $2,100	(12) 3	(17) 24%
(3) Chicago	(6) $3,360	(13) $670	(18) 5.6%
(4) 82°F	(9) miércoles	(14) ahorros (150)	(19) 4.8%
(5) $1,600	(10) 88	(15) 28%	(20) 12%

SERIES

En matemáticas el concepto de "series" queda establecido por la secuencia o sucesión de símbolos, numéricos o literales, de acuerdo con un patrón determinado.

Ejemplos de series: (1) 3, 6, 9, 12, 15...
   (2) 18, 14, 10, 6, 2...

En el ejemplo (1), a partir del primer número, todos los demás fueron encontrados sumando 3 al anterior; luego, la diferencia entre cada uno de los números sucesivos es 3. En el ejemplo (2), a partir del 18, los demás fueron hallados restando 4. De aquí que la diferencia en esta serie sea 4.

Cuando las series son formadas sumando o restando de acuerdo a un patrón preestablecido, se denominan "series aritméticas".

Otros ejemplos de series son: (3) 2, 6, 18, 54...
   (4) 125, 25, 5...

En el ejemplo (3), cada término ha sido formado multiplicando el inmediato anterior por 3. Siendo 3 la razón de esta serie. En el ejemplo (4) cada término ha sido formado dividiendo el anterior por 5, o lo que es lo mismo multiplicando el término anterior por 1/5, siendo 1/5 la razón de esta serie.

Las series formadas multiplicando o dividiendo sus términos son llamadas "series geométricas".

Existen otras series que no se ajustan a ninguna de las condiciones estudiadas anteriormente, las que son conocidas como "series misceláneas".

Ejemplos: (5) 6, 8, 11, 13, 16...
   (6) 3, 4, 6, 10, 18...

En el ejemplo (5), la serie miscelánea está formada así: El 8 fue encontrado sumando 2 al 6; el 11, sumando 3 al 8; el 13, sumando 2 al 11; el 16, sumando 3 al 13; y así, alternando el 2 y el 3 como sumandos a los términos anteriores, continúa la serie. En el ejemplo (6), el patrón consiste en restar 1 y multiplicar por 2.

El número 3 es el primer término de la serie.

$3 - 1 = 2$ y $2 \times 2 = 4$ (segundo término)
$4 - 1 = 3$ y $3 \times 2 = 6$ (tercer término)
$6 - 1 = 5$ y $5 \times 2 = 10$ (cuarto término)
$10 - 1 = 9$ y $9 \times 2 = 18$ (quinto término)
y así continúa...

Como hemos visto en los ejemplos anteriores, las series pueden ser ascendentes o descendentes, dependiendo de si los términos van siendo mayores o menores: *Ascendente como:* 2, 5, 8, 11, 14..., en que la diferencia es 3. *Descendente como:* 18, 14, 10, 6..., en que la diferencia es 4.

Método para hallar el último término en una serie aritmética

Veamos la serie: 5, 7, 9, 11... Supongamos que esta serie consta de 12 términos. ¿Cómo hallar el término 12 sin necesidad de construir toda la serie?

Procedimiento:

Número de términos: 12
Diferencia entre sus términos: 2
Primer término: 5

$12 - 1 = 11$ (restando 1 del número de términos)
$11 \times 2 = 22$ (multiplicando 2 por la diferencia anterior)
$22 + 5 = 27$ (sumando el primer término de la serie al producto anterior)

Comprobación:

1	2	3	4	5	6	7	8	9	10	11	12
5	7	9	11	13	15	17	19	21	23	25	27

Hallar el término 17 en la serie: 2, 5, 8, 11, 14...

Procedimiento:

Número de terminos: 17
Diferencia: 3
Primer término: 2

$17 - 1 = 16$ (restando 1 al número de términos)
$16 \times 3 = 48$ (multiplicando por 3 la diferencia anterior)
$48 + 2 = 50$ (sumando el primer término de la serie al producto anterior)

Comprobación:
La serie quedaría formada así:

1	2	3	4	5	6	7	8	9	10	11	12	13	14	15	16	17
2,	5,	8,	11,	14,	17,	20,	23,	26,	29,	32,	35,	38,	41,	44,	47,	50

Del estudio de los casos anteriores podemos inducir que para encontrar el último término en una serie aritmética, procederemos de la forma siguiente:
1. Restamos 1 del número de términos.
2. Multiplicamos la diferencia anterior por la diferencia entre los términos de la serie.
3. Sumamos el producto anterior al primer término de la serie, y éste será el término buscado.

Método para hallar la suma de una serie aritmética

Veamos la serie: 2, 6, 10, 14, 18, 22...

Procedimiento:
Las condiciones de esta serie son:
Número de términos: 6
Primer término: 2
Ultimo término: 22

$6 \div 2 = 3$ (dividiendo el número de términos por 2)

$3(2+22) = 3(24) = 72$ (multiplicando el cociente anterior por la suma del primer y último término de la serie)

Por lo tanto, la suma de sus seis términos es 72.

Veamos otra serie: 7, 10, 13, 16, 19, 22, 25...

Procedimiento:

Numero de términos: 7
Primer término: 7
Ultimo término: 25

$7/2$ (dividiendo el número de términos por 2)

$7/2 \times 32 = 112$ (multiplicando el cociente anterior por la suma del primer y último término de la serie, esto es: $7 + 25 = 32$)

Por lo tanto, la suma de los siete términos es 112.

CONJUNTO 57

(1) Hallar el próximo término en la serie: 11, 17, 23, 29, 35...

(2) Hallar el próximo término en la serie 24, 22½, 21, 19½...

(3) Hallar el noveno término de la serie aritmética 7, 12, 17...

(4) Hallar la suma de una serie artimética de 8 términos, sabiendo que el primero es 6 y el último es 62.

(5) Hallar la suma de una serie aritmética de 9 términos, sabiendo que el primero es 1 y el último 33.

(6) Hallar el próximo número en la serie: 1, 7, 49, 343...

(7) Hallar el próximo número en la serie: 240, 120, 60, 30...

(8) Hallar el undécimo término de la serie: 5, 9, 13, 17...

(9) Hallar el próximo término de la serie: 4, 7½, 11, 14½

(10) Hallar el próximo término en la serie 40, 35½, 31, 26½...

RESPUESTAS AL CONJUNTO 57

(1) 41
(2) 18
(3) 47
(4) 272
(5) 153

(6) 2.401
(7) 15
(8) 45
(9) 18
(10) 22

MEDIDAS

Medir es determinar cuántas veces una unidad de medida está contenida dentro de otra de la misma especie.

Así, el sistema inglés usa para este propósito libras, millas, onzas, etc.

El sistema métrico decimal usa centígrados, metros, etc.

SISTEMA INGLÉS: Tabla de Medidas

Longitud o lineales
1 pie = 12 pulgadas
1 yarda = 3 pies
1 yarda = 36 pulgadas
1 milla = 5,280 pies
1 milla = 1,760 yardas

Capacidad
1 pinta = 2 tazas
1 cuarto = 2 pintas
1 galón = 4 cuartos
1 barril = 31½ galones

Peso
1 libra = 16 onzas
1 arroba = 25 libras
1 quintal = 100 libras
1 tonelada = 20 quintales
1 tonelada = 2,000 libras

Areas
1 pie cuadrado = 144 pulgadas cuadradas
1 yarda cuadrada = 9 pies cuadrados

Volumen
1 pie cúbico = 1,728 pulgadas cúbicas
1 yarda cúbica = 27 pies cúbicos
1 galón = 231 pulgadas cúbicas

Otras Medidas
1 minuto = 60 segundos
1 hora = 60 minutos
1 día = 24 horas
1 semana = 7 días
1 año = 52 semanas

Equivalencias de un sistema a otro
1 pulgada = 2.54 centímetros
1 pie = 30.48 centímetros
1 milla = 1.61 kilómetros
1 libra = 454 gramos
1 onza = 28 gramos
1 metro = 39.4 pulgadas
1 kilogramo = 2.2 libras

Conversión de medidas mayores a menores dentro del sistema inglés

Ejemplos:

(1) ¿Cuántos pies hay en 8 yardas?

Procedimiento: Se multiplica el número de pies que contiene una yarda por 8. Esto es:
$3 \times 8 = 24$ pies.

(2) ¿Cuántas pulgadas hay en 14 pies?

    Respuesta: 14×12 (pulgadas que hay en un pie)

$$
\begin{array}{r}
14 \\
\times\ 12 \\
\hline
28 \\
14 \\
\hline
168 \text{ pies}
\end{array}
$$

Regla: Para convertir una unidad mayor a otra menor, se multiplica la mayor por el número de unidades que ésta contiene a la menor.

Conversión de unidades menores a mayores

Ejemplos:

(1) ¿Cuántas yardas hay en 60 pies?

    Procedimiento: Se divide 60 por el número de pies que contiene una yarda.

    Así, $3\overline{|60}$ *Respuesta:* 20 yardas

(2) ¿Cuántas millas hay en 21,120 pies?

    Respuesta: $5280\overline{|21{,}120}$ 4 millas

Regla: Para convertir unidades menores en mayores , se divide las unidades menores por el número que éstas están contenidas en las mayores.

SISTEMA MÉTRICO DECIMAL: TABLA DE MEDIDAS

Longitud

La unidad de estas medidas es el metro (m).

Miriámetro (Mm)	
Kilómetro (Km)	Múltiplos
Hectómetro (Hm)	del
Decámetro (Dm)	metro
Metro (m)	
decímetro (dm)	submúltiplos
centímetro (cm)	del
milímetro (mm)	metro

Equivalencias:

$$
\begin{aligned}
1 \text{ Miriámetro (Mm)} &= 10{,}000 \text{ metros (m)} \\
1 \text{ Kilómetro (Km)} &= 1{,}000 \text{ metros (m)} \\
1 \text{ Hectómetro (Hm)} &= 100 \text{ metros (m)} \\
1 \text{ Decámetro (Dm)} &= 10 \text{ metros (m)} \\
\text{Metro (m)} & \\
1 \text{ metro (m)} &= 10 \text{ decímetros (dm)} \\
1 \text{ decímetro (dm)} &= 10 \text{ centímetros (cm)} \\
1 \text{ centímetro (cm)} &= 10 \text{ milímetros (mm)}
\end{aligned}
$$

Nota: Estas equivalencias y conversiones están basadas en las potencias de 10.

Así también:

$$1 \text{ Miriámetro} = 10 \text{ Kilómetros}$$
$$1 \text{ Miriámetro} = 100 \text{ Hectómetros}$$
$$1 \text{ Miriámetro} = 1,000 \text{ Decámetros}$$
$$1 \text{ Kilómetro} = 10 \text{ Hectómetros}$$
$$1 \text{ Kilómetro} = 100 \text{ Decámetros}$$
$$1 \text{ Hectómetro} = 10 \text{ Decámetros}$$
$$1 \text{ Decámetro} = 100 \text{ decímetros}$$
$$1 \text{ Decámetro} = 1,000 \text{ centímetros}$$
$$1 \text{ Decámetro} = 10,000 \text{ milímetros}$$

Y así sucesivamente:

Ejemplos:
(1) Convertir 18 Km a m.
Respuesta: $18 \times 1,000 = 18,000$ m

(2) Convertir 23 Hm a cm
Respuesta: $23 \times 10,000 = 230,000$ cm

(3) Convertir 43 Km a Dm
Respuesta: $43 \times 100 = 4,300$ Dm

(4) Convertir 75,000 m a Km
Respuesta: $75,000 \div 1,000 = 75$ Km

(5) Convertir 8,700 cm a m.
Respuesta: $8,700 \div 100 = 87$ m

Nota aclaratoria: La abreviatura para Miriámetro es (Mm), la primer (M) es mayúscula, y en milímetro las dos (mm) son minúsculas. La abreviatura en español para Decámetro es (Dm), la D es mayúscula, y para decímetro (dm), la de es minúscula.

MEDIDAS DE PESO

La unidad de medida dentro del sistema métrico decimal es el gramo. Las equivalencias son:

$$1 \text{ Kilogramo (kg)} = 1,000 \text{ gramos (g)}$$
$$1 \text{ Hectógramo (Hg)} = 100 \text{ gramos (g)}$$
$$1 \text{ Decágramo (Dg)} = 10 \text{ gramos (g)}$$
$$\text{gramo (g)}$$
$$1 \text{ gramo (g)} = 10 \text{ decigramos (dg)}$$
$$1 \text{ gramo (g)} = 100 \text{ centigramos (cg)}$$
$$1 \text{ gramo (g)} = 1,000 \text{ miligramos (mg)}$$

Ejemplos de conversiones:

(1) Convertir 48 kg a g.
Respuesta: $48 \times 1,000 = 48,000$ g

(2) Convertir 73 g a cg.
Respuesta: $73 \times 100 = 7,300$ cg

(3) Convertir 42 kg a Hg.
Respuesta: $42 \times 10 = 420$ Hg

(4) Convertir 5,600 cg a g.
Respuesta: $5,600 \div 100 = 56$ g

(5) Convertir 5,670 Dg a Hg.
Respuesta: $5,670 \div 10 = 567$ Hg

MEDIDAS DE VOLUMEN

En estas medidas la unidad es el litro. Las equivalencias son:

$$1 \text{ Kilolitro (Kl)} = 1{,}000 \text{ litros (l)}$$
$$1 \text{ Hectolitro (Hl)} = 100 \text{ litros (l)}$$
$$1 \text{ Decalitro (Dl)} = 10 \text{ litros (l)}$$
$$\text{litro (l)}$$
$$1 \text{ litro (l)} = 10 \text{ decilitros (dl)}$$
$$1 \text{ litro (l)} = 100 \text{ centilitros (cl)}$$
$$1 \text{ litro (l)} = 1{,}000 \text{ mililitros (ml)}$$

Ejemplos de conversiones:

(1) Convertir 14 Kl a l
   Respuesta: $14 \times 1{,}000 = 14{,}000$ l

(2) Convertir 29 Hl a ml
   Respuesta: $29 \times 100{,}000 = 2'900{,}000$ ml

(3) Convertir 89 l a cl
   Respuesta: $89 \times 100 = 8{,}900$ cl

(4) Convertir 70,000 dl a kl
   Respuesta: $70{,}000 \div 10{,}000 = 7$ kl

(5) Convertir 1,100 cl a l
   Respuesta: $1{,}100 \div 100 = 11$ l

UNIDADES METRICAS DE VOLUMEN

$$1 \text{ Kilómetro cúbico (km}^3) = 1{,}000{,}000{,}000 \text{ metros cúbicos (m}^3)$$
$$1 \text{ Hectómetro cúbico (Hm}^3) = 1{,}000{,}000 \text{ metros cúbicos (m}^3)$$
$$1 \text{ Decámetro cúbico (Dm}^3) = 1{,}000 \text{ metros cúbicos (m}^3)$$
$$\text{metro cúbico (m}^3)$$
$$1 \text{ metro cúbico (m}^3) = 1{,}000 \text{ decímetros cúbicos (dm}^3)$$
$$1 \text{ metro cúbico (m}^3) = 1{,}000{,}000 \text{ centímetros cúbicos (cm}^3)$$
$$1 \text{ metro cúbico (m}^3) = 1{,}000{,}000{,}000 \text{ milímetros cúbicos (mm}^3)$$

Ejemplos de conversiones:

(1) Convertir 7 Dm^3 a dm^3.
   Respuesta: $7 \times 1{,}000{,}000 = 7{,}000{,}000$ dm^3

(2) Convertir 43 dm^3 a cm^3.
   Respuesta: $43 \times 1{,}000 = 43{,}000$ cm^3.

Conversiones del sistema inglés al sistema métrico decimal y viceversa

Ejemplos:

(1) Convertir 26 pies a centímetros.
   Respuesta: 26×30.48 (centímetros en un pie) $= 792.48$ centímetros (cm).

(2) Convertir 6 libras a gramos.
   Respuesta: 6×454 (gramos en una libra) $= 2{,}724$ gramos (g).

(3) Convertir 97 millas a kilómetros.
   Respuesta: 97×1.61 (kilómetros en una milla) $= 156.17$ kilómetros (Km).

(4) Convertir 960 centímetros (cm a pulgadas.)
   Respuesta: $960 \div 2.54$ (centímetros en una pulgada) $= 377.95$ pulgadas.

(5) Convertir 104 kilogramos a libras.
   Respuesta: 104×2.2 (libras en un kilogramo) $= 228.8$ libras.

MEDIDAS DE TEMPERATURA

El sistema métrico decimal usa la escala celsius o centígrada. La escala Fahrenheit se usa en Estados Unidos y en otros países.

Abreviaturas
F = Fahrenheit
C = Centígrados
° = grados

Fórmulas:
1. $C = \frac{5}{9}(F - 32)$
2. $F = \frac{9}{5}C + 32$

Conversiones de un sistema a otro.

Ejemplos:

(1) Convertir 77°F a C.

Respuesta: $C = \frac{5}{9}(77 - 32)$

$C = \frac{5}{9}(45)$

$C = 25°$

(2) Convierta 65°C a F.

Respuesta: $F = \frac{9}{5} \times 65 + 32$

$F = 117 + 32$

Respuesta: $F = 149°$

CONJUNTO 58

Convierta:

(1) 28 Kilómetros a metros.

(2) 12.5 metros a decímetros.

(3) 21 Decámetros a centímetros.

(4) 90 Kilómetros a Decámetros.

(5) 13 Miriámetros a Hectómetros.

(6) 65 metros a Decámetros.

(7) 700 milímetros a centímetros.

(8) 475 Decámetros a Hectómetros.

(9) 8,625 centímetros a metros.

(10) 570 Hectómetros a Kilómetros.

(11) 37.5 Kilogramos a gramos.

(12) 43.9 gramos a miligramos.

(13) 500 centilitros a litros.

(14) 48.3 kilolitros a litros.

(15) 7.8 metros cúbicos a decímetros cúbicos.

(16) 17.2 pies a centímetros.

(17) 28 libras a gramos.

(18) 42 millas a Kilómetros.

(19) 685 centímetros a pulgadas.

(20) 927 Kilogramos a libras.

CONJUNTO 59

Convierta:

(1) 31 yardas a pies.

(2) 22 millas a yardas.

(3) 45 yardas a pulgadas.

(4) 11 galones a cuartos.

(5) 48.5 libras a onzas.

(6) 39 arrobas a libras.

(7) 90¼ toneladas a quintales.

(8) 8¾ horas a minutos.

(9) 6⅔ días a horas.

(10) 24 semanas a días.

(11) 111 pies a yardas.

(12) 396 pulgadas a yardas.

(13) 384 onzas a libras.

(14) 600 quintales a toneladas.

(15) 720 minutos a horas.

(16) 133 días a semanas.

(17) 68,640 pies a millas.

(18) 123 pies a varas.

(19) 800 libras a arrobas.

(20) 204 pulgadas a pies.

CONJUNTO 60

(1) 50°F a C

(2) 63°F a C

(3) 68°F a C

(4) −13°F a C

(5) −6°F a C

(6) 109°F a C

(7) 86°F a C

(8) −67°F a C

(9) 5°F a C

(10) 23°F a C

(11) 30°C a F

(12) 75°C a F

(13) 27°C a F

(14) −10°C a F

(15) −15°C a F

(16) 68°C a F

(17) 79°C a F

(18) 80°C a F

(19) −35°C a F

(20) 58°C a F

Respuestas a los conjuntos

RESPUESTAS AL CONJUNTO 58

(1) 28,000 metros

(2) 125 decímetros

(3) 21,000 centímetros

(4) 9,000 Decámetros

(5) 1,300 Hectómetros

(6) 6.5 Decámetros

(7) 70 centímetros

(8) 47.5 Hectómetros

(9) 86.25 metros

(10) 57 Kilómetros

(11) 37,500 gramos

(12) 43,900 miligramos

(13) 5 litros

(14) 48,300 litros

(15) 7'800,000 decímetros cúbicos

(16) 524.26 centímetros

(17) 12,712 gramos

(18) 67.62 Kilómetros

(19) 269.69 pulgadas

(20) 2,039.4 libras

Respuestas al conjunto 59

(1) 93 pies
(2) 38.720 yardas
(3) 1,620 pulgadas
(4) 44 cuartos
(5) 776 onzas
(6) 975 libras
(7) 1,805 quintales
(8) 525 minutos
(9) 160 horas
(10) 168 días

(11) 37 yardas
(12) 11 yardas
(13) 24 libras
(14) 30 toneladas
(15) 12 horas
(16) 19 semanas
(17) 13 millas
(18) 41 varas
(19) 32 arrobas
(20) 17 pies

Respuestas al conjunto 60

(1) 10°C
(2) 17.2°C
(3) 20°C
(4) −25°C
(5) −21.1°C

(6) 42.8°C
(7) 30°C
(8) −55°C
(9) −15°C
(10) −5°C

(11) 86°F
(12) 167°F
(13) 80.6°F
(14) 14°F
(15) 5°F

(16) 154.4°F
(17) 174.2°F
(18) 176°F
(19) −31°F
(20) 136.4°F

ALGEBRA—GENERALIDADES

El algebra, además de los símbolos numéricos que usa la aritmética introduce letras para representar cantidades desconocidas. *Ejemplos:* $7mn$, $15x^2$, $4w$, k.

Cada una de estas cantidades se llaman términos; y cada uno de ellos consta de cuatro elementos esenciales:

1. Coeficiente numérico
2. Signo
3. Parte literal
4. Exponente

Así, en $7mn$, 7 es el coeficiente numérico, el signo es positivo (+) aunque está en forma elíptica; "mn" es la parte literal; y el exponente es un uno (1); también elíptico. En k el coeficiente numérico es uno (1) porque aunque no se escriba, a los efectos algebraicos es *una k*; el signo es positivo (+); la parte literal es la letra "k", y el exponente es el número uno (1).

Términos semejantes son aquellos que tienen la misma parte literal y el mismo exponente. Sólo puede ser diferente, el coeficiente numérico y el signo. Así, serán semejantes, términos como: $23z^4$ y $-8z^4$; $42m^2t - 15tm^2$. No importa el orden en que las letras estén colocadas.

No son semejantes términos como: $18x^2y$ y $-14xy^2$ porque los exponentes no son iguales.

Números con signos

El algebra, además de representar números desconocidos con letras, introduce el campo numérico de los números con signos. Esto es: números positivos y negativos. Los números con signos pueden representarse en un sistema llamado "Coordenadas Cartesianas"

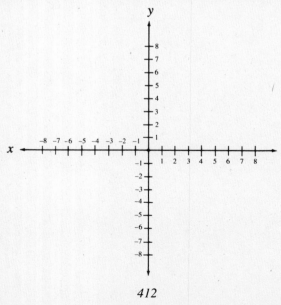

412

De la observación de esta gráfica, podemos inducir que todos los números marcados del centro hacia arriba y a la derecha son "positivos"; y los marcados del centro hacia la izquierda y hacia abajo con "negativos".

Operaciones con números con signos

Suma: Para sumar cantidades con el mismo signo (sean éstas positivas o negativas), se suman los valores absolutos y se conserva en la respuesta el mismo signo que tengan los sumandos.

Ejemplos:

(1) $43 + 37 = 80$. Los números 43 y 37 al no tener signos escritos, se consideran positivos; por lo tanto la respuesta, 80, también tiene signo positivo.

(2) $-32 + -14 = -46$, ya que ambos sumandos tienen signo negativo.

Cuando al sumar dos cantidades algebraicamente tienen signos diferentes, se busca la diferencia entre sus valores absolutos, y a esta diferencia se le deja el signo de aquél que tenga mayor valor absoluto.

Así, al sumar -83 y 48, tenemos:

$$\begin{array}{r} -83 \\ +\ 48 \\ \hline -35 \end{array}$$

También:

$$\begin{array}{r} 49 \\ +\ -38 \\ \hline 11 \end{array}$$

CONJUNTO 61

Sume:

(1) $59 + 35$

(2) $63 + -48$

(3) $-24 + -63$

(4) $-100 + 94$

(5) $69 + -78$

(6) $106 + -106$

(7) $-93 + -93$

(8) $121 + -120$

(9) $-66 + -80$

(10) $325 + 78$

(11) $1,049 + -1,073$

(12) $-987 + 729$

(13) $1,521 + -600$

(14) $-601 + 789$

(15) $841 + -673$

(16) $1,800 + -1,903$

(17) $643 + 1,980$

(18) $-548 + -3$

(19) $-849 + 760$

(20) $-1,000 + -183$

Resta:

Para restar números con signos, se convierte la resta en suma y se le cambia el signo al subtraendo. Después se procede de acuerdo con las reglas para la suma.

Ejemplos: $83 - (-4) = 83 + 4 = 87$

Nota: También pueden encerrarse las cantidades en signos de agrupación.

$(48) - (-9) = 48 + 9 = 57$
$(-50) - (48) = -50 + -48 = -98$
$(-75) - (-68) = -75 + 68 = -7$
$(100) - (84) = 100 + -84 = 16$
$(-72) - (-98) = -72 + 98 = 26$

CONJUNTO 62

Reste:

(1) $68 - 54$

(2) $(75) - (-16)$

(3) $(84) - (33)$

(4) $(57) - (-42)$

(5) $(73) - (-102)$

(6) $(25) - (115)$

(7) $(116) - (-133)$

(8) $(-203) - (303)$

(9) $(-123) - (152)$

(10) $(-109) - (-99)$

(11) $(173) - (-38)$

(12) $(-233) - (-513)$

(13) $(324) - (-243)$

(14) $(515) - (518)$

(15) $(721) - (832)$

(16) $(-401) - (510)$

(17) $(-247) - (-45)$

(18) $(-180) - (15)$

(19) $(27) - (-85)$

(20) $(-1081) - (-103)$

Multiplicación:

Para multiplicar números con signos deben observarse las reglas siguientes:

$$(+)\,(+) = +$$
$$(+)\,(-) = -$$
$$(-)\,(+) = -$$
$$(-)\,(-) = +$$

Así, para multiplicar $(9)(6)$ decimos: positivo nueve multiplicado por positivo seis, es igual a positivo cincuenta y cuatro (54).

Otros ejemplos:

$$(10)(17) = 170$$
$$(-14)(-5) = 70$$
$$(-28)(3) = -84$$
$$(15)(-10) = -150$$
$$(38)(-4) = -152$$

También pueden efectuarse estas operaciones con más de dos factores.

Ejemplos:

$$(-4)(2)(3) = -24$$
$$(5)(-3)(-2) = 30$$
$$(-6)(1)(-2) = 12$$
$$(-3)(-4)(-5) = -60$$

CONJUNTO 63

Multiplique:

(1) (12)(5)

(2) (−14)(7)

(3) (13)(−9)

(4) (15)(−12)

(5) (−28)(−10)

(6) (−30)(−23)

(7) (49)(−13)

(8) (54)(19)

(9) (−25)(17)

(10) (−18)(−34)

(11) (−8)(−3)(5)

(12) (12)(0)(−4)

(13) (1)(16)(−10)

(14) (−9)(4)(6)

(15) (−12)(−100)

(16) (42)(−27)

(17) (−93)(24)

(18) (−200)(−40)

(19) (158)(−97)

(20) (−12)(−24)(−3)

División

La división conserva las mismas propiedades con los signos que la multiplicación. Así, tenemos:

$$(+) \div (+) = +$$
$$(+) \div (-) = -$$
$$(-) \div (+) = -$$
$$(-) \div (-) = +$$

Ejemplos:
$$40 \div 5 = 8$$
$$60 \div -10 = -6$$
$$-70 \div 7 = -10$$
$$-36 \div -9 = 4$$

También estas operaciones pueden expresarse en forma fraccionaria:

$$40/5 = 8 \qquad -70/7 = -10$$
$$60/-10 = -6 \qquad -36/-9 = 4$$

Nota: El uso de signos de agrupación a veces hace más clara las operaciones:

$$(-30) \div (-6) = 5$$
$$(120) \div (-10) = -12$$
$$(-45) \div (-5) = 9$$
$$(-54) \div (27) = -2$$

CONJUNTO 64

Divida:

(1) (58) ÷ (2)

(2) (−68) ÷ (−2)

(3) (63) ÷ (−21)

(4) (−100) ÷ (−20)

(5) (77) ÷ (11)

(6) (−99) ÷ (3)

(7) (200) ÷ (−20)

(8) (−180) ÷ (−60)

(9) (−88) ÷ (2)

(10) (−700) ÷ (−70)

(11) (−35) ÷ (−5)

(12) (−400) ÷ (−100)

(13) (76) ÷ (−38)

(14) (891) ÷ (−3)

(15) (−600) ÷ (−5)

(16) (7,000) ÷ (−100)

(17) (800) ÷ (800)

(18) (−9,000) ÷ (−9,000)

(19) (−500) ÷ (−20)

(20) (−860) ÷ (10)

Ecuaciones de primer grado con una sola variable

En toda ecuación el número representado a la izquierda del signo igual (=); una vez encontrado el valor de la variable o incógnita, debe ser el mismo que el de la derecha. La variable puede encontrarse en cualquiera de los dos miembros de la ecuación (izquierda o derecha).

Ejemplos:

(1)
$$14w = 56; \text{ siendo } w = 4;$$
$$14 \times 4 = 56$$
$$56 = 56$$

(2) $18 = k/5$; haciendo $k = 90$; se tiene una identidad matemática; ya que:
$$18 = 90/5$$
$$18 = 18$$

Método para hallar el valor de la variable en una ecuación de primer grado.

Ejemplos:

(1) $y + 15 = 42$
$$y = 42 - 15$$
$$y = 27$$

   (pasando el 15 con la operación contraria al miembro de la derecha)

(2) $h - 19 = 22$
$$h = 22 + 19$$
$$h = 41$$

   (pasando el 19 sumando al miembro de la derecha)

(3) $5m = 60$
$$m = 60/5$$
$$m = 12$$

   (pasando el 5 dividiendo al miembro de la derecha).

(4) $t/16 = 9$
$$t = 9 \times 16$$
$$t = 144$$

   (pasando el 16, multiplicando al lado derecho de la ecuación)

También se pueden combinar estos casos de la forma siguiente:

(5) $2x + 9 = 69$
$$2x = 69 - 9 \text{ (pasando el 9 al lado derecho)}$$
$$2x = 60$$
$$x = 60/2 \text{ (pasando el 2 al lado derecho)}$$
$$x = 30$$

(6) $k/5 - 12 = 4$
$$k/5 = 4 + 12 \text{ (pasando el 12 a la derecha)}$$
$$k/5 = 16$$
$$k = 16 \times 5 \text{ (pasando el 5 a la derecha)}$$
$$k = 80$$

(7) $2n/7 + 13 = 35$

$\qquad 2n/7 = 35 - 13$ (pasando el 13 al lado derecho)

$\qquad 2n/7 = 22$

$\qquad 2n = 22 \times 7$ (pasando el 7 a la derecha)

$\qquad 2n = 154$

$\qquad n = 154/2$ (pasando el 2 a la derecha)

$\qquad n = 77$

CONJUNTO 65

Solucione las ecuaciones:

(1) $x + 5 = 14$

(2) $w - 12 = 1$

(3) $t + 40 = 54$

(4) $h - 25 = 4$

(5) $k + 32 = 48$

(6) $y - 58 = 0$

(7) $x + 83 = 100$

(8) $v - 92 = 3$

(9) $m + 1 = 1$

(10) $n - 98 = 98$

(11) $2h = 90$

(12) $7k = 56$

(13) $17x = 68$

(14) $h/9 = 20$

(15) $k/17 = 14$

(16) $m/23 = 40$

(17) $n/27 = 13$

(18) $30w = 180$

(19) $53t = 477$

(20) $r/49 = 51$

CONJUNTO 66

Solucione las ecuaciones:

(1) $3x - 4 = 26$

(2) $5w + 11 = 111$

(3) $7k + 8 = 92$

(4) $10m - 18 = 72$

(5) $12t - 15 = 45$

(6) $23x - 1 = 229$

(7) $39n + 43 = 472$

(8) $41m - 19 = 555$

(9) $3x/4 - 6 = 18$

(10) $2t/5 - 24 = 36$

(11) $7k/11 + 9 = 86$

(12) $20x/1 + 50 = 150$

(13) $18m/5 - 4 = 86$

(14) $14h/9 - 1 = 125$

(15) $31w/10 - 8 = 54$

(16) $17v/11 + 12 = 199$

(17) $23h/7 + 24 = 185$

(18) $9\times/20 + 10 = 28$

(19) $9k/17 + 8 = 161$

(20) $8m/15 + 1 = 241$

Ecuaciones de primer grado usando números con signos

Ejemplos:

(1) $h + 23 = 7$
   $h = 7 - 23$
   $h = -16$

(2) $2x + 44 = -36$
   $2x = -36 - 44$
   $2x = -80$
   $x = -80/2$
   $x = -40$

(3) $3k/4 + 17 = 5$
   $3k/4 = 5 - 17$
   $3k/4 = -12$
   $3k = (-12)(4)$
   $3k = -48$
   $k = -48/3$
   $k = -16$

CONJUNTO 67

Solucione las ecuaciones:

(1) $x + 9 = 4$

(2) $w - 25 = -6$

(3) $k - 10 = -28$

(4) $m + 26 = 26$

(5) $t + 54 = -3$

(6) $n - 46 = -46$

(7) $y - 58 = 58$

(8) $k + 11 = -11$

(9) $x - 63 = 84$

(10) $y + 39 = -6$

(11) $2h + 14 = 0$

(12) $5n - 9 = -69$

(13) $2m/7 + 8 = -32$

(14) $x/11 + 9 = 4$

(15) $w/14 - 6 = -24$

(16) $3h/5 + 10 = -50$

(17) $7k/4 - 18 = -74$

(18) $-19x - 15 = -91$

(19) $y/180 - 100 = -46$

(20) $t/45 + 40 = 0$

Descomposición en factores

Cuando en aritmética tenemos un número compuesto, siempre se puede descomponer en factores diferentes del propio número y de la unidad.

Así: $27 = 9 \times 3$; siendo 27 un producto y el 9 y el 3 los factores de ese producto. Esta misma propiedad se emplea también en el campo algebraico.

Si $(k)(h) = w$, resulta que k y h, son los factores del producto w.

Factor común

Si dos o más términos de una expresión algebraica tienen algún factor común, se procede de la siguiente forma:

$5b + 5c = 5(b + c)$

En este binomio el número 5 se halla en ambos términos; por lo tanto, 5 es el factor común. Dividiendo cada término por el factor común, se obtiene $5b/5 = b$; y $5c/5 = c$.

Para comprobar la veracidad de este resultado, se puede emplear la propiedad distributiva, obteniéndose: $5(b + c) = 5b + 5c$.

Descomponer en factores:

(1) $4m + 6mn + 12mk$ Factor común: $2m$
$2m(2 + 3n + 6k)$

Otros ejemplos:

(2) $5h^2 + 10h^3 + 15h^4$
$5h^2(1 + 2h + 3h^2)$ Factor común: $5h^2$.

Nota aclaratoria: El número 5 es el factor común entre los coeficientes numéricos; y la letra (h) que es también común, se toma donde tenga menor exponente.

(3) $14ws^5 + 7w^4 - 21w^3$
$7w\,(2s^5 + w^3 - 3w^2)$
Factor común: $7w$

Trinomio cuadrado perfecto

Si multiplicamos abreviadamente, $(a + b)(a + b) = a^2 + 2ab + b^2$.

Esta forma de hallar un producto sin usar la multiplicación regular se denomina producto notable o especial y se obtiene de la forma siguiente: "El cuadrado del primer término, más el doble del producto del primero por el segundo; más el cuadrado del segundo".

El producto así obtenido, $a^2 + 2ab + b^2$, constituye un trinomio cuadrado perfecto siendo sus características las siguientes: El primer y último término (estando correctamente ordenado el trinomio) son positivos y tienen raíz cuadrada exacta. El segundo término es el duplo del producto de las raíces cuadrados de los términos extremos.

Descomponer en factores:
$m^2 + 16m + 64 = (m + 8)(m + 8) = (m + 8)^2$

Otros ejemplos: $w^2 - 14w + 49 = (w - 7)^2$
$$x - 10x + 25 = (x - 5)^2$$

Nota aclaratoria: Si todos los términos del trinomio son positivos, la descomposición resulta en una suma al cuadrado. Si el segundo término es negativo, resulta una diferencia al cuadrado.

Trinomios de la forma $x^2 \times lx + m$

Veamos un trinomio de este tipo: $n^2 + 10n + 21 = (n + 7)(n + 3)$.

Procedimiento: Se abren dos signos de agrupación (paréntesis, por ejemplo), y se escribe dentro de cada uno la parte literal, la n en este caso. Dentro del primer paréntesis se escribe el signo del segundo término, y en el segundo paréntesis el producto de nultiplicar el signo del segundo por el signo del tercero. En este ejemplo, positivo también.

A continuación se descompone en factores al término independiente y se escogen dos factores cuya suma algebraica sea el coeficiente del segundo término, esto es 7 y 3, que sumados $= 10$ y multiplicados $= 21$.

Otros ejemplos:

$a^2 + 5a - 84 = (a+12)(a-7)$

$w^2 - 13w + 36 = (w-9)(w-4)$

$n^2 - n - 12 = (n-4)(n+3)$

Diferencia de cuadrados

Para descomponer en factores una diferencia de cuadrados, se procede de la forma siguiente.

Para descomponer $h^2 - 36$, se extrae la raíz cuadrada de ambos términos; en este caso h y 6. Se abren dos paréntesis; dentro del primero se indica la suma de dichas raíces, y dentro del segundo paréntesis, su diferencia. De donde: $h^2 - 36 = (h+6)(h-6)$

Otros ejemplos:

$k^2 - 4 = (k+2)(k-2)$

$w^2 - 25 = (w+5)(w-5)$

CONJUNTO 68

Descomponga en factores:

(1) $7x^3 - 42x^6$

(2) $4t^3 + 12t^2$

(3) $ax + ay + az$

(4) $x^2 + 24x + 144$

(5) $w^2 - 20w + 100$

(6) $v^2 + 2v + 1$

(7) $m^2 + 9m - 22$

(8) $n^2 - 12n + 35$

(9) $x^2 - 17x + 60$

(10) $n^2 - 5n - 36$

(11) $h^2 + 10h - 11$

(12) $k^2 - 11k - 60$

(13) $6a^2b + 4ab^2$

(14) $m^2 - 1$

(15) $5t^4 + 10t^3 + 20t^2$

(16) $x^2 + 12x - 13$

(17) $y^2 + 15y + 54$

(18) $k^2 - 169$

(19) $7n^4 + 14n^3 + 28n^2$

(20) $h^2 - 18h + 81$

Resolución de problemas escritos por el procedimiento algebraico

El algebra facilita la resolución de problemas.

Veamos algunos ejemplos:

(1) Si 14 se resta de tres veces un número desconocido, el resultado es el mismo que cuando 15 se le suma a dos veces el número desconocido. Hallar el número.

x = el número desconocido
$3x$ = tres veces el número
$2x$ = dos veces el número.

La ecuación se plantea así:

$3x - 14 = 2x + 15$

Despejando: $3x - 2x = 15 + 14$
$$x = 29$$

(2) Teresa tiene 28 monedas en su cartera, que hacen un total de $5.35. Las monedas son "quarters" y "dimes" ¿Cuántos tiene de cada clase?

x = número de monedas de 25 centavos
$28 - x$ = número de monedas de 10 centavos

$25x + 10(28 - x) = 535$
$25x + 280 - 10x = 535$
$15x = 535 - 280$
$15x = 255$
$x = 255/15$
$x = 17$ (monedas de 25¢)
$28 - 17 = 11$ (monedas de 10¢)

(3) Si para hacer 50 pasteles necesito 3 libras de masa, ¿cuántas libras de masa necesitaré para hacer 180 pasteles?

Aplicando la proporcionalidad, tendremos:

$$\frac{50 \text{ pasteles}}{3 \text{ libras}} \times \frac{180 \text{ pasteles}}{x}$$

De donde: $x = 3 \times \dfrac{180}{50} = 54/5 = 10.8$ lb.

Problemas escritos

Conjunto 69

Solucione los siguientes problemas:

(1) Cuando 9 es restado de cinco veces un número desconocido, el resultado es el mismo que cuando 27 es sumado a tres veces el número desconocido. Hallar el número.

(2) Si a dos veces un número desconocido se le resta 14, el resultado es el mismo que si al número desconocido se le suma 6. Hallar el número.

(3) Cuando dos veces un número desconocido se divide por 5, el resultado es 60. Hallar el número.

(4) Si tres veces un número desconocido es dividido

por 4 y a la vez se le suma 7, el resultado es 31. Hallar el número.

(5) Elsa tiene 15 monedas en su cartera, con un total de $2.40. Si estas monedas consisten en "quarters" y "dimes", ¿cúantas monedas de cada clase tiene?

(6) Si un hombre que mide 6 pies de estatura refleja una sombra de 3 pies, ¿cuál es la medida de un árbol que produce una sombra de 24 pies?

(7) Si para hacer 60 croquetas se usan 4 libras de

carne, ¿cuántas croquetas pueden hacerse con 9 libras de carne?

(8) María tiene $4.20 en 36 monedas, y éstas son "quarters" y "nickels". ¿Cuántas monedas de cada clase tiene ella?

(9) Cuando la suma de un número desconocido y 7

se multiplica por 2, el resultado es el mismo que cuando al número desconocido se le suma 20. Hallar el número.

(10) Si un automóvil recorre 360 km con 20 galones de gasolina, ¿cuántos galones necesitará para recorrer 900 km.?

Valor númerico de expresiones algebraicas

Supongamos que $a = -2$, $b = 4$, $c = -5$; evaluar numéricamente $b^2 - 2bc - c^2$.

$$= (4)^2 - 2(4)(-5) - (-5)^2$$
$$= 16 + 40 - 25$$
$$56 - 25 = 31$$

Otros ejemplos:
(1) $5h + mk - xy = 5(3) + (-4)(2) - (5)(6) = 15 - 8 - 30 = -23$
$h = 3$
$m = -4$
$k = 2$
$x = 5$
$y = 6$

(2) $a^2b + 4cb - c^2 = (5)^2(-4) + 4(3)(-4) - (3)^2 = -100 - 48 - 9 = -157$
$$a = 5$$
$$b = -4$$
$$c = 3$$

Conjunto 70

Halle el valor numérico de las siguientes expresiones. Use los valores siguientes:
$a = 2 \quad b = -3 \quad c = 4 \quad d = -5$

(1) $2a + 3b - c$

(2) $d^2 - 3c - a$

(3) $3c^2 - b + d$

(4) $4b + 2d^2 - a^2$

(5) $3d + a^3 + 2b^2$

(6) $b^3 - 2d + a^2$

(7) $5a^2 + 7c - d$

(8) $4b^2 + cd + 3a$

(9) $d^3 + 4b^2 - a + d$

(10) $5a - 3c^2 + d - b^2$

Ecuaciones de primer grado con dos variables

Estas ecuaciones se denominan también sistema de ecuaciones simultáneas.

Ejemplos:

$$m+n=6$$
$$+m-n=2$$
$$\overline{2m=8}$$
$$m=\frac{8}{2}$$
$$m=4$$

Nota: Este método consiste en sumar ambas ecuaciones. En este caso se canceló la (*n*) y se halló el valor de la (*m*). Después, sustituyendo en cualquiera de las dos ecuaciones se puede hallar el valor de la otra variable.

Sustituyendo:

$$4+n=6$$
$$n=6-4$$
$$n=2$$

Estos valores, $m=4$ y $n=2$, satisfacen ambas ecuaciones, ya que,

$4+2=6$ (primera ecuación)

$4-2=2$ (segunda ecuación)

En el caso anterior, $m+n=6$ y $m-n=2$, fue posible cancelar la (*n*) por tener el mismo coeficiente y diferentes signos; pero en muchas ocasiones estas ecuaciones no se presentan de este modo y es necesario realizar algunas operaciones antes de resolver el sistema.

Resolver:

$$3x-4y=-15$$
$$(4)5x+y=-2$$
$$\overline{3x-4y=-15}$$
$$20x+4y=-8$$
$$\overline{23x=-23}$$
$$x=\frac{-23}{23}$$
$$x=-1$$

La segunda ecuación fue multiplicada por 4, para de esta forma eliminar la (*y*).

Sustituyendo en la primera ecuación, tenemos:

$$3(-1)-4y=-15$$
$$-3-4y=-15$$
$$-4y=-15+3$$
$$-4y=-12$$
$$y=\frac{-12}{-4}$$
$$y=3$$

CONJUNTO 71

Resolver los siguientes sistemas simultáneos.

(1) $2h-k=0$
$4h-k=14$

(2) $3p+2t=13$
$3p-4t=19$

(3) $2x+3y=-1$
    $6x+y=21$

(7) $3h-2k=-23$
    $2h+k=1$

(4) $v+4w=-18$
    $2v+3w=-11$

(8) $x-y=13$
    $x-4y=28$

(5) $3m-2n=-15$
    $m+5n=29$

(9) $4m+3n=-46$
    $5m-n=-29$

(6) $2x-3y=28$
    $5x-3y=43$

(10) $2x+5y=15$
     $x-y=11$

Respuestas a los conjuntos

RESPUESTAS AL CONJUNTO 61

(1) 94	(6) 0	(11) −24	(16) −103
(2) 15	(7) −186	(12) −258	(17) 2,623
(3) −87	(8) 1	(13) 921	(18) −551
(4) −6	(9) −146	(14) 188	(19) −89
(5) −9	(10) 403	(15) 168	(20) −1,183

RESPUESTAS AL CONJUNTO 62

(1) 14	(6) −90	(11) 211	(16) −911
(2) 91	(7) 249	(12) 280	(17) −202
(3) 51	(8) −506	(13) 567	(18) −195
(4) 99	(9) −275	(14) −3	(19) 112
(5) 175	(10) −10	(15) −111	(20) −978

RESPUESTAS AL CONJUNTO 63

(1) 60	(6) 690	(11) 120	(16) −1134
(2) −98	(7) −637	(12) 0	(17) −2,232
(3) −117	(8) 1,026	(13) −160	(18) 8,000
(4) −180	(9) −425	(14) −216	(19) −15,326
(5) 280	(10) 612	(15) 1,200	(20) −864

RESPUESTAS AL CONJUNTO 64

(1) 29	(6) −33	(11) 7	(16) −70
(2) 34	(7) −10	(12) 4	(17) 1
(3) −3	(8) 3	(13) −2	(18) 1
(4) 5	(9) −44	(14) −297	(19) 25
(5) 7	(10) 10	(15) 120	(20) −86

RESPUESTAS AL CONJUNTO 65

(1) 9
(2) 13
(3) 14
(4) 29
(5) 16

(6) 58
(7) 17
(8) 95
(9) 0
(10) 196

(11) 45
(12) 8
(13) 4
(14) 180
(15) 238

(16) 920
(17) 351
(18) 6
(19) 9
(20) 2,499

RESPUESTAS AL CONJUNTO 66

(1) 10
(2) 20
(3) 12
(4) 9
(5) 5

(6) 10
(7) 11
(8) 14
(9) 32
(10) 150

(11) 121
(12) 5
(13) 25
(14) 81
(15) 20

(16) 121
(17) 49
(18) 40
(19) 289
(20) 450

RESPUESTAS AL CONJUNTO 67

(1) -5
(2) 19
(3) -18
(4) 0
(5) -57

(6) 0
(7) 116
(8) -22
(9) 147
(10) -45

(11) -7
(12) -12
(13) -140
(14) -55
(15) -252

(16) -100
(17) -32
(18) 4
(19) 9,720
(20) $-1,800$

RESPUESTAS AL CONJUNTO 68

(1) $7x^3(1-6x^3)$
(2) $4t^2(t+3)$
(3) $a(x+y+z)$
(4) $(x+12)^2$
(5) $(w-10)^2$
(6) $(v+1)^2$
(7) $(m+11)(m-2)$
(8) $(n-7)(n-5)$
(9) $(x-12)(x-5)$
(10) $(n-9)(n+4)$

(11) $(h+11)(h-1)$
(12) $(k-15)(k+4)$
(13) $2ab(3a+2b)$
(14) $(m+1))m-1)$
(15) $5t^2(t^2+2t+4)$
(16) $(x+13)(x-1)$
(17) $(y+9)(y+6)$
(18) $(k+13)(k-13)$
(19) $7n^2(n^2+2n+4)$
(20) $(h-9)^2$

RESPUESTAS AL CONJUNTO 69

(1) 18
(2) 20
(3) 150
(4) 32
(5) 6 quartes y 9 dimes

(6) 48 pies
(7) 135 croquetas
(8) 12 quarters y 24 dimes
(9) 6
(10) 50 galones

RESPUESTAS AL CONJUNTO 70

(1) -9

(2) 11

(3) 46

(4) 34

(5) 11

(6) -13

(7) 53

(8) 22

(9) -96

(10) -52

RESPUESTAS AL CONJUNTO 71

(1) $h = 7$
$k = 14$

(2) $t = -1$
$p = 5$

(3) $x = 4$
$y = -3$

(4) $v = 2$
$w = -5$

(5) $m = -1$
$n = 6$

(6) $x = 5$
$y = -6$

(7) $h = -3$
$k = 7$

(8) $x = 8$
$y = -5$

(9) $m = -7$
$n = -6$

(10) $x = 10$
$y = -1$

GEOMETRÍA

Vamos a estudiar en este capítulo las figuras geométricas más conocidas.

Perímetros, áreas y volúmenes

Perímetro es la medida alrededor. Así, si un triángulo mide por sus lados: 9, 5 y 5, su perímetro será 19.

Perímetro del rectángulo

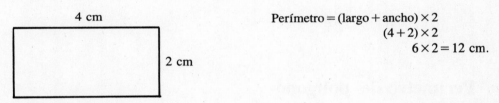

Perímetro = (largo + ancho) × 2
(4 + 2) × 2
6 × 2 = 12 cm.

También se puede hallar el perímetro sumando los 4 lados o, 2 × largo + 2 × ancho, o sea 2 × 4 + 2 × 2 = 8 + 4 = 12 cm.

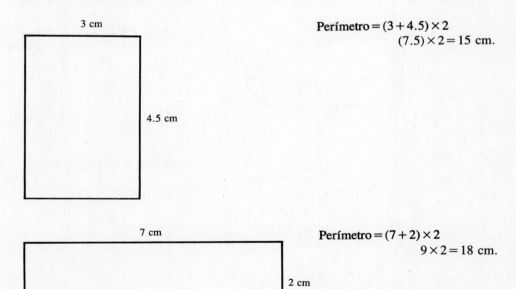

Perímetro = (3 + 4.5) × 2
(7.5) × 2 = 15 cm.

Perímetro = (7 + 2) × 2
9 × 2 = 18 cm.

Perímetro del cuadrado

El cuadrado es un rectángulo con los cuatro lados iguales.

2.5 cm

Perímetro = 2.5 + 2.5 + 2.5 + 2.5 = 10 cm. o lo que es lo mismo y más facil: lado × 4, o sea: 2.5 × 4 = 10 cm.

3 cm

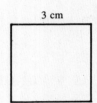

Perímetro = 3 × 4 = 12 cm.

4cm

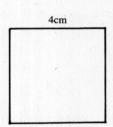

Perímetro = 4 × 4 = 16 cm.

Ya veremos cuando estudiemos el área de esta figura, que en este caso, cuando el lado mide 4, el perímetro y el área, resulta el mismo número.

Perímetro del polígono

Para hallar el perímetro de un polígono cualquiera no existe una fórmula especial; sencillamente, se suman todos sus lados.

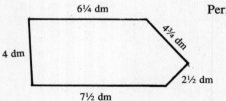

Perímetro = 6¼ + 4¾ + 2½ + 7½ + 4 = 25 dm.

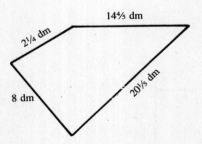

Perímetro = 14⅘ + 20⅓ + 8 + 2¼ = 45¼ dm.

Si se trata de un polígono regular, esto es, que todos sus lados sean iguales, entonces se puede usar la siguiente fórmula:

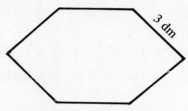

Perímetro = número de lados multiplicado por la medida de un lado.

Perímetro = $3 \times 6 = 18$ dm.

Polígono regular (exágono)

Si el polígono regular es un pentágono (cinco lados) y cada lado mide 7 cm; el perímetro será: $7 \times 5 = 35$ cm.

El círculo y la circunferencia

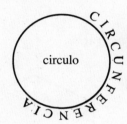

El círculo es el espacio de plano, comprendido y limitado por la circunferencia. Veáse la gráfica.

Circunferencia significa alrededor, la periferia.

Longitud de la circunferencia

Para hallar la longitud de la circunferencia se usa la siguiente fórmula: πD.

$\pi = 3.14$

$D =$ Diámetro.

Así,

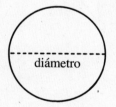

(corta dos puntos de la circunferecia pasando por el centro.)

Diámetro = 12 cm.

Longitud: $\pi D = 3.14 \times 12 = 37.68$ cm.

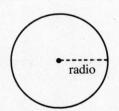

(sale del centro y corta un punto de la circunferencia)

Radio = 7 pulgadas

Como el radio es la mitad del diámetro, el diámetro será 14 pulgadas. Para hallar la longitud, se multiplica $3.14 \times 14 = 43.96$ pulg.

Area del círculo

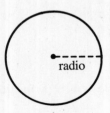

radio

Area del círculo es igual al cuadrado de su radio, multiplicado por π.

Radio $= 8$ dm.

$$A = \pi R^2 = 3.14 \times 8^2 = 3.14 \times 64 = 200.96 \text{ dm.}^2$$

Volúmenes de cuerpos geométricos

El prisma recto

Fórmula: Area de la base multiplicada por la altura.

De acuerdo con su base, los prismas pueden ser pentagonales, exagonales, etc. triangulares o cuadrangulares, etc.

Si la base es un pentágono, como en este caso, se halla primero el área del pentágono y después se multiplica por la altura del prisma.

$$\text{Area} = \frac{\overset{4}{\cancel{8}} \times 7 \times 5}{\underset{1}{\cancel{2}}} = 140 \text{ cm}^2$$

Volumen $= 140$ (área de la base) $\times 20$ (altura del prisma)
$140 \times 20 = 2800 \text{ cm}^3$

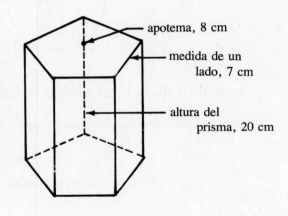

apotema, 8 cm

medida de un lado, 7 cm

altura del prisma, 20 cm

Si la base del prisma es un cuadrado, se halla el área del cuadrado base y este resultado se multiplica por la altura del prisma; lo mismo se haría si la base fuera un rectángulo, un triángulo, etc.

Cuando la base del prisma recto es un cuadrado, se llama exaedro o cubo, llamándose aristas la intersecciones de las caras.

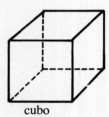

cubo

arista $= 12$ dm.
Volumen $= 12 \times 12 \times 12$ o lo que es lo mismo, arista elevada al cubo;
$12^3 = 1,728 \text{ cm}^3$

La pirámide

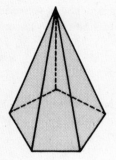

La base de la pirámide puede ser un polígono cualquiera.
Volumen es igual a la tercera parte de su altura multiplicada por el área de la base.
$v = h/3 \times$ área de la base.
Si la altura es 30 cm y el área de la base 190 cm², el volumen será:

$$v = \frac{190 \times 30}{3} = 1900 \text{ cm}^3$$

El cilindro

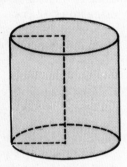

La base del cilindro es un círculo.
Volumen del cilindro es igual: $v = \pi R^2 h$
π = constante, cuyo valor es aproximadamente 3.14.

Si el radio del círculo base es 15 cm. y la altura 50 cm. el volumen del cilindro, será:
$V = 3.14 \times (15)^2 \times 50 = 35,325 \text{ cm}^3$

El cono

Es la tercera parte de un cilindro. Su volumen, por tanto, será:
$$\frac{\pi R^2 h}{3}$$

Radio = 10 cm.
Altura = 38 cm.
Volumen $= \dfrac{3.14 \times 100 \times 38}{3} = 3977.33...\text{cm}^3$

La esfera

El volumen de la esfera es igual a $4/3\ \pi R^3$
Si una esfera tiene de radio 24 cm., el volumen será:
$$V = \frac{4}{3} \times 3.14 \times (24)^3 = \frac{4 \times 3.14 \times 13,824}{3} = 57,876.48 \text{ cm}^3$$

Conjunto 72

(1) Halle el perímetro de un rectángulo que tiene 23.7 dm de largo y 12.3 dm de ancho.

(2) Halle el perímetro de un polígono regular de 7 lados, sabiendo que la medida de un lado es 9 cm y el apotema es 6 cm.

(3) Halle el área de un círculo cuyo diámetro es 24 dm.

(4) Halle la longitud de una circunferencia cuyo radio es 15 dm.

(5) Si las medidas de los lados de un triángulo son 14, 10 y 7 pulgadas; ¿cuál es su perímetro?

(6) Si un polígono (no regular) tiene las siguientes medidas: 8.4 cm, 7.2 cm, 2.1 cm, 4.3 cm y 6 cm., ¿cuál es su perímetro?

(7) Halle el volumen de un prisma recto de base rectangular, cuyas medidas son: largo del rectángulo 24 dm; ancho del rectángulo 15 dm, y la altura del prisma es 50 dm

(8) Halle el volumen de una pirámide, cuya base es un exágono, con las siguientes medidas: longitud de un lado 10 cm; número de lados, 6 y apotema 5 cm; siendo la altura de la pirámide 46 cm.

(9) Halle el volumen de un cilindro cuyo radio es 14 cm y su altura 32 cm.

(10) Determine el volumen de un cono, con las medidas siguientes: diámetro 20 púlgadas, altura 63 púlgadas.

(11) Encuentre el volumen de un prisma recto de base triangular con las medidas siguientes:
base del triángulo = 18cm;
altura del triángulo = 30cm;
altura del prisma = 80cm.

(12) Halle el volumen de un cono que tiene estas medidas: radio 38 pulgadas y altura 100 pulgadas.

(13) Halle el volumen de una esfera cuyo radio es 24 dm.

(14) Halle el volumen de una esfera, sabiendo que su diámetro es 32 cm.

(15) Halle el volumen de un cubo cuya arista mide 8 dm.

(16) Halle el volumen de un cubo cuya arista es 10.25 cm.

(17) Halle el volumen de una pirámide pentagonal, siendo su altura 12 pulgadas, el lado de la base 4 pulgadas, y el apotema de la base 3 pulgadas.

(18) Halle el volumen de un cono cuya altura mide 28 dm y el radio de la base 6 dm.

(19) Determine el volumen de una esfera cuyo diámetro sea 16.2 pulgadas.

(20) Halle el volumen de una pirámide cuya altura es 21 dm, siendo su base un polígono regular de 7 lados midiendo cada lado 8.5 cm y el apotema 6 cm.

Ángulos: Sus clases

Los ángulos, pueden ser agudos, cuando miden menos de 90° (noventa grados); rectos cuando miden 90°, y obtusos, cuando miden más de 90°.

Si un ángulo mide 180°, se dice que es un ángulo de media vuelta o ángulo llano.

Un ángulo mide 360° cuando es de una vuelta completa (los ángulos de una circunferencia).

Ejemplos:

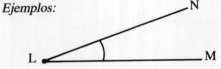

ángulo agudo (menos de 90°)

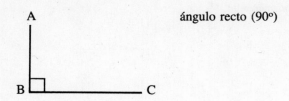

ángulo recto (90°)

ángulo obtuso (más de 90°)

Complementos de un ángulo

Complemento de un ángulo es lo que le falta a un ángulo para medir 90°.
Así el complemento de un ángulo de 54°, es otro ángulo de 36°. La suma de los dos es 90°.
El ángulo de 45° es igual a su complemento, porque 45° + 45° = 90° (un ángulo recto).
Son ángulos complementarios:

$$\angle\, 50 \text{ y } \angle\, 40$$
$$\angle\, 89 \text{ y } \angle\, 1$$
$$\angle\, 29 \text{ y } \angle\, 61$$

Suplemento de un ángulo

Suplemento es lo que falta a un ángulo para medir 180° (ángulo llano). Son ángulos suplementarios; $\angle\, 130$ y $\angle\, 50$ porque unidos miden 180°.
El ángulo de 90° (recto) es igual a su suplemento, ya que $\angle\, 90 + \angle\, 90 = \angle\, 180$.

CONJUNTO 73

¿Cuál es el complemento de...?

(1)	5°		(6)	43°
(2)	83°		(7)	56°
(3)	11°		(8)	74°
(4)	24°		(9)	82°
(5)	37°		(10)	68°

¿Cuál es el suplemento de...?

(11)   70°

(12)   104°

(13)   173°

(14)   98°

(15)   158°

(16)   136°

(17)   44°

(18)   69°

(19)   147°

(20)   22°

Ángulos que se forman cuando una secante corta dos líneas paralelas.

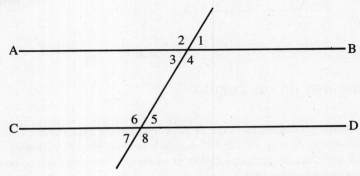

Los ángulos formados en la parte interior de las paralelas se denominan ángulos ∠3, ∠4, ∠5, y ∠6.

Los ángulos formados en la parte exterior de las paralelas se denominan ángulos externos; éstos son: ∠1, ∠2, ∠7, y ∠8.

Veamos las propiedades y nombres de estos ocho ángulos.

Angulos correspondientes	{ 2 y 6 3 y 7 1 y 5 4 y 8 }	Estos ángulos son iguales.
Angulos alternos-internos	{ 3 y 5 4 y 6 }	Estos ángulos son iguales.
Angulos alternos-externos	{ 2 y 8 1 y 7 }	Estos ángulos son iguales.
Angulos opuestos por el vértice	{ 2 y 4 1 y 3 6 y 8 5 y 7 }	Estos ángulos son iguales.
Angulos conjugados externos	{ 2 y 7 1 y 8 }	Estos ángulos son suplementarios. O sea; unidos miden 180°.
Angulos conjugados internos.	{ 4 y 5 3 y 6 }	Estos ángulos son también suplementarios.

Hallar el valor del ángulo *k*.

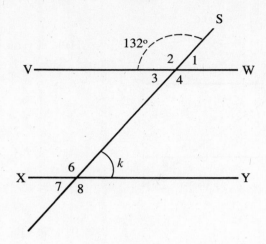

Procedimiento para determinar el valor del ángulo *k*.

$$\angle 2 = \angle 4 = 132°\text{(opuestos por el vértice)}$$
$$\angle 4 = \angle k = 180°\text{(conjugados internos)}$$
$$180° - 132° \text{ (medida del ángulo } k = 48°$$

También, $\angle 2 + \angle 3 = 180°$ (por adyacentes y suplementarios). Por lo tanto, ángulo $\angle 3 = 180° - 132° = 48°$ y $\angle 3 = \angle k$ (por alternos-internos), luego, $\angle k = 48°$.

Otra razón por la que el $\angle k = 48°$ es que es correspondiente con el $\angle 1$, que mide 48°, por ser suplementario con el $\angle 2$.

Operaciones con ángulos

Medidas dentro de la estructura de los ángulos
1 grado = 60 minutos; también 1° = 60'
1 minuto = 60 segundos; también 1' = 60"

Para hallar el complemento de un ángulo que mida: 38°, 49', 38" se procede así: A 90° se le resta 38°, 49', 38 y se plantea la operación de la forma siguiente:

$$
\begin{array}{lrrr}
90° = & 89° & 59' & 60" \\
\text{menos} & 38° & 49' & 38" \\
\hline
& 51° & 10' & 22"
\end{array}
$$

Para hallar el suplemento, se procede de una forma similar. Veamos:

Hallar el suplemento de un ángulo que mide 149°, 43', 57".

A 180° se le resta este ángulo.

$$
\begin{array}{lrrr}
180° = & 179° & 59' & 60" \\
\text{menos} & 149° & 43' & 57" \\
\hline
& 30° & 16' & 3"
\end{array}
$$

CONJUNTO 74

(1)

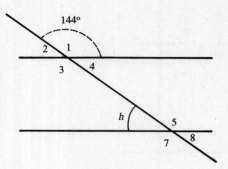

Halle el valor del ángulo *h*.

(2)

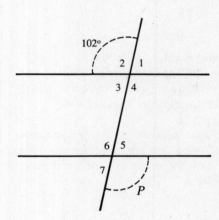

Halle el valor del ángulo *P*.

(3) Halle el complemento de un ángulo que mide: 34°, 29', 46".

(4) Halle el complemento de un ángulo que mide: 79°, 1', 59".

(5) Halle el suplemento de un ángulo que mide: 162°, 59' 59".

(6) Halle el suplemento de un ángulo que mide: 178°, 2', 42".

(7)

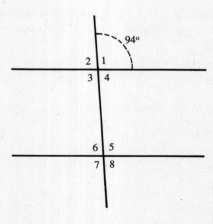

Halle el valor de los siete ángulos restantes.

(8)

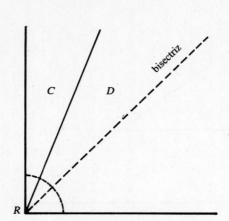

$\angle R = 90°$
Bisectriz (divide el ángulo en dos ángulos iguales)
Si $\angle C = \angle D$
Halle el valor de estos ángulos.

(9)

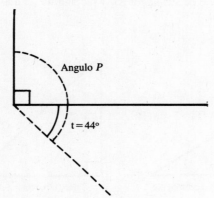

¿Cuánto mide el ángulo *P*?

(10)

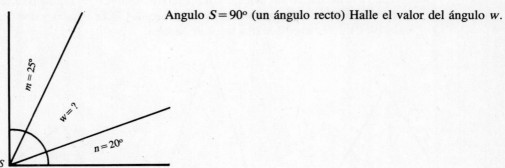

Angulo $S = 90°$ (un ángulo recto) Halle el valor del ángulo *w*.

El triángulo: Sus características

El triángulo es un polígono de 3 lados. Los lados del triángulo son los segmentos que lo limitan. La base de un triángulo es el lado donde se apoya.

La altura correspondiente a un lado es la perpendicular bajada desde el vértice opuesto.

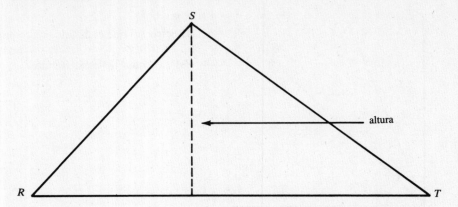

Según sus ángulos, los triángulos pueden ser acutángulos (el que tiene los tres ángulos agudos); obtusángulos (el que tiene obtuso uno de sus ángulos), y rectángulo (el que tiene un ángulo recto).

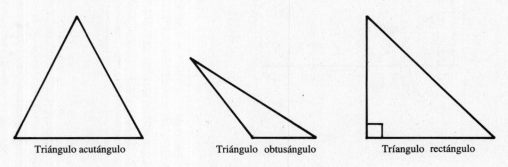

Nota: Los ángulos interiores de todo triángulo miden 180°.

Atendiendo a la medida de sus lados, los triángulos pueden ser: (1) *Equiláteros:* Cuando sus tres lados son iguales; (2) *Isósceles:* Cuando tienen dos lados iguales y uno desigual; (3) *Escalenos:* Cuando tienen sus tres lados desiguales.

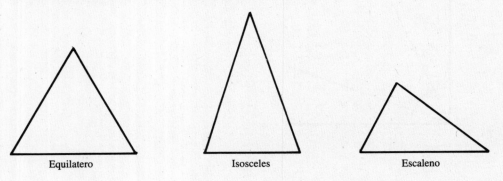

Perímetro y área del triángulo

Perímetro del triángulo

Perímetro de un triángulo es la suma de las medidas de sus lados. Así, si un triángulo escaleno tiene 9 cm, 8 cm y 5 cm, su perímetro sera: $9 + 8 + 5 = 22$ cm.

Si el triángulo es equilátero, basta con multiplicar un lado por 3.

Si el triángulo es isósceles, se multiplica un lado por dos, y se le suma el lado desigual, o en todos los casos se puede encontrar el perímetro sumando los 3 lados del triángulo.

Area del triángulo

El área o superficie de un triángulo se halla multiplicando su base por la altura, dividido por dos.

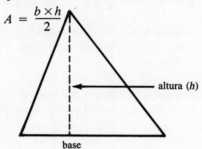

$$A = \frac{b \times h}{2}$$

altura (h)

base

Ejemplo: Base (b) del triángulo $= 9$ cm.
altura (h) $= 6$ cm.

$$A = \frac{9 \times 6}{2} = 27 \text{ cm}^2$$

Caso especial del triángulo rectángulo

Este triángulo, además de las características anteriores, tiene una condición especial: en él se aplica el famoso teorema de Pitágoras, que estudiaremos brevemente a continuación.

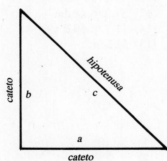

cateto

hipotenusa

b c

a

cateto

El enunciado de este teorema dice: La suma del cuadrado de los catetos es igual al cuadrado de la hipotenusa.

$$a^2 + b^2 = c^2$$

También: $c^2 - a^2 = b^2$ y $c^2 - b^2 = a^2$

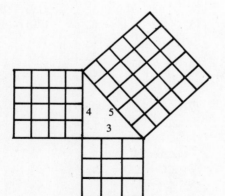

4   5

3

Demostración gráfica:

I. $3^2 + 4^2 = 5^2$
    $9 + 16 = 25$
    $25 = 25$

II. $5^2 - 3^2 = 4^2$
    $25 - 9 = 16$
    $16 = 16$

III. $5^2 - 4^2 = 3^2$
    $25 - 16 = 9$
    $9 = 9$

Y, en general, siendo $a = 3$, $b = 4$, $c = 5$ se tiene: $c^2 = a^2 + b^2$.

CONJUNTO 75

(1) Halle el perímetro de un triángulo equilátero sabiendo que un lado mide 19 dm.

(2) Halle el área de un triángulo cuya base es 24 cm y su altura 18 cm.

(3) Halle el perímeto de un triángulo isósceles cuya base es 8 dm y uno de sus lados igual mide 14 dm.

(4) Si dos de los ángulos interiores de un triángulo cualquiera miden 110°; ¿cuánto mide el otro ángulo?

(5) ¿Cuántos ángulos rectos puede tener un triángulo?

(6) Halle el área de un triángulo cuya base mide 14.5 pulgadas y su altura 7.2 pulgadas.

(7) Determine el perímetro de un triángulo cuyos lados miden 8½ dm, 9¾ dm y 6⅕ dm.

(8) Halle la hipotenusa de un triángulo rectángulo que tiene catetos que miden 20 y 15 cm.

(9) Si en triángulo rectángulo la hipotenusa mide 10 dm y el cateto menor mide 6 dm. ¿cuánto mide el otro cateto?

(10) Halle el cateto mayor, sabiendo que la hipotenusa mide 51 pulgadas y el cateto menor 24 pulgadas.

Respuestas a los conjuntos:

RESPUESTAS AL CONJUNTO 72

(1) 72 dm	(6) 28 cm	(11) 21,600 cm^3	(16) 1,076.89 cm^3
(2) 63 cm	(7) 18,000 dm^3	(12) 151,138.66 pulg.^{3}	(17) 120 pulg.^{3}
(3) 452.16 dm	(8) 2,300 cm^3	(13) 57,876.48 dm^3	(18) 1,055.04 dm^3
(4) 94.2 dm	(9) 19,694.08 cm^3	(14) 17,148.59 cm^3	(19) 2,224.97 pulg.^{3}
(5) 31 pulg.	(10) 6,594 pulg.^{3}	(15) 512 dm^3	(20) 1,249.5 cm^3

RESPUESTAS AL CONJUNTO 73

(1) 85°	(6) 47°	(11) 110°	(16) 44°
(2) 7°	(7) 34°	(12) 76°	(17) 136°
(3) 79°	(8) 16°	(13) 7°	(18) 111°
(4) 66°	(9) 8°	(14) 82°	(19) 33°
(5) 53°	(10) 22°	(15) 22°	(20) 158°

RESPUESTAS AL CONJUNTO 74

(1) $\angle h = 36°$

(2) $\angle P = 102°$

(3) 55°, 30′, 14″

(4) 10°, 58′, 1″

(5) 17°, 0′, 1″

(6) 1°, 57′, 18″

(7) $\angle 2 = 86°$, $\angle 6 = 86°$,
$\angle 3 = 94°$, $\angle 7 = 94°$,
$\angle 4 = 86°$, $\angle 8 = 86°$,
$\angle 5 = 94°$

(8) $\angle C = \angle D = 22.5°$

(9) $\angle P = 134°$

(10) $\angle w = 45°$

Respuestas al conjunto 75

(1) 57 dm
(2) 216 cm^2
(3) 36 dm
(4) 70°
(5) 1

(6) 52.2 pulg.^{2}
(7) 24^9/$_{20}$ dm^2
(8) 25 cm.
(9) 8 dm.
(10) 45 pulg.

SISTEMAS DE NUMERACIÓN Y SUS BASES

Una de las grandes creaciones del hombre en el pasado fue la invención de los sistemas numéricos. La representación por medio de símbolos se hizo indispensable en la medida que unos grupos humanos comenzaron a sentir la necesidad de relacionarse con otros. El trueque y el comercio incipiente exigieron tales representaciones simbólicas.

Cada nación o comarca trató de confeccionar sus propios signos; aunque más tarde aquellos pueblos más influyentes impusieron a otros sus sistemas numéricos. Así surgieron sistemas de numeración, tales como el babilonio, el egipcio, el maya y nuestro conocido sistema decimal. También tiene algún uso entre nosotros la numeración romana, aunque no usamos estos símbolos en cálculos matemáticos por ser un sistema incompleto y carente de las estructuras necesarias a tales efectos.

Veamos ahora la forma de expresar la misma cantidad, utilizando diferentes símbolos y sistemas.

Usamos el 21 en nuestro sistema decimal.

Sistema egipcio ∩∩I

Sistema babilonio < < Y

Sistema romano XXI

Observemos que el 21 (Sistema decimal) ha cambiado solamente en la forma de representarlo, o sea, que el simbolismo resulta diferente, pero el concepto de número (en este caso la cantidad representada), resulta inalterable. Pues bien: los diferentes símbolos que se usan para representar los números se llaman "numerales." El conjunto organizado de estos símbolos, con sus operaciones correspondientes constituye un sistema de numeración.

Nuestro sistema de numeración (sistema decimal) es también conocido como sistema indoarábigo. Fue inventado en la India y utilizado por los árabes quienes lo introdujeron en Europa. Como sabemos el sistema decimal se compone de diez símbolos, que son: 0, 1, 2, 3, 4, 5, 6, 7, 8, 9. En este sistema, el lugar que ocupa un símbolo o dígito en un numeral es determinante en cuanto se refiere a su representación numérica. De aquí que digamos que éste, como otros sistemas que vamos a estudiar en este capítulo es un "sistema de notación posicional". Más claro aun; "un dígito tiene diferentes valores, dependiendo del lugar que ocupe en un numeral".

Ejemplo: 15 y 51.

En el primer caso, el 5 está en la posición de las unidades y su valor es, sin duda, 5 unidades. Pero el 1 que se encuentra en la segunda posición (decenas), no representa una unidad, sino, diez.

Gráficamente pudiéramos también representar el numeral 15, con un grupo de diez y otro grupo de cinco unidades. Veamos:

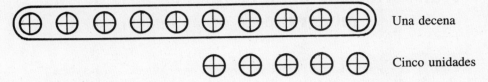

Una decena

Cinco unidades

En 51 los símbolos 5 y 1 alteran ahora su valor; de donde su representación gráfica sería la siguiente:

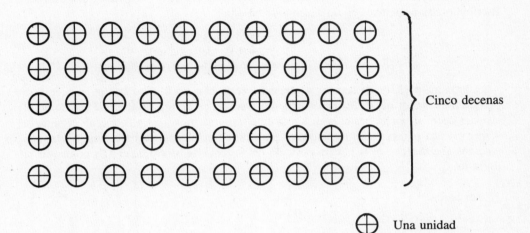

Cinco decenas

Una unidad

Por la estructura que hemos observado en el ejemplo anterior, a nuestro sistema decimal, le llamamos también sistema de base diez. Pero como dijimos anteriormente este no es el único sistema de notación posicional existente.

Con el uso en estos tiempos de sistemas de computadores electrónicos, ha sido necesaria la utilización de otros sistemas distintos del de base diez, tales como, sistemas de base 7, base 5, base 2, base 12, base 16, etc.

De algunos de estos sistemas y de sus relaciones con el sistema decimal vamos a ocuparnos en este capítulo.

El sistema decimal usa solamente diez dígitos para todas sus representaciones numéricas, porque su sistema es de base diez; luego, generalizando, diremos que un sistema cualquiera de notación posicional usará tantos símbolos o dígitos como su base indique. Así el sistema de base dos utilizará, *dos dígitos;* el sistema de base tres, *tres dígitos;* el de base siete *siete dígitos,* y así sucesivamente.

El cero y el uno (símbolos empleados en el sistema de base dos o binario) son símbolos comunes a todos los sistemas. El cero en Matemáticas se usa para indicar ninguna cosa u objeto, pero también se utiliza como símbolo que ocupa un lugar como cualquier otro dígito, haciendo ocupar a los demás dígitos en un numeral otras posiciones. Así podemos distinguir entre el 60 y el 6. Sin el auxilio del cero ambos numerales serían iguales.

Cuando anteriormente escribimos el numeral 15, dijimos que estaba representado por una decena y cino unidades, de acuerdo con los valores relativos que ocupan los dígitos en un numeral cualquiera de notación posicional.

De donde $15 = (1 \times 10) + (5 \times 1)$

y también $129 = (1 \times 10 \times 10) + (2 \times 10) + (9 \times 1)$

$247 = (2 \times 10 \times 10) + (4 \times 10) + (7 \times 1)$

Transformación de numerales en base de diez a numerales en otras bases

Veamos 6 en nuestro sistema en qué se convierte en el sistema binario (base dos).

Aclaración: Hay diferentes formas de efectuar estas conversiones. Nosotros adoptamos el procedimiento que entendemos es más sencillo en su asimilación.

Vamos a partir del concepto que en todo sistema de notación prosicional la última cifra a la derecha, será siempre la cifra de las unidades. Procedemos entonces del siguiente modo: Escribimos las posiciones en un sistema de base dos:

$$\begin{array}{l} \text{(dos al cuadrado)}\\ \text{(base del sistema)}\\ 4\,2\,1 \quad \text{(posición de las unidades)} \end{array}$$

La próxima posición de derecha a izquierda, sería 2^3 o sea 8. Pero esto no es necesario porque 8 es mayor que 6. El procedimiento consiste en dividir el numeral escrito en el sistema decimal por la posición más alta en el sistema binario. En este caso el número 4; pero nunca pudiera ser mayor que el numeral en el sistema de base diez; o sea, nos tenemos que detener en la tercera posición del sistema de base dos, el 4, y comenzar la división.

Primer paso:

$$\begin{array}{r} 1\\ 4\overline{)6}\\ -\,4\\ \hline 2 \end{array}$$

Segundo paso: El residuo 2 lo dividimos entre la próxima posición a la derecha, o sea, dos:

$$\begin{array}{r} 1\\ 2\overline{)2}\\ -\,2\\ \hline 0 \end{array}$$

Tercer paso: El residuo 0 lo dividimos entre la próxima posición a la derecha del sistema binario, o sea, el uno:

$$\begin{array}{r} 0\\ 1\overline{)0}\\ -\,0\\ \hline 0 \end{array}$$

Cuarto paso: Para confeccionar el numeral en base dos, simplemente escribimos en orden de izquierda a derecha todos los cocientes obtenidos. De donde $6 = 110_{dos}$

Nota: Para indicar el sistema en que un numeral está escrito se escribe abajo y a su derecha la palabra correspondiente. También suele escribirse un dígito, y así $110_{dos} = 110_2$. Tratándose del sistema decimal no es necesario ninguna aclaración. Simplemente si no existe una anotación, suponemos que el numeral ha sido escrito en el sistema de base diez.

Otros ejemplos:

Convertir 13 al sistema binario (base dos)

Posiciones necesarias en el sistema binario para efectuar esta conversión:

1 (cifra de las unidades de todo sistema y primera potencia de dos)

2 (base del sistema y segunda posición)

$2^2 = 2 \times 2$ (tercera posición en el sistema binario)

$2^3 = 2 \times 2 \times 2$ (cuarta posición en el sistema binario)

No buscamos otra posición porque sería mayor que 13, o sea, sería $2^4 = 16$.

Ahora procederemos dividiendo 13 por 2^3; y tendremos:

$$\begin{array}{r} 1 \\ 8\overline{)13} \\ -\ 8 \\ \hline 5 \end{array}$$

Luego, en 13 hay un grupo de 2^3.

$$\begin{array}{r} 1 \\ 4\overline{)5} \\ -\ 4 \\ \hline 1 \end{array}$$

Hay en 5 un grupo de 2^2.

$$2\overline{)1}$$

Como con esta división no podemos obtener ningún grupo, pondremos un cero en el lugar correspondiente del numeral en base dos.

Y por último

$$\begin{array}{r} 1 \\ 1\overline{)1} \\ -\ 1 \\ \hline 0 \end{array}$$

cifra de las unidades.

Ahora escribiendo los cocientes en orden de izquierda a derecha, tenemos: 1101_{dos}.
Como hemos observado en los ejemplos anteriores el sistema binario (base dos) sólo usa los dígitos 0 y 1.

Sistema en base cinco: Conversiones

Este sistema usa los símbolos siguientes: 0, 1, 2, 3, 4 o sea, cinco símbolos, de acuerdo con la base del sistema. En este sistema agruparemos de cinco en cinco.

Ejemplo: Expresar 19 en el sistema de base 5.

Las posiciones en el sistema de base 5 para efectuar esta conversión serán:

1 (posición de las unidades)

5 (base del sistema, 2da posición)

La próxima sería 5^2, pero esto, como sabemos no resulta necesario porque su resultado es 25; mayor que 19.

Efectuando operaciones, obtendremos:

$$\begin{array}{r} 3 \\ 5\overline{)19} \\ -\ 15 \\ \hline 4 \end{array}$$

Luego, escribiendo los cocientes en orden, tendremos que: $19 = 34_{cinco}$

$$y \quad \frac{4}{1 \overline{\smash{)}4}}$$
$$\frac{-4}{0}$$

Otros ejemplos:

(1) Convertir 27 al sistema en base 5.

Las posiciones necesarias en el sistema en base cinco, serán 25, 5 y 1.

Efectuando,

$$\frac{1}{25 \overline{\smash{)}27}}$$
$$\frac{-25}{2}$$

Ahora,

$$5 \overline{\smash{)}2}$$

Como en esta posición no podremos obtener ningún grupo, escribiremos un cero en el lugar correspondiente.

Y por último,

$$\frac{2}{1 \overline{\smash{)}2}}$$
$$\frac{-2}{0}$$

Significa que hemos obtenido dos unidades en el sistema en base cinco.

De donde, tenemos, que $27 = 102_{cinco}$

(2) Convertir 41 al sistema en base cinco. Las posiciones necesarias serán 25, 5, y 1.

Efectuando,

$$\frac{1}{25 \overline{\smash{)}41}}$$
$$\frac{-25}{16}$$

y

$$\frac{3}{\overline{\smash{)}16}}$$
$$\frac{-15}{1}$$

por último,

$$\frac{1}{1 \overline{\smash{)}1}}$$
$$\frac{-1}{0}$$

Luego 41 será igual a 131_{cinco}.

Los mismos principios y procedimientos serán usados para el resto de los sistemas de notación posicional.

Veamos a continuación algunos ejercicios en el sistema en base doce.

Sistema en base doce: Conversiones

Como su base lo indica, ahora trabajaremos con grupos de doce, o sea, con docenas. Utilizaremos doce símbolos de acuerdo con la base. Estos serán: 0, 1, 2, 3, 4, 5, 6, 7, 8, 9, T, y E.

Nota: Como solamente tenemos diez símbolos numéricos precisamos hacer uso de letras. En este caso la T representará el diez y la E el once.

Transformar 38 al sistema en base 12. Las posiciones en el sistema en base doce serán 12 y 1.

Efectuando,

$$\begin{array}{r} 3 \\ 12\overline{\smash{\big)}38} \\ -\ 36 \\ \hline 2 \end{array}$$

y ahora

$$\begin{array}{r} 2 \\ 1\overline{\smash{\big)}2} \\ -\ 2 \\ \hline 0 \end{array}$$

De donde $\qquad 38 = 32_{doce}$

Otros ejemplos:

(1) Convertir 129 al sistema en base 12.

Las posiciones necesarias en el sistema en base doce serán 12 y 1.

Efectuando,

$$\begin{array}{r} T \\ 12\overline{\smash{\big)}129} \\ -\ 120 \\ \hline 9 \end{array}$$

y

$$\begin{array}{r} 9 \\ 1\overline{\smash{\big)}9} \\ -\ 9 \\ \hline 0 \end{array}$$

De donde, $\qquad 129 = T9_{doce}$

(2) Convertir 131 al sistema en base 12.

Efectuando,

$$\begin{array}{r} T \\ 12\overline{\smash{\big)}131} \\ -\ 120 \\ \hline 11 \end{array}$$

y

$$\begin{array}{r} E \\ 1\overline{\smash{\big)}11} \\ -\ 11 \\ \hline 0 \end{array}$$

De donde $\qquad 131 = TE_{doce}$

Transformación de numerales en otras bases al sistema decimal

Sistema binario

Ejemplos:

(1) Expresar 110_{dos} en base diez.

Los valores de las posiciones del sistema binario son:

$$2^6 \quad 2^5 \quad 2^4 \quad 2^3 \quad 2^2 \quad 2^1 \quad 2^0$$
$$64 \quad 32 \quad 16 \quad 8 \quad 4 \quad 2 \quad 1$$

Resolviendo, tendremos: 421

110_{dos}

Multiplicando los dígitos del numeral en base dos; en este caso 110_{dos}, por el valor de sus posiciones, obtendremos $110_{dos} = (1 \times 4) + (1 \times 2) + (0 \times 1) = 6$.

(2) Expresar 1000_{dos} en base diez.

Usando el mismo sistema, tendremos

$$1000_{dos} = (1 \times 8) + (0 \times 4) + (0 \times 2) + (0 \times 1) = 8$$

(3) Expresar 110011_{dos} en base diez.

$110011_{dos} = (1 \times 32) + (1 \times 16) + (0 \times 8) + (0 \times 4) + (1 \times 2) + (1 \times 1) = 51$

Numerales en base cinco

Ejemplos:

(1) Transformar 12_{cinco} al sistema decimal.

Los valores de las posiciones en el sistema de base cinco son:

$$5^4 \quad 5^3 \quad 5^2 \quad 5^1 \quad 5^0$$
$$625 \quad 125 \quad 25 \quad 5 \quad 1$$

De donde $12_{cinco} = (1 \times 5) + (2 \times 1) = 7$.

(2) Transformar 240_{cinco} al sistema decimal.

$$240_{cinco} = (2 \times 25) + (4 \times 5) + (0 \times 1) = 70$$

Numerales en base doce

Ejemplos:

(1) Transformar 54_{doce} al sistema decimal.

Los valores de las posiciones en el sistema en base doce son:

$$12^2 \quad 12^1 \quad 12^0$$
$$144 \quad 12 \quad 1$$

Resolviendo, tendremos: $54_{doce} = (5 \times 12) + (4 \times 1) = 64$.

(2) Transformar 209_{doce} al sistema decimal.

Resolviendo $209_{doce} = (2 \times 144) + (0 \times 12) + (9 \times 1) = 297$.

(3) Transformar $15E_{doce}$ al sistema decimal.

Efectuando $15E_{doce} = (1 \times 144) + (5 \times 12) + (11 \times 1) = 215$.

(4) Transformar $2ET_{doce}$ al sistema decimal.

$$2ET_{doce} = (2 \times 144) + (11 \times 12) + (10 \times 1) = 430$$

Operaciones de suma, resta, multiplicación y división

Aclaración: Los conceptos que vamos a usar en la práctica de estas operaciones son básicamente los mismos utilizados en el sistema decimal. La ejercitación en estas operaciones nos dará una idea más cabal acerca de la estructura de nuestro sistema en base diez.

Suma: Sistema Binario

Es necesario recordar antes de comenzar con la parte operacional que el sistema binario (base dos) sólo utiliza los dígitos 0 y 1.

Ejemplo: Sumar $1_{dos} + 1_{dos}$.

$$\begin{array}{r} 1_{dos} \\ + \ 1_{dos} \\ \hline 10_{dos} \end{array} \quad \text{(leemos, uno cero en base dos)}$$

Explicación de la operación anterior: $1 + 1 = 2$; pero ya sabemos que el símbolo *2 no puede usarse en el sistema binario; ya que 2 hace un grupo en la posición inmediata superior hacia la izquierda, quedando 0 en la cifra de las unidades.*

Veamos otros ejemplos:

A	B	C	D
1_{dos}	10_{dos}	1011_{dos}	1101_{dos}
1_{dos}	$+ \ 11_{dos}$	$+ \ 11_{dos}$	$+ \ 1011_{dos}$
$+ \ 1_{dos}$	$\overline{101_{dos}}$	$\overline{1110_{dos}}$	$\overline{11000_{dos}}$
$\overline{11_{dos}}$			

Resta: Sistema Binario

Ahora veremos claramente las analogías y diferencias existentes con nuestro sistema decimal.

Ejemplo: Restar 1_{dos} de 10_{dos}.

$$\begin{array}{r} 10_{dos} \\ - \ 1_{dos} \\ \hline 1_{dos} \end{array} \quad \text{¿Por qué?}$$

Recordemos que cuando efectuamos operaciones de resta en el sistema decimal y el dígito que se encuentra en el minuendo es menor que el dígito del sustraendo, tomamos una unidad del dígito que se halla inmediatamente a la izquierda y la convertimos en diez, en la posición de las unidades. Por eso, cuando restamos en el sistema decimal 9 de 15, decimos:

$$\begin{array}{r} 15 \\ - 9 \\ \hline 9 \end{array}$$

"quince menos nueve igual seis"

Tomamos el uno de las cifras de las decenas y lo convertimos en diez unidades, más cinco que teníamos hacen quince unidades, menos nueve igual a seis.

Volvamos ahora a la resta de 10_{dos} menos 1_{dos}. Como a cero no se le puede quitar uno (lo mismo sucede en el sistema decimal), tomamos el uno de la izquierda y lo convertimos en dos unidades (porque el sistema que estamos trabajando es en base dos). Ahora restamos 1 de 2 y obtenemos 1_{dos}.

Resolviendo nuevamente, escribiremos:

$$
\begin{array}{r}
10_{dos} \\
- \ 1_{dos} \\
\hline
1_{dos}
\end{array}
$$

Observe que algo similar sucede cuando en el sistema decimal, restamos 16 de 40.

Otros ejemplos:

A	B	C
$\begin{array}{r}101_{dos}\\-\ 11\\\hline 10_{dos}\end{array}$	$\begin{array}{r}1011_{dos}\\-\ 110\\\hline 101_{dos}\end{array}$	$\begin{array}{r}10101_{dos}\\-\ 111\\\hline 1110_{dos}\end{array}$

Multiplicación: Sistema binario

La multiplicación en el sistema binario resulta muy sencilla, como observaremos en los casos siguientes:

Ejemplo: Multiplicar $11_{dos} \times 11_{dos}$.

$$
\begin{array}{r}
11_{dos} \\
\times \ 11_{dos} \\
\hline
11 \\
11 \\
\hline
1001_{dos}
\end{array}
$$

Otros Ejemplos:

A	B
$\begin{array}{r}110_{dos}\\\times\ 101_{dos}\\\hline 110\\110\\\hline 11110_{dos}\end{array}$	$\begin{array}{r}1101_{dos}\\\times\ 111_{dos}\\\hline 1101\\1101\\1101\\\hline 1011011_{dos}\end{array}$

División: Sistema Binario

La división con numerales en base dos conserva los mismos principios de la división decimal. Trabajemos con los dos ejemplos de multiplicación anteriores. Dividiendo el producto entre uno de los factores, obtendremos el otro factor.

$$
\begin{array}{r}
110_{dos} \\
101_{dos} \overline{)11110_{dos}} \\
- \ 101 \\
\hline
101 \\
- \ 101 \\
\hline
0
\end{array}
$$

y ahora

$$
\begin{array}{r}
111_{dos} \\
1101_{dos}\overline{)1011011_{dos}} \\
-\ 1101 \\
\hline
10011 \\
-\ 1101 \\
\hline
1101 \\
-\ 1101 \\
\hline
0
\end{array}
$$

Suma: Sistema en base cinco

Recordemos nuevamente que el sistema en base cinco usa solamente los dígitos, 0, 1, 2, 3, 4.

Pues bien, sumemos $14_{cinco} + 23_{cinco}$.

$$
\begin{array}{r}
14_{cinco} \\
+\ 23_{cinco} \\
\hline
42_{cinco}
\end{array}
$$

Observe que al obtener 7 de la suma de $4+3$, no podemos escribir el dígito 7 porque el sistema en base cinco no usa el 7; y especialmente porque en 7 unidades se halla un grupo de cinco y sobran dos unidades; luego, escribimos 2 en la posición de las unidades y llevamos un grupo de cinco a la posición de la izquierda, que sumado con 3, da 4.

A	B	C
42_{cinco}	44_{cinco}	234_{cinco}
$+\ 13_{cinco}$	$+\ 24_{cinco}$	$+\ 343_{cinco}$
$\overline{110_{cinco}}$	$\overline{123_{cinco}}$	$\overline{1132_{cinco}}$

Resta: Sistema en base cinco

Similar a la resta en el sistema decimal, con la diferencia solamente de que cuando tomemos una unidad de la posición de la izquierda no la convertimos en *diez*, como en el sistema decimal, sino en *cinco*, que es la base de este sistema.
Restar:

$$
\begin{array}{r}
41_{cinco} \\
-\ 23_{cinco} \\
\hline
13_{cinco}
\end{array}
$$

Diremos: a uno no le puedo restar tres, luego tomo uno de 4 y lo convierto en 5 unidades; más una que tenía hacen seis; menos tres, igual a tres; y finalmente $3-2=1$.

Otros ejemplos:

A	B	C
320_{cinco}	431_{cinco}	4031_{cinco}
$-\ 43_{cinco}$	-234_{cinco}	-422_{cinco}
$\overline{222_{cinco}}$	$\overline{142_{cinco}}$	$\overline{3104_{cinco}}$

Multiplicación: Sistema en base cinco

Observemos los ejemplos siguientes:

$$42_{cinco}$$
$$\times\ 2_{cinco}$$
$$134_{cinco}$$

La operación fue efectuada así:

$2 \times 2 = 4$ Escribimos el 4 en el producto. En 8 hay un grupo de 5 sobran 3.
$2 \times 4 = 8$ Escribimos el 3 y llevamos 1 a la otra posición.

Otros ejemplos:

A	B	C
34_{cinco}	423_{cinco}	1243_{cinco}
$\times\ 23_{cinco}$	$\times\ 42_{cinco}$	$\times\ 24_{cinco}$
212	1401	11132
123	3302	3041
1442_{cinco}	34421_{cinco}	42042_{cinco}

División: Sistema en base cinco

Trabajando con los productos y factores de los ejercicios anteriores, tenemos:

$$23_{cinco}\overline{)1442_{cinco}}\ \ \frac{34_{cinco}}{}$$

$23_{cinco}\overline{)1442_{cinco}}$ 34_{cinco}	$423_{cinco}\overline{)34421}$ 42_{cinco}	$1243_{cinco}\overline{)42042_{cinco}}$ 24_{cinco}
124	3302	3041
202	1401	11132
202	1401	11132
0	0	0

Ejercicios de sistemas de numeración y sus bases

Transformar los siguientes numerales del sistema decimal a numerales en otras bases:

Transformar en numerales binarios:

(1) 5   (4) 53
(2) 18   (5) 75
(3) 27

Transformar en numerales en base cinco:

(6) 11   (9) 81
(7) 46   (10) 96
(8) 53

Transformar en numerales en base doce:

(11) 45

(12) 56

(13) 107

(14) 118

(15) 441

Transformar los numerales siguientes al sistema decimal:

(16) 1001_{dos}

(17) 1011_{dos}

(18) 1110_{dos}

(19) 11111_{dos}

(20) 111110_{dos}

(21) 13_{cinco}

(22) 22_{cinco}

(23) 43_{cinco}

(24) 204_{cinco}

(25) 321_{cinco}

(26) 63_{doce}

(27) 405_{doce}

(28) $49E_{doce}$

(29) $58T_{doce}$

(30) $6ET_{doce}$

Sumar:

(31) $101_{dos} + 11_{dos}$

(32) $111_{dos} + 110_{dos}$

(33) $1001_{dos} + 1101_{dos}$

(34) $1011_{dos} + 1111_{dos}$

(35) $11110_{dos} + 10111_{dos}$

(36) $12_{cinco} + 34_{cinco}$

(37) $21_{cinco} + 14_{cinco}$

(38) $132_{cinco} + 143_{cinco}$

(39) $224_{cinco} + 134_{cinco}$

(40) $204_{cinco} + 343_{cinco}$

Restar:

(41) $110_{dos} - 11_{dos}$

(42) $1101_{dos} - 111_{dos}$

(43) $1001_{dos} - 101_{dos}$

(44) $11101_{dos} - 1111_{dos}$

(45) $11110_{dos} - 1101_{dos}$

(46) $43_{cinco} - 24_{cinco}$

(47) $32_{cinco} - 23_{cinco}$

(48) $301_{cinco} - 134_{cinco}$

(49) $2201_{cinco} - 343_{cinco}$

(50) $4023_{cinco} - 2334_{cinco}$

Multiplicar:

(51) $111_{dos} \times 11_{dos}$

(52) $1011_{dos} \times 101_{dos}$

(53) $1111_{dos} \times 111_{dos}$

(54) $1101_{dos} \times 101_{dos}$

(55) $10101_{dos} \times 111_{dos}$

(56) $34_{cinco} \times 3_{cinco}$

(57) $42_{cinco} \times 33_{cinco}$

(58) $324_{cinco} \times 24_{cinco}$

(59) $1044_{cinco} \times 32_{cinco}$

(60) $2303_{cinco} \times 43_{cinco}$

Dividir:

(61) $1111_{dos} \div 11_{dos}$

(62) $11011_{dos} \div 1001_{dos}$

(63) $110111_{dos} \div 101_{dos}$

(64) $1010100_{dos} \div 1100_{dos}$

(65) $1011011_{dos} \div 111_{dos}$

(66) $233_{cinco} \div 4_{cinco}$

(67) $234_{cinco} \div 3_{cinco}$

(68) $1331_{cinco} \div 22_{cinco}$

(69) $22033_{cinco} \div 42_{cinco}$

(70) $112103_{cinco} \div 34_{cinco}$

Respuestas a los ejercicios de sistemas de numeración y sus bases

(1) 101_{dos}

(2) 10010_{dos}

(3) 11011_{dos}

(4) 110101_{dos}

(5) 1001011_{dos}

(6) 21_{cinco}

(7) 141_{cinco}

(8) 203_{cinco}

(9) 311_{cinco}

(10) 341_{cinco}

(11) 39_{doce}

(12) 48_{doce}

(13) $8E_{doce}$

(14) $9T_{doce}$

(15) 309_{doce}

(16) 9

(17) 13

(18) 14

(19) 31

(20) 62

(21) 8

(22) 12

(23) 23

(24) 54

(25) 86

(26) 75

(27) 581

(28) 695

(29) 826

(30) 1006

(31) 1000_{dos}

(32) 1101_{dos}

(33) 10110_{dos}

(34) 11010_{dos}

(35) 110101_{dos}

(36) 101_{cinco}

(37) 40_{cinco}

(38) 330_{cinco}

(39) 413_{cinco}

(40) 1102_{cinco}

(41) 11_{dos}

(42) 110_{dos}

(43) 100_{dos}

(44) 1110_{dos}

(45) 10001_{dos}

(46) 14_{cinco}

(47) 4_{cinco}

(48) 112_{cinco}

(49) 1303_{cinco}

(50) 1134_{cinco}

(51) 10101_{dos}

(52) 110111_{dos}

(53) 1101001_{dos}

(54) 1000001_{dos}

(55) 10010011_{dos}

(56) 212_{cinco}

(57) 3041_{cinco}

(58) 14441_{cinco}

(59) 40113_{cinco}

(60) 220134_{cinco}

(61) 101_{dos}

(62) 11_{dos}

(63) 1011_{dos}

(64) 111_{dos}

(65) 1101_{dos}

(66) 32_{cinco}

(67) 43_{cinco}

(68) 33_{cinco}

(69) 234_{cinco}

(70) 1322_{cinco}

SÉPTIMA PARTE

DOS EXÁMENES COMPLETOS DE PRÁCTICA

INTRODUCCIÓN

Los exámenes de práctica le ofrecen al estudiante una oportunidad para evaluar sus conocimientos adquiridos en cada una de las materias del examen de equivalencia.

Estos ejercicios prácticos se han elaborado siguiendo el modelo del examen de equivalencia. Son similares a los del examen final en cuanto a organización, número de preguntas y tiempo de duración. Las preguntas y temas seleccionados no son iguales pero sí parecidos.

Los exámenes de práctica I y II, son de dos niveles, de menor a mayor dificultad. El formato y la mecánica de estas pruebas finales son los mismos que en los del examen diagnóstico, sólo que aquí presuponemos que el alumno conoce ya el material que se ha ido presentando a lo largo del texto. El orden es el mismo que en la prueba oficial.

HOJA DE RESPUESTAS:
EXAMEN DE PRÁCTICA I

EXAMEN 1
Parte I: Expresión Escrita

1. ① ② ③ ④ ⑤   12. ① ② ③ ④ ⑤   23. ① ② ③ ④ ⑤   34. ① ② ③ ④ ⑤   45. ① ② ③ ④ ⑤
2. ① ② ③ ④ ⑤   13. ① ② ③ ④ ⑤   24. ① ② ③ ④ ⑤   35. ① ② ③ ④ ⑤   46. ① ② ③ ④ ⑤
3. ① ② ③ ④ ⑤   14. ① ② ③ ④ ⑤   25. ① ② ③ ④ ⑤   36. ① ② ③ ④ ⑤   47. ① ② ③ ④ ⑤
4. ① ② ③ ④ ⑤   15. ① ② ③ ④ ⑤   26. ① ② ③ ④ ⑤   37. ① ② ③ ④ ⑤   48. ① ② ③ ④ ⑤
5. ① ② ③ ④ ⑤   16. ① ② ③ ④ ⑤   27. ① ② ③ ④ ⑤   38. ① ② ③ ④ ⑤   49. ① ② ③ ④ ⑤
6. ① ② ③ ④ ⑤   17. ① ② ③ ④ ⑤   28. ① ② ③ ④ ⑤   39. ① ② ③ ④ ⑤   50. ① ② ③ ④ ⑤
7. ① ② ③ ④ ⑤   18. ① ② ③ ④ ⑤   29. ① ② ③ ④ ⑤   40. ① ② ③ ④ ⑤   51. ① ② ③ ④ ⑤
8. ① ② ③ ④ ⑤   19. ① ② ③ ④ ⑤   30. ① ② ③ ④ ⑤   41. ① ② ③ ④ ⑤   52. ① ② ③ ④ ⑤
9. ① ② ③ ④ ⑤   20. ① ② ③ ④ ⑤   31. ① ② ③ ④ ⑤   42. ① ② ③ ④ ⑤   53. ① ② ③ ④ ⑤
10. ① ② ③ ④ ⑤   21. ① ② ③ ④ ⑤   32. ① ② ③ ④ ⑤   43. ① ② ③ ④ ⑤   54. ① ② ③ ④ ⑤
11. ① ② ③ ④ ⑤   22. ① ② ③ ④ ⑤   33. ① ② ③ ④ ⑤   44. ① ② ③ ④ ⑤   55. ① ② ③ ④ ⑤

Número de respuestas correctas ☐

Parte II: Composición

FIN DEL EXAMEN 1

EXAMEN 2
Estudios Sociales

1. ① ② ③ ④ ⑤   14. ① ② ③ ④ ⑤   27. ① ② ③ ④ ⑤   40. ① ② ③ ④ ⑤   53. ① ② ③ ④ ⑤
2. ① ② ③ ④ ⑤   15. ① ② ③ ④ ⑤   28. ① ② ③ ④ ⑤   41. ① ② ③ ④ ⑤   54. ① ② ③ ④ ⑤
3. ① ② ③ ④ ⑤   16. ① ② ③ ④ ⑤   29. ① ② ③ ④ ⑤   42. ① ② ③ ④ ⑤   55. ① ② ③ ④ ⑤
4. ① ② ③ ④ ⑤   17. ① ② ③ ④ ⑤   30. ① ② ③ ④ ⑤   43. ① ② ③ ④ ⑤   56. ① ② ③ ④ ⑤
5. ① ② ③ ④ ⑤   18. ① ② ③ ④ ⑤   31. ① ② ③ ④ ⑤   44. ① ② ③ ④ ⑤   57. ① ② ③ ④ ⑤
6. ① ② ③ ④ ⑤   19. ① ② ③ ④ ⑤   32. ① ② ③ ④ ⑤   45. ① ② ③ ④ ⑤   58. ① ② ③ ④ ⑤
7. ① ② ③ ④ ⑤   20. ① ② ③ ④ ⑤   33. ① ② ③ ④ ⑤   46. ① ② ③ ④ ⑤   59. ① ② ③ ④ ⑤
8. ① ② ③ ④ ⑤   21. ① ② ③ ④ ⑤   34. ① ② ③ ④ ⑤   47. ① ② ③ ④ ⑤   60. ① ② ③ ④ ⑤
9. ① ② ③ ④ ⑤   22. ① ② ③ ④ ⑤   35. ① ② ③ ④ ⑤   48. ① ② ③ ④ ⑤   61. ① ② ③ ④ ⑤
10. ① ② ③ ④ ⑤   23. ① ② ③ ④ ⑤   36. ① ② ③ ④ ⑤   49. ① ② ③ ④ ⑤   62. ① ② ③ ④ ⑤
11. ① ② ③ ④ ⑤   24. ① ② ③ ④ ⑤   37. ① ② ③ ④ ⑤   50. ① ② ③ ④ ⑤   63. ① ② ③ ④ ⑤
12. ① ② ③ ④ ⑤   25. ① ② ③ ④ ⑤   38. ① ② ③ ④ ⑤   51. ① ② ③ ④ ⑤   64. ① ② ③ ④ ⑤
13. ① ② ③ ④ ⑤   26. ① ② ③ ④ ⑤   39. ① ② ③ ④ ⑤   52. ① ② ③ ④ ⑤

Número de respuestas correctas ☐

FIN DEL EXAMEN 2

EXAMEN 3
Ciencias

1. ① ② ③ ④ ⑤	15. ① ② ③ ④ ⑤	29. ① ② ③ ④ ⑤	43. ① ② ③ ④ ⑤	57. ① ② ③ ④ ⑤
2. ① ② ③ ④ ⑤	16. ① ② ③ ④ ⑤	30. ① ② ③ ④ ⑤	44. ① ② ③ ④ ⑤	58. ① ② ③ ④ ⑤
3. ① ② ③ ④ ⑤	17. ① ② ③ ④ ⑤	31. ① ② ③ ④ ⑤	45. ① ② ③ ④ ⑤	59. ① ② ③ ④ ⑤
4. ① ② ③ ④ ⑤	18. ① ② ③ ④ ⑤	32. ① ② ③ ④ ⑤	46. ① ② ③ ④ ⑤	60. ① ② ③ ④ ⑤
5. ① ② ③ ④ ⑤	19. ① ② ③ ④ ⑤	33. ① ② ③ ④ ⑤	47. ① ② ③ ④ ⑤	61. ① ② ③ ④ ⑤
6. ① ② ③ ④ ⑤	20. ① ② ③ ④ ⑤	34. ① ② ③ ④ ⑤	48. ① ② ③ ④ ⑤	62. ① ② ③ ④ ⑤
7. ① ② ③ ④ ⑤	21. ① ② ③ ④ ⑤	35. ① ② ③ ④ ⑤	49. ① ② ③ ④ ⑤	63. ① ② ③ ④ ⑤
8. ① ② ③ ④ ⑤	22. ① ② ③ ④ ⑤	36. ① ② ③ ④ ⑤	50. ① ② ③ ④ ⑤	64. ① ② ③ ④ ⑤
9. ① ② ③ ④ ⑤	23. ① ② ③ ④ ⑤	37. ① ② ③ ④ ⑤	51. ① ② ③ ④ ⑤	65. ① ② ③ ④ ⑤
10. ① ② ③ ④ ⑤	24. ① ② ③ ④ ⑤	38. ① ② ③ ④ ⑤	52. ① ② ③ ④ ⑤	66. ① ② ③ ④ ⑤
11. ① ② ③ ④ ⑤	25. ① ② ③ ④ ⑤	39. ① ② ③ ④ ⑤	53. ① ② ③ ④ ⑤	
12. ① ② ③ ④ ⑤	26. ① ② ③ ④ ⑤	40. ① ② ③ ④ ⑤	54. ① ② ③ ④ ⑤	
13. ① ② ③ ④ ⑤	27. ① ② ③ ④ ⑤	41. ① ② ③ ④ ⑤	55. ① ② ③ ④ ⑤	
14. ① ② ③ ④ ⑤	28. ① ② ③ ④ ⑤	42. ① ② ③ ④ ⑤	56. ① ② ③ ④ ⑤	

Número de respuestas correctas ☐

FIN DEL EXAMEN 3

EXAMEN 4
Interpretación de la Literatura y de las Artes

1. ① ② ③ ④ ⑤	10. ① ② ③ ④ ⑤	19. ① ② ③ ④ ⑤	28. ① ② ③ ④ ⑤	37. ① ② ③ ④ ⑤
2. ① ② ③ ④ ⑤	11. ① ② ③ ④ ⑤	20. ① ② ③ ④ ⑤	29. ① ② ③ ④ ⑤	38. ① ② ③ ④ ⑤
3. ① ② ③ ④ ⑤	12. ① ② ③ ④ ⑤	21. ① ② ③ ④ ⑤	30. ① ② ③ ④ ⑤	39. ① ② ③ ④ ⑤
4. ① ② ③ ④ ⑤	13. ① ② ③ ④ ⑤	22. ① ② ③ ④ ⑤	31. ① ② ③ ④ ⑤	40. ① ② ③ ④ ⑤
5. ① ② ③ ④ ⑤	14. ① ② ③ ④ ⑤	23. ① ② ③ ④ ⑤	32. ① ② ③ ④ ⑤	41. ① ② ③ ④ ⑤
6. ① ② ③ ④ ⑤	15. ① ② ③ ④ ⑤	24. ① ② ③ ④ ⑤	33. ① ② ③ ④ ⑤	42. ① ② ③ ④ ⑤
7. ① ② ③ ④ ⑤	16. ① ② ③ ④ ⑤	25. ① ② ③ ④ ⑤	34. ① ② ③ ④ ⑤	43. ① ② ③ ④ ⑤
8. ① ② ③ ④ ⑤	17. ① ② ③ ④ ⑤	26. ① ② ③ ④ ⑤	35. ① ② ③ ④ ⑤	44. ① ② ③ ④ ⑤
9. ① ② ③ ④ ⑤	18. ① ② ③ ④ ⑤	27. ① ② ③ ④ ⑤	36. ① ② ③ ④ ⑤	45. ① ② ③ ④ ⑤

Número de respuestas correctas ☐

FIN DEL EXAMEN 4

EXAMEN 5
Matemáticas

1. ① ② ③ ④ ⑤
2. ① ② ③ ④ ⑤
3. ① ② ③ ④ ⑤
4. ① ② ③ ④ ⑤
5. ① ② ③ ④ ⑤
6. ① ② ③ ④ ⑤
7. ① ② ③ ④ ⑤
8. ① ② ③ ④ ⑤
9. ① ② ③ ④ ⑤
10. ① ② ③ ④ ⑤
11. ① ② ③ ④ ⑤
12. ① ② ③ ④ ⑤

13. ① ② ③ ④ ⑤
14. ① ② ③ ④ ⑤
15. ① ② ③ ④ ⑤
16. ① ② ③ ④ ⑤
17. ① ② ③ ④ ⑤
18. ① ② ③ ④ ⑤
19. ① ② ③ ④ ⑤
20. ① ② ③ ④ ⑤
21. ① ② ③ ④ ⑤
22. ① ② ③ ④ ⑤
23. ① ② ③ ④ ⑤
24. ① ② ③ ④ ⑤

25. ① ② ③ ④ ⑤
26. ① ② ③ ④ ⑤
27. ① ② ③ ④ ⑤
28. ① ② ③ ④ ⑤
29. ① ② ③ ④ ⑤
30. ① ② ③ ④ ⑤
31. ① ② ③ ④ ⑤
32. ① ② ③ ④ ⑤
33. ① ② ③ ④ ⑤
34. ① ② ③ ④ ⑤
35. ① ② ③ ④ ⑤
36. ① ② ③ ④ ⑤

37. ① ② ③ ④ ⑤
38. ① ② ③ ④ ⑤
39. ① ② ③ ④ ⑤
40. ① ② ③ ④ ⑤
41. ① ② ③ ④ ⑤
42. ① ② ③ ④ ⑤
43. ① ② ③ ④ ⑤
44. ① ② ③ ④ ⑤
45. ① ② ③ ④ ⑤
46. ① ② ③ ④ ⑤
47. ① ② ③ ④ ⑤
48. ① ② ③ ④ ⑤

49. ① ② ③ ④ ⑤
50. ① ② ③ ④ ⑤
51. ① ② ③ ④ ⑤
52. ① ② ③ ④ ⑤
53. ① ② ③ ④ ⑤
54. ① ② ③ ④ ⑤
55. ① ② ③ ④ ⑤
56. ① ② ③ ④ ⑤

Número de respuestas correctas ☐

FIN DEL EXAMEN 5

EXAMEN 1
Parte II: Composición

_____

_____

_____

_____

_____

_____

_____

_____

_____

_____

_____

_____

_____

_____

_____

_____

_____

_____

_____

_____

_____

_____

_____

_____

_____

_____

_____

_____

_____

_____

_____

_____

_____

_____

_____

_____

_____

_____

_____

_____

_____

_____

_____

FIN DEL EXAMEN 1

EXAMEN DE PRÁCTICA I

CONTENIDO

Materias	Número de preguntas	Tiempo
1. Expresión Escrita		
Parte I	55	75
Parte II	Composición	45
2. Estudios Sociales	64	85
3. Ciencias	66	95
4. Interpretación de la		
Literatura y de las Artes	45	65
5. Matemáticas	56	90
Total: 5 materias*	286 preguntas	7 horas/35 minutos

* En Puerto Rico y en algunos estados también se require una prueba de Inglés además de las cinco pruebas. La última sección de este libro incluye una prueba del examen de Inglés.

EXAMEN 1: EXPRESIÓN ESCRITA

Este examen consta de dos partes: la primera, dedicada a reconocer y corregir errores; y la segunda, a escribir una composición.

PARTE I: RECONOCIMIENTO Y CORRECIÓN DE ERRORES

Instrucciones: La prueba consiste en varios párrafos o selecciones organizados en frases y oraciones. Estas frases y oraciones están numeradas. En algunas de ellas hay errores de ortografía (mecánica), de gramática (usos) y de orden lógico y gramatical (estructural). En otras no hay errores.

Lea primeramente el párrafo entero para conocer su sentido completo. Después, responda a las preguntas enumeradas, según el modelo siguiente:

EJEMPLO:

Simón Bolivar, nuestro héroe continental, no fue un conquistador sino un livertador.

—¿Qué revisión habría que hacer en esta oración?

(1) Cambiar *conquistador* por *Conquistador*   ① ● ③ ④ ⑤
(2) Cambiar *livertador* por *libertador*
(3) Omitir la coma después de *continental*
(4) Poner punto y coma después de *continental*
(5) Ninguna

En este ejemplo, la palabra *livertador* no está correctamente escrita y es preciso sustituirla por *libertador*. Para indicar esta corrección, marque la respuesta 2.

PARTE I: RECONOCIMIENTO Y CORRECIÓN DE ERRORES

Las preguntas 1–11 se refieren al siguiente párrafo:

(1) El consumo de drogas es un problema tipico de la sociedad actual. (2) El tabaco, el café y el alcohol pueden considerarse también drogas. (3) Pero cuando se habla de drogas, nos referimos a compuestos químicos específicos como la cocaína o la heroína. (4) A pesar de las estrictas prohibiciones (algún experto cree que debido a ellas) el consumo sigue aumentando vertijinosamente. (5) Las soluciones que han sido proponidas van de un extremo al otro. (6) Hay quien propuso declarar la guerra a los productores y traficantes. (7) Para esto sería necesario que interviniese el ejército. (8) Otros proponen todo lo contrario: legalizar su venta y consumo. (9) Con esta medida cree que caerían los precios, (10) y consecuentemente que desaparecería el tráfico ilícito y los crímenes con él asociados.

1. Oración 1. El consumo de drogas es un problema tipico de la sociedad actual.
—¿Qué revisión deberíamos hacer en esta oración?

   (1) Cambiar *drogas* por *la droga*
   (2) Poner coma después de *drogas*
   (3) Poner dos puntos después de *es*
   (4) Poner acento sobre *tipico*
   (5) Ninguna

2. Oración 2. El tabaco, el café y el alcohol pueden considerarse también drogas.
—¿Qué revisión deberíamos hacer en esta oración?

   (1) Poner coma después de alcohol
   (2) Cambiar *tabaco* por *tobacco*
   (3) Quitar el acento sobre *café*
   (4) Poner acento sobre *alcohol*
   (5) Ninguna

3. Oración 2.
—Si comenzamos la oración anterior por *Pueden considerarse también drogas*, ¿cuál sería la siguiente palabra?

   (1) el tabaco
   (2) el café solo
   (3) y el alcohol
   (4) el té y el chocolate
   (5) las gaseosas

4. Oración 3. *Pero cuando* se habla de drogas, nos referimos a compuestos químicos específicos, como la cocaína y la heroína.

—¿Cuál es la mejor manera de expresar la parte subrayada? Si cree que la versión original es la mejor, elija la opción (1).

   (1) Pero cuando
   (2) Más cuando
   (3) Sin embargo
   (4) En cambio
   (5) Por supuesto

5. Oración 4. A pesar de las estrictas prohibiciones (algún experto cree que debido a ellas) el consumo sigue aumentando vertijinosamente.
—¿Qué revisión debería hacerse en esta oración?

   (1) Omitir el paréntesis
   (2) Poner coma después del paréntesis
   (3) Quintar el acento de *algún*
   (4) Cambiar *vertijinosamente* por *vertiginosamente*
   (5) Ninguna

6. Oración 5. Las soluciones que han sido proponidas van de un extremo el otro.
—¿Qué revisión haría usted en esta oración?

   (1) Cambiar *han sido* por *fueron*
   (2) Cambiar *proponidas* por *propuestas*
   (3) Poner acento sobre *van*
   (4) Cambiar *extremo* por *estremo*
   (5) Ninguna

7. Oración 6. Hay quien propuso declarar la guerra a los productores y traficantes.
—¿Qué revisión habría que hacer a esta oración?

   (1) Cambiar *Hay* por *Hubo*
   (2) Cambiar *propuso* por *proponió*

(3) Cambiar *propuso* por *propone*

(4) Cambiar *productores* por *cultivadores*

(5) Ninguna

8. Oración 7. Para esto sería necesario que interviniese el ejército.

-¿Cuál sería la mejor manera de expresar las palabras subrayadas? Si cree que la versión original es la mejor, elija la opción (1)

(1) Para esto

(2) Por ello

(3) Sin ello

(4) A lo más

(5) Cuando menos

9. Oración 8. Otros proponen todo lo contrario: legalisar su venta y consumo.

-¿Qué revisión deberíamos hacer en esta oración?

(1) Cambiar *Otros* por *Algunos*

(2) Cambiar *proponen* por *propusieron*

(3) Cambiar los dos puntos por punto y coma

(4) Cambiar *legalisar* por *legalizar*

(5) Ninguna

10. Oración 9. Con esta medida cree que caerían los precios.

-¿Qué revisión debería hacerse en esta oración?

(1) Cambiar *Con esta* por *Por esta*

(2) Cambiar *medida* por *orden*

(3) Cambiar *cree* por *se cree*

(4) Cambiar *caerían* por *caerán*

(5) Ninguna

11. Oración 10. Y consecuentemente que desaparecería el tráfico ilícito y los crímenes con él asociados.

-¿Qué revisión deberíamos hacer de esta oración?

(1) Cambiar *Y* por *E* al comienzo de la frase

(2) Cambiar *desaparecería* por *desaparecrían*

(3) Cambiar *desaparecería* por *desaparecerá*

(4) Omitir el acento sobre *él*

(5) Ninguna

Las preguntas 12–22 se refieren al párrafo siguiente:

(1) Es un placer y un orgullo ver cómo los hijos se desarroyan. (2) Un placer y un orgullo teñido de prevención y temor. (3) Tres o cuatro grandes problemas están en la mente de los padres de hoy. (4) Ante todo, el problema de la droga. (5) El problema no menos grabe del SIDA. (6) Tercero, el coche. Las compañías de seguros son conscientes del peligro. (7) Los precios de las pólizas para jóvenes de los dieciséis a los diecinueve años son astronómicos. (8) Especialmente después de uno o dos accidentes. (9) A veces se piensa si no sería mejor subir la edad legal de los conductores. (10) Pero el automóvil manda en la familia como en la carretera. (11) ¿El automóvil, o las compañías de automóviles?

12. Oración 1. Es un placer y un orgullo ver cómo los hijos crecen y se desarroyan.

-¿Qué revisión debería hacerse en esta oración?

(1) Cambiar *placer* por *plazer*

(2) Cambiar *placer* por *plaser*

(3) Cambiar *orgullo* por *orguyo*

(4) Cambiar *desarroyan* por *desarrollan*

(5) Ninguna

13. Oración 2. Un placer y un orgullo teñido de prevención y temor.

-¿Qué revisión habría que hacer en esta oración?

(1) Cambiar *teñido* por *teñidos*

(2) Cambiar *Un* por *Y un*

(3) Cambiar *Un* por *este*

(4) Añadir coma despúes de *placer*

(5) Ninguna

14. Oración 3. Tres o cuatro grandes problemas están en la mente de los padres de hoy.

-¿Que revisión haría usted en esta oración?

(1) Cambiar *tres o cuatro* por *3 ó 4*

(2) Poner dos puntos después de *problemas*

(3) Cambiar *mente* por *mentes*

(4) Cambiar *padres de hoy* por *padres hoy*

(5) Ninguna

15. Oración 4. *Ante todo* el problema de la droga.

-¿Cuál sería la mejor forma de expresar las palabras subrayadas? Si cree que la version original es la mejor, elija la opción (1).

(1) Ante todo

(2) Antetodo

(3) Al fin

(4) Evidente

(5) Más que siempre

16. Oración 5. Segundo, el problema no menos grabe del SIDA.

    -¿Qué revisión debería hacerse en esta oración?

    (1) Cambiar *Segundo* por *Segundamente*
    (2) Poner dos puntos después de *Segundo*
    (3) Cambiar SIDA por AIDS
    (4) Cambiar *grabe* por *grave*
    (5) Ninguna

17. Oración 6. Tercero, el coche. Las compañías de seguros son conscientes del peligro.

    -¿Qué revisión deberíamos hacer en esta oración?

    (1) Cambiar *coche* por *carro*
    (2) Cambiar compañías por Co.
    (3) Cambiar *de seguros* por *aseguranzas*
    (4) Poner dos puntos después de *coche*
    (5) Ninguna

18. Oración 7. Los precios de las pólizas para jóvenes *de* los dieciséis a los diecinueve años son astronómicos.

    -¿Cuál sería la mejor forma de expresar la palabra subrayada? Si cree que la versión original es la mejor, elija la opción (1)

    (1) de
    (2) entre
    (3) desde
    (4) con
    (5) a

19. Oración 8. Especialmente despúes de uno o dos accidentes.

    -¿Qué revisión deberíamos hacer en esta frase en relación con la oración 7?

    (1) Cambiar *Especialmente* por *especialmente*
    (2) Cambiar el punto después de *astronómicos* por una coma.
    (3) Los dos cambios anteriores
    (4) Cambiar *Especialmente* por *En especial*
    (5) Ninguna

20. Oración 9. A veces se piensa *si no sería* mejor subir la edad legal de los conductores.

    -¿Cuál sería la mejor manera de expresar las palabras subrayadas? Si cree que la versión original es la mejor, elija la opción (1).

    (1) si no sería
    (2) si no será
    (3) si fuera
    (4) si será
    (5) si no es

21. Oración 10. Pero el automóvil manda en la familia como en la carretera.

    -¿Qué revisión habría que hacer en esta oración?

    (1) Agregar la palabra *tanto* después de *manda*
    (2) Cambiar *automóvil* por *automóbil*
    (3) Omitir el acento de automóvil
    (4) Cambiar *carretera* por *vía*
    (5) Ninguna

22. Oración 11. ¿El automóvil, o las compañias de automóviles?

    -¿Qué revisión habríamos de hacer en esta oración?

    (1) Cambiar *o* por *y*
    (2) Omitir la coma
    (3) Cambiar el automóvil por los automóviles
    (4) Cambiar compañías por compañía
    (5) Ninguna

La preguntas 23–34 se refieren al siguiente párrafo:

(1) Algunos anuncios de venta de ordenadores comienzan así: (2) ¿Quiere usted simplificar su vida? Respuesta: el ordenador Equis ICX3. (3) La respuesta, entre tanto, no es muy clara. (4) La marca misma del ordenador es intimidante. (5) Y el precio. ¿Que decir del precio? ¡Ah, el precio! (ó) Los anuncios no se preocupan de los precios a no ser para decir: ¿Precio? Nada. Unos meros mil pesos. (7) Aunque es verdad, resulta que los pesos son americanos, es decir, dólares. (8) ¿Y a cuánto está el dólar? A diez pesos por dólar. (9) Ah, ya eso es otra cosa. (10) La vida del pobre comprador no se simplifica. (11) Pero no se preocupe. Las tarjetas de crédito pagan.

23. Oración 1. Algunos anuncios de venta de ordenadores comienzan así:

    -¿Qué revisión habría que hacer en esta oración?

    (1) Cambiar *anuncios* por *reclamos*
    (2) Cambiar *ordenadores* por *computación*
    (3) Omitir los dos puntos después de *así:*
    (4) Poner acento sobre *algunos*
    (5) Ninguna

24. Oración 2. ¿Quiere usted simplificar su vida? Respuesta: el ordenador Equis 1CX3.
   —¿Qué revisión haría usted en esta oración?

   (1) Omitir los dos puntos
   (2) Cambiar *Equis* por *equis*
   (3) Cambiar los dos puntos por punto y coma
   (4) Omitir las siglas después de *Equis*
   (5) Ninguna

25. Oración 3. La respuesta, *entre tanto*, no es muy clara.
   —¿Cuál sería la mejor forma de expresar la parte subrayada? Si cree que la versión original es la mejor, elija la opción (1).

   (1) entre tanto
   (2) sin embargo
   (3) a pesar
   (4) caramba
   (5) así

26. Oración 4. La *marca misma* del ordenador es intimidante.
   —¿Cuál sería la mejor manera de expresar la parte subrayada? Si cree que la versión original es la mejor, elija la opción (1)

   (1) marca misma
   (2) misma marca
   (3) marca mismo
   (4) marca igualmente
   (5) marca caprichosa

27. Oración 5. Y el precio. ¿Que decir del precio? ¡Ah, el precio!
   —¿Qué revisión haría usted en esta oración?

   (1) Omitir la frase *Y el precio*
   (2) Omitir la última frase *¡Ah, el precio!*
   (3) Poner el acento escrito sobre *¿Qué*
   (4) Omitir el primer signo de exclamación
   (5) Ninguna

28. Oración 6. Los anuncios no se preocupan de los precios.
   —¿Qué revisión deberíamos hacer en esta oración?

   (1) Cambiar *anuncios* por *ads*
   (2) Poner un acento sobre *se*
   (3) Cambiar *anuncios* por *anunsios*
   (4) Cambiar *preocupan* por *preocupaban*
   (5) Ninguna

29. Oración 6. Los anuncios no se preocupan de los precios, *a no ser* para decir: ¿Precio? Nada. Unos meros mil pesos.
   —¿Cuál sería la mejor forma de expresar la parte subrayada? Si cree que la versión original es la mejor, elija la opción (1)

   (1) a no ser
   (2) solo
   (3) que
   (4) como para
   (5) sin

30. Oración 7. Aunque fuera verdad, resulta que los pesos son americanos, es decir, dólares.
   —¿Qué revisión haría usted en esta oración?

   (1) Cambiar *verdad* por *verdades*
   (2) Cambiar *es* por *fuere*
   (3) Cambiar *es* por *fuera*
   (4) Omitir el acento de dólares
   (5) Ninguna

31. Oración 8. ¿Y a cuánto está el dólar? A diez pesos por dólar.
   —¿Qué revisión haría usted de esta oración?

   (1) Completar la segunda frase añadiendo *Está*
   (2) Cambiar *está* por *estaba*
   (3) Poner acento sobre *cuánto*
   (4) Poner dos puntos después de *dólar*?
   (5) Ninguna

32. Oración 9. Ah, ya eso es *otra cosa*.
   —¿Cuál sería la mejor forma de expresar las palabras subrayadas? Si cree que la versión original es la mejor, elija la opción (1).

   (1) otra cosa
   (2) otros cantares
   (3) la misma cosa
   (4) un cuento chino
   (5) la mar de divertido

33. Oración 10. La vida del pobre comprador no se simplifica.
   —¿Qué revisión haría usted en esta oración?

   (1) Cambiaría *comprador* por *compradores*
   (2) Comenzaría la oración con *Pues*
   (3) Pondría coma después de *comprador*
   (4) Cambiaría *símplifica* por *complica*
   (5) Ninguna

34. Oración 11. Pero no se preocupe. Las tarjetas de crédito pagan.
    —Combine las dos oraciones mediante alguna de las siguientes fórmulas:

    (1) cuando sea

    (2) mientras
    (3) al revés
    (4) que
    (5) con tal que

Las preguntas 35–45 se refieren a la siguiente selección:

(1) La gente suele confundir con frecuencia las lenguas y dialectos de la Península Ibérica. (2) Muchos creen que el vascüence o euskera es un dialecto. (3) Otros piensan que el andaluz es una lengua. (4) La confusión llega hasta tal punto que la mayoría no sabe si el gallego es un dialecto del Portugués, o al revés, el Portugués del gallego. (5) Aunque la materia no sea de mucha transcendencia, convendrá saber lo que dicen los expertos. (6) Según los lingüistas, las lenguas de España son el vascuence o euskera, el catalán, el gallego y el castellano. (7) El bable, casi extinto, es también una lengua románica hispánica. (8) El vascuence es la lengua más antigua de Europa. Su origen nos es desconocido. (9) Se llaman lenguas románicas las que se derivan directamente del Latín. (10) Los dialectos, a su vez, de las lenguas románicas. (11) Así, a excepción del euskera, podemos decir que las lenguas de la Peninsula son hijas del latín; los dialectos, sus nietos.

35. Oración 1. La gente suele confundir con frecuencia las lenguas y dialectos de la Península Ibérica.
    —¿Qué revisión habría que hacer a esta oración?

    (1) Cambiar *suele* por *suelen*
    (2) Cambiar *y* por *o*
    (3) Cambiar Península por península
    (4) Cambiar *y* por *con*
    (5) Ninguna

36. Oración 2. Muchos creen que el vascüence o euskera es un dialecto.
    —¿Que revisión habría que hacer en esta oración?

    (1) Cambiar *vascüence* por *vascuence*
    (2) Cambiar la *o* por la *y*
    (3) Cambiar *vascuence* por *basco*
    (4) Cambiar *euskera* por *éusquera*
    (5) Ninguna

37. Oración 3. Otros piensan que el andaluz es una lengua.
    —Combine las oraciones dos y tres mediante alguna de las siguientes fórmulas:

    (1) u
    (2) mientras que
    (3) al punto
    (4) Sin par
    (5) igual

38. Oración 4. La confusión llega hasta tal punto que la mayoría no sabe si el gallego es un dialecto del

Portugués, o al revés, el Portugués lo es del gallego.
    —¿Qué revisión habría que hacer en esta oración?

    (1) Cambiar *llega* por *llegará*
    (2) Cambiar *Portugués* por *portugués*
    (3) Cambiar *gallego* por *Gallego*
    (4) Cambiar la coma de *revés* por dos puntos
    (5) Ninguna

39. Oración 5. Aunque la materia no sea de mucha transcendencia, *convendrá saber* lo que dicen los expertos.
    —¿Cuál sería la mejor manera de expresar las palabras subrayadas? Si cree que la mejor es la del original, elija la opción (1).

    (1) convenderá saber
    (2) convendría saber
    (3) convinió saber
    (4) convindrá saber
    (5) convendrá saber

40. Oración 6. *Según* los lingüistas, las lenguas de España son: el vascuence o euskera, el catalán, el gallego y el castellano.
    —¿Cuál sería la mejor manera de expresar la palabra subrayada? Si cree que la versión original es la mejor, elija la opción (1).

    (1) Según
    (2) Es opinable
    (3) Al parecer
    (4) Además
    (5) Es posible

41. Oración 7. El *bable casi extinto*, es también una lengua románica hispánica.

    —¿Cuál sería la mejor manera de expresar las palabras subrayada? Si cree que la versión original es la mejor, elija la opción (1).

    (1) bable casi extinto
    (2) bable, casi extincto
    (3) bable, casi estinto
    (4) bable casi extinguido
    (5) bable, casi extinto

42. Oración 8. El vascuence es la lengua más antigua de Europa. Su origen nos es desconocido.

    —Combine estas dos oraciones en una sola oración compuesta mediante alguna de las siguientes palabras:

    (1) y
    (2) pues
    (3) como que
    (4) hasta que
    (5) ya que

43. Oración 9. Se llaman lenguas románicas las que se derivan directamente del Latín.

    —¿Qué revisión haría usted en esta oración?

    (1) Cambiar *lenguas románicas* por *Lenguas Románicas*

    (2) Cambiar *directamente* por *directo*
    (3) Cambiar *directamente* por *derecho*
    (4) Cambiar *Latín* por *latín*
    (5) Ninguna

44. Oración 10. Los dialectos, *a su vez*, de las lenguas románicas.

    —¿Cuál es la mejor forma de expresar la parte subrayada? Si cree que la versión original es la mejor, elija la opción (1).

    (1) a su vez
    (2) sin más
    (3) considerablemente
    (4) a su vez, se derivan
    (5) a su vez no se derivan

45. Oración 11. Así, a excepción del euskera, podemos decir que las lenguas de la Peninsula son hijas del latín; los dialectos, sus nietos.

    —¿Qué revisión haría usted en esta oración?

    (1) Cambiar *Peninsula* por *península*
    (2) Cambiar *Peninsula* por *Península*
    (3) Poner dos puntos después de *decir*
    (4) Añadir *son* después de *dialectos*
    (5) Ninguna

Las preguntas 46–55 se refieren a la siguiente selección:

(1) Un *tour* alrededor del mundo es el sueño de todo aficionado al turismo. (2) Un sueño que parece irrealizable por su complejidad y coste. (3) Claro que en esto, como en todo, hay siempre clases y precios para todos los gustos. (4) Cuando se trata de coches, uno puede comprar un Jaguar o un Yugo. (5) El primero vale unos $ 50.000; el segundo, diez veces menos. (6) Lo mismo ocurre con las joyas. Tan joya es un anillo de peltre como un collar de diamantes. (7) Y hablando de diamantes, los ay de cien dólares, y de millones. (8) Incluso los viajes a un mismo lugar pueden variar considerablemente de precio. (9) En cuanto al viaje alrededor del mundo, francamente prefiero hacerlo mirando la tele.

46. Oración 1. Un tour alrededor del mundo es el sueño de todo aficionado al turismo.

    —¿Qué revisión haría usted en esta oración?

    (1) Cambiar mundo por Mundo
    (2) Cambiar *es* por *sería*
    (3) Cambiar *tour* por *viaje*
    (4) Cambiar *sueño* por *pesadilla*
    (5) Ninguna

47. Oración 2. Un sueño que parece irrealizable por su complejidad y coste.

    —¿Qué revisión habría que hacer en esta oración?

    (1) Poner coma después de *sueño*

    (2) Cambiar *un sueño* por *una locura*
    (3) Cambiar *complejidad* por *complejidad*
    (4) Cambiar *coste* por *costo*
    (5) Ninguna

48. Oración 3. *Claro que* en esto, como en todo, hay siempre clases y precios para todos los gustos.

    —¿Cuál sería la mejor forma de expresar la parte subrayada? Si cree que la mejor es la del original, marque (1).

    (1) Claro que
    (2) No es claro que
    (3) Sería claro que

(4) Es obscuro que
(5) Lo malo que

49. Oración 4. Cuando se tratan de coches, uno puede comprar un Jaguar o un Yugo.
    —¿Qué revisión haría usted en esta oración?

    (1) Cambiar *Cuando* por *Si*
    (2) Cambiar *tratan* por *trata*
    (3) Cambiar *uno* por *usted*
    (4) Cambiar *Jaguar* por *jaguar*
    (5) Ninguna

50. Oración 5. El primero vale unos $ 50.000; el segundo, diez veces menos.
    —¿Qué revisión habría que hacer en esta oración?

    (1) Cambiar *primero* por 1°
    (2) Cambiar $ 50.000 por $ 50,000
    (3) Poner punto después de $ 50.000
    (4) Omitir la coma después *segundo*
    (5) Ninguna

51. Oración 6. Lo mismo ocurre con las joyas. Tan joya es un anillo de peltre como un collar de diamantes.
    —Combine estas dos oraciones en una mediante alguna de las fórmulas siguientes:

    (1) pues
    (2) por
    (3) Como
    (4) por qué
    (5) sin

52. Oración 7. Y hablando de diamantes, los ay de cien dólares, y de millones.

—¿Qué revisión haría usted en la oración?

(1) Cambiar *ay* por *hay*
(2) Cambiar *ay* por *ahí*
(3) Quitar la coma después de *diamante*
(4) Poner dos puntos después de *ay*
(5) Ninguna

53. Oración 8. *Incluso* los viajes a un mismo lugar, pueden variar considerablemente de precio.
    —¿Cuál sería la mejor manera de expresar la parte subrayada? Si cree que la mejor es la versión original, elija la opción (1).

    (1) Incluso
    (2) Tampoco
    (3) También
    (4) Sin embargo
    (5) Siempre

54. Oración 9. En cuanto al viaje alrededor del mundo, francamente prefiero hacerlo mirando la tele.
    —¿Qué revisión habría que hacer en esta oración?

    (1) Cambiar *En cuanto* por *Encuanto*
    (2) Poner coma después de *francamente*
    (3) Cambiar *alrededor* por *enderredor*
    (4) Cambiar *alrededor* por *alrrededor*
    (5) Ninguna

55. Combine las oraciones 1 y 2 mediante alguna de las siguientes partículas de enlace:

    (1) pero
    (2) y
    (3) o
    (4) sino
    (5) si

FIN DE ESTA PARTE

PARTE II: COMPOSICIÓN

45 minutos

Instrucciones: En esta segunda parte se trata de comprobar su habilidad de expresarse por escrito. Se le pide que escriba una composición en la cual usted explica algo o da su opinión sobre algún problema.

Tiene 45 minutos para escribir sobre el tema indicado abajo. Escriba claramente y use un bolígrafo para que los evaluadores puedan leer fácilmente lo que ha escrito.

Lo único que vale para la puntuación es la copia en limpio, en la cual debe ir escrito el tema completo. No escriba sobre ningún otro tema, pues no valdría para nada.

Tenga en cuenta las siguientes recomendaciones: lea las instrucciones; use un papel en blanco para hacer sus apuntes y borrador; hágase un pequeño plan de trabajo; redacte el borrador según él; léalo y corríjalo; redacte en limpio en las hojas indicadas de la libreta de respuestas.

TEMA

El movimiento feminista es reciente, pero cada vez más importante. ¿En qué consiste? ¿Y cuál es su opinión sobre él?

Escriba una composición de unas doscientas palabras (aproximadamente una página de veinticinco líneas) dando razones y ejemplos concretos que apoyen su opinión.

Use esta página para anotaciones.

EXAMEN 2:
ESTUDIOS SOCIALES
64 preguntas—85 minutos

Las preguntas 1–4 se refieren al pasaje siguiente:

Cristóbal Colón (1451–1506), contaba en su *Diario de Viaje,* la primera visión que tenía del Nuevo Mundo. El 12 de octubre, viernes, del año en que descubrió América, dijo así: "Yo, porque nos tuviesen mucha amistad —porque conocí que era gente que mejor se libraría y convertiría a nuestra santa fe con amor que por fuerza— les dí algunos de ellos unos bonetes colorados y unas cuentas de vidrios, que se ponían al pescuezo, y otras muchas de poco valor, con que hubieron mucho placer, y quedaron tanto nuestros que era maravilla. Los cuales después venían a las barcas de los navíos, adonde nosotros estábamos, nadando, y nos traían papagayos e hilo de algodón en ovillos, y azagallas, y otras cosas muchas, y nos las trocaban por otras cosas que nosotros les dábamos, como cuentecillas de vidrio y cascabeles. En fin, todo lo tomaban, y daban de aquello que tenían, de buena voluntad. Mas me pareció que era gente muy pobre de todo. Ellos andaban todos desnudos como su madre los parió, y también las mujeres, aunque no vi más de una, harto moza. Y todos los que yo vi eran mancebos, que ninguno vi que pasase de edad de treinta años, muy bien hechos, de muy hermosos y lindos cuerpos y muy buenas caras; los cabellos, gruesos casi como cerdas de cola de caballos, y cortos; los cabellos traen por encima de las cejas, salvo unos pocos detrás, que traen largos, que jamás cortan...

"Ellos no traen armas ni las conocen, porque les mostré espadas y las tomaban por el filo, y se cortaban, con ignorancia. No tienen algún hierro. Sus azagayas son unas varas sin hierro, y algunas de ellas tienen al cabo un diente de pez, y otras de otras cosas. Ellos todos a una mano son de buena estatura de grandeza, y buenos gestos, bien hechos. Ellos deben ser buenos servidores y de buen ingenio, que veo que muy presto dicen todo lo que les decía, y creo que ligeramente se harían cristianos..."

1. Cristóbal Colón quería

(1) dominar a los indios por la fuerza
(2) proporcionar víveres a los nativos
(3) dominar y convertir a los indios al cristianismo
(4) que los indios aprendieran a hablar la lengua castellana
(5) que los indios fueran con él a España

2. Los indios

(1) aceptaron la conversión al cristianismo
(2) conocían la Edad de Hierro
(3) fueron obsequiados con cosas muy valiosas
(4) no querían hacer ningún obsequio
(5) practicaban el trueque como habitual forma de comercio

3. La primera visión que tuvo Colón del Nuevo Mundo está narrada en

(1) unas cartas
(2) el diario de viaje
(3) los documentos que entregó a la reina
(4) unos jeroglíficos
(5) ninguno de los anteriores

4. Una de las siguientes afirmaciones no es correcta. ¿Cuál es?

(1) Los indios intercambiaran artículos con los españoles.
(2) Colón pensó que los indios eran gente muy rica.
(3) Colón se dio cuenta que los indios no usaban armas.

(4) Los indios no eran cristianos.

(5) Los indios se acercaban a las embarcaciones españolas nadando.

Las preguntas 5–8 se refieren al pasaje siguiente:

El jefe indio Toro Sentado, dijo: "Cuando murió el último búfalo, un viento frío atravesó la pradera... un viento de muerte para mi pueblo".

Los historiadores dicen que había en Norteamérica, alrededor del año 1830, unos 60 millones de búfalos (bisontes americanos). Hoy, protegidos en reservas, tan sólo quedan 33,000 cabezas. El último búfalo salvaje, del que nos habla Toro Sentado, lo mataron en Colorado, en el año 1897; un viento frío de muerte rompió el alma de los indios norteamericanos.

En 1875, los pocos búfalos que quedaban habían huido del norte al sur del país escapando de los cazadores. Un grupo de personas se reunió en la ciudad de Austin y propuso a la Asamblea Legislativa del Estado de Texas que prohibieran la caza del animal.

Aquel año, el general Phil Sheridan, jefe de los ejércitos del sudoeste de los Estados Unidos, se presentó en el Senado y dijo que era un error sentimental aprobar una ley que protegiera la vida del búfalo. Todo lo contrario, en vez de impedir a los cazadores había que darles un voto unánime de agradecimiento y concederles a cada uno una medalla de bronce.

La medalla debía de llevar, a un lado, la representación de un búfalo muerto y, al otro, la cara de un indio vencido. Había que darles una medalla porque —decía el general— los cazadores estaban haciendo mucho más por resolver los problemas que tenía el Gobierno con los indios que toda la labor que había hecho el ejército en 30 años.

En su discurso dijo que "había que dejar a los cazadores matar, quitar la piel y vender hasta que el último búfalo sea exterminado. Es la única forma de lograr la paz y de permitir el desarrollo de la civilización". Para los indios, el búfalo lo era todo. El jefe sioux Nube Roja, decía: "Su carne sustentaba nuestras vidas. La cortábamos en tiras, la secábamos, la picábamos y guardábamos en pieles para el invierno. Preservábamos la grasa. Sus huesos nos servían para hacer materiales y armas. El cráneo lo conservábamos por su poder curativo. La piel nos proveía de mantas, prendas de vestir, canoas, abrigos; con ella construíamos nuestras casas, producíamos pegamento con sus pezuñas, y con sus tendones y nervios hacíamos la cuerda del arco". Para los indios de la llanura, el búfalo era el eje central de su cultura, de su vida nomádica y de su mitología.

El Representante Fort, del Estado de Illinois, introdujo un proyecto de ley a favor de la protección del búfalo, declarando que él no estaba de acuerdo en civilizar a los indios matándolos de hambre, destruyendo los medios que Dios les había dado para su sustento. El proyecto de ley fue enviado al Senado, allí fue ratificado y enviado al presidente Ulysses Grant, quien recibió el documento, lo puso en una carpeta y ahí ha quedado para siempre.

Los cazadores siguieron matando el búfalo hasta que lo aniquilaron totalmente. A fines del siglo XIX, se salvaron unas 800 cabezas. Eran las únicas que quedaban, pero en reservas, protegidas por rancheros particulares. No quedaba ni un búfalo libre en la pradera. En menos de 70 años, el ejército y los cazadores de pieles habían matado a 60 millones de búfalos. Los indios fueron derrotados. Y en la misma década que morían sus animales sagrados ellos eran confinados también en reservas. A fines del siglo XIX, tampoco quedaba ningún indio libre en la pradera. La "civilización" trajo para ellos, como decía Toro Sentado, un viento frío de muerte.

5. El búfalo también se conoce con el nombre de

   (1) caballo salvaje
   (2) ganado vacuno
   (3) toro de lidia
   (4) bisonte americano
   (5) cebra americana

6. La idea central del texto es

   (1) que el búfalo era un elemento primordial en la vida de los indios
   (2) que los búfalos no podían subsistir en los Estados Unidos
   (3) que Toro Sentado se dio cuenta de que aquel viento tan frío les traería la muerte
   (4) que el último búfalo salvaje murió en 1897
   (5) que los búfalos, si no viven en reservas, no pueden subsistir

7. Los indios utilizaban los búfalos para los siguientes fines excepto

    (1) ir de caza
    (2) mantas
    (3) prendas de vestir
    (4) alimento
    (5) canoas

8. El proyecto de ley introducido por el representante Fort del Estado de Illinois

    (1) tenía como objetivo civilizar a los indios
    (2) pretendía legalizar el hecho de que los indios se estaban muriendo de hambre
    (3) fue un intento de proteger la supervivencia de los búfalos
    (4) fue muy bien acogido por el Presidente Grant
    (5) se basaba en la unidad de criterios de los cazadores

Las preguntas 9–12 se refieren al siguiente pasaje:

Genocidio es la destrucción sistemática y erradicación de un grupo racial, político o cultural. Su objetivo es la total anihilación de tal grupo, de su historia y de todo su pasado. Genocidio no es un concepto nuevo. A lo largo de los siglos, el grupo en el poder ha tratado de eliminar a los pueblos más débiles. Mientras que el genocidio en la práctica conlleva la cooperación de muchos, usualmente es la idea de tan sólo un fuerte líder.

Cartago fue fundada en el año 850 a.C., en un punto estratégico del golfo de Túnez. Debido a su situación estratégica y puerto importante, la colonia creció hasta convertirse en el centro del comercio fenicio. Cartago llegó a ser una de las ciudades más grandes y ricas de la edad antigua con una población que se estima en más de un millón de habitantes.

En su tiempo, las ambiciones de Cartago produjeron conflictos con las de otras naciones. Fue con Roma que el conflicto creció hasta el punto que nació una gran lucha entre las dos potencias, creando una serie de guerras; tres largas y crueles guerras que se extendieron intermitentemente desde el año 264 a.C. hasta el 146 a.C., siendo finalmente los romanos los vencedores. Debido a la insistencia de sus líderes en que los romanos vivirían para siempre en paz si Cartago era destruída, los romanos mataron o esclavizaron a los cartagineses, quemando y saqueando la ciudad.

Se ha dicho que a largo plazo tan sólo la religión, el arte y la sabiduría aseguran la inmortalidad. Aparentemente, los cartagineses tuvieron más éxito en el comercio que en dichos aspectos culturales, puesto que hay actualmente pocos trazos de su civilización.

9. Según el contenido del pasaje, ¿cuál de los siguientes es un ejemplo de genocidio?

    (1) Cartago tenía una población aproximadamente de un millón de habitantes.
    (2) Las guerras duraron más de 100 años y los romanos fueron los victoriosos.
    (3) Los romanos mataron o esclavizaron a los cartagineses, quemando la ciudad y destruyéndola.
    (4) Las ambiciones de Cartago crearon conflicto con otras naciones.
    (5) Los fenicios fueron grandes comerciantes.

10. Según el pasaje, ¿cuál de las afirmaciones siguientes no es correcta?

    (1) Los romanos necesitaban destruir Cartago para asegurar su inmortalidad.
    (2) Quedan pocos trazos de la civilización de Cartago.
    (3) Cartago fue una gran ciudad de la antigüedad.
    (4) Cartago fue establecida en el año 850 a.C.
    (5) Cartago fue un puerto importante estratégico comercial.

11. Según el pasaje, ¿cuál de las siguientes asegura la inmortalidad?

    (1) Gran riqueza
    (2) Victorias en las guerras
    (3) Leyes fuertes
    (4) Una buena economía
    (5) El buen arte

12. Según el pasaje, ¿por qué los romanos querían destruir Cartago?

    (1) Roma estaba situada muy cerca de Cartago.
    (2) Los romanos criticaban la religión de Cartago.
    (3) Estaban celosos del poder de Cartago.
    (4) Tradicionalmente siempre odiaron a Cartago.
    (5) Deseaban poseer su riqueza artística.

Las preguntas 13–16 se refieren al pasaje siguiente:

Para la campaña presidencial de 1952, el Partido Republicano eligió como candidato al héroe de la Segunda Guerra Mundial, el general Dwight David Eisenhower. El senador Richard M. Nixon de California, conocido por su fuerte oposición contra el comunismo, fue elegido como su compañero. El Partido Demócrata eligió al gobernador de Illinois, Adlai E. Stevenson.

La campaña versó en torno a tres temas: "Corea, el comunismo y la corrupción". Nixon, especialmente, atacó a los demócratas por tener una actitud muy tolerante con el comunismo y también atacó la corrupción en la administración de Truman. El día de las elecciones, los republicanos ganaron una clara victoria. Finalizaron 20 años de gobierno presidido por demócratas.

Eisenhower, como los dirigentes de los negocios que lo apoyaban, quería limitar los gastos gubernamentales reduciendo los gastos federales. Con todo, el nuevo presidente deseaba seguir el gran número de programas gubernamentales que se habían desarrollado durante los años de Roosevelt y Truman. También creía que el Congreso estaba más cerca del pueblo y que por eso debía dirigir al país. Como presidente, ofrecería programas en los que el Congreso pudiera actuar. Trabajaría con un equipo de consejeros, la mayoría, altos dirigentes de empresas. Veía sus funciones como las de un mediador entre ellos.

Poco después de hacerse cargo de la presidencia, Eisenhower logró terminar la guerra de Corea firmando un armisticio en julio de 1953.

La guerra de Corea duró más de tres años. Murieron 33,600 americanos y muchos miles más de coreanos. Al final de la guerra no se había logrado una victoria ni el pueblo sentía que había conseguido algo positivo.

13. El general Dwight David Eisenhower

    (1) fue un gran defensor del comunismo
    (2) fue un enemigo acérrimo del comunismo
    (3) eligió al candidato presidencial de 1952
    (4) había sido un héroe nacional durante la Segunda Guerra Mundial
    (5) prolongó la guerra de Corea durante más de 3 años, motivando una gran crisis que resultó en la muerte de 33,600 americanos

14. Eisenhower se convirtió en

    (1) el líder del partido demócrata
    (2) presidente, junto al vicepresidente Nixon, y siguió la misma política de Truman

    (3) el primer presidente republicano después de veinte años de gobierno demócrata
    (4) el presidente republicano que gobernaría durante veinte años
    (5) presidente démocrata durante veinte años

15. Según el texto,

    (1) el presidente trató de reducir los gastos del gobierno reduciendo el presupuesto estatal
    (2) el presidente siguió los programas culturales y administrativos de Roosevelt y Truman
    (3) Nixon era demócrata
    (4) el presidente solucionó el problema de Corea

el mismo año que comenzó su presidencia

(5) los temas principales de la campaña presidencial republicana eran: el comunismo, Corea y la corrupción

16. Poco tiempo después de hacerse cargo de la presidencia, Eisenhower

(1) renunció
(2) creó más fuentes de trabajo
(3) terminó la guerra de Corea
(4) participó en la iniciación de la Segunda Guerra Mundial
(5) redujo los gastos estatales

Las preguntas 17–20 se refieren al pasaje siguiente:

Uno de los hombres que ha influido más en el desarrollo de las ciencias naturales y sociales ha sido Charles Darwin. Nació en la ciudad inglesa de Shrewsbury, en el año 1809, en el seno de una familia de médicos. Tanto su padre como su abuelo ejercían esta profesión, y en un principio él fue a la Universidad de Edimburgo a estudiar esta carrera, pero no la terminó decidiendo más tarde trasladarse a Cambridge para hacerse clérigo, idea que tampoco realizó. Tanto en una como en otra universidad se dedicó a su afición favorita: la historia natural. Hacía excursiones geológicas, coleccionaba escarabajos, leía trabajos sobre insectos, aves, minerales, y estaba en contacto con naturalistas de la época. Pero lo más importante que le ocurrió en estos primeros años de su vida académica fue la invitación que le hizo un botánico, Henslow, a formar parte como naturalista en una expedición que se iba hacer a bordo del buque *Beagle*, con el fin de recoger información geográfica.

El viaje, alrededor del mundo, duró cinco años. Durante el mismo, Darwin acumuló una enorme colección de observaciones botánicas, zoológicas y geológicas, que constituyeron las bases de sus trabajos posteriores. En 1859 apareció su obra más importante: *El origen de las especies,* que a pesar de las polémicas que promovió, obtuvo un éxito resonante, modificando la biología e influyendo en el pensamiento teológico, antropológico y social de su tiempo. Lo original de su libro fue explicar la evolución dentro de la teoría de la selección natural, ya que ésta constituía una nueva concepción del orden biológico. Uno de los puntos más importantes de la explicación biológica era el problema de la adaptación. Influido por Cuvier y Paley, comenzó su investigación en el *Beagle* creyendo en la inmutabilidad de las especies, pero a lo largo del viaje fue dándose cuenta que las especies variaban de acuerdo con el medio físico o geográfico en donde vivían. Se centró, pues, en el estudio de las variaciones que se observaban entre plantas y animales. Las especies no eran fijas sino maleables. Darwin atribuía la función selectiva a la lucha por la existencia; describía así el proceso de selección natural: "Como de cada especie nacen muchos más individuos de los que pueden sobrevivir, y como, en consecuencia, hay que recurrir con frecuencia a la lucha por la existencia, se deduce que cualquier ser, si varía, aunque sea levemente, de algún modo provechoso para él, bajo las complejas y a veces variables condiciones de vida, tendrá mayor probabilidad de sobrevivir, y de ser así seleccionado naturalmente. Según el vigoroso principio de la herencia, toda variedad seleccionada tenderá a propagar su forma nueva y modificada".

Darwin murió en Down House, Kent, en 1881.

17. Charles Darwin creía en la idea

(1) de la supervivencia de los más débiles
(2) de que las especies sostenían frecuentes luchas
(3) de la supervivencia de los más fuertes
(4) de que el principio de la herencia no tenía nada que ver con la supervivencia de una especie
(5) de que los naturalistas de *Beagle* debían realizar una misión muy importante

18. La afición favorita de Charles Darwin era la

(1) medicina

(2) historia natural
(3) teología
(4) antropología
(5) biología

19. La obra más importante de Charles Darwin hace referencia a

(1) el origen de las especies y cómo éstas van evolucionando
(2) la vida de las especies y cómo éstas se relacionan entre sí
(3) la evolución de la zoología
(4) la vida de las especies botánicas
(5) la inmutabilidad de las especies y a su explicación biológica

20. La teoría de Darwin planteó

(1) que las especies son hereditarias
(2) que las especies varían de acuerdo con el medio físico en que viven
(3) las especies no varían con el cambio geográfico

(4) la función selectiva de las especies es diferente de la lucha por la existencia
(5) la especie que no se modifique a causa de las condiciones ambientales es la que tiene más posibilidad de propagar su descendencia

Las preguntas 21–24 se refieren al pasaje siguiente:

Los impuestos fueron otra fuente de problemas entre el gobierno británico y las colonias de Norteamérica. Los británicos tenían grandes deudas tras la guerra francoindiana. Muchas personas en Inglaterra opinaban que eran los colonos los que tenían que pagar estas deudas por medio de impuestos.

Sin embargo, el gobierno británico no quería que los colonos pagaran sólo las deudas de la guerra sino también otros gastos coloniales. Los colonos consideraban que esto era injusto. Pronto los impuestos fueron la principal causa del descontento colonial con el gobierno británico.

En 1764, el Parlamento dictó la *Ley del azúcar* para juntar fondos en las colonias. Esta ley, en realidad, rebajó el impuesto sobre la melaza importada a las colonias desde las Antillas. Pero al mismo tiempo se instituyó un nuevo sistema de recaudación de impuestos con la intención de que éstos se pagaran en su totalidad. La ley se hacía cumplir rigurosamente. Las colonias, indignadas por esta medida, empezaron a importar cada vez menos mercancías de Inglaterra, lo cual dio como resultado que las relaciones entre las colonias y la madre patria empeoraran.

En 1765, el Parlamento dictó la *Ley del timbre*. Esta ley ordenaba que varios tipos de material impreso—como periódicos y almanaques—tenían que llevar un timbre oficial. Los papeles oficiales y de negocios de diferentes clases también estaban sujetos a esta ley. Tales documentos no se consideraban válidos sin el timbre.

La tasa del timbre era una tasa directa. Se pagaba directamente al gobierno. Afectaba a todas las colonias por igual.

La reacción de las colonias fue negativa. Los comerciantes firmaron acuerdos para no importar mercancías de Inglaterra hasta que la *Ley del timbre* fuera revocada. Otros colonos formaron una organización conocida como los *Hijos de la libertad*. Este grupo tomó medidas contra los que estaban a favor de la tasa o los que la toleraban. Sus miembros atacaron a los vendedores de timbres, destruyendo sus timbres y propiedades.

21. Uno de los grandes problemas entre el gobierno británico y sus colonias en América fue

(1) la esclavitud
(2) la política fiscal
(3) el comercio del trigo
(4) los métodos de cultivar la tierra
(5) la forma de gobierno colono

22. El gobierno británico pretendía que los colonos pagaran

(1) los gastos de importación
(2) las deudas de la guerra
(3) los gastos comerciales.
(4) los gastos coloniales
(5) 2 y 4

23. La *Ley del timbre* tenía como objetivo

(1) abolir el uso de timbres de correo
(2) que todos los documentos llevaran un sello
(3) pagar impuesto sobre varios tipos de material impreso
(4) obligar a todas las viviendas a tener un timbre
(5) ninguna de las anteriores

24. Una de las siguientes informaciones es falsa. ¿Cuál es?

(1) Los colonos rechazaron la *Ley del timbre*.
(2) La *Ley del timbre* fue abolida.
(3) El Parlamento dictó la *Ley del timbre*.
(4) Los colonos aceptaron la *Ley del timbre*.
(5) El impuesto del timbre pagaba directamente al gobierno británico.

Las preguntas 25–28 se refieren al pasaje siguiente:

La República Popular de China tiene una superficie de 9,561,000 km², y una población de 1,000 millones de habitantes. Su capital es Pekín, de 9 millones de habitantes. Otras ciudades importantes son: Sanghai (14 millones), Tientsin (6 millones), Cantón (4 millones), Chungking (3 millones y medio) y Shenyang y Wuhan, de 3 millones cada una. Hay numerosas lenguas, pero se habla oficialmente el mandarín. Las religiones principales son el confucionismo, el budismo y el taoísmo. La forma de gobierno es la república, y la moneda que se utiliza en el país es el yuan. Sus productos principales son: cereales, soja, algodón, té, seda natural, carbón y hierro.

Es el país más poblado del mundo. Un cuarto del territorio chino está constituido por tierras llanas y bajas que son zonas de fértiles cultivos. El resto del país lo forman elevadas mesetas y numerosas cadenas montañosas. La meseta del Tíbet, de 4,500 m de altitud se encuentra bordeada al sur por el Himalaya y recorrida por los montes Kuenlun y Karakorun. Por el norte se extienden los montes Tian-Shan y Altai y la planicie del desierto de Gobi. La mayor altura se encuentra en el pico Muntagh Ata (7,546 m).

El país cuenta con grandes y numerosos ríos. Por el norte, el Amur (4,480 km) hace frontera con la Unión Soviética y su afluente el Sungari riega Manchuria. El Huagn-ho (4,677 km), el Yangtse-Kiang (5,472 km) y el Sikiang (2,570 km) son los más importantes. Todos ellos tienen numerosos e importantes afluentes.

China disfruta de gran variedad de climas a causa de su extensión y la enorme desigualdad de su suelo.

25. La República Popular de China

(1) es el país con mayor población del mundo
(2) es el país más grande del mundo
(3) practica una religión: el confucionismo
(4) tiene la capital más poblada del mundo
(5) habla tan solo el mandarín

26. Según el texto, en el país

(1) hay una gran producción de minerales
(2) las ciudades más importantes son Pekín y la capital Sanghai
(3) Pekín es la capital pero no es la ciudad más poblada
(4) hay elevadas mesetas y cadenas montañosas, careciendo el territorio de zonas llanas
(5) hay muchos climas debido a la igualdad de su suelo

27. El idioma oficial es el

(1) chino, pero cada región tiene una lengua oficial
(2) pekinés en Pekín y el chino en el resto del país
(3) taiwanés
(4) mandarín en todo el país
(5) confucionismo, budismo y taoísmo

28. Una de las siguientes afirmaciones no es correcta. ¿Cuál es?

(1) El budismo es una religión practicada en la China.
(2) La moneda oficial en el país es el yen.
(3) Entre los principales productos chinos están los cereales.
(4) La mayor altura china se encuentra en el pico Muntagh Ata (7,546 m).
(5) El río que hace frontera con la Unión Soviética es el Amur.

Las preguntas 29–32 se refieren al pasaje siguiente:

El gran desierto del Sahara ocupa casi la tercera parte del continente africano, con más de nueve millones de kilómetros cuadrados. Limitado al norte por el Mediterráneo y la cordillera del Atlas, se extiende por el sur hasta el paralelo 14 de latitud norte. De este a oeste invade toda Africa en su parte más ancha, desde el Atlántico hasta el Mar Rojo.

Generalmente se tiene la idea del Sahara como de una inmensa llanura cubierta sólo de arena, y nada hay más inexacto. El suelo no difiere en nada de las demás regiones de la tierra: montañas, profundos valles y vastas mesetas lo cruzan en todas direcciones. Es el clima quien ha despojado la tierra, dando a sus llanuras la imagen absoluta del vacío. Sus montañas cobran el aspecto de esqueletos en los que el sol haya devorado la carne.

Los dos paisajes más típicos del Sahara son el "erg" y la "hamada". El "erg" es la región de las dunas, algunas con alturas de 300 metros, que forman como un mar ondulado que se hubiera quedado inmóvil de pronto. Las "hamadas", por el contrario, no tienen arena. Son vastas mesetas de extraña aridez y suelo duro, pobladas de guijarros de afiladas aristas desprendidos de las rocas.

29. El Sahara tiene

(1) dunas y mesetas
(2) un desierto grande y un río que desemboca en el Mar Rojo
(3) un desierto habitado por nueve millones de habitantes
(4) un desierto al norte y otro al sur
(5) una latitud de 14 grados norte

30. El desierto del Sahara limita al norte con

(1) el Océano Atlántico y el Mar Rojo
(2) el Mar Rojo y el Mar Mediterráneo
(3) el Mar Mediterráneo y la Cordillera del Atlas
(4) la Cordillera del Atlas y el Océano Mediterráneo
(5) la Cordillera del Atlas y el Océano Atlántico

31. Podemos decir que el desierto del Sahara es de

(1) montañas
(2) profundos valles
(3) vastas mesetas
(4) una combinación de las tres anteriores
(5) ninguna de las anteriores

32. Una de las siguientes afirmaciones es verdadera. ¿Cuál es?

(1) La "hamada" es la región de las dunas.
(2) Los "erg" son vastas mesetas áridas.
(3) Los "erg" son zonas arenosas.
(4) El desierto del Sahara se extiende hasta los límites con el Océano Pacífico.
(5) El desierto del Sahara limita al sur con el Mar Rojo.

Las preguntas 33–36 se refieren al pasaje siguiente:

El río Amazonas es el segundo del mundo por su longitud, pero es, con mucho, el primero por su caudal y por la extensión de su cuenca hidrográfica. Ordinariamente vierte al Atlántico cien mil metros cúbicos de agua por segundo, que pueden llegar a doblarse en las crecidas mayores. En sus siete millones de kilómetros cuadrados de cuenca se recoge el 40% de todas las aguas del continente sudamericano.

Américo Vespucio fue el primer europeo que llegó a su desembocadura, en 1499. En 1500 Vicente Yáñez Pinzón recorrió su estuario y lo bautizó con el nombre de Santa María de la Mar Dulce. Francisco de Orellana exploró su parte alta y le dio el nombre de río de las Amazonas, por haber establecido combate con un grupo de mujeres.

33. El río Amazonas ocupa en el mundo

(1) el tercer lugar por la extensión de su cuenca hidrográfica
(2) el segundo lugar en longitud
(3) el cuarto lugar
(4) el primer lugar en longitud
(5) el primer lugar en caudal, virtiendo al Océano Pacífico cien mil metros cúbicos de agua por segundo

34. El río Amazonas desemboca en el

(1) Océano Atlántico
(2) Océano Pacífico
(3) Mar Ártico
(4) Mar Rojo
(5) Mar Caribe

35. El primer explorador no americano que llegó a su desembocadura fue:

(1) Vicente Yáñez Pinzón
(2) Cristóbal Colón
(3) Francisco de Orellana
(4) Américo Vespucio
(5) Amazonas

36. El río Amazonas fue nombrado por

(1) Cristóbal Colón
(2) Américo Vespucio
(3) Francisco de Orellana
(4) Santa María de la Mar Dulce
(5) un grupo de mujeres amazonas

Las preguntas 37–40 se refieren al pasaje siguiente:

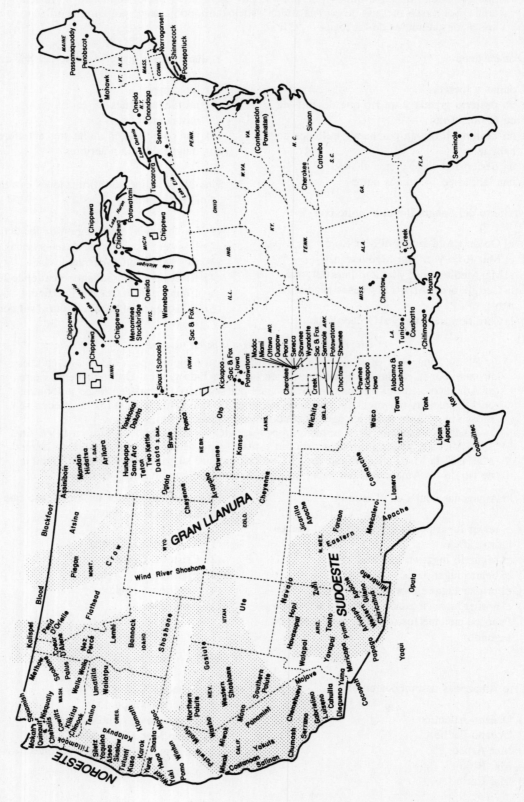

37. El mapa se refiere a

    (1) la división política del país
    (2) la hidrografía de los Estados Unidos
    (3) la distribución territorial de las tribus indíge-
        nas norteamericanas
    (4) un mapa antiguo de puestos indios de Amé-
        rica Latina
    (5) ninguna de las anteriores

38. De acuerdo con el mapa, la tribu de los indios
    Comanches vivieron en el

    (1) norte
    (2) sur
    (3) este
    (4) oeste
    (5) sureste

39. De acuerdo con el mapa, la tribu de los indios
    Cheyennes vivieron

    (1) en guerra con los Arapaho
    (2) en una región de clima tropical
    (3) mucho tiempo en Dakota del Sur, pero se
        trasladaron a Kansas
    (4) en una región subdesarrollada
    (5) ninguna de las anteriores

40. Según el mapa,

    (1) los Sioux y los Comanches decidieron vivir
        en zonas muy distantes por problemas de
        guerra
    (2) en los Estados Unidos han convivido muchas
        tribus indias
    (3) la región norte del país siempre ha estado
        muy poblada de indios
    (4) todas las tribus indias han desaparecido
    (5) los Mescaleros eran de la nación comanche

Las preguntas 41–43 se refieren al pasaje siguiente:

Durante los primeros anos del siglo XIX había un gran desacuerdo en torno al futuro de la economía americana. Algunos americanos, particularmente *Thomas Jefferson* y sus seguidores desaprobaban algunos de los cambios que se habían hecho. Jefferson favorecía una economía agrícola, especialmente antes de llegar a la presidencia. Para él, la sociedad ideal consistiría en una mayoría de granjeros que cultivaran sus propias tierras y abastecieran sus propias necesidades. También habría artesanos y mecánicos en las pequeñas ciudades y pueblos que proveerían los conocimientos especializados que eran necesarios en ciertos casos.

Jefferson no estaba de acuerdo con un comercio limitado, ni tampoco con que hubiera muchas relaciones económicas y políticas con Europa. Sus seguidores estaban realmente convencidos de que el mejor sistema económico para América era uno basado en la agricultura a escala de pequeñas granjas donde cada cual trabajara su propia tierra.

Por otro lado, *Alexander Hamilton* y sus seguidores estaban a favor de la expansión de la manufactura con la idea de que las clases comerciales y gubernamentales trabajaran juntas. Favorecían la expansión comercial y el crecimiento de las ciudades.

41. Para Thomas Jefferson la sociedad ideal consistía en una

    (1) mayoría de artesanos
    (2) mayoría de mecánicos
    (3) mayoría de granjeros
    (4) mezcla étnica
    (5) sociedad internacional

42. Jefferson no estaba de acuerdo con

    (1) mantener una intensa relación política y económica con Europa
    (2) mantener pocas relaciones políticas
    (3) un comercio ilimitado

    (4) una economía agrícola
    (5) una sociedad de granjeros

43. Según Hamilton,

    (1) había que desarrollar la economía del campo
    (2) era necesario el comercio agrícola
    (3) la manufactura acercaría el comercio y las clases del gobierno
    (4) pensaba igual que Jefferson
    (5) había que disminuir la expansión comercial y el crecimiento de las ciudades

Las preguntas 44–47 se refieren a la gráfica siguiente:

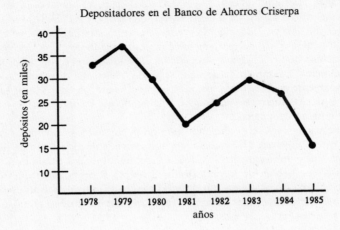

Depositadores en el Banco de Ahorros Criserpa

44. ¿En qué año el Banco de Ahorros Criserpa tuvo mayor número de depositadores?

   (1) 1978
   (2) 1979
   (3) 1981
   (4) 1982
   (5) 1985

45. ¿Cuántos depositadores, aproximadamente, tenía el banco en 1984?

   (1) 3
   (2) 30
   (3) 35
   (4) 25,000
   (5) 35,000

46. ¿Cuáles de las siguientes afirmaciones acerca de los depositadores del banco es falsa?

   (1) El número de los depositadores aumentó ligeramente en 1982.

   (2) El banco tuvo en 1985 el menor número de depositadores.
   (3) El número de depositadores disminuyó ligeramente en 1983.
   (4) El número de depositadores continúa aumentando cada año.
   (5) El número de depositadores varía de año en año.

47. De acuerdo con estas estadísticas, se puede deducir que, con relación a sus depositadores, el Banco de Ahorros Criserpa, ha tenido recientemente

   (1) un éxito económico
   (2) una crisis económica
   (3) un balance de ingresos
   (4) una estabilidad económica
   (5) grandes inversiones

Las preguntas 48–51 se refieren al pasaje siguiente:

Durante muchos años, el estudio de cuándo empezó a hablar el ser humano ha sido de un gran interés para los científicos. La mayoría de las teorías que conocemos hoy han sido formuladas por arqueólogos, lingüistas y filósofos. Lo verdaderamente asombroso es que el origen del habla humana no tiene que ver necesariamente con el desarrollo de la cultura, o con los postulados que han defendido los lingüistas, sino con un cambio anatómico que se produjo en la evolución del ser humano. La transformación que se produjo hace más de un millón de años en la vía oral, concretamente en la laringe, posibilitó a nuestros antepasados iniciar una serie de sonidos que con el tiempo fueron articulándose, originando ese complejo sistema que conocemos hoy con el nombre de lenguaje.

Si la habilidad que tenemos los seres humanos para producir sonidos articulados depende de fenómenos fisiológicos, el origen del lenguaje humano es mucho más antiguo de lo que se ha dicho. Quiere decir que culturas arcaicas existieron en el mundo miles de años antes de lo que afirman los libros que hablan de la prehistoria. Y quiere decir también que nuestros antepasados, nuestro antiguo *Homo sapiens*, no era una criatura primitiva y salvaje como se ha creído, sino mucho más inteligente, capaz de comunicarse con miembros de su grupo, expresar ideas y pensamientos, y enseñar a sus hijos.

48. La mayoría de las teorías de cuándo empezó a hablar el ser humano han sido formuladas por

   (1) biológos, antropólogos y lingüistas
   (2) antropólogos, filósofos y biólogos
   (3) arqueólogos, lingüistas y filósofos
   (4) arqueólogos, biológos y geólogos
   (5) geólogos, sociólogos y filósofos

49. El origen del habla tuvo que ver con un cambio anatómico que se produjo en

   (1) la boca
   (2) la lengua
   (3) los pulmones
   (4) la laringe
   (5) el esófago

50. La habilidad para producir sonidos articulados depende de fenómenos

   (1) físicos
   (2) químicos
   (3) biológicos
   (4) fisiológicos
   (5) cerebrales

51. El *Homo sapiens* es

   (1) un antepasado del ser humano
   (2) un hombre sabio
   (3) un simio
   (4) un póngido
   (5) un animal mezcla de mono y chimpancé

Las preguntas 52–55 se refieren al pasaje siguiente:

La economía de los Estados Unidos comenzó a crecer rápidamente tras la guerra de 1812. La industria y la agricultura se extendieron. El comercio prosperó. Una nueva oleada de gente se encaminaba hacia el oeste donde se le ofrecía más tierra a la población. Esta expansión económica contribuyó al crecimiento del sentimiento nacionalista, o sea, el orgullo nacional.

Sin embargo, el nuevo crecimiento económico también creaba conflictos. El noreste, el sur y el oeste, prosperaban, pero cada uno por diferentes razones. En el norte, la economía estaba basada en las manufacturas. En esa región la agricultura perdió importancia a medida que fábricas, pueblos industriales y ciudades se hacían cada vez más comunes.

En los estados del oeste —entre los Montes Apalaches y el río Mississippi—, la economía estaba basada en la agricultura. La mayoría de las granjas eran de tamaño pequeño o mediano y casi todas eran propiedades familiares. Cultivaban especialmente maíz y trigo que embarcaban a los estados del noreste.

Los estados del sur eran también estados agrícolas. Pero los años que siguieron a la guerra vieron un aumento muy rápido en la importancia de una cosecha: el algodón. Aunque no era la única cosecha que se producía en el sur, sí era la más lucrativa. Los estados del sur embarcaban tal cantidad de algodón a Europa que éste pronto se convirtió en la mayor exportación de los Estados Unidos. El poder político del sur estaba en manos de los propietarios de las plantaciones, en donde se cultivaba el algodón. El sistema de plantación del sur estaba basado en la esclavitud.

52. Según el texto,

    (1) en el sur la economía era de manufacturas
    (2) en el norte la población era agrícola
    (3) en el oeste imperaba el sistema de plantación
    (4) la economía del país no era homogénea
    (5) la emigración fue mayor en el este

53. La región del norte prosperó debido a

    (1) las pequeñas granjas
    (2) la producción de algodón
    (3) las manufacturas
    (4) el cultivo del maíz
    (5) el comercio marítimo

54. Los Montes Apalaches se encuentran al

    (1) oeste
    (2) norte
    (3) sur
    (4) noreste
    (5) sureste

55. Los estados del sur se caracterizaron por

    (1) las cosechas de trigo
    (2) la producción de algodón
    (3) el cultivo del maíz
    (4) fábricas téxtiles
    (5) las industrias

Las preguntas 56–59 se refieren al pasaje siguiente:

El comercio entre las colonias e Inglaterra estaba basado en una idea o principio llamado *mercantilismo*. De acuerdo con este principio, los mayores países del mundo ganaban poder y riquezas incrementando la cantidad de sus exportaciones a otros países. De este modo, podían obtener más oro y plata, que era lo que se usaba para pagar las mercancías. Muchos dirigentes nacionales pensaban que el gobierno debía controlar todo el comercio con el exterior para asegurar que las exportaciones fueran mayores que las importaciones y por tanto entrara más dinero.

Las colonias ayudaban a Inglaterra, ya que la abastecían de materias primas y a la vez eran un mercado de consumo para las mercancías manufacturadas inglesas. De este modo, las colonias ayudaban a Inglaterra a exportar más y a importar menos de países extranjeros. Para reforzar esta forma de comercio, los líderes ingleses intentaban decir a los colonos norteamericanos cómo debían llevar a cabo su comercio y sus otras actividades económicas.

Por esto, el Parlamento aprobó una serie de *Leyes de navegación* en diferentes ocasiones, en los siglos XVII y XVIII. El propósito principal de estas leyes era asegurar que todo el comercio de las colonias fuera transportado en barcos ingleses o coloniales, tripulados en su mayor parte por tripulación inglesa. Además, ciertos "artículos enumerados" producidos en Norteamérica sólo se podían enviar a Inglaterra u otra colonia inglesa. Sólo así (con licencia especial) se podía transportar la mercancía a países extranjeros como Francia o España. Al principio, este sistema se aplicó a productos tales como el tabaco, algodón, azúcar y añil, pero más tarde se aplicó también al arroz, los artículos navales (resina, alquitrán, terpentina, mástiles, berlingas), cobre, mineral y pieles.

Las leyes de navegación también preveían que ninguna mercancía de países extranjeros fuera embarcada a las colonias excepto a través de Inglaterra. El propósito de esta medida y de las descritas anteriormente era, por supuesto, hacer a Inglaterra más rica y poderosa.

Otras leyes con el mismo objetivo se aprobaron en el Parlamento para controlar la manufactura en las colonias americanas:

- *La Ley de la lana* prohibía la exportación del tejido lanar hecho en las colonias.
- *La Ley del sombrero* prohibía la exportación de los sombreros hechos en las colonias.
- *La Ley del hierro* fomentaba la producción del hierro en bruto, pero prohibía la manufactura de productos de hierro, como las herramientas.
- *La Ley de la melaza* imponía un fuerte impuesto a la melaza, el ron y el azúcar traídos a Norteamérica. La finalidad de esta regulación era reducir el comercio entre las colonias y las islas francesas y españolas en las Antillas.

56. El mercantilismo inglés prohibía

(1) el mercado interior
(2) las importaciones
(3) el comercio directo entre las colonias y España o Francia
(4) el comercio entre las colonias e Inglaterra
(5) la fabricación de lana, sombreros, hierro y melaza

57. De acuerdo con el mercantilismo, los mayores países del mundo ganaban poder y riquezas

(1) disminuyendo las exportaciones solamente
(2) aumentando las importaciones únicamente
(3) incrementando el comercio
(4) aumentando las importaciones y disminuyendo las exportaciones
(5) aumentando las exportaciones y disminuyendo las importaciones

58. Las leyes de navegación fueron aprobadas en

(1) España
(2) Inglaterra
(3) Estados Unidos
(4) las Antillas
(5) Cuba

59. Según las leyes de navegación,

(1) los productos ingleses tenían que enviarse al extranjero antes de llegar a la colonia
(2) los productos fabricados en el extranjero tenían que pasar por Inglaterra antes de enviarse a la colonia
(3) no se controlaba la melaza
(4) no se controlaba el hierro
(5) no se controlaba la producción de sombreros

Las preguntas 60–63 se refieren al pasaje siguiente:

Hasta no hace mucho tiempo, Siberia era considerada como un inmenso territorio de escaso valor económico y casi despoblado. En la actualidad el concepto ha cambiado porque representa un potencial de primera magnitud en el mundo.

El bosque siberiano, con una extensión de siete millones de kilómetros cuadrados, es una inmensa reserva forestal. Se cultivan los cereales. Las plantas industriales, y la ganadería son abundantes. En los mares del norte y del este se han establecido importantes pesquerías.

Pero la riqueza de Siberia radica fundamentalmente en el subsuelo. Abundan los yacimientos de petróleo, carbón, hierro, níquel y otros metales, lo que ha permitido crear numerosos y potentes centros industriales, alimentados por la abundante energía hidráulica.

Siberia está atravesada por el ferrocarril más largo del mundo, el transiberiano. Partiendo de Moscú llega hasta Vladivostok, en el mar del Japón. Es de vía doble y se encuentra totalmente electrificado; de él parten otras vías férreas que enlazan distintos puntos de Asia.

60. Hasta no hace mucho tiempo Siberia era

   (1) potencia petrolera
   (2) una región rica en ganadería
   (3) una potencia económica
   (4) considerada como una región de escaso valor económico
   (5) considerada una región de alto valor económico

61. El bosque siberiano es una

   (1) importante reserva forestal
   (2) inmensa zona donde se cultivan cereales y frutas
   (3) zona montañosa
   (4) región completamente deshabitada
   (5) zona cafetera

62. **La riqueza del subsuelo de Siberia ha permitido crear**

   (1) una zona de comunicaciones
   (2) un centro urbano
   (3) una importante zona industrial
   (4) producción de papel
   (5) un país en donde se produce petróleo, carbón, hierro, níquel y otros metales

63. El transiberiano es un

   (1) autobús
   (2) tren
   (3) habitante de Siberia
   (4) transporte fluvial
   (5) transporte marítimo

La pregunta 64 se refiere al mapa siguiente:

64. Todas las afirmaciones siguientes son correctas menos una. ¿Cuál es la incorrecta?

    (1) Estados Unidos está al sur de Argentina.
    (2) El océano Pacífico está representado por la letra N.
    (3) El océano Glacial Ártico no aparece en el mapa.
    (4) En el país que se representa con la letra C se habla español.
    (5) En el país "H" se habla portugués.

EXAMEN 3: CIENCIAS

66 preguntas—95 minutos

Las preguntas 1–4 se refieren al pasaje siguiente:

Pasajes

En toda célula se distinguen tres partes esenciales: la membrana, el citoplasma y el núcleo.

La membrana es como una fina piel, que la recubre. Todas las células tienen una membrana muy fina que se llama plasmática o fundamental. En otras, por fuera de la plasmática, tienen otra membrana más gruesa, que se llama membrana de secreción. El núcleo se encuentra situado más o menos en el centro de la célula. Aunque algunas células tienen dos o más, normalmente hay un sólo núcleo. Es muy importante porque en él está situada una sustancia que hace que los caracteres genéticos de los seres se transmitan de padres a hijos y así, todos los de una misma procedencia se parecen entre sí. El citoplasma es la parte de la célula que se encuentra entre el núcleo y la membrana; se distinguen en ella partes como las vacuolas y otros órganos.

La célula se nutre tomando sustancias del exterior. Algunas células, como los leucocitos de nuestra sangre, el paramecio y la ameba, toman sustancias sólidas. Pero la mayoría de los alimentos son líquidos, que pasan a través de su membrana. La célula se reproduce cuando llega a tener un desarrollo adecuado. La reproducción se puede realizar de diversos modos: por bipartición, partiéndose en dos unidades iguales, como en el caso del paramecio y de la ameba; por esporulación, formándose de una célula varias distintas, como es el caso del plasmodio; por gemación, proceso por el cual de una célula se forman dos de distinto tamaño llamadas la mayor, célula madre, y la menor, célula hija.

1. Una de las siguientes no es una parte esencial de la célula,

   (1) la membrana
   (2) el núcleo
   (3) el citoplasma
   (4) las amebas
   (5) ninguna de las anteriores

2. La membrana de la célula es

   (1) su parte más interna
   (2) la parte que está entre el núcleo y el citoplasma
   (3) la parte que está entre las vacuolas y el núcleo
   (4) la parte más externa de la célula
   (5) una parte de las células pluricelulares

3. Las células tienen

   (1) generalmente dos núcleos
   (2) normalmente un sólo núcleo
   (3) más de dos núcleos
   (4) tres núcleos
   (5) algunas veces no tienen núcleos

4. Las vacuolas se encuentran en

   (1) el núcleo
   (2) la membrana plasmática
   (3) la membrana de secreción
   (4) el citoplasma
   (5) ninguna de las anteriores

Las preguntas 5–8 se refieren al pasaje siguiente:

La evolución de plantas y animales es un asunto de gran interés tanto científico como popular. Sin embargo, en los estudios sobre la materia, frecuentemente se confunden dos aspectos muy diferentes: el hecho de la evolución y la forma en que se ha realizado.

No se puede concebir el proceso evolutivo sin tener en cuenta dos características que se dan en todos los organismos vivos: la herencia y la variación. La *herencia* puede definirse como la tendencia de la progenie a ser semejante a sus padres y en consecuencia a parecerse entre sí; la herencia es una tendencia conservadora, en cuya ausencia no podría haber especies, porque una especie es un grupo de individuos muy semejantes relacionados por descendencia. La *variación,* por otra parte, es la tendencia de la progenie a diferir de los padres y, en consecuencia, a diferir también entre sí; es claro que sin la variación nunca hubieran podido nacer nuevas especies de las preexistentes.

En conexión con la herencia y la variación, surge inmediatamente la pregunta acerca de la causa de estas tendencias. ¿Por qué la progenie tiende a ser semejante a los padres? ¿Por qué a veces es muy distinta y siempre ligeramente diferente a ellos? La causa puede expresarse más breve y simplemente para la herencia que para la variación: la progenie generalmente se asemeja estrechamente a los padres porque su substancia viviente deriva de ellos. Si los nuevos individuos han nacido por métodos vegetativos, como en la formación de bulbos, es claro que todo el protoplasma de la nueva planta viene originalmente de un solo progenitor. En la reproducción sexual, el nuevo individuo se desarrolla de una célula de fusión o zigoto, en que están combinados un protoplasto de un padre con un protoplasto, o a lo menos un núcleo, del otro padre. En cualquier caso hay siempre continuidad de materia viviente del padre a la progenie, y la tendencia a la semejanza se debe a esta continuidad. El hecho de que en muchas plantas con semilla sólo el núcleo, y aparentemente nada del citoplasma del gameto masculino, se fusiona con el óvulo, indica que, al menos en estos casos, es el núcleo el que hace posible la reaparición de caracteres paternos en la progenie.

5. La tendencia de la progenie a ser semejante a sus padres y a parecerse entre sí es lo que se conoce como

    (1) variación
    (2) evolución
    (3) herencia
    (4) progenie
    (5) tendencia

6. La tendencia de la progenie a diferir de los padres y a diferir entre sí es lo que se llama

    (1) biología
    (2) variación
    (3) herencia
    (4) tendencia
    (5) evolución

7. La progenie es lo mismo que

    (1) el padre
    (2) la madre
    (3) los genes
    (4) la descendencia
    (5) ninguno de los anteriores

8. En la reproducción sexual

    (1) todo el protoplasma viene de un solo progenitor
    (2) están combinados un protoplasto de un padre con un protoplasto de otro
    (3) no hay combinación de protoplasma
    (4) se combinan tres clases de protoplasma
    (5) el gameto masculino no tiene una función definida

Las preguntas 9–12 se refieren al pasaje siguiente:

Algunos organismos poseen la sorprendente capacidad de emitir luz. El fenómeno, llamado bioluminiscencia, es desconcertante por su gran diversidad: de las noctilucas unicelulares hasta los peces abisales, de los hongos y bacterias continuamente iluminados a los destellos de las luciérnagas, encontramos tal variedad de órganos emisores y de reacciones bioquímicas, y las funciones biológicas son tan diferentes que ninguna teoría de la evolución nos satisface.

Desde hace algún tiempo los biólogos celulares prestan especial atención a la bioluminiscencia, no porque entrañe un interés fundamental, sino porque se han dado cuenta de que puede tratarse de una herramienta privilegiada para "ir a echar un vistazo" a la maquinaria celular. Una actividad que desemboca en una emisión lumínica es susceptible de ser medida en términos de tiempo real, por ejemplo, con un fotomultiplicador; además, la luz revela su procedencia, localiza su fuente y puede dar imágenes a través de un microscopio o de un intensificador de brillo.

A este respecto, resulta ejemplar el sistema bioluminiscente de unos gusanos marinos, los *Polynoinae*. Las investigaciones que sobre el mismo vienen llevándose a cabo desde hace más de diez años han puesto de manifiesto una sorprendente precisión en las emisiones.

Los *Polynoinae* son gusanos marinos más o menos frecuentes en las costas atlánticas y mediterráneas. Cubren su dorso con una doble fila de placas flexibles y ovoides, que reciben el nombre de elibros. En algunas especies, en cuanto se molesta a un individuo, aparecen unos frentes de luz que recorren los elitros, palpitan y luego parpadean. Algunos de los elitros se desprenden y emiten destellos con ritmo regular, aproximadamente uno cada segundo, durante varios minutos. Si, como imaginamos, el drepredador se ha dejado distraer por el metronomo luminoso del elitro abandonado, el animal habrá tenido tiempo de huir. Los elitros perdidos se regeneran al cabo de unos días.

Por tanto, la originalidad más chocante de esta especie reside en la peculiar arquitectura de las fuentes de luz intracelulares. Cada célula tiene alrededor de treinta de estas fuentes, llamadas fotosomas. Pero en vez de funcionar todas a la vez, cuando la célula es estimulada, cada una de ellas es autónoma y emite un destello si está "conectada" al circuito de excitación, o permanece muda en caso contrario. La excitación puede transmitirse de unos a otros fotosomas y la onda de encendido parece prender como un reguero de pólvora.

9. El fenómeno por medio del cual algunos organismos poseen la capacidad de emitir luz se llama

   (1) biología
   (2) luminiscencia
   (3) luminosidad
   (4) bioluminiscencia
   (5) fenómeno fotoeléctrico

10. Una actividad que conduzca a una emisión lumínica puede ser medida con

    (1) un fotómetro
    (2) una cámara fotográfica
    (3) un luminímetro
    (4) un velocímetro
    (5) un fotomultiplicador

11. Se han realizado estudios sobre el sistema bioluminiscente de los

    (1) blinesios
    (2) polynoinae
    (3) marinesios
    (4) serpias
    (5) elitros

12. Los fotosomas son

    (1) fuentes de luz intracelulares
    (2) polynoinae
    (3) luz
    (4) las semillas
    (5) luces intracelulares

Las preguntas 13–16 se refieren al pasaje siguiente:

El *tallo* es un órgano vegetativo que normalmente vive en el aire y crece en sentido contrario a la raíz. Su misión principal es sostener las hojas y servir de enlace entre éstas y la raíz. Tiene forma alargada y de él nacen las hojas y las yemas.

Las hojas pueden nacer en diferentes puntos o nudos del tallo. Si te fijas bien en un tallo verás que hay unos segmentos intermedios entre los nudos; se llaman *entrenudos*. Observa también cómo, a diferencia de la raíz, el tallo tiene lo que se denomina *geotropismo negativo,* es decir, una tendencia a crecer hacia arriba, en dirección opuesta a la tierra.

Toma el tallo en tus manos o simplemente observa una planta cómo es, entonces verás que hay unos pequeños tallos, como en miniatura, es el lugar en donde los esbozos de las hojas se encuentran muy juntos y apretados y están recubiertos por unas hojitas exteriores más duras gracias a las cuales se protegen; estas partes del tallo se llaman *yemas*.

La yema que está en el extremo del tallo se denomina *terminal*. Fíjate bien en el tallo, si tiene hojas, y verás como hay un punto entre la hoja y el tallo, es la yema *axilar*.

Durante la primavera o en otras estaciones del año, las yemas se abren y crecen originando nuevos tallos y hojas. Cuando alargan el tallo o forman ramas se llaman yemas *foliares;* cuando producen una flor se denominan yemas *florales*. Así que tenemos diferentes variedades de yemas así como hay diversas clases de tallos.

Básicamente existen dos clases de tallos: los *herbáceos* y los *leñosos*. En el campo o en un jardín podrás ver esta variedad de formas. En los herbáceos hay dos especies que se distinguen: el *cálamo,* que carece de nudos (por ejemplo, el junco), y la *cana* que, por el contrario, tiene tanto nudos como entrenudos (por ejemplo, el trigo). Hay dos clases de leñosos: los de *tronco,* que son ramificados (por ejemplo, el cerezo, el abeto, el nogal), y los de *estipe,* que no tienen ninguna ramificación y aparecen con la forma de una columna (por ejemplo, la palmera).

Si observas las espinas de las acacias, las formas volubles que se enroscan en el zarcillo de la vid, las pencas de las chumberas, las partes rastreras que crecen horizontalmente de la fresa, todos estos fenómenos no son más que tallos transformados en órganos que desempeñan una labor determinada en el mundo vegetal.

Los tallos transformados que podrás ver con más frecuencia son los *subterráneos,* como los *rizomas* (el lirio), los *tubérculos* (la papa) y los *bulbos* (la cebolla).

13. El tallo

(1) le da vida a la planta
(2) comunicar las flores
(3) une las hojas con la raíz
(4) crece en sentido contrario a la raíz
(5) vive fuera de la superficie

14. Si se afirma que el tallo tiene geotropismo negativo significa que

(1) tiene tendencia a crecer en dirección contraria a la tierra
(2) va sujeto a la raíz
(3) crece en la dirección de la tierra
(4) es negativo
(5) crece en dirección contraria a las hojas

15. Yemas foliares son las que

(1) producen una flor
(2) alcanzan el tallo o forman ramas
(3) forman un punto entre la hoja y el tallo
(4) están entre el tallo y la raíz
(5) ninguna de las anteriores

16. ¿Cuál de las siguientes plantas no tienen el tallo transformado?

(1) la cebolla
(2) el lirio
(3) la papa
(4) la caña
(5) la yuca

Las preguntas 17–20 se refieren al pasaje siguiente:

Los hongos forman una de las clases más extensas y a la vez peculiares en el reino vegetal. Todos los hongos necesitan materia orgánica para alimentarse; al no poder realizar la fotosíntesis (el fenómeno por el cual las plantas toman del aire anhídrido carbónico y desprenden oxígeno), deben obtener de los demás las sustancias que les permitan seguir viviendo. No necesitan luz y químicamente se parecen más a los animales que a las plantas, razones, entre otras muchas, que sugieren la posibilidad de no clasificar los hongos como un auténtico reino independiente.

Las culturas sajonas y anglosajonas se imaginaron el círculo de setas como el lugar ideal para reunión de elfos, gnomos y hadas. Lo llamaron "anillo de hadas". A veces, el micelio, que es el verdadero hongo, del que la seta es el cuerpo fructífero, va creciendo radialmente. Las setas aparecen formadas en círculos, y el círculo se irá ensanchando cada año, a medida que el micelio agote los recursos de una zona.

Los pueblos latinos llamamos a estos anillos "corros de brujas". Y es que las setas han formado desde siempre parte de la cultura. Ha habido hongos inferiores responsables de procesos tales como fermentaciones, o capaces de producir los antibióticos. Muchas setas han supuesto incluso cambios en el curso de la historia.

Quizá griegos y romanos no supieran aún que las setas tienen un alto valor protéico, pero sí sabían de varias setas exquisitas, a las que se aficionaron con avidez. Los romanos, además, tuvieron en sus vajillas un plato especial para comer setas: el boleii. Los césares dieron su nombre a una de las setas delicadas: la *amanita cesárea*. Claro que también supieron el poder mortal de alguna de ellas. El emperador Claudio sucumbió ante un plato de *amanitas phalloides*. Agripina, cuentan los historiadores, acabó eliminando a buena parte de su cuerpo de guardia cuando, para deshacerse de un enemigo, decidió frotar con setas venenosas los platos de todo el comedor, mejor que averiguar donde se sentaría su adversario. Dicen incluso que el mismo Budas murió envenenado por setas.

Atila y los hunos se aprovecharon de las condiciones alucinógenas de otra seta, la amanita muscaria, para intentar acabar con el ejército romano. Las culturas americanas sí hicieron jugar un gran papel a las setas alucinógenas dentro de su magia y religión.

A pesar del nombre popular, la seta es sólo la parte visible del hongo, es decir, el fruto de la planta que vive oculta. El mayor impulsor del conocimiento de las setas ha sido su valor alimenticio. Pese a todo, sigue habiendo casos fatales de envenenamientos ya que no hay regla alguna para identificar los hongos, a no ser la verdadera clasificación botánica.

Cuando salgamos al campo hay que tener siempre en cuenta que aquella seta que no nos interesa está cumpliendo una misión en la vida del bosque. No la destruyas, su micelio puede tener hasta 600 años de edad. Todo ser vivo, ya sea vegetal o animal, cumple una misión en la vida del mundo natural.

17. Respecto a los hongos, una de las siguientes afirmaciones no es cierta. ¿Cuál es?

   (1) Necesitan materia orgánica para alimentarse.
   (2) Realizan el proceso de la fotosíntesis.
   (3) No necesitan de la luz.
   (4) Químicamente se parecen más a los animales que a las plantas.
   (5) no desprenden oxígeno

18. En los hongos el micelio es

   (1) el talo
   (2) el tallo
   (3) la raíz
   (4) el fruto
   (5) las hojas

19. Los romanos tuvieron entre sus manjares preferidos el del hongo llamado

   (1) sombrerillo
   (2) amanita cesárea
   (3) boleii
   (4) talo
   (5) amanita muscaria

20. Según el texto,

   (1) *amanita phalloides* es un hongo nutritivo
   (2) *amanita cesárea* fue el plato especial de Agripina
   (3) seta es lo mismo que elfos
   (4) *amanita botánica* es el anillo de hadas
   (5) los hongos pueden producir fermentaciones

Las preguntas 21–24 se refieren al pasaje siguiente:

Ciertas operaciones, como la extirpación de tumores bronquiales o gastrointestinales, que requieren una larga convalecencia en el hospital, han sido reducidas al aplicarse energía láser. La hospitalización es mínima.

En la sala de operaciones autómatica, la energía láser será integrada dentro de un sistema de máquinas de formación de imágenes, aparatos de ultrasonido que identifican tejidos por las características especiales de sus ondas sonoras, mecanismos de resonancia magnética nuclear que identifican tejidos y moléculas a través de respuestas a campos magnéticos, y ordenadores. En una operación, las unidades encargadas de representar las imágenes describirán la parte apropiada del cuerpo del paciente sobre la pantalla de un video, mientras que el ordenador guiará los movimientos del láser, de la misma manera, por ejemplo, que el piloto automático guía a un avión en pleno vuelo.

21. La energía láser está siendo usada para el tratamiento de tumores

   (1) hepáticos
   (2) bronquiales
   (3) cancerígenos
   (4) cerebrales
   (5) ninguna de las anteriores

22. Los equipos de ultrasonido localizan los tejidos por las características determinadas de

    (1) su fisiología
    (2) su anatomía
    (3) sus ondas sonoras
    (4) sus moléculas
    (5) geometría molecular

23. Los sistemas de resonancia magnética nuclear identifican

    (1) tejidos y moléculas
    (2) ordenadores
    (3) la energía láser
    (4) el ultrasonido
    (5) la formación de imágenes

24. Las imágenes logradas son representadas en

    (1) un ordenador
    (2) una computadora
    (3) una pantalla de video
    (4) un aparato de ultrasonido
    (5) ninguno de los anteriores

Las preguntas 25–28 se refieren al pasaje siguiente:

Si establecemos una analogía entre el átomo y el sistema solar, el sol sería el núcleo formado por partículas de cargas positiva y neutra (protones y neutrones), y los planetas los electrones de carga negativa. Éstos giran simultáneamente alrededor del núcleo y sobre sí mismos. Al rotar, la carga que posee el electrón genera un dipolo magnético en la dirección del eje de rotación. Cada movimiento (el orbital) y (el rotacional o *spin)* genera su propio dipolo magnético.

Esto da lugar a la aparición de un momento magnético. Si los momentos magnéticos de los electrones se compensan entre sí el momento magnético atómico será nulo; en caso contrario, se dirá que el átomo posee un momento magnético permanente.

La intensidad de los efectos de un campo magnético (de un imán, por ejemplo) sobre la materia está en función de lo que se llama susceptibilidad magnética (momento magnético por unidad de campo y volumen). Ciertas sustancias sólidas, denominadas ferromagnéticas (hierro, níquel, cobalto, etc.) poseen una susceptibilidad positiva y muy elevada que da lugar a la aparición de intensas fuerzas atractivas cuando son magnetizadas. Propiedad ésta que se debe a la tendencia de sus momentos atómicos y se sitúa espontáneamente en una misma dirección. Esto no quiere decir que las demás sustancias no sufran los efectos del campo magnético. Lo que ocurre es que éstos son tan débiles que se requiere una gran precisión experimental para determinarlos.

25. El núcleo del átomo tiene carga

    (1) positiva
    (2) negativa y positiva
    (3) negativa y neutra
    (4) positiva y neutra
    (5) neutra

26. El *spin* es

    (1) movimiento orbital
    (2) dipolo magnético
    (3) movimiento rotacional
    (4) electrón o movimiento rotacional
    (5) protón

27. El movimiento magnético se genera

    (1) por el movimiento orbital de los neutrones
    (2) por los movimientos orbital y rotacional
    (3) en un dipolo magnético
    (4) por el movimiento de los protones
    (5) por el movimiento del átomo

28. Un ejemplo de sustancia ferromagnética es

    (1) el agua
    (2) el aire
    (3) la madera
    (4) el plástico
    (5) el níquel

Las preguntas 29–32 se refieren al pasaje siguiente:

Los albuminoides o proteínas constituyen la parte fundamental de las células de los seres vivos, tanto vegetales como animales; hasta las células de los huesos son proteínas en que se han depositado substancias minerales (principalmente fosfato tricálcico) que hacen los huesos rígidos.

Las proteínas difieren de las otras combinaciones ya estudiadas en que son mucho más complejas. Las moléculas de proteína son gigantes comparadas con las otras moléculas. Así la molécula de albúmina, que es una proteína típica, tiene por fórmula $C_{696}H_{125}O_{200}N_{190}S_{18}$. Se nota que además de carbono, hidrógeno y oxígeno, la molécula de albúmina contiene nitrógeno. El nitrógeno es el elemento característico de todas las proteínas; el azufre está presente prácticamente en casi todas ellas. El fósforo y el hierro pueden también estar presentes. Algunas proteínas típicas son: la albúmina de la clara de huevo; la miosina de los músculos; el fibrinogino y la hemoglobina de la sangre; el gluten del pan; la elastina de los ligamentos; la queratina de los pelos y uñas; la caseína y la lactalbúmina de la leche, entre otras muchas.

Prácticamente todas las proteínas excepto las hemoglobinas, son incoloras, y todas son inodoras e insípidas. Pero cuando se descomponen, los elementos nitrógeno, azufre y fósforo dan muchos productos que tienen olor desagradable.

Algunas proteínas pueden obtenerse cristalizadas, pero la mayor parte sólo han sido obtenidas en estado amorfo. La mayoría de sus disoluciones se encuentran en forma coloidal, siendo geles con poca agua y sales con mucha. Precipitan por el alcohol, se coagulan por el calor, y si la acción de éste se prolonga y se eleva la temperatura, desprenden un olor característico de la substancias nitrogenadas que se queman. Por destilación seca se obtiene un líquido llamado aceite animal de dippel. Los ácidos y álcalis diluidos hidrolizan totalmente a las proteínas, resultando los siguientes productos: albumosas, peptosas y aminoácidos.

29. En el texto se afirma que

(1) los huesos se pueden comer, ya que tienen muchas proteínas
(2) los seres minerales están compuestos de albuminoides y proteínas
(3) hay ocho tipos de proteínas
(4) antes de las proteínas se han estudiado otras combinaciones
(5) ninguna de las anteriores

30. Las proteínas se encuentran en

(1) las albuminoides de los seres vivos
(2) las células de los seres animales y vegetales
(3) los huesos de los seres humanos
(4) los huesos de los seres vivos, tanto vegetales como minerales
(5) las combinaciones de moléculas gigantes

31. Todas las proteínas son

(1) incoloras e inodoras
(2) hemoglobinas
(3) incoloras e insípidas menos la hemoglobina, que tiene un sabor amargo
(4) incoloras, inodoras e insípidas, cristalizadas
(5) inodoras e insípidas

32. Al descomponerse, las proteínas

(1) permanecen en estado amorfo
(2) se cristalizan
(3) se coagulan
(4) hacen que se eleve la temperatura
(5) pierden su cualidad de ser inodoras

Las preguntas 33-36 se refieren al pasaje siguiente:

La electricidad es una forma de energía que nosotros no podemos observar ni determinar, si no es por los efectos que produce: calor en una calefacción, luz en una lámpara, movimiento en una máquina de escribir, etc. La electricidad se desplaza en forma de corriente eléctrica, es decir, se mueve por medio de unos cables o hilos metálicos conocidos con el nombre de conductores.

El circuito eléctrico es un sistema que facilita el paso de la corriente eléctrica. Todo circuito se compone de una serie de partes: 1) un generador de corriente, que produce la electricidad; 2) un receptor, que aprovecha la corriente y demuestra su presencia; 3) unos hilos conductores por donde pasa la corriente del generador al receptor; 4) un interruptor, que rompe el circuito, corta la comunicación entre los hilos, o restablece el circuito según se prefiera.

La electricidad que empleamos en nuestras casas llega a nosotros por estos circuitos: un generador que se llama central eléctrica, que se encarga de producir electricidad a la localidad; hay además centrales hidráulicas, térmicas y atómicas. Unos hilos conductores transmiten la electricidad hasta nuestras casas, donde se encuentran los receptores: lámparas, televisores, tocadiscos, neveras, etc. Los interruptores sirven para que pase la electricidad a los aparatos y que funcionen cuando deseamos, interrumpiéndola cuando queramos.

Se acostumbra a comparar una corriente eléctrica a una corriente de agua que pasa por un tubo que une dos depósitos. Para que pase la corriente de agua por el tubo es preciso que ambos depósitos estén situados a diferente altura. Podremos ver: a) que el agua pasa formando una corriente desde el que está más alto al más bajo; b) que si los dos depósitos están a la misma altura la corriente cesa; y c) que la corriente pasará mientras haya agua en el depósito de arriba.

Para que el agua circule de un modo constante es necesario que una bomba hidráulica trasvase continuamente el agua del depósito inferior al superior. Por el hilo conductor de electricidad se establece una corriente, que en vez de ser de agua, como en el ejemplo anterior, es una corriente de los llamados *electrones,* que son unas partículas diminutas e indivisibles. Para que haya corriente de electrones es preciso que, como en la corriente de agua, haya una diferencia de nivel, que en este caso se llama diferencia de potencial, que se establece entre el polo positivo y el negativo del generador.

Los electrones van del polo negativo al positivo, que por razones históricas se dice que la corriente circula del positivo al negativo. Si no hay diferencia de potencial no existe corriente eléctrica. La diferencia de potencial se produce como consecuencia de la reacción química que se realiza entre los componentes de la pila; de forma que la pila y la bomba hidráulica realizan funciones análogas. La reacción del ácido sulfúrico sobre el cobre y el cinc origina, en la pila de Volta, la diferencia de potencial entre el polo positivo del cobre y el negativo del cinc.

Con el tiempo cesa de producirse la reacción, y entonces se dice que la pila se ha sulfatado. Entonces ya no es posible establecer la corriente. Es cosa parecida a lo que ocurre con la corriente de agua si la bomba hidráulica deja de funcionar.

33. Los hilos conductores

    (1) se mueven a una gran velocidad
    (2) son tan delgados que no los podemos observar
    (3) transportan la corriente eléctrica a nuestras casas
    (4) llevan la electricidad del receptor al generador
    (5) están hechos de cauchos

34. Las centrales hidráulicas

    (1) producen electricidad
    (2) abastecen de agua a la localidad
    (3) sólo existen allí donde hay ríos de más de 100 kms de longitud
    (4) enfrían los circuitos eléctricos para que no se calienten demasiado
    (5) son una de las partes esenciales de los circuitos eléctricos

35. La electricidad

    (1) es una forma de energía peligrosa
    (2) sólo se puede generar en las centrales eléctricas
    (3) sólo se puede observar a la luz de una lámpara
    (4) sólo se puede observar por los efectos que produce
    (5) es fácil de determinar en sí misma

36. ¿Por qué se comparan la corriente eléctrica y la corriente de agua? Porque

    (1) las dos funcionan con depósitos de agua
    (2) las dos funcionan de manera similar
    (3) los electrones son diminutas partículas de agua
    (4) al ser una positiva y la otra negativa, se compensan
    (5) las dos producen reacciones químicas

Las preguntas 37–40 se refieren al pasaje siguiente:

En energía nuclear se conoce como fisión al fenómeno que se produce cuando un neutrón penetra en el núcleo de ciertos átomos, trastornando su estado de equilibrio de tal manera que el átomo termina rompiéndose.

Vamos a suponer que contra un átomo de la sustancia llamada Uranio 235, que es un isótopo (cuerpos que contienen en su núcleo grupos de protones y neutrones poco fijos y pueden liberar radiaciones), choca un neutrón. Entonces, el átomo de uranio se rompe en dos partes como consecuencia del choque y deja libres dos o tres neutrones y una cierta cantidad de energía. Cada uno de estos nuevos neutrones chocará a su vez con otro átomo de uranio y lo romperá, con lo que cada uno de estos átomos dejará otros dos o tres neutrones, y una nueva cantidad de energía. Así se continúa, dando lugar cada vez a la rotura de mayor número de átomos de uranio, formando una fisión en cadena. La energía que se libera es enorme. Esta es la llamada energía atómica, o mejor, la energía nuclear.

Para provocar la rotura o fisión de los núcleos y utilizar la energía que se desprende se dispone de los denominados reactores nucleares, en los cuales se encuentran los siguientes elementos importantes: a) el combustible, normalmente el uranio enriquecido, cuya misión es material formado por los núcleos que se fisionan con los neutrones, rompiéndose; b) los elementos de control, que controlan la rapidez de las fisiones nucleares. Si no existiesen, la fisión o rompimiento sería rapidísimo, liberándose enorme cantidad de energía en poco tiempo. Es decir, se produciría una explosión nuclear, que es la de las bombas atómicas; utilizándose para ello sustancias como el boro, el cadmio, entre otras; c) el refrigerante, que tiene por objeto absorber la energía conforme se produce, la mayor parte de la cual se convierte en calor. Este refrigerante circula por el reactor y lleva el calor desprendido a una caldera; d) un moderador, que frene los neutrones para que al chocar con los átomos de uranio queden dentro de su núcleo y tenga lugar la fisión; el moderador puede ser el agua pesada, el grafito, etc.; y e) finalmente es preciso un blindaje para que no se escapen los neutrones y las radiaciones producidas, que son muy peligrosas; blindaje pueden ser el corcho, planchas de plomo, junto con muros de cemento.

La energía nuclear tiene muchas aplicaciones. Se emplea para propulsar barcos, aviones, y vehículos espaciales; para desalar el agua de los mares y hacerla dulce y potable; para obtener isótopos radiactivos que tienen una gran aplicación, por ejemplo, en medicina, se utilizan para localizar y curar tumores; en agricultura para esterilizar insectos, comprobar la utilización de abonos, producir más variedades de plantas, etc.; se aplica en la industria y en la investigación. Desgraciadamente, se utiliza en la guerra o para construir armas nucleares.

37. La fisión produce

    (1) la desintegración del neutrón
    (2) la penetración del neutrón en la estructura atómica
    (3) la desintegración de los átomos más débiles
    (4) el equilibrio entre átomos y neutrones
    (5) un desequilibrio en el estado del átomo

38. Los isótopos

    (1) liberan radioactividad
    (2) liberan energía eléctrica
    (3) se rompen fácilmente
    (4) chocan a menudo con los neutrones
    (5) son cuerpos muy estables

39. Un reactor nuclear

    (1) funciona con gasolina altamente combustible
    (2) es un aparato peligroso
    (3) es un avión que funciona con energía nuclear
    (4) provoca la fisión de los núcleos de los átomos
    (5) provoca la rotura de los núcleos de los neutrones

40. Los elementos de control del reactor nuclear existen para

    (1) tenerlo todo bajo control
    (2) que la energía liberada en el momento de la fisión sea mayor
    (3) evitar una explosión nuclear
    (4) enfriar el núcleo de los neutrones
    (5) aumentar el volumen de los átomos

Las preguntas 41–43 se refieren al pasaje siguiente:

El diagrama representa las resistencias de corriente R1 y R2 conectadas a una fuente de energía constante de 40 voltios.

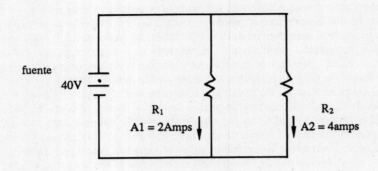

41. El voltaje que desciende a través de la resistencia R1 es

    (1) 10
    (2) 12
    (3) 15
    (4) 40
    (5) 50

42. El poder (P = voltios × corriente), en vatios, que suple al circuito es

    (1) 80
    (2) 130
    (3) 160
    (4) 240
    (5) 300

43. Víctor quiere aumentar la corriente en A2. ¿Cuál de los procedimientos siguientes puede conseguirlo?

    (1) Aumentar la resistencia de R2.
    (2) Aumentar la resistencia de R1.
    (3) Disminuir el voltaje de la fuente eléctrica.
    (4) Añadir otra resistencia.
    (5) No puede hacerse.

Las preguntas 44–47 se refieren al pasaje siguiente:

Gases, vapores, materiales en fusión y sólidos, procedentes de magmas situados en el interior de la corteza o en el manto superior de la Tierra, emergen al exterior con una gran temperatura como consecuencia de la erupción de un *volcán*.

Las lavas son materiales fundidos que corresponden a un magma del cual se han desprendido la mayor parte de los gases y demás volátiles que contenía. Predominan las lavas de tipo básico, pero pueden encontrarse todos los tipos de composiciones. Las lavas se extienden sobre la superficie del terreno, formando coladas cuya velocidad y fluidez dependen de la composición y contenido en gases.

Cuando las lavas son viscosas y tienden a solidificarse rápidamente, los gases escapan brusca o explosivamente y las lavas adquieren un aspecto de bloques rotos en fragmentos y de superficie muy accidentada; son las llamadas lavas en bloque. Si las lavas son más flúidas y solidifican lentamente, los gases se desprenden con suavidad y las lavas toman aspecto de cuerdas o sogas de superficie arrugada; se denominan entonces lavas cordadas. Cuando, después de solidificada la costra superficial de una colada, el líquido interior escapa, se originan los túneles de lava, que tienen importancia en los países volcánicos como depósitos y conductores del agua subterránea. Otro tipo de lava se produce en las erupciones submarinas, donde, en contacto con el agua, se solidifican rápidamente y toman un aspecto de masas redondeadas similares a almohadas, denominándose lavas almohadillas.

La textura de las lavas varía desde formas vítreas muy compactas (obsidianas) a vítreas con gran cantidad de burbujas internas de gas, lo que les da un aspecto vacuolar y las hace más ligeras que el agua, por lo que flotan en ésta: son las pumitas o piedras pomez.

44. Como consecuencia de la erupción de un volcán emergen al exterior los siguientes elementos, excepto

    (1) materiales en fusión
    (2) vapores
    (3) agua
    (4) gases
    (5) materiales sólidos

45. Una de las siguientes afirmaciones no es correcta. ¿Cuál es?

    (1) Las lavas son materiales fundidos.
    (2) La temperatura del magma es la temperatura ambiente (25°C).
    (3) La magma se encuentra en el interior de la superficie.

(4) La lava es un magma sin sustancias volátiles.
(5) Las lavas predominantes son las de tipo básico.

46. La lava cordada es aquella que

    (1) se desprende en las explosiones submarinas
    (2) se ha desprendido de los gases bruscamente
    (3) se ha solidificado rápidamente
    (4) se solidifica lentamente
    (5) nace del magma

47. Las lavas vítreas

    (1) son muy compactas
    (2) están llenas de burbujas internas
    (3) no son líquidas
    (4) son más ligeras que el agua
    (5) se llaman también pumitas

Las preguntas 48–51 se refieren al pasaje siguiente:

Cuando el cometa Halley retorne al sistema solar, en 1986, cinco vehículos espaciales acudirán a su encuentro con el fin de observarlo. Entre ellos, el europeo será uno de los primeros en llegar, según afirmó el director de la estación espacial de Villafranca del Castillo, Andrés Ripoll.

Europa, a través del proyecto Giotto, ha previsto ya el lanzamiento de un vehículo no tripulado de observación en el mes de junio de 1985. Según todas las previsiones éste tendrá que encontrarse con el cometa Halley en marzo de 1986.

Según recientes investigaciones, el cometa fue avistado por primera vez hace 72 años, por el telescopio de Monte Palomar (California); sin embargo, todavía se encuentra fuera de la órbita de Saturno, aunque se dirige hacia el interior del Sistema Solar, a cuyo punto de máxima proximidad llegará en febrero de 1986. De esta manera retornará de su hibernación de 76 años en el intenso frío del espacio exterior.

Los cinco vehículos pertenecen: uno, a la Organización Europea de Investigaciones Espaciales; dos, a la Unión Soviética; y otros dos a Japón. Su misión consistirá en localizar el núcleo, pequeño cuerpo helado rodeado de una nube de gas luminosa, y determinar su composición química, a fin de verificar la parte de la materia de la que se formó el Sistema Solar hace 5,000 millones de años.

48. El estudio del cometa Halley facilita el conocimiento de

    (1) los vehículos espaciales
    (2) los telescopios de Monte Palomar
    (3) la órbita de Saturno
    (4) la composición de la materia del sistema solar
    (5) la organización Europea de Investigaciones Espaciales

49. Se ha previsto el lanzamiento de un vehículo no tripulado de observación para el mes de junio de 1985 por parte de

    (1) Europa
    (2) Estados Unidos
    (3) México
    (4) China
    (5) Cuba

50. La primera vez que se observó el cometa Halley fue a través del telescopio del Monte Palomar que está situado en

    (1) México
    (2) Canadá
    (3) Estados Unidos
    (4) Rusia
    (5) Alemania

51. La cola de un cometa está formada de

    (1) pequeños planetas
    (2) materia líquida
    (3) satélites
    (4) astros
    (5) una nube de gas luminoso

Las preguntas 52–54 se refieren al pasaje siguiente:

El veneno TCDD (tetracloro-dibenzo-p-dioxina), más conocido por dioxina, al que se debe la catástrofe ambiental de 1976 en Seveso (Italia), es extraordinariamente estable, insoluble en agua y tiene un elevado punto de fusión: 320 grados. En la explosión que se produjo por aquellas fechas se liberaron setecientos gramos de la tóxica sustancia en una nube gaseosa que envenenó 1,790 hectáreas de terreno. Los 41 barriles trasladados a Francia y desaparecidos posteriormente contenían 2.2 toneladas de barro con dioxina de la caldera explotada en 1976. Incluso en cantidades muy reducidas produce cloracné, un eczema de muy difícil curación.

El veneno se introduce en la sangre a través de la piel, dañando gravemente el hígado. Pero sólo después de diez o quince años podrán constatarse sus efectos sobre los cromosomas y el sistema nervioso, así como la inclinación a enfermar de cáncer.

El TCDD es parte del defoliante *Agent Orange*, utilizado por Estados Unidos en Vietnam. También es peligrosa la carne de los animales contaminados, ya que el veneno no puede destruirse al cocerlo o freírlo a causa de su elevado punto de fusión.

52. De la dioxina podemos decir que

    (1) tiene bajo punto de fusión
    (2) es insoluble en agua
    (3) es soluble en agua
    (4) tiene bajo punto de ebullición
    (5) es un gas

53. La dioxina en pequeñas cantidades puede producir

    (1) acné
    (2) fiebre
    (3) cloroacné
    (4) cáncer
    (5) lepra

54. La dioxina se introduce en la sangre através de

    (1) el sudor
    (2) la boca
    (3) la piel
    (4) vía intravenosa
    (5) los alimentos

Las preguntas 55–57 se refieren al pasaje siguiente:

¿De qué manera afectan a nuestra fisiología las situaciones sociales en que vivimos, los momentos en que nos encontramos o los trabajos que realizamos? Más aún, ¿de qué forma estas situaciones sociales pueden alterar la estructura química de nuestro cuerpo?

Científicos de la Universidad de California, afirman que el estatus social se refleja en ciertas propiedades químicas del cerebro. En un estudio realizado en una colonia de monos *vervet,* los antropólogos físicos afirman que los machos dominantes poseen dos veces más serotonina en su sangre que cualquier otro macho del grupo. Serotonina es un neurotransmisor, un elemento químico que utiliza el cuerpo al enviar información de célula hasta llegar al cerebro.

Los especialistas hicieron la siguiente observación: un macho dominante era apartado del grupo y reducido a vivir en una situación marginal. En esta posición solitaria, el macho no tenía necesidad u oportunidad de mostrar su dominio. Mientras que el antiguo líder permanecía desterrado de su habitat natural, se comprobó cómo el nivel de serotonina en su sangre disminuyó a un estado normal.

Pronto otro macho asumió su función de cabeza autoritaria en el grupo. Su serotonina en la sangre alcanzó un nivel dos veces mayor que el normal. Asimismo, se comprobó que cuando el macho dominante original volvió a la colonia se convirtió de nuevo en el líder; el nivel de serotonina en su sangre aumentó y el de su rival disminuyó.

Los científicos no creen que la serotonina es el único factor que determina un estado de dominio en el individuo, pero sí afirman que es un elemento importante. Lo interesante es que, paralelamente al estudio realizado con los monos, el mismo equipo de investigadores hizo un análisis similar con seres humanos encontrando indicaciones parecidas.

Los especialistas midieron los niveles de serotonina en la sangre de una serie de personas que estudian y trabajan en una universidad y encontraron cómo los jefes y encargados tenían mayores niveles que otras personas que ocupaban posiciones inferiores.

55. Los científicos de la Universidad de California afirman que el estatus social se refleja en ciertas propiedades químicas del

    (1) corazón
    (2) sistema nervioso
    (3) sistema circulatorio
    (4) cerebro
    (5) sistema óseo

56. Un elemento químico que utiliza el cuerpo para enviar información de célula en célula hasta llegar al cerebro es

    (1) la sangre
    (2) la serotonina
    (3) el cerebro
    (4) la tianina
    (5) la anilina

57. La serotonina de una persona jefe de un grupo

    (1) baja de su nivel normal
    (2) mantiene su nivel normal
    (3) aumenta su nivel normal
    (4) baja su nivel a cero
    (5) ninguna de las anteriores

Las preguntas 58–60 se refieren al pasaje siguiente:

El calor es una forma de energía que podemos definir por el efecto que produce en los cuerpos. El calor determina, debido a sus efectos, la temperatura, la dilatación y los cambios de estado.

La temperatura es el efecto que nos produce el calor cuando al llegar a nuestra piel excita las terminaciones nerviosas caloríficas de nuestros sentidos táctiles. Nos hace percibir una sensación que llamamos "calor" cuando aumenta, y "frío" si disminuye. La temperatura de un cuerpo se puede medir mediante el termómetro.

La dilatación es otro de los efectos del calor. Consiste en un aumento de tamaño del cuerpo cuando se le aplica calor. La dilatación se produce en los cuerpos, cualquiera que sea su estado: sólido, líquido o gaseoso.

Los cambios de estado son los cambios de un cierto estado físico a otros diferentes que se experimentan en los cuerpos cuando se les aplica calor. Hay cambios físicos producidos por el aumento de calor, en cuyo caso se llaman progresivos; otros cambios de estado se producen por la disminución del calor y reciben el nombre de regresivos.

El calor como forma de energía resulta de la transformación de otra energía anterior. Los cuerpos, al producir calor, transforman otra energía anterior en energía calorífica.

La principal fuente de calor que tiene la Tierra es el sol, que a su vez es la principal fuente de luz. La mayor parte del calor que se produce en las materias terrestres resulta de la transformación de la energía química que poseen dichas materias en energía calorífica. Esto se realiza durante la combustión. En una combustión se produce una combinación de la materia que forma el cuerpo que arde (llamado combustible) con el oxígeno del aire, comburente; como consecuencia se desprende luz y calor.

58. Lo que nos hace sentir la sensación de frío y de calor es

    (1) la energía
    (2) la temperatura
    (3) las terminaciones nerviosas
    (4) el termómetro
    (5) los sentidos táctiles

59. La dilatación es

    (1) un aumento de tamaño del cuerpo cuando se le aplica calor
    (2) ebullición de una substancia

    (3) solidificación de una sustancia
    (4) licuefacción de una sustancia
    (5) disminución del tamaño de un cuerpo como consecuencia del calor

60. Una de las siguientes afirmaciones es incorrecta. ¿Cuál es?

    (1) Los cambios de estado son efectos del calor.
    (2) La principal fuente de calor que tiene la Tierra es el sol.
    (3) Todas las sustancias inorgánicas son combustibles.
    (4) Todas las sustancias orgánicas son combustibles.
    (5) Los cambios de estado son cambios físicos

Las preguntas 61–63 se refieren al pasaje siguiente:

Dado que cada uno de los padres contribuye con una mitad del material genético a su descendiente, los genes que se transmiten ocurren en pares. Formas diferentes del mismo gene son llamados alelos. En los seres humanos, múltiples alelos determinan el tipo de sangre. Estos alelos se designan: I^A, I^B e i. El cuadro que se presenta a continuación indica las combinaciones posibles por cada tipo de sangre.

Tipo de sangre	Genotipo
A	$I^A I^A$ o I^A i
B	$I^B I^B$ o I^B i
AB	$I^A I^B$
O	ii

61. Juan tiene el tipo B de sangre. ¿Cuáles de las selecciones que se muestran a continuación pueden representar los genes de los padres de Juan?

Padre		Madre
(1) $I^A I^A$	y	ii
(2) I^A i	y	I^A i
(3) $I^A I^B$	y	ii
(4) ii	y	ii
(5) $I^A I^B$	y	$I^A I^A$

62. Una persona que tenga un tipo AB de sangre se le denomina a veces como recipiente universal porque puede recibir sangre de cualquiera. Una persona que tenga un tipo O de sangre se le llama a veces donante universal porque puede dar sangre a cualquiera.

Si Lisa es una donante universal, ¿cuál debía de haber sido el tipo de sangre de sus padres?

Padre		Madre
(1) $I^A I^A$	y	ii
(2) ii	y	$I^B I^B$
(3) ii	y	ii
(4) $I^A I^A$	y	$I^A I^B$
(5) $I^A I^B$	y	$I^A I^B$

63. Pedro tiene el tipo AB de sangre. ¿Cuál de los siguientes tenía que ser de sus padres?

Padre		Madre
(1) $I^A I^A$	y	$I^A I^A$
(2) I^A i	y	I^Ai
(3) $I^A I^B$	y	ii
(4) I^Ai	y	I^Bi
(5) I^Bi	y	$I^B I^B$

Las preguntas 64–65 se refieren a la gráfica siguiente:

La escala pH

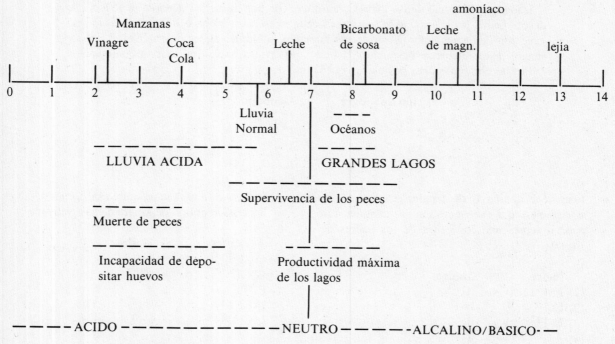

Valores de pH de substancias ácidas y alcalinas comunes; un valor más bajo denota un contenido ácido más alto.

64. Según la gráfica, ¿cuál de las siguientes clases de precipitación define mejor a la lluvia ácida?

   (1) precipitación con un pH más bajo que la lluvia normal
   (2) precipitación con un pH entre 6 y 7
   (3) precipitación con un valor de pH más alto que el pH del agua del océano
   (4) precipitación que siempre causa la muerte de los peces
   (5) precipitación que produce la productividad máxima de los lagos

65. ¿Cuál de los siguientes describe mejor el valor de pH de la lluvia normal?

   (1) extremadamente ácida
   (2) ligeramente ácida
   (3) neutra
   (4) ligeramente alcalina
   (5) extremadamente alcalina

66. Las sustancias químicas que, de modo natural, aparecen en las partes sólidas de la Tierra, sobre todo en la corteza, son los minerales. Se conocen unas dos mil especies minerales que se combinan unos con otros. ¿Cuál es el más duro?

   (1) el carburo de boro
   (2) el siliciuro de carbono negro
   (3) el corindón
   (4) el diamante
   (5) el cuarzo

FIN DE ESTA PARTE

EXAMEN 4:
INTERPRETACIÓN DE LA LITERATURA
Y DE LAS ARTES

45 preguntas—65 minutos

Las preguntas 1–4 se refieren al pasaje siguiente:

¿CUÁNDO SE HIZO POPULAR EL RELATO CORTO?

Como sabemos hoy, el relato corto es principalmente un producto de los siglos XIX y XX, y su desarrollo es paralelo al rápido desarrollo del industralismo en América. Hemos sido un pueblo muy ocupado, ocupado sobre todo en la evolución de un sistema de producción sumamente eficiente. Ferrocarriles y fábricas han crecido casi de la noche a la mañana; minas y campos de petróleo han sido descubiertos y explotados; se han hecho y perfeccionado miles de invenciones mecánicas. La velocidad ha sido un elemento esencial en nuestros esfuerzos, y ha afectado a nuestras vidas, a nuestra propia naturaleza. Para la mayoría de los norteamericanos, las lecturas de ocio han sido imposibles. Al mismo tiempo que comíamos de pie y a la carrera, agarrábamos trozos de lectura, y nos las tragábamos de un golpe. Teníamos que leer mientras que apenas nos sosteníamos con el balanceo en la barandilla del tranvía o durante los momentos de prisa en el metro (tren subterráneo), o mientras que estábamos pendientes al teléfono. Nuestras revistas populares han sido nuestra literatura automática, y con frecuencia sus historias han saciado nuestro apetito, han sido tan importantes como los sandwiches.

1. Según el pasaje, el relato corto debe hoy su popularidad principalmente a

    (1) su medio ambiente
    (2) su trama
    (3) su estilo
    (4) su extensión
    (5) sus personajes

2. El autor cree que el relato corto se ha desarrollado

    (1) porque el lector angloamericano ha reaccionado contra la literatura clásica
    (2) por la necesidad de seguridad
    (3) por la falta de cultura
    (4) por la falta de educación
    (5) por la rapidez que se vive en el país

3. Según este pasaje, uno puede asumir que la actitud del autor hacia el relato corto es de

    (1) aprobación
    (2) lamentación
    (3) indiferencia
    (4) desprecio
    (5) imparcialidad

4. ¿Cuál de los siguientes títulos expresa mejor las ideas de este pasaje?

    (1) Literatura de "almuerzo-rápido"
    (2) Vida en la Edad Mecánica
    (3) Cultura en la vida moderna
    (4) Leyendo mientras viajamos
    (5) El desarrollo de la industrialización

Las preguntas 5–8 se refieren al pasaje siguiente:

¿QUÉ PASÓ CON EL BOICOT A LOS AUTOBUSES DE MONTGOMERY?

En muchas zonas del sur, los negros tenían que dar su asiento a una persona blanca si ésta se lo pedía. El 1 de diciembre de 1955, la señora Rosa Parks, una mujer negra de Montgomery, Alabama, rehusó hacer esto. La arrestaron y multaron. Todos los negros de la ciudad organizaron un *boicot* a los autobuses de Montgomery, rechazando usar los autobuses de esta compañía. Uno de los dirigentes del boicot fue el Dr. Martin Luther King, Jr., que pronto se convirtió en uno de los máximos líderes del movimiento de los derechos civiles de los negros.

Durante varias semanas, los negros no se montaron en los autobuses y, por tanto, la compañía de autobuses perdió mucho dinero. Finalmente, la protesta negra produjo acciones legales. Una corte federal de distrito ordenó que la segregación de asientos era ilegal. Cuatro meses más tarde, la Corte Suprema confirmó esta decisión. Ésta se hizo ley.

A finales de la década de 1950, la lucha por los derechos civiles de los negros se fortaleció. En el año 1957, el Congreso aprobó la Ley de los Derechos Civiles: la autoridad apoyaba el derecho a voto de los negros. Los tribunales hacían borrar las separaciones en los edificios públicos, en los aeropuertos, en las estaciones de autobuses y edificios comerciales interestatales. Casi cien años después de la Guerra Civil, el gobierno federal finalmente tomaba medidas para garantizar y proteger los derechos de igualdad de todos los norteamericanos.

5. Según el texto había mucho racismo en

   (1) el norte de los Estados Unidos
   (2) algunas zonas de los Estados Unidos, como el noroeste
   (3) el sur de los Estados Unidos
   (4) el este del país
   (5) el oeste de los Estados Unidos

6. Una mujer negra se negó a dar el asiento del autobús en

   (1) Alabama
   (2) Carolina del Sur
   (3) Florida
   (4) New York
   (5) Texas

7. La reacción de la población negra fue

   (1) no viajar en los autobuses
   (2) viajar a pie
   (3) negarse a dejar los asientos
   (4) protestar violentamente
   (5) ninguna de las anteriores

8. La actitud de la población negra trajo como consecuencia

   (1) menos segregación racial
   (2) la segregación de la población negra en los autobuses
   (3) la pérdida de los derechos de los negros
   (4) una guerra civil
   (5) ninguna de las anteriores

Las preguntas 9–12 se refieren al pasaje siguiente:

¿QUIÉNES FUERON LOS GRANDES INVENTORES?

Un gran desarrollo de las comunicaciones llegó en 1876 cuando *Alexander Graham Bell,* un científico inmigrante de Escocia, inventó el *teléfono.* No era como el telégrafo, que sólo transmitía mensajes codificados, sino que transmitía la voz humana. El teléfono se adoptó pronto en todo el país.

Otro gran descubrimiento fue el uso de la electricidad para la iluminación. En 1879, *Thomas Alva Edison* contribuyó al invento de la *bombilla.* Superó en mucho a los sistemas de iluminación que hasta entonces se habían utilizado en todo el mundo. Su uso se extendió rápidamente. Edison, cuya educación formal fue tan sólo de unos meses, patentó su invento a los 22 años. Antes de su muerte, en 1931, tenía más de 1000 patentes a su nombre. También inventó o contribuyó al invento de diversos aparatos que hoy conocemos como el fonógrafo, el cine, la pila, o batería, el dictáfono, el dínamo eléctrico y la locomotora eléctrica.

La Edison Electric Company estableció una planta en la ciudad de New York en 1882 para proveer de luz a la ciudad. Sin embargo, en poco tiempo, la operación y el control de la mayoría de nuevas industrias de electricidad estaban controladas por unas cuantas corporaciones grandes. Las pequeñas compañías se vieron forzadas a dejar ese negocio.

En 1846, Elías Howe inventó la *máquina de coser*. En la época de la Guerra Civil (1861) ya se usaba extensamente en las fábricas para hacer ropa y otros productos textiles manufacturados.

9. El telégrafo emite

   (1) la voz humana
   (2) la correspondencia
   (3) mensajes que hay que descifrar
   (4) rayos del espectro
   (5) ondas ultrasonoras

10. Un gran descubrimiento fue utilizar la electricidad para

   (1) el fonógrafo, el dictáfono y la locomotora
   (2) la transmisión de mensajes
   (3) iluminar espacios
   (4) el fonógrafo
   (5) proyecciones de películas

11. ¿Cuál de los siguientes inventos no fueron obra de Thomas Alva Edison?

   (1) la bombilla eléctrica
   (2) el dictáfono
   (3) la máquina de coser
   (4) el fonógrafo
   (5) la batería

12. La Edison Electric Company estableció una planta en 1882 en Nueva York para

   (1) competir con las empresas que vendían lamparillas de gas
   (2) crear más puestos de trabajo en la ciudad
   (3) competir con otras grandes corporaciones
   (4) proveer a la ciudad de una red de luz eléctrica
   (5) promover la creación de pequeñas compañías

Las preguntas 13–16 se refieren al pasaje siguiente:

¿QUÉ LE OCURRIÓ AL LAZARILLO DE TORMES?

El *Lazarillo de Tormes* señala el comienzo de un nuevo género: la novela picaresca. La obra se publicó en 1554 y se ha atribuido a Hurtado de Mendoza. Relata la vida de Lázaro, huérfano de padre desde muy niño, que se saca el sustento sirviendo a diversas personas, lo que da ocasión al autor para trazar un cuadro social incomparable. Lázaro es tan solo un pobre muchacho de bajo origen a quien un destino adverso zarandea cruelmente sin dejarle escapar del mísero ambiente en que vive.

En uno de los fragmentos, dice el autor desconocido: "Visto estoy las malas burlas que el ciego burlaba de mí, determiné de todo en todo dejarle, y como lo traía pensado y lo tenía en voluntad, con este posterior juego que me hizo afírmelo más. Y fue así que luego otro día salimos por la villa a pedir limosna y había llovido mucho la noche antes. Y porque el día también llovía y andaba rezando debajo de unos portales que en aquel pueblo había, donde no nos mojamos; mas como la noche se venía y el llover no cesaba, díjome el ciego:

—Lázaro: esta agua es muy porfiada, y cuanto la noche más cierra, más recia. Acojámonos a la posada con tiempo.

Para ir allá habíamos de pasar un arroyo, que con la mucha agua iba grande.

Yo le dije:

—Tío: el arroyo va muy ancho; mas si queréis, yo veo por donde atravesamos más aina sin nos mojar, porque se estrecha allí mucho, y saltando pasaremos a pie enjuto.

Parecióle buen consejo y dijo:

—Discreto eres; por esto te quiero bien. Llévame vía ese lugar donde el arroyo se angosta, que ahora es invierno y sabe mal el agua, y más llevar los pies mojados.

Yo que vi el aparejo a mi deseo, saquéle debajo de los portales y llevélo derecho de un pilar o poste de piedra que en la plaza estaba, sobre el cual y sobre otros cargaban salidizos de aquellas casas, y dígole:

—Tío: este es el paso más angosto que en el arroyo hay.

Como llovía recio y el triste se mojaba, y con la prisa que llevábamos de salir del agua, que encima de nos caía, y, lo más principal, porque Dios le cegó aquella hora el entendimiento (fue por darme de él venganza), crey6se de mí y dijo:

—Ponme bien derecho y salta tú el arroyo.

Yo le puse bien derecho enfrente del pilar, y doy un salto y póngame detrás del poste, como quien espera tope de toro, y díjele:

—¡Sus! Saltad todo lo que podáis, porque déis de este cabo del agua.

Aún apenas lo había acabado de decir cuando se abalanza el pobre ciego como macho cabrío y de toda su fuerza arremete, tomando un paso atrás de la corrida para hacer mayor saltón y da con la cabeza en el poste, que sonó tan recio como si diera con una gran calabaza, y cayó luego para atrás medio muerto y hendida la cabeza.

—¿Cómo olisteis la longaniza y no el poste? ¡Oled! ¡Oled! —le dije yo.

Y dejéle en poder de mucha gente que lo había ido a socorrer, y tomé la puerta de la villa en los pies de un trote, y antes que la noche viniese di conmigo en Torrijos. No supe más lo que Dios de él hizo ni curé de lo saber".

13. La novela picaresca apareció

    (1) cuando la vida de Lázaro se hizo popular
    (2) cuando se publicó el *Lazarillo de Tormes*
    (3) en el verano de 1554
    (4) cuando Lazarillo de Tormes publicó sus memorias
    (5) ninguna de las anteriores

14. La novela *Lazarillo de Tormes* relata

    (1) cómo Lázaro se queda huérfano siendo un niño
    (2) lo que el padre de Lázaro piensa de su hijo
    (3) como el ciego se burla siempre de Lázaro
    (4) las artimañas de un huérfano ciego para lograr sobrevivir
    (5) lo que el autor piensa de un cuadro social incomparable

15. La cabeza del ciego

    (1) tiene la forma de calabaza
    (2) se parecía a la del autor
    (3) es demasiado dura para tirar el poste al suelo
    (4) da contra un árbol
    (5) ninguna de las anteriores

16. Lázaro es

    (1) un ciego huérfano
    (2) un muchacho de la clase alta
    (3) un joven humilde y huérfano
    (4) un clérigo
    (5) el tío de un huérfano

Las preguntas 17–20 se refieren al pasaje siguiente:

¿DÓNDE ESTÁ LA POESÍA EN AMÉRICA?

Rubén Darío (Nicaragua, 1867–1916) fue el mayor poeta del período conocido como "modernismo". Es característico en su obra una continua tendencia a la perfección verbal, así como su voluntad de estilo y la unión que hace de toda una serie de tendencias que habían existido anteriormente. Rubén Darío las funde, poniéndoles música, estética, perfilando versos y ritmos. Su poesía es cosmopolita, aristocrática, exótica y artística. Llegó a ser d gran poeta de su generación, el maestro de muchos poetas latinoamericanos, españoles y franceses. Darío reforma la poesía española de su momento, trasciende la Francia poética del Rococó y va más allá de América, con una poesía totalizante, nueva y ecléctica. En su poesía encontramos un tono hedonista, frivolo y conceptual, llena de preguntas sobre el amor, la muerte, el tiempo, la vida y la religión.

Escribió numerosas obras. Entre las más importantes es preciso citar, *Prosas profanas; Cantos de vida y esperanza; El canto errante; Poema del otoño y otros poemas; Canto a la Argentina y otros poemas; Abrojos, Rimas y Canto épico; Azul*; y en prosa: *Los raros; Peregrinaciones; La caravana pasa; y Tierras solares*.

En su libro *Prosas profanas*, dice: "¿Hay en mi sangre alguna gota de sangre de África, o de indio chorotega o nograndano? Pudiera ser, a despecho de mis manos de marqués; más he aquí que veréis en mis versos princesas, reyes, cosas imperiales, visiones de países lejanos o imposibles; ¡qué queréis!, yo detesto la vida y el tiempo en que me tocó nacer; y a un presidente de la República no podré saludarle en el idioma en que te cantará a ti, ¡oh Halagabal!, de cuya corte—oro, seda, mármol—me acuerdo en sueños...

(Si hay poesía en nuestra América, ella está en las cosas viejas: en Palenke y Utlatán, en el indio legendario, y en el inca sensual y fino, y en el gran Moctezuma de la silla de oro. Lo demás es tuyo, demócrata Walt Whitman.)

Buenos Aires; Cosmópolis.

¡Y mañana!

El abuelo español de barba blanca me señala una serie de retratos ilustres: "Éste—me dice—es el gran don Miguel de Cervantes Saavedra, genio y manco; éste es Lope de Vega; éste, Garcilaso; éste, Quintana". Yo le pregunto por el noble Gracián, por Teresa la Santa, por el bravo Góngora y el más fuerte de todos, don Francisco de Quevedo y Villegas. Después exclamo: "¡Shakespeare! ¡Dante! ¡Hugo! . . .! (Y en mi interior: ¡Verlaine . . .!)

Luego, al despedirme: 'Abuelo, preciso es decíroslo: mi esposa es de mi tierra; mi querida, de París' ".

17. ¿En qué personajes o lugares encuentra Rubén Darío la mejor poesía de América?

   (1) En el surrealismo.
   (2) En las culturas precolombinas de los indios y en la poesía de un poeta norteamericano.
   (3) En Cervantes
   (4) En su tierra y en la poesía de Victor Hugo.
   (5) En la poesía de Quevedo.

18. El "modernismo" tuvo lugar

   (1) a finales del siglo XIX y principios del XX
   (2) en Nicaragua
   (3) en Latinoamérica
   (4) en Francia
   (5) ninguna de las anteriores

19. Rubén Darío escribe sobre

   (1) temas sociales y culturales
   (2) la vida del indio legendario
   (3) temas amorosos y de la vida diaria
   (4) la importancia que las religiones dan a la muerte
   (5) las ciudades cosmopolitas y aristocráticas

20. Rubén Darío reformó

   (1) la concepción que los franceses tenían acerca de la filosofía
   (2) el curso de la poesía española
   (3) el tono hedonista de la poesía, dándole más frivolidad
   (4) la idea que poetas posteriores tuvieron acerca del indio
   (5) una vida cosmopolita por un tipo de vida más exótico

Las preguntas 21–24 se refieren al pasaje siguiente:

¿QUÉ OCURRÍA EN EL PUENTE DE BROOKLYN?

José Martí (Cuba, 1853–1895), describe así una escena neoyorquina:

"Es mañana de otoño, clara y alegre. El sol amable calienta y conforta. Agólpase la gente a la puerta del tranvía del puente de Brooklyn: que ya corre el tranvía y toda la ciudad quiere ir por él.

"Suben a saltos la escalera de granito y repletan de masa humana los andenes. ¡Parece como que se ha entrado en casa de gigantes y que se ve ir y venir por todas partes a la dueña de la casa!

"Baja el amplio techado se canta este poema. La dama es una linda locomotora en traje negro. Avanza, recibe, saluda, lleva a su asiento al huésped, corre a buscar otro, déjalo en nuevo sitio, adelántase a saludar a aquel que llega. No pasa de los dinteles de la puerta. Gira: torna: entrega: va a diestra y a siniestra: no reposa un instante. Dan deseos, al verla venir, campaneando alegremente, de ir a darle la mano. Como que se la ve tan avisada y diligente, tan útil y animosa, tan pizpireta y gentil, se siente amistad humana por la linda locomatora. Viendo tantas cabecillas menudas de hombres asomados al borde del ancho salón donde la dama colosal deja y toma carros, y revolotea, como rabelaisiana mariposa, entre rieles, andenes y casillas—dijérase que los tiempos se han trocado y que los liliputienses han venido a hacer visita a Gulliver.

"Los carros que atraviesan el puente de Brooklyn vienen de New York, traídos por la cuerda movible que entre los rieles se desliza velozmente por sobre ruedas de hierro, y desde las seis de la mañana hasta la una de la madrugada del día siguiente, jamás para. Pero donde empieza la colosal estación, el carro suelta la cuerda que ha venido arrastrándolo, y se detiene. La locomotora, que va y viene como ardilla de hierro. parte a buscarlo. Como que mueve al andar su campana sonora, parece que habla".

21. La escalera que conduce a la estación del tranvía

    (1) está hecha de granitos de arena
    (2) está llena de amas de casa
    (3) solo la pueden subir personas tan altas como gigantes
    (4) permite ir y venir a la dueña de la casa
    (5) es subida muy aprisa por la gente

22. En el poema, la locomatora

    (1) es descrita como si fuera un ser humano
    (2) se convierte en una mujer con una gran vida social
    (3) está llena de gente que se dan la mano unos a otros
    (4) va de Brooklyn a Manhattan
    (5) lleva a los liliputienses a visitar a Gulliver

23. En la descripción de la escena neoyorquina se menciona

    (1) el World Trade Center
    (2) el Empire State
    (3) el tranvía del puente de Brooklyn
    (4) la estatua de la libertad
    (5) Bloomingdale's

24. La escena tiene lugar en

    (1) el Bronx
    (2) una mañana de verano
    (3) las primeras horas de la mañana
    (4) otoño
    (5) ninguna de las anteriores

Las preguntas 25–28 se refieren al pasaje poético siguiente:

Nicolás Guillén (Cuba, 1902–1989), nació en Camagüey. Hizo sus estudios secundarios en la provincia y se dirigió a La Habana para estudiar Derecho, pero abandonó los cursos. Tipógrafo, periodista y empleado del Estado, vivió en España y viajó por América. Ha sido uno de los poetas negros que ha alcanzado más renombre en la literatura hispano americana, por su interpretación rica y fiel, graciosa y humana, del hombre de color de las Antillas. Su poesía es fina, imaginativa, musical y lleva impregnada una gran preocupación social y humana. Escribió libros como *El son entero; Motivos de son; Songoro consongo; West Indies Ltd; España; Cantos para soldados y sones para turistas; Elegía a Jesús Menéndez,* entre otras obras.

En su poema "Secuestro de la mujer de Antonio", dice:

Te voy a beber de un trago,
como una copa de ron
te voy a echar en la copa
de un son,
prieta, quemada en ti misma,
cintura de mi canción.

Záfate tu chal de espuma
para que torees la rumba,
y si Antonio se disgusta,
que se corra por ahí;
¡la mujer de Antonio
tiene que bailar aquí!

Desamárrate, Gabriela.
Muerde
la cáscara verde,
pero no apague la vela;
tranca
la pájara blanca,
y vengan de dos en dos,
¡que el bongó
se calentó!

De aquí no te irás, mulata,
ni al mercado ni a tu casa;
aquí molerán tus ancas
la zafra de tu sudor;
repique, pique, repique,
repique, repique, pique,
pique, repique, repique,
¡pó!
Semillas las de tus ojos
darán sus frutos espesos;
y si viene Antonio luego,
que ni e jarana pregunte
como es que tú estás aquí...
Mulata, mora, morena,
que ni el más toro se mueva,
porque el que más toro sea
saldrá caminando así:
el mismo Antonio, si llega,
saldrá caminando así...

Repique, repique, pique,
repique, repique, ¡pó!
Prieta, quemada en ti misma,
cintura de mi canción...

25. Según la poesía, se puede deducir que la mujer

   (1) está soltera
   (2) está en el mercado
   (3) está en su casa
   (4) conoce a otro hombre
   (5) quiere irse a su pueblo

26. El poema habla de

   (1) una mujer que no sabe bailar
   (2) los efectos que produce el ron
   (3) una mulata casada con Antonio
   (4) como un profesor enseña a bailar a su alumna
   (5) el mal carácter de Antonio

27. **La obra de Guillén se caracteriza por**

   (1) su poesía romántica
   (2) sus poesías de viajes por América
   (3) sus poesías sobre su vida en España
   (4) las rimas musicales
   (5) su humor y por su mensaje social y humano

28. Nicolás Guillén habla en sus obras de

   (1) el campesino
   (2) el hombre antillano de color
   (3) los problemas culturales
   (4) la música
   (5) el amor

Las preguntas 29–31 se refieren a los refranes siguientes:

¿AGUANTA EL DOLOR TODA LA VIDA?

   Los refranes siguientes han sido coleccionados en New México, todos ellos parte de la cultura chicana:

1. Con rima
El que se enoja no moja, ni come maíz de la troja.

El muerto al pozo y el vivo al negocio.

El que regala bien vende y el que lo recibe lo entiende.

El que de santo resbala hasta el infierno no para.

El dinero del mezquino dos veces anda el camino.

El martes ni te cases ni te embarques.

Favor referido ni de Dios ni del diablo es agradecido.

Haz bien y no acates a quién.

Hace más el que quiere que el que tiene.

La suerte de la fea la bonita la desea.

No hay dolor que dure cien años ni enfermo que lo aguante.

Natural y figura hasta la sepultura.

No prometas ni a los santos votos ni a los niboninos bollos.

Piensa el ladrón que todos son de su condición.

Vale más saber que tener.

Vanidad y pobreza son de una pieza.

Zamora no se ganó en una hora.

2. *Sin rima*

A palabras necias oídos sordos.

A cada uno su gusto le engorda.

Así paga el diablo al que bien le sirve.

Al que se hace de miel se lo comen las moscas.

Al que Dios se la tiene, San Pedro se la bendice.

Al que tiene manada, le dan potrillito.

Buen abogado mal vecino.

Con la vara que mides serás medido.

Con deseos no se hacen templos.

Cada loco con su tema y yo con mi terquedad.

Cuando el diablo reza engañar quiere.

De tal palo tal astilla.

Dígotelo a ti, mi hija, y entiéndetelo tú, mi nuera.

La esperanza no engorda, pero mantiene.

La caridad bien ordenada comienza por sí mismo.

No hay mal que por bien no venga.

¿Para qué quiere lavandera el que no tiene camisa?

Pájaros de una misma pluma se reconocen.

Se espantan los muertos de los degollados.

Vale más un toma-toma que un aguárdate-tantito.

29. La interpretación del refrán "No hay dolor que dure cien años ni enfermo que lo aguante" se refiere a que

(1) los dolores no duran cien años
(2) los enfermos no aguantan los dolores
(3) los sufrimientos o problemas no son eternos
(4) los dolores duran cien años
(5) ninguna de las anteriores

30. "Piensa el ladrón que todos son de su condición", significa que

(1) todas las personas pueden robar

(2) todos pensamos que los demás se parecen a nosotros
(3) todas las personas son de diferente condición
(4) el ladrón siempre pone condiciones
(5) ninguna de las anteriores

31. El refrán "con la vara que mides serás medido", significa que

(1) con la vara se puede medir
(2) toda persona debe medir las capacidades de los demás
(3) opinarán mal de una persona
(4) en la misma forma como trates a los demás serás tratado
(5) ninguna de las anteriores

32. "Pájaros de una misma pluma se reconocen", significa que

    (1) los pájaros tienen plumas similares
    (2) las personas que tienen caracteres diferentes son fáciles de reconocer

    (3) las personas que tienen algo en común se identifican
    (4) los pájaros son fáciles de reconocer
    (5) la única forma de reconocer a los pájaros es a través de las plumas

Las preguntas 33–36 se refieren al pasaje poético siguiente:

¿EN BUSCA DE UNO MISMO?

Está considerado como uno de los mejores poetas de la República Dominicana. Ha publicado libros de poesía en diferentes países. Manuel Cabral (1907) ha viajado por toda América, recitando sus poesías con su inconfundible voz antillana. Entre sus obras más importantes pueden citarse: *Trópico negro, Sangre mayor, De este lado del mar, Los huéspedes secretos, Compadre Mon, Antología tierra, Antología clave;* y en prosa, *Chinchina busca el tiempo,* y *30 parábolas.*

> Ensuciaban el aire profundo del espejo
> las cosas familiares de mi cuerpo;
> pensamientos mohosos de mi cuchillo inédito
> mi pozo de esqueleto cuando río
> arrugas de mi ropa que suben a mi cara;
> buzos en una gota de mis párpados.
> Luego,
> me fui quitando cáscaras,
> y el espejo a ponerse ya más limpio.
> Al fin quedé desnudo,
> y fui cristal para mirarme puro,
> pero no pude verme...
> Entonces dí la vuelta,
> quise ver las espaldas del espejo,
> y me encontré conmigo.
> Quise vestirme pero fue imposible,
> no podía vestir la transparencia.

Distingue a Cabral una actitud experimental que se manifiesta en una poesía imaginativa y rica en color y sones del trópico. Es un poema reflexivo, lleno de interrogantes y misterios.

33. Manuel del Cabral

    (1) canta al esqueleto del río
    (2) escribe sobre el yo existencial y metafísico
    (3) habla de la vida de sus familiares y amigos
    (4) crea una obra filosófica
    (5) profundiza sobre la muerte

34. La poesía expresa como

    (1) había un aire profundo que metafóricamente cubría el espejo y el poeta se encuentra consigo mismo
    (2) el autor habla a la sociedad que le rodea
    (3) corre el agua del río
    (4) el autor va poco a poco desprendiéndose de cosas que le condicionan hasta quedarse consigo mismo
    (5) influye el pensamiento existencial

35. "Me fui quitando cáscaras", quiere decir que

    (1) quería cubrirse
    (2) quería hablar con los demás
    (3) quería encontrarse con sí mismo
    (4) tenía calor
    (5) deseaba verse en el espejo

36. La poesía de Manuel del Cabral

    (1) expresa temas de la vida de los países tropicales
    (2) es lineal y clara, reflexiva, misteriosa y surrealista
    (3) es una obra mística
    (4) se parece a la de otros poetas antillanos
    (5) es típica poesía dominicana modernista

Las preguntas 37–40 se refieren al fragmento de prosa poética siguiente:

¿BUSCANDO LA LUZ DEL MAR?

Había puertas que salían del fondo de una pared rayada con líneas blancas. De una de ellas nacía un hilo de luz. En medio del gris amanecía un filo de esperanza. Recuerdo que tuve que romper la tela para abrir las sombras y encontrar el horizonte de mar. Vi la gaviota como se mecía en el aire buscando el lomo de plata. También vi el monte Hacho adonde nací y oí debajo de Ceuta el ruido de las olas. El agua salpicaba las piedras de la playa, arrastrando por la arena los huesos de las almejas. Yo tenía manchada mis manos de colores. Pintaba con los dedos y un trozo de cartón, y del papel brotaban cosas que había escritas en lo hondo de mí. Hubo un momento en que el color siena se perdía entre el gris y lo cubrí con una capa blanca y otra de ocre, pero tampoco expresaba lo que quería, y entonces corté con un cuchillo el trozo de cortina vieja y hundí mis manos en aquel vientre lleno de colores sucios. Fue así como descubrí la claridad del mar, la serenidad del viento de sal, y fue entonces cuando sentí aquel hilo de luz; venía del más allá, escapándose de una ciudad hecha de hierro.

(Ginés Serrán-Pagán, *Entre el mar y el hierro*, 1984)

37. Un hilo de luz

    (1) salía de las líneas blancas
    (2) nacía de todas las puertas que había delante de la pared
    (3) moría en el color gris
    (4) aparecía en una de las puertas
    (5) desaparecía del horizonte

38. El horizonte de mar

    (1) se encontraba dentro del mundo de las sombras
    (2) hablaba fuera de las sombras
    (3) dibujaba una gaviota
    (4) volaba en el aire de sal
    (5) estaba allí, detrás del monte

39. El agua

    (1) buscaba la arena
    (2) salpicaba las rocas
    (3) arrastraba los colores
    (4) brotaba del fondo de las piedras
    (5) corría hacia el mar

40. El autor de la poesía expresa como

    (1) descubrió el azul del mar
    (2) conoció la ciudad
    (3) buscaba sus raíces
    (4) veía la luz fuera de la frialdad de la sociedad moderna
    (5) sentía la serenidad del viento

Las preguntas 41–45 se refieren al pasaje siguiente:

¿QUÉ SE PUEDE ENCONTRAR EN EL MONTE KILIMANJARO?

El gran novelista norteamericano Ernest Hemingway, Premio Nobel de literatura, escribió con frecuencia pasajes sobre África. Su tierra y sus gentes le apasionaban. En un relato llamado "Las nieves de Kilimanjaro", el escritor nos dice: "Kilimanjaro es una montaña cubierta de nieve, de 19,710 pies de altura, y se dice que es el pico más alto de África. Los masai llaman a la cima del lado oeste 'Ngaje Ngaj', la Casa de Dios. Cerca de la cima se encuentra el cuerpo seco y helado de un leopardo. Nadie ha podido explicar qué estaba buscando el leopardo a esa altitud".

41. De la información que nos ofrece el párrafo anterior, ¿qué es lo que parece indicar el cadáver del leopardo?

    (1) Buscamos cosas que no comprendemos.
    (2) Los animales pueden tener alma.
    (3) África es un lugar extraño y exótico.
    (4) El hielo y la nieve pueden preservar el cuerpo de animales muertos.
    (5) Los masai son un pueblo religioso.

42. ¿Cuál de los siguientes describe mejor el estilo del novelista?

    (1) sencillo y natural
    (2) poético
    (3) oscuro y místico
    (4) indirecto y rico en palabras
    (5) sombrío

43. Probablemente, ¿qué indicaba el cadáver del leopardo en la cima del Kilimanjaro?

    (1) Los cazadores lo condujeron allí.
    (2) Era un objeto religioso colocado allí por los masai.

    (3) Los ecologistas deben preocuparse más por proteger a los animales.
    (4) Hubo una vez un pozo en aquel lugar.
    (5) El contenido del texto no es suficiente como para determinarse la causa.

44. Según el texto, ¿qué podemos decir sobre los masai?

    (1) Son una tribu africana controlada por Inglaterra.
    (2) Son africanos.
    (3) Son una cadena montañosa de África.
    (4) Son un fenómeno lingüístico.
    (5) Son cazadores de leopardos.

45. Del texto se puede deducir con absoluta certeza que

    (1) Hemingway conoció el Kilimanjaro.
    (2) Hemingway conocía la lengua de los masai.
    (3) las gentes de África se apasionaban con Hemingway.
    (4) el pico más alto de África tiene más de una cima.
    (5) a los leopardos les gusta subir hasta la nieve.

FIN DE ESTA PARTE

EXAMEN 5:
MATEMÁTICAS

56 preguntas—90 minutos

1. Gregorio, el carpintero, se dedica a pequeños trabajos. Ajustamos una división provisional en $123 y el retoque del barniz de unos muebles en $89. ¿Cuánto gana Gregorio conmigo?

   (1) $212
   (2) $221
   (3) $232
   (4) $222
   (5) $192

2. Estamos haciendo un seto alrededor del terreno de la escuela. Si tenemos 96 metros ya sembrados y el perímetro es 801 metros, ¿cuánto nos falta por sembrar?

   (1) 715
   (2) 695
   (3) 705
   (4) 725
   (5) 685

3. Si se necesitan 407 camisetas para el club de español y nos piden $4.60 por pieza, ¿cuánto nos costará la orden de camisetas?

   (1) $1972.20
   (2) $187.22
   (3) $1862.02
   (4) $1872.20
   (5) $1562.20

4. En el examen tenemos 115 ejercicios y nos dan 9.2 minutos para hacerlos. ¿Cuántos ejercicios tenemos que hacer por minuto?

   (1) 13.53
   (2) 14.03
   (3) 13.69
   (4) 15.62
   (5) 12.50

5. Redondee a la centésima más cercana: **9.438**

   (1) 9.38
   (2) 9.4
   (3) 9.48
   (4) 9.43
   (5) 9.44

6. Simplifique la fracción $^{27}/_{36}$ a sus términos más pequeños.

   (1) $^2/_3$
   (2) $^3/_5$
   (3) $^5/_6$
   (4) $^3/_4$
   (5) $^4/_3$

7. Tengo 53 caramelos para 8 niñitos. ¿Cuántos caramelos le tocan a cada niño?

   (1) 7 $^1/_8$
   (2) 6 $^5/_8$
   (3) 6 $^3/_4$
   (4) 6 $^5/_9$
   (5) 7 $^1/_4$

8. Si un obrero gana $9.75 por hora, ¿cuánto **ganará** en 12 horas de trabajo?

   (1) $107
   (2) $97
   (3) $136
   (4) $127
   (5) $117

9. Si un televisor cuesta $380 y se **paga un impuesto** sobre venta del 8%, ¿cuánto impuesto se paga?

   (1) $30.04
   (2) $30.40
   (3) $31.60
   (4) $31.04
   (5) $30.94

10. ¿Por qué número se multiplica 18 cuando se convierte en 216?

   (1) 14
   (2) 16
   (3) 12
   (4) 11
   (5) 21

11. ¿Cuál de las siguientes operaciones tiene cociente 1?

   (1) $\frac{9}{1}$
   (2) $\frac{1}{4}$
   (3) $\frac{5}{6}$
   (4) $\frac{9}{7}$
   (5) $\frac{6}{6}$

12. El producto de $\frac{8}{17}$ y $\frac{68}{40}$ es

   (1) $\frac{4}{5}$
   (2) $\frac{5}{8}$
   (3) $\frac{3}{4}$
   (4) $\frac{5}{4}$
   (5) $\frac{2}{3}$

13. En la proporción $\frac{x}{4} = \frac{12}{3}$, x es igual a:

   (1) 48
   (2) 24
   (3) 16
   (4) 12
   (5) 18

14. En una compra de $900 de material de propaganda me descuentan el 25%. ¿Cuánto me ahorro?

   (1) $200
   (2) $205
   (3) $215
   (4) $225
   (5) $195

15. De una clase de 56 alumnos, 5/8 resultan desaprobados. ¿Cuántos alumnos suspendieron?

   (1) 40
   (2) 35
   (3) 25
   (4) 30
   (5) 45

16. $27 + 5 \times 8$ es igual a

   (1) 72
   (2) 256
   (3) 175
   (4) 76
   (5) 67

17. ¿Qué tiempo ha transcurrido desde el 13 de junio de 1963 hasta el 1ro. de septiembre de 1983?

   (1) 20 años, 1 mes, 26 días
   (2) 21 años, 5 meses, 26 días
   (3) 20 años, 2 meses, 18 días
   (4) 20 años, 3 meses, 12 días
   (5) 21 años, 7 meses

18. Convierta 19 libras a onzas.

   (1) 304 onzas
   (3) 294 onzas
   (3) 312 onzas
   (4) 282 onzas
   (5) 324 onzas

19. Ricardo compra muebles por un total de $450 para pagarlos en 18 meses, en cantidades iguales. ¿Cuánto pagará mensualmente?

   (1) $20
   (2) $18
   (3) $25
   (4) $30
   (5) $35

20. Halle el próximo número en la serie: 2, 6, 18, 54...

   (1) 36
   (2) 162
   (3) 108
   (4) 324
   (5) 180

21. ¿Cuántos centímetros hay en 9 metros?

   (1) 270 cm
   (2) 600 cm
   (3) 1800 cm
   (4) 90 cm
   (5) 900 cm

22. La fracción decimal .75 es igual a

    (1) ½
    (2) ⅔
    (3) ¼
    (4) ¾
    (5) ⅗

23. Calcule el producto de (2^3) $(\sqrt{9})$.

    (1) 24
    (2) 54
    (3) 18
    (4) 36
    (5) 45

24. Halle el cociente de:

$$\frac{27 \times 6}{3}$$

    (1) 26
    (2) 51
    (3) 54
    (4) 18
    (5) 45

25. ¿Cuál de las siguientes figuras tiene un ángulo recto?

    (1)

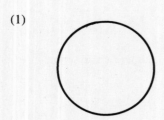

    (2)

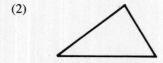

    (3)

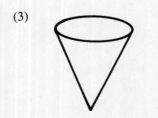

(4)

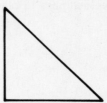

(5)

26. Si (3) (4) $(w) = 60$, entonces $w =$

    (1) 20
    (2) 5
    (3) 12
    (4) 30
    (5) 18

27. Si un cuadrado tiene un área de 81 dm², entonces su lado mide

    (1) 18 dm
    (2) 9 dm
    (3) 27 dm
    (4) No puede determinarse
    (5) 21 dm

28. Si una caja contiene 24 lápices; ¿cuántos lápices habrá en 25 cajas?

    (1) 475
    (2) 580
    (3) 600
    (4) 520
    (5) 710

29. Si Mónica tiene 60 lápices en una caja entre azules y rojos; y ⅗ del total son azules; ¿cuántos lápices rojos hay en la caja?

    (1) 20
    (2) 36
    (3) 30
    (4) 24
    (5) 18

30. Diga cuál es la mayor de las siguientes fracciones:

    (1) ¾
    (2) ¹¹⁄₂₀
    (3) ½
    (4) ⅗
    (5) No se puede determinar

31. Si la suma de dos de los tres ángulos internos de un triángulo suman 151°, ¿cuánto mide el tercer ángulo?

    (1) 90°
    (2) 40°
    (3) 39°
    (4) 61°
    (5) 29°

32. Si $k + 17 = 28$, entonces k es igual a

    (1) 45
    (2) 11
    (3) 17
    (4) 28
    (5) 0

33. Halle x en $x/4 = 15$.

    (1) 19
    (2) 11
    (3) 3¾
    (4) 60
    (5) 20

34. Para los siguientes valores $a = 4$, $b = 5$, halle el valor de $2a + 3b$.

    (1) 23
    (2) 20
    (3) 9
    (4) 22
    (5) 15

35. Los factores de $R^2 - 9$ son

    (1) $(R + 3)^2$
    (2) $(R + 3)(R - 3)$
    (3) $(R - 3)2$
    (4) $(R^2 + 3)(R^2 - 3)$
    (5) $(R^2 - 3)^2$

36. Si a 3 veces un número desconocido se le resta 7, el resultado es 23. Halle el número.

    (1) 21
    (2) 69
    (3) 15
    (4) 10
    (5) 30

37. El producto de $(-8)(-4)(-3)$ es:

    (1) -56
    (2) -90
    (3) 64
    (4) 120
    (5) -96

38. Simplifique $(12) + (-7)$.

    (1) -84
    (2) 19
    (3) 5
    (4) -5
    (5) 84

39. Halle el producto de $(R^4)\ (R^{10})\ (R^1)$.

    (1) R^{40}
    (2) R^{15}
    (3) $3R^{15}$
    (4) $3R^{11}$
    (5) $3R$

40. Halle y en
    $x + y = 12$
    $x - y = \ \ 6$

    (1) 12
    (2) 4
    (3) 27
    (4) 16
    (5) 3

41. El complemento de un ángulo de 57° es:

    (1) 23°
    (2) 35°
    (3) 45°
    (4) 33°
    (5) 43°

42. Halle el valor del ángulo *T cuando*
    ∠S = 62° y ∠R = 61°.

    (1) 57°
    (2) 28°
    (3) 29°
    (4) 32°
    (5) 60°

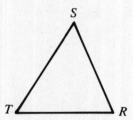

43. Si el marco que compré tiene forma rectangular, ¿cuál es su perímetro?

    (1) 38 cm
    (3) 36 cm
    (3) 27 cm
    (4) 13.5 cm
    (5) 19 cm

9.5 cm

4 cm

44. En la figura inferior, determine el área.

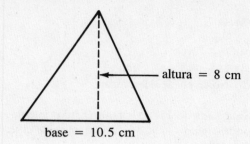

altura = 8 cm

base = 10.5 cm

    (1) 42 cm²
    (2) 37 cm²
    (3) 80 cm
    (4) 84 cm
    (5) 80.5 cm

45. Si el radio es igual a 8½, entonces el diámetro es igual a:

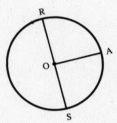

    (1) 25.5
    (2) 17½
    (3) 23.2
    (4) 16
    (5) 17

46. Si un árbol de 15 pies de altura proyecta una sombra de 24 pies, ¿cuál será la altura de otro árbol cuya sombra es de 36 pies?

    (1) 26
    (2) 32
    (3) 23¼
    (4) 30½
    (5) 22½

47. De un mueble de madera que estaba marcado para la venta en 990 dólares, se rabaja el 15%. ¿Cuál será su nuevo precio de venta?

    (1) $814.50
    (2) $789.79
    (3) $841.50
    (4) $831.50
    (5) $783.75

48. En el hospital Carlos Finlay nacieron 8 niños. Si pesaron 8 libras, 6½, 8¼, 7¼, 6, 7, 6¾, 6¼, ¿cuál fue el peso promedio de los recién nacidos?

    (1) 7 libras
    (2) 6½ libras
    (3) 8½ libras
    (4) 7¼ libras
    (5) 6¾ libras

49. La temperatura a las 5 A.M. era de -3°. A las 11 A.M. el termómetro marcaba 4°. ¿Cuántos grados subió la temperatura en esas seis horas?

    (1) 13°
    (2) 5°
    (3) 14°
    (4) 7°
    (5) 3°

50. Cheo Díaz compró 3 libras, 9 onzas de peras; 5 libras, 2 onzas de manzanas y 4 libras, 5 onzas de naranjas. ¿Cuántas libras de frutas compró?

    (1) 14 libras
    (2) 13 libras
    (3) 13½ libras
    (4) 11¾ libras
    (5) 15 libras

51. Julio Hernández tomó prestado en un banco $28,000 al 12% anual. ¿Cuánto tendrá que pagar de intereses al año?

    (1) $3465
    (2) $3829
    (3) $3630
    (4) $3250
    (5) $3360

52. Si un televisor a colores marcado en $750 se vende con el 14% de descuento, ¿cuál es su nuevo precio de venta?

    (1) $740
    (2) $645
    (3) $545
    (4) $615
    (5) $720

53. Nancy compró 2 latas de galletas de mantequilla para una fiesta. La primera contenía 60 galletas y se comieron ¾ del total. La segunda contenía 90 galletas y se comieron ⅘ del total. ¿Cuántas galletas se comieron en la fiesta de Nancy?

    (1) 95
    (2) 127
    (3) 117
    (4) 87
    (5) 120

54. El señor Molina gana $1,800 al mes y paga $450 de alquiler. ¿Qué fracción de su salario gasta en alquiler?

    (1) ⅓
    (2) ⅗
    (3) ⅔
    (4) ¼
    (5) ⅕

55. Cristina obtiene las siguientes calificaciones en 7 exámenes en el primer trimestre: 76, 84, 80, 79, 81, 90. Si obtuvo un promedio de 83, ¿cuántos puntos obtuvo en el séptimo examen?

    (1) 89
    (2) 91
    (3) 88
    (4) 87
    (5) 92

56. ¿Cuánto costará cercar un terreno de forma cuadrada de 28 metros de lado, si el precio de un metro de alambre es de 83 centavos y la mano de obra cuesta $129?

    (1) $324.85

    (2) $502.44
    (3) $212.48
    (4) $221.96
    (5) $321.96

FIN DEL EXAMEN DE PRÁCTICA I

RESPUESTAS CORRECTAS DEL EXAMEN DE PRÁCTICA I

EXAMEN 1: Expresión Escrito

Parte I: Clave de Respuetas para el Examen de Expresión Escrita

1. (4)	6. (2)	11. (2)	16. (4)	21. (1)	26. (3)	31. (5)	36. (1)	41. (5)	46. (3)	51. (1)	
2. (5)	7. (5)	12. (4)	17. (5)	22. (2)	27. (3)	32. (1)	37. (2)	42. (1)	47. (3)	52. (1)	
3. (1)	8. (1)	13. (1)	18. (2)	23. (5)	28. (5)	33. (5)	38. (2)	43. (4)	48. (1)	53. (1)	
4. (1)	9. (4)	14. (5)	19. (3)	24. (5)	29. (1)	34. (4)	39. (2)	44. (4)	49. (2)	54. (5)	
5. (4)	10. (3)	15. (1)	20. (1)	25. (2)	30. (3)	35. (5)	40. (1)	45. (2)	50. (2)	55. (1)	

Examen 2: Clave de Respuetas para el Examen de Estudios Sociales

1. (3)	7. (1)	13. (4)	19. (1)	25. (1)	31. (4)	37. (3)	43. (3)	49. (4)	55. (2)	61. (1)
2. (5)	8. (3)	14. (3)	20. (2)	26. (3)	32. (3)	38. (2)	44. (2)	50. (4)	56. (3)	62. (5)
3. (2)	9. (3)	15. (5)	21. (2)	27. (4)	33. (2)	39. (5)	45. (4)	51. (1)	57. (5)	63. (2)
4. (2)	10. (1)	16. (3)	22. (5)	28. (2)	34. (1)	40. (2)	46. (4)	52. (4)	58. (2)	64. (1)
5. (4)	11. (5)	17. (3)	23. (3)	29. (1)	35. (4)	41. (3)	47. (2)	53. (3)	59. (2)	
6. (1)	12. (3)	18. (2)	24. (4)	30. (3)	36. (3)	42. (1)	48. (3)	54. (1)	60. (4)	

Examen 3: Clave de Respuestas para el Examen de Ciencias

1. (4)	7. (4)	13. (4)	19. (2)	25. (4)	31. (1)	37. (5)	43. (2)	49. (1)	55. (4)	61. (3)
2. (4)	8. (2)	14. (1)	20. (5)	26. (3)	32. (5)	38. (1)	44. (3)	50. (3)	56. (2)	62. (3)
3. (2)	9. (4)	15. (3)	21. (2)	27. (2)	33. (3)	39. (4)	45. (2)	51. (5)	57. (3)	63. (4)
4. (4)	10. (5)	16. (4)	22. (3)	28. (5)	34. (1)	40. (3)	46. (4)	52. (2)	58. (2)	64. (1)
5. (3)	11. (2)	17. (2)	23. (1)	29. (5)	35. (4)	41. (4)	47. (3)	53. (3)	59. (1)	65. (2)
6. (2)	12. (1)	18. (1)	24. (3)	30. (2)	36. (2)	42. (4)	48. (4)	54. (3)	60. (3)	66. (4)

Examen 4: Clave de Respuestas para el Examen de Interpretación de la Literatura y Las Artes

1. (4)	5. (3)	9. (3)	13. (2)	17. (2)	21. (5)	25. (4)	29. (3)	33. (2)	37. (4)	41. (4)
2. (5)	6. (1)	10. (3)	14. (5)	18. (1)	22. (2)	26. (3)	30. (2)	34. (4)	38. (1)	42. (1)
3. (2)	7. (1)	11. (3)	15. (5)	19. (3)	23. (3)	27. (5)	31. (4)	35. (3)	39. (2)	43. (5)
4. (1)	8. (1)	12. (4)	16. (3)	20. (2)	24. (4)	28. (2)	32. (3)	36. (2)	40. (4)	44. (2)
										45. (1)

Examen 5: Clave de Respuestas para el Examen de Matemáticas

1. (1)	6. (4)	11. (5)	16. (5)	21. (5)	26. (2)	31. (5)	36. (4)	41. (4)	46. (5)	51. (5)
2. (3)	7. (2)	12. (1)	17. (3)	22. (4)	27. (2)	32. (2)	37. (5)	42. (1)	47. (3)	52. (2)
3. (4)	8. (5)	13. (3)	18. (1)	23. (1)	28. (3)	33. (4)	38. (3)	43. (3)	48. (1)	53. (3)
4. (5)	9. (2)	14. (4)	19. (3)	24. (3)	29. (4)	34. (1)	39. (2)	44. (1)	49. (4)	54. (4)
5. (5)	10. (3)	15. (2)	20. (2)	25. (4)	30. (1)	35. (2)	40. (5)	45. (5)	50. (2)	55. (2)
										56. (4)

Parte I: Respuestas Explicadas del Examen de Expresión Escrita

1. **(4)** Por ser una palabra esdrújula, "tipico" debe llevar acento escrito.
2. **(5)** La oración no necesita corrección.
3. **(1)** La oración sería: "Pueden considerarse también drogas el tabaco, el café y el alcohol".
4. **(1)** La oración no necesita corrección.
5. **(4)** Palabra derivada de "vértigo". Error debido a la pronunciación similar de *j* y *g*.
6. **(2)** El participio pasado de "proponer" es irregular.
7. **(5)** La oración no necesita corrección.
8. **(1)** La oración no necesita corrección.
9. **(4)** "Legalizar" es la forma correcta.
10. **(3)** Debe ser "se cree" porque el sujeto no es alguien específico.
11. **(2)** "El tráfico ilícito y los crimenes" es un sujeto plural.
12. **(4)** Error debido a la pronunciación similar entre *y* y *ll*.
13. **(1)** El adjetivo debe estar en plural ya que califica a placer y orgullo.
14. **(5)** La oración no necesita corrección.
15. **(1)** La oración no necesita corrección.
16. **(4)** Error debido a la pronunciación similar entre *v* y *b*.
17. **(5)** La oración no necesita corrección.
18. **(2)** "Entre" establece que puede ser cualquier edad, de 16 a 19 años.
19. **(3)** Con estos cambios, la frase (8) completa la idea de la oración anterior.
20. **(1)** La oración no necesita corrección.
21. **(1)** La estructura de comparación es "Tanto . . . como".
22. **(2)** No es necesaria la coma en esta frase.
23. **(5)** La oración no necesita corrección.
24. **(5)** La oración no necesita corrección.
25. **(2)** "Sin embargo" es la frase que más sentido tiene en esta oración.
26. **(3)** Esta opción es la correcta pues en este caso "mismo" actúa como adverbio.

27. **(3)** En esta frase "Qué" es pronombre interrogativo.
28. **(5)** La oración no necesita corrección.
29. **(1)** La oración no necesita corrección.
30. **(3)** "Fuera" cs la forma más apropiada.
31. **(5)** La oración no necesita corrección.
32. **(1)** La oración no necesita corrección.
33. **(5)** La oración no necesita corrección.
34. **(4)** La conjunción "que" es la que mejor une estas dos oraciones.
35. **(5)** La oración no necesita corrección.
36. **(1)** 'Vascuence" es la forma correcta.
37. **(2)** "Mientras que" une correctamente las dos oraciones.
38. **(2)** En español los idiomas se escriben con minúscula.
39. **(2)** "Convendría" es la forma correcta del verbo para esta oración.
40. **(1)** La oración no necesita corrección.
41. **(5)** Al poner la coma después de bable, "casi extinto" pasa a ser un comentario aclaratorio.
42. **(1)** La conjunción *y* es la que une correctamente estas dos oraciones.
43. **(4)** En español los idiomas se escriben con minúscula.
44. **(4)** De otra manera la oracion no tiene sentido.
45. **(2)** "Peninsula" lleva acento escrito por ser esdrújula y debe escribirse con muyúscula porque se refiere a la Península Ibérica.
46. **(3)** La palabra "tour" no pertenece al idioma español.
47. **(3)** "Complejidad" es la forma correcta.
48. **(1)** La oración no necesita corrección.
49. **(2)** "Se trata" es la forma correcta.
50. **(2)** En los Estados Unidos se usa el punto para separar enteros de decimales, aún en español.
51. **(1)** "Pues" une de manera correcta las dos oraciones.
52. **(1)** En este caso es "hay", del verbo haber.
53. **(1)** La oración no necesita corrección.
54. **(5)** La oración no necesita corrección.
55. **(1)** "Pero" une correctamente las dos oraciones.

Examen 1: Parte II Composición
Ejemplo de Tema

TEMA 2: EL MOVIMIENTO FEMINISTA

La creación del movimiento feminista ha sido de gran importancia en este siglo. Antes de él, las mujeres que formasan más de la mitad de la humanidad estaban en una posición sin esperanza, eran personas de segunda clase. A veces, las mujeres no tenían los derechos más elementales. El derecho al voto, a controlar sus propiedades, a trabajar libremente, a ganar lo mismo que un hombre, etc. Pero la segregación hacia la mujer no se ha acabado todavía y falta mucho para que se alcance la igualdad con d hombre; en la mayoria de los poises del mundo.

Pero la situación de la mujer también ha mejorado bastante cn algunos países gracias a los movimientos feministas que han luchado desde hace muchos años contra la segregación de la mujer y por ganar derechos. La lucha de las mujeres ha existido desde hace mucho tiempo pero es solamente en este siglo que se ha organizado como un movimiento poderoso que ha logrado influir mucho.

Aunque falta mucho para que la situación de la mujer sea igual a la del hombre hay la esperanza de que se avanzará gracias al movimiento feminista que sigue luchando por esa causa.

Examen 2: Respuestas Explicadas del
Examen de Estudios Sociales

1. **(3)** Cristóbal Colón quería dominar a los indios y convertirlos al cristianismo.

2. **(5)** Los indios practicaban el trueque o intercambio como forma habitual de comercio.

3. **(2)** La primera visión que tuvo Colón del Nuevo Mundo no está narrada en cartas o documentos sino en el diario de viaje.

4. **(2)** Colón no pensó que los indios fueran muy ricos sino muy pobres.

5. **(4)** Al búfalo también se le conoce con el nombre de bisonte americano.

6. **(1)** La idea más importante de este pasaje es que el búfalo era el elemento primordial en la vida de los indios, no sólo por alimentarse de su carne sino también por los diversos usos que hacían de él: ropa, instrumentos, medicina, etc.

7. **(1)** Los indios utilizaban los búfalos para todos estos fines excepto para ir de caza. Antes de llegar los españoles al continente americano, los indios cazaban a pie puesto que no había caballos en América.

8. **(3)** El proyecto de ley introducido por el representante Fort del estado de Illinois fue un intento de proteger la supervivencia de los búfalos, cuyo número se vio reducido a fines del siglo XIX a tan sólo 800 cabezas de un total de unos 60 millones.

9. **(3)** Un ejemplo de genocidio, o destrucción sistemática de un pueblo o una cultura, es cuando los romanos esclavizaron o mataron a los cartagineses, quemando la ciudad y destruyéndola.

10. **(1)** Los romanos no necesitaban destruir Cartago para asegurar su inmortalidad sino para frenar su importancia y desarrollo comercial.

11. **(5)** Según el pasaje, el buen arte, la religión y la sabiduría aseguran la inmortalidad.

12. **(3)** Los romanos querían destruir Cartago porque estaban celosos de su poder.

13. **(4)** El general Eisenhower había sido un héroe nacional durante la Segunda guerra Mundial.

14. **(3)** Eisenhower se convirtió en el primer presidente republicano después de veinte años de gobierno demócrata.

15. **(5)** Según el texto, los temas principales de la campaña presidencial de los republicanos fueron el comunismo, Corea y la corrupción.

16. **(3)** Poco tiempo después de hacerse cargo de la presidencia, Eisenhower puso fin a la guerra de Corea, firmando un armisticio en 1953.

17. **(3)** Charles Darwin creía en la idea de la supervivencia de los más fuertes, principio básico de su teoría de la selección natural.

18. **(2)** Desde muy joven, la afición favorita de Charles Darwin era la historia natural.

19. **(1)** La obra más importante de Charles Darwin hace referencia al origen de la especies y cómo éstas van evolucionando.

20. **(2)** La teoría de Darwin planteó que las especies varían de acuerdo con el medio físico en que viven debido a un proceso de adaptación.

21. **(2)** Uno de los grandes problemas entre el gobierno británico y sus colonias en América fue la política fiscal, sobre todo con relación a los impuestos.

22. **(5)** El gobierno británico pretendía que los colonos pagaran no sólo las deudas de la guerra francoindiana sino también los gastos coloniales, actitud que produjo descontento en las colonias.

23. **(3)** La "Ley del timbre" tenía como objetivo obligar a pagar impuestos sobre varios tipos de material impreso.

24. **(4)** La única afirmación que no es correcta es la número 4, ya que el Parlamento británico dictó la ley y los colonos la rechazaron, es decir, los colonos no aceptaron la "Ley del timbre".

25. **(1)** La República Popular de China es el país con mayor población del mundo, con más de 1.000 millones de habitantes.

26. **(3)** Pekín (9 millones de habitantes) es la capital del país pero no es la ciudad más poblada; Shanghai, con 14 millones de habitantes, tiene más población que Pekín.

27. **(4)** El idioma oficial es el mandarín en todo el país, aunque existen numerosas lenguas y dialectos; después del mandarín, el idioma más importante es el cantonés.

28. **(2)** La moneda oficial del páis no es el yen—el yen es la moneda del Japón; la moneda china es el yuan.

29. **(1)** El Sáhara tiene numerosas dunas y mesetas, montañas y valles; no es una inmensa llanura como generalmente se piensa.

30. **(3)** El desierto del Sáhara limita al norte con el Mar Mediterráneo y la cordillera del Atlas, al oeste con el Océano Atlántico y al este con el Mar Rojo.

31. **(4)** Podemos decir que el desierto del Sáhara es una combinación de montañas, profundos valles y vastas mesetas.

32. **(3)** Los "erg" son regiones cubiertas de dunas arenosas.

33. **(2)** El río Amazonas ocupa en el mundo el segundo lugar en longitud después del río Nilo.

34. **(1)** El río Amazonas desemboca en el Océano Atlántico.

35. **(4)** El primer explorador no americano que llegó a su desembocadura fue el europeo Américo Vespucio en 1499.

36. **(3)** Francisco de Orellana exploró la parte alta del río y fue el que lo llamó río de las Amazonas.

37. **(3)** El mapa se refiere a la distribución territorial de las tribus indígenas de los Estados Unidos.

38. **(2)** Los indios comanches vivieron en el sur, en la parte norte de Texas.

39. **(5)** Los cheyennes vivieron entre los Estados de Colorado y Kansas.

40. **(2)** Según el mapa, en casi todo lo que son hoy los Estados Unidos, no especialmente en el norte, han convivido muchas tribus de indios. Aunque el número de indígenas disminuyó drásticamente por la invasión de los colonos que usurparon sus tierras, no todas las tribus han desaparecido.

41. **(3)** Para Jefferson, la sociedad ideal consistía en una economía agrícola autosuficiente en la cual la mayoría de los trabajadores serían granjeros.

42. **(1)** Jefferson no estaba de acuerdo con mantener una intensa relación política y económica con Europa.

43. **(3)** Según Hamilton, la manufactura acercaría las clases comerciales y gubernamentales.

44. **(2)** El punto más elevado en la gráfica, con más de 35,000 depositadores, corresponde al año 1979.

45. **(4)** En 1984, tenía 25,000 depositadores.

46. **(4)** A pesar del leve aumento de los años 1982 y 1983, el número de depositadores no continúa aumentando cada año sino todo lo contrario, va disminuyendo.

47. **(2)** Una crisis económica, por la disminución que refleja la gráfica.

48. **(3)** Arqueólogos, lingüistas y filósofos han sido los que han estudiado más el origen del habla del ser humano.

49. **(4)** El cambio anatómico que se produce en la laringe es la clave para explicar el origen del habla desde un punto de vista puramente fisiológico.

50. **(4)** La habilidad para producir sonidos articulados depende de fenomenos fisiológicos y no necesariamente culturales.

51. **(1)** El *Homo Sapiens* es un antepasado del ser humano, y a pesar de lo que generalmente se cree, parece ser que era un ser mucho más inteligente.

52. **(4)** Según el texto, la economía del país no era homogénea sino heterogénea, en cuanto a los diferentes sistemas económicos en las diversas regiones.

53. **(3)** La región del norte prosperó debido a las manufacturas, perdiendo la agricultura su importancia.

54. **(1)** Los Montes Apalaches se encuentran en lo que era en esta época el oeste del país. En esta zona se daba una economía basada en la agricultura.

55. **(2)** Los estados del sur se caracterizaban por la producción de algodón; el sistema de trabajo de las plantaciones del sur estaba basado en la esclavitud.

56. **(3)** El mercantilismo inglés consistía en hacer que las mercancías provenientes de las colonias fueran primero a Inglaterra para que desde allí se exportaran a terceros países. De esta manera Inglaterra se beneficiaba del oro y la plata que se obtenía a cambio de estas mercancías.

Para poder controlar todas las mercancías producidas en las colonias, Inglaterra exigía una licencia especial para exportar a otros países, es decir, el comercio directo entre las colonias y España o Francia estaba prohibido.

57. (5) De acuerdo con el mercantilismo, los mayores países del mundo ganaban poder y riquezas aumentando las exportaciones y disminuyendo las importaciones, ya que podían obtener más oro y plata, que era lo que se usaba para pagar las mercancías.

58. (2) Las leyes de navegación fueron aprobadas por el Parlamento Inglés.

59. (2) Según las leyes de navegación, los productos fabricados en el extranjero tenían que pasar por Inglaterra antes de enviarse a la colonia.

60. (4) Aunque esta concepción ha cambiado en la actualidad, hasta no hace mucho tiempo Siberia era considerada como una región de escaso valor económico.

61. (1) El bosque siberiano es una importante reserva forestal.

62. (5) La riqueza del subsuelo de Siberia ha permitido crear un país en donde se produce petróleo, carbón, hierro, níquel y otros metales.

63. (2) El transiberiano es un tren que parte de Moscú y llega hasta Vladivostok, en el mar del Japón.

64. (1) Estados Unidos (letra B) no se encuentra al sur de Argentina (letra M).

Examen 3: Respuestas Explicadas del Examen de Ciencias

1. (4) Las tres partes esenciales de la célula son la membrana, el citoplasma y el núcleo, pero no la ameba, que es un tipo de célula.

2. (4) La membrana es la parte que recubre la célula, es decir, es la parte más externa de la célula.

3. (2) Las células tienen normalmente un solo núcleo, aunque hay algunas que tienen dos o más.

4. (4) Las vacuolas se encuentran en el citoplasma; el citoplasma está situado entre el núcleo y la membrana.

5. (3) La tendencia de la progenie a ser semejante a sus padres y a parecerse entre sí es lo que se conoce como herencia.

6. (2) La tendencia de la progenie a diferir de los padres y a diferir entre sí es lo que se llama variación.

7. (4) La progenie es lo mismo que la descendencia.

8. (2) En la reproducción sexual, están combinados un protoplasto de un padre con un protoplasto de otro.

9. (4) El fenómeno por medio del cual algunos organismos poseen la capacidad de emitir luz se llama bioluminiscencia.

10. (5) Una actividad que conduzca una emisión lumínica puede ser medida con un fotomultiplicador.

11. (2) Se han realizado estudios sobre el sistema bioluminiscente de los polynoinae, que son gusanos marinos más o menos frecuentes en las costas atlánticas y mediterráneas.

12. (1) Los fotosomas son fuentes de luz intracelulares; cada célula tiene alrededeodor de 30 de estas fuentes llamadas fotosomas.

13. (4) El tallo crece en sentido contrario a la raíz.

14. (1) Si se afirma que el tallo tiene geotropismo negativo significa que tiene tendencia a crecer en dirección contraria a la tierra.

15. (2) Yemas foliares son las que alcanzan el tallo o forman ramas.

16. (4) La planta que no tiene el tallo transformado es la caña.

17. (2) Respecto a los hongos, no es cierto que los hongos realicen el proceso de la fotosíntesis (el proceso por el cual las plantas toman del aire anhídrido carbónico y desprenden oxígeno); por lo cual los hongos necesitan de materia orgánica para alimentarse.

18. (1) En los hongos el micelio es el talo.

19. (2) Los romanos tuvieron entre sus manjares preferidos el del hongo llamado amanita cesárea.

20. (5) Según el texto, los hongos pueden producir fermentaciones.

21. (2) La energía láser está siendo usada para el tratamiento de tumores bronquiales.

22. (3) Los equipos de ultrasonido localizan los tejidos por las características determinadas de sus ondas sonoras.

23. (1) Los sistemas de resonancia magnética nuclear identifican tejidos y moléculas.

24. (3) Las imágenes logradas son representadas en una pantalla de vídeo.

25. (4) El núcleo del átomo tiene carga positiva y neutra.

26. (3) El *spin* es un movimiento rotacional que genera su propio dipolo magnético.

27. (2) El movimiento magnético se genera por los movimientos orbital y rotacional.

28. (5) Ejemplos de sustancias ferromagnéticas son, además del níquel, el hierro y el cobalto. El níquel posee una susceptibilidad positiva y muy elevada dando lugar a fuerzas atractivas cuando es magnetizado.

29. (5) Ninguna de las afirmaciones responden con certeza la pregunta.

30. **(2)** Las proteínas se encuentran en las células de los seres animales y vegetales.

31. **(1)** Todas las proteínas son incoloras (sin color) e inodoras (sin olor).

32. **(5)** Al descomponerse, las proteínas pierden su cualidad de ser inodoras, descomponiéndose los elementos nitrógeno, azufre y fósforo dando un olor desagradable.

33. **(3)** Los hilos conductores transportan la corriente eléctrica a nuestras casas.

34. **(1)** Las centrales hidráulicas producen electricidad.

35. **(4)** La electricidad sólo se puede observar por los efectos que produce.

36. **(2)** Se comparan ambas corrientes porque ambas funcionan de manera similar.

37. **(5)** La fisión produce un desequilibrio en el estado del átomo.

38. **(1)** Los isótopos liberan radioactividad.

39. **(4)** Un reactor nuclear provoca la fisión de los núcleos de los átomos.

40. **(3)** Los elementos de control del reactor nuclear existen para evitar una explosión nuclear.

41. **(4)** El voltaje que desciende a través de la resistencia R1 es 40, según el diagrama.

42. **(4)** El poder (P=voltios × corriente), en vatios, que suple al circuito es 240.

43. **(2)** Víctor quiere aumentar la corriente en A2, para hacerlo tiene que aumentar la resistencia de R1.

44. **(3)** Como consecuencia de la erupción de un volcán emergen al exterior todos los elementos siguientes: materiales en fusión, vapores, gases, materiales sólidos, pero no agua.

45. **(2)** La temperatura del magma no es la temperatura ambiental (25 grados centígrados).

46. **(4)** La lava cordada es aquella que se solidifica lentamente.

47. **(3)** Las lavas vítreas no son líquidas, son internas de gas, y son más ligeras que el agua.

48. **(4)** El estudio del cometa Hally facilita el conocimiento de la composición de la materia del sistema solar.

49. **(1)** Según el texto, se había previsto el lanzamiento de un vehículo no tripulado de observación para el mes de junio de 1985 por parte de Europa.

50. **(3)** La primera vez que se observó el cometa Halley fue a través del telescopio del Monte Palomar que está situado en California, los Estados Unidos.

51. **(5)** La cola de un cometa está formada de una nube de gas luminoso.

52. **(2)** De la dioxina podemos decir que es insoluble en agua.

53. **(3)** La dioxina en pequeñas cantidades puede producir cloroacné, un eczema de muy difícil curación.

54. **(3)** La dioxina se introduce en la sangre a través de la piel y puede dañar gravemente el hígado.

55. **(4)** Los científicos de la Universidad de California afirman que el estatus social se refleja en ciertas propiedades químicas del cerebro.

56. **(2)** Un elemento químico que utiliza el cuerpo para enviar información de célula en célula hasta llegar al cerebro es la serotonina, un neurotransmisor.

57. **(3)** Las personas que son jefe de un grupo tienen mayores niveles de serotonina que otras personas.

58. **(2)** Las terminaciones nerviosas nos permiten percibir la sensación de frío o calor, es decir, es el vehículo a través del cual percibimos estas sensaciones. Sin embargo, la temperatura es el efecto que nos hace sentir estas sensaciones. Cuando la temperatura es alta, nos hace sentir calor, y cuando es baja nos hace sentir frío. Las terminaciones nerviosas por sí solas, sin temperatura, no percibirían calor o frío.

59. **(1)** La dilatación es un aumento de tamaño de un cuerpo cuando se le aplica calor.

60. **(3)** No todas las sustancias inorgánicas son combustibles.

61. **(3)** Si Juan tiene el tipo B de sangre, los padres de Juan tienen los siguientes genes: el padre, $I^A I^B$ y la madre ii.

62. **(3)** Los padres de Lisa tienen los siguientes tipos de sangre: el padre, ii, la madre ii.

63. **(4)** Los padres de Pedro tienen los siguientes tipos de sangre: el padre, $I^A i$ y la madre, $I^B i$.

64. **(1)** Según la gráfica, la precipitación con un pH más bajo que la lluvia normal es la que define mejor la lluvia ácida.

65. **(2)** La ligeramente ácida describe mejor el valor de pH de la lluvia normal.

66. **(4)** El más duro de los minerales que se conocen en la Tierra es el diamante.

Examen 4: Respuestas Explicadas de Interpretación de la Literatura y de las Artes

1. **(4)** Según el pasaje, el relato corto debe hoy su popularidad principalmente a su corta extensión, ya que los hombre y mujeres de hoy día apenas tienen tiempo para leer.

2. **(5)** El autor cree que el relato corto se ha desarrollado por la rapidez que se vive en el país.

3. **(2)** Según este pasaje, uno puede asumir que la actitud del autor es de lamentación por el poco tiempo que la vida moderna deja para las lecturas de ocio.

4. **(1)** El título que refleja mejor este pasaje es el de literatura de "almuerzo rápido". El autor establece una comparación entre el comer de pie y a la carrera, como en los restaurantes de "almuerzo rápido," y la lectura rápida que "nos tragábamos de un golpe." Al final del fragmento el autor dice que las historias de las revistas populares "han saciado nuestro apetito, han sido tan importantes como los sandwiches."

5. **(3)** Según el texto, había mucho racismo en el sur de los Estados Unidos.

6. **(1)** Una mujer negra se negó a dar el asiento del autobús en el Estado de Alabama.

7. **(1)** La reacción de la población negra fue no viajar en los autobuses, y realizaron un boicot a los autobuses de Montgomery.

8. **(1)** La actitud de la población negra trajo como consecuencia menos segregación racial.

9. **(3)** El telégrafo emite mensajes que hay que descifrar.

10. **(3)** Un gran descubrimiento fue utilizar la electricidad para la iluminación de espacios.

11. **(3)** La máquina de coser no fue inventada por Edison sino por Elías Howe in 1846.

12. **(4)** La Edison Electric Company estableció una planta en Nueva York en 1882 para proveer a la ciudad de una red de luz eléctrica.

13. **(2)** La novela picaresca apareció cuando se publicó el Lazarillo de Tormes, en 1554.

14. **(5)** La novela relata lo que el autor piensa de un cuadro social incomparable.

15. **(5)** La cabeza del ciego no tenía forma de calabaza, ni se parecía a la del autor, ni era demasiada dura, ni se daba contra un árbol.

16. **(3)** Lázaro se describe como un joven humilde y huérfano.

17. **(2)** Rubén Darío encuentra la mejor poesía de América en las culturas precolombinas y en la poesía de un poeta norteamericano, Walt Whitman.

18. **(1)** El "modernismo" tuvo lugar a finales del siglo XIX y principios del XX.

19. **(3)** Rubén Darío escribe sobre temas amorosos y de la vida diaria.

20. **(2)** Rubén Darío reformó el curso de la poesía española y trascendió la francesa.

21. **(5)** La escalera que conduce a la estación del tranvía es subida muy aprisa por la gente.

22. **(2)** En el poema, la locomotora se convierte en una mujer con una gran vida social.

23. **(3)** En la descripción de la escena neoyorquina se menciona el tranvía del puente de Brooklyn.

24. **(4)** La escena tiene lugar en otoño.

25. **(4)** Según la poesía, se puede deducir que la mujer conoce a otro hombre.

26. **(3)** El poema presenta a una mulata casada con Antonio.

27. **(5)** La obra de Guillén se caracteriza por su humor y por su mensaje social y humano.

28. **(2)** Nicolás Guillén habla en sus obras del hombre antillano de color.

29. **(3)** La expresión "100 años" se usa de forma metafórica para expresar `un tiempo extremadamente largo, una eternidad,' no para expresar un número determinado de años. La interpretación del refrán es que los sufrimientos o problemas no son eternos.

30. **(2)** "Piensa el ladrón que todos son de su condición", significa que todos pensamos que los demás se parecen a nosotros.

31. **(4)** El refrán significa que en la misma forma como trates a los demás serás tratado.

32. **(3)** "Pájaros de una misma pluma", significa que las personas que tienen algo en común se identifican.

33. **(2)** El dominicano Manuel del Cabral escribe sobre el yo existencial y metafísico.

34. **(4)** La poesía expresa cómo el autor va poco a poco desprendiéndose de cosas que le condicionan hasta quedarse consigo mismo.

35. **(3)** "Me fui quitando cáscaras", quiere decir que quería encontrarse consigo mismo.

36. **(2)** La poesía de Manuel Cabral es lineal y clara, reflexiva, misteriosa y surrealista.

37. **(4)** Un hilo de luz aparecía en una de las puertas, como un hilo de esperanza.

38. **(1)** El horizonte de mar se encontraba dentro del mundo de las sombras, como si fuera incierto el destino.

39. **(2)** El agua salpicaba las rocas, como si el autor quisiera recordar el sonido brusco de las olas contra las piedras de la playa.

40. **(4)** El autor de la poesía expresa cómo veía luz fuera de la frialdad de la sociedad moderna.

41. **(4)** El cadáver del leopardo parece indicar que el hielo y la nieve pueden preservar el cuerpo de animales muertos.

42. **(1)** El texto no contiene metáforas ni artificios poéticos ni utiliza palabras oscuras ni artificiosas. Por lo tanto se puede decir que el estilo es sencillo y natural.

43. **(5)** El contenido del texto no es suficiente como para determinarse la causa; de hecho el texto dice que "nadie puede explicarse qué hacía el leopardo allí."

44. **(2)** Según el texto el Kilimanjaro está en Africa. Los masai han puesto nombre a la cima del lado oeste. Por tanto se deduce que los masai son africanos. En efecto los masai son un pueblo africano que vive en Kenia dedicado al pastoreo y al ganado.

45. **(1)** Dado el conocimiento del Kilimanjaro que Hemingway muestra poseer en este fragmento se puede deducir que el autor conoció ese monte.

Examen 5: Respuestas Explicadas para el Examen de Matemáticas

1. **(1)** $123
  $\underline{+\ 89}$
  $212 (respuesta)

2. **(3)** 801 m
  $\underline{-\ 96\ m}$
  705 m (repuesta)

3. **(4)**   407
  $\underline{\times\ 4.6}$
  2442
  $\underline{1628}$
  18722 (se transfiere un lugar decimal)
  $1872.20 (respuesta)

4. **(5)** $115 \div 9.2 = 1150 \div 92$

$$
\begin{array}{r}
12.50 \\
9.2\,)\overline{1150.00} \\
\underline{-92} \\
230 \\
\underline{-184} \\
460 \\
00
\end{array}
$$

5. **(5)** Como 8 es mayor que 5, la centésima más cercana a 9.438 es 9.44
  9.44 (respuesta)

6. **(4)** $\dfrac{27}{36} = \dfrac{3}{4}; \quad \dfrac{3}{4}$ (respuesta)

7. **(2)**
$$
\begin{array}{r}
6 \\
8\,)\overline{53} \\
\underline{-48} \\
5
\end{array}
$$

$6\dfrac{5}{8}$ (respuesta)

8. **(5)** $9.75
  $\underline{\times\ 12}$
  1950
  $\underline{975}$
  $1170   Se transfiere un lugar decimal.

  $117.00 (respuesta)

9. **(2)** 8% de $380 = $380 × 8% = $380 × .08
  $380
  $\underline{\times\ .08}$
  3040 Se transfiere un lugar decimal.

  $30.40 (respuesta)

10. **(3)** $18 \times\ ? = 216$
  $? = \dfrac{216}{18}$
  $? = 12$ (respuesta)

11. **(5)** $\dfrac{6}{6} = 1$

  $\dfrac{6}{6}$ (respuesta)

12. **(1)** $\dfrac{\overset{1}{\cancel{8}}}{\underset{1}{\cancel{11}}} \times \dfrac{\overset{4}{\cancel{66}}}{\underset{5}{\cancel{40}}} = \dfrac{4}{5}$ (respuesta)

13. **(3)** $\dfrac{x}{4} = \dfrac{12}{3}$

  $x = \dfrac{\overset{4}{\cancel{12}} \times 4}{\underset{1}{\cancel{3}}} = \dfrac{16}{1} = 16$ (respuesta)

14. **(4)** $\dfrac{100}{25} = \dfrac{\$900}{x}$

  $x = \dfrac{\$900 \times 25}{100} = \$225$ (respuesta)

  ó $900 × 0.25 = $225 (respuesta)

15. **(2)** $\dfrac{\overset{7}{\cancel{56}}}{1} \times \dfrac{5}{\underset{1}{\cancel{8}}} = \dfrac{35}{1} = 35$ (respuesta)

16. **(5)** $27 + 5 \times 8 = 27 + (5 \times 8)$
  $= 27 + 40 = 67$ (respuesta)
  Sólo los signos "+" y "×" separan términos.

17. **(3)** Del 13 de junio al 1 de julio = 18 días
  Del 1 de julio al 1 de septiembre = 2 meses
  De 1963 a 1983 = 20 años
  20 años, 2 meses y 18 días (respuesta)

18. **(1)** 1 libra = 16 onzas
  $19 \times 16 = 304$
  304 onzas (respuesta)

19. **(3)** $\dfrac{18 \text{ meses}}{\$450} = \dfrac{1 \text{ mes}}{x}$

$x = \dfrac{450}{18} = 25$

$25 (respuesta)

20. **(2)** $2 \times 3 = 6$
$6 \times 3 = 18$
$18 \times 3 = 54$ La constante es 3.
$54 \times 3 = 162$ (respuesta)

21. **(5)** $\dfrac{1 \text{ m}}{100 \text{ cm}} = \dfrac{9 \text{ m}}{x}$

$x = \dfrac{9 \times 100}{1} = 900$

900 cm (respuesta)

22. **(4)** $0.75 = \dfrac{75}{100} = \dfrac{3}{4}$

$\dfrac{3}{4}$ (respuesta)

23. **(1)** $2^3 = 2 \times 2 \times 2 = 8$
$\sqrt{9} = 3$
$8 \times 3 = 24$
24 (respuesta)

24. **(3)** $27 \times 6 = 162$
$162 \div 3 = 54$
54 (respuesta)

ó:

$\dfrac{27 \times \overset{2}{\cancel{6}}}{\underset{1}{\cancel{3}}} = \dfrac{54}{1} = 54$ (respuesta)

25. **(4)** El triángulo rectángulo es la única de estas figuras que tiene un ángulo recto.

26. **(2)** $3 \times 4 \times w = 60$

$w = \dfrac{\overset{20}{\cancel{60}}}{\underset{1}{\cancel{3}} \times 4} = \dfrac{20}{4} = \dfrac{5}{1} = 5$ (respuesta)

27. **(2)** $1^2 = 81 \text{ dm}^2$
$1 = \sqrt{81 \text{ dm}^2}$
$= 9 \text{ dm}$ (respuesta)

28. **(3)** $24 \times 25 = 600$
600 (repuesta)

29. **(4)** Si $\dfrac{3}{5}$ son azules, $\dfrac{2}{5}$ son rojos.

$60 \times \dfrac{2}{5} = 24$ (respuesta)

ó:

$60 \times \dfrac{3}{5} = 36$

$60 - 36 = 24$ (respuesta)

30. **(1)** $\dfrac{3}{4} = 0.75$

$\dfrac{11}{20} = 0.55$

$\dfrac{1}{2} = 0.50$

$\dfrac{3}{5} = 0.60$

$\dfrac{3}{4}$ es la mayor

31. **(5)** Suma de los ángulos internos
de un triángulo $= 180°$
$180 - 151 = 29$
$29°$ (respuesta)

32. **(2)** $k + 17 = 28$
$k = 28 - 17$
$k = 11$ (respuesta)

33. **(4)** $\dfrac{x}{4} = 15$
$x = 15 \times 4$
$x = 60$ (respuesta)

34. **(1)** $2a + 3b = (2 \times 4) + (3 \times 5) = 8 + 15$
$= 23$ (respuesta)

35. **(2)** La respuesta es $(R + 3)(R - 3)$ porque:
$(R + 3)(R - 3) = R^2 - 3R + 3R - 3^2$
$= R^2 - 3^2$
$= R^2 - 9$
$R^2 - 9$ es una diferencia de cuadrados.

36. **(4)** $3x - 7 = 23$
$x = \dfrac{23 + 7}{3}$
$x = \dfrac{30}{3}$
$x = 10$ (respuesta)

37. **(5)** $-8 \times (-4) = 32$
$32 \times (-3) = -96$
$= -96$ (respuesta)

38. **(3)** $12 + (-7) = 12 - 7$
$\qquad = 5$ (respuesta)

39. **(2)** $R^4 \times R^{10} \times R^1 = R^{(4 + 10 + 1)}$
$\qquad\qquad\qquad\qquad = R^{15}$

40. **(5)** En la primera ecuación: $x = 12 - y$
Reemplazamos x en la segunda ecuación:
$12 - y - y = 6$
$12 - 2y = 6$
$y = \dfrac{6 - 12}{-2}$
$\quad = \dfrac{-6}{-2}$
$\quad = 3$ (respuesta)

41. **(4)** Suma de ángulos complementarios $= 90°$
$90 - 57 = 33$
$\qquad\qquad 33°$ (respuesta)

42. **(1)** $T + R + S = 180°$
$T = 180° - R - S$
$T = 180° - 61 - 62$
$T = 180° - 123$
$T = 57°$ (respuesta)

43. **(3)** Perímetro del rectángulo:
(lado mayor + lado menor) $\times 2$
$(9.5 \text{ cm} + 4 \text{ cm}) \times 2 = 13.5 \text{ cm} \times 2 =$
27 cm (respuesta)

44. **(1)** Área del triángulo: $\dfrac{\text{base} \times \text{altura}}{2}$

$\dfrac{10.5 \text{ cm} \times \overset{4}{\cancel{8}} \text{ cm}}{\underset{1}{\cancel{2}}} = \dfrac{42}{1} \text{ cm}^2$

42 cm² (respuesta)

45. **(5)** diámetro = radio $\times 2$
$8.5 \times 2 = 17$
17 (respuesta)

46. **(5)** $x = \dfrac{\overset{3}{\cancel{36}} \times 15}{\underset{2}{\cancel{24}}} = \dfrac{45}{2} = 22\dfrac{1}{2}$

$x = 22\dfrac{1}{2}$ (respuesta)

47. **(3)** 15% de $990 = 990 \times 0.15$
$\qquad\qquad\qquad = \$148.50$ (rebaja)
Precio final: $\$990 - \$148.50 = \$841.50$
$\$841.50$ (respuesta)

48. **(1)** Sumar para hallar el peso total:
$8 + 6.5 + 8.25 + 7.25 + 6 + 7 + 6.75 + 6.25$
$= 56$
Dividir por 8 para hallar el promedio:
$56 : 8 = 7$
7 lbs (respuesta)

49. **(4)** $4° - (-3°) = 4° + 3° = 7°$
$7°$ (respuesta)

50. **(2)**

3 lb	9 oz
+ 5 lb	2 oz
4 lb	5 oz
12 lb	16 oz

$16 \text{ oz} = 1 \text{ lb}$
$12 \text{ lb} + 1 \text{ lb} = 13 \text{ lb}$
13 lb (respuesta)

51. **(5)** 12% de $28,000 = 28,000 \times 0.12$
$\qquad\qquad\qquad = 3,360$
$\$3,360$ (respuesta)

52. **(2)** 14% de $750 = 750 \times 0.14$
$\qquad\qquad\qquad = 105$ (descuento)
Precio final: $\$750 - \$105 = \$645$
$\$645$ (respuesta)

53. **(3)** $60 \times \dfrac{3}{4} = 45$

$90 \times \dfrac{4}{5} = 72$

$45 + 72 = 117$
$\qquad 117$ galletas (respuesta)

54. **(4)** $\dfrac{450}{1800} = 450 \div 1800 = 0.25$

$0.25 = \dfrac{1}{4}$

$\dfrac{1}{4}$ (respuesta)

55. **(2)** Hallar, mediante el promedio, el total de puntos:
$83 \times 7 = 581$
Hallar el total de puntos de los primeros seis exámenes:
$76 + 84 + 80 + 79 + 81 + 90 = 490$
$581 - 490 = 91$
$\qquad 91$ puntos (respuesta)

56. **(4)** Perímetro total: $28 \text{ m} \times 4 = 112 \text{ m}$
Precio total del alambre:
$\$0.83 \times 112 = \$92.96$
Costo total del trabajo:
$\$92.96 + \$129 = \$221.96$
$\$221.96$ (respuesta)

HOJA DE RESPUESTAS:
EXAMEN DE PRÁCTICA II

EXAMEN 1
Parte I: Expresión Escrita

1. ① ② ③ ④ ⑤   12. ① ② ③ ④ ⑤   23. ① ② ③ ④ ⑤   34. ① ② ③ ④ ⑤   45. ① ② ③ ④ ⑤
2. ① ② ③ ④ ⑤   13. ① ② ③ ④ ⑤   24. ① ② ③ ④ ⑤   35. ① ② ③ ④ ⑤   46. ① ② ③ ④ ⑤
3. ① ② ③ ④ ⑤   14. ① ② ③ ④ ⑤   25. ① ② ③ ④ ⑤   36. ① ② ③ ④ ⑤   47. ① ② ③ ④ ⑤
4. ① ② ③ ④ ⑤   15. ① ② ③ ④ ⑤   26. ① ② ③ ④ ⑤   37. ① ② ③ ④ ⑤   48. ① ② ③ ④ ⑤
5. ① ② ③ ④ ⑤   16. ① ② ③ ④ ⑤   27. ① ② ③ ④ ⑤   38. ① ② ③ ④ ⑤   49. ① ② ③ ④ ⑤
6. ① ② ③ ④ ⑤   17. ① ② ③ ④ ⑤   28. ① ② ③ ④ ⑤   39. ① ② ③ ④ ⑤   50. ① ② ③ ④ ⑤
7. ① ② ③ ④ ⑤   18. ① ② ③ ④ ⑤   29. ① ② ③ ④ ⑤   40. ① ② ③ ④ ⑤   51. ① ② ③ ④ ⑤
8. ① ② ③ ④ ⑤   19. ① ② ③ ④ ⑤   30. ① ② ③ ④ ⑤   41. ① ② ③ ④ ⑤   52. ① ② ③ ④ ⑤
9. ① ② ③ ④ ⑤   20. ① ② ③ ④ ⑤   31. ① ② ③ ④ ⑤   42. ① ② ③ ④ ⑤   53. ① ② ③ ④ ⑤
10. ① ② ③ ④ ⑤   21. ① ② ③ ④ ⑤   32. ① ② ③ ④ ⑤   43. ① ② ③ ④ ⑤   54. ① ② ③ ④ ⑤
11. ① ② ③ ④ ⑤   22. ① ② ③ ④ ⑤   33. ① ② ③ ④ ⑤   44. ① ② ③ ④ ⑤   55. ① ② ③ ④ ⑤

Número de respuestas correctas ☐

Parte II: Composición

FIN DEL EXAMEN 1

EXAMEN 2
Estudios Sociales

1. ① ② ③ ④ ⑤   14. ① ② ③ ④ ⑤   27. ① ② ③ ④ ⑤   40. ① ② ③ ④ ⑤   53. ① ② ③ ④ ⑤
2. ① ② ③ ④ ⑤   15. ① ② ③ ④ ⑤   28. ① ② ③ ④ ⑤   41. ① ② ③ ④ ⑤   54. ① ② ③ ④ ⑤
3. ① ② ③ ④ ⑤   16. ① ② ③ ④ ⑤   29. ① ② ③ ④ ⑤   42. ① ② ③ ④ ⑤   55. ① ② ③ ④ ⑤
4. ① ② ③ ④ ⑤   17. ① ② ③ ④ ⑤   30. ① ② ③ ④ ⑤   43. ① ② ③ ④ ⑤   56. ① ② ③ ④ ⑤
5. ① ② ③ ④ ⑤   18. ① ② ③ ④ ⑤   31. ① ② ③ ④ ⑤   44. ① ② ③ ④ ⑤   57. ① ② ③ ④ ⑤
6. ① ② ③ ④ ⑤   19. ① ② ③ ④ ⑤   32. ① ② ③ ④ ⑤   45. ① ② ③ ④ ⑤   58. ① ② ③ ④ ⑤
7. ① ② ③ ④ ⑤   20. ① ② ③ ④ ⑤   33. ① ② ③ ④ ⑤   46. ① ② ③ ④ ⑤   59. ① ② ③ ④ ⑤
8. ① ② ③ ④ ⑤   21. ① ② ③ ④ ⑤   34. ① ② ③ ④ ⑤   47. ① ② ③ ④ ⑤   60. ① ② ③ ④ ⑤
9. ① ② ③ ④ ⑤   22. ① ② ③ ④ ⑤   35. ① ② ③ ④ ⑤   48. ① ② ③ ④ ⑤   61. ① ② ③ ④ ⑤
10. ① ② ③ ④ ⑤   23. ① ② ③ ④ ⑤   36. ① ② ③ ④ ⑤   49. ① ② ③ ④ ⑤   62. ① ② ③ ④ ⑤
11. ① ② ③ ④ ⑤   24. ① ② ③ ④ ⑤   37. ① ② ③ ④ ⑤   50. ① ② ③ ④ ⑤   63. ① ② ③ ④ ⑤
12. ① ② ③ ④ ⑤   25. ① ② ③ ④ ⑤   38. ① ② ③ ④ ⑤   51. ① ② ③ ④ ⑤   64. ① ② ③ ④ ⑤
13. ① ② ③ ④ ⑤   26. ① ② ③ ④ ⑤   39. ① ② ③ ④ ⑤   52. ① ② ③ ④ ⑤

Número de respuestas correctas ☐

FIN DEL EXAMEN 2

EXAMEN 3
Ciencias

1. ① ② ③ ④ ⑤   15. ① ② ③ ④ ⑤   29. ① ② ③ ④ ⑤   43. ① ② ③ ④ ⑤   57. ① ② ③ ④ ⑤
2. ① ② ③ ④ ⑤   16. ① ② ③ ④ ⑤   30. ① ② ③ ④ ⑤   44. ① ② ③ ④ ⑤   58. ① ② ③ ④ ⑤
3. ① ② ③ ④ ⑤   17. ① ② ③ ④ ⑤   31. ① ② ③ ④ ⑤   45. ① ② ③ ④ ⑤   59. ① ② ③ ④ ⑤
4. ① ② ③ ④ ⑤   18. ① ② ③ ④ ⑤   32. ① ② ③ ④ ⑤   46. ① ② ③ ④ ⑤   60. ① ② ③ ④ ⑤
5. ① ② ③ ④ ⑤   19. ① ② ③ ④ ⑤   33. ① ② ③ ④ ⑤   47. ① ② ③ ④ ⑤   61. ① ② ③ ④ ⑤
6. ① ② ③ ④ ⑤   20. ① ② ③ ④ ⑤   34. ① ② ③ ④ ⑤   48. ① ② ③ ④ ⑤   62. ① ② ③ ④ ⑤
7. ① ② ③ ④ ⑤   21. ① ② ③ ④ ⑤   35. ① ② ③ ④ ⑤   49. ① ② ③ ④ ⑤   63. ① ② ③ ④ ⑤
8. ① ② ③ ④ ⑤   22. ① ② ③ ④ ⑤   36. ① ② ③ ④ ⑤   50. ① ② ③ ④ ⑤   64. ① ② ③ ④ ⑤
9. ① ② ③ ④ ⑤   23. ① ② ③ ④ ⑤   37. ① ② ③ ④ ⑤   51. ① ② ③ ④ ⑤   65. ① ② ③ ④ ⑤
10. ① ② ③ ④ ⑤   24. ① ② ③ ④ ⑤   38. ① ② ③ ④ ⑤   52. ① ② ③ ④ ⑤   66. ① ② ③ ④ ⑤
11. ① ② ③ ④ ⑤   25. ① ② ③ ④ ⑤   39. ① ② ③ ④ ⑤   53. ① ② ③ ④ ⑤
12. ① ② ③ ④ ⑤   26. ① ② ③ ④ ⑤   40. ① ② ③ ④ ⑤   54. ① ② ③ ④ ⑤
13. ① ② ③ ④ ⑤   27. ① ② ③ ④ ⑤   41. ① ② ③ ④ ⑤   55. ① ② ③ ④ ⑤
14. ① ② ③ ④ ⑤   28. ① ② ③ ④ ⑤   42. ① ② ③ ④ ⑤   56. ① ② ③ ④ ⑤

Número de respuestas correctas ☐

FIN DEL EXAMEN 3

EXAMEN 4
Interpretación de la Literatura y de las Artes

1. ① ② ③ ④ ⑤   10. ① ② ③ ④ ⑤   19. ① ② ③ ④ ⑤   28. ① ② ③ ④ ⑤   37. ① ② ③ ④ ⑤
2. ① ② ③ ④ ⑤   11. ① ② ③ ④ ⑤   20. ① ② ③ ④ ⑤   29. ① ② ③ ④ ⑤   38. ① ② ③ ④ ⑤
3. ① ② ③ ④ ⑤   12. ① ② ③ ④ ⑤   21. ① ② ③ ④ ⑤   30. ① ② ③ ④ ⑤   39. ① ② ③ ④ ⑤
4. ① ② ③ ④ ⑤   13. ① ② ③ ④ ⑤   22. ① ② ③ ④ ⑤   31. ① ② ③ ④ ⑤   40. ① ② ③ ④ ⑤
5. ① ② ③ ④ ⑤   14. ① ② ③ ④ ⑤   23. ① ② ③ ④ ⑤   32. ① ② ③ ④ ⑤   41. ① ② ③ ④ ⑤
6. ① ② ③ ④ ⑤   15. ① ② ③ ④ ⑤   24. ① ② ③ ④ ⑤   33. ① ② ③ ④ ⑤   42. ① ② ③ ④ ⑤
7. ① ② ③ ④ ⑤   16. ① ② ③ ④ ⑤   25. ① ② ③ ④ ⑤   34. ① ② ③ ④ ⑤   43. ① ② ③ ④ ⑤
8. ① ② ③ ④ ⑤   17. ① ② ③ ④ ⑤   26. ① ② ③ ④ ⑤   35. ① ② ③ ④ ⑤   44. ① ② ③ ④ ⑤
9. ① ② ③ ④ ⑤   18. ① ② ③ ④ ⑤   27. ① ② ③ ④ ⑤   36. ① ② ③ ④ ⑤   45. ① ② ③ ④ ⑤

Número de respuestas correctas ☐

FIN DEL EXAMEN 4

EXAMEN 5
Matemáticas

1. ① ② ③ ④ ⑤
2. ① ② ③ ④ ⑤
3. ① ② ③ ④ ⑤
4. ① ② ③ ④ ⑤
5. ① ② ③ ④ ⑤
6. ① ② ③ ④ ⑤
7. ① ② ③ ④ ⑤
8. ① ② ③ ④ ⑤
9. ① ② ③ ④ ⑤
10. ① ② ③ ④ ⑤
11. ① ② ③ ④ ⑤
12. ① ② ③ ④ ⑤

13. ① ② ③ ④ ⑤
14. ① ② ③ ④ ⑤
15. ① ② ③ ④ ⑤
16. ① ② ③ ④ ⑤
17. ① ② ③ ④ ⑤
18. ① ② ③ ④ ⑤
19. ① ② ③ ④ ⑤
20. ① ② ③ ④ ⑤
21. ① ② ③ ④ ⑤
22. ① ② ③ ④ ⑤
23. ① ② ③ ④ ⑤
24. ① ② ③ ④ ⑤

25. ① ② ③ ④ ⑤
26. ① ② ③ ④ ⑤
27. ① ② ③ ④ ⑤
28. ① ② ③ ④ ⑤
29. ① ② ③ ④ ⑤
30. ① ② ③ ④ ⑤
31. ① ② ③ ④ ⑤
32. ① ② ③ ④ ⑤
33. ① ② ③ ④ ⑤
34. ① ② ③ ④ ⑤
35. ① ② ③ ④ ⑤
36. ① ② ③ ④ ⑤

37. ① ② ③ ④ ⑤
38. ① ② ③ ④ ⑤
39. ① ② ③ ④ ⑤
40. ① ② ③ ④ ⑤
41. ① ② ③ ④ ⑤
42. ① ② ③ ④ ⑤
43. ① ② ③ ④ ⑤
44. ① ② ③ ④ ⑤
45. ① ② ③ ④ ⑤
46. ① ② ③ ④ ⑤
47. ① ② ③ ④ ⑤
48. ① ② ③ ④ ⑤

49. ① ② ③ ④ ⑤
50. ① ② ③ ④ ⑤
51. ① ② ③ ④ ⑤
52. ① ② ③ ④ ⑤
53. ① ② ③ ④ ⑤
54. ① ② ③ ④ ⑤
55. ① ② ③ ④ ⑤
56. ① ② ③ ④ ⑤

Número de respuestas correctas ☐

FIN DEL EXAMEN 5

EXAMEN 1
Parte II: Composición

_____

_____

_____

_____

_____

_____

_____

_____

_____

_____

_____

_____

_____

_____

_____

_____

_____

_____

_____

_____

FIN DEL EXAMEN 1

EXAMEN DE PRÁCTICA II

CONTENIDO

Materias	Número de preguntas	Tiempo
1. Expresión Escrita		
Parte I	55	75
Parte II	Composición	45
2. Estudios Sociales	64	85
3. Ciencias	66	95
4. Interpretación de la		
Literatura y de las Artes	45	65
5. Matemáticas	56	90
Total: 5 materias*	286 preguntas	7 horas/35 minutos

* En Puerto Rico y en algunos estados también se require una prueba de proficiencia en Inglés además de las cinco pruebas. La última sección de este libro incluye una prueba del examen de Inglés.

EXAMEN 1:
EXPRESIÓN ESCRITA

Este examen consta de dos partes: la primera, dedicada a reconocer y corregir errores; y la segunda, a escribir una composición.

PARTE I: RECONOCIMIENTO Y CORRECIÓN DE ERRORES

Instrucciones: La prueba consiste en varios párrafos o selecciones organizados en frases y oraciones. Estas frases y oraciones están numeradas. En algunas de ellas hay errores de ortografía (mecánica), de gramática (usos) y de orden lógico y gramatical (estructural). En otras no hay errores.

Lea primeramente el párrafo entero para conocer su sentido completo. Después, responda a las preguntas enumeradas, según el modelo siguiente:

EJEMPLO:

Simón Bolivar, nuestro héroe continental, no fue
un conquistador sino un livertador.

−¿Qué revisión habría que hacer en esta oración?

(1) Cambiar *conquistador* por *Conquistador*   ① ● ③ ④ ⑤
(2) Cambiar *livertador* por *libertador*
(3) Omitir la coma después de *continental*
(4) Poner punto y coma después de *continental*
(5) Ninguna

En este ejemplo, la palabra *livertador* no está correctamente escrita y es preciso sustituirla por *libertador*. Para indicar esta corrección, marque la respuesta 2.

PARTE I: RECONOCIMIENTO Y CORRECCIÓN DE ERRORES

55 preguntas—75 minutos

Las preguntas 1–11 se refieren al siguiente pasaje:

(1) El movimiento feminista, conocido también como Movimiento para la Liberación de la Mujer (MLM) es relativamente reciente. (2) Esto no quiere decir que no existiera antes movimientos semejantes. (3) Por ejemplo, la Liga de Mujeres Votantes. (4) ¿Es posible que las mujeres no pudieran votar? (5) No solo es posible; es una realidad, un hecho histórico comprobado. (6) Todavía hoy hay sociedades y culturas en la que la mujer es oficialmente inferior al hombre. (7) Por ejemplo, en ciertos países del Medio Oriente, la esposa puede ser repudiada por el marido, pero no a la inversa. (8) En nuestra sociedad, en este momento, se reconocen los mismos derechos a las mujeres y a los maridos. (9) Pero eso es en teoría solamente. ¿Qué pasa en la práctica? (10) En muchos puestos de trabajo y profesiones, la mujer gana menos que el hombre, aunque ambos hagan lo mismo.

1. Oración 1. El movimiento feminista, conocido también como Movimiento para la Liberación de la Mujer (MLM) es relativamente reciente.
   —¿Qué revisión debería hacerse en esta oración?

   (1) Cambiar *movimiento feminista* por *Movimiento Feminista*
   (2) Cambiar *MLM* por *M.L.M.*
   (3) Omitir el paréntesis
   (4) Poner coma después del paréntesis
   (5) Ninguna

2. Oración 2. Esto no quiere decir que no existiera antes movimientos semejantes.
   —¿Qué revisión debería hacerse en esta oración?

   (1) Cambiar *Esto* por *Ello*
   (2) Poner dos puntos después de *decir*
   (3) Cambiar *movimientos* por *Movimientos*
   (4) Cambiar *existiera* por *existieran*
   (5) Ninguna

3. Oración 3. *Por ejemplo*, la Liga de Mujeres Votantes.
   —¿Cuál sería la mejor manera de expresar las palabras subrayadas? Si cree que la versión original es la mejor, elija la opción (1)

   (1) Por ejemplo,
   (2) Por ejemplo:
   (3) Ejemplo,
   (4) Ejemplo:
   (5) Pongo por ejemplo

4. Oración 4. ¿Es posible que las mujeres no pudieran votar?
   —¿Qué revisión debería hacerse en esta oración?

   (1) Cambiar *Es* por *Fue*
   (2) Cambiar *Es* por *Fuera*
   (3) Poner acento sobre *que*
   (4) Cambiar *las mujeres* por *la mujer*
   (5) Ninguna

5. Oración 5. No solo es posible; es una realidad, un hecho histórico comprobado.
   —¿Qué revisión debería hacerse en esta oración?

   (1) Cambiar *es* por *fue*
   (2) Poner acento sobre *solo*
   (3) Poner coma después de *posible*
   (4) Cambiar *realidad* por *suceso*
   (5) Ninguna

6. Oración 6. Todavía hoy hay sociedades y culturas en la que la mujer es oficialmente inferior al hombre.
   —¿Qué revisión debería hacerse en esta oración?

   (1) Poner coma después de *Todavía*
   (2) Poner coma después de *hoy*
   (3) Cambiar *en la* por *en las*
   (4) Cambiar *oficialmente* por *injustamente*
   (5) Ninguna

7. Oración 7. Por ejemplo, en ciertos países del Medio Oriente, la *esposa* puede ser repudiada por el marido, pero no a la inversa.
   —¿Qué revisión debería hacerse en esta oración?

   (1) Cambiar *Medio Oriente* por *Oriente Medio*
   (2) Poner dos puntos después de *marido*
   (3) Cambiar *inversa* por *viceversa*
   (4) Omitir la coma después de *ejemplo*
   (5) Ninguna

8. Oración 8. En nuestra sociedad, en este momento, se reconocen los mismos derechos a las mujeres y a los *maridos*.
   —¿Cuál sería la mejor manera de expresar la palabra subrayada? Si cree que es la versión original, marque el (1).

   (1) *maridos*

   (2) hombres
   (3) esposos
   (4) varones
   (5) machos

9. Oración 9. Pero eso es en teoría solamente. *¿Qué sucede* en la práctica?
   —¿Cuál sería la mejor forma de expresar las palabras subrayadas? Si cree que la mejor es el original, marque el (5).

   (1) ¿Qué sucedió
   (2) ¿Qué pasó
   (3) ¿Qué pasaría
   (4) ¿Quién pasa
   (5) ¿Qué sucede

10. Oración 10. En muchos puestos de trabajo y profesiones, la mujer gana menos que el hombre, aunque ambos hagan lo mismo.
    —¿Qué revisión debería hacerse en esta oración?

    (1) Omitir *puestos de trabajo*
    (2) Cambiar *muchos* por *algunos*
    (3) Poner acento sobre *puestos*
    (4) Poner punto y coma después de *hombre*
    (5) Ninguna

11. Oración 11. Si comenzamos la oración por *Aunque ambos hagan lo mismo,* ¿cuál sería la palabra o palabras siguientes?

    (1) la mujer
    (2) el hombre
    (3) gana menos
    (4) y puestos de trabajo
    (5) muchas profesiones

Las preguntas 12–22 se refieren a la siguiente selección:

(1) Según un foyeto que distribuye la Administración del Seguro Social, ésta tiene 1,300 oficinas en los Estados Unidos y Puerto Rico. (2) Sin embargo, lo más probable es que haya una, cerca de donde usted vive. (3) ¿Lo ha visitado alguna vez para informarse de sus derechos y obligaciones? (4) Busque en guía telefónica, bajo el título *Social Security Administration*, el número de teléfono de la oficina más cercana. (5) Casi todo el mundo tiene que tener un número de Seguro Social. (6) Si usted no tiene targeta, debe solicitarla varias semanas antes de que vaya a utilizarla. (7) Seguramente le pedirán que presente usted prueba de su edad, identidad y ciudadanía en los Estados Unidos. (8) Si no es ciudadano, tendrá que presentar de su estado legal de inmigrante. (9) Es importante que usted llame, visite o escriba a cualquier oficina del Seguro Social antes de cumplir los 65 años. (10) Cuando usted se jubila, pueden empezar a recibir cheques de jubilación desde los 62 años. (11) Pero antes tiene usted que probar que ha trabajado y cotisado.

12. Oración 1. Según un foyeto que distribuye la Administración del Seguro Social, ésta tiene 1,300 oficinas en los Estados Unidos y Puerto Rico.
   —¿Qué revisión debería hacerse en esta oración?

   (1) Omitir el acento de *Según*
   (2) Cambiar *foyeto* por *folleto*
   (3) Cambiar *distribuye* por *distribulle*
   (4) Cambiar *Estados Unidos* por *USA*
   (5) Ninguna

13. Oración 2. *Sin embargo*, lo más probable es que haya una, cerca de donde usted vive.
   —¿Cuál sería la mejor forma de expresar las palabras subrayadas? Si cree que la version original es la mejor, elija la opción (1).

   (1) Sin embargo,
   (2) En cambio,
   (3) Igualmente
   (4) Por supuesto
   (5) Por lo tanto

14. Oración 3. ¿Lo ha visitado usted alguna vez para informarse de sus derechos y obligaciones?
   —¿Qué revisión debería hacerse en esta oración?

   (1) Cambiar *Lo* por *La*
   (2) Cambiar *usted* por *ud.*
   (3) Poner coma después de *vez*
   (4) Poner coma después de *derechos*
   (5) Ninguna

15. Oración 4. Busque en guía telefónica, bajo el título *Social Security Administration*, el número de teléfono de la oficina más cercana.
   —¿Qué revisión debería hacerse en esta oración?

   (1) Cambiar el título en inglés por *Seguro Social*
   (2) Cambiar guía telefónica por *Guía Telefónica*
   (3) Cambiar guía telefónica por *Guía telefónica*
   (4) Cambiar *en guía* por *en la guía*
   (5) Ninguna

16. Oración 5. Casi todo el mundo tiene que tener un número de Seguro Social.
   —¿Cuál de las siguientes maneras sería la mejor para expresar esta oración?

   (1) Casi todo el mundo tiene que tener un número de Seguro Social.
   (2) Un número de Seguro Social casi todo el mundo tiene que tener.
   (3) Tiene que tener casi todo el mundo un número de Seguro Social.
   (4) Todo el mundo tiene casi que tener un número del Seguro Social.
   (5) Del Seguro Social todo el mundo casi tiene que tener un número.

17. Oración 6. Si usted no tiene *targeta*, debe solicitarla varias semanas antes de que vaya a utilizarla.
   —¿Cuál sería la mejor manera de expresar la palabra subrayada? Si cree que la versión original es la mejor, elija la opción (1).

   (1) targeta
   (2) carta
   (3) carda
   (4) cartilla
   (5) tarjeta

18. Oración 7. *Seguramente le pedirán* que presente usted prueba de su edad, identidad y ciudadanía en los Estados Unidos.
   —¿Cuál sería la mejor forma de expresar las palabras subrayadas? Si cree que la versión original es la mejor, elija la opción (1).

   (1) Seguramente le pedirán
   (2) Pronto le pedirán
   (3) No más le piden
   (4) Ahorita le pidió
   (5) No siempre le pedirían

19. Oración 8. Si no es ciudadano, tendrá que presentar de su estado legal de inmigrante.
   —¿Qué revisión debería hacerse en esta oración?

   (1) Cambiar *ciudadano* por *Americano*
   (2) Cambiar *tendrá* por *tendría*
   (3) Cambiar *tendrá* por *tenerá*
   (4) Añadir *prueba* después de *presentar*
   (5) Ninguna

20. Oración 9. Es importante que usted *llame*, visite o escriba a cualquier oficina del Seguro Social antes de cumplir los 65.

—¿Cuál sería la mejor manera de expresar la palabra subrayada? Si cree que la versión original es la mejor, elija la opción (1).

(1) Llame
(2) llamara
(3) llamaría
(4) llama
(5) llámeles

21. Oración 10. Cuando usted se jubila, pueden empezar a recibir cheques de jubilación a los 62 años.

—¿Qué revisión debería hacerse en esta oración?

(1) Cambiar *Cuando* por *Donde*
(2) Omitir *se*
(3) Cambiar *jubila* por *retira*
(4) Cambiar *pueden* por *puede*
(5) Ninguna

22. Oración 11. Pero antes tiene usted que probar que ha trabajado y cotisado.

—¿Qué revisión debería hacerse en esta oración?

(1) Cambiar *probar* por *pruebar*
(2) Cambiar *ha trabajado* por *haber trabajado*
(3) Cambiar *trabajado* por *sudado*
(4) Cambiar *cotisado* por *cotizado*
(5) Ninguna

Las preguntas 23–33 se refieren a la siguiente selección:

(1) No hace mucho tiempo se vía por todas partes productos con la marca *Made in USA*. (2) Ahora abundan más lo que dicen *Made in Japan*, Korea, Taiwan, Hong Kong, etc. (3) ¿Qué ha ocurrido? La respuesta es bastante complicada. (4) No un factor, sino muchos y de diversas clases, es responsable del cambio. (5) Inmediatamente después de la segunda guerra mundial, se identificaba los productos japoneses como imitaciones de baja calidad. (6) Hoy sucede todo lo contrario: cámaras, televisores y motos japoneses compiten con los mejores del mundo en el mercado internacional. (7) ¿Se trata entonces simplemente de una guerra de calidad? (8) No, hay que tener en cuenta también el factor humano y su coste. (9) Los sueldos de otros países son más bajos que los de Estados Unidos. (10) En particular la confección de ropa, trabajo casi exclusivo de mujeres, es mucho más barato en el extranjero. (11) La última palabra, sin embargo, la tiene la política, es decir, las tarifas aduaneras.

23. Oración 1. No hace mucho tiempo se vía por todas partes productos con la marca *Made in USA*.

—¿Qué revisión se debería hacer de esta oración?

(1) Cambiar *hace* por *hase*
(2) Cambiar *se vía* por *se veían*
(3) Poner coma después de *tiempo*
(4) Cambiar *made* por *hecho*
(5) Ninguna

24. Oración 2. Ahora abundan más lo que dicen *Made in Japan*, Korea, Taiwan, Hong Kong, etc.

—¿Qué revisión debería hacerse en esta oración?

(1) Cambiar *ahora* por *hoy*
(2) Añadir *sin embargo* después de *ahora*
(3) Cambiar *lo* por *los*
(4) Cambiar *Japan* por *Japón*
(5) Ninguna

25. Oración 3. ¿*Qué ha ocurrido?* La respuesta es bastante complicada.

—¿Cuál sería la mejor manera de expresar esta oración?

(1) ¿Qué ha ocurrido?
(2) ¿Que ocurre?
(3) ¿Como ha ocurrido?
(4) Porque ocurre?
(5) ¿A quién ocurre?

26. Oración 4. No un factor, sino muchos y de diversas clases, es responsable del cambio.
    —¿Qué revisión debería hacerse en esta oración?

    (1) Añadir *solo* después de *factor*
    (2) Poner punto y coma después de *factor*
    (3) Cambiar *es responsable* por *son responsables*
    (4) Cambiar *cambio* por *catástrofe*
    (5) Ninguna

27. Oración 5. Inmediatamente después de la segunda guerra mundial, se identificaba los productos japoneses como imitaciones de baja calidad.
    —¿Qué revisión se debería hacer en esta oración?

    (1) Cambiar *Inmediatamente* por *De inmediato*
    (2) Cambiar *Inmediatamente* por *Ahorita no más*
    (3) Escribir con mayúscula *segunda guerra mundial*
    (4) Cambiar *se identificaba* por *se identificaban*
    (5) Ninguna

28. Oración 6. Hoy sucede todo lo contrario: cámaras, televisores y motos japoneses compiten con los mejores del mundo.
    —¿Qué revisión habría que hacer en esta oración?

    (1) Cambiar *sucede* por *ocurre*
    (2) Poner punto y coma, en vez de dos puntos
    (3) Cambiar *televisores* por *televisiones*
    (4) Cambiar *japoneses* por *japonesas*
    (5) Ninguna

29. Oración 7. ¿ Se trata *entonces* simplemente de una guerra de calidad?
    —¿Cuál sería la mejor manera de expresar la palabra subrayada? Si cree que la versión original es la mejor, elija la opción (1).

    (1) entonces
    (2) pues
    (3) puesto
    (4) asina
    (5) asín

30. Oración 8. No, hay que tener en cuenta también el factor humano y su coste.
    —¿Qué revisión debería hacerse de esta oración?

    (1) Omitir la coma después de *No*
    (2) Cambiar *también* por *tampoco*
    (3) Cambiar *factor* por *trabajo*
    (4) Poner coma después de *humano*
    (5) Ninguna

31. Oración 9. Los sueldos de otros países son más bajos que los de Estados Unidos.
    —¿Cuál de las siguientes maneras sería la mejor para expresar esta oración? Si cree que la versión original es la mejor, elija la opción (1).

    (1) Los sueldos de otros países son más bajos que los de EE.UU.
    (2) Más bajos que los de EE.UU. son los sueldos de otros países.
    (3) De otros países los sueldos son más bajos que los de EE.UU.
    (4) Los sueldos de esos otros países son más bajos que los de EE.UU.
    (5) Los de EE.UU. son los sueldos más bajos que esos otros países.

32. Oración 10. En particular la confección de ropa, trabajo casi exclusivo de mujeres, es mucho más barato en el extranjero.
    —¿Qué revisión debería hacerse en esta oración?

    (1) Cambiar *confección* por *costura*
    (2) Omitir *casi*
    (3) Cambiar *barato* por *barata*
    (4) Poner la frase intercalada entre paréntesis
    (5) Ninguna

33. Oración 11. La última palabra, sin embargo, la tiene la política, *es decir*, las tarifas aduaneras.
    —¿Cuál sería la mejor manera de expresar las palabras subrayadas? Si cree que la versión original es la mejor, elija (1).

    (1) es decir
    (2) digo yo
    (3) dicho sea
    (4) por ejemplo
    (5) se entiende

Las preguntas 34–44 se refieren a la siguiente selección:

(1) Un pasajero viaja en avión, y veo que se enciende un letrero luminoso. (2) El letrero dice en varias lenguas: abróchese el cinturón. (3) El pasajero no hace caso del aviso, y no se abrocha. (4) La azafata pasa revista, y le llama la atención al pasajero. (5) Este se abrocha, y no pasa nada más. (6) Si el viaje fuera en automóvil, la cosa sería distinta. (7) La razón es que hay una ley que nos obliga a llevar el cinturón abrochado en el carro. (8) Si no lo llevamos, la policía puede pararnos y ponernos una multa. (9) ¿Esto justo? Hay opiniones distintas sobre el asunto. (10) Pero la ley es la ley. (11) Mientras está en vigor, no hay más remedio que cumplirla, o pagar la multa.

34. Oración 1. Un pasajero viaja en avión, y veo que se enciende un letrero luminoso.
    —¿Qué revisión debería hacerse en esta oración?

    (1) Cambiar *avión* por *jet*
    (2) Omitir la coma después de *avión*
    (3) Cambiar *veo* por *ve*
    (4) Cambiar *enciende* por *ensiende*
    (5) Ninguna

35. Oración 2. El letrero *dice* en varias lenguas: abróchese el cinturón.
    —¿Cuál sería la mejor manera de expresar la parte subrayada? Si cree que la versión original es la mejor, elija la opción (1).

    (1) dice
    (2) proclama
    (3) grita
    (4) predica
    (5) ordena y manda

36. Oración 3. El pasajero *no hace caso* del aviso y no se abrocha.
    —¿Cuál sería la mejor forma de expresar la parte subrayada? Si cree que la versión original es la mejor, elija la opción (1).

    (1) no hace caso
    (2) no le da importancia
    (3) hace caso omiso
    (4) pasa de largo
    (5) se salta

37. Oración 4. La azafata pasa revista, y le llama la atención al pasajero.
    —¿Qué revisión debería hacerse en esta oración?

    (1) Cambiar *azafata* por *asafata*
    (2) Cambiar *azafata* por *señorita*
    (3) Omitir *le*
    (4) Cambiar *al* por *a*
    (5) Ninguna

38. Oración 5. Este se abrocha y no pasa nada más.
    —¿Qué revisión debería hacerse en esta oración?

    (1) Poner acento sobre *Este*
    (2) Cambiar *abrocha* por *amarra*
    (3) Cambiar *pasa* por *ocurre*
    (4) Omitir *más*
    (5) Ninguna

39. Oración 6. Si el viaje *fuera* en automóvil, la cosa sería distinta.
    —¿Cuál sería la mejor forma de expresar la palabra subrayada? Si cree que la versión original es las mejor, elija la opción (1).

    (1) fuera
    (2) fuese
    (3) fue
    (4) sería
    (5) había sido

40. Oración 7. La razón es que hay una ley *que nos obliga* a llevar el cinturón abrochado en el carro.
    —¿Cuál sería la mejor forma de expresar las palabras subrayadas? Si cree que la versión original es la mejor, elija la opción (1).

    (1) que nos obliga
    (2) quien nos obliga
    (3) la cual nos obliga
    (4) que no obliga
    (5) que a veces obliga

41. Oración 8. *Si no lo llevamos*, la policía puede pararnos y ponernos una multa.
    —¿Cuál sería la mejor forma de expresar la parte subrayada? Si cree que la versión original es la mejor, elija la opción (1).

    (1) Si no lo llevamos
    (2) Si no lo llevaríamos
    (3) Si no lo llevara yo

(4) Si no lo lleva
(5) Si no lo llevaba

42. Oración 9. ¿Esto justo? Hay opiniones distintas sobre el asunto.
—¿Qué revisión deberíamos hacer en esta oración?

(1) Cambiar "*¿Esto justo?*" por "*¿Es esto justo?*"
(2) Poner dos puntos depués de *justo?*
(3) Poner acento sobre *esto*
(4) Poner raya antes de *Hay*
(5) Ninguna

43. Oración 10. Pero la ley es la ley.

—¿Cuál sería la mejor manera de expresar esta oración?

(1) Pero la ley es la ley
(2) Pero la ley hay que cumplirla
(3) Aunque la ley sea la ley
(4) Pero hecha la ley, hecha la trampa
(5) Pero la ley es invariable

44. Oración 11. Mientras está en vigor, no hay más remedio que cumplirla, o pagar la multa.
—¿Qué revisión debería hacerse en esta oración?

(1) Cambiar *vigor* por *fuerza*
(2) Cambiar *remedio* por *narices*
(3) Cambiar *multa* por *fine*
(4) Cambiar *cumplirla* por *cumplir*
(5) Ninguna

Las preguntas 45–55 se refieren a la siguiente selección:

(1) De acuerdo, pasar por la Inmigración no es muy divertido. (2) Hay problemas de lengua, de cultura, de documentación. (3) Pero tampoco es divertida la alternativa: la ilegalidad. (4) El boss abusa del ilegal porque sabe que le va a denunciar. (5) Aunque las estadísticas no sean muy fiables, parece que hay entre cinco y diez millones de ilegales. (6) Millones, ¿eh? No miles, ni cientos de miles. Millones. (7) Esto representa una catástrofe tanto para el país como para los emigrantes. (8) Una nueva ley de annistía favorece la legalización. (9) —Si yo estuviera en su lugar, le dije a un emigrante—yo legalizaría mi situación. (10) A lo que él me contestó: —Y yo también, si yo estuviera en la suya.

45. Oración 1. De acuerdo, pasar por la Inmigración no es muy divertido.
—¿Qué revisión debería hacerse en esta oración?

(1) Cambiar la coma por un punto después de *acuerdo*
(2) Poner *que* entre *acuerdo* y *pasar*
(3) Omitir *no*
(4) Cambiar *es* por *sea*
(5) Ninguna

46. Oración 2. Hay problemas de lengua, de cultura, de documentación.
—¿Qué revisión debería hacerse en esta oración?

(1) Cambiar *Hay* por *Tenemos*
(2) Cambiar *problemas* por *dificultades*
(3) Añadir puntos suspensivos después de *documentación*
(4) Añadir *etc.* al final
(5) Ninguna

47. Oración 3. Pero tampoco es divertida la *alternativa*: la ilegalidad.
—¿Cuál sería la major manera de expresar la palabra subrayada? Si cree que la versión original es la mejor, elija la opción (1).

(1) alternativa
(2) interpretativa
(3) solución
(4) conclusión
(5) revolución

48. Oración 4. El *boss* abusa del ilegal porque sabe que no le va a denuciar.
—¿Qué revisión deberíamos hacer en esta oración?

(1) Cambiar *boss* por *patrón*
(2) Cambiar *ilegal* por *emigrante*
(3) Cambiar *porque* por *aunque*
(4) Cambiar *porque* por *por qué*
(5) Ninguna

49. Oración 5. Aunque las estadísticas no sean muy fiables, *parece* que hay entre cinco y diez millones de ilegales.
    —¿Cuál sería la mejor forma de expresar la palabra subrayada? Si cree que la versión original es la mejor, elija la opción (1).

    (1) parece
    (2) parecen
    (3) piensa
    (4) se estimaba
    (5) yo calcularía

50. Oración 6. Millones, ¿eh? No miles, ni cientos de miles. Millones.

    (1) Cambiar *millones* por *1,000,000*
    (2) Poner punto después de *¿eh?*
    (3) Poner punto y coma después de *miles*
    (4) Cambiar *cientos* por *ciento*
    (5) Ninguna

51. Oración 7. Esto representa una catástrofe *tanto* para el país *como* para los emigrantes.
    —¿Cuál sería la mejor forma de expresar la parte subrayada? Si cree que la versión original es la mejor, elija la opción (1).

    (1) tanto . . . como
    (2) ya . . . ya
    (3) o . . . o
    (4) igual . . . igual
    (5) y . . . y

52. Oración 8. Una nueva ley de annistía favorece la legalización.
    —¿Qué revisión debería hacerse en esta oración?

    (1) Cambiar *ley* por *Ley*
    (2) Cambiar *annistía* por *amnistía*
    (3) Poner coma después de *annistía*
    (4) Cambiar *favorece* por *favorese*
    (5) Ninguna

53. Oración 9. —Si yo estuviera en su lugar -le dije a un emigrante- yo *legalizaría* mi situación.
    —¿Cuál sería la mejor manera de expresar la palabra subrayada? Si cree que la versión original es la mejor, elija la opción (1).

    (1) legalizaría
    (2) legalisaría
    (3) legaliso
    (4) legalizaré
    (5) legalizar

54. Oración 10. A lo que el me contestó: —Y yo también, si yo estuviera en la suya.
    —¿Qué revisión deberíamos hacer en esta oración?

    (1) Cambiar *contestó* por *respondió*
    (2) Poner acento sobre *el*
    (3) Añadir *situación* después de *suya*
    (4) Cambiar *estuviera* por *estuviese*
    (5) Ninguna

55. Combine en una sola oración las oraciones 1 y 2 de esta selección, usando alguna de estas partículas.

    (1) aunque
    (2) sino
    (3) supuesto
    (4) pues
    (5) entonces

FIN DE ESTA PARTE

PARTE II: COMPOSICIÓN

45 minutos

Instrucciones: En esta sección (II) se trata de comprobar su habilidad para redactar un *ensayo*, es decir, una composición en la cual usted explica algo o da su opinión sobre algún problema.

Tiene 45 minutos para escribir sobre el tema indicado abajo. Escriba claramente y use un bolígrafo para que los evaluadores puedan leer fácilmente lo que ha escrito.

Lo único que vale para la puntuación es la copia en limpio, en la cual debe ir escrito el tema completo. No escriba sobre ningún otro tema, pues no valdría nada para la puntuación.

Tenga en cuenta las siguientes recomendaciones: lea las instrucciones; use un papel en blanco para hacer sus apuntes y escribir el borrador; hágase un pequeño plan de trabajo; redacte el borrador según él; léalo y corríjalo; redacte en limpio en la hoja indicada de la libreta de respuestas.

TEMA

Los indios fueron los primeros pobladores de América. ¿Cree usted que la conquista por los europeos fue justa?

Escriba una composición de unas doscientas palabras (aproximadamente una página de veinticinco líneas) expresando su opinión. Dé razones y ejemplos concretos.

Use esta página para anotaciones.

EXAMEN 2: ESTUDIOS SOCIALES

64 preguntas—85 minutos

Las preguntas 1–4 se refieren al pasaje siguiente:

Pasajes

El presidente James Monroe y su Secretario de Estado, John Quincy Adams, anunciaron una nueva política. Ésta fue anunciada en un mensaje del presidente al Congreso en 1823. Tenía el apoyo de Gran Bretaña, que temía que los otros países europeos pudieran "congelar" el comercio y la influencia británica en Latinoamérica.

La famosa Doctrina de Monroe tenía varias partes:

● Cualquier intento de intervención por parte de países europeos en el Hemisferio Occidental sería considerado como "acto de enemistad" por los Estados Unidos.

● El Hemisferio Occidental ya no estaba abierto a la colonización europea. Esto era en parte una amenaza a Rusia que, instalada en Alaska, parecía dispuesta a introducirse en Oregón.

● Sin embargo, los Estados Unidos no se entrometerían para nada en las colonias europeas existentes en el Hemisferio Occidental.

● Los Estados Unidos no intervendrían en los asuntos internos de las naciones europeas.

1. La Doctrina de Monroe

   (1) fue anunciada en el Congreso por Adams
   (2) fue comunicada por el presidente en el Congreso
   (3) fue anunciada para congelar la influencia británica
   (4) contaba con el apoyo de Latinoamérica
   (5) fue anunciada en el siglo dieciocho

2. La doctrina contaba con la aprobación de

   (1) Estados Unidos y Puerto Rico
   (2) Canadá y Francia
   (3) Rusia
   (4) Inglaterra
   (5) 2 y 3

3. En la famosa doctrina se condenaba la intervención en el Hemisferio Occidental por parte de

   (1) Canadá
   (2) Estados Unidos
   (3) países asiáticos
   (4) Europa
   (5) ninguna de las anteriores

4. Cuando se anunció la Doctrina de Monroe, Rusia

   (1) quería intervenir en Latinoamérica
   (2) sufría una guerra civil
   (3) era aliada de Francia
   (4) decidió intervenir en los asuntos internos de Canadá
   (5) poseía el territorio de Alaska

Las preguntas 5–8 se refieren al pasaje siguiente:

Todos recordaban las palabras del Dr. Martin Luther King, Jr., que había sido asesinado en Memphis, Tennessee, en 1968. Cinco años antes de su muerte, durante la marcha a Washington D.C., dijo en una manifestación:

"Tengo un sueño en el que veo que un día esta nación se levantará y vivirá el verdadero significado de su creencia de que 'todos los hombres son creados iguales'.

"Cuando dejemos que resuene la libertad podremos acelerar la llegada del día en que los hijos de Dios, los blancos y los negros, los judíos y los cristianos, los protestantes y los católicos, irán unidos de la mano y cantarán las palabras del viejo espiritual negro: '¡Libre al fin! ¡Libre al fin! ¡Gracias, Dios Todopoderoso, somos libres al fin!'"

Después del asesinato de Martin Luther King, Jr. en abril de 1968, se produjeron disturbios en todas las áreas minoritarias del país. Hubo 43 muertos en las 172 ciudades en las que hubo motines. Hubo pérdidas por millones de dólares. Como si esto fuera poco, comenzaron las protestas en contra de la guerra de Vietnam en las universidades y también comenzaron las demandas de cambios sociales y educativos.

5. El asesinato de Martin Luther King, Jr. produjo

(1) que se hiciera justicia
(2) que el pueblo negro consiguiera mejores empleos
(3) un período de agitación social
(4) un boicot a las empresas que no contrataban a la población de color
(5) ninguna de las anteriores

6. Martin Luther King, Jr. fue asesinado

(1) por un hombre de color
(2) antes de que comenzaran las protestas por la guerra del Vietnam
(3) durante una marcha a Washington D.C.
(4) en una manifestación
(5) en Memphis, terminando así el problema racial

7. Martin Luther King, Jr. exigía

(1) igualdad de derechos para todas las personas
(2) libertad de cultos
(3) libertad de prensa
(4) mejores oportunidades para los negros
(5) ninguna de las anteriores

8. En los días posteriores al asesinato de Martin Luther King, Jr.,

(1) las empresas perdieron varios millones de dólares
(2) se produjeron disturbios en Washington
(3) terminó la guerra de Corea
(4) hubo motines en muchas ciudades
(5) ninguna de las anteriores

Las preguntas 9–12 se refieren a la tabla de números siguiente:

ESTADÍSTICAS DE LA POBLACIÓN PUERTORRIQUEÑA

**Población de puertorriqueños en los Estados Unidos y Puerto Rico
(1960 - 1970)**

Población	1960	1970
En Puerto Rico	2,349,540	2,712,933
Nacidos en Puerto Rico	2,287,200	2,432,828
Nacidos en Estados Unidos de padres puertorriqueños	49,092	106,602
En los Estados Unidos	887,662	1,429,396
Nacidos en Puerto Rico	615,384	783,358
Nacidos en Estados Unidos de padres puertorriqueños	272,278	646,038

Fuente: M. Maldonado Denis, *Puerto Rico y Estados Unidos: Emigración y colonialismo.* Siglo XXI, México, 1978, pág. 177.

9. Entre 1960 y 1970, la población de Puerto Rico

(1) aumentó
(2) fue estable
(3) disminuyó considerablemente
(4) tuvo un gran incremento
(5) no experimentó cambios

10. **En 1960,**

(1) **había en Puerto Rico más puertorriqueños nacidos en los Estados Unidos que en Puerto Rico**
(2) **nacieron en los Estados Unidos 887,652 puertorriqueños**
(3) **había en los Estados Unidos más puertorriqueños nacidos en dicho país que nacidos en Puerto Rico**
(4) **había en la isla menos puertorriqueños que en los Estados Unidos**

(5) tanto en los Estados Unidos como en Puerto Rico había una población total de más de 3 millones de puertorriqueños

11. Según el cuadro

(1) la población aumentó en 1970
(2) emigraron muchas personas en 1960
(3) las estadísticas hablan del colonialismo, siglo XXI
(4) la población disminuyó
(5) nacieron más puertorriqueños en los Estados Unidos que en Puerto Rico

12. Hubo un aumento considerable de la población puertorriqueña

(1) tanto en los Estados Unidos como en Puerto Rico, en 1960
(2) en Puerto Rico y en Estados Unidos, en 1970
(3) en los Estados Unidos, en 1960
(4) en Puerto Rico, en 1960
(5) en los Estados Unidos, en 1960

Las preguntas 13–16 se refieren al pasaje siguiente:

"Lucy," una mujer, representa el esqueleto humano más antiguo que se conoce hasta el momento. "Lucy" es el título de una canción de los Beatles, que en el momento del descubrimiento se oía en el campamento, en una zona conocida como Hadar, en Etiopía. El antropólogo Don Johanson y un grupo de colegas descubrieron a Lucy junto a restos de una docena de individuos. Esta "primera familia" humana tiene cerca de cuatro millones de años.

Gracias a este descubrimiento podemos saber cómo eran físicamente nuestros primeros antepasados. Las hembras adultas medían aproximadamente 1 metro 15 centímetros de altura y pesaban unos 25 kilos; los hombres eran más altos y se estima que pesaban unos 50 kilos. Eran bípedos, andaban de pie, hecho que se confirma por las huellas humanas conservadas casi intactas y descubiertas por Mary Leakey en un lugar remoto de Laetoli, en Tanzanía, y que datan de unos tres millones seiscientos mil años.

Lucy es un espécimen del *genus* conocido con el nombre de *Australopithecus afarensis*, cuyos miembros se han encontrado por el momento en el este de África. Vivieron entre 4 y 3 millones de años. Estos fósiles representan los restos más antiguos de la familia humana que se conocen hoy día.

13. "Lucy" es

(1) el eslabón perdido en la historia de la evolución del ser humano
(2) un esqueleto de simio antiguo
(3) el esqueleto humano más antiguo
(4) el esqueleto de un ser mitad simio mitad humano
(5) ninguna de las anteriores

14. El esqueleto fué encontrado en

(1) Africa

(2) Asia
(3) América
(4) Europa
(5) Suramérica

15. Se estima que Lucy vivió hace

(1) un millón de años
(2) más de diez millones de años
(3) más de tres millones de años
(4) más de cinco millones de años
(5) más de cuatro millones de años

16. A partir de su descubrimiento se deduce que los *Australopithecus*

    (1) tenían gran estatura

    (2) pesaban más de 60 kilos
    (3) eran bípedos
    (4) caminaban con pies y manos
    (5) vivieron hace un millón de años

Las preguntas 17–20 se refieren al pasaje siguiente:

La primera ola de pánico llegó el 4 de octubre de 1929. Ocurrió en la Bolsa de Valores de New York donde se compran y venden las acciones. Millones de acciones se pusieron en venta, pero nadie las compraba; por tanto, los precios de las acciones bajaron rápidamente.

Como el valor de las acciones bajaba cada vez más, la gente intentaba venderlas al precio que fuera. Los dirigentes de los negocios y el gobierno intentaban convencer a los ciudadanos de que la economía era potente, pero el pánico continuaba llegando a la Bolsa. Los precios cada vez bajaban más.

El "jueves negro", como se llamó a este 4 de octubre marcó el comienzo de la *Gran Depresión* —depresión económica que duró hasta 1941—. El pánico cundió por todo el país a medida que las acciones bajaban. El público compraba lo menos posible. Muchas fábricas y negocios quebraron.

La Gran Depresión afectó a todos los americanos. Algunas familias no podían ni siquiera comprar los alimentos necesarios para subsistir. El gobierno tenía que salvar la economía.

El problema era enorme y las soluciones no eran muy claras. Algunas de las medidas sugeridas surgieron del movimiento progresista. Otros métodos que se planteaban eran tradicionales. Algunos ciudadanos estaban a favor de nuevos métodos, hasta entonces desusados en los Estados Unidos.

17. En la Bolsa de Valores de New York se

    (1) importa mercancía
    (2) exporta mercancía
    (3) realizan transacciones de valores
    (4) dirige la política del país
    (5) ninguna de las anteriores

18. Cuando las acciones no son adquiridas

    (1) aumentan su valor
    (2) son vendidas en el exterior
    (3) pierden su valor
    (4) se acumulan
    (5) ninguna de las anteriores

19. El "jueves negro" fue

    (1) el día de la gran crisis económica mundial
    (2) el día del asesinato de Martin Luther King
    (3) el comienzo de la guerra civil
    (4) el comienzo de una gran depresión económica en Estados Unidos
    (5) el final de la gran depresión

20. Una de las siguientes afirmaciones no es correcta. ¿Cuál es?

    (1) El público compraba lo menos posible.
    (2) Muchas fábricas quebraron.
    (3) Los precios de los productos se incrementaron.
    (4) La gran depresión duró 12 años.
    (5) Mucha gente perdió sus propiedades.

Las preguntas 21–24 se refieren al pasaje siguiente:

La primera campaña para los derechos de la mujer en América comenzó cuando un grupo de mujeres se unió al movimiento antiesclavista. Allí las mujeres se dieron cuenta de que podrían hacer impacto en la vida pública, pero también se dieron cuenta de que, realmente, no eran libres.

Las leyes, por ejemplo, permitían que un hombre tuviera completo control sobre la propiedad de su esposa. La mayoría de las universidades sólo admitían a hombres. Muchas costumbres sociales limitaban la libertad de la mujer. Se decía que el lugar de ésta era "el hogar".

Hasta 1890, las mujeres no podían votar. Después de esta fecha algunos estados les concedieron el derecho al voto. Pero tuvieron que pasar 30 años para que el derecho de la mujer al voto se escribiera en la Constitución.

En 1848 se celebró la primera convención americana de los "derechos de la mujer" en Seneca Falls, New York.

Mucha gente se reía, al principio, de este movimiento de los derechos femeninos. A otros les sorprendía o les encolerizaba. A pesar de todo, las mujeres siguieron luchando por alcanzar sus objetivos. Uno de los principales objetivos era el *sufragio*, o derecho al voto.

Una de las líderes más conocidas en la lucha por los derechos de la mujer fue Susan B. Anthony. A principios de la década de 1850, organizó grupos de mujeres, escribió y dio conferencias por la causa del sufragio femenino. Llegó a reunirse con varios presidentes de la nación para asegurarse de que sus puntos de vista eran conocidos en los más altos círculos. Su cruzada duró 50 años.

Como resultado de tales esfuerzos, la situación legal de la mujer había mejorado para 1900. La mayoría de los estados garantizaban el derecho de la mujer de controlar sus propiedades. Se fundaron varias universidades para mujeres. Muchas ingresaron en las profesiones. El número de las que trabajaban fuera de su hogar aumentó considerablemente.

Sin embargo, no fue sino hasta 1920 cuando se decretó la decimonovena enmienda a la Constitución de los Estados Unidos. Con esta enmienda se concedía a la mujer el derecho al voto en todos los estados.

21. **La primera campaña en favor de los derechos de la mujer tuvo lugar cuando**

    (1) un grupo de mujeres quiso hacer vida laboral
    (2) un grupo de mujeres no quiso asumir sus responsabilidades en el hogar
    (3) un grupo de mujeres se unió para luchar en contra de la esclavitud
    (4) la mujer quiso ingresar a la Universidad
    (5) las mujeres empezaron a apoyar las leyes esclavistas

22. **Las leyes permitían que las mujeres casadas**

    (1) pudieran entrar en la Universidad
    (2) tuvieron libertad absoluta
    (3) fueran independientes
    (4) no pudieran disfrutar liberalmente de sus propiedades
    (5) pudieran votar

23. **Uno de los principales objetivos de la convención americana de los "derechos de la mujer" fue**

    (1) conseguir estudiar Derecho en la Universidad
    (2) conseguir derecho al voto
    (3) resaltar a la mujer casada
    (4) alcanzar la independencia económica
    (5) conseguir mayores oportunidades de trabajo

24. **Uno de los siguientes es incorrecto: Sólo a comienzos de este siglo la mujer logró**
    (1) la entrada a las universidades
    (2) el derecho de controlar sus propiedades
    (3) la igualdad salarial
    (4) trabajar fuera del hogar
    (5) el derecho al voto en todos los Estados

Las preguntas 25–28 se refieren al pasaje siguiente:

La mayoría de los americanos vieron la nueva época mecanizada como progreso. Pero alguien que no lo veía así, era Henry David Thoreau, poeta, y ensayista, que veía que la nueva época "se estaba moviendo demasiado rápido". Creía que para vivir más y mejor, la gente debía estar en contacto con la naturaleza.

En 1845, a la edad de 28 años, Thoreau se fue a vivir solo a los bosques cercanos a Concord, Massachusetts. En las orillas de Walden Pond construyó su pequeña casa y cultivó su propio alimento. Vivió allí durante dos años.

Thoreau fue uno de los primeros americanos que instaron a la desobediencia civil. Protestaba pacíficamente contra la acción del gobierno rehusando obedecer ciertas leyes.

Por ejemplo, se opuso a la guerra con México en la década de 1840. Como protesta, se negó a pagar sus impuestos estatales. Fue encarcelado por esto, pero pronto lo dejaron libre.

Más tarde, escribió el ensayo titulado "Desobediencia civil," que tuvo una gran influencia. Uno de los hombres que siguió sus enseñanzas 100 años más tarde fue Mohandas Gandhi que usó la desobediencia civil pacífica para ayudar a lograr la libertad de la India (que estaba bajo el poder inglés). Otro fue el Dr. Martin Luther King, Jr., el líder de los derechos civiles de los negros de la década de 1960.

Thoreau fue uno de los miembros de un brillante grupo de pensadores y escritores de New England. Muy destacado dentro de éste fue Ralph Waldo Emerson. A través de sus escritos y de sus conferencias, Emerson fue, quizás, el líder cultural más influyente del siglo XIX. Él instó a que se desarrollara una auténtica cultura americana.

25. Según el texto,

(1) la época mecanizada terminaba con la tecnificación
(2) el adelanto progresista iniciaba la era moderna
(3) el futuro no era las nuevas tecnologías
(4) Thoreau no estaba de acuerdo con las ideas de su tiempo
(5) las ideas de Thoreau eran similares que las del pueblo norteamericano

26. H. D. Thoreau fue

(1) un ecologista y pacifista
(2) estuvo de acuerdo con la guerra de México
(3) un político humanista
(4) obediente y rebelde
(5) contemporáneo de Mohandas Ghandi

27. Gandhi aprendió de Thoreau

(1) la poesía
(2) la doctrina pacifista
(3) un método rápido para liberar a Asia
(4) como conseguir el mismo poder que los ingleses
(5) todo lo referente a Ralph Waldo Emerson

28. El pacifismo aplicado por el Dr. Martin Luther King, Jr.

(1) no fue bien acogido por la población de color
(2) era totalmente distinto al de Mohandas Ghandi
(3) provocó muchos enfrentamientos
(4) no es adecuado para solucionar problemas raciales
(5) tenía sus raíces en Thoreau

Las preguntas 29–31 se refieren al pasaje siguiente:

Los *Homo sapiens* más conocidos son sin duda los *Neanderthal*, que vivieron en Europa y en el Medio Oriente alrededor del año 150,000 y 32,000. Lo más probable es que descendieran de los antiguos o primeros *H. sapiens*. Tenían un esqueleto moderno, muy similar al nuestro; sin embargo, el cráneo era largo, con un saliente atrás; la cara era también más larga, con fuertes pómulos. Los más antiguos se han descubierto en Francia (fósiles de 150,000 a 125,000 años) y fueron los *Neanderthal* los primeros antepasados del ser humano conocidos en el mundo científico, pocos años depués que Charles Darwin publicara, en 1859, el *Origen de las especies*.

Usaron una gran variedad de utensilios: láminas, raspadores, barrenos, punta de lanza, hachas, hojas de piedras muy afiladas, etc. Los usaban para cazar, preparar pieles para vestir, sacar la carne de la piel, cortar la carne para el uso doméstico. Vivían como nómadas, sobre todo en los períodos más fríos del año, siguiendo a los animales que cazaban. Enterraban a sus muertos, y se han encontrado junto a las tumbas instrumentos, comida, ofrendas, y quizás, dicen algunos especialistas, incluso flores. Con esta cultura tecnológica, espiritual, social, los *Neanderthal* están muy lejos de ser los hombres caníbales, salvajes y criminales que aparecen en las películas y novelas. Esta imagen es falsa. Inteligentes nómadas, en el último período glacial, se extendieron por casi toda Europa y Asia.

29. Los *Homo sapiens* son

    (1) fósiles
    (2) unos animales parecidos al chimpancé
    (3) antiguos ascendientes del ser humano
    (4) los esqueletos encontrados en Africa
    (5) ninguna de las anteriores

30. La edad aproximada de los *Homo sapiens* es

    (1) un millón de años
    (2) menos de medio millón de años

    (3) cinco millones de años
    (4) diez millones de años
    (5) 150 millones de años

31. Los *Neanderthal* fueron

    (1) animales salvajes
    (2) los humanos modernos
    (3) personas que vivieron en América
    (4) ancestros humanos sin cultura
    (5) ancestros humanos con una cultura

Las preguntas 32–34 se refieren al pasaje siguiente:

Como resultado de la Guerra mexicana y de la Compra de Gadsden, nuevos territorios se abrían a la colonización. California, en particular, atrajo a muchos colonos ya que su clima era espléndido. Las oportunidades económicas que ofrecían sus recursos naturales eran también excelentes. Además, se descubrió oro en 1848, lo que atrajo a mucha más gente a la zona. Una vez que California se convirtió en estado (1850) la oleada de colonos fue enorme.

Sin embargo, la colonización de California y de otras partes del oeste acarreó problemas. Había ahora una auténtica necesidad del avance de las comunidades entre este y oeste, especialmente los transportes. California estaba muy lejos. Se tardaba mucho tiempo en llegar por caravana. Más largo aún era ir por mar. Había que hacer algo para acortar el viaje.

Una de las primeras mejoras llegó en 1850. Se estableció una línea regular de *diligencia (stage coach)*. Transportaba viajeros, correo y mercancías ligeras entre el este y el oeste. El viaje a California duraba unos 25 días.

Un poco más tarde, el *"pony express"* se establecía para transportar el correo a través del continente de un modo más rápido. Una serie de hombres montados a caballo cruzaban las llanuras y los montes entre California y St. Joseph, Missouri. Cada jinete viajaba unas 75 ó 100 millas. Cambiaba los caballos en puestos especiales que había a lo largo del camino más o menos cada diez o quince millas. Para principios de la década de 1860, el *"pony express"* era el método más rápido para llevar mensajes a través del continente.

32. California atrajo muchos colonos debido a

    (1) su espléndido clima
    (2) sus recursos naturales
    (3) el oro
    (4) las oportunidades económicas
    (5) todas las anteriores

33. La diligencia transportaba

    (1) viajeros y correo
    (2) el "pony express"
    (3) mercancía ligera

    (4) mercancía pesada
    (5) 1 y 3

34. Según el texto, el medio de comunicación más rápido era

    (1) el telégrafo
    (2) el tren
    (3) el correo certificado
    (4) la diligencia
    (5) el "pony express"

Las preguntas 35–37 se refieren al pasaje siguiente:

Nueva maquinaria ayudó enormemente a la productividad de las granjas norteamericanas. Se destaca el invento de las segadoras y otras maquinarias a principios del siglo XIX. Con el invento del *motor de gasolina,* los granjeros tenían una fuente de energía barata y práctica. Más tarde se usó éste en *tractores,* que sustituyeron pronto al caballo en la mayoría de las granjas.

Se inventaron también nuevos tipos de máquinas de oficinas: la *máquina de escribir,* (1867) la *máquina de sumar* (1888) y la *registradora* (1897), por ejemplo. Todas estas máquinas facilitaban las funciones comerciales a mayor escala haciendo más eficaz el trabajo en las oficinas.

La preparación de alimentos también sufrió cambios. Los nuevos avances incluían las *latas de conserva, refrigeración artificial* y diversos métodos de *preparación* y *envase* de alimentos.

35. El caballo fue sustituido por

    (1) segadoras
    (2) motores
    (3) tractores
    (4) mulas
    (5) ninguna de las anteriores

36. El invento de esta máquina facilitó las funciones comerciales a gran escala:

    (1) la máquina de escribir
    (2) la máquina de sumar
    (3) la registradora
    (4) las tres máquinas anteriores
    (5) ninguna de las anteriores

37. La industria de los alimentos sufrió cambios por los avances en los procesos de

    (1) envasado y enlatado de alimentos
    (2) refrigeración artificial
    (3) 1, 2 y 4
    (4) envase de alimentos más preparados
    (5) 1 y 2

Las preguntas 38–39 se refieren al pasaje siguiente:

Nigeria es el país del continente africano de mayor población: 78 millones de habitantes. Tiene una superficie de 923,768 km². Su capital es Lagos, de 2 millones de habitantes. Otras ciudades importantes son: Ibadan (1 millón), Ogbomosto (500,000), y Kano (425,000). Se habla oficialmente el inglés, aunque existen cerca de 300 idiomas y dialectos divididos en 4 grandes grupos: hausa, ibo, yoruba y fulani. El 50% de la población profesa la religión islámica; hay un 30% de protestantes, aunque estas religiones están mezcladas de costumbres y tradiciones religiosas populares africanas. Su forma de gobierno es la república. La moneda es la naira, y sus productos principales son el cacao, el caucho, el petróleo, el oro, el carbón, el cacahuete y la almendra de palma.

En el territorio de Nigeria se encuentra una faja costera, de unos 100 km de ancho, de tierras bajas y aluviales. En el interior se encuentran altiplanos y pequeñas montañas cubiertas de bosques. En la frontera del este se alza el cono volcánico del monte Camerún (4,070 m).

El río Níger (4,184 km), tercero de África y noveno del mundo por su caudal, es el más importante. A él vierten sus aguas numerosos y potentes afluentes, como el Benue.

38. Nigeria

    (1) está gobernada por demócratas
    (2) no es el país más grande de África en población pero sí es el más extenso
    (3) es un país culturalmente homogéneo
    (4) contiene cuatro lenguas y dialectos
    (5) es una república

39. El cacahuete

    (1) es la fuente principal de los ingresos de Nigeria
    (2) se produce en la misma cantidad que el cacao
    (3) es una de las fuentes importantes de ingreso de Nigeria
    (4) se produce en la misma cantidad que el oro, el carbón, y la almendra de palma
    (5) 2 y 4

La pregunta 40 se refiere al pasaje siguiente:

El río Danubio, a pesar de ser más corto que el Volga, es el río europeo por excelencia. Constituye una de las principales arterias comerciales del continente y ha jugado un papel muy importante en la historia de Europa central y oriental.

Navegable en cualquier época del año atraviesa importantes regiones mineras, industriales y agrícolas. En sus orillas se encuentran tres capitales europeas: Viena, Budapest y Belgrado.

40. Según el texto,

    (1) el Volga es el río más largo de Viena, Budapest y Belgrado
    (2) los comerciantes europeos habrían vendido sus productos en Asia si no hubiera existido el Danubio
    (3) sin el Danubio, Belgrado formaría parte de Rusia
    (4) el Danubio es un río importante que une comercialmente a varias ciudades
    (5) hubiera habido más industrias vinícolas con el Volga atravesando las capitales europeas.

Las preguntas 41–44 se refieren a los mapas siguientes:

Norteamérica en el año 1763

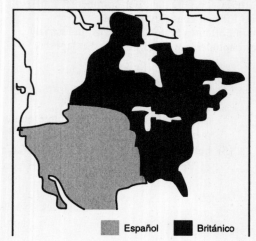

Español   Británico

Norteamérica en el año 1689

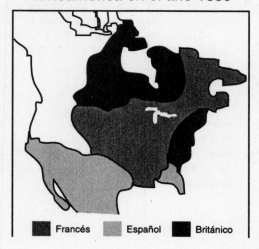

Francés   Español   Británico

41. Comparando ambos mapas se puede deducir que:

    (1) el dominio español se extendía en el norte
    (2) el dominio británico dominó en ambos períodos la zona sur
    (3) los franceses dominaban la mayor parte del territorio
    (4) España controló los territorios del sur
    (5) Francia perdió su poder colonial en el siglo XVII

42. De acuerdo con el mapa, ¿qué potencia extranjera controló en el siglo XVII, los territorios de la Florida?

    (1) Francia
    (2) Inglaterra
    (3) España y Francia
    (4) Francia e Inglaterra
    (5) España

43. Según el mapa, ¿que potencia extranjera controló, en 1689, a Luisiana?

    (1) Francia
    (2) España
    (3) Inglaterra y Francia
    (4) Inglaterra
    (5) Francia y España

44. Basándonos en el mapa, en 1763 el río Mississippi fue controlado por

    (1) España
    (2) Inglaterra
    (3) España e Inglaterra
    (4) Francia
    (5) España y Francia

Las preguntas 45–48 se refieren al pasaje siguiente:

México es el país de mayor población de habla española: 73 millones. Tiene una superficie de 1,958,201 km². La capital es México, D. F., de 15 millones de habitantes (área metropolitana). Otras ciudades importantes son: Guadalajara (1,800,000), Monterrey (1,200,000), Puebla (700,000), Ciudad Juárez (650,000), y León (600,000). La religión predominante es el catolicismo. La forma de gobierno es la república. La moneda que se usa es el peso. Y los productos más importantes son: maíz, garbanzos, algodón, tabaco, plata, oro, plomo, y petróleo.

El país está surcado por dos importantes cadenas montañosas. La Sierra Madre Occidental, a lo largo de la costa del Pacífico, tiene su máxima altura en el pico Colima (4,265 m). En la Sierra Madre Oriental destaca el pico Orizaba (5,747 m), el más alto de México. Entre las dos cordilleras se encuentra una amplia extensión de valles y mesetas.

Los ríos más importantes desembocan en el Golfo de México, destacando el río Grande del Norte, con 3,024 km. El más largo de los que desembocan en el Pacífico es el río Santiago, con 547 km.

Dada su situación y las grandes diferencias de altitud, en México se da una gran variedad de climas con muy distintos tipos de vegetación.

45. Una de las siguientes afirmaciones es verdadera. ¿Cuál es?

   (1) México es un país sudamericano.
   (2) México se encuentra en el Caribe.
   (3) México es el país de mayor población de habla española.
   (4) La religión predominante en México es la protestante.
   (5) La moneda que se usa en México es el dólar.

46. México

   (1) es un país llano
   (2) tiene diversidad de climas
   (3) no produce metales
   (4) capital Ciudad Juárez
   (5) produce frutas, café, maíz, y otros productos

47. Las cadenas montañosas mexicanas más importantes son

   (1) el Himalaya
   (2) las Montañas Rocosas, la Sierra Madre
   (3) los Andes
   (4) la Sierra Madre Oriental y la Sierra Madre Occidental
   (5) el pico Colima y el pico Orizaba

48. El río más largo de México se llama

   (1) Santiago
   (2) México
   (3) Colima
   (4) Pacífico
   (5) Grande del Norte

Las preguntas 49–50 se refieren a la gráfica siguiente:

Salarios anuales de los gobernadores de los EE.UU.

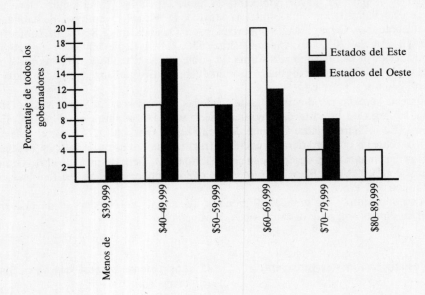

49. ¿Dónde aparece la mayor diferencia en el porcentaje de los salarios de los gobernadores de los estados del este y del oeste?

    (1) 30,000–39,999
    (2) 40,000–49,999
    (3) 50,000–59,999
    (4) 60,000–69,999
    (5) 70,000–79,999

50. ¿Cuál de las siguientes conclusiones acerca del ingreso de los gobernadores de los EE.UU. puede inferirse correctamente del cuadro?

    (1) Los gobernadores de los estados del oeste probablemente ganan mayores salarios que los gobernadores de los estados del este.

    (2) La mayoría de los gobernadores ganan salarios entre los 40,000 dólares y los 69,999 dólares por año.
    (3) Los gobernadores de los estados del este probablemente ganan mayores salarios que los gobernadores de los estados del oeste.
    (4) Los gobernadores de más edad ganan más que los más jóvenes.
    (5) La mayoría de los gobernadores ganan menos de 55,000 dólares por año.

Las preguntas 51–55 se refieren a las gráficas siguientes:

MARES Y OCÉANOS MÁS IMPORTANTES

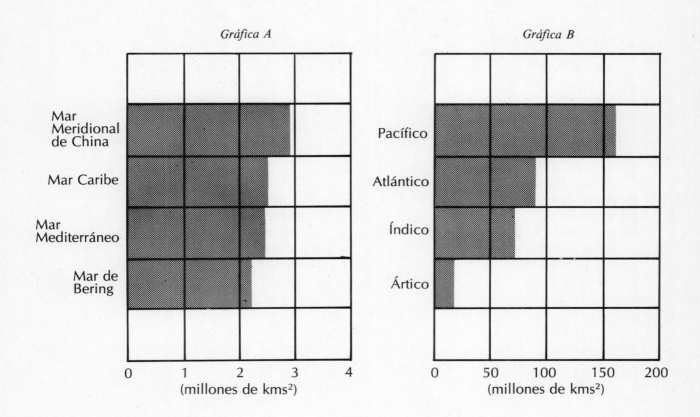

Gráfica A

Gráfica B

(millones de kms²)

(millones de kms²)

La gráfica A presenta los mares más importantes del mundo.

Nombre	*Superficie en kilómetros cuadrados*
Mar Meridional de China	2,974,601
Mar Caribe	2,515,914
Mar Mediterráneo	2,509,957
Mar de Bering	2,261,060

La gráfica B señala el tamaño de los océanos del mundo.

Nombre	*Superficie en kilómetros cuadrados*
Pacífico	166,241,754
Atlántico	86,557,403
Indico	73,427,458
Artico	13,223,702

51. De acuerdo con las dos gráficas, se puede deducir que

    (1) el mar meridional de China es el mar más grande
    (2) los océanos no son más grandes que los mares
    (3) el Océano Pacífico tiene 200,000 metros cuadrados
    (4) el Mar de Bering es más grande que el Mediterráneo
    (5) el Océano Ártico es mayor que el Océano Atlántico

52. Las diferencias de superficie entre los mares

    (1) son menores que las diferencias que se perciben entre los océanos
    (2) son muy acentuadas
    (3) no existen
    (4) se reflejan mejor al comparar el Mar Caribe con el Mar Mediterráneo
    (5) se producen debido a las mareas y corrientes

53. Según la gráfica B, el océano más importante es el

    (1) Índico
    (2) Pacífico
    (3) Ártico
    (4) Atlántico
    (5) ninguno de los anteriores

54. El Océano Índico

    (1) es el más grande del mundo
    (2) es americano
    (3) tiene una extensión de 100 kilómetros cuadrados
    (4) es el cuarto océano más importante
    (5) es menor en extensión que el Atlántico

55. El Mar Caribe es

    (1) el mar mayor del mundo
    (2) el mar menor del mundo
    (3) más pequeño que el Mediterráneo
    (4) igual que el Mediterráneo
    (5) el segundo mar mayor del mundo

Las preguntas 56–58 se refieren a la gráfica singuiente:

Balanza de los EE.UU.-Pagos internacionales.

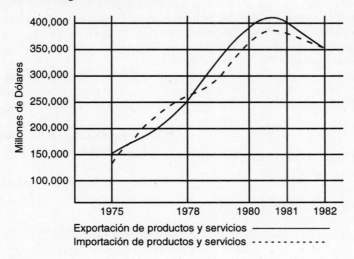

56. Según la gráfica, el valor de los productos y servicios exportados por los Estados Unidos excedió el valor de productos y servicios importados durante el año

    (1) 1976
    (2) 1977
    (3) 1980
    (4) 1982
    (5) La gráfica no provee esta información

57. El valor de Los productos y servicios importados por los Estados Unidos excede el valor de los productos y servicios exportados durante el año

    (1) 1975
    (2) 1977
    (3) 1980
    (4) 1981
    (5) 1982

58. ¿Por cuántos millones de dólares las exportaciones excedieron a las importaciones en 1980? (Responda en millones de dólares.)

    (1) 4,000
    (2) 10,000
    (3) 40,000
    (4) 60,000
    (5) 100,000

Las preguntas 59–62 se refieren al pasaje siguiente:

El caballo español produjo una revolución en las tribus indias norteamericanas cambiando radicalmente el tipo de caza, sus dominios territoriales, muchas de sus costumbres y formas de vida. De los caballos españoles, los indios usaron el mustang, el pinto y el palomino. De todos ellos el pinto fue el preferido. De aqui, que hasta no hace mucho, el "cowboy" ha rehusado tener el caballo pinto en sus manadas y ranchos simplemente porque para el indio era su corcel favorito. Hoy, sin embargo, existe en los Estados Unidos una asociación de caballos pintos a la que pertenecen personas propietarias o simpatizantes del animal.

El pinto era el caballo predilecto de los indios por ser veloz y fuerte, ideal para cazar el búfalo y para la guerra. Asimismo, se usaba como animal de cargo, cuando había que viajar o transporter cosas. Pero es además un caballo lúcido, vistoso, lleno de colores, "pintado", excelente camuflaje. De todas las manchas del pinto, la más importante pare el indio era la blanca. El pinto era considerado como un descendiente directo del gran caballo blanco sagrado. La leyenda decía que el caballo puramente blanco, como el búfalo blanco, tenía poderes mágicos: curaba, era invencible en las batallas, era el más veloz y el más perfecto.

Los misioneros españoles enseñaron a muchos indios a montar a caballo. En las misiones, grupos de jóvenes indios iban a trabajar a las haciendas, y los frailes les enseñaban cómo cuidar y montar los caballos. La Corona Española tuvo conocimiento de los riesgos que ello encerraba, pensando en una posible rebelión de los indios y prohibió a los religiosos enseñarles a los indios a montar a caballo. Pero la ley no surtió efecto.

Los indios llegaron a ser grandes jinetes. El caballo originó una nueva forma de vida y comenzó a ser parte también de sus creencias religiosas. Cuando un guerrero moría, su caballo favorito era sacrificado para que en su largo viaje le acompañara al mundo de las sombras.

59. El caballo español

    (1) fue traído a América antes de la conquista
    (2) provocó un cambio en muchas de las costumbres indias
    (3) fue traído a América por los indios
    (4) era poco apreciado por los ingleses
    (5) no influyó notoriamente en la cultura india

60. El pinto era el caballo preferido de los indios por varias razones excepto por

    (1) su velocidad
    (2) su fortaleza
    (3) su aprovechamiento como animal de carga
    (4) ser de un solo color
    (5) ser ideal para la guerra

61. La Corona Española prohibió que los indios aprendieran a montar a caballo porque

    (1) era un monopolio exclusivo de los caballeros
    (2) no estaban acostumbrados

    (3) los españoles eran los únicos que podían hacer uso de los caballos
    (4) había pocos animales
    (5) era posible que se rebelaran haciendo uso de los caballos

62. En muchas culturas indias, si un guerrero moría

    (1) su caballo era vendido a otra nación india
    (2) su caballo favorito era regalado a su hijo primogénito
    (3) su caballo favorito era sacrificado
    (4) sacrificaban un caballo pinto en la ceremonia
    (5) se repartían en el pueblo todos los caballos que tenía

Las preguntas 63–64 se refieren a la gráfica siguiente:

Porcentaje de la población por grupo de edades.

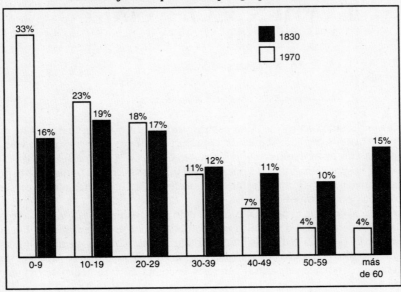

63. Desde 1830 a 1970, ¿dentro de qué grupo de edad ocurrió el menor cambio en el porcentaje de la población?

    (1) nacimientos, 0 a 9 años
    (2) 10–19
    (3) 20–29
    (4) 40–49
    (5) 50–59

64. Desde 1830 a 1970, dentro de qué grupo de edad ocurrió el mayor cambio en el porcentaje de la población?

    (1) 50-59
    (2) 40-49
    (3) nacimientos, 0 a 9 años
    (4) 20-29
    (5) 10-19

FIN DE ESTA PARTE

EXAMEN 3: CIENCIAS

66 preguntas—95 minutos

Las preguntas 1–4 se refieren al pasaje siguiente:

El petróleo es un líquido oleoso, de color oscuro verdoso, formado probablemente por descomposición de materia orgánica sepultada, cubierta por estratos de tierra y aprisionadas en forma de bolsas con una envoltura superior pétrea o rocosa. Como resultado de esta descomposición se desprenden gases, los cuales presionan la superficie líquida del petróleo, y al realizar una perforación surge inmediatamente a la superficie; otras veces es necesaria la extracción mediante bombas.

El gas natural que acompaña al petróleo está formado principalmente por hidrocarburos gaseosos de la serie parafínica, desde el metano al butano, y se utiliza principalmente como combustible. El petróleo está constituido principalmente por una mezcla compleja de hidrocarburos, no sólo de cadena abierta, sino también por cicloparafinas y compuestos aromáticos. También contienen cantidades variables de compuestos conteniendo oxígeno, azufre, nitrógeno, etc.

El petróleo bruto en las refinerías se somete a una destilación fraccionada para separar los componentes de distinto punto de ebullición y dar así diferentes fracciones, formadas por un corto número de hidrocarburos.

La primera fracción destila entre 30 y 90 grados y está formada principalmente por mezclas de hidrocarburos de cinco a siete átomos de carbono y recibe el nombre de éter de petopetróleo, ligroina de gran aplicación como disolvente. Entre 70 y 200 grados destilan las gasolinas, mezclas de hidrocarburos de siete a nueve átomos de carbono, de aplicación como combustible en motores y como disolvente. Entre 200 y 300 grados destilan el keroseno o petróleo de arder, formado por hidrocarburos de 10 a 16 átomos de carbono. Desde 300 a 400 grados destilan el gas-oil, utilizado principalmente como combustible en motores Diesel y en la fabricación de gasolinas "cracking". Por último, se separan los aceites lubricantes con más de 20 átomos de carbono. El residuo está constituido por asfaltos de cok y petróleo.

1. El petróleo se forma principalmente de

   (1) los estratos de la Tierra
   (2) la descomposición de la materia orgánica que se encuentra dentro de la Tierra
   (3) la desintegración de los gases
   (4) la descomposición de los hidrocarburos
   (5) la destilación de los líquidos

2. Seleccione la afirmación equivocada.

   (1) El petróleo está acompañado de gas natural.
   (2) El metano es un gas natural.
   (3) El butano es un gas natural.
   (4) El petróleo no es un combustible.
   (5) Las cicloparafinas forman parte del petróleo.

3. El petróleo bruto se somete en las refinerías a

   (1) destilación simple
   (2) perforación
   (3) destilación fraccionada
   (4) parafinado
   (5) evaporación

4. El derivado del petróleo que tiene menos átomos de carbono es

   (1) el aceite
   (2) éter de petopetróleo
   (3) el keroseno
   (4) el gas-oil
   (5) la gasolina

Las preguntas 5–8 se refieren al pasaje siguiente:

Si se abandonan al aire el vino, la sidra o la cerveza, toman a veces un sabor agrio y esto sucede tanto más fácilmente cuanto menor es su riqueza en alcochol. Al mismo tiempo, el líquido se recubre de un velo blanco gelatinoso, *la madre del vinagre* que al microscopio aparece formada de pequeñas células yuxtapuestas. Estas células constituyen un fermento, el *micoderma aceti,* que se desarrolla con rapidez al contacto de las sales y substancias del vino: al mismo tiempo, este fermento fija al oxígeno del aire sobre el etanol del vino para transformarlo en *ácido acético.*

$$CH_3 - CH_2OH + O_2 - COOH + H_2O$$

El vino se convierte así en *vinagre*. Para que una disolución alcohólica pueda sufrir la fermentación acética, no debe contener más de 10 a 12 por 100 de alcohol. Por eso los vinos ricos en alcohol no se "pican" fácilmente. Además, la *madre del vinagre* debe permanecer en la superficie del líquido, porque el *micoderma aceti* no puede vivir fuera del aire.

Se prepara el vinagre haciendo sufrir la fermentación acética a vinos de calidad inferior o a líquidos débilmente alcohólicos. En el procedimiento Pasteur, el vino está contenido en cubas de gran diámetro, cubiertas y poco profundas, aireadas por aberturas laterales. Se extrae vinagre y se añade vino por un embudo que termina en el fondo del líquido, con el fin de dejar la *madre del vinagre* en la superficie.

El ácido acético es un líquido incoloro, de fuerte olor a vinagre. Hierve a 118 grados y debe manejársele con precaución porque sobre la piel produce quemaduras casi tan graves como las del ácido sulfúrico. Es miscible en el agua en todas proporciones. Sus soluciones tienen un sabor picante, como el vinagre, el cual contiene un 6 por 100 de ácido acético. Por congelación fraccionada de las soluciones concentradas, se obtienen cristales incoloros de ácido acético puro que funde a 17 grados. Por eso el ácido acético puro se le llama ácido acético glacial. Es muy higroscópico (absorbe con gran facilidad la humedad).

5. El vino, la sidra y la cerveza al contacto con el aire toman un sabor agrio como consecuencia de

   (1) su alto contenido alcohólico
   (2) su bajo contenido alcohólico
   (3) que son bebidas puramente alcohólicas
   (4) unas células yuxtapuestas
   (5) un fermento llamado *micoderma aceti*

6. Una disolución alcohólica puede sufrir fermentación acética si su contenido alcohólico

   (1) oscila del 5 al 10 por ciento
   (2) permanece en la superficie del líquido
   (3) excede el 12 por ciento
   (4) es de un 11 por ciento
   (5) varía del 15 al 20 por ciento

7. El vinagre se prepara por

   (1) fermentación acética de líquidos de bajo contenido alcohólico
   (2) fermentación acética de bebidas muy alcohólicas
   (3) disolución del ácido acético
   (4) disolución de las sustancias nitrogenadas del vino
   (5) electrólisis

8. Todas las afirmaciones siguientes son verdaderas a excepción de una.

   (1) El olor del ácido acético es como el del vinagre.
   (2) El ácido acético produce fuertes quemaduras en la piel.
   (3) El ácido acético puro hierve a 50 grados.
   (4) El ácido acético absorbe fácilmente la humedad.
   (5) El ácido acético es soluble en agua.

Las preguntas 9–12 se refieren al pasaje siguiente:

La Física estudia fenómenos que son comunes a todos los seres naturales y no implican necesariamente una profunda transformación de la materia. Aunque a la Física, por su misma etimología (fisis = naturaleza), le compete el estudio de todo el mundo natural, sin embargo, se restringe su estudio a aquellas propiedades de que pueden participar todos los cuerpos (materia, movimiento, energía, fuerza...), dejando a otras Ciencias Experimentales (Biología, Astronomía, Geología...), lo específico de cada una. La Química, en su parte no descriptiva enuncia, igual que la Física, leyes generales de la materia; pero mientras éstas afectan a las transformaciones sustanciales, los fenómenos físicos no cambian de forma radical el ser de las cosas.

Por ejemplo, el agua puede estar más o menos caliente, puede evaporarse, congelarse. Son todos fenómenos físicos. Pero si se descompone en sus elementos, oxígeno e hidrógeno, estamos ante una transformación química. Los componentes se comportan de una manera sustancialmente distinta que el compuesto.

Pongamos otro ejemplo, el vapor de agua se condensa formando nubes, las pequeñas gotas se agregan y caen, por la gravedad, venciendo ya la resistencia del aire: son todos fenómenos físicos. Pero determinar en concreto las condiciones en que esa condensación y agregación se ha de verificar para que se forme lluvia, pertenece a otra nueva Ciencia, la Meteorología.

El método experimental de la Física abarca: a) la observación que lleva consigo el reproducir los fenómenos en las mejores condiciones para la medida de los mismos; b) solución de las aparentes contradicciones; c) examen de los resultados obtenidos; d) generalización y explicación de éstos mediante hipótesis; y e) verificación de las hipótesis enunciadas. Cuando estas hipótesis se han confirmado, entonces adquieren la categoría de "Ley física".

9. La Física estudia

   (1) la transformación de la naturaleza
   (2) la transformación química
   (3) la conducta del ser humano
   (4) las propiedades de los cuerpos del mundo natural
   (5) los cambios que se producen en el ser

10. Según el texto,

    (1) el agua no puede elaborarse
    (2) el método experimental verifica hipótesis
    (3) el vapor de agua no forma nubes
    (4) la Química es igual que la Física
    (5) naturaleza = biofísica

11. La formación de las nubes es un fenómeno

    (1) químico
    (2) biológico
    (3) astronómico
    (4) astrológico
    (5) físico

12. El estudio de la pluviosidad le corresponde a la

    (1) Meteorología
    (2) Química
    (3) Estadística
    (4) Astrología
    (5) Astronomía

Las preguntas 13–16 se refieren al pasaje siguiente:

¿Qué es la energía? ¿Cómo ha pasado ésta a convertirse en algo tan absolutamente vital, un concepto que, después de todo, es más bien teórico? La Física nos enseña que la energía constituye la capacidad para realizar un trabajo. Cualquier cambio en el Universo requiere trabajo, por lo que la energía representa el agente motor, por excelencia, de la naturaleza.

La humanidad utilizó, en primer lugar, la energía del fuego para calentarse, cocinar y elaborar utensilios y armas. También usaba su propia energía muscular y la de ciertos animales que acabó por domesticar. Luego vinieron las primeras máquinas simples, y con la llegada del vapor, las máquinas más complejas, capaces de transformer el calor en trabajo, iniciando así la llamada Revolución Industrial del siglo XIX.

Desde el punto de vista teórico, sólo hay dos tipos de energía: la potencial y la cinética. Un peso que sostenemos en el aire o un simple pedazo de carbón posee una energía propia que depende de la altura del peso sobre el suelo y de la estructura química del negro mineral. Es su energía *potencial*. Si soltamos el peso, esta energía potencial se convierte en energía ligada al movimiento, es decir en energía *cinética*: cuando el peso está atado a un mecanismo de relojería, tendremos en su lenta caída, energía bastante como para hacer andar al reloj durante muchas horas.

La cantidad de trabajo que se llega a desarrollar gracias a las máquinas se encuentra en proporción directa con la combustión del carbón y, más tarde, de petróleo. La energía química de estos combustibles fósiles, residuo vegetal de cientos de millones de años, fue rápidamente empleada para obtener calor con que alimentar las máquinas.

Pero la energía potencial, que se fue acumulando en esos millones de años, la hemos gastado en menos de dos siglos. Nuestro consumo anual de carbón, por ejemplo, puede descifrarse en miles de millones de toneladas. Y algo parecido ocurre con el petróleo. A este ritmo, y en función de los consumos previsibles en los próximos años, el mundo se quedará sin petróleo dentro de treinta años y el carbón se agotaría antes del años 2100.

La humanidad necesita energías de recambio porque el petróleo y el carbón se agotan. Fusión nuclear, olas y mareas, energía solar... No es evidente que, con el siglo XXI tan cerca, podamos encontrar estas fuentes energéticas a tiempo.

13. Según el texto,

    (1) el petróleo es una fuente de energía pero no el carbón
    (2) no existe un problema de energía
    (3) es necesario buscar nuevas fuentes energéticas de cara al próximo siglo
    (4) hay reservas de carbón para los próximos 300 años
    (5) el consumo anual de carbón llega a cien mil toneladas

14. La primera forma de energía que utilizó la humanidad fue

    (1) cinética
    (2) calórica
    (3) potencial
    (4) atómica
    (5) nuclear

15. ¿Cuál de las siguientes formas de energía existe teóricamente?

    (1) atómica
    (2) nuclear
    (3) térmica
    (4) calórica
    (5) potencial

16. La energía que posee un cuerpo en virtud de su movimiento es

    (1) radiante
    (2) eléctrica
    (3) potencial
    (4) cinética
    (5) atómica

Las preguntas 17–20 se refieren al pasaje siguiente:

La temperatura se puede medir por medio de los aparatos llamados termómetros, aunque los más corrientes son los llamados de mercurio. Están formados por un tubo de vidrio fino y cerrado, cuya base se dilata formando un depósito. Adosada al tubo hay una escala donde se señala la temperatura.

Para preparer uno de estos termómetros, se ha de colocar previamente el mercurio dentro del depósito. Para hacerlo se extrae el aire del tubo y se cierra. Después se ha de graduar y para ello necesitamos marcar dos puntos fijos: uno corresponde al punto de congelación del agua, es decir, el punto en que pasa de líquido a sólido; el otro es el punto de ebullición, en el que el agua pasa de líquido a gas. El punto de congelación se señala de la siguiente manera: se introduce el tubo con el mercurio en un recipiente con hielo machacado; el punto que alcance el extremo del mercurio es donde se marca el punto inferior de la escala. Después se lleva el tubo a un recipiente que contenga agua hirviendo y se pone el depósito de mercurio en contacto, no con el agua, sino con el vapor que se escape. El mercurio se dilata haste llegar a un extremo; aquí se marca el punto superior de la escala.

Cuando se han obtenido esos dos puntos fijos, el espacio comprendido entre ambos se divide en una serie de partes iguales que son los grados, según las diferentes escalas. En la llamada escala centígrada o de Celsius, que es la más empleada en todo el mundo, dicho espacio se divide en cien partes o grados. El punto inferior corresponde al grado 0 y el superior al grado 100. Los países de habla inglesa utilizan mucho la llamada escala de Farenheit, que marca en el punto inferior el grado 32 y en el superior el 212. Esta escala tiene, por tanto, 180 grados que equivalen a los 100 de la centígrada.

17. Según el texto,

   (1) el punto de congelación del agua es 20° C
   (2) la temperatura se mide con termómetros
   (3) el mercurio es un tubo de vidrio
   (4) el vapor de agua se congela a 0° C
   (5) el calor de los cuerpos marca el punto superior de la escala

18. Dentro del termómetro se encuentra

   (1) agua
   (2) una escala
   (3) mercurio
   (4) un ácido
   (5) sodio

19. El punto de congelación es

   (1) la temperatura a la que hierve el agua
   (2) la temperatura a la que hierve una sustancia cualquiera
   (3) una temperatura muy baja
   (4) una temperatura muy alta
   (5) la temperatura a la cual una sustancia pasa del estado líquido al estado sólido

20. La escala centígrada está dividida en

   (1) 100 grados
   (2) 180 grados
   (3) 80 grados
   (4) 10 grados
   (5) 212 grados

Las preguntas 21–24 se refieren al pasaje siguiente:

La glándula sericígena del gusano de seda es lugar de intensa producción de dos proteínas: la fibroína y la sericina, las consecuencias prácticas de lo cual interesan desde hace mucho a los biólogos (en aquella descubrieron la serina) y a los cristalógrafos (que pudieron observar estructuras regulares en el espacio), y desde hace poco, a los biólogos moleculares.

En efecto, los mecanismos que conducen al establecimiento de una glándula muy diferenciada son accesibles a la genética molecular. En vez de investigar los genes que contienen la información necesaria para la síntesis de tal o cual proteína ya conocida, un grupo de investigadores de Lyon (Francia) ha preferido estudiar la composición de la población de intermediarios de las proteínas en el curso del desarrollo de la glándula sericígena. Paso fructuoso que ha permitido constatar la abundante presencia de un ARN que corresponde a una pequeña proteína hasta entonces desconocida.

Esta proteina, pequeña en relación a la fibroína, ha sido denominada P25 a causa de su peso (25 Kdalton). Es secretada por la glándula y se encuentra en la seda del capullo. Su aparición se coordina con la de la fibroína. El mecanismo de esta coordinación y la función de esta nueva pequeña proteína sedosa ocupan la mayor parte de los esfuerzos de los investigadores, con quienes el gusano de seda ha hecho su entrada en la biología molecular.

21. La fibroína es

    (1) una glándula
    (2) un órgano vital
    (3) una proteína
    (4) un carbohidrato
    (5) una molécula

22. La proteína sericina es producida par la glándula

    (1) exocrina
    (2) sudorípera
    (3) salivar
    (4) sericígena
    (5) endocrina

23. La información necesaria para la síntesis de una proteína la contiene

    (1) la biología
    (2) la genética molecular
    (3) la anatomía
    (4) los genes
    (5) las proteínas

24. La proteín llamada P25 se encuentra en

    (1) la biología
    (2) la seda del capullo
    (3) las moléculas
    (4) la fibroína
    (5) la glándula endocrina

Las preguntas 25–28 se refieren al pasaje siguiente:

La muda y la metamorfosis de los insectos son controlados en gran medida y sintetizadas por glándulas especializadas. Hace unos años, un equipo norteamericano y uno estrasburgués demostraron independientemente que los ovaries de insectos adultos poseen igualmente la capacidad de sintetizar ecdisteroides.

El equipo estrasburgués dirigido por Jules Hoffman, al proseguir estos trabajos en la langosta migradora, ha establecido que casi el 98% de las ecdisteroides ováricas no se encuentran en estado libre sino "conjugadas" a otras moléculas. Antes de la puesta estos conjugados alcanzan concentraciones en extreme sorprendentes (150 m). Se vuelven a encontrar en los huevos recién puestos, y en el curso del desarrollo embrionario y en él sufren diferentes transformaciones: en especial, la hidrólisis de los conjugados permite explicar la aparición de picos de concentración de ecdisona libre en los huevos y en los embriones, en unos estadios en los que las glándulas endocrinas todavía no están diferenciadas. Una de las funciones de la ecdisona liberada es, obviamente, el control de las mudas embrionarias.

Un trabajo de colaboración entre el laboratorio de química de sustancias de Estrasburgo dirigido por Bang Luu y el equipo de Hoffman se ha corroborado con el aislamiento e identificación de los principales conjugados de los ecidsteroides sintetizadas por la hembra adulta y transmitidas al huevo.

Este trabajo ha permitido demostrar que el conjugado principal es un éster de la 2-desoxiecdisona ligado al ácido adenosinomonofosfórico (AMP), nucleotido implicado habitualmente en los procesos energéticos de la célula. En el curso del desarrollo embrionario, este conjugado libera la 2-desoxiecdisona que, inmediatamente, es transformada e inactivada en los huevos más viejos.

Este trabajo demuestra por primera vez la conjugación de una hormone esteroide con un nucleotido y revela que los conjugados hormonales sintetizados por la madre son utilizadas en el curso del desarrollo embrionario. Probablemente se trata de la primera demostración de una relación hormonal entre el organismo materno y el embrión en un animal ovíparo.

25. La metamorfosis de un insecto es

   (1) el proceso de digestión de un insecto
   (2) el proceso de procreación
   (3) la muerte causada por productos químicos
   (4) la serie de cambios de forma que sobrevienen durante sus vidas
   (5) ninguna de las anteriores

27. El principal conjugado de los *ecdisteroides* es un

   (1) alcohol
   (2) carbohidrato
   (3) éster
   (4) éter
   (5) ácido carboxílico

26. Las *ecdisteroides* ováricas se encuentran "conjugadas" a otras moléculas o sea que

   (1) están separadas de las moléculas
   (2) están unidas a otras moléculas
   (3) la ecdisteroides ováricas se encuentran en los insectos
   (4) los insectos pueden sintetizar las ecdisteroides ováricas
   (5) ninguna de las anteriores

28. El trabajo realizado se trata de la primera demostración de una relación hormonal entre

   (1) el organismo materno y el embrión en un animal bíparo
   (2) el organismo paterno y el embrión en un animal bíparo
   (3) el organismo paterno y el embrión en un animal ovíparo
   (4) los insectos y su medio ambiente
   (5) el organismo materno y el embrión en un animal ovíparo

Las preguntas 29–32 se refieren al pasaje siguiente:

La hoja es de color verde y está unida al tallo; es principalmente el órgano de la nutrición de la planta. En la hoja se realizan funciones básicas, como la fotosíntesis, la respiración y la transpiración. La mayoría de ellas tienen la superficie plana y se componen de varias partes: *limbo, peciolo* y *vaina.*

El limbo es toda la parte ensanchada y está formado por: los *nervios,* que forman como una especie de esqueleto; el *haz* o cara superior; y el *envés,* que constituye la cara inferior. El limbo es la parte más importante de la hoja. Si damos un corte transversal al limbo de una hoja y lo analizamos en el microscopio, podremos encontrar, primero, en la cara superior o haz, una capa de células con la membrana parcialmente endurecida, llamada *epidermis superior*; encontramos, asimismo, la misma estructura en la parte inferior de la hoja, y tanto en una como en otra cara podemos observar pequeños orificios llamados *estomas* formados por un conjunto de dos células cada uno. También observamos debajo de la epidermis del haz unas células alargadas llamadas *parénquimas en empalizada* y otras parecidas que dejan entre sí una especie de hueco o laguna, llamadas *parénquimas lagunares.* Ambas células parénquimas están llenas de cloroplastos.

La estructura interna de la hoja está adaptada a una intensa circulación de los gases a través del limbo. Las células que hemos señalado anteriormente intercambian los gases de la respiración y de la fotosíntesis con la atmósfera. A través de los huecos o lagunas del parénquima lagunar, el aire y otros gases circulan con facilidad por la hoja y, por medio de los estomas, penetran en el interior de la hoja o salen fuera a la atmósfera.

La segunda parte importante de la hoja es el *peciolo.* Si observas una hoja verás como hay un segmento pequeño alargado que une el limbo con el tallo, pues bien, esa pequeña unidad se llama peciolo. En su base se ensancha, formando la *vaina.* En cierto tipo de plantas, puede darse el caso que existan prolongaciones en la vaina; entonces se conocen con el nombre de *estípulas.*

Es importante recordar, asimismo, que se llaman hojas *perennes* cuando no caen todas a la vez y la planta siempre está cubierta de hojas; por ejemplo, el pine, el naranjo, la encina. *Caducas* cuando todas las hojas caen al mismo tiempo y la planta se queda sin hojas; por ejemplo, el roble, el chopo, el rosal.

Hay también hojas con características variadas. Las que tienen peciolo se llaman *pecioladas;* aquellas que no tienen, se denominan *sentadas.* Cuando el limbo forma una pieza, como la hoja del cerezo, se conoce con el nombre de *entera;* cuando está dividido en varias partes se llama hoja *compuesta,* y dentro de éstas existen muchas clases según sus formas (palmeada, por ejemplo). Cuando el limbo se divide completamente, como en el caso de la hoja de la higuera, se llama *hendida.* Según la forma del limbo reciben diversos nombres: arriñonadas, acintadas, aciculadas, aflechadas, escamosas, ovaladas, etc.

29. En una planta la hoja es

    (1) su principal parte
    (2) el órgano utilizado para absorber el agua
    (3) el órgano de reproducción
    (4) el órgano par el cual la planta se alimenta
    (5) ninguna de las anteriores

30. En la hoja se realizan las funciones básicas excepto

    (1) fotosíntesis
    (2) respiración
    (3) transpiración
    (4) reproducción
    (5) nutrición

31. Sólo una de las afirmaciones es correcta. ¿Cuál es?

    (1) La fotosintesis es la operación por la cual la planta respira.
    (2) La parte superior e inferior del limbo tienen la misma estructura.
    (3) Las parénquimas forman parte del peciolo.
    (4) Las hojas perennes se caen en invierno.
    (5) Las plantas sentadas son las que no tienen tallo.

32. Los árboles que se quedan sin hojas son

    (1) árboles como el pine o el naranjo
    (2) los que se mueren en invierno
    (3) árboles de hojas caducas
    (4) los que tienen las hojas pecioladas
    (5) árboles que sólo viven en invierno

Las preguntas 33–36 se refieren al pasaje siguiente:

Existe una población de lagartos en donde tan sólo hay hembras. La especie *Cnemidophorus neomexicanus* carece de la figura del macho. Las hembras se reproducen sin la presencia del esperma. A esta clase de reproducción se le conoce con el nombre de partenogenesis.

Se han encontrado casos de este increíble animal unisexual en la Armenia soviética (genus *Lacerta*), en el norte de México y en el suroeste de los Estados Unidos (genus *Cnemidophorus*). .

El genus *Cnemidophorus* está compuesto de unas 40 especies, de ellas tan sólo 12 parecen ser que son unisexuales. Segun los biólogos Lowe y Wright, el origen de la especie unisexual *C. neomexicanus* se encuentra en la unión que tuvieron dos especies que vivian en habitats diferentes, una en la tierra y otra en zanas desérticas. El *C. neomexicanus,* según esta interpretación, nació del *C. Tigris* y del *C. Inoratus.*

Para observar directamente cómo funciona el sistema reproductor de esta especie, los científicos Carol Townsend y Charles Cole han hecho una serie de experimentos en el laboratorio con lagartos hembras capturados. En los años de la década del 1960, los biólogos Minton y Zweifel trataron de analizar la vida reproductora de esta especie, pero sus intentos no surgieron efectos en cuanto que los lagartos morían en el laboratorio.

Townsend y Cole descubrieron que podían sobrevivir aplicándoles dosis diferentes de radiaciones ultravioletas, fortaleciéndolos en calcio. Se ha conseguido en el laboratorio, bajo condiciones apropiadas, que los lagartos hembras se reproduzcan fácilmente. Han nacido ya 7 generaciones, con cientos de crías todas ellas hembras. No ha habido en ningún momento presencia de esperma ni ha nacido ningún macho entre las crías.

Townsend y Cole han afirmado que con respecto al color, forma, morfología y tamaño, las crías son casi idénticas a las madres. Hay pocas variaciones. Las que existen se deben probablemente a las nuevas condiciones ambientales o simplemente a causas genéticas. Actualmente ambos biólogos trabajan analizando estas diferencias.

El estudio de la reproducción de estos lagartos hembras ha aportado datos importantes al mundo biológico animal, ayudándonos a profundizar en el análisis de los cambios que se producen en el proceso de desarrollo embriónico y en la función del óvulo y del esperma en la fertilización.

Hace cerca de 30 años, un zoólogo ruse, Ilya Darevsky, descubrió que una especie de lagartos llamada *Lacerta*, que habitaba en la Armenia soviética, se componía solamente de hembras, pero en aquellos años la familia de científicos no le hizo caso. ¿Cómo se podía reproducir una especie formada tan sólo de hembras? Se pensaba que la única forma de reproducción era a través de la unión de un esperma y de un óvulo. El análisis de los lagartos *C. neomexicanus* ha demostrado que la reproducción puede producirse de otra manera: tan sólo depende de la hembra.

A partir de estas investigaciones, no cabe duda que la pregunta surge en la mente humana: Genéticamente, ¿se podría dar la posibilidad de que la mujer fecundara sin la presencia del esperma del hombre?

33. La reproducción que no cuenta con el concurso de los sexes se llama

    (1) bisexual
    (2) asexual
    (3) partenogénesis
    (4) biogénesis
    (5) axiogénesis

34. Los lagartos que sólo son hembras tuvieron su origen en el cruce de

    (1) dos especies que vivían en el desierto
    (2) dos especies que vivían en medios diferentes: la tierra y el desierto
    (3) dos especies marinas que vivían en habitats diferentes
    (4) una especie del desierto y otra marina
    (5) ninguna de las anteriores

35. Los lagartos hembras se han reproducido en el laboratorio y sus crías son casi idénticas en los siguientes aspectos excepto en

    (1) color
    (2) morfología
    (3) forma
    (4) tamaño
    (5) ninguno de las anteriores

36. La capacidad de reproducción de los lagartos hembras sin la intervención del macho

    (1) demuestra que la contribución del hombre en la reproducción de seres humanos es ínfima
    (2) fue descubierta por un zoólogo armenio
    (3) plantea la duda sobre si se podría dar el mismo caso en la especie humana
    (4) es una reproducción asexual
    (5) sólo se puede dar en el desierto

Las preguntas 37–40 se refieren al pasaje siguiente:

La mineralogía de la Luna recuerda en numerosos aspectos a la de la Tierra: está dominada por los silicatos, que constituyen más del 95%. Entre ellos se distinguen cuatro grandes familias, según el ordenamiento en el mineral de los tetraedros SO_4; éstos pueden estar aislados (olivinos), formar cadenas (piroxenos), planos continuos (micas) o redes tridimensionales (cuarzo, feldespatos). Al pasar de los olivinos a los feldespatos la red cristalina presenta intersticios coda vez más abiertos. Puede por tanto aceptar iones de radio iónico creciente. De este modo, los olivinos (Mg, Fe) SiO_4, contienen exclusivamente iones pequeños, mientras que los feldespatos (Ca, Na, K,) (Al, Si)$_4O_8$, están constituidos esencialmente par iones de gran radio. Los piroxenos, (Mg, Fe, Ca)SO_3, tienen una composición intermedia. Por el mismo motivo, la densidad decrece de los olivinos a los feldespatos. En fase líquida, estos últimos migran pues hacia la superficie, y originaron la corteza tanto en la Tierra como en la Luna, mientras que los piroxenos y los olivinos permanecen en capas profundas y dieron lugar al manto. Las lavas que constituyeron los mares lunares proceden de la licuefación del manto.

Sin embargo, la mineralogía lunar presenta importantes diferencias con la de la Tierra: en primer lugar, las rocas lunares son más básicas que las rocas terrestres. Las micas están totalmente ausentes y los granitos de la corteza terrestre son sustituidos por la anortosita, roca constituida casi exclusivamente de feldespatos. Además, estos feldespatos son muy ricos en calcio, elemento refractario, mientras que los feldespatos terrestres contienen sobre todo potasio y sodio, elementos volátiles.

Los mares lunares son ricos en titanio, otro elemento refractario, en forma de ilmenita, $FeTiO_2$. Finalmente, la Luna contiene mucho menos hierro y níquel que la Tierra: mientras que el núcleo terrestre representa alrededor de un 30% de la masa de nuestro planeta, el núcleo lunar, caso de existir no constituye más que el 2% de la masa de la Luna. De ahí que nuestro satélite no posea campo magnético dipolar.

Cerca de 400 kilogramos de muestras han sido extraídas de la Luna por diferentes misiones espaciales. Una comunidad de varios millares de científicos de todas las disciplinas se consagran al estudio de estas "piedras lunares". Por primera vez, un cuerpo planetario ha dejado de ser patrimonio exclusivo de los astrónomos, y el estudio extensivo de estas muestras ha permitido describir en detalle la historia de nuestro satélite y conocer su geología. Hoy los científicos intentan extraer de las muestras lunares nuevas informaciones sobre el medio interplanetario, su historia y su influencia sobre los pequeños planetas, así como describir las etapas inciales de la historia del sistema solar.

37. La minerología de la Luna es similar a la de la tierra en que el porcentaje de silicatos es

   (1) inferior al 95%
   (2) del 90%
   (3) del 87%
   (4) del 95%
   (5) inferior al 100%

38. Los feldespatos son una clase de

   (1) olivinos
   (2) silicatos
   (3) piroxenos
   (4) micas
   (5) cuarzo

39. Los cuerpos planetarios

   (1) son patrimonio de los astrónomos
   (2) son objeto de estudio cada diez años
   (3) han pasado a ser estudiados por científicos de diferentes disciplinas
   (4) están rodeados de satélites
   (5) tienen un núcleo que representa el 30% de la masa de nuestro planeta

40. Los mares lunares son ricos en

   (1) magnesia
   (2) potasio
   (3) sodio
   (4) titanio
   (5) silicio

Las preguntas 41–44 se refieren al pasaje siguiente:

La *caolinita* o silicato de caolín $Al_4(OH)_3Si_4O_{10}$, en el sistema triclínico de los filosilicatos, es la más abundante en la naturaleza como componente fundamental del caolín.

Al tratarse de un mineral de arcilla, la caolinita aparece normalmente en forma de agregado terroso de tonalidad variable, desde el blanco y gris amarillento hasta el castaño, según la naturaleza de las numerosas impurezas que contenga. Ocasionalmente también aflora como pequeñísimos cristales laminares pseudohexagonales de aspecto nacarado.

Entre sus propiedades podemos decir que es muy blanda—2,25 en la escala de Mohs— y ligera—2,60 de peso específico—. Su exfoliación es perfecta. Infusible e inalterable por el ácido clorhídrico, no así por el sulfúrico. Una vez deshidratado, pulverizado y empastado con agua se transforma en una masa moldeable y fácil de fraguar, apta para la industria de la cerámica y la loza.

El mineral se forma tras un complejo y característico proceso conocido con el nombre de caolinización, consistente en la alteración hidrotérmica de los feldespatos y otros silicatos de aluminio.

Enormes depósitos arcillosos sedimentarios se encuentran en antiguas cuencas lacustres. Quizá el más famoso de todos sea el del monte Kauling (China) junto a los de Limoges (Francia).

41. La caolinita es

(1) caolín silicatizado
(2) arcilla
(3) silicato de magnesia
(4) caolín ionizado
(5) ninguna de las anteriores

42. Una de las siguientes afirmaciones acerca de la caolinita no es correcta. ¿Cuál es?

(1) Es terrosa.
(2) Es muy blanda.
(3) Puede ser de color azul nacarado.
(4) Es inalterable por el ácido clorhídrico.
(5) Es usada en la industria de la cerámica.

43. La caolinita se forma a través de

(1) la oxidación de metales a causa de la alteración hidrotérmica
(2) la alteración hidrotérmica de los silicatos
(3) la oxidación de los halógenos
(4) la reducción de los haluros
(5) la mezcla de halógenos y haluros

44. La caolinita procesada se utilize en la

(1) industria de la cerámica
(2) encuadernación de libros
(3) condensación de silicatos de aluminio
(4) alteración de feldespatos
(5) industria automotriz

Las preguntas 45-48 se refieren al pasaje siguiente:

Se denominan lipidos a un grupo de compuestos muy abundantes en el reino animal vegetal, caracterizados por ser ésteres de los ácidos grasosos superiores. Entre ellos citaremos las ceras cuando la escerificación se realiza con alcoholes de un solo grupo hidróxilo, y las grasas cuando se realiza con glicerina, formándose los glicéridos.

$$RCOOH \qquad HO{-}{-}{-}{-}CH_2 \qquad RCOOCH_2$$
$$R'COOH \quad + HO{-}{-}{-}{-}CH{-}{-}{-} \quad R'COOCH + H_2O$$
$$R''COOH \qquad HO{-}{-}{-}{-}CHC \qquad R''COOCH_2$$

(ácido   (glicerina)   (glicéridos)
graso)

Estos glicéridos pueden ser simples cuando están formados por un sólo ácido, y compuestos, cuando están formados por ácidos diferentes. En general, las grasas naturales están formadas por mezclas de glicéridos. Las grasas sólidas se denominan mantecas o sebos, y las líquidas aceites, y se diferencian en que los aceites tienen un punto de fusión más bajo, siendo líquidos a la temperatura ordinaria, predominando en ellos los ácidos no saturados. Entre los ácidos grasos más importantes constituyentes de las grasas citaremos.

$CH_3{-}(CH_2)_{10}COOH$ *ácido láurico*
$CH_3{-}(CH_2)_{14}COOH$ *ácido palmítico*
$CH_3{-}(CH_2)_{16}COOH$ *ácido esteárico*
$CH_3{-}(CH_2)_7CH = CH(CH_2)_7COOH$ *ácido oleico*

Estos ácidos grasos se obtienen por hidrólisis de las grasas mediante tratamientos con hidróxido sódico o potásico, dando lugar a las sales de los ácidos grasos libres llamadas también jabones. Los jabanes son apropiados como detergentes y agentes emulsionantes, ya que tienen una cadena hidrocarbonada soluble con aceites y el ión carboxilato soluble en agua.

45. Los lípidos se llaman comúnmente

(1) ésteres
(2) grasas
(3) carbohidratos
(4) ácidos
(5) alcoholes

46. La mezcla de glicéridos son

(1) grasas naturales
(2) glicerina
(3) ácidos
(4) derivados de los alcoholes
(5) derivados de los éteres.

47. ¿Cuál de los siguientes ácidos grasos no es un importante constituyente de las grasas?

(1) Acético
(2) Oleico
(3) Esteárico
(4) Palmítico
(5) Láurico

48. Las sales de los ácidos grasos libres son los

(1) ésteres
(2) alcoholes
(3) jabones
(4) éteres
(5) silicatos

Las preguntas 49–52 se refieren al pasaje siguiente:

El *carbono libre* se encuentra en tres formas alotrópicas: dos cristalinas, que son el diamante y el grafito, y una amorfa que es el carbono amorfo, el cual se encuentra en las diferentes variedades del carbón natural. Formando compuestos, el carbono está combinado con el hidrógeno en los hidrocarburos, en los aceites minerales y gases naturales y combinando con metales y oxígeno, en forma de carbonatos, como la caliza (CO_3Ca) la magnesita (CO_3Mg), etcétera. Los seres vivos, plantas y animales, contienen innumerables compuestos de carbono.

El carbono más puro que se conoce es el *diamante*. El diamante se presenta en forma de cristales transparentes parecidos a octaedros regulares. Muchos diamantes naturales parecen piedras de aspecto luminoso. Sufren reflexión total y producen juegos de luz que los hacen ser may apreciados en joyería. Los diamantes generalmente son incoloros, pero algunas veces se encuentran diamantes amarillos, rosas, azules, verdes, rojos; siendo los coloreados los de mayor cotización.

El diamante, no sólo como carbono, sine como cualquier substancia que se conoce, la más dura, raya a todas las demás y no puede ser rayada par ninguna de ellas. Los diamantes grises o negros, llamados carbonados, que no tienen valor como piedras preciosas, se usan para barrenar rocas y cortar y pulir el mismo diamante y otras piedras preciosas.

Los mayores productores del mundo de diamantes son Congo-Kinshasa, Rusia, Sudáfrica, Botswana y Sierra Leona.

Otro carbono importante es el *grafito,* muy repartido en el mundo natural. Hay grandes yacimientos en Sri Lanka, Siberia, Estados Unidos, Rep. Checa, Canadá y otros países. Es una substancia gris brillante, blanda, y untuosa al tacto. Frecuentemente se presenta en masas fibrosas. Es un buen conductor del calor y de la corriente eléctrica y resistente a la acción de muchos reactivos químicos. Su aplicación más común es la fabricación de lápices.

49. ¿En cuál de los siguientes compuestos el carbón no forma parte?

    (1) El diamante
    (2) El grafito
    (3) La caliza
    (4) La magnesita
    (5) Los metales preciosos

50. El carbono más duro

    (1) es el grafito transparente
    (2) puede ser rayado por el diamante
    (3) sólo se produce en Sudáfrica y Congo-Kinshasa
    (4) no puede ser rayado por ninguna substancia
    (5) es una caliza

51. El diamante negro

    (1) se usa para afilar cuchillos
    (2) es una piedra preciosa may codiciada
    (3) sólo se encuentra en los yacimientos de Sri Lanka
    (4) no es una piedra preciosa
    (5) 3 y 4

52. El grafito se encuentra en

    (1) muchas partes del mundo
    (2) Sri Lanka y Canadá
    (3) España
    (4) Francia
    (5) China

Las preguntas 53–56 se refieren al pasaje siguiente:

En la mayor parte de los países, el metro fue la revolución de las medidas. Se definió como la distancia que hay entre el Polo Norte y el ecuador dividida en diez millones de partes.

La Revolución Francesa fue la cuna del sistema métrico decimal. En 1791 la comisión de la Academia de Las Ciencias francesa recomendaba adoptar como medida-patrón de longitud la diezmillonésima parte del cuadrante del meridiano terrestre, a la que se dio el nombre de metro, término derivado del griego y cuyo significado es medida. Dicha unidad se tomó como básica para el establecimiento del sistema métrico decimal.

El sistema métrico decimal se construyó también con el complemento de múltiplos y submúltiplos decimales. Los múltiplos se escribieron con la ayuda de prefijos griegos y los submúltiplos con la de prefijos latinos.

El entusiasmo provocado por la definición de este sistema de medidas llevó al intento de adaptarlo a la medición del tiempo. Una hora tendría cien minutos, y cada minuto cien segundos. Sin embargo, esta propuesta no prosperó y fue definitivamente rechazada.

En diciembre de 1799 la Asamblea Legislativa francesa declaró que el metro y el kilogramo eran las unidades de longitud y masa respectivamente. A pesar de esta declaración de obligatoriedad pasó aún mucho tiempo hasta que se impuso en Francia, en cuanto a la industria y el comercio se refiere. En el año 1875 diecisiete países firmaron un tratado por el que se creaba una Oficina Internacional de Pesas y Medidas, organismo encargado de la unificación internacional del sistema métrico y de su mejora.

A pesar de ello aún existen países que como Gran Bretaña y los Estados Unidos utilizan medidas y unidades como la *yarda*—91,4 centímetros—, el *pie* y la *pulgada*. Pero incluso en estos países el paso al sistema métrico decimal es cuestión de tiempo. Precisamente porque en la actualidad no es posible imaginar una sociedad sin cuerpo de medidas que no sea universalmente reconocido.

53. El metro se definió como

    (1) la distancia entre el polo norte y el polo sur
    (2) la décima parte de la distancia entre el polo norte y el ecuador
    (3) la diezmillonésima parte de la distancia entre el Polo Norte y el ecuador
    (4) la distancia entre el polo sur dividido en 100 millones de partes
    (5) ninguna de las anteriores

54. La idea de adoptar el metro como medida de longitud fue concebida en

    (1) Inglaterra
    (2) Francia
    (3) Alemania
    (4) Estados Unidos
    (5) Italia

55. El nombre de metro

    (1) lo acuñaron los vendedores de la Revolución Francesa
    (2) fue recomendado por la Academia de las Ciencias Francesa
    (3) no tiene ningún significado en especial
    (4) se había acuñado originalmente en Grecia
    (5) se quiso cambiar por el de centímetro

56. La medida de peso en el sistema métrico fue declarada en la Asamblea Legislativa francesa a

    (1) el metro
    (2) el kilogramo
    (3) el pie
    (4) la onza
    (5) la pulgada

Las preguntas 57–60 se refieren al pasaje siguiente:

El cuerpo sobre el que no actúa ninguna fuerza puede encontrarse tanto en estado de reposo como en estado de movimiento rectilíneo y uniforme. En la física a semejante fenómeno se le llama *ley de la inercia.*

Sin embargo, esta ley parece estar oculta y no se manifiesta directamente. Según la ley de la inercia, el cuerpo que se encuentre en estado de movimiento rectilíneo y uniforme debe proseguir su movimiento indefinidamente, mientras no actúen sobre él las fuerzas externas. Sin embargo, sabemos por nuestras observaciones, que los cuerpos a los que no se aplican fuerzas se paran.

La clave consiste en que sobre todos los cuerpos accionan fuerzas externas, las fuerzas del rozamiento. Y por esto, no se cumple la condición necesaria para poder observar la ley de la inercia, es decir, la ausencia de fuerzas externas que actúen sobre el cuerpo. Pero mejorando las condiciones del experimento, disminuyendo las fuerzas de rozamiento, podemos aproximarnos a las condiciones ideales imprescindibles para poder observar la ley en los movimientos que observamos en la vida cotidiana.

El descubrimiento del principio de la relatividad es uno de los más grandes. Sin él hubiese sido imposible el desarrollo de la Física. Y este descubrimiento se lo debemos a Galileo Galilei, quien se pronunció valientemente contra la teoría de Aristóteles, reinante en aquel entonces y apoyada por la Iglesia católica, según la cual, el movimiento es posible solamente si existe una fuerza, y sin ella debe interrumpirse inevitablemente. Galileo demostró con una serie de brillantes experimentos que por el contrario, la causa por la que se paran los cuerpos en movimiento, es la fuerza del rozamiento, y que si no existiese esta fuerza, el cuerpo puesto una vez en movimiento se movería eternamente.

57. La ley de la inercia sólo se puede observar

    (1) cuando el cuerpo está en repose
    (2) si sobre el cuerpo no está actuando ninguna fuerza
    (3) cuando el cuerpo tiene un movimiento rectilíneo
    (4) cuando dejamos caer un cuerpo
    (5) ninguna de las anteriores

58. Los cuerpos no cumplen ordinariamente la ley de la inercia debido a la presencia de fuerzas

    (1) moleculares
    (2) internas
    (3) de rozamiento
    (4) centrífugas
    (5) ninguna de las anteriores

59. Galileo Galilei demostró que

    (1) la fuerza de rozamiento evita el movimiento eterno
    (2) los cuerpos en movimiento acaban por pararse
    (3) los cuerpos no tienen movimiento
    (4) la fuerza de rozamiento provoca el movimiento
    (5) ninguna de las anteriores

60. La teoría de que el movimiento existía en base a la existencia de una fuerza fare elaborada por

    (1) Galileo Galilei
    (2) Aristóteles
    (3) Platón
    (4) Copérnico
    (5) ninguna de los anteriores

Las preguntas 61–65 se refieren al diagrama siguiente:

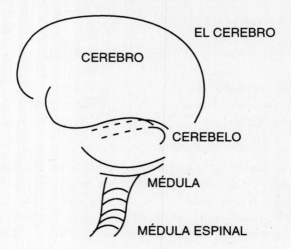

Parte	Función
Cerebro	Memoria, creatividad, inteligencia
Cerebelo	Equilibrio y coordinación de las acciones
Médula	Reflejos de la parte superior del cuerpo y control sobre el corazón y el sistema respiratorio
Médula espinal	Reflejos sobre la parte inferior del cuerpo

61. Si el cerebelo de un águila fuera destruido, ¿cuáles de las las funciones siguientes no podria ejercer el águila?

    (1) construir un nido
    (2) volar
    (3) encontrar comida
    (4) reproducir
    (5) respirar

62. ¿Cuál de las funciones siguientes nos permite realizar el cerebro?

    (1) toser
    (2) morder las uñas
    (3) bostezar
    (4) tomar esta prueba
    (5) gatear

63. ¿Cuál de las siguientes partes del cerebro controla la acción cuando su rodilla salta repentinamente después que el doctor la golpea en la rótula?

    (1) cerebra
    (2) cerebelo

(3) médula
(4) médula espinal
(5) cerebro y cerebelo

64. ¿Qué parte del cerebro hace que aumenten la respiración y las pulsaciones del corazón de una persona que participa en una carrera deportiva?

    (1) cerebelo
    (2) cerebelo y cerebro
    (3) médula espinal
    (4) médula
    (5) médula espinal y cerebro

65. ¿De qué manera se difereneia el cerebro humano del de un gato?

    (1) Un gato tiene una médula espinal.
    (2) Una persona tiene más desarrollado el cerebro.
    (3) Una persona tiene más desarrollado el cerebelo.
    (4) Un gato tiene más desarrollado el cerebelo.
    (5) Un gato tiene más desarrollado el cerebro.

La pregunta 66 se refiere al diagrama siguiente:

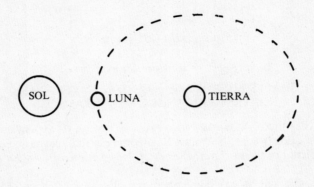

66. La ilustración muestra

    (1) las fases de la Luna
    (2) las estaciones del año
    (3) un eclipse lunar
    (4) un eclipse solar
    (5) radiaciones

FIN DE ESTA PARTE

EXAMEN 4: INTERPRETACIÓN DE LA LITERATURA Y DE LAS ARTES

45 preguntas—65 minutos

Las preguntas 1–4 se refieren al pasaje siguiente:

¿CUÁLES FUEROS LOS GRANDES NOVELISTAS NORTEAMERICANOS DEL SIGLO XIX?

A mediados del siglo XIX un auténtico estilo de novela y de cuento se estaba desarrollando en los Estados Unidos. Nathaniel Hawthorne escribió muchas novelas relacionadas con el pensamiento puritano. Entre ellas están *La letra escarlata* y *La casa de los siete gabletes*.

Herman Melville, que había sido marinero, escribió *Moby Dick* en 1851. Era la historia del viaje de la caza de la ballena, pero contenía profundos pensamientos en torno al hombre y al destino.

Edgar Allan Poe, además de ser importante poeta, contribuyó al nuevo estilo del cuento. Sus cuentos de misterio se han convertido como modelos para la novela policíaca moderna.

Mark Twain fue uno de los más grandes escritores humorísticos americanos. Su verdadero nombre era Samuel Langhorne Clemens. Escribió historias en torno al río Mississippi ya que él había conducido buques de vapor que viajaban por este río. Escribió *Tom Sawyer, Huckleberry Finn, Un yanqui de Connecticut en la corte del rey Arturo,* y otras obras famosas.

1. ¿Qué tienen en común Nathaniel Hawthorne, Herman Melville, Edgar Allan Poe y Mark Twain?

    (1) Todos tenían algo que ver con el mar o con los ríos.
    (2) Practicaron un tipo de novela y de relato diferente al que les había precedido.
    (3) Tenían un pensamiento puritano.
    (4) Tenían un gran sentido del humor.
    (5) Todos escribieron un libro de aventura.

2. Mark Twain

    (1) había sido cocinero en un buque de vapor
    (2) había nacido junto al río Mississippi
    (3) fue el poeta más conocido del siglo XIX

    (4) es el seudónimo de Samuel Langhorne Clemens
    (5) escribió *La Cabaña del tío Tom*

3. Edgar Allan Poe escribió obras literarias

    (1) de viajes
    (2) policíacas
    (3) humorísticas
    (4) de aventuras
    (5) históricas

4. Nathaniel Hawthorne

    (1) vivió en una época en que dominaba la corriente puritana
    (2) nació a mediados del siglo XX
    (3) escribió dos novelas
    (4) escribía con tinta escarlata
    (5) murió muy joven

Las preguntas 5–8 se refieren a la cronología siguiente:

¿QUÉ OCURRIÓ ENTRE LOS AÑOS 1901 Y 1914?

1901. El famoso compositor, conductor y maestro Pablo Casals llega a los Estados Unidos a dar su primer recital. El músico español enseñó y vivió en el país algunos años, convirtiéndose en una de las figuras artísticas más apreciadas.

1904. La Corte Suprema de los Estados Unidos acuerda que a los ciudadanos de Puerto Rico no se les puede negar la entrada a los Estados Unidos.

Muñoz Rivera es nombrado Comisionado Residente en Washington. El conocido escultor José de Rivera nació este año en Nueva Orleans.

1905.   Se funda en New York la Hispanic Society of America.
        Huelga agrícola importante en Puerto Rico. Se abre una brecha entre terratenientes y representantes obreros.

1906-
1913.   Unos 8000 españoles llegan a Hawaii para trabajar en el campo.

1907.   Marcha como emigrante a New York el escritor Bernardo Vega. Relata su viaje en un libro publicado con el título *Memorias de Bernardo Vega*. En los 50 años subsiguientes, cientos de miles de puertorriqueños emigrarían a los Estados Unidos.

        Nace en Puerto Rico el almirante Horacio Rivero, quien se destacaría por su carrera naval en la marina de los Estados Unidos.

1912.   Con éxito, hace su debut en la Metropolitan Opera, la cantante española Lucrezia Bori. Fue una de las más destacadas figuras en el país y llegó a ser, después de su retiro en 1936, la primera mujer que formó parte de la junta de directores de la Metropolitan Opera.

        Nace el pintor abstracto Roberto Sebastián Matta, en Chile. Durante la segunda guerra mundial llegó a los Estados Unidos a vivir en compañía de otros artistas famosos como Max Ernst, Andre Masson y Tanguy.

        Nace el famoso actor puertorriqueño José Ferrer. En 1950 ganó un Academy Award (premio nacional) por la representación que hizo de Cyrano de Bergerac.

1913.   Se establece en la Zona del Canal de Panamá un gobierno civil permanente.

        Las autoridades de San Antonio, Texas, restauran el Álamo y lo proclaman monumento patriótico.

1914.   Se abre el Canal de Panamá.

5. El texto menciona constantemente a

   (1) personajes españoles y de origen hispano
   (2) músicos españoles y pintores franceses
   (3) leyes dictadas por la Corte Suprema de los Estados Unidos
   (4) los problemas entre Panamá y los Estados Unidos
   (5) la influencia de Norteamérica en la cultura hispánica

6. El texto es una

   (1) relación biográfica de hechos importantes
   (2) guía para escoger una bibliografía
   (3) relación cronológica de hechos
   (4) sucesión de hechos clasificados por su importancia
   (5) narración histórica

7. La huelga agrícola de 1905 en Puerto Rico

   (1) produjo un acuerdo entre terratenientes y representantes obreros
   (2) fue importante para el futuro de la ganadería
   (3) terminó en 1906
   (4) produce divergencias entre terratenientes y representantes obreros
   (5) terminó violentamente

8. Una de las siguientes afirmaciones no es correcta. ¿Cuál es?

   (1) El Canal de Panamá se abrió en 1914.
   (2) Después de 1912 ninguna mujer ha formado parte de la junta de directores de la Metropolitan Opera.
   (3) El pueblo puertorriqueño tiene libre acceso a los Estados Unidos.
   (4) Horacio Rivero es puertorriqueño.
   (5) Pablo Casals gozó de un gran prestigio en los Estados Unidos.

Las preguntas 9–11 se refieren al pasaje siguiente:

¿HAY VIDA EN OTROS PLANETAS?

Para conocer desde un punto de vista estadístico las posibilidades de vida que pueden existir en el universo es importante ante todo partir desde nuestra propia galaxia. Por dos razones principales: primero, porque es la más cercana y podemos estudiarla mejor; segundo, porque en caso de que exista la vida en ella, sería más fácil comunicarnos.

Pero, comencemos desde un principio. Hay aproximadamente en nuestra Vía Láctea unos 300,000 millones de estrellas. Cada estrella es un sol, un cuerpo con luz propia. Pero no todos los soles o estrellas tienen sistemas planetarios a su alrededor, y por ahora pensamos que tan sólo en los planetas o satélites puede manifestarse la vida.

Así, vamos a reducir la cifra anterior. Hay unos 280,000 millones de sistemas planetarios en nuestra galaxia. Pero no todos estos sistemas de planetas giran alrededor de un sol similar al nuestro, y por tanto, es probable que haya muchos en donde no se pueda albergar la vida. Este principio reduce un poco más las posibilidades: 75,000 millones de sistemas planetarios con soles similares al nuestro. Y si tenemos en cuenta que deben tener también una ecosfera útil, el número se queda en 52,000 millones.

Pero aún se necesitan más requisitos. Las estrellas deben ser semejantes al sol, como hemos dicho antes, pero han de ser también de segunda generación y de Población I. Con ello se produce una disminución aún más pronunciada: 5,200 millones. Además, el planeta ha de estar dentro de la ecosfera, lo que hace bajar la cifra a unos 2,600 millones. Y si todavía, el planeta ha de ser similar a la Tierra entonces las probabilidades se reducen a unos 650 millones. Pero con ello no damos por terminado el tema. El planeta ha de tener una edad más o menos determinada para que el proceso vital haya tenido tiempo de desarrollarse. Planetas con estas características hay 600 millones. Teniendo en cuenta esta cifra, nos podemos preguntar cuántos habrá que puedan tener vida multicelular. Hay aproximadamente unos 433 millones de planetas en donde se puede albergar la vida celular manifestada en diferentes formas. Ahora, nos quedan dos preguntas más por hacer. ¿Cuántos planetas existen con la probabilidad de que haya vida inteligente? La respuesta: 390 millones.

La última pregunta que nos queda: ¿Cuántos planetas de nuestra galaxia tienen la posibilidad de que exista una civilización tecnológica? 530,000. Es decir que, estadísticamente, el número de planetas que existen en nuestra Vía Láctea con la posibilidad de albergar pueblos civilizados asciende a más de medio millón. Ahora bien, pensemos que estamos hablando de una galaxia, la nuestra, la llamada Vía Láctea. Pero tenemos que tener en cuenta que en el universo nuestra galaxia es un pequeño punto. Hay cerca de 100,000 millones de galaxias. Así que las posibilidades de vida pueden ser muy grandes. El futuro nos dirá.

9. La galaxia en que se encuentra la Tierra es

   (1) la Luna
   (2) el Sol
   (3) Júpiter
   (4) la Vía Láctea
   (5) el sistema planetario

10. La galaxia está formada por

    (1) millones de sistemas planetarios
    (2) estrellas solamente

    (3) planetas habitables
    (4) millones de lunas
    (5) miles de soles

11. El texto trata de

    (1) la vida de los planetas
    (2) la vida en el sol
    (3) la vida multicelular en los planetas
    (4) la vida del universo
    (5) las posibilidades de vida en ei universo a

Las preguntas 12–15 se refieren al pasaje siguiente:

¿ES JUSTO LO QUE LE HAN HECHO A LOS INDIOS DE AMÉRICA?

Sin duda, uno de los personajes más interesantes de fines del siglo XIX y comienzos del XX es el escritor peruano Manuel González Prada (1848—1918). Su prosa es tajante, lúcida, clara. Atacaba no a las personas ni a los estilos, sino al orden social que reinaba, a una cultura que se levantaba sobre columnas falsas, a unos conceptos basados en un pensamiento colonialista y materialista, ajeno al mundo de la justicia humana y al mundo natural. Por eso, González Prada tenía tan pocos amigos y discípulos, pero era el hombre más conocido en su país, el escritor más admirado por su fuerza y poder de verdad; pluma clara y humana. Entre sus obras más importantes cabe destacar *Minúsculas* (1901); *Presbiterianas* (1909); *Exóticas* (1911); *Baladas Peruanas; Grafitos; Adoración; Libertarias; Baladas y Trozos de vida;* poesías todas estas obras últimas publicadas entre 1866 y 1918.

González Prada, en un fragmento que tiene sobre la educación del indio decía que al indio se le acusa de refractario a la civilización. Afirmaba: "Donde no hay justicia, misericordia ni benevolencia, no hay civilización; donde se proclama ley social la *struggle for life* reina la barbarie. ¿Qué vale adquirir el saber de un Aristóteles cuando se guarda el corazón de un tigre? ¿Qué importa poseer el don artístico de un Miguel Angel cuando se lleva el alma de un cerdo? Más que pasar por el mundo derramando la luz del arte o de la ciencia, vale ir destilando la miel de la bondad. Sociedades altamente civilizadas merecerían llamarse aquellas donde practicar el bien ha pasado de obligación a costumbre, donde el acto bondadoso se ha convertido en arranque instintivo. ¿Los dominadores del Perú han adquirido ese grado de moralización? ¿Tienen derecho de considerar al indio como un ser incapaz de civilizarse?"

12. **Manuel González Prada era**

    (1) **un filósofo y humanista**
    (2) **un hombre con pensamientos colonialistas**
    (3) **un defensor del indígena**
    (4) **uno de los personajes más importantes de fines del siglo XX**
    (5) **indio**

13. Sus obras denuncian

    (1) a la sociedad en general
    (2) los estilos
    (3) la justicia de los materialistas
    (4) el mundo natural
    (5) la injusticia del orden social

14. ¿Por qué no vale nada tener el saber de un Aristóteles cuando se guarda el corazón de un tigre? Porque

    (1) en la época de Aristóteles no había injusticias
    (2) del amor al odio sólo hay un paso
    (3) en el mundo griego se pensaba igual
    (4) la violencia no es compatible con la racionalidad
    (5) Aristóteles había creado esta frase

15. **González Prada decía que**

    (1) **el indio está de acuerdo con la civilización**
    (2) **la civilización ha sido cruel con el indio**
    (3) **la civilización ha sido bondadosa con el indio**
    (4) **no existe la civilización**
    (5) **los pueblos han perdido las civilizaciones indígenas**

Las preguntas 16–19 se refieren al pasaje siguiente:

¿ES PEDAGÓGICA LA CUESTIÓN DEL INDIO?

González Prada decía que la organización política y social del antiguo imperio incaico admira hoy a los reformadores y revolucionarios europeos. "Atahualpa no sabía el padrenuestro, ni Calcuhima pensaba en el misterio de la Trinidad; pero el culto del Sol era quizá menos absurdo que la religión católica. Y el gran sacerdote de Pachacamac no vencía tal vez en ferocidad al padre Valverde. Si el súbdito de Huainacapac admitía la civilización, no encontramos motivo para que el indio de la República la rechace, salvo que toda la raza hubiera sufrido una irremediable decadencia fisiológica.

"La cuestión del indio más que pedagógica, es económica y social. ¿Cómo resolverla? No hace mucho que un alemán concibió la idea de restaurar el imperio de los Incas: aprendió el quechua, se introdujo en la indiada del Cuzco, empezó a ganarse partidarios y tal vez habría intentado una sublevación, si la muerte no le hubiera sorprendido al regreso de un viaje por Europa. ¿Pero cabe hoy semejante restauración? Al intentarla, al querer realizarla, no se obtendría más que el empequeñecido remedio de una grandeza pasada.

"Al indio no se le predique humildad y resignación, sino orgullo y rebeldía. ¿Qué ha ganado con trescientos o cuatrocientos años de conformidad y paciencia? Cuantas menos autoridades sufra, de mayores daños se liberta. Hay un hecho revelador: reina mayor bienestar en las comarcas más distantes de las grandes haciendas, se disfruta de más orden y tranquilidad en los pueblos menos frecuentados por las autoridades.

"En resumen—decía el autor—el indio se redimirá merced a su esfuerzo propio, no por la humanización de sus opresores".

16. Según el texto,

(1) el culto al sol era mucho más absurdo que la religión católica
(2) el problema indígena es educativo
(3) las civilizaciones viven de su grandeza pasada
(4) el culto al sol fue probablemente menos absurdo que el culto católico
(5) la cuestión del indio podía restaurarse por un europeo

17. El problema del indígena

(1) puede resolverse con la ayuda de las autoridades
(2) no tiene solución
(3) lo debe resolver el propio indígena
(4) depende de los dioses
(5) ninguno de los anteriores

18. El indio

(1) se ha beneficiado de la conquista
(2) necesita que le estimulen su orgullo
(3) vive en bienestar en las grandes haciendas
(4) cuenta con libertad
(5) disfruta de tranquilidad en todos los pueblos

19. Una de las siguientes afirmaciones no es correcta. ¿Cuál es?

(1) Los incas rendían culto al Sol.
(2) Un alemán concibió la idea de restaurar el imperio Inca, pero murió antes de hacerlo.
(3) Los incas creían en Cristo.
(4) El indio disfruta de tranquilidad en pueblos menos frecuentados por las autoridades
(5) Al indio no se le debe predicar resignación y humildad.

Las preguntas 20–23 se refieren al pasaje siguiente:

¿QUIÉN FUE CLOTILDE?

"Inclinó la cabeza, de un golpe se encajó el sombrero hasta la nuca y, a grandes zancadas, se apartó del grupo sin saludar, hosco, sombrío. Así, siempre con la cabeza gacha como un toro bajo su yugo, llegó a su casa, que estaba en la cuesta de Coscochaca, y entrando en su habitación, adornada con estampas de color que representaban los episodios de la guerra francoalemana, tumbóse en el lecho, y hundiendo el rostro en la mugrienta almohada, lloró largo rato, silenciosa, calladamente, con hipidos menudos"—escribe Alcides Arguedas, en la *Venganza aymará.*

Arguedas (Bolivia, 1879–1946) es uno de los grandes novelistas de la literatura hispanoamericana. Ha sido uno de los iniciadores de la llamada literatura indigenista. En su prosa mezcla problemas humanos, sobre todo los que sufre la comunidad india boliviana con la realidad histórica. Sus libros aparecen como relatos de hechos reales, se muestra en ellos el conocimiento profundo que el autor tiene sobre la historia de su país y la vida social de sus pueblos. Novela, historia, antropología se mezclan en las narraciones. Su mejor novela es, sin duda, *Raza de bronce* (1919). Entre otras obras, podemos destacar: *Wata-Wara, Vida criolla, Pueblo enfermo: contribución a la psicología de los pueblos hispanoamericanos;* e *Historia de Bolivia.*

"Eso ya no tiene remedio posible. Las palabras de Clotilde habían sido contundentes: 'Seré no más tu amiga, pero no tu mujer…' ¡Cristo! ¡Eso sí que no! Él la había conocido antes, de moçosa, cuando con los pies desnudos iban a buscar agua a la pila de Challapampa, deteniéndose en el cenizal para arrojar piedras a los cerdos que hociqueaban la basura del río. Juntos aprendieron a leer en la escuela, aunque después el ningún ejercicio y los rudos afanes de la vida les hicieran olvidar lo aprendido".

20. El personaje del fragmento que inicia el texto

   (1) era una persona muy afable
   (2) estaba enfermo
   (3) se hallaba afligido por algún motivo
   (4) no hablaba nunca con la gente
   (5) había luchado en la guerra francoalemana

21. Sus obras se distinguen por haber sido pioneras en el tratamiento de temas

   (1) románticos
   (2) sociológicos
   (3) históricos
   (4) indígenas
   (5) violentos

22. Clotilde era una mujer

   (1) que no sabía leer
   (2) que cuidaba cerdos
   (3) que olvidó lo aprendido
   (4) que leía muchos libros
   (5) muy firme en sus decisiones

23. En el segundo fragmento, los personajes

   (1) no se habían conocido antes
   (2) tiraban piedras al río
   (3) disfrutaron una vida cómoda
   (4) buscaban agua juntos en la pila de Challa-pampa
   (5) ninguna de las anteriores

Las preguntas 24–27 se refieren al pasaje siguiente:

¿QUIÉN FUE EL VERDADERO BORGES?

En su *Antropología personal,* el escritor argentino Jorge Luis Borges escribe:

> Al otro, a Borges, es a quien le ocurren las cosas. Yo camino por Buenos Aires y me demoro, acaso ya mecánicamente, para mirar al arco de un zaguán y la puerta cancel; de Borges tengo noticias por el correo y veo su nombre en una terna de profesores o en un diccionario biográfico. Me gustan los relojes de arena, los mapas, la tipografía del siglo XVIII, las etimologías, el sabor del café y la prosa de Stevenson: el otro comparte esas preferencias, pero de un modo vanidoso que las convierte en atributos de un actor. Sería exagerado afirmar que nuestra relación es hostil; yo vivo, yo me dejo vivir, para que Borges pueda tramar su literatura y esa literatura me justifica. Nada me cuesta confesar que ha logrado ciertas páginas válidas, pero esas páginas no me pueden salvar, quizá porque lo bueno ya no es de nadie, ni siquiera del otro, sino del lenguaje o la tradición. Por lo demás yo estoy destinado a perderme, definitivamente, y sólo algún instante de mí podrá sobrevivir en el otro.

Durante la Primera Guerra Mundial, Jorge Luis Borges (Argentina, 1900–1986) estudiaba en Ginebra; en 1918 pasó a España y vivió en este país los comienzos del ultraísmo, corriente que le influiría y practicaría de regreso a su país natal en 1921. Señaló un camino de renovación con sus primeros versos. Su cultura literaria era muy rica, y con los años la maduró hasta crear una literatura propia. En un principio, era este espíritu antimodernista, que desdeñaba la preocupación de la forma, lo que en cierto sentido caracterizaba a su obra. Criticaba la lengua artificiosa, la rima fácil, el discurso "lógico". En 1932 se siente ya un "ultraísta muerto". La metáfora no aparece como antes en el elemento central de su trabajo. Evoluciona y trasciende la metáfora en un canto personal a la vida. Nace la trama fabulosa y alegórica dentro de una filosofía alimentada por la cultura universal que posee. Sus ensayos y cuentos son particularmente extraordinarios. Los hombres para él son un sólo hombre, y descubre que ni él ni la fantasía que ha inventado son realidad. La conciencia es la que crea la realidad. la conciencia es un complejo mecanismo que hace que el hombre se pierda en el cosmos, o mejor, que haga del cosmos un laberinto mucho más complicado de lo que es. Somos mucho más caos que cosmos y con nuestros propios laberintos mentales hacemos que trascienda hacia el infinito la complejidad que reina en el universo.

Borges ha escrito poesía, prosa, ensayo y cuento. Entre su gran obra, cabe destacar: *Fervor de Buenos Aires, Luna de enfrente, Cuaderno San Martín, Poemas, Obra poética.*

Inquisiciones, Historia universal de la infamia, Ficciones, El Aleph, La muerte y la brújula (selección de cuentos) y El hacedor.

Poco a poco voy cediéndole todo, aunque me consta su perversa costumbre de falsear y magnificar. Spinoza entendió que todas las cosas quieren perseverar en su ser; la piedra eternamente quiere ser piedra y el tigre un tigre. Yo he de quedar en Borges, no en mí (si es que alguien soy), pero me reconozco menos en sus libros que en muchos otros o que en el laborioso rasqueo de una guitarra. Hace años yo traté de librarme de él y pasé de las mitalogías del arrabal a los juegos con el tiempo y con lo infinito, pero esos juegos son de Borges ahora y tendré que idear otras cosas. Así mi vida es una fuga y todo lo pierdo y todo es olvido, o del otro.

No se cuál de los dos escribe esta página.

24. Jorge Luis Borges

    (1) divide en este texto su personalidad con la de otro autor
    (2) escribe sobre si mismo en segunda persona
    (3) está siempre en continua reacción
    (4) dice que el otro Borges no está destinado a perderse
    (5) acude con frecuencia a la literatura moderna para crear

25. El autor

    (1) fue principalmente un poeta
    (2) considera que su fantasía es realidad
    (3) fue ultraísta pero después deja esta corriente literaria
    (4) se convierte en un surrealista
    (5) pensaba que la conciencia simplifica el universo de los humanos

26. La obra de Borges

    (1) refleja una preocupación por la forma
    (2) refleja unas costumbres modernistas
    (3) refleja una despreocupación par la forma
    (4) no contiene una lengua artificiosa
    (5) no ha variado nunca

27. El fragmento de la *Antropología personal*

    (1) describe el desdoblamiento de una persona en dos personalidades
    (2) no tiene ningún sentido metafórico
    (3) habla de lo finito
    (4) corresponde al epílogo de la obra
    (5) describe a un hombre que comienza su actividad literaria

Las preguntas 28–32 se refieren al pasaje siguiente:

¿LA HISTORIA DE UN SANDWICH?

Llegó al restaurante, hambriento, sin querer ver, oir, ni hablar con nadie. Pidió un sandwich, y se lo comió en un segundo. Después, pidió que le trajeran el menú, y ordenó que le pusieran en una mesa grande todo lo que aparecía en la carta del menú: todas las sopas, todos los aperitivos, todos los platos, todo el postre y todas las bebidas. Se lo comió todo. Y se lo bebió todo. Y, para colmo, empezó a comerse la comída de las otras personas que cstaban en el restaurante. Después, se los comió a ellos.

Se convirtió en un gigante y fue comiéndose a toda la gente, destruyéndolo todo. Cuando acabó con su país, viajó a otros países, y fue comiéndoselo todo, a los países enteros, con sus gentes, árboles, animales y montañas. Y se bebió el agua de los mares y de los océanos. Se comió toda la Tierra.

Empezó a flotar en el espacio, y se comió los meteoritos, los cometas, los satélites y los otros planetas. Se quedó solo ante el Sol. Y se comió al Sol. Pero comenzó a sentir calor dentro de su enorme barriga, y más tarde le salía fuego por la boca y por las orejas. Su cuerpo explotó en mil pedazos. Cada uno de ellos fue convirtiéndose en algo: Sol, planetas, satélites, cometas, meteoritos, países, montañas, mares, árboles, animales, seres humanos, . . .

Poco después, llegó alguien a un restaurante, hambriento, sin querer ver, oír, ni hablar con nadie. Pidió un sandwich; y se lo comió en un segundo. Después, pidió que le trajeran el menú, y . . .

(Ginés Serrán-Pagán, 1989)

28. El texto parece referirse

    (1) a los planetas
    (2) a un restaurante
    (3) al egoísmo
    (4) a la comida
    (5) a la Tierra

29. El contenido del texto podría simbolizar

    (1) la humildad de los pueblos
    (2) el nacimiento, la destrucción y la vuelta histórica de los imperios
    (3) la leyenda de los animales gigantes
    (4) la geografía de la Tierra
    (5) la fuerza del fuego

30. ¿Cuál de las afirmaciones siguientes no es correcta?

    (1) Se lo comió todo.
    (2) Se tragó a la Tierra y demás planetas.
    (3) Destruyó a los países del mundo.

    (4) Acabó para siempre con todo el sistema solar.
    (5) Se bebió el agua de los océanos.

31. Cuando el texto dice que el personaje no quería "ver, oír, ni hablar", induce que es

    (1) razonable e inteligente
    (2) comunicativo y humano
    (3) egocéntrico y avaricioso
    (4) glotón y caprichoso
    (5) indiferente y estúpido

32. El último párrafo del texto: "Poco después, llegó alguien ...", parece indicar que

    (1) la historia se repite otra vez
    (2) todo es diferente con respecto al principio
    (3) el personaje ha conseguido lo que quería
    (4) en el restaurante no había comida
    (5) el personaje no tenía intención de comer nada

Las preguntas 33–34 se refieren al pasaje siguiente:

¿QUÉ ES LA NATURALEZA?

El filósofo y poeta Ralph Waldo Emerson profundizó en sus obras sobre el significado de las cosas más elementales de la vida. Fue un cantor de la naturaleza. En su escrito "Naturaleza", nos dice: "Las estrellas desprenden reverencia, porque aunque siempre están ahí presentes, son inaccesibles; pero todos los objectos naturales desprenden una sensación positiva, cuando la mente se abre a sus influencias. La naturaleza nunca se viste con una apariencia extraña, mala o miserable. Tampoco el hombre más sabio puede descubrir su secreto, ni puede dejar de ser curioso porque su perfección no tiene límites. La naturaleza nunca se convierte en un juguete para el espíritu sabio. Las flores, los animales, las montañas, reflejan la sabiduría de sus mejores horas y reflejan la sencillez de la infancia".

33. ¿Cuál de las palabras siguientes describe mejor cómo el autor caracteriza a la naturaleza?

    (1) imperfecta
    (2) preciosa
    (3) inconocible
    (4) perfecta
    (5) estática

34. De acuerdo con el pasaje, ¿qué quiere decir la frase "la naturaleza nunca se viste con una apariencia extraña, mala o miserable"?

    (1) La belleza está en los ojos del que contempla.
    (2) Algo bello es un placer eterno.
    (3) Algo es feo sólo cuando decimos que lo es.
    (4) No existe tal cosa como la perfección en la naturaleza.
    (5) Todo en la naturaleza tiene belleza.

Las preguntas 35–38 se refieren a la guia siguiente:

¿CUÁL ES EL RECORRIDO EN EL MUSEO?

Community Education—Enero y Febrero

Domingos a las 2:30 p.m.

Enero 8
Artes de la Polinesia (Polynesian Arts)

Enero 15
La historia de la pintura funeraria en Egipto
(The History of Funerary Painting in Egypt)

Enero 22
Goya retratista (The Portraits of Goya)

Enero 29
La ilusión del espacio en la pintura del Renacimiento
(The Illusion of Space in Renaissance Painting)

Febrero 5
Antigüedades mexicanas (Mexican Antiquies)

Febrero 12
Pintura holandesa del siglo XVII
(17th Century Dutch Painting)

Febrero 19
El jaguar y la serpiente en el arte pre-colombino
(The Jaguar and the Serpent in Pre-Colombian Art)

Febrero 26
Winslow Homer y el paisaje marino
(Winslow Homer and the Seascapes)

Martes a las 7:30 p.m.

Enero 3
Monet, la visión impresionista
(Monet, The Impressionist's Vision

Enero 10
El templo de Dendur (the Temple of Dendur)

Enero 17
Introducción al ala norteamericana
(Introduction to the American Wing)

Enero 24
La figura humana a través de los siglos
(The Human Figure through the Centuries)

Enero 31
Alfarería griega (Greek Vases)

Febrero 7
Pintura italiana del alto Renacimiento
(Italian High Renaissance Painting)

Febrero 14
El desarrollo del retrato a través de los siglos (The Development of Portraiture through the Centuries)

Febrero 28
La pintura romántica en Francia
(Romantic Painting in France)

Su guía lo espera en el Centro de Información (Vestíbulo Principal)

35. De acuerdo con la guía, ¿qué conferencias o exposiciones están relacionadas con rituales de muerte?

    (1) artes de la Polinesia
    (2) antigüedades mexicanas
    (3) el arte del Islam
    (4) la historia de la pintura en Egipto
    (5) pinturas árabes

36. **¿Qué día es dedicado a la cerámica?**

    (1) **31 de enero**
    (2) **28 de febrero**
    (3) **19 de febrero**
    (4) **15 de enero**
    (5) **8 de enero**

37. **La pintura renacentista se dio en**

    (1) **Holanda**
    (2) **Italia**
    (3) **México**
    (4) **Grecia**
    (5) **el arte precolombino**

38. Cuando se habla de la época pre-colombina, se refiere a la época

    (1) anterior al Imperio maya
    (2) después de Cristóbal Colón
    (3) de Cristóbal Colón
    (4) anterior a Cristóbal Colón
    (5) anterior a la formación de la República de Colombia

Las preguntas 39–43 se refieren a la pasaje siguiente:

¿LOS NIÑOS SALVAJES?

Los niños rompieron los espejos, las corbatas, los televisores, mancharon las alfombras y no iban al colegio. Todas las madres del mundo llamaron a la policía. Algunos niños se escaparon y se convirtieron en animales salvajes. Pero a la mayoría se los llevaron con las manos atadas a una cárcel de papel. Allí había paredes de cristal, computadoras con grandes pantallas metálicas, un suelo de alfombras de hierro y muchos maestros. Los niños se hicieron hombres obedientes…

Pasaron muchos años. Un día, los animales salvajes, con la intención de salvar a sus viejos amigos, atacaron la cárcel. Pero los hombres obedientes no se acordaban de ellos y empezaron a dispararles con armas automáticas, aviones KC-135 y bombas de uranio. Y mataron a muchos animales.

(Ginés Serrán-Pagán *Entre el mar y el hierro,* 1984)

39. El pasaje nos dice que

    (1) todos los niños se convirtieron en animales salvajes
    (2) los niños que rompieron los cristales se escaparon
    (3) no todas las madres llamaron a la policía
    (4) los niños que se escaparon se convirtieron en animales salvajes
    (5) algunos niños rompieron los televisores

40. A todos los niños

    (1) se los llevaron a una cárcel de papel
    (2) los pusieron frente a paredes de cristal
    (3) los obligaron a andar por la ciudad de hierro
    (4) los llevaron con las manos atadas
    (5) ninguna de las anteriores

41. Según el texto,

    (1) todos los niños se hicieron obedientes
    (2) los niños cautivos se convirtieron en hombres disciplinados
    (3) todos los niños escaparon
    (4) las madres atacaron la cárcel
    (5) los hombres obedientes fueron a salvar a sus viejos amigos

42. El autor nos dice que

    (1) los animales salvajes dispararon armas automáticas a los hombres obedientes
    (2) los hombres obedientes mataron a muchos niños que antes se escaparon de las manos de la policía y después se convirtieron en animales
    (3) los viejos amigos atacaron la cárcel
    (4) mataron a muchos niños obedientes
    (5) los hombres obedientes eran rebeldes

43. De forma metafórica, el texto quiere expresar como

    (1) nació una lucha entre un grupo de personas obedientes a la sociedad y un grupo de personas que no aceptaba desde un principio dicha estructura social
    (2) los niños son víctimas de los sistemas sociales
    (3) los animales salvajes se convirtieron en niños obedientes
    (4) los niños desobedientes se convirtieron en obedientes
    (5) grandes pantallas metálicas comenzaban a controlar la vida de los niños

Las preguntas 44–45 se refieren al discurso siguiente:

¿QUÉ QUISO DECIR EL PRESIDENTE LINCOLN CUANDO HIZO ESTE DISCURSO?

. . . Los que vivimos aqui, en vez, debemos de dedicarnos al trabajo que aquellos que lucharon aquí no terminaron pero que tan noblemente comenzaron. Dedicados a la gran tarea que nos aguarda y que tenemos por delante–la de respetar con devoción a estos héroes muertos que lo dieron todo–, la de asegurarnos que estos héroes no murieron en vano; que en esta nación, guiada por Dios, nacerá de nuevo la libertad, y que el gobierno del pueblo, por el pueblo, para el pueblo, no perecerá en la Tierra.

44. ¿A quienes se dirigia Abraham Lincoln cuando hizo esta famoso discurso en 1863?

    (1) Soldados que mueren en batalla.
    (2) Esclavos que se rebelan para conseguir su libertad.
    (3) Soldados de Pennsylvania que valoraban la libertad personal.
    (4) Al pueblo que ha apoyado los esfuerzas de la guerra.
    (5) Miembros del gobierno.

45. ¿Qué pretendia Lincoln cuando hablaba del "gobierno del pueblo, por el pueblo, para el pueblo"?

    (1) Usar un dicho literario para decir lo que quería.
    (2) Tratar de avergonzar a los confederados.
    (3) Llegar al fondo de la audiencia.
    (4) Tratar de restaurar la fe en su administración.
    (5) Dar una interpretación de la democracia.

FIN DE ESTA PARTE

EXAMEN 5: MATEMÁTICAS

56 preguntas—90 minutos

1. Juan reparte periódicos. Esta semana su ganacia fue de $39.45 y recibió $4.78 en propinas. ¿Cuánto dinero ha ganado Juan esta semana?

    (1) $46.13
    (2) $50.23
    (3) $44.23
    (4) $45.23
    (5) $42.34

2. Si Juan ganó $71.01 la Navidad pasada y esta Navidad ganó sólo $67.46, ¿cuál es la diferencia de ganancia entre las dos Navidades?

    (1) $3.45
    (2) $2.95
    (3) $4.05
    (4) $3.55
    (5) $3.05

3. Antonio lleva a sus alumnos a la feria. Consigue el precio de 95 centavos por cada vuelta. Si compra boletos para 603 vueltas, ¿cuánto tiene que pagar Antonio?

    (1) $463.65
    (2) $572.85
    (3) $567.95
    (4) $572.65
    (5) $580.05

4. Si los alumnos son 14 y Antonio tiene $401.80, ¿de cuánto pueden disponer los alumnos *equitativamente*?

    (1) $28.70
    (2) $26.90
    (3) $27.07
    (4) $28.42
    (5) $27.67

5. Multiplique y redondee el producto a la centésima más cercana: $.984 \times .02$

    (1) .19
    (2) .02
    (3) .09
    (4) .16
    (5) .2

6. Cambie $\frac{98}{5}$ a número mixto.

    (1) $19\frac{3}{5}$

    (2) $20\frac{1}{5}$

    (3) $18\frac{5}{6}$

    (4) $19\frac{4}{5}$

    (5) $19\frac{6}{7}$

7. Rosa compra 2 ⅓ varas de tela para un vestido y paga a $3.50 dólares la vara. ¿Cuánto le costó el material?

    (1) $7.33
    (2) $7.90
    (3) $8.60
    (4) $8.10
    (5) $8.17

8. ¿Por qué número se multiplica 24 cuando se convierte en 3?

    (1) $\frac{1}{4}$

    (2) $\frac{1}{6}$

    (3) $\frac{1}{2}$

    (4) $\frac{1}{8}$

    (5) $\frac{1}{5}$

9. A razón de $3.50 la libra de jamón, ¿cuántas libras se pueden comprar con $61.25?

    (1) $16\frac{3}{4}$

    (2) $17\frac{1}{2}$

    (3) $15\frac{2}{3}$

    (4) 18

    (5) $19\frac{1}{5}$

10. Halle la raiz cuadrada de $\sqrt{100 \times 49}$.

    (1) 490
    (2) 140
    (3) 175
    (4) 70
    (5) 110

11. Si Teresa demora 18 ⅑ minutos en hacer la tarea en la escuela y 27 ⁸⁄₉ minutos en practicar el piano, ¿cuánto tiempo estudió hoy Teresa?

(1) 46⅑
(2) 45⁸⁄₉
(3) 46⁵⁄₉
(4) 45⁸⁄₉
(5) 46

12. Si tengo 46 minutos para hacer el examen y lo hice en 28³⁄₇ minutos, ¿cuánto tiempo libre me quedó?

(1) 17³⁄₇
(2) 16⁶⁄₇
(3) 17⁴⁄₇
(4) 16
(5) 16³⁄₇

13. Si con $\frac{1}{3}$ lb. de masa se hacen 6 croquetas, ¿cuántas se harían con 4 lbs de masa?

(1) 72
(2) 24
(3) 60
(4) 12
(5) 62

14. Si tengo $89.00 y gasto el 23%, ¿cuánto dinero me queda?

(1) $69.00
(2) $67.23
(3) $68.63
(4) $68.53
(5) $65.53

15. Como las carreteras en los EE.UU. se marcan en millas, yo quiero saber cuántos kilómetros he recorrido cuando he avanzado 30 millas.

(1) 48.3 km.
(2) 43.7 km.
(3) 48.9 km.
(4) 47.6 km.
(5) 47.1 km.

16. Si Rosalia obtiene en los exámenes de un semestre las siguientes calificaciones: 90, 81, 78, 82 y 94, ¿cuál es el promedio que ella obtiene en el semestre?

(1) 91
(2) 85
(3) 83.7
(4) 84
(5) 92

17. Si ha estudiado el S.M.D., dígame cuántos metros hay en 82½ km.

(1) 82,000 m
(2) 83,000 m
(3) 82,500 m
(4) 8250 m
(5) 8300 m

18. ¿Cuál de las siguientes fracciones es mayor?

(1) $\frac{13}{21}$
(2) $\frac{2}{3}$
(3) $\frac{1}{2}$
(4) $\frac{5}{7}$
(5) No se puede determinar

19. A razón de 18 centavos la naranja, ¿cuánto costarán 7 docenas?

(1) $15.12
(2) $11.12
(3) $14.50
(4) $16.22
(5) $15.75

20. ¿Cuál es el mayor de los siguientes números?

(1) 7
(2) 3^2
(3) 1^8
(4) 2^3
(5) $\sqrt{25}$

21. Halle el cociente de
$$\frac{5 + 5 + 5 + 5 + 5}{5 \times 5 \times 5}$$

(1) 25
(2) 15
(3) 50
(4) 5
(5) $\frac{1}{5}$

22. Halle el próximo número de la serie: 1, 20, 39, 58 . . .

    (1) 49
    (2) 68
    (3) 77
    (4) 67
    (5) 81

23. Si sabe qué es una yarda y qué es un pie, dígame, ¿cuántos pies hay en 118 yardas?

    (1) 364 pies
    (2) 296 pies
    (3) 314 pies
    (4) 354 pies
    (5) 324 pies

24. Halle el producto de $(\sqrt{25})\,(\sqrt{36})$.

    (1) 30
    (2) 11
    (3) 25
    (4) 40
    (5) 18

25. José esperó a María en el aeropuerto desde las 8:45 A.M. hasta las 4:30 P.M. ¿Cuánto tiempo demoró María?

    (1) 8 horas, 15 min.
    (2) 7 horas, 45 min.
    (3) 7 horas, 25 min.
    (4) 8 horas, 35 min.
    (5) 9 horas, 25 min.

26. Pablo compra las mercancías siguientes: 18 latas de puré de tomate a 21 centavos cada una y 25 naranjas a 17 centavos cada una. Si él paga con un billete de $10.00, ¿cuánto recibe de cambio?

    (1) $2.17
    (2) $1.67
    (3) $2.57
    (4) $1.97
    (5) $2.07

27. Si un vendedor de seguros vende pólizas por $26,000 y recibe el 20% de comisión sobre sus ventas, ¿cuánto dinero recibe?

    (1) $4800
    (2) $4900
    (3) $5300
    (4) $5000
    (5) $5200

28. El cociente de

    $$\frac{(7)(1)(3^2)}{21}\ \text{es}$$

    (1) 7
    (2) 9
    (3) 8
    (4) 3
    (5) 6

29. Si Victoria se come 15 compotas en 9 días, ¿cuántas compotas se comerá en 30 días?

    (1) 50
    (2) 46
    (3) 24
    (4) 45
    (5) 39

30. Roberto lee 17 páginas de un libro de historia todos los días. Si el libro tiene 408 páginas, ¿cuántos días se demorará para terminar de leer el libro?

    (1) 24 días
    (2) 25 días
    (3) 28 días
    (4) 30 meses
    (5) 19 días

31. Halle el valor de x en la ecuación $10x - 7 = 2x + 1$.

    (1) 7
    (2) 0
    (3) 5
    (4) 1
    (5) 2

32. Si José tiene 3 veces la edad de César y ambos tienen, sumadas sus edades, 72 años, ¿cuántos años tiene cada uno?

    (1) José, 58; César, 14
    (2) José, 54; César, 18
    (3) José, 59; César, 18
    (4) José, 60; César, 12
    (5) José, 61; César, 11

33. Cuando $\dfrac{h}{17} = -5$, h es igual a:

    (1) 22
    (2) -85
    (3) 12
    (4) -12
    (5) -22

34. Halle el valor numérico de $a^2 - 4b - c$ de acuerdo con los siguientes valores:

    $a = 4$
    $b = -5$
    $c = -2$

    (1) 14
    (2) -6
    (3) 64
    (4) 38
    (5) -2

35. Halle el producto de $(3^2)(4^3)(1^5)$

    (1) 540
    (2) 108
    (3) 380
    (4) 72
    (5) 576

36. Cuando a 5 veces un número se le resta 80, el resultado es el mismo que cuando 107 es restado de dos veces el número. Halle el número.

    (1) -9
    (2) 12
    (3) 27
    (4) 30
    (5) -24

37. Halle el valor de x en
    $2x + 3y = -4$
    $\ x + \ y = -3$

    (1) -5
    (2) 2
    (3) 4
    (4) -10
    (5) -7

38. Josefina tiene 22 monedas en su cartera con un total de $4.15. Sólo tiene monedas de 25 centavos ("quarters") y de 10 centavos ("dimes"). ¿Cuántas monedas de cada clase tiene?

    (1) 11 quarters, 11 dimes
    (2) 10 quarters, 12 dimes
    (3) 9 quarters, 13 dimes
    (4) 13 quarters, 9 dimes
    (5) 12 quarters, 11 dimes

39. Halle los factores de $k^2 + 4k - 21$.

    (1) $(k - 21)(k - 1)$
    (2) $(k + 21)(k + 1)$
    (3) $(k - 7)(k + 3)$
    (4) $(k + 7)(k - 3)$
    (5) $(k + 7)(k + 4)$

40. Halle los factores de $x^2 - 14x + 49$.

    (1) $(x + 14)^2$
    (2) $(x - 7)^2$
    (3) $(x + 7)^2$
    (4) $(x + 7)(x - + 7)$
    (5) $(x - 14)^2$

41. Tengo en casa un patio rectangular que mide 12.5 m de largo y 7.6 m de ancho. Dígame, ¿cuál es el área de mi patio para acordar cementarlo con Tato el albañil?

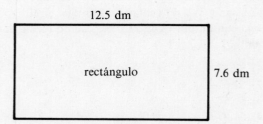

12.5 dm

rectángulo   7.6 dm

    (1) 95 dm²
    (2) 40.2 dm²
    (3) 80.4 dm²
    (4) 90.6 dm
    (5) 121.5 dm

42. En la figura, determine el área del círculo.
A = πR²

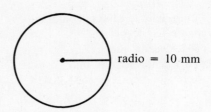

radio = 10 mm

(1) 41.4 mm²
(2) 50.14 mm²
(3) 324 mm²
(4) 31.4 mm²
(5) 314 mm²

43. Tengo un depósito plástico muy bonito de forma cilíndrica que tiene 14 dm de alto y 8 dm de diámetro en la base. Quiero usarlo para preparar refresco para la merienda y quiero saber cuánto líquido le cabe.

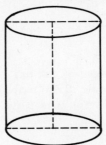

(1) 683.9 dm³
(2) 703.36 dm³
(3) 351.68 dm³
(4) 361.68 dm³
(5) 730.36 dm³

44. ¿Cuántos metros cúbicos de agua contiene un estanque cuadrado que tiene 15 m de lado y 3.3 m de profundidad?

(1) 7,425 m
(2) 15,333 m
(3) 742.5 m
(4) 49.5 m
(5) 225 m

45. Compré un terreno cuadrado que mide 2 km de lado. Quiero saber cuál es su perímetro para cercarlo mientras decido qué hacer con él.

2 km

cuadrado

(1) 4 km²
(2) 8 km
(3) 8 km²
(4) 4 km
(5) 16 km²

46. A razón de 84 centavos la docena de galletas, ¿cuántas galletas podrán comprarse con $1.96?

(1) 26
(2) 24
(3) 28
(4) 40
(5) 32

47. Si una persona de 5 pies de altura proyecta una sombra de 7 pies, ¿cuántos pies de sombra proyectaría una persona de 6.5 pies?

(1) 9.1
(2) 8.3
(3) 7.9
(4) 9.4
(5) 9.5

48. ¿Cuál será el nuevo precio de venta de un traje de hombre que originalmente estaba marcado en $300 después de recibir un descuento del 24%?

(1) $232
(2) $228
(3) $315
(4) $272
(5) $223

49. Un carro hace 35 millas por galón de gasolina en carretera. Si mantiene siempre la misma velocidad, ¿cuántas millas podrá recorrer con 210 galones de gasolina?

(1) 7,050
(2) 7,355
(3) 7,340
(4) 7,530
(5) 7,350

50. El señor Gatiesa gana $2,000 al mes y paga $400 de alquiler. ¿Qué fracción de su salario gasta en alquiler?

    (1) 2/5
    (2) 2/3
    (3) 1/5
    (4) 1/4
    (5) 1/2

51. ¿Cuánto bajó la temperatura si a las 2 P.M. estaba en 19° y a las 10 P.M. en −2°?

    (1) 18
    (2) 21
    (3) 17
    (4) 23
    (5) 16

52. Si a un saco de arroz de 200 libras se le saca 2/5 de su contenido el lunes y el martes se saca 3/4 del resto, ¿cuántas libras de arroz quedan en el saco?

    (1) 43
    (2) 34
    (3) 32
    (4) 28
    (5) 30

53. En la escuela rural de El Naranjo había 40 estudiantes. 2/5 eran niñas. ¿Cuántos varones había en la escuela?

    (1) 26
    (2) 22
    (3) 16

    (4) 24
    (5) 18

54. Si pago con un billete de $100 la compra siguiente, ¿cuánto me devuelven?
    • 3 libros a $12.45 cada uno
    • 200 lápices a 7 centavos cada uno
    • y varios efectos de escritorio por $38.45

    (1) $10.20
    (2) $91.80
    (3) $89.20
    (4) $89.80
    (5) $92.80

55. De un terreno de forma rectangular de 32.5 metros de largo por 24.6 metros de ancho se va a dedicar 1/5 del mismo al cultivo del maíz. ¿Cuántos metros cuadrados se dedicarán a este cultivo?

    (1) 149.3 m²
    (2) 159.9 m²
    (3) 149.9 m²
    (4) 163.6 m²
    (5) 159.4 m²

56. Un capital de $250,000 se reparte entre tres hermanos de la forma siguiente: Pedro recibe el 30% del total; Juan 2/5 del resto. ¿Qué parte del capital recibirá Rafael?

    (1) $70,000
    (2) $75,000
    (3) $120,000
    (4) $115,000
    (5) $105,000

FIN DEL EXAMEN DE PRÁCTICA II

RESPUESTAS CORRECTAS DEL EXAMEN DE PRACTICA II

EXAMEN 1: EXPRESIÓN ESCRITO

Parte I: Clave de Respuestas para el Examen de Expresión Escrita

1. (4)	6. (3)	11. (1)	16. (1)	21. (4)	26. (3)	31. (1)	36. (3)	41. (1)	46. (5)	51. (1)
2. (4)	7. (5)	12. (2)	17. (5)	22. (5)	27. (4)	32. (3)	37. (3)	42. (1)	47. (1)	52. (2)
3. (1)	8. (2)	13. (5)	18. (1)	23. (2)	28. (5)	33. (4)	38. (1)	43. (1)	48. (1)	53. (1)
4. (5)	9. (5)	14. (1)	19. (4)	24. (3)	29. (1)	34. (3)	39. (1)	44. (5)	49. (1)	54. (2)
5. (2)	10. (5)	15. (4)	20. (1)	25. (1)	30. (3)	35. (1)	40. (1)	45. (5)	50. (5)	55. (4)

Examen 2: Clave de Respuestas para el Examen de Estudios Sociales

1. (1)	7. (1)	13. (3)	19. (4)	25. (4)	31. (5)	37. (5)	43. (1)	49. (4)	55. (5)	61. (5)
2. (4)	8. (4)	14. (1)	20. (3)	26. (1)	32. (5)	38. (5)	44. (3)	50. (2)	56. (3)	62. (3)
3. (4)	9. (1)	15. (5)	21. (3)	27. (2)	33. (5)	39. (3)	45. (3)	51. (1)	57. (3)	63. (3)
4. (5)	10. (5)	16. (3)	22. (4)	28. (5)	34. (5)	40. (4)	46. (2)	52. (1)	58. (2)	64. (3)
5. (3)	11. (1)	17. (3)	23. (2)	29. (3)	35. (3)	41. (4)	47. (4)	53. (2)	59. (2)	
6. (2)	12. (2)	18. (3)	24. (3)	30. (2)	36. (4)	42. (5)	48. (5)	54. (5)	60. (4)	

Examen 3: Clave de Respuestas para el Examen de Ciencias

1. (2)	7. (1)	13. (3)	19. (5)	25. (4)	31. (2)	37. (5)	43. (2)	49. (5)	55. (2)	61. (2)
2. (4)	8. (3)	14. (2)	20. (1)	26. (2)	32. (3)	38. (2)	44. (1)	50. (4)	56. (2)	62. (4)
3. (3)	9. (4)	15. (5)	21. (3)	27. (3)	33. (3)	39. (3)	45. (2)	51. (4)	57. (2)	63. (4)
4. (2)	10. (2)	16. (4)	22. (4)	28. (5)	34. (2)	40. (4)	46. (1)	52. (1)	58. (3)	64. (4)
5. (5)	11. (5)	17. (2)	23. (4)	29. (4)	35. (5)	41. (1)	47. (1)	53. (3)	59. (1)	65. (2)
6. (1)	12. (1)	18. (3)	24. (2)	30. (4)	36. (3)	42. (3)	48. (3)	54. (2)	60. (2)	66. (4)

Examen 4: Clave de Respuestas para el Examen de Interpretación de la Literatura y de Las Artes

1. (2)	5. (1)	9. (4)	13. (5)	17. (3)	21. (4)	25. (3)	29. (2)	33. (3)	37. (2)	41. (2)
2. (4)	6. (3)	10. (1)	14. (4)	18. (2)	22. (3)	26. (4)	30. (4)	34. (5)	38. (4)	42. (2)
3. (2)	7. (4)	11. (5)	15. (2)	19. (3)	23. (4)	27. (1)	31. (3)	35. (5)	39. (4)	43. (1)
4. (1)	8. (2)	12. (1)	16. (4)	20. (3)	24. (4)	28. (3)	32. (1)	36. (1)	40. (5)	44. (4)
										45. (5)

Examen 5: Clave de Respuestas del Examen de Matemáticas

1. (3)	6. (1)	11. (5)	16. (2)	21. (5)	26. (4)	31. (4)	36. (1)	41. (1)	46. (3)	51. (2)
2. (4)	7. (5)	12. (3)	17. (3)	22. (3)	27. (5)	32. (2)	37. (1)	42. (5)	47. (1)	52. (5)
3. (2)	8. (4)	13. (1)	18. (4)	23. (4)	28. (4)	33. (2)	38. (4)	43. (2)	48. (2)	53. (4)
4. (1)	9. (2)	14. (4)	19. (1)	24. (1)	29. (1)	34. (4)	39. (4)	44. (3)	49. (5)	54. (1)
5. (2)	10. (4)	15. (1)	20. (2)	25. (2)	30. (1)	35. (5)	40. (2)	45. (2)	50. (3)	55. (2)
										56. (5)

Parte I: Respuestas Explicadas del Examen de Expresión Escrita

1. **(4)** Se necesita una coma después del paréntesis a fin de separar la idea seeundaria de la cláusula principal.

2. **(4)** El verbo debe estar en plural para corresponder a "movimientos".

3. **(1)** La oración no necesita corrección.

4. **(5)** La oración no necesita corrección.

5. **(2)** Cuando "sólo" significa "solamente" o "únicamente" debe llevar acento ortográfico.

6. **(3)** Debe ser plural pues se refiere a "sociedades y culturas".

7. **(5)** La oración no necesita corrección.

8. **(2)** En esta oración no tiene importancia el estado civil.

9. **(5)** La oración no necesita corrección.

10. **(5)** La oración no necesita corrección.

11. **(1)** "Aunque ambos hagan lo mismo, la mujer gana menos que el hombre en muchos puestos de trabajo y profesiones".

12. **(2)** Confusión debida a la pronunciación similar entre *y* y *ll*.

13. **(5)** "Sin embargo" sería correcto si se tratara de una posible excepción. "Por lo tanto" indica que esa situacion es la más probable.

14. **(1)** "La", pues "oficina" es femenino y singular.

15. **(4)** Necesita el artículo determinado pues se refiere a un objeto específico.

16. **(1)** La oración (1) es la que mejor expresa esta idea entre las opciones disponibles.

17. **(5)** Error debido a la pronunciación similar entro *j* y *g*.

18. **(1)** La oración original es la mejor forma.

19. **(4)** Sin esa palabra la oración no tiene sentido; "prueba" especifica qué es lo que debe presentarse.

20. **(1)** La oración no necesita corrección.

21. **(4)** El sujeto de la oración es "usted"; "puede" es la forma de verbo que corresponde.

22. **(5)** La oración no necesita corrección.

23. **(2)** *"se veían"*, porque el sujeto es "productos" y porque sólo asi se da sentido a la oración.

24. **(3)** *"los"* en cuanto es pronombre que reemplaza a "productos" que, además, es plural.

25. **(1)** La oración no necesita corrección.

26. **(3)** *"son responsables"*, porque se refiere a "muchos factores".

27. **(4)** *"se identificaban"*, porque el sujeto—"los productos"—se encuentra en plural.

28. **(5)** La oración no necesita corrección.

29. **(1)** La oración no necesita correccion.

30. **(3)** El "factor humano" es un concepto demasiado complejo para tener un costo. Sin embargo, "el trabajo humano" si tiene un precio y así la oración tiene más sentido.

31. **(1)** La oración no necesita corrección.

32. **(3)** *"barata"*, puesto que se trata de "la confección", que es femenino.

33. **(4)** "las tarifas aduaneras", en este contexto, son sólo una de las formas en que se expresa la politica. Por lo tanto, *"por ejemplo"* es mas adecuado. "es decir" significaría que "las tarifas aduaneras" *son* la politico.

34. **(3)** El sujeto es el "pasajero"—tercera persona del singular—y es éste quien *"ve"* encenderse el letrero luminoso.

35. **(1)** La oración no necesita corrección.

36. **(3)** "hace caso omiso" es una forma de estilo más adecuada y refinada.

37. **(3)** Se puede omitir "le" pues el sujeto de la segunda cláusula está ya nombrado, "pasajero."

38. **(1)** "Éste", como pronombre demostrativo lleva acento ortográfico e indica al sujeto.

39. **(1)** La oración no necesita corrección.

40. **(1)** La oración no necesita corrección.

41. **(1)** La oración no necesita corrección.

42. **(1)** La versión original no tiene verbo y por lo tanto no constituye una oración propiamente dicha ni la pregunta tiene sentido. "Es" es el verbo que da sentido a la pregunta.

43. **(1)** La oración no necesita corrección. Es un dicho tradicional en la lengua que significa que las reglas hay que cumplirlas.

44. **(5)** La oración no necesita corrección.

45. **(5)** La oración no necesita corrección.

46. **(5)** La oración no necesita corrección.

47. **(1)** La oración no necesita corrección.

48. **(1)** "boss" no es una palabra española. "Patrón" es la palabra adecuada.

49. **(1)** La oración no necesita corrección.

50. **(5)** La oración no necesita corrección.

51. **(1)** La oración no necesita corrección.

52. **(2)** La palabra correcta es "amnistía".

53. **(1)** La oración no necesita corrección: "legalizaría" expresa la forma y tiempo adecuados para ese tipo de expresión.

54. **(2)** *"él/"* lleva acento ortográfico pues es pronombre en este caso.

55. **(4)** "De acuerdo, pasar por la Inmigración no es muy divertido *'pues'* hay problemas de lengua, de cultura, de documentación". La palabra "pues" conecta correctamente las dos oraciones indicando causalidad entre las dos.

Examen 1: Parte II Composición Ejemplo de Tema
TEMA 3: LA CONQUISTA DE LOS INDIOS DE AMÉRICA

Sí, los indios fueron los primeros pobladores de América y algunos tenían civilizaciones muy avanzadas desde mucho antes que llegaran los europeos. Entre las grandes culturas existentes en América antes del descubrimiento estaban la de los aztecas, los mayas y los incas. Los mayas desaparecieron antes de la conquista pero fueron muy avanzados como cultura y como civilización. Algunos de los conocimientos que tenían estas civilizaciones eran incluso más avanzados que los de los europeos de la misma época.

Ninguna conquista puede ser justa y la de los pueblos indios de América por parte de los europeos no fue la excepción. Éstos llegaron a América sedientos de oro y no se pararon ante nada hasta sacar todas las riquezas de las tierras y de los pueblos de América. Cuando se acabaron las riquezas que había, se apoderaron de las tierras indias y pusieron a los indios a trabajar por la fuerza en una situación de casi esclavitud. La explotación inhumana y las enfermedades que trajeron los europeos casi acabó con los indios en América.

Las injusticias contra los indios no pararon después de la conquista sino que han continuado hasta el presente. Muchos de los indios de Estados Unidos todavía viven en reservaciones, en donde se les encerró después de quitarles sus medios de vida: la matanza de los búfalos y el no dejarles usar las praderas donde siempre habían vivido. En el resto de América los indios todavía viven muy pobremente y se les trata como cindadanos de segunda categoría.

Examen 2: Respuestas explicadas del examen de Estudios Sociales

1. **(1)** La Doctrina de Monroe fue anunciada en el Congreso por John Quincy Adams, in 1823.
2. **(4)** La doctrina contaba con la aprobación de Inglaterra porque este país temía que otros países podían crear problemas económicos y disminuir la influencia británica en Latinoamérica.
3. **(4)** En la famosa doctrina se condenaba la intervención en el Hemisferio Occidental por parte de países europeos.
4. **(5)** Cuando se anunció la Doctrina de Monroe, Rusia poseía el territorio de Alaska.
5. **(3)** El asesinato de Martin Luther King, Jr. produjo un período de agitación social .
6. **(2)** Martin Luther King, Jr. fue asesinado antes de que comerzaran las protestas por la guerra del Vietnam.
7. **(1)** Martin Luther King, Jr. exigía igualdad de derechos para todas las personas.
8. **(4)** En los días posteriores al asesinato de King hubo motines en muchas ciudades, hubo 43 muertos en 172 ciudades.
9. **(1)** Entre 1960 y 1970, la población de Puerto Rico aumentó más de 300,000 personas.
10. **(5)** En 1960, tanto en los Estados Unidos como en Puerto Rico había una población total de más de tres millones de puertorriqueños.
11. **(1)** Según el cuadro estadístico, la población aumentó en 1970.
12. **(2)** Hubo un aumento considerable de la población puertorriqueña en Puerto Rico y en los Estados Unidos durante 1970.
13. **(3)** "Lucy" es el esqueleto humano más antiguo que se conoce y fue encontrado en Hadar, Etiopía.
14. **(1)** El esqueleto fue encontrado en Etiopía, Africa.
15. **(5)** Se estima que Lucy vivió hace más de cuatro millones de años.
16. **(3)** A partir del descubrimiento de Lucy se deduce que los *Australopithecus* eran bípedos, es decir, que caminaban erguidos, de pie, a diferencia de los monos.
17. **(3)** En la Bolsa de Valores de New York, se realizan transacciones de valores.
18. **(3)** Cuando las acciones no son adquiridas, pierden su valor.
19. **(4)** El "jueves negro" fue el comienzo de una gran depresión económica en Estados Unidos.
20. **(3)** Los precios de los productos no se incrementaron sino que bajaron.
21. **(3)** La primera campaña en favor de los derechos de la mujer tuvo lugar cuando un grupo de mujeres se unió para luchar contra la esclavitud.

22. (4) Las leyes permitían que las mujeres casadas no pudieran disfrutar liberalmente de sus propiedades.

23. (2) Uno de los principales objetivos de la convención americana de los "derechos de la mujer" fue conseguir el derecho al voto.

24. (3) La mujer no logró la igualdad salarial a comienzos de este siglo.

25. (4) Según el texto, Thoreau no estaba de acuerdo con las ideas de su tiempo. Protestó contra el sistema político del país, negándose a pagar impuestos estatales, a consecuencia de lo cual fue encarcelado.

26. (1) Thoreau fue un ecologista y pacifista.

27. (2) Gandhi aprendió de Thoreau la doctrina pacifista de la no-violencia. Gandi usó la desobediencia civil para ayudar a libertar a su país.

28. (5) El pacifismo aplicado por Martin Luther King, Jr. tenía sus raíces en Thoreau.

29. (3) Los *Homo Sapiens* son antiguos descendientes del ser humano.

30. (2) La edad aproximada del *Homo Sapiens* es menos de medio millón de años.

31. (5) Los *Neanderthal* fueron ancestros humanos con una cultura, ya que utilizaban una variedad de utensilios, cazaban, eran nómadas y hacían rituales.

32. (5) California atrajo a muchos colonos debido a todas las afirmaciones: su clima, recursos naturales, el oro y las oportunidades económicas.

33. (5) La diligencia transportaba viajeros y correo, así como mercancía ligera entre el este y el oeste; el viaje duraba unos 25 días.

34. (5) Según el texto, el medio de comunicación más rápido era el "pony express", que transportaba el correo a caballo, a través del continente.

35. (3) El caballo fue sustituído por los tractores en la mayoría de las granjas.

36. (4) El invento de esta máquina facilitó las funciones comerciales a gran escala de la máquina de escribir, la máquina de sumar, y la registradora, haciendo más eficaz el trabajo en las oficinas.

37. (5) La indurstria de los alimentos sufrió cambios por los avances en los procesos de envasado y enlatado de alimentos y en la refrigeración artificial.

38. (5) Nigeria, el país más poblado de Africa, es una república.

39. (3) El cacahuete es una de las fuentes importantes de ingreso de Nigeria; otras son el caucho, el petróleo, el oro, el carbón y la almendra de palma.

40. (4) Según el texto, el Danubio es un río importante que une comercialmente a varias ciudades, entre ellas, Viena, Budapest y Belgrado.

41. (4) España dominó sobre todo los territorios del sur.

42. (5) Fue España quien dominó la Florida en 1689. Posteriormente, en 1763, este territorio pasó al poder británico.

43. (1) Luisiana fue controlada por el gobierno de Francia.

44. (3) El río Mississippi fue controlado en esos años por España e Inglaterra.

45. (3) México es el país de mayor población de habla española, con un total de 73 millones.

46. (2) México tiene diversidad de climas, con muy diferentes tipos de vegetación.

47. (4) Las cadenas montañosas mexicanas más importantes son la Sierra Madre Oriental (Pico Colima, 4,265 m.) y la Sierra Madre Occidental (Pico Orizaba, 5,747 m.).

48. (5) El río más largo de México se llama el Grande del Norte (3,024 km.) y desemboca en el Golfo de México.

49. (4) La diferencia mayor se refleja en 60,000-69,999 dólares.

50. (2) Según la gráfica, la mayoría de los gobernadores ganan salarios entre los 40,000 dólares y los 69,999 dólares al año.

51. (1) De acuerdo con las dos gráficas, se puede deducir que el Mar Meridional de China es el mar más grande del mundo, con una superficie en kilómetros cuadrados de 2,974,601.

52. (1) Las diferencias de superficie entre los mares son mucho menores que las diferencias que se perciben entre los océanos. Todos los mares en la gráfica A tienen diferencias de superficie que no llegan a un millón de kms^2. Por el contrario, las diferencias de superficie entre los océanos de la gráfica B abarcan más de 100 millones de kms^2.

53. (2) Según la gráfica B, el océano más importante es el Pacífico, con una superficie en kms cuadrados de 166,241,754.

54. (5) El Océano Indico es menor en extensión que el Atlántico.

55. (5) El Mar del Caribe es el segundo mar mayor del mundo.

56. (3) Según la gráfica, el valor de los productos y servicios exportados por los Estados Unidos excedió el valor de productos y servicios importados durante el año 1980.

57. (2) El valor de los productos y servicios importados por los Estados Unidos excedió el valor de productos y servicios importados durante el año 1980.

58. (2) Las exportaciones excedieron a las importaciones, en 1980, por 10,000 millones de dólares.

59. (2) El caballo español provocó un cambio fundamental en muchas de las costumbres indias, al producir una revolución en sus formas de vida.

60. **(4)** El pinto era el caballo preferido de los indios por varias razones pero no por ser de un solo color; el caballo pinto tenía manchas blancas y negras o marrones, y los indios lo preferían por su variedad de colores.

61. **(5)** La Corona Española prohibió que los indios aprendieran a montar a caballo porque era posible que se rebelaran haciendo uso de los caballos.

62. **(3)** En muchas culturas indias, si un guerrero moría, su caballo favorito era sacrificado, para acompañarlo al mundo de los espíritus.

63. **(3)** El menor cambio en el porcentaje de distribución de la población por edades entre 1830 y 1970 se produjo en el grupo que comprende población entre 20 y 29 años de edad. Este grupo pasó de ser un 18% en 1830 a ser un 17% en 1970, es decir, experimentó una variación de tan sólo un punto.

64. **(3)** Desde 1830 a 1970 el mayor cambio en el porcentaje de la población ocurrió en el grupo de nacimientos (0 a 9 años), que pasó de un 33% a un 16%, lo cual constituye una disminución de 17 puntos.

Examen 3: Respuestas explicadas del examen de Ciencias

1. **(2)** El texto afirma en el primer párrafo que el petróleo es un líquido "formado por descomposición de materia orgánica sepultada."

2. **(4)** La respuesta (4) es errónea ya que, tal como indica el texto, "el petróleo se utiliza principalmente como combustible."

3. **(3)** En las refinerias el petróleo es sometido a una destilación fraccionada, es decir, se destila a varias temperaturas con el objeto de obtener diferentes productos, como gasolinas, keroseno, gas-oil, disolventes, etc.

4. **(2)** Como el texto indica en el último párrafo, las mezclas de hidrocarburos de 5 a 7 átomos de carbono, es decir, las que tienen el número más bajo de átomos de carbono, reciben el nombre de éter de petopetróleo.

5. **(5)** El sabor agrio se debe a la fermentación que se produce cuando las bebidas alcohólicas de baja graduación entran en contacto con el aire. El nombre específico del fermento causante de este sabor es *micoderma aceti*. El bajo contenido alcohólico del vino, la sidra y la cerveza es un factor que favorece la fermentación pero no es la causa de la misma, por tanto la respuesta (2) no es la más correcta.

6. **(1)** El texto indica que la fermentación de bebidas alcohólicas "sucede tanto más fácilmente cuanto menor es su riqueza en alcohol" y especifica que la fermentación de bebidas de más de 10 o 12 grados es poco posible. De las opciones posibles, la respuesta (1) es la mejor, ya que un contenido alcohólico de entre 5 y 10 grados es más bajo que los contenidos alcohólicos expresados en las demás respuestas.

7. **(1)** El texto claramente indica en el tercer párrafo que el vinagre se prepara "haciendo sufrir la fermentación acética... a líquidos débilmente alcohólicos" o lo que es lo mismo, a líquidos de bajo contenido alcohólico.

8. **(3)** La respuesta errónea es (3), ya que, como el texto indica en el último párrafo, el ácido acético hierve a 118 grados, no a 50.

9. **(4)** La respuesta (4) es la mejor puesto que la física estudia "fenómenos que son comunes a todos los seres naturales" (es decir, las propiedades de los cuerpos del mundo natural) que no implican transformación de la materia, lo cual invalida respuestas (1) y (2) que aluden a procesos de transformación.

10. **(2)** En el último párrafo, en el punto e) se indica que, entre otras cosas, el método experimental abarca "verificación de las hipótesis enunciadas."

11. **(5)** La formación de las nubes se produce por evaporación del agua, un fenómeno físico según se indica en el segundo párrafo. No es un fenómeno químico (respuesta (1)) porque en la evaporación no se produce una descomposición del agua en sus elementos, oxígeno e hidrógeno.

12. **(1)** El estudio de la pluviosidad, es decir, de las condiciones que deben darse para que se produzca la lluvia, corresponde a la Meteorología.

13. **(3)** Tal como el texto indica en el último párrafo, "la humanidad necesita energías de recambio" porque las fuentes de energía se están agotando.

14. **(2)** La humanidad utilizó en primer lugar la energía del fuego, es decir, energía calórica. Las energías potencial y cinética son términos puramente teóricos, es decir, no se refieren a una fuente concreta de energía. Finalmente, las energías atómica y nuclear han sido usadas por la humanidad sólo recientemente.

15. **(5)** La energía potencial es un término teórico para designar la energía propia que posee cualquier cuerpo en la naturaleza.

16. **(4)** La energía potencial al convertirse en energía ligada al movimiento pasa a ser energía cinética.

17. **(2)** El texto indica en su primera línea que "la temperatura se puede medir por medio de los aparatos llamados termómetros."

18. **(3)** Para preparar uno de estos termómetros es necesario colocar mercurio dentro del depósito.

19. **(5)** El texto menciona que el punto de congelación es el punto en que un cuerpo pasa de estado líquido a sólido y usa el ejemplo específico del agua convirtiéndose en hielo.

20. **(1)** De acuerdo con el texto, la escala centígrada o de Celsius está dividida en cien partes o grados.

21. **(3)** En el primer párrafo se indica que la glándula sericígena del gusano de seda produce dos proteínas, una de las cuales se denomina fibroína.

22. **(4)** En el primer párrafo se indica que la glándula sericígena del gusano de seda produce la proteína denominada sericina. Las glándulas propuestas en las demás respuestas en ningún momento aparecen en el texto.

23. **(4)** El segundo párrafo indica que "los genes contienen la información necesaria para la síntesis de tal o cual proteína."

24. **(2)** Esta proteína es secretada por la glándula y se encuentra en la seda del capullo.

25. **(4)** El término metamorfosis (del griego *morphos* 'forma') designa los cambios de forma que sobrevienen en la vida de un ser vivo. Por ejemplo, en el caso de un insecto, los cambios de huevo a larva, de larva a insecto adulto, etc.

26. **(2)** En este contexto "conjugadas" quiere decir que no están libres o separadas sino unidas a otras moléculas.

27. **(3)** El texto menciona que diversos trabajos científicos que han sido capaces de aislar e identificar los principales conjugados de los ecidsteroides han permitido demostrar que el conjugado principal es un éster.

28. **(5)** La última frase del texto concluye que el trabajo realizado constituye la primera demostración de una relación hormonal entre el organismo materno y el embrión en un animal ovíparo.

29. **(4)** El texto indica que la hoja "es principalmente el órgano de la nutrición de la planta," es decir, el órgano por el cual la planta se alimenta.

30. **(4)** Todas estas funciones: fotosíntesis, respiración, transpiración y nutrición aparecen mencionadas en el primer párrafo del texto dentro de las funciones básicas de la hoja. La reproducción no es una función comúnmente asociada con las hojas sino con las flores.

31. **(2)** El segundo párrafo del texto describe la estructura de la capa superior o haz del limbo de una hoja e indica que encontramos "la misma estructura en la capa inferior de la hoja." En el mismo párrafo se indica que las parénquimas forman parte del limbo, no del peciolo, lo cual invalida la respuesta (3). En el siguiente párrafo fotosíntesis y respiración aparecen mencionados como dos procesos diferentes, invalidando la respuesta (1). Contrariamente a lo que se indica en la respuesta (4), el quinto párrafo explica que las hojas que se caen en invierno son las caducas, no las perennes. Por último,

las hojas sentadas son aquellas que no tienen peciolo, no las que carecen de tallo como se afirma en la respuesta (5).

32. **(3)** Los árboles de hojas caducas son aquellos en que todas las hojas caen al mismo tiempo, es decir, son árboles que se quedan sin hojas.

33. **(3)** La reproducción en que las hembras no necesitan la presencia del esperma del macho se llama partenogénesis.

34. **(2)** Según los biólogos Lowe y Wright, parece que el origen de la especie unisexual se encuentra en la unión de dos especies que vivian en hábitats diferentes: la tierra y el desierto.

35. **(5)** El quinto párrafo indica que los lagartos nacidos en el laboratorio son casi idénticos a las madres en todos estos aspectos: color, forma, morfología y tamaño.

36. **(3)** Según la reflexión final del texto, a partir de estas investigaciones la pregunta que surge en la mente humana es: ¿podría la mujer fecundar sin la presencia del esperma del hombre?

37. **(5)** Según el texto, el porcentaje de silicatos en la Luna es superior al 95%, o lo que es lo mismo, algo inferior al 100% (respuesta (5)). Las demás respuestas son valores inferiores o igual al 95%, por tanto erróneas.

38. **(2)** El texto distingue cuatro grandes familias de silicatos. Uno de estos grupos está constituído por redes tridimensionales entre las cuales se encuentran el cuarzo y los feldespatos.

39. **(3)** Con la llegada de muestras de rocas lunares extraídas en misiones espaciales, los cuerpos planetarios han dejado de ser patrimonio exclusivo de los astrónomos. Científicos de todas las disciplinas están estudiando estas rocas.

40. **(4)** El tercer párrafo afirma que los mares lunares son ricos en titanio.

41. **(1)** La caolinita, según la primera frase del texto, es también conocida como silicato de caolín, o lo que es lo mismo, caolín silicatizado. Ninguno de los nombres propuestos en las respuestas (2) a la (4) aparece en el texto.

42. **(3)** Con la excepción de la afirmación de que puede ser de color azul nacarado, todas las propiedades propuestas en las respuestas aparecen en el texto. El color de la caolina, según el segundo párrafo puede ser entre blanco amarillento y castaño, no azul.

43. **(2)** La alteración hidrotérmica de los feldespatos y otros silicatos de aluminio aparece en el penúltimo párrafo como el proceso responsable de la formación de la caolinita. Los demás procesos químicos propuestos en las diferentes respuestas no aparecen en el texto.

44. **(1)** La caolinita procesada, es decir, una vez deshidratada, pulverizada y empastada con agua, se convierte en una masa moldeable apta para su uso en la industria de la cerámica.

45. **(2)** De acuerdo con el primer párrafo, el nombre común de los lípidos es (aparte de ceras) grasas.

46. **(1)** El segundo párrafo dice que "en general, las grasas naturales están formadas por mezclas de glicéridos."

47. **(1)** El texto cita entre los ácidos grasos constituyentes de las grasas a los ácidos láurico, palmítico, esteárico y oleico. En ningún momento se cita al ácido acético.

48. **(3)** Según el texto (último párrafo), las sales de los ácidos grasos libres son también llamadas jabones.

49. **(5)** En el primer párrafo del texto se indica que el carbono se encuentra en formas alotrópicas como el diamante y el grafito, y formando compuestos como la caliza y la magnesita. Los metales preciosos no aparecen mencionados entre los compuestos en que el carbón forma parte.

50. **(4)** El tipo de carbono más puro, denominado diamante, al ser la sustancia más dura que se conoce, raya a todas las demás y no puede ser rayado por ninguna de ellas.

51. **(4)** El diamante negro, aunque tiene diversos usos industriales, no tiene valor como piedra preciosa.

52. **(1)** El grafito se haya muy repartido en el mundo natural.

53. **(3)** El metro se definió como la diezmillonésima parte del cuadrante del meridiano terrestre, o lo que es lo mismo, la distancia entre el Polo Norte y el ecuador dividida en diez millones de partes.

54. **(2)** El metro como medida de longitud fue concebido por la Academia de las Ciencias francesa en el contexto de la Revolución Francesa.

55. **(2)** La Academia de las Ciencias francesa fue el organismo que desarrolló el metro y recomendó su uso.

56. **(2)** La Asamblea Legislativa francesa declaró que el kilogramo era la medida de masa (es decir, peso) en diciembre de 1799.

57. **(2)** En física, según la ley de la inercia, los cuerpos sobre los que no actúa ninguna fuerza se encuentran o bien en estado de reposo o en movimiento rectilíneo e uniforme.

58. **(3)** Las fuerzas de rozamiento hacen que los cuerpos en movimiento, que según la ley de la inercia seguirían su movimiento indefinidamente, se paren.

59. **(1)** Galileo demostró con una serie de experimentos que la causa de que se paren los cuerpos en movimiento es la fuerza del rozamiento, y que si tal fuerza no existiera, el cuerpo puesto una vez en movimiento se movería eternamente.

60. **(2)** La teoría reinante en la época de Galileo, formulada por Aristóteles, consideraba que el movimiento es sólo posible si existe una fuerza, y sin ella debe interrumpirse inevitablemente.

61. **(2)** Dado que el cerebelo permite controlar el equilibrio y coordinación, su necesidad es crucial para que el águila pueda volar.

62. **(4)** De las acciones que se proponen en las diferentes respuestas, el hacer esta prueba es la única que requiere utilizar memoria, creatividad e inteligencia, funciones para las cuales es necesario el cerebro.

63. **(4)** El movimiento de la rodilla al reaccionar a un golpe en la rótula es una acción refleja de la parte inferior del cuerpo. Este tipo de función está controlada por la médula espinal.

64. **(4)** La médula controla el corazón y el sistema respiratorio.

65. **(2)** Las funciones reguladas por el cerebelo, la médula y la médula espinal, tales como el equilibrio, el control de los pulmones y el corazón o los movimientos reflejos, son similares en el ser humano y el gato. Por el contrario, la capacidad de memoria, inteligencia y creatividad de los humanos es mucho mayor que la de los gatos y por lo tanto, el cerebro, que controla estas funciones, está mucho más desarrollado en el ser humano que en el gato.

66. **(4)** En el gráfico la Luna se encuentra entre la Tierra y el Sol eclipsándolo, es decir, impidiendo que la luz del Sol llegue a la Tierra. Tal fenómeno se conoce como eclipse solar.

Examen 4: Respuestas explicadas del examen de Interpretación de la Literatura y de las Artes

1. **(2)** Estos autores constituyen un auténtico estilo de novela y cuento desarrollado en los Estados Unidos.

2. **(4)** Mark Twain era un seudónimo, es decir, un nombre utilizado solamente para firmar su obra literaria. Su verdadero nombre era Samuel Langhorne Clemens.

3. **(2)** Edgar Allan Poe escribio novelas de misterio que constituyen la base de la novela policíaca moderna.

4. **(1)** Nathaniel Hawthorne escribió muchas novelas relacionadas con el pensamiento puritano.

5. **(1)** El único aspecto común de todas las secciones del texto es el mencionar a personajes españoles o de origen hispano.

6. **(3)** En el texto los hechos son presentados en sucesión temporal, empezando por el más antiguo y continuando progresivamente con hechos posteriores, es decir, es una narración cronológica de hechos.

7. **(4)** El texto utiliza la expresión "se abre una brecha" entre terratenientes y representantes obreros; es decir, se producen divergencias entre unos y otros.

8. **(2)** El texto indica que una mujer, Lucrezia Bori, llegaría a formar parte de la junta de directores de la Metropolitan Opera después de su retiro en 1936, es decir mucho después de 1912. Por lo tanto la afirmación de que

después de 1912 ninguna mujer ha formado parte de dicho organismo es errónea.

9. (4) El texto, en el primer párrafo, propone partir desde "nuestra propia galaxia" y casi inmediatamente después, en el segundo párrafo alude a "nuestra Via Láctea" de donde se infiere que la galaxia en la que se encuentra la tierra es la Via Láctea.

10. (1) La galaxia está formada por millones de estrellas, la mayoría de las cuales tienen sistemas planetarios.

11. (5) El contenido del texto, tal como indica su título ("¿Hay vida en otros planetas?") gira en torno a la cuestión de qué posibilidades hay de la existencia de vida en el universo.

12. (1) Los escritos y opiniones de Manuel González Prada, tal como ejemplifica el fragmento del texto, tienen un claro tono filosófico y humanista.

13. (5) Según el texto, las obras de Manuel González Prada atacan al orden social reinante, por estar asentado en conceptos ajenos a la justicia, es decir, sus obras denuncian la injusticia del orden social.

14. (4) A la persona que es violenta (que tiene el corazón de un tigre) de nada le sirve ser sabia, ya que la violencia anula la capacidad de pensar, es decir, la racionalidad.

15. (2) Ante la opinión general que acusa al indio de no querer civilizarse, Manuel González Prada arguye que el grado más alto de civilización lo constituye la bondad, es decir, el hacer el bien, y no la ciencia o el arte. Desde este punto de vista, los dominadores del Perú, que proclaman como ley social la *struggle for life* y la barbarie, no tienen derecho a considerar al indio como un ser incapaz de civilizarse.

16. (4) Esto es lo que afirma González Prada en el primer párrafo del texto.

17. (3) El autor al final del texto afirma que "el indio se redimirá merced a su esfuerzo propio."

18. (2) El autor, en el penúltimo párrafo del texto, afirma que al indio se le debe predicar orgullo y rebeldía, ya que durante siglos de conformidad y paciencia no ha ganado nada.

19. (3) Los incas rendían culto al Sol. Las creencias cristianas llegaron al Perú posteriormente, con los colonizadores españoles.

20. (3) El personaje del texto se aparta del grupo sin saludar y al llegar a casa se tumba en el lecho de su habitación y se pone a llorar, lo cual obviamente indica que está afligido por algún motivo.

21. (4) Arguedas es uno de los iniciadores de la llamada literatura indigenista.

22. (3) Según la última frase del texto, aunque Clotilde había aprendido a leer en la escuela, la falta de ejercicio y los trabajos rudos le habían hecho olvidar lo aprendido.

23. (4) En el segundo fragmento se indica que el personaje había conocido a Clotilde cuando juntos iban a buscar a agua a la pila de Challapampa.

24. (4) En este fragmento Borges habla de sí mismo en dos planos. Uno es el Borges persona cotidiana, común y corriente, mientras que el otro es la figura del Borges escritor famoso. Mientras que el primero desaparecerá rápidamente al morir, el otro pervivirá en sus obras y su fama. No habla de otro autor, sino de sí mismo en dos planos, lo cual invalida la respuesta (1). La descripción de ese otro Borges está hecha en tercera, no en segunda persona, lo cual invalida la respuesta (2).

25. (3) El texto dice que Borges se vio influído por el ultraísmo, corriente que practicó en sus primeros versos, pero que para 1932 se consideraba ya un "ultraísta muerto."

26. (4) Según el texto, Borges criticaba la lengua artificiosa y desdeñaba la preocupación por la forma.

27. (1) En este fragmento Borges habla de la misma persona, en este caso él mismo, en dos planos. Es por tanto un desdoblamiento en dos personalidades.

28. (3) El texto es una metáfora del egoísmo; el personaje, sin querer ver, oír ni hablar con nadie se lo come todo vorazmente.

29. (2) Esta interpretación, la del nacimiento, destrucción y vuelta histórica de los imperios, parece ser la única respuesta que se ajusta a la estructura cíclica del texto en la que el personaje crece, se destruye y luego vuelve a empezar.

30. (4) El personaje destruye y devora todo el sistema solar, pero no acaba con él para siempre ya que al explotar, cada partícula resultante se convierte en algo y todo vuelve a su ser original.

31. (3) Esta caracterización del personaje pretende ser una metáfora del egoísmo y la avaricia.

32. (1) El cuento tiene una estructura cíclica que pretende reflejar el carácter repetitivo de la historia, en la que imperios surgen, crecen, se destruyen y dan lugar a otros nuevos imperios que surgen, crecen y se destruyen.

33. (3) Al hablar de la naturaleza, el autor observa que "tampoco el hombre más sabio puede descubrir su secreto," es decir, es inconocible.

34. (5) El autor es un cantor de la naturaleza a la cual idealiza y contempla con admiración.

35. (4) Se trata de una presentación de "pintura funeraria," por tanto se trata de arte relacionado con los ritos de muerte.

36. (1) El 31 de enero es la presentación de alfarería griega. Alfarería es el arte de hacer objetos de cerámica.

37. (2) La presentación del 7 de febrero está dedicada a la pintura italiana del alto Renacimiento.

38. **(4)** Normalmente el prefijo *pre-* quiere decir 'anterior.' En este caso, pre-colombino quiere decir anterior a la llegada de Colón a las Américas.

39. **(4)** El texto dice que "algunos niños," no todos, se escaparon y se convirtieron en animales salvajes.

40. **(5)** A la mayoría de los niños, no a todos, se los llevaron con las manos atadas a una carcel de papel. Por tanto ninguna respuesta es correcta.

41. **(2)** El primer párrafo finaliza con la frase: "los niños se hicieron hombres obedientes."

42. **(2)** Los hombres obedientes, que en su día habían sido niños rebeldes encarcelados, empezaron a disparar sus armas contra los animales salvajes que en su momento habían sido niños como ellos pero que se habían convertido en animales.

43. **(1)** Los niños obedientes representan a las personas que han aceptado la sociedad y los animales salvajes son las personas que no aceptan esa sociedad y se rebelan contra ella.

44. **(4)** Lincoln se dirige al pueblo que ha sobrevivido a la guerra para animarle a que trabaje con ahínco para completar la tarea iniciada por los que han caído en la lucha; así su esfuerzo no resultará valdío

45. **(5)** Esta frase, "gobierno del pueblo, por el pueblo, para el pueblo" es una interpretación de la democracia, en la que idealmente hay una participación amplia del pueblo para servir los intereses de la mayoría, es decir, del pueblo.

Examen 5: Respuestas Explicadas para el Examen de Matemáticas

1. **(3)** $\begin{array}{r} \$39.45 \\ +\ 4.78 \\ \hline \$44.23 \end{array}$ (respuesta)

2. **(4)** $\begin{array}{r} \$71.01 \\ -\ 67.46 \\ \hline \$\ 3.55 \end{array}$ (respuesta)

3. **(2)** $\begin{array}{r} 603 \\ \times\ 0.95 \\ \hline 3015 \\ 5427 \\ \hline 57285 \end{array}$ (se lleva 2 lugares decimales)

   $\$572.85$ (respuesta)

4. **(1)** $\begin{array}{r} \$\ 28.70 \\ 14)\overline{\$401.80} \\ -28 \\ \hline 121 \\ -112 \\ \hline 9\ 8 \\ -9\ 8 \\ \hline 0 \end{array}$

   $\$28.70$ (respuesta)

5. **(2)** $\begin{array}{r} 0.984 \\ \times\ 0.02 \\ \hline 1968 \end{array}$ (sumar los lugares decimales y tranferirlos al producto)

   0.01968 (aproximado a la centésima más cercana es igual a 0.02)

   0.02 (repuesta)

6. **(1)** $\dfrac{98}{5} = 98 \div 5 = 19.6 = 19\dfrac{3}{5}$

   $19\dfrac{3}{5}$ (respuesta)

7. **(5)** $2\dfrac{1}{3} \times \$3.50 = 2\dfrac{1}{3} \times 3\dfrac{1}{2} = \dfrac{7 \times 7}{3 \times 2} = \dfrac{49}{6}$

   $\dfrac{49}{6} = 8.166 = \$8.17$ (respuesta)

8. **(4)** $24 \times x = 3$

   $x = \dfrac{3}{24}$

   $x = \dfrac{1}{8}$ (respuesta)

9. **(2)** $\$61.25 \div \$3.50 = 17.5 = 17\frac{1}{2}$ (respuesta)

10. **(4)** $\sqrt{100 \times 49} = \sqrt{100} \times \sqrt{49}$
    $= 10 \times 7$
    $= 70$ (respuesta)

11. **(5)** $18\dfrac{1}{9} + 27\dfrac{8}{9} = \dfrac{163}{9} + \dfrac{251}{9}$
    $= 46$ (respuesta)

    ó:

    $\dfrac{1}{9} + \dfrac{8}{9} = \dfrac{9}{9} = 1$

    $18 + 27 + 1 = 46$ (respuesta)

12. **(3)** $\begin{array}{rcl} 46 & = & 45\ 7/7 \\ -28\ 3/7 & = & -28\ 3/7 \\ \hline & & 17\ 4/7 \end{array}$

    17 4/7 (respuesta)

13. **(1)** Con 1/3 lb se hacen 6, ∴ con 1 lb se hacen
    6 × 3 = 18.
    Con 1 lb se hacen 18, ∴ con 4 lb se hacen
    18 × 4 = 72
    72 (respuesta)

14. **(4)** 23% de 89 = 89 × 0.23 = 20.47
    89 − 20.47 = 68.53
    $ 68.53 (respuesta)

15. **(1)** 1 milla = 1.609 kilómetros
    30 × 1.609 = 48.27
    Redondeando a la decena más cercana:
    48.3 km (respuesta)

16. **(2)** Hallar el puntaje total:
    90 + 81 + 78 + 82 + 94 = 425
    Hallar el promedio:
    425 ÷ 5 = 85
    85 (respuesta)

17. **(3)** 1 km = 1,000 m
    82.5 × 1,000 = 82,500
    82,500 m (respuesta)

18. **(4)** $\dfrac{13}{21} = 0.62$

    $\dfrac{2}{3} = 0.66$

    $\dfrac{1}{2} = 0.5$

    $\dfrac{5}{7} = 0.71$

    $\dfrac{5}{7}$ es la mayor (respuesta)

19. **(1)** 7 docenas = 7 × 12 = 84
    84 × 0.18 = 15.12
    $15.12 (respuesta)

20. **(2)** $3^2 = 9$
$1^8 = 1$
$2^3 = 8$
$\sqrt{25} = 5$
3^2 es el mayor (respuesta)

21. **(5)** $\dfrac{5 + 5 + 5 + 5 + 5}{5 \times 5 \times 5} = \dfrac{25}{125}$
$= 1/5$ (respuesta)

22. **(3)** $1 + 19 = 20$
$20 + 19 = 39$
$39 + 19 = 58$
19 es la constante
$58 + 19 = 77$
        77   (respuesta)

23. **(4)** 1 yarda = 3 pies
$118 \times 3 = 354$
354 pies (respuesta)

24. **(1)** $(\sqrt{25})(\sqrt{36}) = 5 \times 6$
$= 30$ (respuesta)

25. **(2)** de 8:45 A.M. a 9:30 A.M.: 45 min.
de 9:30 A.M. a 4:30 P.M.: 7 horas
7 horas, 45 min. (respuesta)

26. **(4)** $18 \times 0.21 = \$3.78$
$25 \times 0.17 = \underline{4.25}$
        Total $8.03
$10 - \$8.03 = \$1.97$ (respuesta)

27. **(5)** 20% de 26,000 = 26,000 × 0.20
$= \$5,200$ (respuesta)

28. **(4)** $\dfrac{(7)(1)(3^2)}{21} = \dfrac{7 \times 1 \times 9}{21} = \dfrac{63}{21}$
$= 3$ (respuesta)

29. **(1)** $\dfrac{9}{15} : \dfrac{30}{x}$
$x = \dfrac{30 \times 15}{9} = \dfrac{450}{9}$
$= 50$ (respuesta)

30. **(1)** $\dfrac{17}{1} : \dfrac{408}{x}$
$x = \dfrac{408}{17}$
$= 24$ días (respuesta)

31. **(4)** $10x - 7 = 2x + 1$
$10x - 2x = 1 + 7$
$8x = 8$
$x = \dfrac{8}{8}$
$x = 1$ (respuesta)

32. **(2)** edad de César = k
edad de José   = 3k
$k + 3k = 72$
$4k = 72$
$k = \dfrac{72}{4} = 18$ (edad de César)
$18 \times 3 = 54$ (edad de José)

33. **(2)** $\dfrac{h}{17} = -5$
$h = -5\,(17)$
$h = -85$ (respuesta)

34. **(4)** $a^2 - 4b - c = 4^2 - 4(-5) - (-2)$
$= 16 - (-20) + 2$
$= 16 + 20 + 2$
$= 38$ (respuesta)

35. **(5)** $(3^2)(4^3)(1^5) = 9 \times 64 \times 1$
$= 576$ (respuesta)

36. **(1)** $5x - 80 = 2x - 107$
$5x - 2x = -107 + 80$
$3x = -27$
$x = \dfrac{-27}{3}$
$x = -9$ (respuesta)

37. **(1)** En la segunda ecuación $y = -3 - x$
Reemplazando y en la primera ecuación por su equivalente
$2x + 3(-3 - x) = -4$
$2x + (-9 - 3x) = -4$
$2x - 9 - 3x = -4$
$-x = -4 + 9$
$-x = 5$
$x = -5$ (respuesta)

38. **(4)** $13 \times 0.25 = 3.25$
$\underline{9} \times 0.10 = \underline{0.90}$
22 monedas = $4.15
13 "quarters" y 9 "dimes" es la respuesta correcta.

39. **(4)** $(k + 7)(k - 3) = k^2 - 3k + 7k - 21$
$= k^2 + 4k - 21$
$(k + 7)(k - 3)$ es la respuesta correcta.

40. **(2)** $(x - 7)(x - 7) = x^2 - 7x - 7x + 7$
$= x^2 - 14x + 49$
$(x - 7)^2$ es la respuesta correcta.

41. **(1)** Área del rectángulo: lado mayor × lado
menor 12.5 × 7.6 = 95
95 dm² (respuesta)

42. **(5)** 3.14 × 10² = 314
314 mm² (respuesta)

43. **(2)** Volumen del cilindro: π × r² × altura
r = diametro ÷ 2
π = 3.14
3.14 × 4² × 14 = 3.14 × 16 × 14 = 703.36
703.36 dm³ (respuesta)

44. **(3)** 15 m × 15 m × 3.3 m = 742.5 m³
742.5 m³ (respuesta)

45. **(2)** Perímetro del cuadrado: lado × 4
2 × 4 = 8
8 km (respuesta)

46. **(3)** 12 galletas = $.84
1 galletas = .84 ÷ 12 = $.07
$1.96 ÷ $.07 = 28

$$\frac{0.84}{12} : \frac{1.96}{x}$$

$$x = \frac{1.96 \times 12}{0.84}$$

$$x = 28$$
28 galletas (respuesta)

47. **(1)** $\frac{5}{7} : \frac{6.5}{x}$

$$x = \frac{6.5 \times 7}{5}$$

$$x = 9.1$$
9.1 pies (respuesta)

48. **(2)** 24% de $300 = $300 × 0.24 = $72
(descuento)
Precio final: $300 − $72 = $228
$228 (respuesta)

49. **(5)** $\frac{1}{35} : \frac{210}{x}$

$$x = 210 \times 35 = 7,350$$
7,350 millas (respuesta)

50. **(3)** $\frac{400}{2000} = \frac{1}{5}$
1/5 (respuesta)

51. **(2)** 19 − (−2) = 19 + 2 = 21
21 (respuesta)

52. **(5)** Se saca el lunes 2/5 de 200
2/5 × 200 = 80
Se saca el martes 3/4 de 200 − 80
3/4 × 120 = 90
Se saca en total 80 + 90 = 170
Quedan 30 (respuesta)

53. **(4)** 2/5 × 40 = 16
40 − 16 = 24 (respuesta)

54. **(1)** Hallar el total de la compra:
3 × $12.45 = $37.35
200 × $0.07 = 14
$$\frac{+38.45}{}$$
Total 89.80
Vuelto de $100: $100 − $89.80 = $10.20;
$10.20 (respuesta)

55. **(2)** Área del rectángulo:
lado mayor × lado menor
32.5 × 24.6 = 799.5
1/5 = 0.2
799 × 0.2 = 159.9 m² (respuesta)

56. **(5)** 30% de $250,000 = $250,000 × 0.30
= $75,000 (dinero de Pedro)
$250,000 − $75,000 = $175,000
$175,000 × 2/5 = $70,000 (dinero de Juan)
$75,000 + $70,000 = $145,000
$250,000 − $145,000 = $105,000 (dinero de
Rafael)
$105,000 (respuesta)

OCTAVA PARTE

TRES EXÁMENES DE INGLÉS (PUERTO RICO Y CIERTOS ESTADOS)

HOJA DE RESPUESTAS:
EXAMEN DE INGLÉS I

Sección 1: Sinónimos

1. ① ② ③ ④   3. ① ② ③ ④   5. ① ② ③ ④   7. ① ② ③ ④   9. ① ② ③ ④
2. ① ② ③ ④   4. ① ② ③ ④   6. ① ② ③ ④   8. ① ② ③ ④   10. ① ② ③ ④

Sección 2: Conversaciones Escritas

11. ① ② ③ ④   13. ① ② ③ ④   14. ① ② ③ ④   15. ① ② ③ ④   16. ① ② ③ ④
12. ① ② ③ ④

Sección 3: Vocabulario

17. ① ② ③ ④   19. ① ② ③ ④   21. ① ② ③ ④   23. ① ② ③ ④   25. ① ② ③ ④
18. ① ② ③ ④   20. ① ② ③ ④   22. ① ② ③ ④   24. ① ② ③ ④   26. ① ② ③ ④

Sección 4: Lectura

27. ① ② ③ ④   31. ① ② ③ ④   35. ① ② ③ ④   39. ① ② ③ ④   43. ① ② ③ ④
28. ① ② ③ ④   32. ① ② ③ ④   36. ① ② ③ ④   40. ① ② ③ ④   44. ① ② ③ ④
29. ① ② ③ ④   33. ① ② ③ ④   37. ① ② ③ ④   41. ① ② ③ ④   45. ① ② ③ ④
30. ① ② ③ ④   34. ① ② ③ ④   38. ① ② ③ ④   42. ① ② ③ ④   46. ① ② ③ ④

EXAMEN DE INGLÉS I

El próposito de esta prueba es determinar qué grado de conocimiento del idioma inglés tiene cada candidato. Esta prueba consiste de cuatro secciones: sinónimos, conversaciones escritas, vocabulario, y lectura. Antes de contestar las preguntas de cada sección, lea con cuidado las instrucciones que aparecen al comienzo de las mismas. Esta prueba no tiene límite de tiempo. Sin embargo, calcule que necesitará casi una hora para terminarla. Si no lo puede hacer en ese tiempo, le concederán una extensión de tiempo para que pueda completar la prueba.

SECCIÓN 1: SINÓNIMOS

En esta sección encontrará diez grupos de palabras, en cada una de las cuales aparece una en letra mayúscula, seguida de cuatro respuestas posibles. El candidato debe escoger entre cada una de estas respuestas aquella que tenga el mismo significado de la palabra que aparece en mayúscula.

Instrucciones: Lea cada grupo de palabras y escoja entre las cuatro respuestas aquella que tenga el mismo significado de la que aparecen en mayúscula.

Ejemplo:

EXAMINE:

(1) file   ① ② ③ ●
(2) collect
(3) distribute
(4) inspect

("Inspect" es sinónimo de "EXAMINE". Se debe hacer un círculo alrededor del número 4).

1. RETAIN

(1) pay out
(2) play
(3) keep
(4) inquire

2. CORRESPONDENCE:

(1) letters
(2) files
(3) testimony
(4) response

3. CREDIBLE:

(1) believable
(2) correct
(3) intelligent
(4) gullible

4. DEDUCT:

(1) conceal
(2) withstand
(3) subtract
(4) terminate

5. PROCEED:

   (1) go forward
   (2) parade
   (3) refrain
   (4) resume

6. ACCELERATE:

   (1) drive fast
   (2) reroute
   (3) decline rapidly
   (4) speed up

7. RESTRICT:

   (1) limit
   (2) replace
   (3) watch
   (4) record

8. ANNUAL:

   (1) yearly
   (2) seasonal
   (3) occasional
   (4) infrequent

9. EXCESS:

   (1) surplus
   (2) exit
   (3) inflation
   (4) luxury

10. PETTY:

   (1) lengthy
   (2) communal
   (3) small
   (4) miscellaneous

SECCIÓN 2:
CONVERSACIONES ESCRITAS

Esta parte del examen consiste de seis oraciones o frases, cada una seguida de cuatro respuestas de entre las cuales el candidato tiene que seleccionar aquella que en realidad conteste o complete el tema tratado.

Instrucciones: Lea cada oración o frase con detenimiento. De las cuatro respuestas que siguen a cada pregunta o frase, seleccione aquella que **realmente** contesta o completa cada tema.

Ejemplo:

"Are there any cookies left?"

(1) "The bakery is down the street."
(2) "There isn't."
(3) "I like them best after school."
(4) "There are a few."

① ② ③ ●

(La respuesta correcta a esta pregunta es el número 4, ya que la pregunta está hecha en plural y por lo tanto requiere una respuesta en plural. Una posible respuesta que puede confundir al candidato es el número 2, pero la misma es incorrecta en este caso ya que ha sido contestada en singular).

11. "Is Ellen sick today?"
   "No, I saw her earlier."

   (1) "That's a shame."
   (2) "I am afraid you are wrong."
   (3) "Good, I have to talk to her."
   (4) "I don't feel well either."

12. "I just read an interesting book about airplanes."

   (1) "Oh, do you think I could borrow it?"
   (2) "I like watching television."
   (3) "I am sorry I haven't read your letter."
   (4) "I have not done my homework yet."

13. "My little sister's cat just had seven kittens."

   (1) "Is she really so little?"
   (2) "It takes one to know one."
   (3) "I just had lunch myself."
   (4) "Can I come over to see them?"

14. "I am going to the store. do you want anything?"

   (1) "I like the pretty check-out girl."
   (2) "I will go next door to borrow some sugar."
   (3) "We are out of cereal."
   (4) "I hope it does not take long."

15. "Where does the bus stop?"

   (1) "There are stop lights every block."
   (2) "At the next corner."
   (3) "Before school every morning."
   (4) "Bus drivers often do not stop."

16. "May I borrow your pen?"

   (1) "Thanks, I already have one."
   (2) "You may, but give it back after class."
   (3) "Maria did not have a pen yesterday."
   (4) "I will let you know tomorrow."

SECCIÓN 3:   VOCABULARIO

Esta parte del examen consiste de diez frases. En cada una de estas frases aparece un espacio en blanco. De las cuatro alternativas dadas debajo de cada frase, el candidato debe seleccionar aquella que **realmente** complete la misma.

Instrucciones: Lea cada frase con detenimiento. Escoja, de las cuatro alternativas que siguen a cada una, la palabra que complete correctamente la misma.

Ejemplo:

When Jenny kissed him, he was very _____.

(1) happy
(2) smart
(3) small
(4) considerable

● ② ③ ④

(La respuesta correcta a esta pregunta es la número 1)

17. A chef in a restaurant has _____ meals to prepare.

   (1) every
   (2) much
   (3) many
   (4) never

18. Since Carlos likes to watch the Mets, it is too bad he _____ the game.

   (1) played
   (2) sold
   (3) missed
   (4) lost

19. John hasn't done his homework _____.

   (1) after
   (2) yet
   (3) before
   (4) yesterday

20. After blast-off, the rocket soon grew _____ in the noon sky.

   (1) blue
   (2) enormous

(3) easy
(4) tiny

21. Maria lay down on the _____.

   (1) bed
   (2) wall
   (3) chair
   (4) table

22. When his car would not start, he had to have it _____.

   (1) washed
   (2) painted
   (3) repaired
   (4) opened

23. Lisa likes her uncle to visit, but he does not come _____.

   (1) forever
   (2) after
   (3) often
   (4) across

622

24. The teacher sits behind his _____.

    (1) chair
    (2) desk
    (3) ruler
    (4) lamp

25. When the telephone rang, she ran to _____ it.
    (1) pick
    (2) talk

(3) understand
(4) answer

26. The clown juggled three _____ in the air.

    (1) balls
    (2) chairs
    (3) dogs
    (4) jokes

SECCIÓN 4: LECTURA

Esta última parte del examen consiste de varias lecturas, al final de las cuales aparecen preguntas basadas en el material. Se debe leer primero con detenimiento cada selección y contestar después las preguntas que le siguen.

Instrucciones: Lea cada lectura con suma atención y conteste las preguntas que aparecen al final. Escoja la respuesta correcta para cada pregunta y haga un círculo alrededor del número que corresponde a la misma.

The police department of New York City has one branch which many do not know about, although it was established almost a century ago. This is the harbor precinct's fourteen-boat fleet of police launches, which patrols 578 miles of waters around the city, paying particular attention to the areas containing 500 piers and some ninety boat clubs.

The boats are equipped for various jobs. One boat is an icebreaker; another is equipped to render aid in the event of an airplane crash at La Guardia Airport. All of the boats are equipped with lifeline guns, heavy grappling irons to raise sunken automobiles, and lasso-sticks to rescue animals in the water. They have power pumps to bail out sinking craft, first-aid kits, extra life preservers, signal flags, and searchlights.

The force of 183 men have all had previous experience with boats. Many of the harbor policemen have ocean-going Master's or Harbor Captain's licenses. All are highly trained in the care and handling of engines and in navigation. All are skilled in giving first-aid, and each man is a qualified radio operator and a trained marksman with a revolver.

The work of the police includes many tasks. One duty of this force is to check the operation of the fleet of forty-three boats that ply their trade in the harbor, buying scrap, rope, and other items for resale ashore. These boats could just as easily be used to smuggle narcotics, gems, aliens, or spies into the country, so they are watched closely by the city's harbor police force. During summer the police launches towed 450 disabled boats and gave some kind of help to thousands of others. The officers also arrest those who break navigation laws, or who endanger the safety of bathers by approaching too near the shore in speed boats.

27. The harbor police were

    (1) in full force almost 100 years ago
    (2) first used the twentieth century
    (3) in use before the Civil War
    (4) introduced by veterans of World War II

28. The boats used

    (1) are uniform in design
    (2) can all serve as icebreakers
    (3) are all equipped with deck guns
    (4) vary in function

29. The harbor police

    (1) arrest any man found on a junk boat
    (2) prevent the resale of scrap material

    (3) regulate the admission of spies
    (4) ensure legal traffic in junk

30. The services provided by the harbor police include

    (1) towing, life-saving, and salvage
    (2) customs collection, towing, and the sending of radio messages
    (3) first-aid, the rescue of animals, and fire patrol
    (4) icebreaking, the collection of junk, and the transportation of aliens

31. The police boats

    (1) have no responsibility for bathers
    (2) unload ships at the piers
    (3) assist boats of all kinds
    (4) warn offenders but do not make arrests

As recently as the 1860s, most people believed that the earth, and man with it, was created a mere 6000 to 7000 years ago. For centuries, beautifully worked flints were regarded as the work of elves, a notion once far more plausible than the idea that man roamed the world's wildernesses in small bands long before the days of Greece and Rome. Even when these stones were accepted as man-made tools, they were attributed to the Romans or early Britons.

Today we think in wider terms. The earliest dated works of man have been found on the floor of Oldeiwai Gorge, a miniature Grand Canyon in East Africa, and include carefully made stone tools about 2,000,000 years old. Furthermore, fossil evidence suggests that members of the family of man used tools millions of years before that.

Opposition to these ideas began to fade during the late eighteenth and early nineteenth centuries. Excavators, mainly enthusiastic amateurs, pointed to material associated with the tools—fossil remains of men and extinct animals. Most geologists still thought in biblical terms, maintaining that such associations were accidental, that the Flood had mixed the bones of ancient animals with the tools and remains of recent men. But their last-ditch defenses crumbled with the finding of bones and tools together in unflooded and undisturbed deposits, including a number of important sites on the banks of the Somme River. British investigators came to check the French deposits, were convinced, and announced their conclusions in 1859, the year that saw publication of Darwin's *On the Origin of Species*. This date marks the beginning of modern research into human evolution.

32. All of the following kinds of archaeological information were mentioned except

   (1) carbon dating
   (2) fossils
   (3) flints
   (4) extinct animals

33. According to the passage, man has lived on earth for

   (1) far more than 2,000,000 years
   (2) about 7000 years
   (3) between 7000 and 100,000 years
   (4) about 2,000,000 years

34. The scientific turning point in theories about the age of man's existence was the

   (1) publication of *On the Origin of Species*
   (2) discovery in France of the remains of extinct animals and men together
   (3) new theological research of the Bible
   (4) new theories about the flood and its effects on mankind

35. The oldest dated works of man have been found in

   (1) East Africa
   (2) the Grand Canyon
   (3) Greece
   (4) Rome

36. These works are

   (1) 7000-year-old tools
   (2) 7000-year-old flints
   (3) 2,000,000-year-old stone tools
   (4) ancient Bibles

37. In the early nineteenth century

   (1) elves made flints in caves
   (2) small bands of Romans roamed the earth
   (3) geologist dated man's existence back 2,000,000 years
   (4) most people believed that man's existence was 6000–7000 years old

Sophistication by the reel is the motto of Peretz Johannes, who selects juvenile films for Saturday viewing at the Museum of the City of New York. Sampling the intellectual climate of the young fans in this city for the past two years has convinced him that many people underestimate the level of taste among young New Yorkers. Consequently, a year ago he began to show films ordinarily restricted to art movie distribution. The series proved enormously successful, and in September, when the program commenced for this season, youngsters from the five boroughs filled the theater.

As a student of history, Mr. Johannes has not confined himself to productions given awards in recent years, but has spent many hours among dusty reels ferreting out such pre-war favorites as the silhouette films of Lotte Reiniger made in Germany. One program included two films based on children's stories, ''The Little Red Lighthouse'' and ''Mike Mulligan and His Steam Shovel.'' The movies are shown at 11 a.m. and 3 p.m., with a short program of stories and a demonstration of toys presented during the intermission.

38. Mr. Johannes found that children's taste in motion pictures

   (1) was more varied than had been thought
   (2) ruled out pictures made before their own day
   (3) was limited to cartoons
   (4) was even poorer than adults had suspected

39. Admission to the program described is

   (1) limited to children in the neighborhood of the museum
   (2) for Manhattan residents only
   (3) available for all New York City residents
   (4) for teenagers only

40. Mr. Johannes

   (1) followed an established policy in planning his programs
   (2) has failed so far to secure a good audience
   (3) limits his programs to the newest award-winning pictures
   (4) evidently is a good judge of children's tastes

41. To ''ferret out'' a picture is to

   (1) give it a trial run
   (2) search diligently for it
   (3) revive it
   (4) ban it

Coming into relay station with a rush, the Pony Express rider swung down from his exhausted mount and up onto a fresh horse with his precious mochilla, the saddle bag containing the mail. He was off again without a moment's delay. He was expected to reach the next post station, and he did, or he died trying.

A rider might come into a station at dawn only to find that the station had been burned, the keepers killed, and the horses run off by attacking Indians. In that case he would continue to the next station without food or rest.

''Buffalo Bill'', a boy of 18, made the longest continuous run in the history of the Pony Express, 384 miles. By riding 280 miles in just 22 hours, Jim Moore earned the distinction of having made the fastest run.

Ninety riders covered the trail at all times of the day and night, often risking their lives to get the mail through within the ten-day limit. Most made it in eight days.

On the average, the riders could travel 11 miles an hour, a quick pace over terrain that might require the horse to swim rivers or cat-fot its way along narrow cliff trails.

The Pony Express riders carried the mail between Missouri and California for less than two years. They stopped riding in 1861 when a telegraph line offered a swifter means of communication.

42. The Pony Express rider stopped at a station to

   (1) get a few hours sleep
   (2) get a fresh mount
   (3) sort the mail
   (4) escape Indian attacks

43. The *mochilla* refers to the

   (1) Pony Express rider's saddle bags
   (2) Pony Express horses
   (3) post stations
   (4) trails

44. This passage implies that most of the Pony Express riders were

   (1) sure-footed
   (2) faithful to their jobs
   (3) mountain-bred
   (4) killed

45. Those sending mail by Pony Express could expect that it would reach its destination within

   (1) ten days
   (2) five days

(3) a month
(4) before dawn

46. The longest continuous run was

(1) completed within 22 hours

(2) 280 miles
(3) made by traveling 11 miles per hour
(4) 384 miles

CLAVES DEL EXAMEN DE INGLÉS I

SECCIÓN 1: SINÓNIMOS

1. (3)	3. (1)	5. (1)	7. (1)	9. (1)
2. (1)	4. (3)	6. (4)	8. (1)	10. (3)

SECCIÓN 2: CONVERSACIONES ESCRITAS

11. (3)	13. (4)	15. (2)
12. (1)	14. (3)	16. (2)

SECCIÓN 3: VOCABULARIO

17. (3)	19. (2)	21. (1)	23. (3)	25. (4)
18. (3)	20. (4)	22. (3)	24. (2)	26. (1)

SECCIÓN 4: LECTURA

27. (1)	31. (3)	35. (1)	39. (3)	43. (1)
28. (4)	32. (1)	36. (3)	40. (4)	44. (2)
29. (4)	33. (1)	37. (4)	41. (2)	45. (1)
30. (1)	34. (2)	38. (1)	42. (2)	46. (4)

EXAMEN I: RESPUESTAS EXPLICADAS

SECCIÓN 1: SINÓNIMOS

1. **(3)** *keep* significa mantener y es sinónimo de retener.
2. **(1)** *letters* (cartas) es sinónimo de correspondencia.
3. **(1)** *believable* es el sinónimo de creíble.
4. **(3)** *subtract* (sustraer o restar) es sinónimo de deducir.
5. **(1)** *go forward* (adelantar) es sinónimo de proceder.
6. **(4)** *speed up* (ir más rápido) es sinónimo de acelerar.

7. **(1)** *limit* (limitar) es sinónimo de restringir o reducir.
8. **(1)** *yearly* (cada año, anualmente) es sinónimo de anual.
9. **(1)** *surplus* (sobrante) es sinónimo de exceso o excedente.
10. **(3)** *small* (pequeño) es sinónimo de insignificante.

SECCIÓN 2: CONVERSACIONES ESCRITAS

11. **(3)** *"Good, I have to talk to her."* ("Bueno, tengo que hablarle,") es la respuesta correcta, referente a la pregunta sobre Ellen.
12. **(1)** *"Oh, do you think I could borrow it?"* ("¡Oh!, ¿piensas que me lo puedan/puedes prestar?") se refiere al interesante libro sobre aviones.
13. **(4)** *"Can I come over to see them?"* ("¿Puedo pasar a verlos?"), refiriéndose a los siete gatitos que ha tenido la gata de la hermanita de la amiga.

14. **(3)** *"We are out of cereal."* ("No tenemos cereal"), responde a la pregunta sobre si necesita algo de la tienda.
15. **(2)** *"At the next corner."* ("En la próxima esquina") para el autobús.
16. **(2)** *"You may, but give it back after class."* ("Puedes, pero devuélvemela después de la clase"), refiriéndose a la pluma que le pide prestada.

SECCIÓN 3: VOCABULARIO

17. **(3)** *many* (muchas, numerosas), refiriéndose a las muchas comidas que prepara un cocinero en un restaurante.
18. **(3)** *missed* (perdido) —la oportunidad de ver el partido de los Mets.
19. **(2)** *yet* (todavía, aún), no ha hecho John sus deberes de la escuela.
20. **(4)** *tiny* (diminuto, minúsculo) se hizo el cohete en el espacio después de ser lanzado.
21. **(1)** *bed* (cama); María está acostada en la cama.

22. **(3)** *repaired* (reparado), refiriéndose a lo que tiene que hacer con el coche/carro que no le funciona.
23. **(3)** *often* (a menudo); a Lisa le gusta que su tío la visite pero él no lo hace con frecuencia.
24. **(2)** *desk* (mesa); el maestro se sienta detrás de su mesa.
25. **(4)** *answer* (responder, contestar), refiriéndose a lo que ella hace cuando el teléfono suena.
26. **(1)** *balls* (bolas, pelotas); las tres bolas con las que el payaso juega.

SECCIÓN 4: LECTURA

27. **(1)** *in full force almost 100 years ago.* La policía del puerto (guardacostas) estaba en activo desde hacía casi cien años.

28. **(4)** *vary in function* (varían en su función), refiriéndose a los botes/barcos que se usan.

29. **(4)** *ensure legal traffic in junk* (asegura el tráfico legal), con relación a la función de la policía del puerto.

30. **(1)** *towing, life-saving, and salvage* (remolque, salvamento, rescate), refiriéndose a los servicios que ofrece la policía del puerto.

31. **(3)** *assist boats of all kinds* (ayuda a barcos de todas clases); la policía del puerto asiste a toda clase de barcos.

32. **(1)** *carbon dating* (duración del carbono); es la única información arqueológica que no se menciona en el texto.

33. **(1)** *far more than 2,000,000 years.* El pasaje dice que el ser humano ha vivido en La Tierra mucho más de dos millones de años.

34. **(2)** *discovery in France of the remains of extinct animals and men together.* Las teorías sobre la antigüedad de la existencia del hombre cambian científicamente a partir del descubrimiento en Francia de restos de animales y hombres juntos.

35. **(1)** *East Africa* (Africa del Este); en este lugar se han descubierto los restos humanos más antiguos.

36. **(3)** *2,000,000-year-old stone tools* (instrumentos de piedra de 2,000,000 años de antigüedad.)

37. **(4)** *most people believed that man's existence was 6,000-7,000 years old.* A principios del siglo XIX la mayor parte de la gente creía que la antigüedad de la existencia del ser humano era de unos 6,000 a 7,000 años.

38. **(1)** *was more varied than had been thought* (era más variada que lo que se había pensado); refiriéndose a los estudios que hizo Mr. Johannes sobre las películas y las preferencias de los niños.

39. **(3)** *available for all New York City residents* (válida para todos los residentes de la ciudad de Nueva York); con relación a la admisión del programa que se describe en el texto.

40. **(4)** *evidently is a good judge of children's taste* (evidentemente, el Sr. Johannes juzga bien los gustos de los niños por las películas.)

41. **(2)** *search diligently for it* (buscarla asiduamente o diligentemente); refiriéndose al hecho de "indagar o descubrir" una película.

42. **(2)** *get a fresh mount* (para conseguir una nueva montura); esta era la razón por la cual, según el texto, el jinete del Pony Express paraba en una estación.

43. **(1)** *Pony Express rider's saddle bags.* Mochilla eran las bolsas que llevaba en la silla de montar el jinete del Pony Express.

44. **(2)** *faithful to their jobs* (fieles a sus trabajos); el texto implica que la mayoría de los jinetes del Pony Express cumplían honestamente con su trabajo.

45. **(1)** *ten days* (diez días); las personas que enviaban la correspondencia a través del Pony Express esperaban que llegara a su destino a no más tardar de diez días.

46. **(4)** *384 miles* (384 millas); la carrera contínua más larga era de 384 millas.

HOJA DE RESPUESTAS:
EXAMEN DE INGLÉS II

Sección 1: Sinónimos

1. ① ② ③ ④
2. ① ② ③ ④
3. ① ② ③ ④
4. ① ② ③ ④
5. ① ② ③ ④
6. ① ② ③ ④
7. ① ② ③ ④
8. ① ② ③ ④
9. ① ② ③ ④
10. ① ② ③ ④

Sección 2: Conversaciones Escritas

11. ① ② ③ ④
12. ① ② ③ ④
13. ① ② ③ ④
14. ① ② ③ ④
15. ① ② ③ ④
16. ① ② ③ ④

Sección 3: Vocabulario

17. ① ② ③ ④
18. ① ② ③ ④
19. ① ② ③ ④
20. ① ② ③ ④
21. ① ② ③ ④
22. ① ② ③ ④
23. ① ② ③ ④
24. ① ② ③ ④
25. ① ② ③ ④
26. ① ② ③ ④

Sección 4: Lectura

27. ① ② ③ ④
28. ① ② ③ ④
29. ① ② ③ ④
30. ① ② ③ ④
31. ① ② ③ ④
32. ① ② ③ ④
33. ① ② ③ ④
34. ① ② ③ ④
35. ① ② ③ ④
36. ① ② ③ ④
37. ① ② ③ ④
38. ① ② ③ ④
39. ① ② ③ ④
40. ① ② ③ ④
41. ① ② ③ ④
42. ① ② ③ ④
43. ① ② ③ ④
44. ① ② ③ ④
45. ① ② ③ ④
46. ① ② ③ ④
47. ① ② ③ ④

EXAMEN DE INGLÉS II

El próposito de esta prueba es determinar qué grado de conocimiento del idioma inglés tiene cada candidato. Esta prueba consiste de cuatro secciones: sinónimos, conversaciones escritas, vocabulario, y lectura. Antes de contestar las preguntas de cada sección, lea con cuidado las instrucciones que aparecen al comienzo de las mismas. Esta prueba no tiene límite de tiempo. Sin embargo, calcule que necesitará casi una hora para terminarla. Si no lo puede hacer en ese tiempo, le concederán una extensión de tiempo para que pueda completar la prueba.

SECCIÓN 1: SINÓNIMOS

En esta sección encontrará diez grupos de palabras, en cada una de las cuales aparece una en letra mayúscula, seguida de cuatro respuestas posibles. El candidato debe escoger entre cada una de estas respuestas aquella que tenga el mismo significado de la palabra que aparece en mayúscula.

Instrucciones: Lea cada grupo de palabras y escoja entre las cuatro respuestas aquella que tenga el mismo significado de la que aparecen en mayúscula.

1. COMPREHEND

   (1) hear
   (2) listen
   (3) agree
   (4) understand

2. SUMMIT

   (1) face
   (2) top
   (3) base
   (4) meeting

3. VACANT

   (1) quiet
   (2) dark
   (3) available
   (4) empty

4. PENALTY

   (1) foul
   (2) mistake
   (3) punishment
   (4) fine

5. ENTIRELY

   (1) almost
   (2) largely
   (3) publicly
   (4) completely

6. REVOLVING

   (1) rocking
   (2) working
   (3) vibrating
   (4) turning

7. PEDESTRIAN

   (1) passenger
   (2) street-crosser
   (3) walker
   (4) traffic light

8. EMPHASIZE

   (1) stress
   (2) introduce
   (3) overlook
   (4) contrast

9. ASSEMBLE

   (1) bring together
   (2) examine carefully
   (3) locate
   (4) fill

10. PRIOR

    (1) personal
    (2) more urgent
    (3) more attractive
    (4) earlier

SECCIÓN 2: CONVERSACIONES ESCRITAS

Esta parte del examen consiste de seis oraciones o frases, cada una seguida de cuatro respuestas de entre las cuales el candidato tiene que seleccionar aquella que en realidad conteste o complete el tema tratado.

Instrucciones: Lea cada oración o frase con detenimiento. De las cuatro respuestas que siguen a cada pregunta o frase, seleccione aquella que **realmente** contesta o completa cada tema.

11. "Is Peter in the office today?" "No, he is out sick."

    (1) "He will be moving next week."
    (2) "I'm sorry to hear that."
    (3) "He must be very happy."
    (4) "How does he spell his last name?"

12. "Where is the nearest subway station?"

    (1) "At 2:30 A.M."
    (2) "On the fifteenth floor."
    (3) "The traffic signal is out of order."
    (4) "Next to that blue light across the street."

13. "I am going out now."

    (1) "It is very hot in this apartment."
    (2) "When will you return?"
    (3) "Have you read this morning's newspaper?"
    (4) "My father is away on a business trip."

14. "I am baking a cake. May I borrow a cup of sugar from you?"

    (1) "How much do you need?"
    (2) "Here are two eggs."
    (3) "Sugar costs 78 cents per pound."
    (4) "Certainly. Is it someone's birthday?"

15. "I am reading about the history of slavery in America."

    (1) "Did the children of slaves go to school?"
    (2) "The pyramids were built by slaves."
    (3) "My mother pays her cleaning woman $40.00 a day."
    (4) "Cemeteries are usually on the outskirts of cities."

16. "I am going to the corner store. Is there anything I can bring you?"

    (1) "The dog should be taken for a walk."
    (2) "There is mud on my shoes."
    (3) "Why are you going out?"
    (4) "There is no milk in the house."

SECCIÓN 3: VOCABULARIO

Esta parte del examen consiste de diez frases. En cada una de estas frases aparece un espacio en blanco. De las cuatro alternativas dadas debajo de cada frase, el candidato debe seleccionar aquella que **realmente** complete la misma.

Instrucciones: Lea cada frase con detenimiento. Escoja, de las cuatro alternativas que siguen a cada una, la palabra que complete correctamente la misma.

17. Daniel and Annette divided the candy _____ them.

    (1) around
    (2) between
    (3) into
    (4) about

18. _____ your wet coat in the bathroom.

    (1) Wash
    (2) Mend
    (3) Sell
    (4) Hang

19. A good employee is always _____.

    (1) dishonest
    (2) punctual
    (3) studying
    (4) athletic

20. The policeman _____ the lost child.

    (1) spanked
    (2) shot
    (3) comforted
    (4) washed

21. The job of the exterminator is to _____ insects.

    (1) classify
    (2) preserve
    (3) experiment with
    (4) destroy

22. Barbara had just finished the test _____ the bell rang.

    (1) than
    (2) until
    (3) but
    (4) when

23. The dam broke and water _____ through the crack.

    (1) walked
    (2) flowed
    (3) froze
    (4) blew

24. The choice of a leader depends _____ today's election.

    (1) about
    (2) from
    (3) upon
    (4) by

25. In choosing between chocolate and vanilla ice cream, I like chocolate ice cream _____.

    (1) a little bit
    (2) strawberry
    (3) better
    (4) in a cone

26. I would like to bring grandma to visit you _____ I have no car.

    (1) but
    (2) moreover
    (3) because
    (4) while

SECCIÓN 4: LECTURA

Esta última parte del examen consiste de varias lecturas, al final de las cuales aparecen preguntas basadas en el material. Se debe leer primero con detenimiento cada selección y contestar después las preguntas que le siguen.

Instrucciones: Lea cada lectura con suma atención y conteste las preguntas que aparecen al final. Escoja la respuesta correcta para cada pregunta y haga un círculo alrededor del número que corresponde a la misma.

The sun is at its strongest and most harmful during the hours from 10 a.m. to 2 p.m. Anyone wishing to minimize the effects of the sun or to avoid heat stroke would do well to confine his or her sunning to other than midday hours.

Ultraviolet radiation is worse at these hours, and it's that type of radiation from the sun that causes sunburns, tans the skin, and leaves permanent damage. Excessive ultraviolet radiation will cause hardening and thickening of the epidermis (outer skin) of those who tan readily, and blotching or freckling of the skin of those who don't. Over the long run, the sun's rays will leave the skin tough, leathery, pebbly, and dry, with surface wrinkles much like those of old shoes.

Skins of individuals are affected differently by the sun. It depends on the amount of the naturally occurring skin pigment, melanin, that an individual's system produces. Persons with darker skins produce larger amounts of melanin. They also tan quicker and with less trouble than those with fair skin. Tanning is especially difficult for those Celtic and other blue-eyed and green-eyed peoples of northern European origins.

Ultraviolet radiation from the sun or other sources is the leading cause of skin cancer in people. According to estimates by the National Cancer Institute, each year more than 300,000 cases of basal cell and squamous cell cancer occur in the United States.

The third type of skin cancer—melanoma—is much more deadly than the others. It's not as clear that ultraviolet rays cause melanoma as it is that they cause basal cell and squamous cell cancer, although it's strongly suspected that they do.

27. According to the article, which of the following causes the most damage to the skin?

    (1) ultraviolet rays
    (2) flares
    (3) early morning sun
    (4) melanin

28. According to the article, people who wish to have youthful looking skin should do which of the following?

    (1) get a tan
    (2) wear heavy makeup
    (3) thicken their epidermis
    (4) avoid the sun

29. Which of the following is the most deadly form of skin cancer?

    (1) basal cell carcinoma
    (2) squamous cell carcinoma
    (3) leukemia
    (4) melanoma

30. We can infer from the article that which of the following groups of people is most susceptible to skin cancer?

    (1) dark-eyed, dark-haired people
    (2) those who freckle and sunburn easily
    (3) people with dark skin and lighter hair
    (4) those who frequent tanning salons

31. From the information presented in the article, what can we infer dermatologists believe?

    (1) Sunbathing in moderation is harmless.
    (2) Sunbathing is harmless if a tanning lotion is used.
    (3) Sunbathing is foolhardy.
    (4) Tanning parlors present no risk.

32. According to the article, what happens when skin is exposed to sunlight?

    (1) Light-skinned people produce the greatest amounts of melanin.
    (2) Those who tan easily will suffer no damage from the sun.
    (3) Skin cells are likely to produce melanomas.
    (4) The likelihood of developing skin cancer increases.

33. We can infer that people continue to get suntans for which of the following reasons?

    (1) There has been no publicity concerning the danger of the tanning.
    (2) Most doctors endorse suntanning.
    (3) Articles such as this one exaggerate the dangers of the sun.
    (4) Few people feel they are at risk of getting skin cancer.

When a luxury liner or a cargo ship nudges into her slip after an ocean crossing, her first physical contact with land is a heaving line. These streamers with a weight at the end called a "monkey fist" arch gracefully from deck to pier. On board the ship the heaving lines are tied to heavy, golden yellow manila mooring lines. Longshoremen quickly pull in the heaving lines until they can fasten the mooring lines to iron bollards (posts). Soon the ship is strung to her pier by four, eight, or as many as twenty-one nine-inch or ten-inch manila lines with perhaps a few wire ropes to stay motion fore and aft. The ship is secure against even the wrath of the storm or hurricane. A ship could dock without the aid of tugboats—and may have in New York in maritime strikes—but not without the lines to moor her to her berth.

The maritime and the related fishing industry find perhaps 250 applications for rope and cordage. There are hundreds of different sizes, constructions, tensile strengths, and weights in rope and twine. Rope is sold by the pound but ordered by length, and is measured by circumference rather than by diameter. The maritime variety is made chiefly from fiber of the abaca, or manila plant, which is imported from the Philippines and Central America. Henequen from Mexico and Cuba and sisal from Africa, the Netherlands East Indies, and other areas are also used, but chiefly for twine. Nylon is coming into increasing use, particularly by towing companies. But it is six times more expensive than manila. However, nylon is much stronger, lighter in weight, and longer-wearing than manila. It is also more elastic and particularly adaptable for ocean towing.

34. In docking a ship, rope is

    (1) only a little less important than a tugboat.
    (2) essential.
    (3) helpful but not necessary.
    (4) seldom used.

35. A monkey fist is a

    (1) device for weaving a rope.
    (2) slang term for a longshoreman.
    (3) rope streamer.
    (4) weight at the end of a rope.

36. Heaving lines are

    (1) tied around iron posts.
    (2) ocean currents.
    (3) used as a means of getting mooring lines to shore.
    (4) used to prevent motion in the bow.

37. A ship is held to her berth by

    (1) wire ropes only.
    (2) wire and fiber ropes.
    (3) heaving ropes.
    (4) hundreds of ropes.

38. Mooring ropes are

    (1) 10 inches in diameter.
    (2) 21 inches in circumference.
    (3) six times thicker than heaving ropes.
    (4) 9 inches in circumference.

39. There are

    (1) more than 200 uses for rope in fishing and shipping.
    (2) few differences in rope construction.
    (3) equal tensile strengths in all ropes.
    (4) no differences in the materials preferred for the making of ropes and twines.

40. Rope is

    (1) ordered by length.
    (2) ordered by the pound.
    (3) paid for by length.
    (4) paid for by tensile.

41. Which of the following are not correctly paired?

    (1) sisal from the Philippines
    (2) henequen from Cuba
    (3) abaca from Central America
    (4) sisal from the Netherlands East Indies

A phase of my life which has lost something through refinement is the game of croquet. We used to have an old croquet set whose wooden balls, having been chewed by dogs, were no rounder than eggs. Paint had faded; wickets were askew. The course had been laid out haphazardly and eagerly by a child, and we all used to go out there on summer nights and play good-naturedly, with the dogs romping on the lawn in the beautiful light, and the mosquitoes sniping at us, and everyone in good spirits, racing after balls and making split shots for the sheer love of battle. Last spring we decided the croquet set was beyond use, and invested in a rather fancy new one with hoops set in small wooden sockets, and mallets with rubber faces. The course is now exactly seventy-two feet long and we lined the wickets up with a string, but the little boy is less fond of it now, for we make him keep still while we are shooting. A dog isn't even allowed to cast his shadow across the line of play. There are frequent quarrels of a minor nature, and it seems to me we return from the field of honor tense and out of sorts.

42. The author of the paragraph is

    (1) very angry.
    (2) deeply grieved.
    (e) indifferent.
    (4) mildly regretful.

43. The mood of the paragraph is

    (1) dogmatic.
    (2) very earnest.
    (3) wistful.
    (4) belligerent.

44. In comparing the earlier and later ways in which they played croquet, the author considers the new way

    (1) more exact and less attractive.
    (2) more beneficial for children.
    (3) more conducive to family life.
    (4) more fun for the dogs.

45. The "quarrels of a minor nature" occur because

    (1) the dog chases the croquet balls.
    (2) the balls do not roll well.
    (3) efficiency has become more important than sociability.
    (4) the little boy interrupts the game with his shouts.

46. The author

    (1) is opposed to all progress.
    (2) is very exact in everything he does.
    (3) dislikes games.
    (4) feels that undue attention to detail can lessen enjoyment.

47. The author thinks that

    (1) children should be seen and not heard.
    (2) dogs are pleasant companions.
    (3) dogs are a nuisance.
    (4) children should not be trusted to arrange croquet wickets.

CLAVES DEL EXAMEN DE INGLÉS II

SECCIÓN 1: SINÓNIMOS

1. (4)	3. (4)	5. (4)	7. (3)	9. (1)
2. (2)	4. (3)	6. (4)	8. (1)	10. (4)

SECCIÓN 2: CONVERSACIONES ESCRITAS

11. (2)	13. (2)	15. (1)
12. (4)	14. (4)	16. (4)

SECCIÓN 3: VOCABULARIO

17. (2)	19. (2)	21. (4)	23. (2)	25. (3)
18. (4)	20. (3)	22. (4)	24. (3)	26. (1)

SECCIÓN 4: LECTURA

27. (1)	31. (3)	35. (4)	39. (1)	43. (3)
28. (4)	32. (4)	36. (3)	40. (1)	44. (1)
29. (4)	33. (4)	37. (2)	41. (1)	45. (3)
30. (2)	34. (2)	38. (4)	42. (4)	46. (4)
				47. (2)

EXAMEN II:
RESPUESTAS EXPLICADAS

SECCIÓN 1: SINÓNIMOS

1. **(4)** *understand* y *comprehend* significan "comprender, entender" y, por tanto, son sinónimos.
2. **(2)** *top* (cima) es sinónimo de *summit* (cumbre).
3. **(4)** *empty* (vacío) es sinónimo de *vacant* (vacante, desocupado).
4. **(3)** *punishment* (castigo) es sinónimo de *penalty* (pena, sanción).
5. **(4)** *completely* (completamente) es sinónimo de *entirely* (enteramente, totalmente).
6. **(4)** *turning* (vuelta) es sinónimo de *revolving* (giratorio, rotatorio).
7. **(3)** *walker* (caminante) es sinónimo de *pedestrian* (pedrestre).
8. **(1)** *stress* (acentuar) es sinónimo de *emphasize* (enfasis).
9. **(1)** *bring together* (reunir) es sinónimo de *assemble* (convocar, juntar).
10. **(4)** *earlier* (más temprano) y *prior* (anterior, previo) son sinónimos.

SECCIÓN 2: CONVERSACIONES ESCRITAS

11. **(2)** *"I'm sorry to hear that"* ("Lo siento" o "Siento oír eso") al saber que Peter no está en la oficina porque está enfermo.
12. **(4)** *"Next to that blue light across the street"* ("Cerca/Próxima a esa/aquella luz azul al otro lado de la calle.") Refiriéndose al lugar en donde se encuentra la estación del metro/tren.
13. **(2)** *"When will you return?"* ("¿Cuando volverás/regresarás?") La pregunta corresponde a *"I am going out now."* ("Voy a salir ahora.")
14. **(4)** *"Certainly. Is it someone's birthday?"* ("Ciertamente/Con mucho gusto. ¿ Es el cumpleaños de alguien?") Es la respuesta correcta al referirse la pregunta a alguien que quiere que le preste una taza de azúcar para hacer un bizcocho al horno.
15. **(1)** *"Did the children of slaves go to school?"* ("¿Van a la escuela los niños de los esclavos?"). La pregunta se refiere al texto que se está leyendo sobre la historia de la esclavitud en América.
16. **(4)** *"There is no milk in the house."* ("En la casa no hay leche.") Es lo que se sugiere que se compre respondiendo a la pregunta de que si hay cualquier cosa que tiene que traer de la tienda.

SECCIÓN 3: VOCABULARIO

17. **(2)** *between* (entre). Daniel y Annette han dividido el dulce/caramelo entre ellos/los dos.
18. **(4)** *hang* (cuelga); el sombrero mojado está colgado en el cuarto de baño.
19. **(2)** *punctual* (puntual); un buen empleado es siempre puntual.
20. **(3)** *comforted* (consoló); el policía consoló al niño perdido.

21. **(4)** *destroy* (destruir); el trabajo del fumigador es destruir a los insectos.
22. **(4)** *when* (cuando); Bárbara acababa de terminar el examen cuando sonó la campana.
23. **(2)** *flowed* (fluir, correr); la presa se rompió y el agua corrió/salisó por/a través de la grieta.
24. **(3)** *upon* (encima de, sobre); la selección de un líder depende de la elección de hoy.
25. **(3)** *better* (mejor); al elegir entre el helado de chocolate y el de vainilla, prefiero mejor el de chocolate.
26. **(1)** *but* (pero); me gustaría llevar a la abuela a visitarte pero no tengo coche/carro.

SECCIÓN 4: LECTURA

27. **(1)** Los rayos ultravioletas, según el texto, son los que causan mayor daño a la piel.
28. **(4)** Según la lectura, las personas que quieran mantener bien la piel deben de evitar que les dé directamente el sol.
29. **(4)** La melanoma es uno de los tumores más malignos del cáncer de piel.
30. **(2)** Las personas que tienen pecas y las que se queman fácilmente cuando se exponen al sol son las más sensibles/susceptibles al cáncer de piel.
31. **(3)** El artículo sugiere que los baños de sol, como quiera que se den, son peligrosos.
32. **(4)** Exponerse al sol aumenta la posibilidad de una persona a tener cáncer de piel.
33. **(4)** Podemos inferir que pocas personas creen que ellas puedan tener cáncer de piel.
34. **(2)** La última frase del primer párrafo afirma claramente que un barco no puede atracar sin la maroma/cuerda.
35. **(4)** Ver la frase segunda.
36. **(3)** Las cuerdas de la quilla del barco están atadas a las cuerdas de amarra. Las cuerdas de amarra son las cuerdas pesadas que aseguran al barco en el muelle.
37. **(2)** El barco está atado en el muelle por las 21 cuerdas de amarra de fibra de manila y por algunos cables.
38. **(4)** Para contestar esta pregunta necesita incorporar información de los dos párrafos. El segundo párrafo nos dice que la cuerda se mide por su circunferencia. El primer párrafo nos dice que las cuerdas de amarra son cuerdas de nueve a diez pulgadas.
39. **(1)** La primera frase del segundo párrafo responde a esta pregunta. Las demás respuestas se contradicen.
40. **(1)** "La cuerda se vende por libras de peso pero se pide por su longitud."
41. **(1)** El sisal/henequen proviene de África y de las Indias Orientales Holandesas, y no de las Filipinas. La Abaca, también conocida como la planta de manila, proviende de las Filipinas así como de Centroamérica.
42. **(4)** El autor no está terriblemente trastornado/enfadado pero sí parece que lamenta los cambios que se han hecho.
43. **(3)** Esta respuesta guarda relación con la respuesta de la pregunta 42.
44. **(1)** La descripción del autor del nuevo juego y del nuevo croquet, comparándolo con el viego, deja bien claro que la nueva innovación es mucho más exacta. Por otra parte, todos los interesados parece que lo pasan menos divertido.
45. **(3)** Debe de deducir esta respuesta de la selección.
46. **(4)** Esta respuesta también se puede inferir de la selección.
47. **(2)** Por amor al mismo deporte, el autor aparece como un tipo genial a quien le gustan los niños, los animales, los atardeceres, y el deporté.

HOJA DE RESPUESTAS: EXAMEN DE INGLÉS III

Sección 1: Sinónimos

1. ① ② ③ ④
2. ① ② ③ ④
3. ① ② ③ ④
4. ① ② ③ ④
5. ① ② ③ ④
6. ① ② ③ ④
7. ① ② ③ ④
8. ① ② ③ ④
9. ① ② ③ ④
10. ① ② ③ ④

Sección 2: Conversaciones Escritas

11. ① ② ③ ④
12. ① ② ③ ④
13. ① ② ③ ④
14. ① ② ③ ④
15. ① ② ③ ④
16. ① ② ③ ④

Sección 3: Vocabulario

17. ① ② ③ ④
18. ① ② ③ ④
19. ① ② ③ ④
20. ① ② ③ ④
21. ① ② ③ ④
22. ① ② ③ ④
23. ① ② ③ ④
24. ① ② ③ ④
25. ① ② ③ ④
26. ① ② ③ ④

Sección 4: Lectura

27. ① ② ③ ④
28. ① ② ③ ④
29. ① ② ③ ④
30. ① ② ③ ④
31. ① ② ③ ④
32. ① ② ③ ④
33. ① ② ③ ④
34. ① ② ③ ④
35. ① ② ③ ④
36. ① ② ③ ④
37. ① ② ③ ④
38. ① ② ③ ④
39. ① ② ③ ④
40. ① ② ③ ④
41. ① ② ③ ④
42. ① ② ③ ④
43. ① ② ③ ④
44. ① ② ③ ④
45. ① ② ③ ④
46. ① ② ③ ④
47. ① ② ③ ④

EXAMEN DE INGLÉS III

El próposito de esta prueba es determinar qué grado de conocimiento del idioma inglés tiene cada candidato. Esta prueba consiste de cuatro secciones: sinónimos, conversaciones escritas, vocabulario, y lectura. Antes de contestar las preguntas de cada sección, lea con cuidado las instrucciones que aparecen al comienzo de las mismas. Esta prueba no tiene límite de tiempo. Sin embargo, calcule que necesitará casi una hora para terminarla. Si no lo puede hacer en ese tiempo, le concederán una extensión de tiempo para que pueda completar la prueba.

SECCIÓN 1: SINÓNIMOS

En esta sección encontrará diez grupos de palabras, en cada una de las cuales aparece una en letra mayúscula, seguida de cuatro respuestas posibles. El candidato debe escoger entre cada una de estas respuestas aquella que tenga el mismo significado de la palabra que aparece en mayúscula.

Instrucciones: Lea cada grupo de palabras y escoja entre las cuatro repuestas aquella que tenga el mismo significado de la que aparecen en mayúscula.

1. ORAL

    (1) spoken
    (2) loud
    (3) secret
    (4) by heart

2. CALCULATE

    (1) multiply
    (2) add
    (3) answer
    (4) figure out

3. COMPEL

    (1) tempt
    (2) persuade
    (3) force
    (4) disable

4. ALERT

    (1) watchful
    (2) busy
    (3) helpful
    (4) honest

5. PREVENT

    (1) allow
    (2) suggest
    (3) hinder
    (4) urge

6. UNITE

    (1) improve
    (2) serve
    (3) uphold
    (4) combine

7. ALLEGIANCE

    (1) freedom
    (2) homeland
    (3) protection
    (4) loyalty

8. IMPAIR

    (1) direct
    (2) improve
    (3) weaken
    (4) stimulate

9. AMPLE

    (1) plentiful
    (2) enthusiastic
    (3) well-shaped
    (4) fat

10. INFORM

    (1) ask
    (2) heed
    (3) tell
    (4) ignore

SECCIÓN 2: CONVERSACIONES ESCRITAS

Esta parte del examen consiste de seis oraciones o frases, cada una seguida de cuatro respuestas de entre las cuales el candidato tiene que seleccionar aquella que en realidad conteste o complete el tema tratado.

Instrucciones: Lea cada oración o frase con detenimiento. De las cuatro respuestas que siguen a cada pregunta o frase, seleccione aquella que **realmente** contesta o completa cada tema.

11. "That apple has a small brown hole and a soft spot."

    (1) "I like applesauce."
    (2) "Perhaps there is a worm inside."
    (3) "An apple a day keeps the doctor away."
    (4) "The apple will spoil if it is not refrigerated."

12. "My cat jumped onto the table and knocked over a vase."

    (1) "Where did you get the vase?"
    (2) "Those flowers are dead. Throw them away."
    (3) "Where is the cat now?"
    (4) "Did the vase break?"

13. "It is now 7 A.M. Our airplane leaves at 12:30."

    (1) "It is much too early to leave for the airport."
    (2) "It is too foggy for the plane to take off."
    (3) "I am afraid of flying."
    (4) "Aren't you excited about your trip to Spain?"

14. "My friend is an excellent pianist. He entered a competition."

    (1) "Does he play the piano?"
    (2) "Does he sing in the choir?"
    (3) "Did he win a prize?"
    (4) "Where does he live?"

15. "Maria and I saw an excellent movie on television last night."

    (1) "Did you go to the movies?"
    (2) "I saw it too."
    (3) "What was the title of the picture?"
    (4) "Our new television set cost $350.00."

16. "You have missed the deadline for filing the application."

    (1) "Is it too late to apply?"
    (2) "Oh, dear. I will not get the job."
    (3) "Apply pressure to stop the bleeding."
    (4) "I missed the train because I overslept."

SECCIÓN 3: VOCABULARIO

Esta parte del examen consiste de diez frases. En cada una de estas frases aparece un espacio en blanco. De las cuatro alternativas dadas debajo de cada frase, el candidato debe seleccionar aquella que **realmente** complete la misma.

Instrucciones: Lea cada frase con detenimiento. Escoja, de las cuatro alternativas que siguen a cada una, la palabra que complete correctamente la misma.

17. Reading the book took _____ than I expected.

    (1) farther
    (2) longer
    (3) forever
    (4) while

18. My car has a flat tire. Where can I get it _____ ?

    (1) painted
    (2) polished
    (3) opened
    (4) repaired

19. The man's frown showed that he was _____ .

    (1) hungry
    (2) pleased
    (3) puzzled
    (4) cold

20. The waiter dropped the plate and it broke into _____ pieces.

    (1) many
    (2) much
    (3) very
    (4) soon

21. There is a glare on the paper; I will close the _____ .

    (1) flowers
    (2) window
    (3) shade
    (4) faucet

22. You cannot make a call on that _____ because it is broken.

    (1) broom
    (2) chair
    (3) telephone
    (4) bicycle

23. I may go to the movies _____ if I babysit today.

    (1) now
    (2) tomorrow
    (3) alone
    (4) yesterday

24. The accident victim was not only frightened but _____ in pain.

    (1) neither
    (2) both
    (3) also
    (4) blue

25. I am afraid that we have _____ the bus; we will have to spend the extra money and take a taxi.

    (1) seen
    (2) missed
    (3) wasted
    (4) moved

26. Some stars are so _____ they can only be seen with a telescope.

    (1) distant
    (2) hot
    (3) large
    (4) old

SECCIÓN 4: LECTURA

Esta última parte del examen consiste de varias lecturas, al final de las cuales aparecen preguntas basadas en el material. Se debe leer primero con detenimiento cada selección y contestar después las preguntas que le siguen.

Instrucciones: Lea cada lectura con suma atención y conteste las preguntas que aparecen al final. Escoja la respuesta correcta para cada pregunta y haga un círculo alrededor del número que corresponde a la misma.

Biofeedback is a treatment technique in which people are trained to improve their health by using signals from their own bodies. Physical therapists use biofeedback to help stroke victims regain movement in paralyzed muscles. Psychologists use it to help tense and anxious clients learn to relax. Specialists in many different fields use biofeedback to help their patients cope with pain.

Chances are you have used biofeedback yourself. You've used it if you have ever taken you temperature or stepped on a scale. The thermometer tells you whether you're running a fever, the scale whether you've gained weight. Both devices "feed back" information about your body's condition. Armed with this information, you can take steps to improve the condition. When you're running a fever, you go to bed and drink plenty of fluids. When you've gained weight, you resolve to eat less and sometimes you do.

Clinicians rely on complicated biofeedback machines in somewhat the same way that you rely on your scale or thermometer. Their machines can detect a person's internal bodily functions with far greater sensitivity and precision than a person can alone. This information may be valuable. Both patients and therapists use it to gauge and direct the progress of treatment.

For patients, the biofeedback machine acts as a kind of sixth sense which allows them to "see" or "hear" activity inside their bodies. One commonly used type of machine, for example, picks up electrical signals in the muscles. It translates these signals into a form that patients can detect: It triggers a flashing light bulb, perhaps, or activates a beeper every time muscles grow more tense. If patients want to relax tense muscles, they try to slow down the flashing or beeping.

Like a pitcher learning to throw a ball across homeplate, the biofeedback trainee, in an attempt to improve a skill, monitors performance. When a pitch is off the mark, the ballplayer adjusts the delivery so that he performs better the next time he tries. When the light flashes or the beeper beeps too often, the biofeedback trainee makes internal adjustments which alter the signals. The biofeedback therapist acts as a coach, standing at the sidelines setting goals and limits on what to expect and giving hints on how to improve performance.

27. Which of the following is NOT an example of the use of biofeedback?

   (1) measuring electrical impulses
   (2) stepping on a scale
   (3) jumping rope
   (4) taking your temperature

28. Which of the following statements represents a conclusion made by the author of this article?

   (1) All patients have a biofeedback "sixth sense."
   (2) Many of us have used forms of biofeedback without realizing it.
   (3) Biofeedback will enable each of us to become excellent ballplayers.
   (4) Biofeedback affects only motor skills.

29. In which of the following situations might biofeedback prove helpful?

   (1) relieving the pain of childbirth
   (2) curing an upper respiratory infection
   (3) curing a case of poison ivy
   (4) straightening a crooked spine

30. A newspaper article on biofeedback contained the following statements:

   A. Biofeedback is the greatest invention since the wheel.
   B. Nothing cures a backache like biofeedback.
   C. In selected cases, biofeedback has helped alleviate pain.
   D. In no time flat, biofeedback will help you deal with today's anxieties.

Which of the preceding statements is (are) most likely based on fact rather than opinion?

(1) only A
(2) only B
(3) C and D
(4) only C

31. Which of the following people will most likely derive the greatest success from biofeedback?

(1) those unaware of how biofeedback works
(2) those unconcerned with how biofeedback works
(3) those hostile to biofeedback
(4) those who cooperate actively with the process

32. Which of the following factors must be assumed if biofeedback is to succeed?

(1) Internal organs work independently.
(2) Biofeedback can only succeed with trained assistants.
(3) People can actively affect the working of their internal organs.
(4) External events do not affect the biofeedback process.

33. From the information in the article, you can infer that which of the following treatments is best suited for curing a broken leg?

(1) over-the-counter medications
(2) biofeedback
(3) surgery
(4) psychological counseling

The Alaska Highway, which runs 1,523 miles from Dawson Creek, British Columbia, to Fairbanks, Alaska, was built by U.S. Army Engineers to counter a threatened Japanese invasion of Alaska. It was rushed through in an incredibly short period of nine months, and was therefore never properly surveyed. Some of the territory it passes through has not even been explored.

Although the story that the builders followed the trail of a wandering moose is probably not true, the effect is much the same. The leading bulldozer simply crashed through the brush wherever the going was easiest, avoiding the big trees, swampy hollows, and rocks. The project was made more complicated by the necessity of following not the shortest or easiest route, but one that would serve the string of United States-Canadian airfields that stretch from Montana to Alaska. Even on flat land, the road twists into hairpin curves. In rough terrain it goes up and down like a roller coaster. In the mountains, sometimes clinging to the sides of cliffs 400 feet high, it turns sharply, without warning, and gives rear seat passengers the stomach-gripping sensation of taking off into space. There is not a guardrail in its entire 1,500-mile length. Dust kicks up in giant plumes behind every car, and on windless days hovers in the air like a thick fog.

Both the Canadian Army and the Alaskan Road Commission, which took over from the Army Engineers in 1946, do a commendable but nearly impossible job of maintaining the road. Where it was built on eternally frozen ground, it buckles and heaves; on the jellylike muskeg it is continually sinking, and must be graveled afresh every month. Bridges thrown across rivers are swept away in flash floods. Torrential thaws wash out miles of highway every spring. On mountainsides, you can tell the age of the road by counting the remains of earlier roads that have slipped down the slope.

34. The title that best expresses the main idea of this selection is

(1) The Alaskan Road Commission.
(2) Building and Maintaining the Alaska Highway.
(3) Exploring Alaska.
(4) Driving Conditions in the Far North.

35. The Alaska Highway was built to

(1) make the route between Alaska and the States shorter.
(2) promote trade with Canada.
(3) meet a wartime emergency.
(4) aid exploration and surveying efforts.

36. The job of maintaining the road is complicated by the

    (1) threat of invasion.
    (2) forces of nature.
    (3) lack of surveying.
    (4) age of the road.

37. The route followed by the Alaska Highway

    (1) was determined by a moose.
    (2) follows the shortest route from Dawson Creek, British Columbia, to Fairbanks, Alaska.
    (3) connects a number of airfields.
    (4) connects a number of oil fields.

38. The road twists into many hairpin curves because

    (1) bulldozers are hard to steer.
    (2) the road goes around trees, swamps, and rocks.
    (3) the ground is eternally frozen.
    (4) flash floods wash it down the mountainside.

39. A trip on the Alaska Highway is dangerous because

    (1) some of the territory was never explored.
    (2) there are no guardrails.
    (3) dust cuts down on visibility.
    (4) wild animals abound in the area.

40. The highway is currently maintained by

    (1) its builders
    (2) the Army Engineers and the Canadian Army
    (3) the Canadian Army and the Alaskan Road Commission
    (4) The passage does not tell who maintains the highway now.

The seasonal comings and goings of birds have excited the attention and wonder of all sorts of people in all ages and places. The oracles of Greece and the augurs of Rome wove them into ancient mythology. They are spoken of in the Books of Job and Jeremiah.

Nevertheless, it has been difficult for many to believe that small birds, especially, are capable of migratory journeys. Aristotle was convinced that the birds that wintered in Greece were not new arrivals, but merely Greece's summer birds in winter dress. According to a belief persisting in some parts of the world to this day, swallows and swifts do not migrate, but spend the winter in hibernation. (Swifts and swallows *do* migrate, just as most other northern hemisphere birds do.) Another old and charming, but untrue, legend enlists the aid of the stork in getting small birds to and from winter quarters: Small birds are said to hitch rides on the European stork's back.

It is clear why northern hemisphere birds fly south in the fall; they go to assure themselves of food and a more favorable climate for the winter months. It is also clear where most of the migrants come from and where they go. Years of bird-banding have disclosed the routes of the main migratory species.

But there are other aspects of migration that remain, for all our powers of scientific investigation, as puzzling and mysterious to modern man as to the ancients. Why do migrant birds come north each spring? Why don't they simply stay in the warm tropics the whole twelve months of the year? What determines the moment of departure for north and south? Above all, how do birds—especially species like the remarkable golden plover, which flies huge distances directly across trackless ocean wastes—find their way?

41. The best title for this selection would be

    (1) The Solution of an Ancient Problem.
    (2) Mysterious Migrations.
    (3) The Secret of the Plover.
    (4) Aristotle's Theory.

42. Bird banding has revealed

    (1) the kind of food birds eat.
    (2) why the birds prefer the tropics in the summer.
    (3) why birds leave at a certain time.
    (4) the route taken by different types of birds.

43. Swallows and swifts

    (1) remain in Greece all year.
    (2) change their plumage in winter.
    (3) hibernate during the winter.
    (4) fly south for the winter.

44. The article proves that

    (1) nature still has secrets that man has not fathomed.
    (2) the solutions of Aristotle are accepted by modern science.
    (3) we live in an age that has lost all interest in bird lore.
    (4) man has no means of solving the problem of bird migration.

45. Aristotle, the famous Greek philosopher,

    (1) explained the function of storks during migration.
    (2) deciphered the explanations of the oracles.
    (3) traveled south to watch the birds.
    (4) was wrong in his disbelief in migration.

46. Birds fly south in the winter

    (1) for breeding purposes.
    (2) to avoid bad weather.
    (3) for travel and adventure.
    (4) out of habit.

47. The mysteries about birds include

    (1) the routes they follow, the dates they leave, and the food they eat.
    (2) where they hibernate, how they find their way, and who put on their bands.
    (3) why they return north, how they find their way, and what triggers migration dates.
    (4) where storks winter, why birds fly over oceans, and why there are so many birds in Greece.

CLAVES DEL EXAMEN DE INGLÉS III

SECCIÓN 1: SINÓNIMOS

1. (1)	3. (3)	5. (3)	7. (4)	9. (1)
2. (4)	4. (1)	6. (4)	8. (3)	10. (3)

SECCIÓN 2: CONVERSACIONES ESCRITAS

11. (2)	13. (1)	15. (3)
12. (4)	14. (3)	16. (2)

SECCIÓN 3: VOCABULARIO

17. (2)	19. (3)	21. (3)	23. (2)	25. (2)
18. (4)	20. (1)	22. (3)	24. (3)	26. (1)

SECCIÓN 4: LECTURA

27. (3)	31. (4)	35. (3)	39. (2)	43. (4)
28. (2)	32. (3)	36. (2)	40. (3)	44. (1)
29. (1)	33. (3)	37. (3)	41. (2)	45. (4)
30. (4)	34. (2)	38. (2)	42. (4)	46. (2)
				47. (3)

EXAMEN III:
RESPUESTAS EXPLICADAS

SECCIÓN 1: SINÓNIMOS

1. **(1)** *Oral* significa oral y *spoken* quiere decir hablar. Por lo tanto, son dos palabras sinónimas.
2. **(4)** *Calculate* (calcular) es sinónimo de *figure out* (imaginar).
3. **(3)** *Compel* (obligar) es sinónimo de *force* (forzar).
4. **(1)** *Alert* (alerta) es sinónimo de *watchful* (vigilancia).
5. **(3)** *Prevent* (prevenir) es sinómino de *hinder* (impedir).

6. **(4)** *Unite* (unir) es sinónimo de *combine* (combinar, asociar).
7. **(4)** *Allegiance* (lealtad) es sinónimo de *loyalty* (lealtad).
8. **(3)** *Impair* (perjudicar) es sinónimo de *weaken* (debilitar).
9. **(1)** *Ample* (amplio) es sinónimo de *plentiful* (copioso, abundante).
10. **(3)** *Inform* (informar, avisar) es sinónimo de *tell* (decir, contar, revelar).

SECCIÓN 2: CONVERSACIONES ESCRITAS

11. **(2)** *"Perhaps there is a worm inside."* ("Quizá hay un gusado dentro"), es la respuesta correcta referente a la pregunta sobre el aspecto que tiene la manzana.
12. **(4)** *"Did the vase break?"* ("¿Se rompió el jarrón?"), se refiere a lo que ocurrió cuando el gato saltó en la mesa.
13. **(1)** *"It is much too early to leave for the airport."* ("Es demasiado pronto para ir al aeropuerto"), se refiere a que todavía faltaban más de cinco horas para que saliera el avión.

14. **(3)** *"Did he win a prize?"* ("¿Ganó él un premio?"), se refiere a la competición en la que su amigo participó.
15. **(3)** *"What was the title of the picture?"* ("¿Cuál era el título de la película?"), refiriéndose a la que ellos vieron por la noche en la televisión.
16. **(2)** *"Oh, dear. I will not get the job."* ("¡Oh, cariño, no conseguiré el trabajo!"), se refiere a lo que le puede ocurrir por no haber presentado el formulario a tiempo.

SECCIÓN 3: VOCABULARIO

17. **(2)** *longer* (más tiempo, más largo); la lectura le llevó más tiempo del que esperaba.
18. **(4)** *repaired* (reparar); el coche/carro tiene una rueda pinchada y la pregunta se refiere a donde se lo pueden reparar.

19. **(3)** *puzzled* (intrigado); el hombre frunció el ceño porque estaba intrigado.
20. **(1)** *many* (muchos/as); al camarero se le calló el plato y se rompió en muchos/as trozos/piezas.

21. **(3)** *shade* (persiana); cerrará la persiana porque hay un brillo en el papel.
22. **(3)** *telephone* (teléfono); el teléfono está roto y no se puede hacer una llamada con él.
23. **(2)** *tomorrow* (mañana); mañana puede ir al cine si hoy cuida a los niños.
24. **(3)** *also* (también); la víctima del accidente no solo estaba aterrado sino también tenía dolor.

25. **(2)** *missed* (perdido); se temía que había perdido el autobús y que tendría que gastar más dinero en tomar un taxi.
26. **(1)** *distant* (distante/lejana); algunas estrellas están tan distantes/lejanas que tan solo pueden ser vistas con un telescopio.

SECCIÓN 4: LECTURA

27. **(3)** La cuerda de saltar no se menciona en el artículo como algo que afecte a la bioregeneración.
28. **(2)** El autor generaliza diciendo que las personas usan la bioregeneración sin darse cuenta de ello. Cita como ejemplos el tomar la temperatura o el subirse a una escala de peso.
29. **(1)** Como se afirma al final del primer párrafo, la bioregeneración se usa para ayudar a los pacientes a superar el dolor.
30. **(4)** El primer párrafo del artículo afirma que la bioregeneración ha sido usada por algunos pacientes para tratar el dolor. Las otras afirmaciones están basadas en opiniones, no en hechos.
31. **(4)** Del material que presenta el artículo, puede deducirse que aquellos que cooperan activamente en el proceso de la bioregeneración lograrán los mayores éxitos.
32. **(3)** La bioregeneración está concebida con la idea de que las personas pueden influir en la forma en que sus órganos internos funcionan. Puede deducirse de los ejemplos dados que la bioregeneración puede ser usada sin máquinas o sin técnicos.
33. **(3)** La cirugía es el único tratamiento de las alternativas dadas que "curarán" una pierna fracturada. La bioregeneración puede aliviar el dolor, pero no puede curar la lesión.
34. **(2)** El artículo es acerca del edificio y del mantenimiento de la autopista Alaska.
35. **(3)** La autopista Alaska facilita una ruta desde Alaska a 48 zonas contiguas, y puede promover cierto comercio con el Canadá, pero la razón por la cual se construyó en un principio se explica en la primera frase.
36. **(2)** El último párrafo describe en detalle cómo la naturaleza interfería en el mantenimiento de la carretera. No es a la invasión natural sino al mal trazado y construcción de la misma carretera a lo que hay que echarle la culpa, y a la falta de una buena inspección. Se cree que el gran culpable de la situación en que se encuentra la carretera es la naturaleza, y no, sin embargo, la mala construcción de la misma que dificulta su mantenimiento.
37. **(3)** La respuesta a esta pregunta se encuentra implícita a mitad del segundo párrafo. Si no la puede encontrar, lea de nuevo ese párrafo.
38. **(2)** Esta pregunta se responde cerca del principio del segundo párrafo.
39. **(2)** El segundo párrafo está lleno de detalles. La respuesta a esta pregunta está cerca del final del párrafo.
40. **(3)** La primera frase del último párrafo nos dice que el ejército canadiense y la comisión de obras públicas de Alaska se encargó del mantenimiento de la carretera en 1946, sustituyendo en ese año a los que se encargaban antes de hacerlo, el Army Engineers.
41. **(2)** El pasaje es acerca de la migración de las aves y suscita una serie de preguntas sobre la migración que todavía no se comprenden.
42. **(4)** Ver la última frase del tercer párrafo.
43. **(4)** Una nota entre paréntesis en el segundo parrafo hace esta afirmación de forma específica.
44. **(1)** El último párrafo crea un número de preguntas acerca de la migración que todavía no pueden aclarar los científicos. Aunque no comprendemos mucho sobre la migración de las aves, sin embargo esta migración no plantea ningún problema que debe ser resuelto, por tanto, D no es la respuesta correcta.
45. **(4)** Aristóteles fue un hombre muy inteligente, pero se equivcó al pensar que todas las aves cambian su plumaje y se quedan en la misma región a pesar de los cambios de estaciones.
46. **(2)** Las aves vuelan al sur para poder gozar de un tiempo más calido y evitar problemas al buscar alimentos en áreas cubiertas de nieve o heladas.
47. **(3)** El último párrafo detalla el mayor enigma o problema con relación a la migración de las aves.

Consejos prácticos para los estudiantes adultos de GED

Los objetivos más importantes de esta guía de consejos prácticos son:

---

1. Comprender cómo estos consejos pueden ayudarle a estudiar y pasar el examen de GED.

2. Motivarle y ayudarle a tener confianza en sí mismo. Recuerde que usted tiene cualidades y ánimos suficientes para superarse. ¡Usted debe convencerse a sí mismo de que puede conseguir pasar el examen!

3. Encontrar cuál es para usted la mejor forma de estudiar.

4. Hacer uso de las facilidades y oportunidades de estudio que le ofrece su comunidad.

5. Descubrir cómo las ideas están organizadas de tal forma que pueda comprenderlas.

6. Comprender la lectura de los textos y estudiar las guías de preparación del examen.

7. Aprender todo lo posible en las clases y asimilar al máximo las enseñanzas de los profesores.

8. Aprender cómo memorizar las cosas que necesita saber para el examen.

9. Organizar bien su lugar de estudio así como sus libros y otros materiales.

10. Administrar bien su tiempo.

---

1. APRENDER CÓMO ESTOS CONSEJOS PRÁCTICOS PUEDEN AYUDARLE A ESTUDIAR Y PASAR EL EXAMEN DE GED.

Consejos prácticos dirigidos a usted.

Las siguientes indicaciones o consejos han sido escritos exclusivamente para usted. Quizás, hace algún tiempo, usted dejó de estudiar en la escuela o en el instituto. Ha tenido otras experiencias, que sin duda le han enriquecido, pero ahora siente que ha de estudiar de nuevo. Usted necesita el diploma de equivalencia de la escuela superior para ayudarle en su vida y abrirle camino en el futuro. Y usted es lo suficientemente inteligente para pasar el GED, pero para obtener el diploma tendrá que estudiar bien, de forma organizada y eficaz.

Estos consejos, indicaciones o advertencias pueden ayudarle a conseguir lo que usted desea. Sígalos y verá cómo al final le ayudarán a tener éxito.

Para ayudarle a ponerlos en práctica estos consejos tienen las características siguientes:

- Están escritos de la forma más clara posible.

- Para comprenderlos bien, cada uno comienza con una palabra básica o clave.

- Aunque los consejos o indicaciones pueden ser diferentes, ideas similares se repiten una y otra vez, cambiando un poco la forma de las palabras. La repetición le ayudará a recordar y aprender mejor las ideas.

- La mayoría de estos consejos son fáciles de comprender, pero algunos son más difíciles que otros. Si por cualquier razón usted no comprende de inmediato alguno de ellos, no se preocupe, continúe, podrá volver después a él en otro momento. Ya verá cómo más adelante, si persiste y sigue estudiando, la idea se hará mucho más clara.

Cómo usar estas indicaciones para ayudarle a pasar el examen de GED

- No espere aprender todos estos consejos o indicaciones de una vez. Concéntrese tan sólo en uno o dos. No podrá aprenderlos todos de una vez porque son muchos. Y si no dispone de mucho tiempo:

  - Elija aquel que tenga un significado especial para usted.

  - Elija aquel que usted considere que le ayudará más.

Una vez que lo haya aprendido bien no necesitará referirse a él otra vez.

- Escriba cualquiera de ellos que usted considere especialmente importante en una tarjeta de 3 × 5 pulgadas o en un papel pequeño. Léalo con frecuencia. Así podrá acordarse de él.

  - Ponga la tarjeta o el papel en su bolso o en el bolsillo, llévelo a cualquier lugar (mientras camina o pasea, en el autobús, o mientras que toma el desayuno).

- Si escribe varios consejos o indicaciones en diferentes tarjetas, ponga las tarjetas en un sobre o en un pequeño archivador. Conforme vaya aprendiéndolos, uno por uno, despréndase de las tarjetas, arrójelas. Pronto se encontrará con el sobre o con la caja del archivador vacía, y así se sentirá mucho mejor.

IDEAS PRINCIPALES.

En los consejos prácticos que le presentamos, usted encontrará las siguentes ideas:

- Sea responsable y tómese en serio de nuevo el mundo del estudio y de la enseñanza.

  - Usted va a tomar el examen de GED no porque alguien lo forza a hacerlo sino porque voluntariamente ha decidido que es algo importante en su vida. Usted es un adulto, es decir, tiene el poder de tomar sus propias decisiones y elegir cuáles han de ser las pautas o los caminos que ha de seguir en su vida actual y futura.

  - Use ese poder e independencia que tiene para decidir qué es lo mejor para usted. Elija el camino del estudio y tenga confianza en sí mismo de que va a triunfar.

- Conózcase a sí mismo.

  - Tanto en la escuela como después de ella, usted va a desarrollar hábitos de estudio que antes no tenía; acostúmbrese a ellos, no los deje, siga aprendiendo. Contruya su vida a partir de esta base, no deje de estudiar. Nunca es tarde para aprender y siempre se aprende also nuevo. No se prepare para el GED simplemente para pasar el examen sino también para enriquecer su vida con la educación que antes, por diversas razones, no pudo obtener.

- Pregúntese a sí mismo:

  - ¿Me gusta estudiar? ¿Me agrada ir a la escuela? Si me gusta, ¿por qué? Si no me agrada, ¿por qué no?

  - ¿Recibo buenas notas en algunas materias? Si es así, ¿por qué? ¿Por qué en algunas aprendo bien y en otras no?

  - ¿Recuerdo con facilidad lo que he aprendido? Si es así, ¿por qué? Si se me olvida lo aprendido, ¿por qué?

  - ¿Me conozco bien a mí mismo? ¿Hasta qué punto me conozco bien? ¿Qué puedo hacer para conocerme mejor?

- Trate de confiar cada vez más en sí mismo, en sus cualidades, en su voluntad por aprender.

  - Repase una y otra vez los consejos prácticos que ofrecemos con relación a este apartado de la confianza que ha de tener usted en sí mismo. Estos consejos los encontrará en las páginas que siguen. Probablemente esos consejos prácticos sean los más importantes de todos, porque, en definitiva, todo depende de usted, de su voluntad y de su persistencia. Es usted quien tiene que convencerse de que tiene que pasar el examen.

- Siéntase seguro y cómodo con el examen de GED. Prepárese bien y asegúrese de que va a pasarlo sin dificultades.

  - Aprenda todo lo que pueda. Siga las ideas, consejos y métodos que pueden ayudarle a tomarlo bien.

2. ADQUIERA Y AFIRME SU CONFIANZA. REVALORICE SU CAPACIDAD. ¡SEPA QUE USTED LO PUEDE HACER!

Confiar en su capacidad para pasar el GED puede ser la parte más importante para llevar a cabo su programa de estudio.

Recuerde: Si se dice a sí mismo "no puedo", indudablemente no podrá. Si se dice a sí mismo "puedo", es muy probable que sí pueda lograrlo.

Debe decirse a sí mismo "sí, lo puedo hacer", y entonces lo hará y el éxito será suyo.

Aprenda a decir cosas buenas sobre su persona.

- ¿Se puede escuchar a usted mismo diciendo cosas buenas sobre su persona? (por ejemplo: "yo puedo hacerlo" y "¡estoy haciéndolo muy bien!") Si escucha pensamientos tales como "yo puedo aprender esto y me siento bien haciéndolo", oigalos atentamente y se sentirá feliz con lo que está escuchando.

- ¿Si escucha pensamientos tales como "yo no puedo aprender esto. Odio estudiar esto. Yo no tengo la capacidad para aprenderlo", cambie estos mensajes y piense positivamente. Acuérdese de las cosas que hace bien.

Mensajes por cambiar:

Si dice:	*Dígase:*
Nunca hago nada bien.	Lo haré bien.
Yo nunca tengo oportunidades.	Tendré propias oportunidades y tendré éxito.
¿Para qué voy a intentar?	Haré lo mejor que pueda y lo lograré.
De todas maneras no funcionará.	Si va a resultar.
Lo intenté y no dio resultado.	Ya intenté, pero esta vez lo haré con más ahínco.
Yo no soy bueno para...	Soy bueno para...

Acuérdese de sus éxitos.

Escriba algo que haya hecho bien.

Recuerde cómo se sintió después de haber logrado algo exitosamente.

Escriba sobre cómo se sintió.

Tenga en cuenta sus cualidades. Recuerde las cosas buenas que reconoce sobre sí mismo.

Las cualidades que se enumeran más abajo demuestran la capacidad de cada individuo para pensar y tener control de su vida. Son cualidades que quizá usted ya posee, pero nunca piensa en ellas.

_____Soy curioso.

_____Disfruto pensando.

_____Me pregunto por qué las cosas suceden como suceden.

_____Recuerdo cosas que pensé ayer y cosas importantes que hice la semana anterior.

_____Hablo fácilmente con mis amigos y familiares.

_____Estoy impresionado con la cantidad de información que la gente ha aprendido sobre el mundo.

_____Disfruto realmente de las cosas bellas que hay en el mundo.

_____Reconozco las cosas verdaderamente importantes de la vida, y las distingo de las triviales.

_____Escribo y uso listas (como las del mercado y compras diversas).

Coleccione éxitos.

Haga uno o dos trabajos que usted considere difíciles—cualquier tarea.

Dígase a sí mismo "la puedo hacer" y HÁGALA.

Una vez cumplidas estas tareas, confeccione una lista. Eventualmente tendrá una lista de todos sus logros. Léala con frecuencia.

Véase a sí mismo como exitoso.

Para lograrlo cierre los ojos y concéntrese fijando una imagen de usted mismo de la siguiente manera:

- Sintiéndose con confianza mientras trabaja en la tarea que se ha asignado.

- Haciéndola.

- Luego sintiéndose bien porque la ha ejecutado exitosamente.

- Manteniendo su cabeza erguida mientras toma el GED.

Lea los siguientes mensajes y repita uno de ellos por lo menos tres veces al día antes de cada comida.

- Me gusta quien soy. Soy feliz de ser quien soy.
- Me convertiré "a mí mismo" en lo mejor que pueda.
- Soy capaz de hacer cualquier cosa que me proponga si realmente así lo deseo.
- Estoy feliz por estar vivo. Haré de mi vida lo mejor que pueda.
- Hoy es un buen día. Lo haré mejor aún realizando algo que mañana me haga feliz.

Acuérdese de lo bien que se siente cuando aprende algo nuevo.

Piense lo que se dice a sí mismo cuando experimenta ese sentimiento.

- ¡Hurra! ¡Lo encontré! ¡Lo hice!
- ¡Bravo! ¡Resolví bien el problema!
- ¡Fantástico! Nunca lo había hecho antes y ahora lo resolví yo solo. ¡Muy bien!
- ¡Adelante! Estoy listo para el próximo proyecto.

Tenga en cuenta y siéntase contento acerca de lo que aprenda.

Pregúntese a sí mismo:

- ¿Qué es lo que sabía ayer?
- ¿Qué es lo que sé hoy?
- ¿Cuánto puedo aprender en un día?

Siéntase bien ahora ya que sabe más que antes. Piense cuánto mejor se sentirá sabiendo aún más.

Reconozca el poder que da el conocimiento. Estudie para obtener este poder.

El poder del conocimiento puede:

- ganar el respeto de amigos y familiares;
- darle control sobre sí mismo (el poder más importante);
- darle control sobre otros;
- enfocar y dirigir su energía y entusiasmo;
- darle significado a su vida;
- encauzar su necesidad para que le resulte útil;
- prevenir cansancio y aburrimiento.

Estimule su curiosidad con respecto al mundo.

Piense en preguntas sobre las cuales le gustaría tener respuestas.

Luego piense dónde podría hallarlas o quién las tendrá.

Haga una lista con las preguntas de su interés.

 No se desanime si al principio no entiende algo. Aprender cosas nuevas no es siempre tarea fácil.

Sea bueno consigo mismo. Dése tiempo.

 Prémiese a sí mismo cuando haya logrado el aprendizaje de algo nuevo.

 Dedíquese a una sola cosa cada vez. No se sobrecargue tratando de hacer todo al mismo tiempo.

 Júzguese a sí mismo a través de los éxitos obtenidos con los objetivos fijados, como así también por las tareas cumplidas que se haya propuesto hacer.

No se juzgue a sí mismo por las notas obtenidas en la escuela.

Si tiene buenas notas, disfrútelas.

 Acepte ayuda de quienes se la ofrezcan. Hágales saber a esas personas que usted aprecia esa ayuda.

Dele cauce a su pujanza y a su valor.

 Tenga iniciativa; haga preguntas aunque crea que son insignificantes.

Le sorprenderá saber cuánta gente hubiera querido hacer la misma pregunta y no se atrevió.

 Evite enojarse y quejarse. Esto solamente dificulta el aprendizaje.

En su lugar, trate de pensar en los problemas de una manera positiva. Sepa que los puede solucionar. (Esto puede llevar tiempo y esfuerzo.) Trate de seguir los cuatro pasos siguientes:

1. Pregúntese a sí mismo ¿cuál es el problema? Responda la pregunta.

2. Pregúntese a sí mismo ¿qué puedo hacer al respecto? Responda a esta pregunta con todas las opciones que se le ocurran.

3. Pregúntese a sí mismo ¿cuáles son las posibilidades que estoy dispuesto a probar? Contéstela seleccionando la opción que más le convenga.

4. Pregúntese a sí mismo ¿qué es lo que necesito para ejecutar dicha tarea? Respóndala escribiendo un plan de acción que incluya:

- una lista con todos los materiales que necesite;

- fecha de plazo final para la terminación de la misma;

- gente a la cual necesita darle participación o compartir este plan;

- lo que realmente necesita para finalizarlo;

- cualquier otra cosa que le ayude a llegar a una conclusión exitosa con esta tarea.

3. CONÓZCASE A SÍ MISMO. ESTO ES MUY IMPORTANTE PARA PODER ESTUDIAR DE LA MANERA QUE SEA MÁS CONVENIENTE PARA USTED.

Los consejos prácticos que se dan a continuación le podrían ayudar para estudiarse a sí mismo cuidadosamente y entenderse a sí mismo. Esto lo capacitará para encontrar los métodos de estudio más convenientes para usted.

Sepa lo que sepa (y si lo sabe correctamente).

- Dígalo con sus propias palabras.

  - Dígalo de varias maneras.

  - Para comprobar la veracidad de su respuesta, consulte con alguien en quien usted confía.

- Escriba con sus propias palabras.

  - Coteje su versión con la original. (Simplemente escríbala, no se preocupe por el estilo.)

- Grabe sus respuestas.

- Luego escúchelas y compruebe su veracidad

  - con el libro;

  - con alguien de su confianza.

Para apuntar los progresos realizados, tome intervalos frecuentemente.

- Pregúntese:

  - ¿Qué es lo que sabía cuando comencé?

  - ¿Qué es lo que sé ahora?

  - ¿Cuánto más quiero aprender?

  - Recuerde que ahora sabe mucho más de lo que sabía antes. (Y se siente muy bien al respecto.)

- Siéntase bien por:

  - todo lo que ha aprendido;

  - haber mejorado en su capacidad para pensar, escribir, leer y aprender.

 Encuentre la mejor manera de concentrarse. Para lograr un buen resultado en los estudios hace falta una concentración sólida.

Experimente con tiempo, lugar, ambiente, ¿música?

 Investigue por qué algunas informaciones son tan difíciles de aprender. (Luego, haga algo para ayudarse a sí mismo.)

NOTA: No se sienta torpe si tiene que pedir ayuda. Sería torpe si no la solicitara.

- ¿Encuentra que el vocabulario es difícil?

- Pídale a alguien que le ayude a comprender esas palabras difíciles.

- ¿Es confusa la presentación de la información?
  Pídale a alguien que le ayude a delinearla.

- ¿Existen demasiados detalles?
  Organice los mismos de tal manera que le resulte provechoso para usted.

- ¿Es la secuencia (como en matemáticas y ciencias) por seguir muy difícil?
  Entonces, pida ayuda.

- ¿Se siente aburrido con el material de estudio? ¿Le parece repetitivo? ¿Confuso quizá?
  Si es así, busque algo en el mismo que le guste o despierte su interés.

- Para poder aprender, ¿necesitaría más datos sobre la información? Explique su problema al maestro o tutor, y busque los antecedentes que le facilitarán la tarea.

Descubra su capacidad de aprendizaje y úsela.

- ¿Tiene buena memoria para retener detalles?
- ¿Cómo aprende mejor, escuchando, leyendo o hablando sobre las ideas? Use el método más conveniente para usted.

Encuentre placer en el aprendizaje y disfrute del mismo.

- La satisfacción de crear sus propias ideas.
- El entusiasmo y estimulación por un nuevo proyecto.
- La satisfacción de los objetivos cumplidos.
- El desafío de un difícil trabajo mental.
- El buen compañerismo logrado compartiendo ideas.
- El buen compañerismo logrado compartiendo privaciones y penas durante El desarrollo de arduas tareas.

Motívese a sí mismo.

¿Qué es lo que funciona para usted?

- ¿El miedo a fracasar? (Recuerde ese miedo.)
- ¿El deseo de triunfar? (Estimúlese con ese deseo.)

Conozca los sentidos a través de los cuales usted aprende mejor, y úselos.

- ¿Vista? Haga dibujos o gráficos.
- ¿Oído? Diga las ideas en voz alta y grábelas en una cinta.

Cuando estudia bien, dese un premio.

- ¿Con pizza y una gaseosa?
- ¿Corriendo o nadando?
- ¿Saliendo con los amigos?
- ¿Televisión?

Reconozca cuando la fatiga mental lo acose.

Reconocerá los síntomas de cansancio cuando mire una página sin verla, o cuando se olvidó lo que pensaba hace un minuto.

- Duérmase una siesta.

- Escuelas:

  - programas de rehabilitación en los cuales usted pueda participar;

  - profesores especializados para ayudarle a superar su dificultad.

- Agencias gubernamentales y privadas (como la Oficina de Rehabilitación Vocacional), con programas de capacitación.

 Busque en su trabajo programas de capacitación para leer y aprender mejor. Dígale al director de personal de su compañía (si hay) que usted está en el programa de GED, y solicite información sobre:

- programas de capacitación para leer y escribir o programas de GED;

- la Oficina de Rehabilitación Vocacional (BVR);

- programas computarizados que le podrían ayudar;

- ¿alguna otra opción?

Si en su compañía no existe el director de personal, consulte con su jefe.

5. DESCUBRA CÓMO ORGANIZAR SUS IDEAS; ASÍ PODRÁ COMPRENDERLAS.

Las nociones dadas en esta sección no son fáciles. Léalas ahora y trate de comprenderlas. Si le resultan muy difíciles y al principio no las entiende vuelva a esta sección en otro momento y pruebe nuevamente.

Si usted descubre cómo se organiza la información:

- aprenderá esta información eficientemente y la recordará mejor;

- leerá comprendiendo mejor;

- cuando escriba organizará mejor sus propias ideas.

Las ideas se suceden unas a otras en un orden regular. Esto significa que las ideas están unidas como los vagones de un tren, y se continúan unas a otras de tal manera que tengan sentido. Además, este tren de ideas debe estar guiado hacia alguna dirección que tenga al final un significado. Para organizar sus ideas todos los escritores siguen pautas básicas. Los consejos prácticos que siguen a continuación le ayudarán a entender estas pautas.

PALABRAS ESPECIALES.

Para poder determinar cómo están organizadas las ideas existen palabras especiales que usted debe conocer. Éstas se definen más abajo.

IDEA CENTRAL. Cada párrafo, capítulo, impreso o libro contiene una idea central. Sobre esta idea se concentra toda la escritura. La idea central es el destino u objetivo del tren del pensamiento.

GENERALIZACIÓN. Una generalización expresa una idea verídica con referencia a todos los detalles que le siguen. Frecuentemente, las ideas centrales son generalizationes.

> *EJEMPLO:*
>
> "Los ríos proporcionan muchos beneficios a la gente que vive cerca de ellos". Usted puede desarrollar esta idea escribiendo sobre cómo distintos ríos benefician a la gente de maneras diferentes. Por ejemplo:
>
> - Cómo cada año el río Nilo y sus afluentes fluyen uno con otro, y de esta manera abastecen del agua necesaria a los cultivos.
> - Cómo el río Mississipi se convierte en una "ruta" y facilita el paso de barcos y buques de carga.
> - Cómo las aguas del río Amazonas proveen de abundante pesca a la población lindera.

DETALLES. Los detalles rellenan la información para que las generalizaciones sean más claras, significativas y aceptables. Los detalles apoyan a la idea central. En su gran mayoría, los escritos se componen de detalles.

> *EJEMPLO:*
>
> "Las buenas familias son afectuosas. El cariño, por supuesto, se manifiesta de diferentes modos. En algunas familias sus integrantes se saludan con un cordial apretón de manos. En cambio, en otras familias el afecto se demuestra con abrazos y besos".

ESBOZO. Esta tarea facilita la visualización de las relaciones existentes entre las ideas, así se trate de un pasaje escrito o hablado. Un esbozo sigue un modelo que puede resultarle conocido:

I. _ _ _ _ _ _ _ _ _ _ _

   A. _ _ _ _ _ _ _ _ _ _ _

   B. _ _ _ _ _ _ _ _ _ _ _

      1. _ _ _ _ _ _ _ _ _ _

      2. _ _ _ _ _ _ _ _ _ _

II. _ _ _ _ _ _ _ _ _ _

   A. _ _ _ _ _ _ _ _ _ _ _

      1. _ _ _ _ _ _ _ _ _ _ _

      2. _ _ _ _ _ _ _ _ _ _ _

   B. _ _ _ _ _ _ _ _ _ _

I y II son los niveles más altos de la generalización tanto sea en un libro, capítulo o ensayo.

- Haga algún ejercicio físico.
- Tómese un baño.

Conozca el momento en el cual estudia mejor—generalmente es muy temprano por la mañana, o tarde por la noche. Utilice muy bien ese momento.

Sepa dónde estudia mejor.

- ¿En la biblioteca?
- ¿Sentado en su silla favorita?
- ¿Al aire libre?
- ¿En un escritorio?

La mayoría de la gente estudia mejor cuando encuentra el lugar apropiado, y concurren a éste regularmente.

Propóngase metas realistas.

- Determine qué es lo que usted es capaz de hacer.
  - Si sus objetivos son muy elevados, se desanimará rápidamente.
  - Si son muy bajos, le disminuirán el uso de sus habilidades.
- Fije sus objetivos para:
  - Hoy.
  - Esta semana.
  - Este mes.
- Verifique las metas que haya cumplido. Prémiese por sus logros.

4. HAGA USO DE LOS RECURSOS QUE LE BRINDA SU COMUNIDAD.

Sin duda, en su comunidad hay recursos disponibles para ayudarle a capacitarse para tomar el GED. Las dos mejores fuentes de información son la escuela y la biblioteca de su localidad. Visite ambas.

Llame a la oficina de un distrito escolar cercano y pregunte por el GED.

Alguien lo guiará hacia la persona que pueda proveerle de libros, tutores, clases y todo tipo de ayuda disponible para los que están estudiando para el GED.

Llame a la biblioteca de su localidad y pregunte sobre el GED.

Busque a alguien—posiblemente en el departamento de información—que le informe sobre libros y equipos que le facilitarán estudiar para el GED.

Aprenda a utilizar todos los materiales relacionados con el GED que le brinda la biblioteca:

- libros
- microfilmes
- cintas de vídeo
- revistas
- cintas de audio

Recuerde: Haga todas las preguntas que sean necesarias al personal de la biblioteca. Ellos están para asistirle.

Busque en su guía de programas televisivos los que estén dirigidos para ayudarle a pasar el GED. Los dos canales que pueden transmitir esta programación son:

- PBS (Televisión de Transmisión Pública)
- TLC (Canal Transmisor de Educación)

Si no tiene la guía mencionada, llame a los canales referidos y solicite la información.

Llame a las personas que representan a la comunidad en la escuela superior de su localidad.

Pregunte sobre los recursos disponibles para los estudiantes de GED.

- Necesitará paciencia hasta hallar la persona idónea.
- Habrá alguien que sea capaz de guiarle y sugerirle otras fuentes de información.

Busque en su comunidad los servicios especiales disponibles para la gente que tiene dificultad en aprender.

Los mismos se podrían encontrar en:

- Bibliotecas:
  - cintas grabadas que usted pueda escuchar;
  - máquinas especializadas en lectura que le ayuden a leer mejor (algunas le facilitan la lectura de un libro en voz alta);
  - programas de capacitación para leer y escribir.

"A" y "B" son detalles sobre los puntos I y II, y los números 1 y 2 amplían detalles sobre los puntos dados en letras mayúsculas.

Cada nivel inferior desarrolla información más cercana a lo que podemos ver, oler o computar. A la información que podemos ver o computar con precisión la denominamos "verdadera". Estos hechos reales significan lo mismo para toda persona que los lea.

LISTAS Y ESTRUCTURAS PARALELAS. Cuando usted confecciona una lista, agrupa cosas que están relacionadas entre sí. Las escribe en una estructura paralela o semejante.

> *EJEMPLO:*
>
> Aquí le presentamos una lista con cosas por realizar escrita en forma paralela o semejante (una palabra):

- comprar

- conducir

- cocinar

La siguiente lista, también escrita en forma paralela, contiene diferentes acciones por realizar, (grupos de palabras que comienzan con un verbo):

- arreglar la cerradura rota

- enviar el pago de la cuenta telefónica

- pasear al perro

Nótese que todos estos consejos prácticos están escritos siguiendo una estructura paralela.

En un esbozo, todos los números romanos conforman una lista, las letras mayúsculas otra, y así sucesivamente.

IDEA SUBORDINADA. Un detalle que describe una idea central, se denomina idea subordinada.

> *EJEMPLO:*
>
> Usted está escribiendo un párrafo donde la idea central es: "Las manzanas nos estimulan varios sentidos". Ése es el tema de la oración. Usted decide hablar sobre la textura, el sabor y el aroma. Comienza con la textura. Escribe: "son suaves y frescas al tacto". Ésta es su idea subordinada. Luego puede continuar escribiendo: "su sabor es dulce y sabroso". Ésta es otra idea subordinada. Estas oraciones con detalles descriptivos aportan a la idea central datos que confirman que "Las manzanas nos estimulan".

INFERENCIA. Una inferencia es una conclusión que usted saca de una información que escucha o ve.

EJEMPLO:

Usted puede leer "todas las bellotas provienen de los robles", y "el árbol de mi jardín produce bellotas". La inferencia que usted podrá sacar es que el árbol de su jardín es un roble.

Esté atento, no todas las inferencias son correctas. Por ejemplo, suponga que usted está leyendo:

"El coronel Jones tenía una nariz larga. El coronel Ericson tenía una nariz larga. El coronel Zanofesky tenía una nariz larga".

La inferencia a la que usted podría llegar sería que "todos los coroneles tienen narices largas". Esto no es solamente incorrecto, sino disparatado.

CONSEJOS PRÁCTICOS QUE LE AYUDARÁN A COMPRENDER.

Encuentre la idea central.

- Trate de responder a la pregunta: ¿De qué trata esto?
- Exponga la idea con sus propias palabras.
- Relaciónela con cosas que usted sabe.

Si entiende la idea central, no tendrá dificultad en recordarla. ¡Usted la sabrá! También le será más fácil reconocer los detalles que apoyan a la idea central.

Defina con precisión las palabras especiales.

- Diga y escriba estas definiciones con sus propias palabras.
- Pregúntele a una persona de su confianza si sus definiciones son correctas.

Relacione los detalles con la idea central. Los detalles que se conectan con la idea central se pueden encontrar en:

- ejemplos
- explicaciones
- descripciones

Esboce todo lo que pueda:

- vea cómo está organizada la información
- vea cómo las ideas centrales se relacionan con los detalles

Para estudiar y recordar con facilidad, haga bosquejos de los capítulos de sus libros.

 Relacione lo que está aprendiendo con lo que sabe.

- Pregúntese a sí mismo: ¿Qué es lo que sé (por experiencia de otras lecturas, de mis propios pensamientos) y qué se relaciona con este nuevo tema?

- Para recordar mejor, fórmese mentalmente una imagen sobre el nuevo tema.

 Reconozca cuando ha comprendido cabalmente un nuevo tema. Cuando entienda una idea nueva, usted será capaz de:

- elaborar sus propios ejemplos sobre la misma

- reconocer lo que lea y escuche, otros ejemplos dados sobre la misma idea

- configurarla—como un mapa

- argüir para demostrar si está de acuerdo o no con la misma

 Haga preguntas sobre lo que lee y escucha.

- Después de leer o escuchar la información, pregúntese a sí mismo:

  - ¿Qué es lo que debería saber sobre esto?

  - ¿Qué más puedo saber sobre lo mismo?

- Mejore su habilidad para cuestionar.

- Las siguientes son muy buenas preguntas para hacer:

  - ¿Cuáles son los ejemplos?

  - ¿Cómo funciona?

  - ¿Qué sentido tiene?

  - ¿Qué significa?

  - ¿Cómo está hecho?

 Encuentre lo interesante de lo que está aprendiendo.

- Encuentre más razones para estudiar que las de pasar el examen.

- Piense cómo sus nuevos conocimientos le ayudarán en su vida diaria.

6. COMPRENDA LO QUE LEE EN LOS TEXTOS Y EN LAS GUÍAS DE ESTUDIO.

Esta sección probablemente no le ayudará a leer más rápida mente, pero sí le sugiere técnicas de lectura, las cuales contribuirán a su mejor entendimiento del material.

Utilice la tecnica siguiente.

Si nunca aprendió técnica alguna, pruebe la siguiente.

1. **INVESTIGUE:** Inspeccione el título, encabezamientos, palabras en letra cursiva, los primeros y últimos párrafos, tablas, listas, láminas, grabados, todo lo que sobresalga en el texto.

2. **IDEAS PRINCIPALES:** Hojee el libro para obtener una idea de los temas principales. Busque palabras especiales, las cuales probablemente estarán marcadas y repetidas. Sepa definirlas.

3. **LEA:** Lea la información rápidamente. Preste mucha atención a lo que lee.

4. **ESCRIBA:** Anote con sus propias palabras (como las entienda) las ideas principales. Revise sus palabras para comprobar si captó lo que el autor quiso decir. (Nota: No use las palabras del autor. Eso no lo beneficiará.)

5. **RELACIONE:** Conecte la información con lo que sabe. Recuerde una experiencia personal, o una ilustración significativa y relacione la nueva idea con ésta.

6. **REPASE:** Vuelva a repasar la información una y otra vez; no es necesario que lo haga inmediatamente, pero sí pronto.

Sepa examinar bien un texto.

Examínelo rápidamente, pero haga las pausas necesarias para leerlo concienzudamente:

- títulos
- el primer y último párrafo
- la primera oración de cada párrafo
- encabezamientos principales y secundarios
- fotografías (y descripciones), mapas, gráficos y similares
- el cuestionario al final de cada capítulo
- términos y frases en letra cursiva

Cuando hojee un texto, mantenga con un movimiento rápido sus ojos sobre las palabras. No se detenga en las palabras de poca importancia. Trabaje para mejorar su habilidad en examinar un texto. Esto le resultará beneficioso durante el examen.

Sepa qué habilidades o información espera aprender en cada sesión.

Por ejemplo, su expectativa podría ser:

- mejorar su habilidad para multiplicar y dividir

- practicar la escritura de ensayos

- aprender a leer un mapa o una historieta sobre política

Si no sabe cuáles son sus objetivos para estas clases, pregúntele a su maestro o tutor. Después de clase, repase lo que ha aprendido.

DISFRUTE DE LAS CLASES Y COMUNIQUESE CON SUS COMPAÑEROS

 Encuentre en la clase momentos de alegría.

Esto puede suceder cuando alguno de ustedes aprende algo nuevo o resuelve un problema difícil.

 Aprenda a apreciar y confiar en los otros estudiantes.

Otros estudiantes le pueden ayudar de las siguientes maneras:

- animándole cuando lo necesite

- compartiendo sus preocupaciones—las cuales probablemente son las mismas que las de ellos

- escuchándole cuando usted necesite hablar con alguien

- opinando sobre sus ideas

- estudiando con usted

 Ofrezca su cooperación a otros estudiantes.

- Se sentirá satisfecho de sí mismo si usted puede ayudar a alguien.

- Usted aprenderá mejor la información si se la puede explicar a otra persona.

Evite a las personas con actitud negativa.

Algunos compañeros de clase podrían hacer comentarios negativos que lo desanimen. Simplemente evítelos. Ignórelos. No permita que lo desanimen, y no permita que crean que tienen el poder para lograrlo.

Para poder prestar buena atención, asista a las clases bien descansado.

Podrá obtener mejores resultados si está bien despierto y alerta.

EN CLASE, UTILICE BIEN EL TIEMPO PARA ATENDER Y APRENDER.

Siéntese en el asiento que más le convenga, en los asientos delanteros o cerca de una persona de su agrado, o cerca de la pizarra. Pruebe diferentes ubicaciones.

- Vea dónde aprende mejor.

- Trate de sentarse en la primera fila. Su maestro sabrá que usted quiere aprender y le responderá mejor.

- Siéntese en el lugar desde donde pueda ver mejor las películas y los vídeos.

Preste mucha atención para captar el tema principal.

Siempre pregúntese a sí mismo: ¿Cuál es la idea central aquí? ¿Qué es lo que mi maestro quiere que aprenda?

Reconozca algunos sistemas que los maestros utilizan para introducir la idea central:

- Pueden decir, "éste es el punto principal" o "quiero estar seguro de que sepan este punto".

- Manifiestan la idea central acentuando la voz y utilizando lenguaje corporal.

- Introducen una palabra especial, una "palabra clave", y la definen. Usan esa palabra repetidamente.

Atentamente escuche lo que su maestro dice sobre la idea central.

¿Acaso el maestro ...?

- da ejemplos (diciendo, "por ejemplo")

Sepa "detectar".

Detectar significa buscar en un texto una o dos palabras específicas, frecuentemente son palabras que en un examen responden a las preguntas.

Lea la idea central.

Cada párrafo y cada ensayo debe tener solamente una idea central. Generalmente se encuentra en la primera o última oración.

- Para encontrar la idea central, pregúntese a sí mismo: ¿Qué es lo que está diciendo el escritor? Conteste a su pregunta con una oración.

- Escriba esa idea central con sus propias palabras.

Dedíquese a mejorar su capacidad para identificar la idea central. Le resultará muy beneficioso durante el examen.

Evite recordar todos los detalles.

Elija solamente aquellos que para el autor parezcan ser importantes.

Aprenda a discernir hechos reales de las opiniones.

> *EJEMPLO:*
> "Ella tiene cabello negro y ojos verdes". (real)
> "Ella es la mujer más bonita de la habitación". (opinión)

Mientras lee hágase preguntas. Trate de predecir lo que dirá el autor.

En otras palabras, mientras lee:

- conecte lo que está leyendo con algo que ya sepa

- escuche sus propios desacuerdos y disputas

- piense sobre la importancia de estas ideas en su vida

- piense en la gente con la cual quiera compartir estos temas

Hable con otras personas con respecto a la información, especialmente si no capta el significado claramente.

Pregunte a maestros y amigos qué es lo que piensan al respecto.

Busque los temas en otros libros.

Lea in voz alta lo que tenga especial interés en recordar.

Hable consigo mismo sobre la información—si es posible en voz alta.

Hable como si hablara con un niño. (En realidad, si tiene algún pequeño en su familia, háblele sobre el asunto, encuentre algo que lo haga fascinante.)

Con frecuencia, deje el libro de lado y esboce los temas principales.

7. APRENDA A OBTENER LO MÁXIMO DE SUS MAESTROS Y DE SUS CLASES.

Muchos de ustedes se están preparando para el GED tomando una clase especial, o tomando clases con un tutor o maestro privado. Los siguientes consejos deberían ayudarles para aprender a extraer lo máximo de las clases y los maestros.

Usted puede averiguar sobre las clases de GED llamando, en su comunidad, a la escuela superior o al centro de exámenes de GED. Estos centros existen para ayudarle a pasar el GED.

PARTICIPE ACTIVAMENTE EN LAS CLASES

No tema hacer preguntas cuando necesita ayuda.

- Si no entiende una lección, dígaselo a su maestro. Cuando usted diga que no entiende, su maestro se sentirá contento de poder ayudarle. Su maestro está capacitado para darle información de tal manera que sea comprensible para usted.

- La mejor idea: Haga preguntas y pregúntele a su maestro exactamente qué es lo que usted necesita saber.

Lleve un grabador a la clase.

Pida permiso para grabar la sesión, así la puede escuchar más tarde.

Si tiene dificultad para leer sus propios apuntes, grabar le resultará muy útil.

- describe el funcionamiento de las cosas (diciendo, "éste es le primer paso, segundo, tercero y así sucesivamente")

- compara la idea con otras (diciendo "comparando" o "en contraste")

- confirma la idea (diciendo "en otras palabras")

- menciona hechos reales para reforzar la idea (diciendo "esto es real" o "así, de esta manera es como sabemos que esto es verídico")

- define palabras (diciendo "esto significa")

Esté dispuesto a aceptar nueva información.

Confíe en que lo que dice su maestro es verdad.

- Si piensa que hay un error, pregúntele al maestro.

- No se niegue a aprender la información porque usted está en desacuerdo.

Escuche atentamente al maestro durante los primeros y últimos cinco minutos de la clase. Es en esos momentos cuando el maestro expone y confirma las ideas que ha enseñado en la clase.

TOME NOTAS QUE SEAN LEGIBLES

Tome notas de tal manera que luego pueda leerlas.

- Escriba con buena letra.

- Si tiene problemas en tomar notas, pídale al maestro que hable pausadamente.

Escriba solamente lo importante.

No escriba todo lo que el maestro dice. Si lo hace así, perderá lo más importante.

Deje muchos espacios en blanco en su cuaderno de anotaciones.

Le resultará más fácil leer su escritura y más tarde le permitirá agregar cosas.

- Escriba en letras grandes y deje renglones en blanco.

- Escriba sobre un solo lado de la hoja.

Deje márgenes espaciosos en toda la hoja.

Deje dos pulgadas del lado izquierdo de la hoja. Utilice este espacio para:

▪ una o dos palabras importantes

▪ sus pensamientos: dudas, preguntas, lo que sabe y que se relaciona con lo que está aprendiendo.

Deje dos pulgadas en la parte superior de la hoja; así puede agregar títulos que le indiquen el contenido de la misma. (Encabezamientos son títulos que informan sobre el contenido de la hoja.)

En sus anotaciones, utilice títulos frecuentemente.

Ocupe todo un renglón con el título exclusivamente.

Copie todo lo que está en la pizarra con exactitud -palabras y dibujos.

Si no está seguro de la legibilidad de sus notas, (palabras o dibujos) marque de alguna manera la página, quizá con signos de interrogación. Más tarde pregunte a otros estudiantes o al maestro.

Para poder escribir más rápido, invente su propio sistema de escritura.

▪ Abrevie palabras comunes.

▪ Use símbolos fáciles que sean significativos para usted. Por ejemplo:
  − menos que
  + más que
  = igual a

Señale claramente los puntos importantes.

▪ <u>subraye</u>

▪ asterisco*

▪ LETRAS MAYÚSCULAS

▪ lápices y bolígrafos de diferentes colores

Relacione un tema de sus anotaciones con otros escritos anteriormente.

Dibuje flechas para hacer las conexiones.

Copie nuevamente sus notas después de la clase.

- Utilice pocas palabras.
- Disponga sus notas de tal manera que las ideas centrales queden señaladas.

No tome notas si luego no las puede leer.

Utilice el tiempo de clase para escuchar atentamente y trate de recordar.

(Grabar la disertación o conversación sería muy útil.)

8. APRENDA A RETENER EN SU MEMORIA LO QUE LE SEA ÚTIL PARA EL EXAMEN.

Existe tanta información que es imposible retenerla toda. Pero usted necesita saber con seguridad alguna información relacionada con historia, geografía, ciencia, literatura, ... Necesita guardar en su memoria algo de todo esto, así podrá encontrar la información en su mente cuando la necesite. Aquí le damos alguna información útil con respecto a la memoria:

- Usted recordará mejor si conecta la nueva información con algo que ya sabe.
- Ninguna memoria es confiable si no se comprende lo que se está tratando de recordar.
- Tensión, *estrés* y ansiedad confunden a la memoria y evitan que recuerde con claridad.

Conecte lo que está aprendiendo con lo que ya sabe.

Haga conexiones entre la nueva información:
- e imágenes conocidas
- y experiencias vividas
- e información conocida (por ejemplo, lo que ya ha aprendido en clases anteriores.)

Escriba las ideas principales.

- Encabece hojas en blanco con una fecha importante o una palabra especial.
- Rellene con detalles de apoyo (con sus propias palabras).
- Estudie conjuntamente la idea central y los detalles, de esta manera recordará cómo se relacionan.

Cuando ejercite su memoria, utilice todos sus sentidos sensoriales.

- Hable en voz alta si es necesario.
- Esté alerta a sus sentimientos.

Tan pronto como le sea posible después de la clase o sesión con el tutor, revise sus notas.

- Señale la información que más le interesa recordar.
- Si le parece que sus notas no están bien, consulte con su maestro o compañeros de clase.
- Encuentre ideas centrales y palabras especiales; revíselas una y otra vez.

Hágase de su propia manera de ayudar a la memoria o utilice las sugeridas por su maestro.

- Utilice acrónimos-palabras compuestas con las primeras letras de nombres o ideas que debe recordar.

    EJEMPLO:

    Homes está compuesta con las primeras letras de los Grandes Lagos: Huron, Ontario, Michigan, Erie y Superior.

- Invente una rima con ritmo (cuanto más simple, mejor).

    EJEMPLOS:

    Las tres naves que llevó Colón en la travesía:
    La Pinta, La Niña y La Santa María.
    Creyó Cristóbal Colón que en 1492 a la India llegó
    y sin saber que deseubrió America Murió.

- Invente imágenes que pueda ver o sentir.

    EJEMPLO:

    Si está aprendiendo a ubicar lugares en un mapa, imagínese viajando de un lugar a otro.

- Haga oraciones (nuevamente, cuanto más simples mejor), en las cuales las primeras letras de cada palabra le recuerdan de algo que usted quiera acordarse.

    EJEMPLO:

    *p*or favor, *e*spérame, *m*i querida y *d*istante Sonia Raquel.
    (Este es el orden por seguir para solucionar ecuaciones algebraicas: *p*aréntesis, *e*xponentes, *m*ultiplicación, *d*ivisión, *s*uma y *r*esta).

- escuchándolo

- Escuche sus cintas cuando va caminando o conduciendo—en cualquier lugar que tenga un grabador a mano.

Asocie el contenido de una lista con la cual está aprendiendo con el de otra que ya sabe muy bien, así como los días de la semana, los meses del año o el alfabeto.

- Relacione un elemento de la nueva lista con otro de la anterior.

- Asocie elementos de las dos listas que comiencen con la misma letra.

- Utilice su imaginación para transformar elementos de una lista como personas sentadas alrededor de una mesa.

9. ARREGLE BIEN TANTO SU ÁREA DE ESTUDIO COMO LOS MATERIALES.

Usted sabe mejor que nadie cómo ponerse cómodo para estudiar.

Aquí le damos unos consejos para considerar:

Despeje el área de estudio.

Traiga solamente lo que necesita: papeles, libros, lápices, etc.

Deshágase de todas las distracciones.

Por ejemplo, ¿le molesta la música mientras estudia?

- Si es así, no la ponga.

- Si, por el contrario, le ayuda a concentrarse (posiblemente ahogando otros ruidos), escúchela.

Siéntese cómodamente.

No tan cómodamente que le pueda causar aburrimiento o sueño.

Arregle de tal manera la iluminación que pueda ver sin esforzarse.

Recomendamos:

- Ubicar una lámpara ligeramente detrás o al lado de su hombro izquierdo.

- Evitar lámparas muy brillantes y luces colgantes.

<u>Señale la situación en la cual prefiere estudiar:</u>

____cuando hay silencio
____solo
____por la mañana
____en un escritorio
____cuando hay ruido
____con otras personas
____en un área especial de la casa
____por la noche
____en una silla

Siempre estudie en el mismo lugar.

Tenga a mano una agenda.

Escriba los plazos finales y evite preocupaciones de olvidar algo.

10. ADMINISTRE BIEN SU TIEMPO.

Evidentemente, usted tiene demasiados quahaceres, cuando además de las responsabilidades regulares de cualquier adulto, al mismo tiempo, está estudiando para el GED. Aquí le brindamos algunos consejos prácticos para que pueda administrar bien su tiempo.

Con bastante anticipación a la fecha de examen, confeccione una agenda personal. Anote plazos finales para todas las tareas que deba completar.

Incluya todos los plazos finales. Confróntelo con los maestros, tutores, con todos, de esta manera estará bien ubicado en cuanto a todo lo que tiene que hacer y sabrá cuánto tiempo necesita para finalizar. Establezca los plazos finales con tiempo.

No deje el estudio para otro momento. Simplemente, hágalo.

- Sepa evitar estas excusas:
  - No estoy de ánimo.
  - No me siento bien.
  - Estoy confundido a causa de todo lo que debo estudiar.

Antes de ir a dormir, concéntrese en la idea central de una lección o en algún pasaje de la lectura.

Esa idea le volverá a la memoria a la mañana siguiente inmediatamente que se despierte.

Repita la información que quiera retener en momentos que esté desempeñando distintas tareas. No solamente cuando está "estudiando", sino también cuando está en su escritorio, comiendo o esperando el microbús. También, caminando hacia su casa.

Para anotar preguntas y respuestas que quiera recordar, haga índices con tarjetas.

- Escriba las preguntas en un lado y las respuestas en el otro.
  1. Examínese a sí mismo.
  2. Mezcle las tarjetas conteniendo las preguntas que no puede responder, luego, hágase nuevamente esas preguntas.
  3. Intercambie tarjetas con compañeros de clase quienes también tengan preguntas escritas.
- Utilice estas tarjetas para aprender nuevas palabras. Escriba la palabra en un lado y la definición en el otro.

Repita la información en voz alta. Escuchando las palabras le ayudará a recordarlas.

Tome nota de todo lo que aprende.

- Escríbalo todo con sus propias palabras, de esta manera estará seguro de comprender lo que ha escrito.
- Escríbalo como si lo hiciera para alguien que no sabe nada sobre el tema.
- Escríbalo como si estuviera escribiendo una gacetilla sobre su aprendizaje.

Escriba lo que ha aprendido con tan pocas palabras como pueda.

- Repita sus notas de clase en oraciones cortas o palabras agrupadas.
- Copie las lecturas asignadas con oraciones cortas y mencionando solamente la idea central.

Cuando repase una lista, cambie el orden de los datos.

- Recordará mejor los datos si los dice:
  - de principio a fin
  - de atrás para delante
  - mezclados

Tenga confianza de que recordará lo que ha estudiado.

- Si lo ha estudiado bien, la información estará ahí, en su mente, para ser utilizada.
- Si se siente confuso, acuérdese de toda la información que ya ha aprendido.
- Si ha confeccionado una lista para cotejar, señale lo logrado; así podrá comprobar cuánto ha progresado.

No permita que sus emociones le entorpezcan el aprendizaje.

Si tiene problemas en recordar lo que está estudiando, pregúntese a sí mismo si la causa no será porque:

- está nervioso
- ansioso
- asustado
- triste
- deprimido
- enojado
- muy feliz

Reconocer su estado emocional le ayudará a disminuir el poder que estos sentimientos ejercen sobre su persona.

Aprenda por qué una idea es importante, así podrá recordarla mejor.

- Si usted considera que la idea es trivial o superflua, tendrá más dificultad en recordarla.

Para ayudar a su memoria, utilice cintas grabadas.

- Grabe las cintas usted mismo. Lea la información que quiere aprender. Luego, escuche su grabación. Usted retendrá mejor practicando lo que sigue:
  - diciéndolo

- Me siento inseguro de lo que tengo que hacer y cuándo.

■ Divida una tarea grande en pequeñas partes y comience de una vez.

■ Reconozca que la peor parte del estudio es pensar en estudiar.

■ Experimente ese sentimiento maravilloso que nos invade cuando terminamos exitosamente una tarea.

Piense en el momento del día en el cual trabaja mejor.

■ ¿Por la mañana temprano? ¿Temprano en la noche?

■ En ese momento, estudie:

■ lo más importante

■ lo más difícil

■ lo que le hará sentir satisfecho y le ayuda a seguir estudiando

Confeccione su propia lista con las cosas para hacer. Escriba las tareas que quiera completar:

■ diariamente

■ semanalmente

■ desde hoy hasta la fecha del examen

Incluya:

tarea   *plazo de entrega*   *fecha cumplida*   *recompensa*

Utilice un lápiz rojo para marcar cada tarea terminada. (Estará satisfecho de sí mismo.)

Recompénsese a sí mismo cuando completa una tarea.

Cuénteles a amigos y familiares. Adviértales sobre sus horarios de estudio.

Hágales saber que usted espera que éstos sean respetados.

Divida el tiempo de estudio.

Estudie tres horas divididas en períodos de una hora, en lugar de un período de tres horas seguidas.

Sepa cuándo tomar un descanso, esto le ayudará a estudiar mejor.

Reconozca cuándo necesita un descanso.

- Cuando los ojos se le ponen vidriosos.
- Cuando lee sin entender.
- Cuando lee las mismas palabras una y otra vez.

Tome un descanso haciendo ejercicios, tomando una siesta corta, comiendo, cualquier cosa que necesite para despertarse.

 Programe su tiempo tanto para desarrollar actividades sociales, como para estudiar.

 Diga "no" a los requerimientos de otras personas que le consuman mucho tiempo.

Estudiar para el GED es su tarea más importante.

¡USTED PUEDE CONSEGUIRLO!

El año pasado, más de 600,000 personas
en los Estados Unidos y Canadá
pasaron el examen y recibieron
el diploma de GED. ¡Usted también lo puede conseguir!